Personalökonomik

Uschi Backes-Gellner / Edward P. Lazear /
Birgitta Wolff

Personalökonomik

Fortgeschrittene Anwendungen
für das Management

2001
Schäffer-Poeschel Verlag Stuttgart

Originalautor:
Edward P. Lazear, Jack Steele Parker Professor of Human Resources, Management
and Economics, Stanford University's Graduate School of Business

Deutsche Bearbeitung:
Prof. Dr. Uschi Backes-Gellner, Seminar für Allgemeine Betriebswirtschaftslehre
und Personalwirtschaftslehre, Universität zu Köln

Prof. Dr. Birgitta Wolff, Lehrstuhl für Betriebswirtschaftslehre,
insb. Internationales Management, Otto-von-Guericke-Universität Magdeburg

Titel der Originalausgabe:
»Personnel Economics for Managers«
Copyright © 1998 John Wiley & Sons, Inc.
All Rights reserved. Authorized translation from the English language
edition published by John Wiley & Sons, Inc.

Die Deutsche Bibliothek – CIP-Einheitsaufnahme

Backes-Gellner, Uschi:
Personalökonomik: Fortgeschrittene Anwendungen für das Management /
Uschi Backes-Gellner/Edward P. Lazear/Birgitta Wolff.
- Stuttgart: Schäffer- Poeschel, 2001
 ISBN 3-7910-1508-7

Gedruckt auf säure- und chlorfreiem, alterungsbeständigem Papier.

ISBN 3-7910-1508-7

Dieses Werk einschließlich aller seiner Teile ist urheberrechtlich geschützt. Jede Verwertung außerhalb der engen Grenzen des Urheberrechtsgesetzes ist ohne Zustimmung des Verlages unzulässig und strafbar. Das gilt insbesondere für Vervielfältigungen, Übersetzungen, Mikroverfilmungen und die Einspeicherung und Verarbeitung in elektronischen Systemen.

© 2001 Schäffer-Poeschel Verlag für Wirtschaft · Steuern · Recht GmbH & Co. KG
www.schaeffer-poeschel.de
info@schaeffer-poeschel.de
Einbandgestaltung: Willy Löffelhardt
Druck und Bindung: Franz Spiegel Buch GmbH, Ulm
Printed in Germany
Januar / 2001

Schäffer-Poeschel Verlag Stuttgart
Ein Tochterunternehmen der Verlagsgruppe Handelsblatt

Vorwort

Seit Anfang der 80-er Jahre macht in Deutschland nicht nur die personalwirtschaftliche *Forschung*, sondern auch die Personalwirtschafts*lehre* enorme Veränderungen durch. 1983 fanden Wunderer/Mittmann „von Ökonomie nur Spurenelemente" und noch 1991 attestierte Hax insbesondere der Personalwirtschaftslehre eine mangelnde (institutionen-)ökonomische Durchdringung. 1994 sehen Sadowski et al. schon einen ersten ökonomischen Silberstreif am westlichen Horizont. Spätestens seit der zweiten Hälfte der 90-er Jahre breiten sich aber ökonomische Analysen betrieblicher Personalpolitik auch im deutschsprachigen Raum exponentiell aus. Während die Personalökonomik als Forschungsfeld mit dem Köln-Bonner-Kolloquium zur Personalökonomik und mehreren Schriftenreihen mittlerweile als wohletabliert und –dokumentiert gelten kann, trifft dies für die Lehre bisher nicht in gleichem Maße zu, da ein grundlegendes Lehrbuch zur Personalökonomik immer noch fehlte. In diese Lücke wollen wir mit dem vorliegenden Werk und der im selben Verlag erscheinenden „*Einführung in die Personalökonomik*" von Birgitta Wolff und Edward Lazear für den deutschen Sprachraum vorstoßen.

Die Grundstruktur des vorliegenden Lehrbuches geht auf das 1998 erschienene U.S.-amerikanische Werk von Edward Lazear „*Personnel Economics for Managers*" zurück. Da die ökonomische Analyse personalpolitischer Probleme immer wieder auf einige wenige zentrale Modelle und Aufsätze zurückgeht, greifen wir im vorliegenden Lehrbuch auf die gleichen theoretischen Modelle zurück wie schon Lazear (1998). Auch ist das vorliegende Buch im wesentlichen wieder verbal ausgerichtet (mit einer Vielzahl numerischer Beispiele und graphischer Veranschaulichungen) und i.d.R. ohne technische Details (soweit es dem Verständnis der grundlegenden Zusammenhänge nicht schadet). Dennoch unterscheidet sich „*Personalökonomik. Fortgeschrittene Anwendungen für das Management*" deutlich von Lazear (1998). Erstens unterscheiden sich trotz zunehmender Globalisierung europäische Arbeitsmärkte, und insbesondere der deutsche Arbeitsmarkt, gravierend vom U.S.-amerikanischen Arbeitsmarkt. Durch Anpassung der theoretischen Modelle, Streichungen, Ergänzungen und die Wahl anderer Beispiele haben wir versucht, solchen institutionellen Unterschieden nicht nur gerecht zu werden, sondern sie zumindest ansatzweise auch zu erklären. Zudem haben wir für den deutschen Sprachraum sinnvolle Vorüberlegungen sowie die ersten fünf Kapitel in die bereits erwähnte „*Einführung in die Personalökonomik*" ausgegliedert. Zweitens differiert ein betriebs- oder volkswirtschaftliches Studium (insbesondere im Hauptstudium) an einer deutschsprachigen Universität immer noch deutlich von z.B. einem MBA-Studiengang an einer amerikanischen Universität. Den daraus resultierenden unterschiedlichen Vorkenntnissen und analytischen Prägungen der Studierenden haben wir versucht, gerecht zu werden durch teils abgewandelte Darstellungen der theoretischen Modelle (deutlichere Herausarbeitung der Annahmen, klarere Trennung von modelltheoretisch herleitbaren Ergebnissen und weitergehenden Interpretationen der Modelle im Rahmen von Anwendungsbeispielen). Daher sind einzelne Aspekte betrieblicher Personalpolitik ausführlicher, andere verkürzt behandelt und formale Herleitungen auf zentrale Modelle beschränkt worden. Außerdem haben wir in diesem Zusammenhang eine neue Kategorie „Zur Diskussion..." eingeführt, in der es darum geht, weitere (betriebliche) Anwendungsbeispiele oder Problemstellungen für die vorgestellten theoretischen Modelle anzureißen, diese jedoch nicht exakt auszuarbeiten. Dadurch sollen nicht nur zusätzliche Auseinandersetzungen mit der Materie und der eigenständige Transfer angeregt werden, sondern in der Anwendung gelegentlich auch die Grenzen der vorgestellten Modelle vor Augen geführt werden.

Die in diesem Lehrbuch präsentierten Erkenntnisse jahrelanger theoretischer und empirischer personalökonomischer Forschung wurden nicht nur erfolgreich an vielen Top Business Schools in den USA eingesetzt. Sie haben sich seit mehreren Semestern auch schon in der personalwirtschaftlichen Lehre an den Universitäten zu Köln und Magdeburg bewährt und bei Unternehmen mittlerweile eine zunehmende Nachfrage nach personalökonomischen Absolventen ausgelöst, wobei sich deren Einsatzfelder strukturell von denen traditioneller personalwirtschaftlicher Ausbildungsgänge unterscheiden. Das klassische betriebliche Aufgabenfeld für Absolventen eines personalwirtschaftlichen Studiengangs war die Personalabteilung. Sadowski (1991a: 130) charakterisierte die Inhalte der traditionellen Personalwirtschaftslehre an deutschen Hochschulen denn auch pointiert als „Arbeitsbuch für die Personalabteilung". Demgegenüber macht „Human Ressource Management", das

Vorwort

zunehmend als strategischer Wettbewerbsvorteil angesehen wird, personalökonomisches Wissen auf allen betrieblichen Ebenen und in allen betrieblichen Funktionen zu einem wettbewerbsentscheidenden Faktor. Damit aber ist Personalwirtschaftslehre nicht mehr nur als Studienfach für zukünftige Spezialisten in der Personalabteilung, sondern für alle Studierenden der Betriebswirtschaftslehre gleichermaßen relevant - oder wie Schauenberg (1996: 361) es ausdrückt: „Nicht mehr die Personalabteilung bzw. der Personalvorstand sind der Adressat (der Personalwirtschaftslehre), sondern alle diejenigen Akteure, die für die Unternehmenspolitik und damit auch für die Personalpolitik Verantwortung tragen. Personalpolitik ist zu wichtig, um sie nachrangigen Akteuren in der Hierarchie von Unternehmen anzuvertrauen". Unsere Zielgruppe ist dementsprechend nicht vorrangig der zukünftige Personalspezialist, sondern alle Studierenden, die später in Unternehmen in verantwortlichen Positionen personalwirtschaftlich relevante Entscheidungen fällen werden. „*Fortgeschrittene Anwendungen für das Management*" ist in diesem Sinne als Programm zur „Steigerung der Wettbewerbsfähigkeit" zu verstehen und wird deshalb hoffentlich nicht nur Studierende und zukünftige Manager erreichen, sondern gleichermaßen auch eine große Zahl bereits aktiver Manager, die zwar ihr Studium lange hinter sich haben, aber nicht müde werden, neue und erfolgversprechende Ideen aufzunehmen.

Sollte das vorliegende Buch diese Hoffnungen erfüllen, dann teilen wir den Erfolg gerne mit einer Vielzahl von Personen, die uns in der Vergangenheit und bei der Bearbeitung des Manuskripts unterstützt haben. Bei der Erstellung des Manuskripts waren uns Karin Bauer, Petra Risch und Nadine Schmidt behilflich. Erste Überarbeitungen wurden von Corinna Schmidtke und Sven Lucas unterstützt, in späteren Phasen haben uns Tamara Sever-Seni und Petra Moog beim Korrekturlesen geholfen und Axel Schlinghoff bei der Präzisierung modelltheoretischer Anhänge unterstützt. Für das endgültige Layout und die unzähligen Hinweise auf inhaltliche, modelltheoretische und sprachliche Ungereimtheiten müssen wir uns bei Peter Delling bedanken, der mit seiner unendlichen Geduld und Präzisionsliebe einen sehr großen Beitrag zum Gelingen des Werkes geleistet hat. Frau Mollenhauer vom Schäffer-Poeschel-Verlag schließlich hat durch ihre Aufgeschlossenheit und ihr Vertrauen während endlos scheinender Vertragsverhandlungen das ganze Projekt erst möglich gemacht. Ihnen allen und auch all denen, die hier nicht namentlich erwähnt wurden, sei hiermit ganz herzlich gedankt.

Ganz besonders aber danken wir unseren akademischen Lehrern, Gary S. Becker, Dieter Sadowski und Karl Homann, die uns sehr früh für das spannende Forschungsfeld motiviert und inspiriert haben. Ihnen sei dieses Buch gewidmet.

Stanford, Köln und Magdeburg im November 2000

Edward Lazear   Uschi Backes-Gellner   Birgitta Wolff

Inhaltsübersicht

Vorwort	V
Inhaltsübersicht	IX
Inhaltsverzeichnis	XI
Abkürzungsverzeichnis	XXIII
Abbildungsverzeichnis	XXV
Tabellenverzeichnis	XXVII
I. Betriebliche Bildungsmaßnahmen als Investitionen in Humankapital	1
II. Kündigungen, Entlassungen und Abfindungen	73
III. Rekrutierungsstrategien bei Informationsasymmetrien	119
IV. Beförderungen als Motivationsinstrument –Turnierentlohnung	155
V. Turnierentlohnung und Kooperation am Arbeitsplatz	223
VI. Entlohnung nach Dienstalter als Motivationsinstrument	257
VII. Lineare Anreizlöhne und Sonderzahlungen als Motivationsinstrument	293
VIII. Teamarbeit	319
IX. Outsourcing und Franchising statt Eigenerstellung	381
X. Nichtmonetäre Kompensationselemente	403
XI. Betriebliche Sozialleistungen	455
XII. Die Stelle: Aufgaben und Entscheidungsbefugnisse	483
XIII. Personalbeurteilung	529
XIV. Mitarbeiter Empowerment	551
Glossar	581
Stichwortverzeichnis	585
Namensverzeichnis	591

Inhaltsverzeichnis

Vorwort	V
Inhaltsübersicht	IX
Inhaltsverzeichnis	XI
Abkürzungsverzeichnis	XXIII
Abbildungsverzeichnis	XXV
Tabellenverzeichnis	XXVII

I.	**Betriebliche Bildungsmaßnahmen als Investitionen in Humankapital**	1
	1. Investitionen in Humankapital: Die Grundidee	4
	2. Schulische Bildung	5
	2.1 Die Ausbildungsentscheidung als Investitionsentscheidung	6
	2.2 Praxisbeispiel: Mittlere Reife oder Durchhalten bis zum Abitur	7
	2.3 Die Effekte von Kosten und Nutzen auf die optimale Ausbildungsentscheidung	11
	2.4 „Als-ob-Verhalten": Der Brückenschlag zwischen Theorie und Praxis	16
	2.5 Der nichtmonetäre Nutzen von Schulbildung	17
	3. Betriebliche Bildung	18
	3.1 Betriebliche Bildungsmaßnahmen für allgemeine Qualifikationen: Das Grundproblem	20
	3.2 Betriebliche Bildungsmaßnahmen für allgemeine Qualifikationen: Eine Anwendung	26
	3.3 Betriebliche Bildungsmaßnahmen für betriebsspezifische Qualifikationen	34
	3.4 Die Entscheidung zwischen betriebsspezifischen und allgemeinen Bildungsmaßnahmen	40

4. Institutionelle Rahmenbedingungen betrieblicher
   Bildungsentscheidungen 48
   4.1 Auswirkungen nationaler Berufsausbildungssysteme auf
       betriebliche Ausbildungsentscheidungen 48
       4.1.1 Betriebliche Bildungsentscheidungen als Entscheidungen
             über den optimalen Vorrat an qualifizierten Fachkräften 50
       4.1.2 Alternative Produktionsstrategien und ihr Einfluß auf die
             Struktur der Nachfrage nach qualifizierten Fachkräften 51
       4.1.3 Nationale Berufsausbildungsinstitutionen und ihr Einfluß
             auf die Kosten der Vorhaltung qualifizierter Fachkräfte 52
       4.1.4 Alternative Absatzmarktbedingungen und ihr Einfluß auf
             die Kosten mangelnder Fachkräftevorhaltung 56
       4.1.5 Betriebliche Bildungsstrategien im Ländervergleich:
             empirische Befunde 56
   4.2 Auswirkungen von Bindungsklauseln auf betriebliche
       Weiterbildungsangebote 59
   4.3 Auswirkungen von Arbeitsmarktreputation und Informations-
       asymmetrien bei der Personalauswahl auf betriebliche
       Ausbildungsentscheidungen 60
5. Exkurs: Zur Messung des Spezifitätsgrades von Humankapital 61
6. Resümee 63
7. Literatur 68
8. Weiterführende Literaturempfehlungen 69
9. Anhang 69

II. Kündigungen, Entlassungen und Abfindungen 73

1. Fluktuation: Wann ist sie wünschenswert? 76
2. Zur optimalen Kombination von älteren und jüngeren Mitarbeitern 77
3. Optimale Entlassungsstrategien und Betriebszugehörigkeitsdauer 81
   3.1 Die Grundidee 82
   3.2 Praxisbeispiel: Entlassungsstrategien bei zurückgehender
       Produktnachfrage 86

Inhaltsverzeichnis

3.3 Entlassung oder Aufhebungsvertrag	87
3.4 Ökonomisch sinnvolle Abfindungsangebote	89
3.5 Das Beispiel Grafik-TEAM	90
4. Selektive Entlassungen und Abfindungszahlungen	108
4.1 Unterschiedliche Aneignung von betriebsspezifischem Humankapital	108
4.2 Individuelle Produktivitätsdifferenzen	109
4.3 Implementierungsfragen	111
4.3.1 Zeitliche Aspekte	111
4.3.2 Frühverrentung vs. Abfindungen	112
4.3.3 Outplacementangebote	113
5. Resümee	114
6. Literatur	116
7. Weiterführende Literaturempfehlungen	116
8. Anhang	117
III. Rekrutierungsstrategien bei Informationsasymmetrien	**119**
1. Rekrutierung mit Hilfe von Bildungsabschlüssen als Produktivitätssignale	121
1.1 Signalling: Die Grundidee	121
1.2 Zum gesamtwirtschaftlichen Nutzen von Schulen	128
1.3 Signalling - Ein Anwendungsbeispiel: Prüfung für Wirtschaftsprüfer	130
2. Rekrutierung durch Abwerbung von Mitarbeitern: Vor- und Nachteile	136
2.1 Risiko: Winner's Curse	137
2.2 Bedingungen für gewinnbringende Abwerbungsversuche	141
3. Abwehr von Abwerbungsversuchen: optimale Bleibeverhandlungsstrategien	145
4. Resümee	151
5. Literatur	153
6. Weiterführende Literaturempfehlungen	153

IV. Beförderungen als Motivationsinstrument – Turnierentlohnung 155
1. Grundlegende Erkenntnisse der Tournament-Theorie 158
   1.1 Karriereleitern als Leistungsturniere: Die Grundidee 158
   1.2 Gehaltsstruktur und individuelle Anstrengungen 163
   1.3 Zur Bedeutung von Zufällen bei Beförderungsentscheidungen 172
2. Zur Implementation von Leistungsturnieren mit Hilfe von Organigrammen 184
3. Empirische Befunde zur Effektivität von Leistungsturnieren 189
4. Weitere Probleme der Implementation von Leistungsanreizen 191
   4.1 Absolute versus relative Leistungsbeurteilung 191
   4.2 Objektive versus subjektive Leistungsindikatoren 194
   4.3 Selektions- versus Motivationsfunktion von Beförderungen 198
   4.4 Heterogene versus homogene Belegschaften 201
   4.5 Schiefe versus flache Gehaltsstrukturen 203
5. Interne Beförderungen versus externe Rekrutierung 205
6. Resümee 206
7. Literatur 212
8. Weiterführende Literaturempfehlungen 213
9. Anhang 213
   9.1 Leistungsturniere und Anreizwirkungen 213
   9.2 Die Selektionsfunktion von Beförderungen 220

V. Turnierentlohnung und Kooperation am Arbeitsplatz 223
1. Kooperation versus Kollusion und Sabotage am Arbeitsplatz: Das Grundproblem 225
2. Turnierentlohnung und Kooperation in Teams 227
   2.1 Größe, Zusammensetzung und effiziente Kooperation in Teams 229
   2.2 Effiziente Zuteilung zu Teams bei asymmetrischen Informationen 233
3. Alternative Entlohnungsstrategien zur Sicherstellung von Kooperation in Teams 238
   3.1 Wettbewerb zwischen Arbeitnehmern aus verschiedenen Teams 238
   3.2 Bezahlung nach Team-Ergebnis 239

	3.3 Belohnung für Kooperation	241
	3.4 Absolute Leistungsindikatoren für Top-Manager	241
	3.5 Ein empirischer Beleg zur Wirkung von Entlohnungssystemen auf Kooperation	242
4.	Weitere Aspekte der Gestaltung von Arbeitsverhältnissen	243
	4.1 Lohngerechtigkeit	243
	4.2 Arbeitsplatzgarantien	248
	4.3 Begrenzung von Influence Activities	249
5.	Resümee	252
6.	Literatur	254
7.	Weiterführende Literaturempfehlungen	255

VI. Entlohnung nach Dienstalter als Motivationsinstrument — 257

1. Die Anreizwirkung dienstaltersabhängiger Entlohnungen: Das Grundmodell — 259
   - 1.1 Die Lösung des unternehmerischen Anreizproblems durch steile Entgeltprofile — 260
   - 1.2 Das Interesse des Arbeitnehmers an steilen Entgeltprofilen — 264
2. Probleme dienstaltersabhängiger, steiler Entgeltprofile — 266
   - 2.1 Mitarbeiter als Kreditgeber — 266
   - 2.2 Risiken durch Bankrott und Zahlungsverweigerung — 269
   - 2.3 Das optimale Rentenalter und „Zwangs"-Pensionierungen — 271
   - 2.5 Bedingungen für die Vorteilhaftigkeit steiler Entgeltprofile zur Mitarbeitermotivation — 277
   - 2.6 Zur Notwendigkeit von Entlassungen — 279
3. Dienstaltersabhängige Entgeltprofile in der Praxis — 280
   - 3.1 Diversifizierte Lohnsteigerungen — 281
   - 3.2 Ein Anwendungsbeispiel — 282
4. Resümee — 287
5. Literatur — 288
6. Weiterführende Literaturempfehlungen — 289
7. Anhang — 290

VII. Lineare Anreizlöhne und Sonderzahlungen als Motivationsinstrument 293

1. Zur Anreizwirkung von Stücklöhnen: Das Fallbeispiel „Safelite Glass" 295
    1.1 Anreizwirkungen alternativer Entlohnungsschemata: Ein Analysemodell 296
    1.2 Empirische Überprüfung 301
    1.3 Zusätzliche Aspekte der Gestaltung von Stücklöhnen 303
2. Qualitätsprobleme bei Stücklöhnen 304
    2.1 Das Grundproblem und eine Lösungsmöglichkeit 304
    2.2 Die Entscheidungsgrundlage: Gewinnveränderungen versus Outputsteigerungen 305
3. Belohnungen oder Bestrafungen? 307
4. Gehaltsmodelle zur Bindung von Leistungsträgern 313
5. Resümee 315
6. Literatur 316
7. Weiterführende Literaturempfehlungen 316
8. Anhang 317

VIII. Teamarbeit 319

1. Zum effizienten Einsatz von Teams: Grundlagen 321
    1.1 Das Grundproblem: Trittbrettfahren 321
    1.2 Bedingungen für die Vorteilhaftigkeit von Teams 324
        1.2.1 Komplementaritäten 324
        1.2.2 Spezialisierungsvorteile 327
        1.2.3 Wissenstransfer 327
    1.3 Begrenzung des Trittbrettfahrerproblems 333
        1.3.1 Teamgröße 333
        1.3.2 Zusammensetzung des Teams 334
2. Gestaltung von Anreizen für Teams: explizite Anreize 335
    2.1 Teamboni 335
    2.2 Gewinnbeteiligungen 336
    2.3 Aktien und Aktienoptionen 337
        2.3.1 Allgemeine Anreizwirkungen 337

	2.3.2 Aktien und Aktienoptionen im Vergleich	338
	2.3.3 Anreizwirkungen unterschiedlicher Optionspläne	339
3.	Gestaltung von Anreizen für Teams: implizite Belohnungen	349
4.	Gestaltung von Anreizen für Teams: Normen	351
5.	Zur Zusammensetzung von Teams	355
	5.1 Vor- und Nachteile der Rotation von Teammitgliedern	355
	5.2 Beförderungen und Personalentwicklung in Teams	358
	5.3 Kooperation oder Wettbewerb von Teams?	359
	5.4 Auswahl von Teams und Teammitgliedern	361
	5.4.1 Abwechselnde Auswahl	362
	5.4.2 Bieten für Teammitglieder	363
6.	Unternehmen in Mitarbeitereigentum	365
	6.1 Zur Anreizwirkung von Mitarbeitereigentum	365
	6.2 Eigentumsstruktur und Entscheidungsfindung in mitarbeitergeführten Unternehmen	366
7.	Resümee	371
8.	Literatur	373
9.	Weiterführende Literaturempfehlungen	374
10.	Anhang	375
	10.1 Zur Anreizwirkung von Optionen	375
	10.2 Normen	378

IX. Outsourcing und Franchising statt Eigenerstellung — 381

1.	Outsourcing: Die Make-or-Buy Entscheidung	382
	1.1 Das Grundproblem	382
	1.2 Ein Beispiel	384
	1.3 Das Prinzip effizienten Outsourcings	388
	1.4 Entscheidungsunterstützung durch das betriebliche Rechnungswesen	389
	1.5 Integration von Partikularinteressen bei der Entscheidungsfindung	393
2.	Outsourcing: kosten- versus ergebnisorientierte Auftragsentlohnung	394
3.	Franchising oder vertikale Integration	398

	4. Resümee	400
	5. Literatur	401
	6. Weiterführende Literaturempfehlungen	402
X.	**Nichtmonetäre Kompensationselemente**	**403**
	1. Geld ist nicht alles, aber es ist die beste Meßgröße: Die Grundidee	406
	2. Monetäre Äquivalente bei homogenen Arbeitnehmerpräferenzen	408
	2.1 Arbeitszeitsouveränität und ihr monetärer Wert: Ein Analysemodell	409
	2.2 Statistische Ermittlung monetärer Äquivalente	413
	2.3 Multiple Arbeitsplatzcharakteristika und die Bestimmung monetärer Äquivalente: Eine Erweiterung des Grundmodells	417
	3. Heterogene Arbeitnehmerpräferenzen und die Bestimmung monetärer Äquivalente	420
	3.1 Arbeitszeitsouveränität und Ermittlung ihres monetären Wertes bei heterogenen Präferenzen: Ein neues Analysemodell	421
	3.2 Interpretationen empirisch ermittelter Austauschverhältnisse	425
	3.3 Wünschenswerte und unerwünschte Arbeitsplatzcharakteristika im Vergleich	429
	4. Messung und Interpretation empirisch geschätzter monetärer Äquivalente	431
	4.1 Nicht quantifizierbare Arbeitsplatzcharakteristika	431
	4.2 Die Perspektive des Grenzarbeitnehmers	432
	4.3 Bewertungsskalen	435
	4.3.1 Die Grundidee	435
	4.3.2 Das Problem der subjektiven Bewertungen	437
	4.3.3 Auswirkungen unterschiedlicher Punktesysteme	439
	4.4 Auswahl einer geeigneten Punkteskala	441
	4.5 Anwendungsmöglichkeiten und Grenzen von Punkteskalen	442
	4.6 Übertragungsmöglichkeiten und Interpretationshinweise	444
	5. Resümee	448
	4. Literatur	450

5. Weiterführende Literaturempfehlungen	450
6. Anhang	451

XI. Betriebliche Sozialleistungen — 455

1. Gehälter versus freiwillige betriebliche Sozialleistungen: Das Grundproblem — 458
2. Cafeteria-Pläne zur Berücksichtigung heterogener Präferenzen — 464
3. Betriebliches Sozialleistungsangebot und Selektionswirkungen — 467
   - 3.1 Die Grundidee — 467
   - 3.2 Adverse Selektion als besonderes Problem — 470
4. Besondere Anwendungsbeispiele — 472
   - 4.1 Betriebliche Altersversorgung — 472
   - 4.2 Bezahlte Urlaubs- und Feiertage — 475
5. Resümee — 477
6. Literatur — 479
7. Weiterführende Literaturempfehlungen — 479
8. Anhang — 480

XII. Die Stelle: Aufgaben und Entscheidungsbefugnisse — 483

1. Was bedeutet „Stelle"? — 485
   - 1.1 Die Stelle als Aufgabenbündel — 485
     - 1.1.1 Optimale Zuordnung von Aufgaben auf Stellen — 485
     - 1.1.2 Abstimmung mit dem Aufgabenspektrum des Unternehmens — 487
     - 1.1.3 Optimale Vielfalt von Aufgaben und Fähigkeiten — 488
     - 1.1.4 Reengineering: Veränderung der Zuordnungen — 491
     - 1.1.5 Optimale Zusammenstellung von Aufgabenbereichen — 495
   - 1.2 Die Stelle als Gehaltskategorie — 497
   - 1.3 Die Stelle als Ausbildungschance und Personalentwicklungsinstrument — 498
   - 1.4 Die Stelle als Entscheidungsbefugnis und Verantwortungsbereich — 499

      1.4.1 Optimale Verteilung von Entscheidungsbefugnissen: flache oder steile Hierarchien? 500
      1.4.2 Optimale Informationsbeschaffung 510
      1.4.3 Anwendungsbeispiel: Flugrouten 511
2. Soll die Person zur Stelle oder die Stelle zur Person gesucht werden? 517
  2.1 Optimale Stellenprofile und deren Besetzung 517
  2.2 Veränderungen von Stellenprofilen im Zeitablauf 519
3. Resümee 521
4. Literatur 523
5. Weiterführende Literaturempfehlungen 524
6. Anhang 524

XIII. Personalbeurteilung 529

1. Zum ökonomischen Einsatz von Personalbeurteilungen 531
  1.1 Arten von Personalbeurteilungen 531
  1.2 Sinnvolle Regeln zum Einsatz von Personalbeurteilungen als Koordinationsinstrument 533
      1.2.1 Arbeitsplatzzuordnung und Häufigkeit von Personalbeurteilungen 533
      1.2.2 Einkommensanpassungen und Personalbeurteilungen 536
  1.3 Personalbeurteilungen als Motivationsinstrument 539
2. Spezifische Implementationsprobleme 540
  2.1 Zur Vorteilhaftigkeit von Up-or-Out-Regeln im Zusammenhang mit Personalbeurteilungen 540
  2.2 Zum Einsatz von Personalbeurteilungen bei der Besetzung freiwerdender Stellen 542
  2.3 Weitere Implementationsprobleme und mögliche Lösungsansätze 544
3. Resümee 547
4. Literatur 548
5. Weiterführende Literaturempfehlungen 549

Inhaltsverzeichnis

XIV. Mitarbeiter Empowerment   551
    1. Kommunikation vom Management zu den Mitarbeitern   553
    2. Kommunikation von den Mitarbeitern zum Management   559
    3. Empowerment und Lohnprofile   564
    4. Mitarbeiter-Empowerment und Kreativität   566
    5. Die Entscheidung für ein Empowerment   569
    6. Resümee   576
    7. Literaturhinweise   578
    8. Weiterführende Literaturempfehlungen   579
    9. Anhang   579

Glossar   581
Stichwortverzeichnis   585
Namensverzeichnis   591

Abkürzungsverzeichnis

BaföG	Bundesausbildungsförderungsgesetz
BetrAVG	Gesetz zur Verbesserung der betrieblichen Altersversorgung
bspw.	beispielsweise
bzw.	beziehungsweise
c.p.	ceteris paribus
d.h.	das heißt
evtl.	eventuell
GKV	gesetzliche Krankenversicherung
GmbH	Gesellschaft mit beschränkter Haftung
i.d.R.	in der Regel
Kffr.	Kauffrau
Kfm.	Kaufmann
lfdm.	laufender Meter
o.g.	oben genannt
s.	siehe
u.a.	unter anderem
u.ä.	und ähnliche(s)
usw.	und so weiter
u.U.	unter Umständen
vgl.	vergleiche
vs.	versus
ZfB	Zeitschrift für Betriebswirtschaft
ZfbF	Schmalenbachs Zeitschrift für betriebswirtschaftliche Forschung

Abbildungsverzeichnis

Abbildung 1.1:	Alters-Einkommens-Profil in Abhängigkeit der Betriebszugehörigkeitsdauer	23
Abbildung 1.2:	Geglättetes Lohnprofil	24
Abbildung 1.3:	Alters-Einkommens-Profile bei spezifischem Humankapital	36
Abbildung 1.4:	Alters-Einkommens-Profile der Company	67
Abbildung 2.1:	Einkommen, Produktivität und Alternativen	83
Abbildung 3.1:	Kosten und Nutzen von Ausbildung nach Ausbildungsjahren	124
Abbildung 3.2:	Abwerbung oder nicht? – Der Entscheidungsbaum	138
Abbildung 3.3:	Mögliche Ergebnisse eines Abwerbungsversuchs	140
Abbildung 4.1:	Beispiel einer Gehaltsstruktur	185
Abbildung 4.2:	Zwei Kompensationsstrukturen	186
Abbildung A4.1:	Optimale Anstrengung	216
Abbildung A4.2:	Verteilung des Glücks	218
Abbildung 6.1:	Langfristige Anreize	261
Abbildung 6.2:	Implizite Darlehen und Kreditwürdigkeit	270
Abbildung 6.3:	Entgeltprofil mit Beförderungen	281
Abbildung 7.1:	Wahl des Anstrengungsniveaus bei fixen Stundenlöhnen	297
Abbildung 7.2:	Wahl des Anstrengungsniveaus bei Stücklöhnen	299
Abbildung 7.3:	Steigerung des Anstrengungsniveaus aller Mitarbeiter	304
Abbildung 7.4:	Profil eines Strafzahlungssystems	311
Abbildung 7.5:	Profil eines Bonussystems	312
Abbildung 8.1:	Der Fall sich stark überschneidender Informationsmengen	328
Abbildung 8.2:	Der Fall fast überschneidungsfreier Informationsmengen	330
Abbildung 8.3:	Der Fall sich überschneidender Informationsmengen	331
Abbildung 8.4:	Informationsmengen und Teambildung	332

Abbildung 8.5:	Wahrscheinlichkeitsverteilung der Erträge alternativer Managementstrategien	344
Abbildung 8.6:	Alternative Einkommensverteilungen	347
Abbildung 10.1:	Indifferenzkurven, die den Zusammenhang zwischen Lohn und Einstellung zu variabler Arbeitszeit darstellen	409
Abbildung 10.2:	Darstellung der Daten aus Tabelle 10.1	415
Abbildung 10.3:	Indifferenzkurven von Schachspielern und Windsurfern	422
Abbildung 10.4:	Indifferenzkurven	431
Abbildung 10.5:	Arbeitsangebot und Löhne von Schallplattenverkäufern	433
Abbildung 12.1:	Trade-Off von Fehlentscheidungen	503
Abbildung 12.2:	Fehlentscheidungen und Allokation von Entscheidungsbefugnissen	506
Abbildung 12.3:	Auszahlungsstruktur 1: Exxon Valdez	507
Abbildung 12.4:	Auszahlungsstruktur 2: Netscape	509
Abbildung 12.5:	Auszahlungsstruktur 3: Tankstelle Series in Everswinkel	510
Abbildung 14.1:	Bottom-up Kommunikation	560
Abbildung 14.2:	Mitarbeiter-Empowerment und Unternehmensgewinn	571
Abbildung 14.3:	Mitarbeiter-Empowerment – Zwei Szenarien	574

Tabellenverzeichnis

Tabelle 1.1:	Jahresproduktivität und Produktivitätsdifferenzen	28-29
Tabelle 1.2:	Jahresproduktivität und interne vs. externe Einkommen	42
Tabelle 1.3:	Monatliche Ausbildungsvergütungen im 1., 2. und 3. Ausbildungsjahr (1992)	53
Tabelle 1.4:	Anteil der Auszubildenden an den Beschäftigten in der Produktion in % - nach Produktionsstrategie und Absatzmarktbeziehungen	57
Tabelle 1.5:	Anteil der Auszubildenden an den Beschäftigten in der Produktion in % - nach Ländern	58
Tabelle 1.6:	Anteil der Facharbeiter in der Produktion in %	59
Tabelle 1.7:	Produktivitäts- und Einkommensdaten der CD-Abteilung	66
Tabelle 2.1:	Komplementaritäten älterer und jüngerer Arbeitnehmer	79
Tabelle 2.2:	Das Problem der Abfindung bei Grafik-TEAM	91
Tabelle 2.3:	Geschätztes Einkommen, Alternativeinkommen und Produktivität	99
Tabelle 2.4:	Höhe „angebotener" und „geforderter" Abfindungszahlungen	105
Tabelle 3.1:	Zusammenfassung der Daten für das Signallingmodell	122
Tabelle 3.2:	Kosten und Nutzen zusätzlicher Ausbildungsjahre	123
Tabelle 3.3:	Das Beispiel der Wirtschaftsprüfer	132
Tabelle 3.4:	Barwert der Erträge aus bestandenem Wirtschaftsprüferexamen	133
Tabelle 3.5:	Barwert der Nettoerträge aus bestandenem Wirtschaftsprüferexamen zum Prüfungszeitpunkt	134
Tabelle 4.1:	Jahresgehälter von Ingenieuren und projektleitenden Ingenieuren	164
Tabelle 4.2:	Lebenseinkommen von Turniergewinnern und -verlierern	165

Tabelle 4.3:	Arbeitseinsatz und Gewinnwahrscheinlichkeit einer öffentlichen Ausschreibung	176
Tabelle 5.1:	Angestelltenkonfiguration nach Persönlichkeitstyp	228
Tabelle 6.1:	Steigende Entgeltprofile und Pensionsentscheidungen	273
Tabelle 6.2:	Geleistete Arbeitsstunden und Gehaltsdaten aus anderen Unternehmen	283
Tabelle 6.3:	Tatsächliche und vorgeschlagene Gehälter in einem Beispielunternehmen	286
Tabelle 7.1:	Durchschnittswerte wichtiger Kenngrößen nach Entlohnungsform	301
Tabelle 7.2:	Fluktuationsraten	302
Tabelle 7.3:	Entlohnung unter zwei alternativen Schemata	308
Tabelle 8.1:	Kosten und Nutzen aus Teamarbeit	326
Tabelle 8.2:	Kombinationen der Anzahl und des Ausübungspreises von Optionen mit einem Erwartungswert von € 100	340
Tabelle 8.3:	Erwartete Nettokompensation für eine Steigerung des Aktienkurses um € 1	342
Tabelle 8.4:	Teampräferenzen	363
Tabelle 8.5:	Alternativlöhne für die Mitarbeiter der hypothetischen Bauholz-Kooperative	369
Tabelle 9.1:	Gewinn pro Mitarbeiter bei der Luftikus AG nach dem Sparpaket der Regierung	386
Tabelle 9.2:	Kosten und Erlöskalkulation beim Zukauf von Komponenten	390
Tabelle 10.1:	Einkommen vs. Arbeitszeitsouveränität	414
Tabelle 10.2:	Einkommen, Arbeitszeitsouveränität und Verletzungsrisiko eines Arbeitsplatzes	418
Tabelle 10.3:	Ambiguität von analytischen Arbeitsplatzbewertungen	440
Tabelle 10.4:	Einkommen für verschiedene Typen von Arbeitsplätzen	443

Tabellenverzeichnis

Tabelle 11.1:	Gehaltsniveau und betriebliche Altersversorgung im Mittelmanagement	462
Tabelle 11.2:	Cafeteria-Plan	465
Tabelle 12.1:	Die Produktlinie „Seidenunterwäsche"	501
Tabelle 12.2:	Wahl der Flugroute bei Gewitter	512
Tabelle 12.3:	Genauigkeit des Blitzmelders	513
Tabelle A12.1:	Mindestanzahl und Anteil von Mitarbeitern, die in 97,5% der Fälle zur Arbeit erscheinen	526
Tabelle 13.1:	Produktivität in Abhängigkeit vom Alter	538

I. Betriebliche Bildungsmaßnahmen als Investitionen in Humankapital

Zur Analyse betrieblicher Bildungsentscheidungen bietet es sich an, die Humankapitaltheorie zu Rate zu ziehen, da man aus ihr eine Vielzahl von sehr wichtigen Implikationen ableiten kann. Dabei sind die Vorhersagen der Humankapitaltheorie nicht nur theoretisch spannend. Sie können auch den Bildungsverantwortlichen in Unternehmen helfen, die Probleme zu strukturieren und die Vor- und Nachteile alternativer Bildungsstrategien abzuwägen. Wir beginnen unsere Ausführungen mit einem praktischen Beispiel, das einige der wesentlichen Fragen und Probleme betrieblicher Bildungsentscheidungen illustriert.

Ein klassisches deutsches Maschinenbauunternehmen hat seine Produktion grundlegend modernisiert und mehrere neue Anlagen angeschafft, die mit modernster Computertechnologie arbeiten. Aus der aktuellen Belegschaft ist aber nur ein sehr kleiner Teil der Beschäftigten in der Lage, diese Maschinen angemessen zu bedienen, da den meisten die notwendigen Qualifikationen fehlen. Das Unternehmen überlegt nun, ob es eine Weiterbildungsoffensive starten soll, um allen in Frage kommenden Arbeitnehmern die notwendigen Qualifikationen zu vermitteln, und wie solche Weiterbildungsaktivitäten gegebenenfalls finanziert werden sollen. Wie immer in solchen Fällen wird eine Arbeitsgruppe gebildet, die sich mit der Frage auseinandersetzen und Vorschläge erarbeiten soll. In einem ersten Treffen findet folgende Diskussion statt.

CLARK: *Es besteht kein Zweifel daran, daß wir die Leute weiterbilden müssen. Ohne entsprechende Qualifizierungsmaßnahmen werden wir das Flexibilitätspotential der Maschinen nicht voll ausnutzen können, und wir verschwenden damit wertvolle Ressourcen. Wir müssen es schaffen, daß unsere Leute vor Ort den größten Teil der Programmierung selbst durchführen können, anderenfalls können wir die Investition in die neue Technologie gleich abschreiben.*

EDGEWORTH: *Im Prinzip gebe ich Ihnen recht. Ich sehe allerdings ein gravierendes Problem: sobald wir unsere Leute systematisch ausgebildet haben, werden sie natürlich auch für unsere Konkurrenten sehr attraktiv. Wenn uns die Leute dann abge-*

worben werden, dann hatten wir die Kosten der Qualifikation und unsere Konkurrenten fahren die Gewinne ein. Das haben wir an anderen Stellen ja schon oft genug gesehen.

MARX: *Dann sollten wir unseren Leuten einfach mehr bezahlen, das wird sie schon an uns binden. Warum sollten wir den Gewinn nicht mit ihnen teilen, wenn sie doch produktiver als vorher sind? Ich denke sowieso, daß das der beste Weg für eine produktive Organisation ist.*

HAYEK: *Karl ist ständig um das Wohl der Mitarbeiter besorgt. Das ist ja ganz nett, aber wir müssen auch an unsere Aktionäre denken. Warum sollten wir den Mitarbeitern mehr bezahlen, wenn wir die Kosten der Qualifizierung getragen haben? Wie sollen wir dann mit der ganzen Geschichte noch Geld machen?*

MARX: *Ich mache mir nur deshalb Sorgen um das Wohl der Mitarbeiter, weil uns ansonsten auf längere Sicht höhere Kosten entstehen. Ist es nicht kurzsichtig, die Mitarbeiter zuerst aufwendig zu qualifizieren und dann zuzulassen, daß sie von der Konkurrenz abgeworben werden, nur weil unser Stolz uns daran hindert, ihnen das zu bezahlen, was sie verdienen?*

ROBBINS: *Woher wissen wir überhaupt, daß unsere Konkurrenten unsere qualifizierten Mitarbeiter haben wollen? Das unterstellt doch, daß unsere Konkurrenten zukünftig auch mit den gleichen Technologien arbeiten werden wie wir. Wer sagt denn, daß sie unserem Vorbild folgen und ebenfalls auf stärker computergesteuerte Maschinen übergehen? Wenn sie das nämlich nicht tun, dann werden sie unsere speziell geschulten Mitarbeiter gar nicht haben wollen.*

EDGEWORTH: *Vielleicht. Aber darauf möchte ich mich nicht verlassen. Gibt es keinen Weg, wie wir sie an das Unternehmen binden können? Es muß doch irgendeine intelligente Lösung geben. Moderne Sklaverei kann sicher keine Lösung sein; aber wir müßten sie doch dazu bringen können, bei uns zu bleiben, weil sie es wollen.*

CLARK: *Bis jetzt haben wir allerdings vollkommen ignoriert, daß wir einige unserer Mitarbeiter vielleicht sowieso loswerden wollen. Erstens benötigen wir weniger Mitarbeiter, um mit der neuen Technologie den gleichen Output zu erreichen. Zweitens sind einige unserer jetzigen Mitarbeiter von vornherein nicht geeignet, um mit den neuen Technologien umzugehen. Wieder andere möchten von vornherein nicht an Weiterbildungsmaßnahmen teilnehmen. Seien wir doch mal ehrlich. Glaubt Ihr, daß die alle noch einmal die Schulbank drücken wollen? Die meisten waren doch eher froh, daß sie mit der Schule nichts mehr am Hut haben mußten. Wenn wir sie jetzt auf Kurse schicken wollen und sie am besten auch noch Hausaufgaben machen sollen, dann sehe ich schwarz.*

HAYEK: *Das ist ein guter Punkt. Vielleicht sollten wir einige Mitarbeiter einfach ziehen lassen. Vielleicht sollten wir sogar mit Abfindungsangeboten bei dem einen oder anderen nachhelfen.*

Der vorangegangene Dialog deckt eine Vielzahl von wichtigen Fragen auf:
- Wann lohnt es sich, in die Qualifikation eines Mitarbeiters zu investieren?
- Wie können Kosten und Erträge der Qualifizierung verteilt werden, so daß sowohl das Unternehmen als auch die Mitarbeiter etwas davon haben?
- Sollten Unternehmen ihren Mitarbeitern nach einer Qualifizierungsmaßnahme einen höheren Lohn zahlen?
- Welche Art von Qualifizierung sollte durchgeführt werden? Sollten die Inhalte so allgemein wie möglich sein oder sollten sie ganz spezifisch auf die aktuelle Situation des Unternehmens zugeschnitten sein?
- Wie können Abwerbungen verhindert bzw. geschulte Arbeitnehmer an das Unternehmen gebunden werden?
- Welche Mitarbeiter sind die am meisten geeigneten Kandidaten für die Teilnahme an Aus- und Weiterbildungsmaßnahmen?
- Wer sollte entlassen werden, wenn eine Reduktion der Belegschaft sinnvoll ist?
- Welche Rolle sollten Alter und Betriebszugehörigkeit bei Qualifizierungs- und Entlassungsentscheidungen spielen?
- Anhand welcher Kriterien sollte entschieden werden, ob es sinnvoll ist, Mitarbeiter zu entlassen?

Zur Beantwortung dieser für die Praxis offensichtlich sehr wichtigen Fragen liefert die sogenannte Humankapitaltheorie, die aus modernen ökonomischen Analysen nicht mehr wegzudenken ist, eine hervorragende Grundlage.

1. Investitionen in Humankapital: Die Grundidee

Die Humankapitaltheorie kann als eine der wesentlichen Weiterentwicklungen neoklassischer Analysen angesehen werden. Ihre Bedeutung spiegelt sich darin wider, daß zwei Nobelpreise für Ökonomik zumindest zum Teil als Anerkennung für Arbeiten auf dem Gebiet der Humankapitaltheorie vergeben wurden.[1]

Die Humankapitaltheorie untersucht, unter welchen Bedingungen Investitionen in sogenanntes Humankapital, also in das Wissen und die Fähigkeiten von Menschen, rentabel sind. Dabei kann Humankapital auf unterschiedlichen Wegen gebildet werden. Genau in diesem Augenblick investieren Sie, der Leser, wahrscheinlich in ihr Humankapital, indem Sie zum Beispiel zur Universität gehen und studieren. Ein großer Teil des Humankapitals wird auf solchen formalen schulischen Bildungswegen erworben.

Eine zweite wichtige Quelle unseres Humankapitals sind betriebliche Bildungsmaßnahmen, die einerseits eher formaler Natur – wie etwa im Rahmen einer dualen Ausbildung – oder eher informeller Natur – wie beim „Lernen durch Zuschauen" oder „learning by doing" – sein können. So drehte sich auch die Diskussion am Anfang dieses Kapitels um betriebliche Bildungsmaßnahmen und deren Voraussetzungen und Konsequenzen. Die Aufwendungen für betriebliche Bildungsmaßnahmen lassen sich zwar nur schwer beziffern, allerdings darf man sicher dennoch behaupten, daß das betriebliche Investitionsvolumen ganz erhebliche Ausmaße aufweist. In Deutschland investieren beispielsweise ca. 35% aller Betriebe in die berufliche Erstausbildung, wobei der Anteil der ausbildenden Betriebe mit steigender Betriebsgröße zunimmt.[2] Nach einer Schätzung des Instituts der deutschen Wirtschaft haben alleine die Unternehmen in der privaten gewerblichen Wirtschaft 1995 rund 33,9 Mrd. DM für Weiterbildung ausgegeben.[3]

---

[1] THEODORE W. SCHULTZ und GARY S. BECKER erhielten 1979 bzw. 1992 den Nobelpreis für Ökonomik. Beide waren Pioniere der Humankapitalanalyse.

[2] PFEIFFER (1996).

[3] WEIß (1997).

Zu Humankapitalinvestitionen gehören aber auch Aktivitäten, deren Investitionscharakter im ersten Moment weniger offensichtlich ist. So kann man auch sportliche Aktivitäten oder Ausgaben für Schönheitspflege oder Gesundheitsvorsorge als Investitionen in Humankapital ansehen. In unseren weiteren Analysen wollen wir uns allerdings auf schulische/universitäre und betriebliche Qualifizierungsmaßnahmen beschränken, weil diese beiden Methoden aus der Perspektive der betrieblichen Personalpolitik die bedeutsamsten darstellen. Fragen der Gesundheitsvorsorge u.ä. sind natürlich auch ein nicht zu vernachlässigender Aspekt betrieblicher Personalarbeit; diese werden allerdings erst in einem späteren Kapitel im Zusammenhang mit Kompensationsfragen behandelt (Kap. X).

Obwohl aus der Perspektive der betrieblichen Personalpolitik die betriebliche Bildung sicher das zentrale Problem darstellt, wollen wir im folgenden dennoch mit der Analyse einer schulischen Bildungsentscheidung beginnen. Denn diese erlaubt einen einfacheren und klareren analytischen Zugang und liefert zudem zahlreiche, auch für die betriebliche Praxis interessante Folgerungen.

2. Schulische Bildung

Was hat Sie beispielsweise dazu bewogen, das Abitur zu machen oder ein Studium aufzunehmen? Wahrscheinlich waren eine Reihe von Faktoren bei dieser Entscheidung von Bedeutung, aber ganz bestimmt haben Arbeitsmarktchancen bzw. Karriereüberlegungen eine wichtige Rolle gespielt. Selbst für den naivsten Schüler ist es offensichtlich, daß Personen mit höherer Schulbildung im Durchschnitt bessere Arbeitsplätze bekommen. Ingenieure haben ein langes Universitätsstudium hinter sich gebracht, während ein Tankwart oft noch nicht einmal die mittlere Reife erlangt hat. Natürlich verdient auch ein Ingenieur typischerweise mehr als ein Tankwart. Solche empirischen Beobachtungen waren der Ausgangspunkt für die theoretischen Analysen der Humankapitaltheorie.

2.1 Die Ausbildungsentscheidung als Investitionsentscheidung

Die Humankapitaltheorie, die insbesondere durch GARY S. BECKER (1975) bekannt wurde, argumentiert genau wie die klassische Investitionstheorie – nur daß sie statt des *physischen* Kapitals das *Human*kapital behandelt. Das heißt, die Humankapitaltheorie beschäftigt sich mit den Menschen und ihren Fähigkeiten statt beispielsweise mit betrieblichem Anlagevermögen. Nach der Investitionstheorie entscheidet sich ein Unternehmen, in eine Maschine zu investieren, wenn der Barwert der zukünftigen Einnahmen größer ist als der Barwert der Ausgaben. Es handelt sich also im Grunde genommen um ein einfaches Gewinnmaximierungskalkül, wobei das einzige Problem darin besteht, daß die Kosten heute anfallen, während die Einnahmen erst in den folgenden Perioden entstehen. Eine Maschine, die heute gekauft wird, erhöht die Produktivität in vielen darauffolgenden Perioden, so daß es keinen Sinn macht, bei der Entscheidung über die Anschaffung einer Maschine die heutigen Ausgaben mit den heutigen Einnahmen zu vergleichen. Vielmehr müssen die heutigen Ausgaben mit den gesamten zukünftigen Erträgen verglichen werden, wobei dann natürlich nicht vernachlässigt werden darf, daß „Geld heute" mehr Wert hat als „Geld morgen". Dies wird in der klassischen Investitionstheorie über entsprechende Diskontierungsfaktoren berücksichtigt.

In der Humankapitaltheorie werden prinzipiell die gleichen Überlegungen angestellt. So bringt ein Individuum heute Kosten für Schulbildung auf in der Hoffnung, daß diese Investition ihm in Zukunft ein höheres Einkommen beschert. Sind die zukünftigen Einkommenssteigerungen ausreichend groß, lohnt es sich aus individueller Perspektive, die Kosten einer entsprechenden Ausbildung zunächst einmal auf sich zu nehmen.

Dabei setzen sich die Kosten der Ausbildung aus zwei ganz unterschiedlichen Komponenten zusammen. Einerseits entstehen direkte Kosten wie Büchergeld, Studiengebühren oder Fahrtkosten. Andererseits fallen sogenannte Opportunitätskosten an, d.h. Kosten aufgrund entgangener Alternativen. Beispielsweise verzichtet jemand, der Abitur macht und anschließend ein Studium aufnimmt, auf mehrere Jahre Erwerbstätigkeit und auf das damit verbundene Einkommen. Solche entgangenen Einkommen (eben Opportunitätskosten) müssen ebenfalls zu den Kosten der Ausbildung gerechnet werden, da man sie hätte erzielen können, wenn man sich den zusätzlichen Bildungsabschluß erspart und die Alternative „Direkteinstieg" gewählt hätte.

2.2 Praxisbeispiel: Mittlere Reife oder Durchhalten bis zum Abitur

Als Beispiel soll die Entscheidung eines Schülers analysiert werden, der gegen Ende der Oberstufe mit dem Gedanken spielt, die Schule einfach aufzugeben. Das bedeutet natürlich, daß das Abitur ihm immer fehlen wird. Wenn er sich allerdings noch einmal richtig plagen würde, dann wäre es nicht unrealistisch, daß er das Abitur schaffen könnte. Bei der Frage, wie sich der Schüler rationalerweise entscheiden sollte, kann man sich die Überlegungen der Humankapitaltheorie zunutze machen. Abiturienten verdienen typischerweise mehr als Personen, die die Schule abbrechen. Das zusätzlich Einkommen entsteht in jedem Jahr des späteren Arbeitslebens. Das Lohndifferential zwischen Abiturienten und Abbrechern muß nicht in jedem Jahr gleich sein, aber es wird typischerweise stets einen positiven Wert annehmen.[4] Die Frage, die der Schüler sich beantworten muß, ist also, ob die Einkommensdifferenzen groß genug sind, um seine heutigen zusätzlichen Kosten (direkte Kosten, Opportunitätskosten und wohl auch zusätzliches „Schülerleid") aufzuwiegen. Die Antwort kann anhand eines formalen Modells der Entscheidungssituation abgeleitet werden.

Angenommen, die Entscheidung müßte im Jahr 2000 getroffen werden. Wenn der Schüler sich entscheidet, noch einmal alle seine Kräfte zu mobilisieren, und er damit das Abitur realistischerweise schafft, verdient er im Jahr 2001 ein Jahreseinkommen von € K_1. Als Abbrecher würde er im Jahr 2001 ein Jahreseinkommen von € J_1 verdienen. Wir nehmen an, daß K_1 größer ist als J_1. Natürlich erhält die Person die Einkommensvorteile erst im Jahr 2001. Im Augenblick befinden wir uns aber im Jahr 2000. Die Differenz muß also auf den gegenwärtigen Zeitpunkt abgezinst werden. So erhält man den Barwert der zukünftigen Einkommensdifferenz:

---

[4] Nach einer Studie von BLOCK/KLEMM (1997) verdient ein Universitätsabsolvent in Deutschland im Jahre 1995 beispielsweise 215% des Gehalts eines Ungelernten.

$$\frac{K_1 - J_1}{(1+r)} \equiv D_1$$

wobei r für den Zinssatz steht, den das Individuum am Markt erhalten könnte. Anders ausgedrückt: Wenn das Individuum heute € D_1 zur Verfügung hätte, könnten diese angelegt werden, so daß das Individuum in einem Jahr Zinserträge in Höhe von € $K_1 - J_1$ hätte, da

$$D_1 + rD_1 = D_1(1+r)$$

und

$$D_1(1+r) = K_1 - J_1$$

Aber das ist noch nicht alles. Ein Abiturient verdient ja auch im darauffolgenden Jahr 2002 ein höheres Jahreseinkommen (K_2) während ein Abbrecher sich wiederum mit einem geringeren Einkommen (J_2) zufrieden geben muß. Auch hier müssen wir den Barwert dieser Differenz berechnen:

$$\frac{K_2 - J_2}{(1+r)^2} = D_2$$

Hier wird der Diskontfaktor quadriert, weil diese Differenz erst in zwei Jahren verdient wird. Geht man davon aus, daß in jedem weiteren Jahr Einkommensdifferenzen bestehen, beträgt der Barwert des gesamten zusätzlichen Einkommens:

(1.1) $$\text{Ertrag} = \sum_{t=1}^{T} \frac{K_t - J_t}{(1+r)^t},$$

wobei T die Dauer bis zur Pensionierung bedeutet (wenn eine Person im Augenblick 18 Jahre alt ist und beabsichtigt, zu arbeiten bis sie 65 Jahre ist, dann ist $T=47$ Jahre). Allerdings müssen auch die Kosten berücksichtigt werden. Zunächst wären da die direkten Kosten wie Büchergeld oder Fahrtkosten und auch die zusätzlichen Anstrengungen (Schülerleid), die wir mit C_0 bezeichnen wollen. Der Index 0 weist darauf hin, daß die Kosten gleich am Anfang anfallen und somit nicht diskontiert werden müssen. Dazu kommt aber ein zweiter Kostenfaktor (die Opportunitätskosten), nämlich das Einkommen, das der Schüler erzielen könnte, wenn er die Schule verläßt und statt dessen arbeitet. Das Einkommen eines Schulabbrechers betrage J_0

2. Schulische Bildung

im Jahre 2000. Ein rationales Individuum würde durchhalten und in das letzte Schuljahr investieren, wenn die folgende Bedingung erfüllt ist:

$$(1.2) \quad C_0 + J_0 < \sum_{t=1}^{T} \frac{K_t - J_t}{(1+r)^t}$$

Wenn Ungleichung (1.2) erfüllt ist, dann übersteigen die Erträge die Kosten des zusätzlichen Schuljahres, d.h. die zusätzliche Anstrengung lohnt sich. Wenn die Kosten dagegen die Erträge übersteigen, dann ist es rational, wenn der Schüler die Schule vorzeitig abbricht. Warum? Obwohl ein höherer Schulabschluß zu höheren Einkommen führt, sind diese doch nicht hoch genug, um die höheren Kosten aufzuwiegen. Anders formuliert: Der Schüler würde sich besserstellen, wenn er sich das Geld und den Aufwand für den Schulbesuch sparen und statt dessen eine Arbeit aufnehmen und das gesparte Geld anlegen würde. Die Zinserträge, die er so erhalten würde, wären höher als das zusätzliche Einkommen, das er durch das Abitur erwirtschaften könnte.

Was kann man nun aus diesen grundsätzlichen Überlegungen an weiteren Schlußfolgerungen über die Vorteilhaftigkeit von Schulbildung im Lebensverlauf ableiten? Vermutlich werden am Anfang der Schulausbildung die Erträge typischerweise die Kosten aus zwei Gründen übersteigen. Erstens kann man sehr schnell sehr viel lernen, wenn man noch nichts weiß. Fängt man bei Null an, bringt schon das geringste Ausmaß an Schulbildung riesige Produktivitätsfortschritte, so z.B. wenn man dabei Lesen und Schreiben lernt. Jedes zusätzliche Jahr erhöht zwar die Produktivität, aber die Fortschritte sind doch geringer. Wir sprechen in diesem Zusammenhang auch von abnehmenden Grenzerträgen, die ihren umgangsprachlichen Niederschlag etwa in dem Satz „Alles, was ich wissen muß, habe ich schon im Kindergarten gelernt" finden. Wir als Universitätsprofessoren, deren Einkommen letztlich von der Nachfrage nach Bildung abhängt, hoffen natürlich, daß es sich hierbei um eine grobe Übertreibung handelt. Allerdings gilt sicherlich dennoch, daß das wichtigste Schuljahr das erste ist, da der Mensch in diesem Jahr Lesen und Schreiben erlernt, die elementarsten Ausbildungsziele. Zweitens sind die Kosten des Schulbesuchs in den ersten Jahren sehr niedrig. Aufgrund der staatlichen Finanzierung sind die Ausgaben der Schüler bzw. Eltern nahe Null. Die entgangenen Einkommen werden ebenfalls allenfalls gering sein, da es kaum Arbeitsmöglichkeiten für ein sechsjähriges Kind gibt. Selbst wenn es sie gäbe, dann dürfte sicher sein, daß die Höhe der im ersten Schuljahr entgangenen Einkommen nicht ausreicht, um die Einkommensvorteile aller späteren Jahre aus dem Schulbesuch wettzumachen. So dürfte beispielsweise selbst ein ganztägiges Austragen von Werbematerialien nicht genug Einkommen abwerfen, um die Einkommensverluste aufgrund von Analphabetentum aufzuwiegen.

Irgendwann im Verlaufe des Schülerdaseins aber wird sich das Verhältnis von Erträgen und Kosten umkehren. Dies kann man sich an einem Extrembeispiel am besten klar machen. Angenommen, eine Person hat bereits sechs Studiengänge abgeschlossen und will jetzt noch ein siebtes Studium aufnehmen. Dann läßt sich dieses Verhalten sicher nicht als rationale Investitionsüberlegung charakterisieren; eher könnte von einem ernstzunehmenden Fall von Arbeitsmarktphobie gesprochen werden. Dieser möglicherweise 53-jährige Student hätte sicher höhere Erträge, wenn er die nächsten paar Jahre noch arbeiten würde, da er ansonsten das Rentenalter erreicht, bevor er überhaupt richtig in das Erwerbsleben einsteigen kann. Ein siebtes Hochschulstudium wird die Produktivität sicherlich kaum noch verbessern können und somit auch nicht in signifikant höherem Einkommen resultieren.

Die aufgezeigte Logik impliziert demnach, daß es sich für jede Person lohnt, ein Mindestmaß an schulischer Bildung auf sich zu nehmen. Genauso sicher ist es aber auch, daß es für jede Person einen optimalen Zeitpunkt zur Beendigung der Ausbildungsinvestitionen gibt. Dieser Zeitpunkt kann mit Hilfe von (1.2) analytisch genau bestimmt werden. Er ist erreicht, wenn die Ungleichung in (1.2) (die Erträge sind größer als die Kosten) sich umkehrt, so daß die Kosten eines weiteren Ausbildungsjahres größer als die Erträge sind. Wenn für einen bestimmten Schüler beispielsweise die Kosten bei Erreichen der Mittleren Reife noch unter den zukünftigen Erträgen liegen, aber die Kosten bis zum Abitur soweit ansteigen, daß sie über den zusätzlichen Erträgen liegen würden, dann sollte aus investitionstheoretischen Überlegungen heraus ein solcher Schüler die Schule mit Erreichen der Mittleren Reife abschließen und eine Erwerbstätigkeit aufnehmen. Neben der Bestimmung des optimalen Endzeitpunktes einer Bildungsinvestition hat die Formel aber noch einige weitere interessante Implikationen, von denen wir uns im folgenden zunächst die einfachste herausgreifen, um dann mit komplexeren und auch umstritteneren Folgerungen fortzufahren.

2.3 Die Effekte von Kosten und Nutzen auf die optimale Ausbildungsentscheidung

Erstens kann man festhalten, daß ein *Anstieg der Ausbildungskosten*, also z.B. eine Einführung oder ein Anstieg von Studiengebühren, unter sonst gleichen Bedingungen die Zahl der Immatrikulationen senkt, weil sich damit die Frage der Rentabilität eines Studiums verschärft stellt. Würden beispielsweise die Studiengebühren für einen Diplomstudiengang verdoppelt, so entschieden sich unter sonst gleichen Bedingungen weniger Studierende für die Aufnahme dieses Studiengangs. Die Begründung ist einfach: Alle Studierenden, die vor Erhöhung der Studiengebühren knapp über der Rentabilitätsgrenze lagen, d.h. bei denen die zusätzlichen Erträge der Aufnahme eines Studiums knapp ausreichen, um die individuellen Kosten zu decken, werden nach der Erhöhung unterhalb der Rentabilitätsgrenze liegen. Solange durch die höheren Studiengebühren nur die tatsächlichen Kosten des Studiums genauer widergespiegelt werden, kann dies aus allokationstheoretischen Überlegungen durchaus wünschenswert sein. Erst wenn die Studiengebühren die tatsächlichen Kosten eines Studiums übersteigen würden, wäre die Reduktion der Zahl der Studienanfänger unter Allokationsgesichtspunkten problematisch.

Analog dazu führen auch sehr gute Alternativeinkommen zu geringeren Immatrikulationszahlen. Das während der Ausbildungszeit entgangene Einkommen ist nämlich eine der Hauptkomponenten der Kosten des Erwerbs beispielsweise einer Hochschulausbildung. Bei Personen, die viel aufgeben müssen, ist es deshalb unwahrscheinlicher, daß sie sich für die Aufnahme eines Studiums entscheiden. So wird zum Beispiel der Erbe eines erfolgreichen Familienunternehmens, der ganz plötzlich das Unternehmen alleine fortführen soll, in vielen Fällen keine Gewinne aus dem Abschluß (oder der Aufnahme) eines Studiums erzielen können. Oder ein heute erfolgreicher Broker, der irgendwann einmal sein Studium abgebrochen hat, wird kein Interesse daran haben, seinen hochbezahlten Job aufzugeben, um doch noch einen Hochschulabschluß zu erwerben.

Auch ein *Anstieg des Zinssatzes* wird dazu führen, daß weniger in Bildung investiert wird – genau wie dies bei jeder anderen Investition auch gilt. Je höher der Zinssatz, um so geringer ist der Wert der zukünftigen Einnahmen und um so mehr lohnt es sich, statt dessen sofort zu arbeiten und das verdiente Geld anzulegen. Bildungsinvestitionen sind lohnender, wenn die alternativen Investitionen oder Geldanlagen sich kaum rentieren.

> **Zur Diskussion...**
>
> Allerdings beobachten wir empirisch, daß Zinssätze keinen großen Einfluß auf Schüler- oder Studierendenzahlen haben. Wie läßt sich dies erklären? Zunächst muß man berücksichtigen, daß Schulbildung eine Investition ist, die über viele Jahre zusätzliche Einkommen nach sich zieht, so daß man nicht die kurzfristigen Zinssätze, sondern die langfristigen betrachten muß, die weniger volatil sind. Zweitens ist bei der Investition in Schulbildung normalerweise nicht der Marktzins relevant, sondern eher ein impliziter Zinssatz, der sich aus den Ansprüchen ergibt, die die Eltern später aus der Schulzeit ihres Kindes ableiten. Das, was die Eltern ihrem Kind später vielleicht als Ausgleich abverlangen, wird aber wahrscheinlich kaum in enger Verbindung mit dem Marktzinssatz stehen, der galt als das Kind die Schule besuchte.[5]
>
> Einen direkteren Einfluß haben variierende Zinssätze auf die Frage, *wer* die Schule besucht und wer nicht. Für Kinder dürfte es sehr schwierig sein, Geld für eine Schulausbildung zu leihen, wenn sie als Sicherheit nur ihr zukünftiges Einkommen bieten können. Ebenso wird es kaum Banken geben, die Studierenden Kredite alleine aufgrund ihres zukünftigen Gehaltes gewähren. Nur Kredithaie werden bereit sein, solche riskanten Kredite zu gewähren und auch dann nur zu Wucherzinssätzen. Daraus folgt aber, daß Kinder aus ärmeren Schichten, die

---

[5] Allerdings sind die von den Eltern erwarteten Gegenleistungen auch nicht völlig unabhängig vom Marktzins. Da die Eltern ihr Geld auf dem Kapitalmarkt anlegen können anstatt es dem Kind zu leihen, steht der Zinssatz schon in einer gewissen Verbindung zum Marktzins. Dabei wäre dann allerdings Altruismus zwischen Eltern und Kind nicht berücksichtigt.

2. Schulische Bildung

> keine zusätzlichen Sicherheiten bei der Aufnahme von Krediten bieten können, mit höheren Zinskosten konfrontiert sein dürften als Kinder aus wohlhabenderen Schichten, und daß sie deshalb die Schule zu einem früheren Zeitpunkt verlassen, um schneller selbst Geld verdienen zu können. Aus dieser Überlegung heraus lassen sich z.B. staatlich finanzierte Schulsysteme oder das BAföG-Programm, das weniger wohlhabenden Familien finanzielle Unterstützung gewähren soll, rational begründen.

Die dritte Implikation bezieht sich auf das in Formel 1.2 enthaltene T, die Zeitdauer bis zum Ausscheiden aus dem Arbeitsmarkt. Ein *Anstieg der Amortisationsdauer* macht eine Investition in Schulbildung wahrscheinlicher. Da T als die Zahl der Jahre nach der Investition interpretiert wird, werden sich jüngere Menschen immer leichter entschließen, die Schule zu besuchen als ältere Menschen. Die Zahl der Jahre, die für das Erwerbsleben noch zur Verfügung stehen, sinkt mit dem Alter, so daß die Chance, daß die Erträge die Kosten übersteigen, für jüngere Menschen größer ist als für ältere. Anders ausgedrückt: Wenn sich eine Bildungsmaßnahme für eine ältere Person lohnt, dann lohnt sie sich auf jeden Fall auch für eine jüngere Person, da die zusätzlichen Einnahmeströme über einen sehr viel längeren Zeitraum genossen werden können.

> **Zur Diskussion...**
> Mit dem gleichen Argument läßt sich auch begründen, warum Frauen traditionell weniger Bildungsinvestitionen tätigten als Männer – wobei sich dieses Verhalten in jüngster Zeit ändert. Da Frauen eine höhere Lebenserwartung haben als Männer, könnte man annehmen, daß Frauen mehr in ihr Humankapital investieren. Dieses Argument vernachlässigt allerdings, daß Frauen häufiger (wenn auch zunehmend weniger häufig) ihre Berufstätigkeit unterbrechen, um sich der Kindererziehung zu widmen, so daß sie typischerweise weniger Erwerbsjahre aufweisen als Männer. Die Zeit, die für die Ausbildungsentscheidung relevant ist, ist aber die Zeit der Erwerbstätigkeit T und nicht die Lebenszeit. Je besser also beispielsweise die Möglichkeiten der externen Kinderbetreuung werden und je

> mehr sich traditionelle Rollenbilder wandeln, um so mehr lohnen sich auch Bildungsinvestitionen für Frauen.
>
> Aus der genaueren Betrachtung des Investitionskalküls lassen sich aber auch noch Schlußfolgerungen etwa im Hinblick auf die Studienwahl ableiten. So werden etwa Frauen, die genau dieses Buch lesen, sich im Hinblick auf ihr Erwerbsverhalten wahrscheinlich nicht sehr stark von männlichen Lesern unterscheiden. Frauen, die sich für eine längere Ausbildung und z.B. ein Studium der Betriebswirtschaftslehre entschieden haben, signalisieren durch diese Investition bereits, daß sie vorhaben, ihre Arbeitskraft am externen Arbeitsmarkt anzubieten. Die Tatsache, daß sie aufgrund dieser Ausbildung hohe Löhne erhalten werden, liefert ihnen einen zusätzlichen Anreiz, tatsächlich kontinuierlicher am Erwerbsleben teilzunehmen. Andererseits mag es auch Ausbildungen geben, die nicht nur die Produktivität am externen Arbeitsmarkt erhöhen, sondern auch die als Hausfrau oder Mutter; d.h. bei solchen Ausbildungen fallen auch in der Zeit, in der keine Erwerbstätigkeit besteht, nicht unerhebliche Erträge an. In diesem Fall müssen also auch für die Nichterwerbstätigkeitsphase Erträge einkalkuliert werden. Wenn man dieses Argument weiterführt, ergibt sich daraus im Umkehrschluß, daß die Art der Ausbildung von den Erwerbs- und Familienplänen abhängen wird. Die Ausbildungsgänge von Frauen oder auch Männern, die längere Familienphasen planen, werden andere sein als diejenigen von Menschen, die beabsichtigen, durchgehend erwerbstätig zu sein. Erstgenannte werden sich vielleicht nicht gerade auf Maschinenbau, Nuklearphysik oder Wirtschaftswissenschaften spezialisieren. Statt dessen werden sie eher in Fächern wie Hauswirtschaftslehre oder Erziehungswissenschaften zu finden sein, die später eine breitere Anwendung auch bei Nichterwerbstätigkeit ermöglichen.

Das letzte Set an Implikationen resultiert aus einer Betrachtung der Variablen K. K umfaßt die Einkommen, die mit Hilfe einer Bildungsinvestition realisiert werden können bzw. genau genommen der Differenz zwischen K und J, d.h. der _zusätzlichen Einkommen_ durch die Bildungsinvestition. Zu welchen Schlußfolgerungen führt uns eine Interpretationen dieser Einkommensdifferenz, d.h. ein Vergleich der

Einkommen mit und ohne Bildungsinvestition? Die Differenz entsteht aufgrund der unterschiedlichen Produktivität von Arbeitskräften mit und ohne Ausbildung. Demnach können Verbesserungen der Qualität von Schulen oder Hochschulen positive Effekte auf die Einkommen ihrer Absolventen (K) haben. Wenn also die Lehrer und Lehrmethoden besser werden, lernen die Schüler mehr oder schneller, was sich wiederum in einer höheren Produktivität niederschlägt. Aus diesem Grund können innovative Ausbildungsmethoden zu einer Einkommenserhöhung bei den Absolventen und damit zu einer steigenden Bildungsnachfrage führen.

> **Zur Diskussion...**
>
> So sehr diese Argumentation auch einleuchten mag, zur Erklärung langfristiger Trends der Bildungsteilnahme und der Einkommensentwicklung reicht sie als alleiniger Faktor dennoch nicht ganz aus. So beobachten wir beispielsweise, daß das durchschnittliche Bildungsniveau in entwickelten Industrienationen gegenwärtig signifikant höher ist als etwa zur letzten Jahrhundertwende. Außerdem beobachten wir, daß das durchschnittliche Bildungsniveau entwickelter Industrienationen heute deutlich über dem derzeitigen Niveau von Bangladesch liegt. Das gemeinsame Charakteristikum, das die Industrienationen zur Jahrhundertwende und Bangladesch von den heutigen Industrienationen unterscheidet, ist das technologische bzw. Produktivitätsniveau der typischen Arbeitsplätze. Zwar mag das Abitur oder ein Studium auch für einen Landwirt hilfreich sein, aber es wird wahrscheinlich für diesen einen geringeren Wert haben als etwa für einen Controller. Das Ausbildungsniveau entwickelt sich also parallel zum technologischen Fortschritt einer Volkswirtschaft. Analphabetismus und mangelnde mathematische Fähigkeiten werden in einer Gesellschaft, die größtenteils aus hochtechnisierten Arbeitsplätzen besteht, ein größeres Hemmnis sein als in einer bäuerlich geprägten Volkswirtschaft. Die aus Bildung resultierenden Einkommen K sind heute deutlich höher als um die Jahrhundertwende.

2.4 „Als-ob-Verhalten": Der Brückenschlag zwischen Theorie und Praxis

Viele Leser werden denken, daß dieses Modell, so logisch es auch klingen mag, nicht wirklich die Entscheidung von Jugendlichen bei der Wahl des Schultyps oder Studienfachs abbilden kann. Wer setzt sich schon hin und führt vor der Schulentscheidung eine Kalkulation wie die in (1.2) durch? Selbst Ökonomen tun dies nicht.

Implizit aber durchlaufen Menschen dennoch diese Art der Kalkulation.[6] Sie verhalten sich, „als ob" sie das Entscheidungskalkül kennen würden. Wenn beispielsweise der Absolvent eines wirtschaftswissenschaftlichen Studiengangs vor der Entscheidung steht, ob er auch noch eine Promotion anstreben oder lieber gleich in die Praxis gehen sollte, wird er sich sicherlich überlegen, welchen Einfluß dieses auf seine Karriere hat. Er weiß, daß sich der Doktortitel in vielen deutschen Unternehmen i.d.R. immer noch positiv auf die Karrieremöglichkeiten auswirkt, und so wird er versuchen abzuschätzen, wie sehr die Promotion ihn – angesichts seiner Berufsvorstellungen – voran bringen kann. Diesen Vorteilen wird er den Aufwand eines zusätzlichen Promotionsstudiums gegenüberstellen. Dabei wird er nicht nur die direkten Kosten wie Büchergeld, Kopierkosten oder Prüfungsgebühren berücksichtigen, sondern insbesondere auch das entgangene Einkommen, auf das er aufgrund des längeren Verbleibs in der Hochschule verzichtet. Möglicherweise wird er auch die Freude am wissenschaftlichen Arbeiten als zusätzlichen Ertrag oder die Frustrationen bei der Erstellung einer Dissertation als zusätzliche Kosten berücksichtigen. Auch wenn also bei der Entscheidung zu promovieren nicht wirklich nach (1.2) vorgegangen wird, so scheint es anhand des Beispiels doch plausibel, daß jeder sich die Frage stellt: „lohnt es sich", die zusätzliche Ausbildung auf sich zu nehmen? Damit werden implizit die Zusammenhänge von (1.2) angewendet. Dabei ist diese Schlußfolgerung nicht nur für Wirtschaftsstudenten zulässig, bei denen man ja vielleicht sogar solche rationalen Kalküle von vornherein vermuten würde, sondern es trifft auch auf sehr viel frühere Entscheidungen zu, wie z.B. die anfangs beschriebene Entscheidung über Schulabbruch oder Durchhalten bis zum Abitur. Wenn unser

---

[6] So kann auch der langfristige Rückgang an Hauptschülern mit Hilfe eines solchen Investitionskalküls plausibel erklärt werden (BACKES-GELLNER/WECKMÜLLER 1998).

2. Schulische Bildung

Schüler sich entscheiden soll, Abitur zu machen oder aufzugeben, wird er sich (implizit) fragen, was er davon hat, also ob z.B. das Abitur sein Leben entscheidend verändern wird. Vielleicht vermutet er, daß – gegeben seine beruflichen Vorstellungen – das Abitur gar nichts nützt. Gleichzeitig wird er auch überlegen, wie hoch seine individuellen Kosten des Weitermachens sind. Die Schule ist schwierig und vermittelt aus seiner Perspektive nur Unwichtiges. Außerdem hält ihn der Schulbesuch von anderen, sehr viel spannenderen Tätigkeiten ab. Er wird in seinem Kopf die zusätzlichen Vorteile des Abiturs (also die Erträge $K - J$) zusammenrechnen und sie abwägen gegen die Kosten. Wenn er zu dem Schluß kommt, daß Abbrechen für ihn sinnvoller ist, dann bedeutet das nichts anderes, als daß nach seiner Einschätzung die rechte Seite der Formel größer ist als die linke. Für diese Kalkulation braucht er keinen Taschenrechner, aber sein Denkprozeß und alle Argumente können als Teil von (1.2) angesehen werden.

2.5 Der nichtmonetäre Nutzen von Schulbildung

Auf einen Punkt werden wir immer und immer wieder zurückkommen. Bisher hat sich die Diskussion stark auf monetäre Aspekte konzentriert. Wir wissen aber, daß Menschen Schulen und Universitäten auch aus anderen Gründen besuchen. In K ist also – wie oben bereits mehrfach angedeutet – auch der nichtmonetäre Nutzen berücksichtigt. Ganz deutlich hatten wir das bereits am Beispiel der Hausfrau herausgearbeitet, die nicht höhere Einkommen erwartet, sondern eine höhere Produktivität bei der Hausarbeit aufgrund der Ausbildung. Ähnlich kann man aber auch bezüglich regulärer Beschäftigungsverhältnisse argumentieren. So kann beispielsweise der diplomierte Kaufmann sich zu einer Promotion entschließen, weil er sich davon später einen angenehmeren Arbeitsplatz erhofft und nicht unbedingt nur eine Einkommenssteigerung. Die Belohnung kann in einem höheren Status, mehr Flexibilität, interessanteren Aufgaben oder ähnlichem bestehen. K steht dann für den Wert des Wohlbefindens bei der Arbeit, der aus der Ausbildung resultiert. Vielleicht sind bei der Entscheidung die verbesserten Arbeitsbedingungen sogar noch wichtiger als ein höheres Gehalt. Natürlich ist es schwierig, nichtmonetären Nutzen in Geldeinheiten auszudrücken, allerdings ist es auch nicht ganz unmöglich und zwar weder theoretisch noch empirisch. Mit der Frage, wie die Transformation von nichtmonetären Belohnungen in monetäre Größen vorgenommen werden kann, werden wir uns eingehender in Kapitel X beschäftigen.

3. Betriebliche Bildung

Für Personalverantwortliche in Unternehmen ist sicherlich die betriebliche Bildung der Teil der Humankapitalinvestition, der sie am meisten beschäftigt. Nicht nur, weil die Unternehmen die Anbieter der entsprechenden Bildungsmaßnahmen sind, sondern auch, weil Art und Timing der Bildungsmaßnahmen mit der Entlohnung abgestimmt werden müssen. Dabei müssen zwei Arten von Bildungsmaßnahmen unterschieden werden, weil sie unterschiedliche Konsequenzen für die Entlohnung haben: sogenannte allgemeine und betriebsspezifische Bildungsmaßnahmen.

Allgemeine Bildungsmaßnahmen sind Investitionen in Humankapital, die die Produktivität der Arbeitnehmer allgemein erhöhen, d.h. nicht nur im ausbildenden Unternehmen sondern in gleichem Maße auch in anderen Unternehmen. Betriebsspezifische Bildungsmaßnahmen erhöhen dagegen die Produktivität der Arbeitnehmer nur im ausbildenden Unternehmen, lassen ihre Produktivität in anderen Unternehmen aber unbeeinflußt. Auch wenn es sich bei vielen betrieblichen Bildungsmaßnahmen um eine Mischform handeln dürfte, muß man die beiden Arten von Humankapital analytisch zunächst klar voneinander trennen.

Der Auszubildende eines Installateurs beispielsweise erhält vorrangig allgemeines Humankapital. Warum? Angenommen, der Auszubildende Peter beginnt seine Lehre sofort nach der mittleren Reife im Installationsbetrieb von Kramer. Da Peter in der Schule noch keinerlei praktische Erfahrungen sammeln konnte, muß er alles von Grund auf lernen. So lernt er etwa im ersten Jahr, wie man verstopfte Abflüsse reinigt oder wie man die Spülung einer Toilette und tropfende Wasserhähne repariert. Am Ende des ersten Jahres wird er also schon eine deutlich höhere Produktivität als zu Beginn des ersten Jahres an den Tag legen können, und am Ende der Ausbildung wird er eine nochmals deutlich gestiegene Produktivität aufweisen. Seine Produktivität ist aber nicht nur höher, solange er bei Kramer arbeitet, sondern wäre es auch in jedem anderen Unternehmen, das Installationen gleicher Art erle-

3. Betriebliche Bildung

digt. Angenommen, Peter kündigt und geht anschließend zu Thelens Sanitärinstallationen. Dann kann er dort wahrscheinlich alle Fähigkeiten einsetzen, die er sich bei Kramer angeeignet hat. Er geht zu Kunden und repariert genau die gleichen Abflüsse, Toilettenspülungen oder Wasserhähne, egal welcher Meister ihn losgeschickt hat. Das heißt, die Ausbildung, die er bei Kramer erfahren hat, ist vollständig allgemeiner Natur. (Wenn Kramer sich allerdings auf ganz bestimmte Materialien oder Marken spezialisiert hätte, die beispielsweise aufgrund von Gebietsschutz bei keinem seiner Konkurrenten zum Einsatz kommen, dann wäre das Wissen von Peter natürlich nicht vollständig allgemeiner Natur.)

Dem Installateursbeispiel soll nun der Fall eines Außendienstmitarbeiters gegenübergestellt werden. Außendienstmitarbeiter erwerben im Laufe ihrer Tätigkeit allgemeines Humankapital, wenn sie z.B. im Rahmen ihrer Kundenbesuche das Verkehrsnetz immer besser kennenlernen, wenn ihr Auftreten immer sicherer wird, wenn sie situationsgemäß ihre Verhaltensweisen anpassen lernen oder ihre Menschenkenntnis ständig verbessern. Ein großer Teil der Fähigkeiten, die sie sich aneignen, ist allerdings betriebsspezifischer Natur. Sie lernen, die Besonderheiten der verkauften Produkte optimal zu verstehen und darzustellen, sie lernen jeden einzelnen Kunden und seine Bedürfnisse kennen und erarbeiten sich ein Netzwerk, das genau auf ihren Kundenkreis abgestimmt ist. Das geht soweit, daß man von den wichtigsten Kunden die Lieblingsrestaurants oder bevorzugte Speisen und die Vorlieben für bestimmte Weinsorten oder ähnliches kennt, was einem wiederum bei der Vorbereitung eines Verkaufsgespräches sehr zu Hilfe kommen kann. Insgesamt kann dadurch die Produktivität eines Außendienstmitarbeiters beträchtlich gesteigert werden. Wechselt ein solchermaßen qualifizierter Mitarbeiter in ein anderes Unternehmen, das eine ganz andere Art von Produkten an einen ganz anderen Kundenstamm verkauft, dann sind alle diese Informationen wertlos, da sie im Rahmen der neuen Tätigkeit nicht mehr produktiv eingesetzt werden können. All die Zeit, die der Mitarbeiter zur produktspezifischen Informationssammlung aufgewendet hat, um seinen alten Kundenstamm kennen und pflegen zu lernen, war umsonst. Sie führte zwar zu einer Verbesserung der Produktivität bei dem ausbildenden Unternehmen, nicht aber bei dem neuen Unternehmen.

Wichtig ist es, zwischen allgemeinen und betriebsspezifischen Qualifikationen zu differenzieren, da Entlohnung und Fluktuation sich unterscheiden je nachdem, in welchen Qualifikationstyp investiert wurde. Um dies zu verdeutlichen, untersuchen wir zunächst genauer Investitionen in allgemeines Humankapital.

3.1 Betriebliche Bildungsmaßnahmen für allgemeine Qualifikationen: Das Grundproblem

Angenommen, ein Unternehmen überlegt, einem 25-jährigen Mitarbeiter eine einjährige Weiterbildungsmaßnahme anzubieten. Die Kosten der Maßnahme belaufen sich auf ca. € 500, und es wird vermutet, daß damit die Produktivität um € 1.000 jährlich gesteigert werden kann. Bei jedem normalen Zinssatz und einer durchschnittlichen Lebenserwartung ist dies sicherlich eine überaus lohnende Investition, die Bedingung aus (1.2) ist klar erfüllt. Einem Betrag von € 500 auf der Kostenseite (K) steht ein Betrag von € 1.000 (K-J) auf der Ertragsseite gegenüber und zwar für jedes weitere Jahr, in dem der Mitarbeiter in dem Unternehmen verbleibt. Die Ungleichung scheint also zu implizieren, daß das Unternehmen in diese Weiterbildungsmaßnahme investieren sollte. So einfach ist es allerdings nicht, was man sich anhand eines Zahlenbeispiels klarmachen kann.

Angenommen, ein Mitarbeiter hat eine Produktivität und ein Jahresgehalt von € 20.000. Sein Unternehmen läßt ihn an einer Weiterbildungsmaßnahme teilnehmen (z.B. an einem firmeninternen Computerkurs, der die Feinheiten eines Tabellenkalkulationsprogramms behandelt), die seine Produktivität signifikant erhöht. Seine Produktivität könnte damit um € 1000 jährlich erhöht werden, allerdings nicht nur im ausbildenden Unternehmen, sondern auch in einer Vielzahl anderer Unternehmen. Nun überlegt das Unternehmen, welchen Lohn es dem Mitarbeiter nach der Teilnahme an der Weiterbildungsmaßnahme zahlen sollte. Da das Unternehmen die Kosten der Weiterbildungsmaßnahme auf sich nimmt, liegt der Schluß nahe, daß die gesamten Produktivitätsfortschritte dem Unternehmen zustehen. In diesem Fall würde der Lohn des Mitarbeiters also nicht verändert, er würde weiterhin € 20.000 erhalten. Aber das ist keine intelligente Strategie. Warum? Da die Weiterbildungsmaßnahme allgemeiner Natur ist und die Produktivität nicht nur im ausbildenden

Unternehmen erhöht wird, werden Konkurrenzunternehmen dem Mitarbeiter gerne ein Jahresgehalt von mehr als € 20.000 anbieten, z.B. € 20.500. Auf diese Weise würden sie nämlich jemanden einstellen, der € 21.000 wert ist, dem man aber nur € 20.500 zahlt. Das ausbildende Unternehmen müßte also, wenn es den auf eigene Kosten frisch ausgebildeten Mitarbeiter nicht verlieren will, ebenfalls eine Gehaltserhöhung von € 500 gewähren. Damit aber nicht genug. Konkurrierende Unternehmen würden es auch noch attraktiv finden, den frisch qualifizierten Mitarbeiter für € 20.900 abzuwerben – und das ausbildende Unternehmen müßte wiederum mithalten. Weitere Unternehmen könnten weitere Angebote machen bis schließlich der gesamte Produktivitätsanstieg von € 1.000 aufgebraucht ist. Es bleibt dem ausbildenden Unternehmen also keine andere Möglichkeit, als den Mitarbeiter genau gemäß seiner neuen Produktivität zu entlohnen, ihm also ein Jahresgehalt von € 21.000 zukommen zu lassen. Auf den Kosten der Weiterbildungsmaßnahme bleibt es damit sitzen. (Der Leser rufe sich ins Gedächtnis, daß dieses genau die Bedenken sind, die Edgeworth in der anfangs wiedergegebenen Diskussion geäußert hat.)

Diesen Fehler wird das Unternehmen sicher nicht zweimal machen. Das nächste Mal wird das Unternehmen sich einfach weigern, die Kosten der Weiterbildungsmaßnahme in Höhe von € 500 zu tragen, da es aus den Produktivitätsfortschritten keine Gewinne erzielen kann. Damit wäre aber eine sinnvolle Investition verschenkt. Dazu wird es allerdings nicht kommen. Obwohl das Unternehmen nämlich nicht bereit ist, die Weiterbildungsmaßnahme zu finanzieren, wird der Mitarbeiter durchaus bereit sein, die Kosten zu übernehmen. Warum? Indem er zu Beginn € 500 in die Weiterbildungsmaßnahme investiert, kauft er sich quasi eine jährliche Lohnerhöhung von € 1000. Deshalb ist es für den Mitarbeiter ein gutes Geschäft, dem Unternehmen anzubieten, die Kosten der Bildungsmaßnahme selbst zu tragen, und für das Unternehmen spricht nichts dagegen, diese Alternative anzunehmen.

In der Theorie klingt dies sehr plausibel, aber man hört ja selten, daß die Mitarbeiter ihrem Unternehmen Geld bezahlen, um an Bildungsmaßnahmen teilnehmen zu können. Zu Zeiten der Gilden und Zünfte gab es diese Arrangements zwar sehr wohl, man zahlte seinem Meister einen Obolus dafür, daß er einen in die Lehre nahm, aber heute sind diese Praktiken eigentlich ausgestorben. Dennoch zahlen Arbeitnehmer für ihre Bildung, nämlich indem sie geringere Löhne akzeptieren, als sie sie an anderer Stelle bekommen könnten. Und dafür gibt es viele Beispiele:

Lehrlinge arbeiten zu Ausbildungsvergütungen, die deutlich unter den Gehältern von Facharbeitern, aber auch Un- und Angelernten liegen. Sie durchlaufen dafür aber auch ein standardisiertes Ausbildungsprogramm, das mit einer allgemein anerkannten Prüfung abschließt und das einem den Zugang zu den deutlich besser bezahlten Facharbeiterarbeitsplätzen eröffnet.

Junge Anwälte arbeiten beim Bezirksstaatsanwalt für einen geringeren Lohn als sie in einer eigenen Kanzlei erwirtschaften könnten, weil sie auf diese Weise wichtige Gerichtserfahrungen sammeln können. Hierbei handelt es sich um allgemeines Humankapital. Nach ein paar Jahren kann der Anwalt seine eigene Kanzlei aufmachen und ein Einkommen erwirtschaften, das ein Vielfaches des Lohnes beim Staatsanwalt beträgt.

Junge Köche arbeiten in gut etablierten Restaurants zu einem geringen Lohn und lernen das Geschäft, so daß sie später ihr eigenes Restaurant eröffnen können. Die erworbenen Fähigkeiten sind allgemeiner Natur. Dies ist der Grund, warum ihre Löhne als Auszubildende sogar in solchen Restaurants sehr gering sind, die sehr gut laufen.

Dieser Gedanke soll nun etwas exakter formuliert werden. Angenommen, ein Textilmaschinenführer stellt vielfältige Spezialstoffe für Outdoor-Equipment her. Ein lfdm. Stoff bringe abzüglich aller Kosten (auch Managementkosten) € 0,10 Gewinn. Typischerweise gleiche kein Meter Stoff dem anderen, so daß ständig neue Einstellungen und flexible Anpassungen der Maschinen vorzunehmen sind. Ein Anfänger könne inklusive aller Umrüstungen, Qualitätskontrollen und Wartungsarbeiten pro Stunde 60 lfdm. Stoff an seiner Maschine produzieren. Also ist der Mitarbeiter für das Unternehmen € 6,00 pro Stunde wert, und der Wettbewerb wird seinen Lohn bis auf dieses Niveau treiben. Statt die ganze Zeit an seiner Maschine zu arbeiten, würde der Anfänger aber fünfzehn Minuten pro Stunde einem Meister bei der Arbeit an dessen (gleichartiger) Maschine zuschauen. Auf diese Weise kann er sich Spezialwissen und Informationen über effiziente Arbeitstechniken und Kniffe aneignen. Diese erhöhen seine eigene Produktivität, so daß er nach einem Jahr 75 lfdm. pro

3. Betriebliche Bildung

Abbildung 1.1: Alters-Einkommens-Profil in Abhängigkeit der Betriebszugehörigkeitsdauer

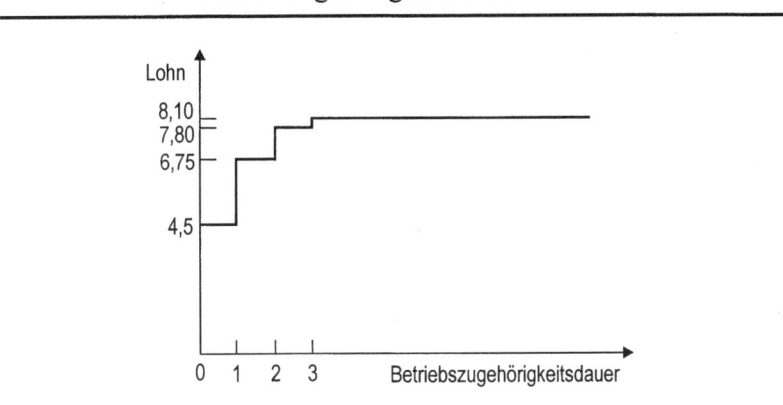

Stunde produzieren kann. Die Kosten der Beobachtung des Meisters bestehen darin, daß er statt € 6,00 nur € 4,50 pro Stunde erarbeitet. Das Unternehmen wird dementsprechend auch nur bereit sein, € 4,50 pro Stunde zu bezahlen.

Als Ergebnis der Beobachtung des Meisters kann der Mitarbeiter nun 75 lfdm. pro Stunde herstellen. Er denkt allerdings, daß sich noch weitere Beobachtungen lohnen. Angenommen, er verbringt nun 6 Minuten (1/10 Stunde) mit der Beobachtung des Meisters. Seine Produktivität sinkt auf 67,5 lfdm. pro Stunde, so daß sein Lohn nicht € 7,50 sondern € 6,75 beträgt. Aufgrund der weiteren Beobachtungen im zweiten Jahr, erwirbt der Mitarbeiter Fähigkeiten, die es ihm ermöglichen, 80 lfdm. pro Stunde zu produzieren. Nun sei angenommen, daß der Mitarbeiter sich entscheidet, statt 80 lfdm. herzustellen, drei Minuten pro Stunde dem Meister zuzuschauen. Dieses reduziert seine Produktivität um ein Zwanzigstel oder 2 lfdm. Er verdient also nicht € 8 pro Stunde, sondern nur € 7,80. Allerdings beträgt seine Produktivität im dritten Jahr nun 81 lfdm. pro Stunde. Nun kommt der Mitarbeiter zu dem Schluß, daß es sich nicht weiter lohnt, noch mehr Zeit auf Beobachtung zu verwenden. Er produziert die gesamte Stunde und verdient € 8,10. Solange sich daran nichts ändert, bleibt der Lohn bei € 8,10. Abbildung 1.1 zeigt das Alters-Einkommens-Profil, das aus dieser Investition resultiert.

In der Abbildung wird davon ausgegangen, daß der Mitarbeiter im Alter von 15

Abbildung 1.2: Geglättetes Lohnprofil

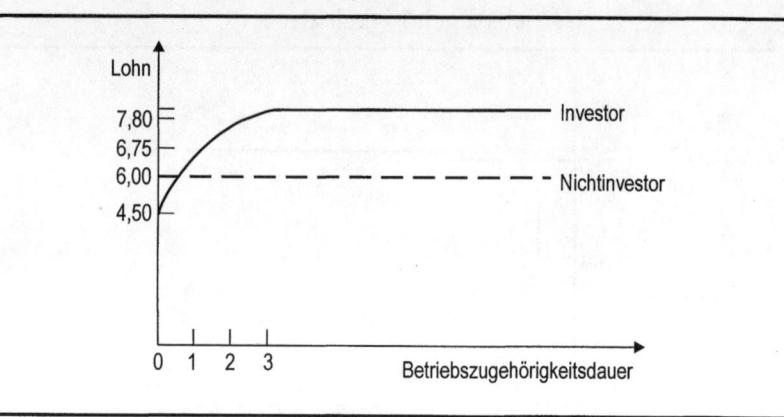

Jahren beginnt, für das Unternehmen zu arbeiten. Der treppenartige Verlauf ist in der Realität typisch, da Lohnerhöhungen periodenweise gewährt werden. Allerdings kann es auch sein, daß die Löhne anfangs oder auch später häufiger angepaßt werden, dann würde das Alters-Einkommens-Profil geglättet (Abb. 1.2).

Eine Analyse typischer Alters-Einkommens-Profile ergibt, daß diese i.d.R. durch drei Charakteristika gekennzeichnet sind. Damit spiegeln sie wider, wie Unternehmen und ihre Mitarbeiter betriebliche Bildungsaktivitäten bewerten.

1. Wenn der Mitarbeiter nicht in Humankapital investiert hätte, dann wäre der Lohn konstant bei € 6,00 geblieben. Dies wird durch die gestrichelte Linie in Abbildung 1.2 angedeutet. Das bedeutet, daß der Lohn desjenigen, der in Humankapital investiert, anfänglich unterhalb des Lohnes der Nichtinvestierenden liegt. Später liegt er oberhalb. Humankapitalinvestoren verzichten auf Löhne am Anfang ihres Arbeitslebens und werden später durch höhere Löhne belohnt.

Beispielsweise verdienen Außendienstmitarbeiter häufig mehr als Mitarbeiter des Innendienstes, die mit klassischen Verwaltungsaufgaben betraut sind. Gleichzeitig beobachten wir, daß Mitarbeiter vom Außendienst in den Innendienst wechseln und dabei die entsprechenden Gehaltseinbußen hinnehmen. Ein Grund, den geringer bezahlten Job zu akzeptieren, ist darin zu sehen, daß sich dem Arbeitnehmer durch diesen Schritt andere Karrieremöglichkeiten eröffnen. Die Managementfähigkeiten, die der Arbeitnehmer in den Anfangsjahren im Innendienst erwirbt, erhöhen seine spätere Produktivität und damit auch sein Gehalt. Wenn sich der Trade-Off zwischen geringeren Gehältern in der Gegenwart und höheren Gehältern in der Zukunft lohnt, werden Außendienstmitarbeiter trotz Einkommensverzicht gerne in den Innendienst wechseln wollen.

2. Die Kurve hat typischerweise eine positive Steigung. Arbeitnehmer verdienen weniger, wenn sie jung sind als wenn sie älter sind. Zwei Faktoren bestimmen diesen Verlauf. Erstens werden Arbeitnehmer, wenn sie Erfahrungen sammeln, produktiver. Wenn die Produktivität steigt, steigt auch der Lohn. Zweitens sinkt der Anteil der Lernphasen im Vergleich zu den produktiven Phasen. Auch aus diesem Grund steigt der Lohn. Selbst wenn die maximale Produktivität des Arbeitnehmers konstant bei € 6,00 bliebe, steigt der Lohn von € 4,50 im ersten auf € 5,40 im zweiten Jahr, da er im zweiten Jahr dem Meister nur 6 Minuten zuschaut, während er im ersten Jahr noch 15 Minuten dafür aufgewendet hat. Die Löhne steigen also in der Zeit, weil die Produktivität steigt und weil die Lernphasen zurückgehen bzw. die Investitionstätigkeit zurückgehen.

3. Das Alters-Einkommens-Profil hat einen degressiven Verlauf; oder anders ausgedrückt: Das Einkommen steigt mit abnehmenden Raten. Am Anfang der Karriere ist das Einkommensprofil steil, während es gegen Ende immer flacher wird. Lohnerhöhungen fallen typischerweise am Anfang der Berufstätigkeit größer aus als am Ende des Erwerbslebens. Auch hierfür gibt es wieder zwei Gründe. Erstens sinkt der Ertrag einer zusätzlichen Investition je mehr bereits investiert worden ist. Die wichtigsten Fähigkeiten werden zuerst erlernt, danach erfolgt irgendwann nur noch Feinarbeit. Die Fortschritte, die ein Kind im Alter von 2 bis 5 Jahren beim Spracherwerb macht, sind sicherlich größer als diejenigen, die 17- bis 20-Jährige noch machen können. Das gleiche gilt auch im Arbeitsleben. Die meisten Informationen und wichtigsten Fähigkeiten werden am Anfang vermittelt. Der zweite Grund für den degressiven Verlauf ist, daß mit zunehmender Erfahrung der Arbeitnehmer immer weniger Zeit für neues Lernen aufgewendet werden muß. Dementsprechend können die aus Lernfortschritten resultierenden Lohnzuwächse am Ende des Erwerbslebens nicht mehr so groß sein wie am Anfang.

Mit wenigen Mitteln kann also die Humankapitaltheorie schon einen großen Beitrag zur Erklärung dessen leisten, was wir im Bereich der betrieblichen Bildung an stilisierten Fakten beobachten: Alters-Einkommens-Profile haben eine positive Steigung und verlaufen konkav. Diejenigen, die an einer allgemeinen Qualifizierungsmaßnahme teilnehmen, müssen dafür etwas hergeben. Sie müssen sich z.B. anfangs mit niedrigeren Löhnen zufriedengeben, um später dann höhere Löhne realisieren zu können.

3.2 Betriebliche Bildungsmaßnahmen für allgemeine Qualifikationen: Eine Anwendung

In der am Anfang dieses Kapitels beschriebenen Gruppendiskussion des Maschinenbauunternehmens war die Rede von einer Qualifizierungsmaßnahme mit allgemeinen Inhalten, die auch in anderen Unternehmen wertvoll eingesetzt werden können. Einige der Manager waren besorgt, daß die Ausbildung die Produktivität der Mitarbeiter zwar erhöhen würde, daß dieser Produktivitätszuwachs aber den Konkurrenten zugute kommen könnte, wenn sie die qualifizierten Arbeitnehmer abwerben. In diesem Abschnitt beschäftigen wir uns nun näher mit solchen allgemeinen Qualifizierungsmaßnahmen und fragen, welche Mitarbeiter in den Genuß solcher Maßnahmen kommen und wie ihre Löhne vor und nach der Investition aussehen sollten.

Angenommen, das Maschinenbauunternehmen, das wir im folgenden DeMa (Deutsche Maschinenbau) GmbH nennen wollen, bietet im Produktionsbereich zwei Arten von Arbeitsplätzen an: Maschinenführer (M) und Anlagenelektroniker (A). Jeder Mitarbeiter könne beide Jobs übernehmen. Für die Position des Maschinenführers ist nur ein minimaler Einarbeitungsaufwand erforderlich, während für die Anlagenelektroniker ausführliche Ausbildungen angeboten werden, damit diese alle Feinheiten der neuen computergesteuerten Maschinen beherrschen lernen. Tabelle 1.1a enthält die Produktivitätsdaten für beide Sorten von Mitarbeitern. Dabei ist zu berücksichtigen, daß nicht alle Mitarbeiter das gleiche Potential aufweisen, so daß wir im folgenden zwei Kategorien von Mitarbeitern unterscheiden wollen. Auf der einen Seite gebe es die begabten Mitarbeiter (B), die alles sehr schnell lernen und produktiv umsetzen können, und auf der anderen Seite gebe es unbegabte Mitarbeiter (U), denen das Lernen und die Umsetzung neuer Erkenntnisse im betrieblichen Alltag eher schwerfällt. Für beide Arbeitnehmertypen werden nun in Tabelle 1.1a die Pro-

3. Betriebliche Bildung

duktivitäten als Maschinenführer (Spalte 2 und 4) bzw. als Anlagenelektroniker (Spalte 3 und 5) und die daraus resultierenden Produktivitätsdifferenzen (Spalte 6 und 7) im Laufe der Jahre (Spalte 1) aufgelistet. Um die Produktivitäten und Produktivitätsdifferenzen vergleichen zu können, sind sie über die Jahre kumuliert und auf den Zeitpunkt 0 diskontiert. So stellt also beispielsweise die Produktivitätsdifferenz die diskontierte Differenz der Produktivitäten eines begabten Anlagenelektronikers im Vergleich zu einem begabten Maschinenführer für eine bestimmte Zahl an Berufsjahren dar.

So berechnet sich also beispielsweise der Eintrag in Zeile 3, Spalte 6 wie folgt:

$$\frac{10.000-20.000}{(1+r)^0}+\frac{14.159-20.693}{(1+r)^1}+\frac{16.591-21.099}{(1+r)^2}+\frac{18.318-21.386}{(1+r)^3}=-24.110$$

In diesem Beispiel wurde der Zinssatz r mit 0% angesetzt. Inhaltlich bedeutet die Zahl, daß ein begabter Mitarbeiter in den Jahren 0 bis 3 insgesamt € 24.110 an Produktivität verlieren würde, wenn er eine Ausbildung zum Anlagenelektroniker macht und nicht den Weg eines Maschinenführers geht.

Auf die gleiche Weise läßt sich die Spalte Produktivitätsdifferenz für technisch unbegabte Mitarbeiter interpretieren. So bedeutet etwa der Eintrag in Zeile 2, Spalte 7:

$$\frac{8.000-18.000}{(1+r)^0}+\frac{11.466-18.624}{(1+r)^1}+\frac{13.493-18.989}{(1+r)^2}=-22.654$$

Ein Mitarbeiter, der in den Jahren 0 bis 2 als Anlagenmechaniker lernt, verliert also insgesamt € 22.654 an Produktivität.

Analoge Berechnungen kann man unter der Annahme alternativer Zinssätze durchführen und sehen, wie sich die Ergebnisse dann verändern. Tabelle 1.1b ist genau wie Tabelle 1.1a aufgebaut; allerdings beträgt der Zinssatz nun nicht mehr 0%, sondern 5%. Der unbegabte Mitarbeiter des letzten Beispiels würde unter dieser neuen Annahme nicht € 22.654, sondern nur € 21.802 verlieren. In den Tabellen 1.1a und 1.1b sind aber noch viel mehr Informationen enthalten, die es im folgenden sinnvoll zu interpretieren gilt.

Man kann sehen, daß die Produktivität eines begabten Anlagenelektronikers zunächst unterhalb der eines begabten Maschinenführers liegt (Spalte 2 und 3), da der

Tabelle 1.1a: Jahresproduktivität und Produktivitätsdifferenzen

			Zinssatz: 0%			
1	*2*	*3*	*4*	*5*	*6*	*7*
	Begabte Arbeitnehmer		Unbegabte Arbeitnehmer		Produktivitätsdifferenzen	
Erfahrung in Jahren	Maschinen-führer	Anlagen-elektroniker	Maschinen-führer	Anlagen-elektroniker	begabte Arbeitnehmer	unbegabte Arbeitnehmer
0	**20.000**	**10.000**	**18.000**	**8.000**	-10.000	-10.000
1	**20.693**	**14.159**	**18.624**	**11.466**	-16.534	-17.158
2	**21.099**	**16.591**	**18.989**	**13.493**	-21.041	**-22.654**
3	**21.386**	**18.318**	19.248	14.931	**-24.110**	-26.970
4	21.609	19.657	19.448	16.047	-26.063	-30.371
5	21.792	20.751	19.613	16.959	-27.104	-33.025
6	21.946	21.675	19.751	17.730	-27.374	-35.047
7	22.079	22.477	19.871	18.397	-26.977	-36.521
8	22.197	23.183	19.978	18.986	-25.991	-37.513
9	22.303	23.816	20.072	19.513	-24.478	-38.072
10	22.398	24.387	20.158	19.989	-22.488	-38.241
11	22.485	24.909	20.236	20.425	-20.064	-38.052
12	22.565	25.390	20.308	20.825	-17.239	-37.536
13	22.639	25.834	20.375	21.195	-14.044	-36.716
14	22.708	26.248	20.437	21.540	-10.504	-35.613
15	22.773	26.636	20.495	21.863	-6.641	-34.245
16	22.833	26.999	20.550	22.166	-2.475	-32.629
17	22.890	27.342	20.601	22.452	1.977	-30.779
18	22.944	27.667	20.650	22.722	6.699	-28.706
19	22.996	27.974	20.696	22.979	11.678	-26.424
20	23.045	28.267	20.740	23.223	16.901	-23.941
21	23.091	28.546	20.782	23.455	22.356	-21.268
22	23.135	28.813	20.822	23.677	28.033	-18.413
23	23.178	29.068	20.860	23.890	33.924	-15.383
24	23.219	29.313	20.897	24.094	40.018	-12.185
25	23.258	29.549	20.932	24.290	46.309	-8.827
26	23.296	29.775	20.966	24.479	52.788	-5.314
27	23.332	29.993	20.999	24.661	59.449	-1.652
28	23.367	30.204	21.031	24.836	66.285	2.152
29	23.401	30.407	21.061	25.006	73.291	6.099
30	23.434	30.604	21.091	25.170	80.461	10.178
31	23.466	30.794	21.119	25.329	87.790	14.388
32	23.497	30.979	21.147	25.483	95.272	18.723
33	23.526	31.158	21.174	25.632	102.904	23.181
34	23.555	31.332	21.200	25.777	110.681	27.758
35	**23.584**	**31.501**	**21.225**	**25.918**	118.598	32.451

3. Betriebliche Bildung

Tabelle 1.1b: Jahresproduktivität und Produktivitätsdifferenzen

			Zinssatz: 5%			
1	2	3	4	5	6	7
	Begabte Arbeitnehmer		Unbegabte Arbeitnehmer		Produktivitätsdifferenzen	
Erfahrung in Jahren	Maschinen-führer	Anlagen-elektroniker	Maschinen-führer	Anlagen-elektroniker	begabte Arbeitnehmer	unbegabte Arbeitnehmer
0	20.000	10.000	18.000	8.000	-10.000	-10.000
1	20.693	14.159	18.624	11.466	-16.223	-16.817
2	21.099	16.591	18.989	13.493	-20.311	-21.802
3	21.386	18.318	19.248	14.931	-22.962	-25.530
4	21.609	19.657	19.448	16.047	-24.568	-28.329
5	21.792	20.751	19.613	16.959	-25.384	-30.408
6	21.946	21.675	19.751	17.730	-25.586	-31.917
7	22.079	22.477	19.871	18.397	25.304	-32.964
8	22.197	23.183	19.978	18.986	-24.636	-33.635
9	22.303	23.816	20.072	19.513	-23.661	-33.996
10	22.398	24.387	20.158	19.989	-22.440	-34.100
11	22.485	24.909	20.236	20.425	-21.022	-33.990
12	22.565	25.390	20.308	20.825	-19.449	-33.702
13	22.639	25.834	20.375	21.195	-17.755	-33.267
14	22.708	26.248	20.437	21.540	-15.967	-32.710
15	22.773	26.636	20.495	21.863	-14.108	-32.052
16	22.833	26.999	20.550	22.166	-12.200	-31.312
17	22.890	27.342	20.601	22.452	-10.258	-30.504
18	22.944	27.667	20.650	22.722	-8.295	-29.643
19	22.996	27.974	20.696	22.979	-6.325	-28.740
20	23.045	28.267	20.740	23.223	-4.357	-27.805
21	23.091	28.546	20.782	23.455	-2.399	-26.845
22	23.135	28.813	20.822	23.677	-458	-25.869
23	23.178	29.068	20.860	23.890	1.460	-24.882
24	23.219	29.313	20.897	24.094	3.350	-23.891
25	23.258	29.549	20.932	24.290	5.207	-22.899
26	23.296	29.775	20.966	24.479	7.029	-21.911
27	23.332	29.993	20.999	24.661	8.814	-20.930
28	23.367	30.204	21.031	24.836	10.557	-19.960
29	23.401	30.407	21.061	25.006	12.260	-19.001
30	23.434	30.604	21.091	25.170	13.918	-18.057
31	23.466	30.794	21.119	25.329	15.533	-17.130
32	23.497	30.979	21.147	25.483	17.104	-16.220
33	23.526	31.158	21.174	25.632	18.629	-15.329
34	23.555	31.332	21.200	25.777	20.109	-14.457
35	23.584	31.501	21.225	25.918	21.545	-13.607

Anlagenelektroniker zunächst sehr viel mehr Zeit für z.B. formale Ausbildung aufwenden muß und länger braucht, um ausreichende Routine in allen seinen verschiedenen Aufgabenbereichen zu entwickeln. Nach sechs Jahren kommen aber schließlich die positiven Auswirkungen der systematischen Ausbildung voll zum Tragen, und die Produktivität des Anlagenelektronikers übersteigt erstmals die des Maschinenführers. Die gleichen Informationen sind in Spalte 4 und 5 enthalten, allerdings für unbegabte Mitarbeiter. Für beide Arten von Arbeitsplätzen und in allen Jahren ist die Produktivität der unbegabten niedriger als die der begabten Mitarbeiter. Allerdings gilt genauso wie für die begabten Mitarbeiter auch für die unbegabten Mitarbeiter, daß die Produktivität eines Anlagenelektronikers anfänglich unterhalb und später oberhalb der eines Maschinenführers liegt. Bei genauerer Betrachtung gibt es allerdings doch einen feinen aber bedeutsamen Unterschied. Die begabten Mitarbeiter erwirtschaften durch die Ausbildung mehr als die unbegabten Mitarbeiter, was man z.B. an Zeile 35 sehr gut erkennen kann. Ein begabter Anlagenelektroniker produziert etwa € 8.000 mehr als ein begabter Maschinenführer, während ein unbegabter Anlagenführer nur etwa € 4.700 mehr produziert als ein unbegabter Maschinenführer. Die Informationen der Spalten 6 und 7 können also dazu herangezogen werden, um zu entscheiden, welcher Typ von Mitarbeiter, welche Ausbildung bzw. welche Art von Arbeitsplatz bekommen sollte.

Beispielsweise können wir anhand der Tabelle ablesen, daß die Produktivität eines begabten Mitarbeiters, der nur drei Jahre arbeitet und den man zum Anlagenelektroniker ausgebildet hat, € 24.110 weniger betragen würde als wenn man ihn zum Maschinenführer ausgebildet hätte. Spalte 6 zeigt, daß diese Differenz mit der Zeit immer geringer wird, irgendwann gegen Null strebt und schließlich sogar einen positiven Wert annimmt. Wenn davon auszugehen wäre, daß der begabte Mitarbeiter nicht 3 sondern 17 Jahre im Unternehmen verbleibt, dann wäre die Differenz positiv und hätte einen Wert von € 1.977. Wenn der Mitarbeiter sogar 35 Jahre bliebe, dann würde die Differenz sogar auf € 118.598 steigen. Spalte 7 ist strukturell identisch zu Spalte 6 und enthält dieselben Informationen für unbegabte Mitarbeiter.

Damit bietet Tabelle 1.1 genug Informationen für die Entscheidung, wer welche Ausbildung bzw. welchen Arbeitsplatz bekommen sollte. Angenommen, der Kalkulationszinssatz betrage 0%, dann wären die Daten der Tabelle 1.1a relevant. Ein begabter Mitarbeiter, bei dem man davon ausgehen kann, daß er mindestens 17 Jahre im Unternehmen verbleibt, sollte eine Ausbildung zum Anlagenelektroniker aufnehmen, da die Produktivitätsdifferenzen ab diesem Zeitpunkt positiv werden. Obwohl ein begabter Anlagenelektroniker bereits ab dem siebten Jahr eine höhere Produktivität aufweist als wenn er Maschinenführer geworden wäre, muß er noch zehn weitere Jahre arbeiten, um die niedrige Produktivität der ersten sechs Jahre wettzumachen. Erst wenn ein begabter Mitarbeiter plant, mehr als 16 Jahre auf einem entsprechenden Arbeitsplatz erwerbstätig zu bleiben, lohnt es sich, die höhere Produktivität als Anlagenelektroniker anzustreben, da ansonsten die anfänglichen Produktivitätsnachteile nicht vollständig aufgewogen würden. Bei einem unbegabten Mitarbeiter dauert es sogar 27 Jahre bis seine Produktivitätsvorteile ausreichen, um die anfänglichen Produktivitätsverluste auszugleichen. Das heißt, nur wenn er länger als 27 Jahre auf einem entsprechenden Arbeitsplatz bleiben will und kann, lohnt es sich für ihn, eine Ausbildung zum Anlagenelektroniker aufzunehmen und nicht einfach nur Maschinenführer zu werden.

Bisher haben wir allerdings nur gesehen, daß die Produktivitätsfortschritte es manchmal rechtfertigen, eine anspruchsvolle Ausbildung aufzunehmen und manchmal nicht. Wir haben aber noch nicht darüber nachgedacht, wer von dieser erhöhten Produktivität profitiert: der Mitarbeiter oder das Unternehmen. Die Antwort hängt von den mit den unterschiedlichen Arbeitsplätzen verbundenen Entlohnungen ab.

Da die Ausbildung annahmegemäß allgemeiner Natur ist, muß der Arbeitnehmer immer genau entsprechend seiner aktuellen Produktivität entlohnt werden. Wenn ihm weniger gezahlt wird, besteht die Gefahr, daß er von einem Konkurrenten abgeworben wird, der ihm ein höheres Einkommen (das maximal die Höhe seiner Produktivität betragen wird) bietet. Also müssen wir davon ausgehen, daß z.B. ein begabter Maschinist genau entsprechend seiner Produktivität entlohnt wird. Das heißt, in jedem Jahr erhält er ein Einkommen gemäß Spalte 2. Entsprechend wird angenommen, daß ein begabter Elektroniker entsprechend Spalte 3 entlohnt wird, usw.

Vor diesem Hintergrund wird deutlich, daß das Unternehmen eigentlich gar nicht entscheiden muß, welcher Mitarbeiter welche Ausbildung machen soll. Die Mitarbeiter werden sich selbst optimal selektieren! Kein begabter Mitarbeiter, der von sich selbst annimmt, daß er weniger als 17 Jahre arbeitet, würde eine Ausbildung als Anlagenelektroniker aufnehmen wollen – zumindest wenn er selbst die Kosten dafür trägt. Genauso würde jeder begabte Mitarbeiter, der von sich selbst weiß, daß er mehr als 17 Jahre in seinem erlernten Beruf arbeiten will, im eigenen Interesse die Ausbildung zum Anlagenelektroniker auf sich nehmen. Dabei ist es eigentlich unwichtig, ob der Mitarbeiter die ganze Zeit beim ausbildenden Unternehmen bleibt, oder ob er später – bei gleicher Tätigkeit – auch einmal das Unternehmen wechseln will. Da es sich um allgemeines Humankapital handelt, erhält er in jedem Unternehmen das gleiche Einkommen.

Das Unternehmen ist unter den oben genannten Rahmenbedingungen indifferent gegenüber den Entscheidungen der Arbeitnehmer. Solange das Unternehmen dem Mitarbeiter nicht mehr bezahlen muß als seine aktuelle Produktivität (weniger ist sowieso unrealistisch aus den oben genannten Gründen), ist es für das Unternehmen letztlich nicht wichtig, ob es produktivere Mitarbeiter hat, die ein höheres Einkommen erhalten, oder weniger produktive Mitarbeiter mit einem entsprechend geringeren Einkommen.[7]

Die Frage, wer eine Ausbildung erhält, wenn diese zu allgemeinem Humankapital führt, kann also ganz leicht beantwortet werden: Jeder, der allgemeines Humankapital erwerben möchte und bereit ist, dafür zu bezahlen, kann und wird es erwerben.

Welcher Typ von Mitarbeitern entscheidet sich nämlich für die qualitativ hochwertige Ausbildung? Die Antwort ergibt sich unmittelbar aus den Tabellen. Die Mitarbeiter, die planen, am längsten am Arbeitsmarkt zu bleiben, profitieren am meisten von einer hochwertigen Ausbildung. Deshalb ist z.B. zu erwarten, daß es eher die jüngeren, frisch auf den Arbeitsmarkt eintretenden Arbeitnehmer sind, die eine Ausbildung zum Anlagenelektroniker aufnehmen. Außerdem profitieren begabte Arbeitnehmer mehr als unbegabte, so daß c.p. die Wahrscheinlichkeit, daß ein begabter Mitarbeiter eine Ausbildung zum Anlagenelektroniker macht, höher ist. Im Hinblick auf geschlechtsspezifische Unterschiede lassen sich folgende Implikationen ableiten.

---

[7] Bei dieser Argumentation werden Überlegungen zur Kapitalausstattung und daraus resultierenden Kapazitätsproblemen vernachlässigt (vgl. hierzu aber Kapitel II der „Einführung in die Personalökonomik", WOLFF/LAZEAR 2001).

3. Betriebliche Bildung

Für weibliche Arbeitnehmer, die beabsichtigen langfristig erwerbstätig zu bleiben, gibt es keinen Grund zu erwarten, daß sie eine andere Entscheidung treffen als ihre männlichen Kollegen. Eine begabte Frau, die etwa plant, 20 Jahre erwerbstätig zu sein, wird eine Ausbildung zum Anlagenelektroniker genauso aufnehmen, wie ein begabter Mann. Genau wie ein Mann, würde sie aber bei einer Perspektive von z.B. 15 Jahren oder noch weniger eher Maschinenführer werden.

Wie verändert sich nun das Kalkül, wenn sich der Kalkulationszinssatz verändert, wenn er beispielsweise deutlich steigt? Hierüber gibt Tabelle 1.1b Auskunft. Ein höherer Zinssatz führt dazu, daß der Barwert der Investition geringer wird. Bei einem Zinssatz von 0% entscheidet sich ein begabter Mitarbeiter mit mehr als 17 Jahren Erwerbstätigkeit für die aufwendige Investition. Wenn der Zinssatz 5% beträgt, würde er sich bei 17 Jahren noch dagegen entscheiden. Erst wenn er beabsichtigt, noch mehr als 23 Jahre in dem entsprechenden Beruf erwerbstätig zu sein, lohnt sich für ihn die aufwendige Investition. Für einen unbegabten Mitarbeiter lohnt es sich bei einem Kalkulationszins von 5% und einem Erwerbsleben von nicht mehr als 35 Jahren überhaupt nicht mehr, in die aufwendige Ausbildung zu investieren. Bei einem Zinssatz von 0% entscheidet sich ein unbegabter Mitarbeiter immerhin noch mit einer Perspektive von 28 Erwerbsjahren für die aufwendige Investition. Das heißt, die Dauer der Amortisation spielt eine wichtige Rolle für das Ergebnis einer Ausbildungsentscheidung. Dabei muß die Amortisationsdauer nicht nur von der geplanten Erwerbstätigkeit abhängen, sondern sie kann auch von Erwartungen über technologische Innovationen bestimmt werden. Wenn ein Arbeitnehmer davon ausgehen muß, daß eine Technologie, für die er ausgebildet wird, keine Zukunftsaussichten mehr hat, dann lohnen sich natürlich aufwendige Investitionen weniger, als wenn man davon ausgehen kann, daß man heute schon in einer Zukunftstechnologie ausgebildet wird, die auch noch in vielen Jahren die Produktion bestimmen wird.

Dies führt zu den folgenden allgemeinen Schlußfolgerungen:

1. *Wenn betriebliche Bildungsmaßnahmen allgemeiner Natur sind, wird der Mitarbeiter die Kosten der Ausbildung durch einen entsprechenden Lohnverzicht selbst tragen müssen. Wenn die Kosten der Ausbildung komplett über einen Lohnverzicht abgedeckt werden können (was nicht immer der Fall ist), dann sollte jedem*

Mitarbeiter, der die Ausbildung von sich aus durchlaufen will, die Möglichkeit dazu gegeben werden.

2. *Bietet ein Unternehmen solche Ausbildungsplätze mit anfangs hohem Lohnverzicht an, dann werden jüngere Arbeitnehmer und solche, die eine längerfristige Erwerbstätigkeit planen, mit einer größeren Wahrscheinlichkeit auf das Angebot eingehen als ältere Arbeitnehmer oder solche mit kürzeren Erwerbsplänen.*

Solange die Mitarbeiter selbst für die Ausbildung bezahlen und die Löhne jederzeit der Produktivität angepaßt werden können, gibt es für das Unternehmen keinen Grund, nur die fähigsten Mitarbeiter in das Ausbildungsprogramm zu drängen. Die fähigsten Mitarbeiter werden am meisten von der Ausbildung profitieren und sich damit von sich aus ohnehin für eine solche Investition entscheiden.

3.3 Betriebliche Bildungsmaßnahmen für betriebsspezifische Qualifikationen

Bisher haben wir uns auf betriebliche Bildungsmaßnahmen konzentriert, die die Produktivität der ausgebildeten Arbeitskräfte in einer Vielzahl von Unternehmen in gleicher Weise steigern. So hat z.B. Peter allgemeine Kenntnisse eines Installateurs erworben, die nicht nur vom ausbildenden Unternehmen, sondern auch von jedem konkurrierenden Unternehmen nachgefragt werden. Das ausbildende Unternehmen kommt somit nicht umhin, Peter genau entsprechend seiner Produktivität zu entlohnen, was wiederum bedeutet, daß das Unternehmen keine zusätzlichen Erträge realisieren kann, um die Kosten der Ausbildungsmaßnahme zu decken. Aus diesem Grunde muß Peter durch Lohnverzicht selbst für seine Ausbildungskosten aufkommen. Bei betriebsspezifischen Bildungsmaßnahmen sieht es allerdings anders aus. Hier können die qualifizierten Arbeitskräfte nicht von konkurrierenden Unternehmen abgeworben werden. So sind etwa die Kenntnisse eines Außendienstmitarbeiters über die Besonderheiten der verkauften Produkte und die Details der Kunden und ihrer Bedürfnisse nur nützlich und produktiv, solange er bei seinem ursprünglichen Unternehmen bleibt. Da es sich um betriebsspezifische Qualifikationen handelt, kann das Gehalt, das das ausbildende Unternehmen zahlt, prinzipiell höher sein als das, was jedes andere außenstehende Unternehmen bieten kann. Dennoch muß

3. Betriebliche Bildung

das Unternehmen den Arbeitnehmer nicht für den gesamten Produktivitätsfortschritt entlohnen. Demnach könnte man vermuten, daß das ausbildende Unternehmen bereit sein müßte, die Kosten für die Aneignung des betriebsspezifischen Wissens in voller Höhe zu tragen. Daß dieses genauso wenig der Fall ist wie die volle Kostenübernahme durch den Arbeitnehmer, kann man sich anhand der folgenden beiden extremen Beispiele verdeutlichen.

Angenommen, ein Unternehmen würde tatsächlich vollständig für die Kosten betriebsspezifischer Qualifizierungsmaßnahmen aufkommen. Nach der Bildungsmaßnahme hätte der Arbeitnehmer eine höhere Produktivität als vor der Bildungsmaßnahme. Auch wäre seine Produktivität dann höher als in jedem anderen Unternehmen. Weil das Unternehmen die Kosten der Bildungsmaßnahme vollständig auf sich genommen hat, würde es im Gegenzug die gesamten Produktivitätsfortschritte für sich in Anspruch nehmen und dem Arbeitnehmer immer noch den ursprünglichen Lohn zahlen, den er in jedem anderen Unternehmen auch bekommen könnte. Wenn der so ausgebildete Arbeitnehmer allerdings nicht ganz dumm ist, dann weiß er, daß er das Unternehmen nun in der Hand hat. Wenn er nämlich das Unternehmen verläßt, weil für ihn eine Arbeit in einem konkurrierenden Unternehmen genauso viel bringt wie in dem ausbildenden Unternehmen, dann verliert das Unternehmen seine komplette Investition. Er kann nun also einen höheren Lohn fordern, ohne sich an den Kosten der Bildungsmaßnahmen beteiligt zu haben. Daß dieses keine sinnvolle Lösung sein kann, ist unmittelbar einsichtig.

Aber auch die gegenteilige Konstruktion ist keine bessere Lösung. Angenommen, der Arbeitnehmer würde die Aufwendungen für die Qualifizierungsmaßnahme in voller Höhe übernehmen und dafür im Gegenzug erwarten, daß ihm auch in Form höheren Einkommens die Produktivitätsgewinne vollständig zufließen. Damit wäre das Unternehmen indifferent gegenüber einem ausgebildeten und einem nicht ausgebildeten Arbeitnehmer, d.h. jetzt wäre der Arbeitnehmer erpreßbar. Das Unternehmen kann damit drohen, den Arbeitnehmer zu entlassen, wenn er nicht bereit ist, zu einem etwas geringeren Lohn zu arbeiten. Diese Drohung muß der Arbeitnehmer ernst nehmen, weil das Unternehmen unter den o.g. Umständen nichts zu verlieren hat, so daß er keinesfalls davon ausgehen kann, daß er die vollständigen Produktivitätsfortschritte wird realisieren können.

Abbildung 1.3: Alters-Einkommens-Profile bei spezifischem Humankapital

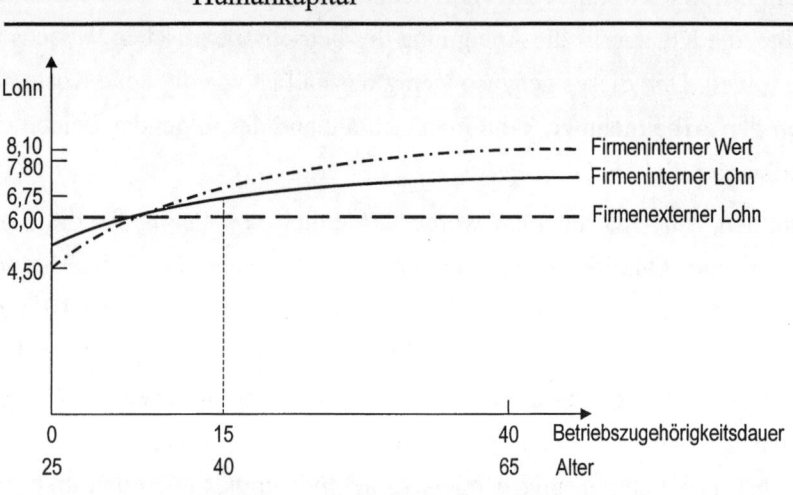

Aus den beiden o.g. Extrembeispielen läßt sich aber auch schon die Lösung des Problems erahnen. Sie besteht darin, sowohl die Kosten als auch die Erträge zwischen Arbeitnehmern und Arbeitgebern aufzuteilen. Im letztgenannten Fall, in dem der Arbeitnehmer die Kosten trägt, wird der Arbeitnehmer also einen Teil seiner Produktivitätsfortschritte an das Unternehmen abgeben müssen; dafür wird er von dem Unternehmen im Gegenzug aber erwarten, daß es sich auch an den Kosten beteiligt. Umgekehrt muß im erstgenannten Fall das Unternehmen einen Teil der Produktivitätsfortschritte abgeben, damit der Arbeitnehmer nicht abwandert. Es wird aber zugleich darauf bestehen, daß der Arbeitnehmer einen Teil der Kosten der Qualifizierungsmaßnahme trägt. Diese Lösung wird in Abbildung 1.3 graphisch verdeutlicht.

Nehmen wir als Beispiel noch einmal das Textilunternehmen, gehen jetzt aber davon aus, daß dieses Unternehmen ein Monopolist ist und ein Patent für die Herstellung seiner Spezialstoffe und der dabei eingesetzten Verfahren besitzt. Folglich kann ein Arbeitnehmer, der in dem betrachteten Textilunternehmen an den entsprechenden Spezialmaschinen ausgebildet wird, hierdurch seine Produktivität im ausbildenden Unternehmen steigern. Er kann diese Fähigkeiten aber nicht in anderen Unternehmen einsetzen, so daß seine Qualifikationen außerhalb des ausbildenden Unterneh-

3. Betriebliche Bildung

mens wertlos sind. Nehmen wir weiter an, daß ein ungelernter Textilmaschinenführer einen Marktlohn von € 6,00 erzielen kann. Dann könnte auch der im Hinblick auf Spezialstoffe hochqualifizierte Arbeitnehmer in anderen Firmen nicht mehr als € 6,00 erzielen, da seine Spezialqualifikationen dort keine Produktivitätsfortschritte mit sich bringen. Das heißt, die Einkommensoptionen außerhalb des ausbildenden Unternehmens verlaufen konstant bei € 6,00, was dem gängigen Marktlohn für Textilmaschinenführer entspricht. Im ausbildenden Unternehmen verlaufen die Produktivitäts- und Einkommensprofile allerdings anders. Betrachten wir zunächst den Produktivitätsverlauf: Zu Beginn der Qualifizierungsphase könnte der Arbeitnehmer beispielsweise nur eine Produktivität von € 4,50 an den Tag legen, er könnte aber nach einer längeren Qualifizierungsphase seine Produktivität bis auf € 8,10 steigern. Da die Kosten und die Erträge der Qualifizierungsmaßnahmen aufgeteilt werden sollen, muß die Einkommensfunktion so verlaufen, daß die Differenzen zwischen der internen und der externen Produktivität aufgeteilt werden. Anfangs würde das Ausbildungsgehalt also € 4,50 übersteigen, so daß das Unternehmen dem Arbeitnehmer mehr zahlt, als er wert ist. Das ist der Anteil der Ausbildungskosten, den das Unternehmen übernimmt. Gleichzeitig würde der Lohn aber unterhalb von € 6,00, also unterhalb des Marktlohns liegen, so daß der Arbeitnehmer weniger bekommt, als wenn er in einem anderen Unternehmen von Anfang an mit vollem Einsatz arbeiten würde. Diese Differenz ist der Anteil der Kosten, den der Arbeitnehmer trägt. Nach der Ausbildungsphase kehrt sich die Situation um. Betrachten wir beispielsweise die Situation nach 40 Jahren Berufserfahrung. Das Gehalt übersteigt den am Markt erzielbaren Lohn von € 6,00, den der Arbeitnehmer erzielen würde, wenn er das Unternehmen verläßt. Dementsprechend hat der Arbeitnehmer dadurch einen Vorteil, daß er die Ausbildung auf sich genommen hat und im Unternehmen verblieben ist. Gleichzeitig sehen wir, daß das Unternehmen weniger zahlt, als es der aktuellen Produktivität des Arbeitnehmers entsprechen würde, so daß auch das Unternehmen Gewinne aus der Beschäftigung dieses Arbeitnehmers erzielt. Die Differenz zwischen der durch die Ausbildung gesteigerten Produktivität im ausbildenden Unternehmen und der auch ohne Ausbildung realisierbaren Produktivität außerhalb des Ausbildungsunternehmens wird als sogenannte Quasi-Rente bezeichnet. Sie fällt nur an, solange das Arbeitsverhältnis aufrecht erhalten wird, und wird vernichtet, sobald

Arbeitnehmer und Unternehmen sich voneinander trennen. Der Anteil der Quasi-Rente, den das Unternehmen bekommt, ergibt sich aus einem Vergleich der Produktivitätskurve mit der niedrigeren Einkommenskurve. Den Anteil, den der Arbeitnehmer von der Quasi-Rente bekommt, kann man an der Differenz zwischen Einkommenskurve und Marktlohn ablesen. So kann man gut erkennen, daß sich Arbeitnehmer und Unternehmen sowohl die Kosten als auch die Erträge der Qualifizierungsmaßnahme teilen. Gleichzeitig kann man daraus ableiten, daß sowohl der Arbeitnehmer als auch das Unternehmen einen Anreiz haben, das Arbeitsverhältnis aufrecht zu erhalten, da die Quasi-Rente vernichtet wird, sobald der Arbeitnehmer entlassen wird oder sich freiwillig einen neuen Arbeitsplatz sucht. Es handelt sich hier also um eine Arbeitsbeziehung, die von vornherein auf Langfristigkeit angelegt ist. Die Wahrscheinlichkeit einer Auflösung des Arbeitsverhältnisses wird also mit der gemeinsamen Investition in die betriebsspezifischen Qualifikationen deutlich reduziert.

Wenn die Investitionen erst einmal getätigt sind, d.h. Ausbildung stattgefunden hat, kann der qualifizierte Arbeitnehmer in seinem Unternehmen mehr verdienen als in jedem anderen Unternehmen, was ihn daran hindert, den Arbeitsplatz aufzugeben. Gleichzeitig kann das Unternehmen mit dem so qualifizierten Arbeitnehmer höhere Gewinne machen als mit jedem anderen nichtqualifizierten Arbeitnehmer, so daß es ein Interesse daran hat, den Arbeitnehmer zu halten, weil mit neu einzustellenden Ersatzarbeitnehmern diese zusätzlichen Gewinne nicht realisiert werden könnten. Nachdem man also die Aufwendungen der Ausbildung einmal auf sich genommen hat, gibt es ein gemeinsames Interesse an der langfristigen Fortsetzung der Arbeitsbeziehung, da ansonsten die Investition keine Erträge bringt. Diese Erkenntnis ist eine der wichtigsten Implikationen der Humankapitaltheorie. Arbeitnehmer, die betriebsspezifisches Humankapital erworben haben, haben typischerweise eine sehr geringe Fluktuationsrate. Dies bedeutet gleichzeitig, daß Arbeitsplätze, auf denen in hohem Maße betriebsspezifisches Humankapital erforderlich ist, eine geringere Fluktuation und flachere Alters-Einkommens-Profile aufweisen als Arbeitsplätze, auf denen nur allgemeine Qualifikationen verlangt werden. Die Alters-Einkommens-Profile sind flacher, da die Kosten und die Erträge aufgeteilt werden (vgl. Abb. 1.3). Gleichzeitig kann man aber auch ableiten, daß Arbeitnehmer mit betriebsspezifischen Qualifikationen am Anfang ihrer Erwerbstätigkeit weniger eng mit ihrem Un-

3. Betriebliche Bildung

Fallstudie: Internationale Managementausbildung bei Gillette

Der Konsumgüterhersteller Gillette (Boston, Massachusetts) ist spezialisiert auf die Produktion von Pflegeprodukten und kleineren Elektrogeräten. Mehr als 70% des Umsatzes entfallen auf das internationale Geschäft. Auf dem westeuropäischen und mittelamerikanischen Markt ist Gillette bereits seit vielen Jahren tätig. Zur Zeit weitet Gillette das Geschäft auch auf andere Wachstumsmärkte aus. Aus diesem Grund sind zahlreiche Managementpositionen auf der unteren Ebene zu besetzen. Mitte der 80er Jahre entschied das Management, für diese Positionen Personen des entsprechenden Landes auszubilden, anstatt teure Entsendungen vorzunehmen. Deshalb rief Gillette ein internationales Traineeprogramm ins Leben, in dessen Rahmen intelligente, junge, karriereorientierte Arbeitnehmer mit Universitätsabschluß, die in ihrem Heimatland bereits für Gillette arbeiteten, eine 18monatige Ausbildung in der internationalen Zentrale erhalten.

Das Unternehmen bezahlt den Trainees pro Monat U.S.-$1.000 (netto) und bietet ihnen Unterkunftsmöglichkeiten. Gemeinsam mit einem Mentor übernehmen die Trainees einen Arbeitsplatz in der Zentrale in einem oder zwei der Hauptgeschäftsfelder: Marketing, Finanzen, Produktion, Personal und Marktforschung. Die Trainees erwerben nicht nur allgemeines Wissen über diese Funktionen, sondern lernen auch, wie sie effektiv im Unternehmen Gillette arbeiten können. Die Geschäftsleitung von Gillette berichtet, daß die Produktivität (und damit der Erfolg) dieser Arbeitnehmer nach dieser Qualifizierungsmaßnahme sehr deutlich angestiegen ist.

Mit der genannten Qualifizierungsmaßnahme bietet Gillette den Trainees die Möglichkeit, sich sowohl betriebsspezifisches als auch allgemeines Humankapital anzueignen. Konsequenterweise zahlt Gillette den Trainees im Vergleich zu ihrer Produktivität ungewöhnlich niedrige Gehälter, um damit die hohen Ausbildungskosten kompensieren zu können. Da es sich zumindest teilweise um betriebsspezifische Qualifikationen handelt, werden allerdings sowohl die Erträge als auch die Kosten der Qualifizierungsmaßnahme zwischen Gillette und den Trainees insofern aufgeteilt, als die Differenz zwischen Traineegehältern und den normalen Gehältern nicht ausreicht, um die gesamten Kosten der Qualifizierungsmaßnahme vollständig zu decken. Offensichtlich funktioniert diese Anreizstruktur: von den 113 Personen, die das Traineeprogramm abgeschlossen haben, sind 53% immer noch bei Gillette. Außerdem müßten die von den Arbeitnehmern des jeweiligen Landes besetzten Positionen ansonsten mit teuren entsendeten Arbeitnehmern besetzt werden, die zehnmal soviel kosten können.

Quelle: LAABS, JENNIFER J. (1993) : How Gillette Grooms Global Talent. In: Personnel Journal (August 1993), S. 65-76.

ternehmen verbunden sind als in späteren Phasen. Da mit zunehmender Betriebszugehörigkeitsdauer das betriebsspezifische Wissen kontinuierlich ansteigt, haben sowohl Arbeitnehmer als auch Unternehmen mehr zu verlieren, wenn sie sich in späteren als in früheren Phasen trennen. Ältere Arbeitnehmer, die schon sehr viele Jahre in ein und demselben Unternehmen arbeiten, sind deshalb besonders schwer betroffen, wenn sie ihren Arbeitsplatz verlieren. Für sie ist es sehr schwierig, einen neuen Arbeitsplatz mit vergleichbaren Löhnen zu finden, da ihr über lange Jahre angesammeltes betriebsspezifisches Wissen in anderen Unternehmen wertlos ist. Das heißt, für solche Arbeitnehmer führt ein unerwarteter Arbeitsplatzverlust normalerweise zu gravierenden Lohneinbußen.

Umgekehrt haben auch Unternehmen deutlich größere Nachteile, wenn ältere Arbeitnehmer kündigen als wenn dies jüngere Arbeitnehmer tun. Obwohl die älteren Arbeitnehmer oft zu den bestbezahlten gehören, sind sie trotzdem diejenigen, aus denen die Unternehmen die höchsten Gewinne ziehen, da die Differenz zwischen der internen Produktivität und dem Lohn entsprechend groß ist. Das heißt, mit zunehmender Betriebszugehörigkeitsdauer haben sowohl Arbeitnehmer als auch Unternehmen mehr zu verlieren, wenn das Arbeitsverhältnis aufgelöst wird.

3.4 Die Entscheidung zwischen betriebsspezifischen und allgemeinen Bildungsmaßnahmen

Mit den Ausführungen unter 3.2 „Betriebliche Bildungsmaßnahmen für allgemeine Qualifikationen: Eine Anwendung" waren wir der im Eingangsszenario aufgewor-

3. Betriebliche Bildung

fenen Frage nachgegangen, welche Art Arbeitnehmer an Qualifizierungsmaßnahmen teilnehmen sollte und wie verhindert werden kann, daß qualifizierte Arbeitskräfte durch Konkurrenten abgeworben werden. Es hat sich gezeigt, daß bei allgemeinen Qualifizierungsmaßnahmen den Arbeitern selbst die Entscheidung über die Investition überlassen werden sollte. Wenn die Einkommensprofile so gestaltet sind, daß die Arbeitnehmer selbst für die Kosten der Qualifizierungsmaßnahme aufkommen, dann werden nur solche Arbeitnehmer sich für die Teilnahme an der entsprechenden Bildungsmaßnahme entscheiden, die langfristig Nettoerträge aus einer Investition in hochqualifizierte Arbeitsplätze erzielen können. Wenn es sich bei betrieblichen Bildungsmaßnahmen allerdings um solche mit betriebsspezifischem Wissen handelt, ist die Situation leider komplizierter.

Um dies zu verdeutlichen, betrachten wir Tabelle 1.2 und rollen den Fall DeMa wieder auf. Nehmen wir jetzt an, daß der Vergleich nicht zwischen zwei unterschiedlichen Arbeitsplätzen innerhalb des gleichen Unternehmens stattfindet, sondern daß ein Arbeitnehmer sich entscheiden muß zwischen einer Ausbildungsinvestition, die betriebsspezifisches Wissen für die DeMa GmbH vermittelt, und einem Arbeitsplatz in einem anderen Unternehmen, für den keine betriebsspezifischen Investitionen erforderlich sind. Zur Vereinfachung nehmen wir zunächst wieder an, daß der Kalkulationszinssatz bei 0% liegt.

Spalte 4 gibt die Differenz der Produktivität zwischen dem Ausbildungsunternehmen und dem alternativen Unternehmen für begabte Arbeitnehmer mit einer bestimmten Betriebszugehörigkeitsdauer an. Beispielsweise ergibt sich der Wert in Zeile 3 aus folgender Berechnung:

$$\frac{10.000-20.000}{(1+r)^0}+\frac{14.159-20.693}{(1+r)^1}+\frac{16.591-21.099}{(1+r)^2}+\frac{18.318-21.386}{(1+r)^3}=-24.110$$

Bei einem Zinssatz von 0% ergibt sich also, daß ein begabter Arbeitnehmer, der nur drei Jahre auf dem Arbeitsplatz verbleibt, für den er ausgebildet wurde, Produktivitätsverluste in Höhe von € 24.110 hinnehmen muß. Da die Investitionen in betriebsspezifische Qualifikationen vor allem in den ersten Jahren Kosten verursachen, hat ein Arbeitnehmer, der nur drei Jahre in dem entsprechenden Unternehmen verbleibt,

Tabelle 1.2: Jahresproduktivität und interne vs. externe Einkommen

Zinssatz: 0%

1	2	3	4	5	6	7	8
Erfahrung in Jahren	Produktivitäten begabter Arbeitnehmer			Einkommen begabter Arbeitnehmer			
	extern	intern	Differenz	intern	extern	intern kumuliert	extern kumuliert
0	**20.000**	**10.000**	-10.000	15.000	20.000	15.000	20.000
1	**20.693**	**14.159**	-16.534	17.426	20.693	**32.426**	**40.693**
2	**21.099**	**16.591**	-21.041	18.845	21.099	51.271	61.792
3	**21.386**	**18.318**	**-24.110**	19.852	21.386	71.123	83.178
4	21.609	19.657	-26.063	20.633	21.609	91.756	104.787
5	21.792	20.751	-27.104	21.271	21.792	113.027	126.579
6	21.946	21.675	-27.374	21.811	21.946	134.838	148.525
7	22.079	22.477	-26.977	22.278	22.079	157.116	170.605
8	22.197	23.183	-25.991	22.690	22.197	179.806	192.802
9	22.303	23.816	-24.478	23.059	22.303	202.865	215.104
10	22.398	24.387	-22.488	23.393	22.398	226.258	237.502
11	22.485	24.909	-20.064	23.697	22.485	249.955	259.987
12	22.565	25.390	-17.239	23.977	22.565	273.933	282.552
13	22.639	25.834	-14.044	24.237	22.639	298.169	305.191
14	22.708	26.248	-10.504	24.478	22.708	322.647	327.899
15	22.773	26.636	-6.641	24.704	22.773	347.352	350.672
16	22.833	26.999	-2.457	24.916	22.833	372.268	373.505
17	22.890	27.342	1.977	25.116	22.890	397.384	396.395
18	22.944	27.667	6.699	25.306	22.944	422.690	419.340
19	22.996	27.974	11.678	25.485	22.996	448.175	442.336
20	23.045	28.267	16.901	25.656	23.045	473.830	456.380
21	23.091	28.546	22.356	25.819	23.091	499.649	488.471
22	23.135	28.813	28.033	25.974	23.135	525.623	511.607
23	23.178	29.068	33.924	26.123	23.178	551.747	534.785
24	23.219	29.313	40.018	26.266	23.219	578.013	558.004
25	23.258	29.549	46.309	26.403	23.258	604.416	581.262
26	23.296	29.775	52.788	26.535	23.296	630.951	604.558
27	23.332	29.993	59.449	26.663	23.332	657.614	627.890
28	23.367	30.204	66.285	26.786	23.367	684.400	651.257
29	23.401	30.407	73.291	26.904	23.401	711.304	674.658
30	23.434	30.604	80.461	27.019	23.434	738.323	698.092
31	23.466	30.794	87.790	27.130	23.466	765.453	721.558
32	23.497	30.979	95.272	27.238	23.497	792.691	745.054
33	23.526	31.158	102.904	27.342	23.526	820.033	768.581
34	23.555	31.332	110.681	27.444	23.555	847.477	792.136
35	23.584	31.501	118.598	27.542	23.584	875.019	815.720

3. Betriebliche Bildung

insgesamt eine geringere Produktivität, als wenn er überhaupt nicht investiert hätte. Soweit unterscheidet sich die Situation noch nicht von der oben im Zusammenhang mit allgemeinen Qualifizierungsmaßnahmen besprochenen. Allerdings sieht die Interpretation der Zahlen bei betriebsspezifischen Bildungsmaßnahmen etwas anders aus. Während wir im vorhergehenden Beispiel die Spalte 2 als die Produktivität auf einem Arbeitsplatz ohne aufwendige Bildungsmaßnahme und Spalte 3 als die Produktivität auf einem Arbeitsplatz mit aufwendigen Bildungsinvestitionen interpretiert haben, wird jetzt Spalte 2 als die Produktivität auf einem Arbeitsplatz außerhalb des Unternehmens (ohne Bildungsmaßnahme oder mit geringen allgemeinen Bildungsinvestitionen) und Spalte 3 als die Produktivität innerhalb des Unternehmens gesehen, und zwar auf Arbeitsplätzen mit betriebsspezifischen Ausbildungsinvestitionen.

Die Zahlen in Tabelle 1.2 implizieren, daß Investitionen in betriebsspezifische Qualifikationen sich dann lohnen, wenn erwartet werden kann, daß die Arbeitnehmer mindestens 17 Jahre im Unternehmen verbleiben. Die Wahrscheinlichkeit, daß ein Arbeitnehmer im Unternehmen verbleibt, hängt dabei vor allem von den Einkommen ab, die innerhalb und außerhalb des Unternehmens erzielt werden können. Wenn das Einkommen im ausbildenden Unternehmen zu niedrig ist, ist der Arbeitnehmer in dauernder Versuchung, das Unternehmen zu verlassen. Wenn das Einkommen im ausbildenden Unternehmen zu hoch ist, wird der Arbeitnehmer natürlich gerne im Unternehmen verbleiben, aber das Unternehmen wird bei diesem überhöhten Einkommen kein besonders großes Interesse an einer Aufrechterhaltung des Beschäftigungsverhältnisses haben. Das heißt, wir müssen im nächsten Schritt die Einkommen betrachten, die mit unterschiedlicher Erwerbstätigkeitsdauer erzielt werden können. In Spalte 6 der Tabelle 1.2 werden die auf dem externen Arbeitsmarkt erzielbaren Einkommen dargestellt. Da wir angenommen hatten, daß es sich dabei um Arbeitsplätze mit nur allgemeinen Qualifikationen handelt, entsprechen die Einkommen genau der aktuellen Produktivität des Arbeitnehmers. In Spalte 5 ist eine Möglichkeit der internen Einkommensentwicklung dargestellt. Dabei ist das Einkommensprofil so strukturiert, daß sowohl die Kosten als auch die später erzielbare Quasi-Rente zwischen Arbeitgeber und Arbeitnehmer aufgeteilt werden. Insgesamt erhält der Arbeitnehmer die Hälfte der Quasi-Rente, da das Einkommen im

Beispiel genau zwischen der Produktivität innerhalb und der außerhalb des Unternehmens liegt. Während der ersten Jahre, in denen die Aufwendungen für die betriebsspezifischen Bildungsmaßnahmen anfallen, erhält der Arbeitnehmer ein geringeres Einkommen, als er es am externen Arbeitsmarkt erzielen könnte. Ab einer Betriebszugehörigkeitsdauer von sieben Jahren schließlich übersteigt der Barwert des intern erzielten Einkommens den Barwert der extern erzielbaren Einkommen und liegt auch für den Rest des Arbeitslebens darüber. Das heißt, der Arbeitnehmer teilt sich mit dem Arbeitgeber sowohl die Kosten als auch die Erträge der betriebsspezifischen Bildungsinvestitionen. Wenn das Arbeitsverhältnis lange genug aufrecht erhalten wird, d.h. mehr als 17 Jahre, dann haben also sowohl der Arbeitnehmer als auch der Arbeitgeber Vorteile davon, daß die betriebsspezifische Bildungsmaßnahme durchgeführt und die Alternative am externen Arbeitsmarkt ausgeschlagen wird. In Spalte 7 wird der Barwert der Einkommensströme mit zunehmender Betriebszugehörigkeitsdauer dargestellt. So bedeuten etwa die € 32.426 in Spalte 7 Zeile 2, daß der Arbeitnehmer im ausbildenden Unternehmen ein Einkommen von insgesamt € 32.426 erzielen kann. In Spalte 8 sind analog dazu die Einkommen der externen Alternative dargestellt. Hier zeigt sich beispielsweise, daß ein Arbeitnehmer bei Wahl der externen Alternative bis zum Ende des zweiten Jahres ein Einkommen von insgesamt € 40.693 erzielen kann. Vergleicht man die beiden Spalten im Verlaufe der Zeit, so zeigt sich, daß ein Arbeitnehmer, der für sich selbst davon ausgeht, daß er mehr als 17 Jahre im ausbildenden Unternehmen bleiben will, mehr verdienen kann, wenn er die Ausbildung aufnimmt als wenn er eine Alternative am externen Arbeitsmarkt wählt. Ein solcher Arbeitnehmer würde also freiwillig ein betriebsspezifisches Ausbildungsangebot des Unternehmens annehmen. Durch das Aufteilen der Kosten und der Erträge der betriebsspezifischen Investitionen kann also sichergestellt werden, daß eine richtige Entscheidung der Arbeitnehmer zustande kommt. Wenn erst einmal die Entscheidung gefällt ist und in betriebsspezifische Qualifikationen investiert wurde, dann hat der Arbeitnehmer zudem einen Anreiz, tatsächlich im Unternehmen zu verbleiben. Er würde nämlich den Verlust seiner Investitionsanteile hinnehmen müssen, wenn er dennoch, entgegen seinen ursprünglichen Überlegungen, in eine andere Firma wechseln würde. Dies schließt nicht aus, daß persönliche Gründe oder andere Faktoren gelegentlich einen Arbeitnehmer zum Umdenken

3. Betriebliche Bildung

veranlassen können. Allerdings führt die reine Existenz der betriebsspezifischen Bildungsinvestitionen dazu, daß zumindest die Wahrscheinlichkeit reduziert wird, daß er tatsächlich das Unternehmen verläßt.

So kommen wir also nun zu der ursprünglichen Frage zurück, wer denn in den Genuß von Ausbildungsmaßnahmen kommen sollte. Im Gegensatz zu der Diskussion bei allgemeinen Bildungsinvestitionen zeigt sich bei betriebsspezifischen Bildungsinvestitionen, daß das Unternehmen die Frage, welcher Arbeitnehmer an betriebsspezifischen Bildungsmaßnahmen teilnehmen sollte, nicht vollkommen vernachlässigen kann. Es muß sich zumindest überlegen, ob es von rational kalkulierenden Arbeitnehmern ausgehen kann. Warum? Das Problem resultiert daraus, daß bei betriebsspezifischen Bildungsmaßnahmen das Unternehmen selbst auch einen Teil der Bildungskosten übernimmt und somit in das Humankapital des Arbeitnehmers investiert. Wenn ein solcher Arbeitnehmer dann das Unternehmen verläßt, bedeutet dies für das Unternehmen – genau wie für den Arbeitnehmer – einen Verlust seiner Investitionen. (Bei allgemeinen Qualifikationen hatte der Arbeitnehmer die Kosten der Qualifizierungsmaßnahme vollständig selbst zu tragen, so daß es für das Unternehmen unwichtig war, ob und wann der Arbeitnehmer das Unternehmen verläßt.)

Kann das Unternehmen davon ausgehen, daß es sich um einen rational kalkulierenden Arbeitnehmer handelt, dann ist das Risiko, daß er weggeht, eher klein, weil er selbst ja auch entsprechende Verluste hinnehmen muß. Kann es nicht von einem rational kalkulierenden Arbeitnehmer ausgehen, ist das Risiko größer. D.h. solange das Unternehmen davon ausgehen kann, daß der Arbeitnehmer sehr gut einschätzen kann, ob und wie lange er im Unternehmen verbleiben wird und entsprechend seine Entscheidung fällt, solange kann das Unternehmen die Selektionsentscheidung weiterhin dem Arbeitnehmer selbst überlassen.  Alleine die Tatsache, daß nicht nur die Kosten, sondern auch die Erträge mit dem Arbeitnehmer geteilt werden, führt nämlich dazu, daß der Arbeitnehmer eine Entscheidung trifft, die nicht nur in seinem, sondern auch im Unternehmensinteresse liegt. Kein rational handelnder Arbeitnehmer, der von sich selbst weiß, daß er weniger als 17 Jahre im ausbildenden Unternehmen verbleiben will, würde sich entscheiden, in eine betriebsspezifische Qualifikation in diesem Unternehmen zu investieren. Und kein Arbeitnehmer, der von sich selbst weiß, daß er mehr als 17 Jahre in dem betreffenden Unternehmen verbleiben will, würde sich die Alternative einer betriebsspezifischen Investition entgehen lassen. Sobald das Unternehmen aber davon ausgehen muß, daß die Arbeitnehmer nicht rational handeln oder nur begrenzt in der Lage sind abzuschätzen, wie lange sie tatsächlich in dem Unternehmen verbleiben, ändert sich die Situation. Während im Falle allgemeiner Bildungsinvestitionen selbst solche Fehleinschätzungen das Unternehmen nicht stören müssen, weil der Arbeitnehmer der einzige ist, der durch die Fehleinschätzung Geld verliert, würde bei betriebsspezifischen Qualifizierungsmaßnahmen nicht nur der Arbeitnehmer sondern auch das Unternehmen aufgrund einer individuellen Fehleinschätzung Verluste hinnehmen müssen. Nehmen wir beispielsweise an, daß ein Arbeitnehmer von sich selbst meint sagen zu können, daß er mindestens 20 Jahre in dem Unternehmen verbleiben werde, daß er aber am Ende tatsächlich nur ein Jahr ausgehalten hat. Dann hätte das Unternehmen in diesem ersten Jahr aufgrund der Aussicht auf eine Langfristbeziehung ein Einkommen von € 15.000 bezahlt, obwohl die Produktivität im ersten Jahr nur bei € 10.000 lag. Wäre der Arbeitnehmer lange genug im Unternehmen verblieben, dann wären diese Kosten des ersten Jahres im Laufe der Zeit durch entsprechende Anteile an der gemeinsam erwirtschafteten Quasi-Rente mehr als wettgemacht worden. Wenn der Arbeitnehmer das Unternehmen allerdings nach einem Jahre verläßt, dann bleibt das Unternehmen auf seinen Kosten sitzen. In diesem Zusammenhang hilft es wenig zu wissen, daß der Arbeitnehmer durch seine Fehleinschätzung selbst auch Geld verloren hat, da er ein Einkommen von € 15.000 akzeptiert hat, obwohl er in einer anderen Alternative € 20.000 hätte verdienen können. Der eigene Verlust wird nicht geringer durch das Wissen, daß andere auch Verluste gemacht haben.

Wenn man sich also vorstellen kann, daß in manchen Fällen das Unternehmen (zumindest statistisch gesehen) bessere Informationen über die Fluktuationswahrscheinlichkeit eines Arbeitnehmers besitzt als mancher Arbeitnehmer selbst (z.B. weil sie schon sehr viele Arbeitnehmer im Verlaufe ihrer Erwerbskarriere beobachtet haben und viele statistische Informationen über unterschiedliche Arbeitnehmertypen und deren Verbleibswahrscheinlichkeit im eigenen Unternehmen gesammelt haben), dann kann es für den Arbeitnehmer sogar von Vorteil sein, wenn das Unternehmen diese Informationen einsetzt und darauf basierend einem Arbeitnehmer z.B. die Teilnahme an einer betriebsspezifischen Bildungsmaßnahme nicht anbietet – was natürlich im Einzelfall zu sogenannter statistischer Diskriminierung führen kann, im Durchschnitt aber eine rationale Entscheidung bedeutet.

Auf jeden Fall aber wird anhand dieser Überlegungen deutlich, daß sich ein Unternehmen mit betriebsspezifischen Bildungsangeboten mehr Gedanken darüber machen muß, welchem Arbeitnehmer(typ) es eine Bildungsmaßnahme zugute kommen läßt und welchem Arbeitnehmer(typ) es sie nicht anbietet (im Gegensatz zur Situation mit nur allgemeinen Bildungsangeboten).

Insgesamt können folgende allgemeine Schlußfolgerungen festgehalten werden:

Bei betriebsspezifischen Bildungsmaßnahmen müssen die Kosten und die Erträge zwischen Arbeitnehmer und Arbeitgeber aufgeteilt werden. Dadurch wird die Fluktuationswahrscheinlichkeit reduziert, und es werden Anreize für beide Seiten geschaffen, angemessene Investitionsentscheidungen zu fällen.

Genau wie bei allgemeinen betrieblichen Bildungsmaßnahmen werden auch bei betriebsspezifischen Bildungsmaßnahmen jüngere Arbeitnehmer mit einer größeren Wahrscheinlichkeit investieren als ältere Arbeitnehmer. Genauso werden Arbeitnehmer, die eine längere Betriebszugehörigkeitsdauer planen, eher investieren als Arbeitnehmer, die weniger lange im Unternehmen verbleiben wollen.

Schließlich kann vermutet werden, daß Unternehmen unter ganz bestimmten Annahmen bei der Selektion von Arbeitnehmern für betriebsspezifische Bildungsmaßnahmen selbst aktiv werden müssen. Wenn man nämlich davon ausgeht, daß Arbeitnehmer nicht generell die besten Informationen über ihre individuelle Fluktuationswahrscheinlichkeit haben, und wenn man weiter davon ausgeht, daß Unternehmen einen Teil ihrer Kosten nicht wiedererwirtschaften, sofern Arbeitnehmer mit betriebsspezifischen Qualifikationen das Unternehmen zu früh verlassen, dann müssen Unternehmen bei betriebsspezifischen Bildungsinvestitionen eine aktivere Rolle bei der Selektion derjenigen Arbeitnehmer einnehmen, denen sie betriebsspezifische Bildungsangebote machen, um das Risiko von Fehlinvestitionen zu reduzieren. Dabei wird das Unternehmen insbesondere versuchen, solche Arbeitnehmer auszubilden, die nach allen bisherigen Informationen eine geringe Fluktuationswahrscheinlichkeit haben, da diese über die gesamte Zeitspanne betrachtet die höchsten Produktivitätsgewinne versprechen.

4. Institutionelle Rahmenbedingungen betrieblicher Bildungsentscheidungen

Bisher haben wir implizit unterstellt, daß Unternehmen sich in einem institutionenfreien Raum befinden und im Rahmen vollkommener Arbeitsmärkte agieren. Sie sind vollkommen frei in ihren Entscheidungen über die Höhe der Löhne und deren Entwicklung oder über die Strukturierung von Ausbildungen. Als Nebenbedingung müssen sie nur die Marktlöhne für allgemeine Qualifikationen beachten.

Dabei wird aber vernachlässigt, daß Unternehmen sich in der Realität nicht in einem institutionenfreien Raum bewegen und Arbeitmärkte in vielerlei Hinsicht unvollkommen sind. Als zusätzliche Nebenbedingungen müssen also rechtliche oder tarifvertragliche Regulierungen des Berufsbildungssystems und arbeitsrechtliche Regelungen in das bisher dargestellte Entscheidungskalkül einbezogen werden. Es kann im Rahmen dieses Lehrbuches natürlich nicht darum gehen, die betreffenden berufsbildungspolitischen oder arbeitsrechtlichen Rahmenbedingungen vollständig und detailliert darzustellen. Statt dessen sollen sie anhand von drei Beispielen vorgestellt werden, die die Auswirkungen rechtlicher Regulierungen auf die betriebliche Entscheidung ökonomisch analysieren. Im ersten Abschnitt (4.1) soll der Einfluß nationaler Berufsausbildungsinstitutionen im Hinblick auf Ausbildungsinhalte, Ausbildungsvergütungen u.ä. auf die betriebliche Qualifizierungsentscheidung analysiert werden. Im zweiten Abschnitt (4.2) soll der Einfluß arbeitsrechtlicher Regulierungen am Beispiel von Rückzahlungsklauseln angedeutet werden. Im dritten Abschnitt (4.3) soll schließlich untersucht werden, wie eine Kombination aus streng reguliertem Ausbildungssystem und unvollkommenem Arbeitsmarkt sich auf die betriebliche Qualifizierungsentscheidung auswirkt.

4.1 Auswirkungen nationaler Berufsausbildungssysteme auf betriebliche Ausbildungsentscheidungen

Obwohl zunehmender internationaler Wettbewerb unbestritten zu immer stärker globalisierten Absatz- und Faktormärkten führt, zeigt eine Vielzahl empirischer Studien, daß es stabile Unterschiede in der Qualifikationsstruktur der Erwerbspersonen unmittelbar miteinander konkurrierender Nationen gibt, so daß von Konvergierungstendenzen nicht gesprochen werden kann. Die Ursachen für die konstatierten Unterschiede und die fehlende Konvergenztendenz werden i.d.R. im Einfluß nationaler Institutionen des Berufsausbildungssystems und des Arbeitsmarktes gesehen. Dabei gibt es eine Vielzahl von Studien, die bei der Erklärung solcher Unterschiede das von der Humankapitaltheorie herausgearbeitete Problem der Abwanderungsgefahr in den Mittelpunkt stellen. Demnach können Investitionen in allgemeine Qualifikationen – was typische Facharbeiterqualifikationen immer sind – von im Wettbewerb stehenden Unternehmen nicht finanziert werden, weil die Amortisation einer solchen Investition durch eine systematische Abwanderung der qualifizierten Arbeitskräfte extrem gefährdet ist. Wegen der Abwanderungsgefahr allgemein qualifizierter Arbeitnehmer müssen die Ausbildungskosten einer allgemeinen Bildungsmaßnahme voll von den Arbeitnehmern übernommen werden. Wenn die Arbeitnehmer – aus welchen Gründen auch immer – nicht die vollen Kosten übernehmen (können), kämen Investitionen in allgemeines Humankapital also nicht zustande. Sobald aber im Rahmen der Regulierungen eines nationalen Berufsausbildungssystems institutionelle Rahmenbedingungen geschaffen werden, die z.B. die systematische Abwerbungsgefahr durch Umlagefinanzierungsregeln reduzieren oder es durch die Fixierung sehr niedriger Ausbildungslöhne ermöglichen, den Auszubildenden die Kosten (bzw. einen großen Teil der Kosten) aufzubürden, rentiert es sich für Unternehmen, auch allgemeine Bildungsmaßnahmen anzubieten. Dadurch ließen sich also systematische Länderunterschiede in betrieblichen Qualifizierungsstrategien erklären.

Gleichzeitig beobachten wir aber nicht nur systematische Länderunterschiede, sondern auch systematische Zusammenhänge zwischen unterschiedlichen Produktionstechnologien und Produktmarktstrategien einerseits und der Struktur betrieblicher Qualifikationen andererseits. Das heißt, es gibt auch in Ländern mit ungünstigen institutionellen Rahmenbedingungen Unternehmen mit einem sehr hohen Ausmaß an betrieblichen Bildungsanstrengungen – auch allgemeiner Qualifikationen – und in Ländern mit günstigen institutionellen Rahmenbedingungen Unternehmen mit vernachlässigbaren Bildungsanstrengungen. Vor dem Hintergrund dieser Überlegungen stellt sich die Frage, wie öffentlich institutionalisierte Berufsbildung und betriebliche Einflußfaktoren wie Produktionsstrategien und Absatzmarktbedingungen zusammenwirken und welchen Einfluß sie in bestimmten Kombinationen auf die betriebliche Bildungsentscheidung ausüben. Um diese Frage beantworten zu können, werden die o.g. humankapitaltheoretischen Erklärungszusammenhänge erweitert und ein weiterführendes Modell zur Rekonstruktion der betrieblichen Qualifizierungsentscheidung vorgestellt. Dabei soll das Modell auch Hinweise darüber geben, unter welchen Umständen es einzelwirtschaftlich rational ist, möglichst umfangreiche betriebliche Bildungsanstrengungen zu unternehmen, und unter welchen, davon abweichenden, Umständen es betrieblich rational ist, die Bildungsanstrengungen zu minimieren.

4.1.1 Betriebliche Bildungsentscheidungen als Entscheidungen über den optimalen Vorrat an qualifizierten Fachkräften

Grundidee des im folgenden vorgestellten Modells zur Rekonstruktion der betrieblichen Bildungsentscheidung ist, daß das Ausmaß betrieblicher Bildungsanstrengungen und damit das vorgehaltene Qualifikationspotential analog zum Problem der Vorhaltung z.B. maschineller Produktionskapazitäten oder zur Vorhaltung von Gütern oder Vorprodukten gesehen werden kann (vgl. ausführlich BACKES-GELLNER 1996). Genau wie Agrarprodukte verderben können, wenn sie zu lange gelagert werden, können Qualifikationen verlernt werden, wenn sie zu lange nicht genutzt werden. Auf Lager gehaltene Güter können gestohlen und qualifizierte Arbeitskräfte können von der Konkurrenz abgeworben werden. Das heißt, es existiert das für jede Lagerhaltung typische Problem, daß Vorratshaltung (unnötige) Kosten verursacht. Es gibt also einen Anreiz, die Vorräte an qualifizierten Fachkräften nach oben zu begrenzen. Andererseits können bei zu knapp bemessenem Gütervorrat, genau wie bei zu knapp bemessener Zahl an Fachkräften, ebenfalls Kosten anfallen, nämlich dadurch, daß ein vorteilhaftes Geschäft nicht zustande kommt. Fehlende Qualifikationen können beispielsweise zu unzureichender Flexibilität und Qualität der Produktion, mangelnder Befriedigung von Nachfrage und schließlich Abwanderung von Kunden führen. Das heißt, es gibt auch das für jede Lagerhaltung typische Problem, daß Vorräte zu knapp sind und dadurch sogenannte Fehlmengenkosten entstehen. Hieraus resultiert wiederum ein Anreiz, die Vorräte an qualifizierten

Fachkräften auch nach unten zu begrenzen.

Welcher Anreiz im einzelnen überwiegt und welches Vorratsniveau für einen Betrieb unter spezifischen Umständen optimal ist, hilft die betriebswirtschaftliche Lagerhaltungstheorie zu beantworten. Dabei wird i.d.R. unterstellt, daß es einen Trade-Off gibt zwischen den erwarteten Kosten mangelnder und den erwarteten Kosten überschüssiger Vorratshaltung. Gewinnmaximierende Unternehmen halten dann genauso viele Vorräte (bilden so viele Arbeitskräfte aus), daß der Erwartungswert der Gesamtkosten minimiert wird. Dabei hängt der Erwartungswert nicht nur von den Vorratskosten und den Fehlmengenkosten, sondern wesentlich auch von der Struktur der Nachfrage nach den vorgehaltenen Gütern bzw. qualifizierten Arbeitskräften ab. Damit lassen sich alle oben genannten empirisch ermittelten Einflußfaktoren auf die betrieblichen Bildungsanstrengungen mit Hilfe eines solchen Lagerhaltungsmodells abbilden. Die nationalen Institutionen des Berufsausbildungssystems bestimmen im wesentlichen die Vorratskosten, die Produktmarktbedingungen bestimmen die Fehlmengenkosten, und die Produktionstechnologien bestimmen die Struktur der betriebsinternen Nachfrage nach qualifizierten Fachkräften.

4.1.2 Alternative Produktionsstrategien und ihr Einfluß auf die Struktur der Nachfrage nach qualifizierten Fachkräften

Zur Charakterisierung unterschiedlicher Produktionsstrategien kann man vereinfachend zwei Produktionsregime unterscheiden: „Massenproduktion" einerseits und „Flexible Spezialisierung" andererseits. Im Rahmen einer „Massenproduktionsstrategie" erfolgt die Fertigung in großen Losen, die Organisationsstruktur ist auf hochgradige Arbeitsteilung ausgerichtet, und die weitaus größte Zahl der Arbeitskräfte übt immer wieder die gleichen einfachen Tätigkeiten aus. Daneben wird eine vergleichsweise geringe Zahl an qualifizierten Fachkräften benötigt, um beispielsweise Maschinen umzurüsten, instand zu halten oder zu reparieren. „Flexible Spezialisierung" ist dagegen durch eine äußerst variable Produktpalette, kleine Bestellmengen und schwankende, aber anspruchsvolle Kundenwünsche charakterisiert. Die Mehrzahl der Arbeitnehmer sieht sich bei hohen Qualitätsansprüchen ständig wechselnden Anforderungen gegenüber, der Aufgabenreichtum an einem Arbeitsplatz ist sehr groß, und die Trennung von Ausführung und Leitung wird weitgehend aufgehoben.

Solche Bedingungen erfordern qualifizierte Fachkräfte mit breitem, allzeit abrufbarem Grundwissen und polyvalenten Fähigkeiten. Nur ein sehr kleiner Teil der Produktion resultiert aus sich wiederholenden Tätigkeiten, die von einigen wenigen un- und angelernten Arbeitskräften übernommen werden können. Da der Bedarf an qualifizierten Fachkräften also in Unternehmen mit Flexibler Spezialisierung typischerweise sehr viel größer ist, ist zu erwarten, daß die „Vorräte" an qualifizierten Fachkräften unter sonst gleichen Bedingungen ebenfalls deutlich höher sein müssen als in Unternehmen mit Massenproduktion, welche typischerweise von einem sehr viel geringeren Bedarf an qualifizierten Fachkräften ausgehen können. Das heißt, in Unternehmen mit Flexibler Spezialisierung erwarten wir grundsätzlich ein höheres Maß an betrieblichen Bildungsanstrengungen als in Unternehmen mit Massenproduktion.

4.1.3 Nationale Berufsausbildungsinstitutionen und ihr Einfluß auf die Kosten der Vorhaltung qualifizierter Fachkräfte

Wie im folgenden begründet, kann angenommen werden, daß die Kosten der Vorratshaltung im wesentlichen von nationalen Berufsausbildungsinstitutionen determiniert sind. Die Einstandskosten einer qualifizierten Fachkraft und damit die entgangenen Erträge sind zu einem großen Teil abhängig von der Höhe der Ausbildungsvergütungen, den produktiven Zeitanteilen bzw. den Ausfallzeiten der Auszubildenden, von evtl. in Abzug zu bringenden Subventionen/finanziellen Entlastungen und nicht zuletzt von den mitgebrachten schulischen Qualifikationen der Auszubildenden, die wiederum die Effektivität der eingesetzten Mittel[8] determinieren.

Auf der Basis ausführlicher Institutionenanalysen und den Ergebnissen einer Befragung von 82 Unternehmen wurden die auf diese Einflußfaktoren einwirkenden nationalen Berufsausbildungsinstitutionen in Deutschland, England, Luxemburg und Frankreich detailliert untersucht.[9] Daraus lassen sich folgende Schlußfolgerungen

---

[8] Dabei bestimmt die mitgebrachte Schulausbildung nicht nur die Effektivität der in der Ausbildung eingesetzten Mittel, sondern auch die Abschreibungsrate bei Nichtanwendung des erlernten Wissens (Wertverlust).

[9] Es handelt sich um die sogenannte Quinter Studie zur Praxis der Personalpolitik in Europa

4. Institutionelle Rahmenbedingungen betrieblicher Bildungsentscheidungen

Tabelle 1.3: Monatliche Ausbildungsvergütungen im 1., 2. und 3. Ausbildungsjahr in 1992 (in DM und in Relation zum Facharbeiterlohn)

Monatliche Ausbildungsvergütungen im 1., 2., und 3. Ausbildungsjahr in 1992						
	Industrie			Banken		
	Deutschland	England	Frankreich	Deutschland	Luxemburg	Frankreich
1. Jahr						
- in DM	871	1.276	1.616	1.048	2.500	916
- in % des Fachkräftelohnes	23,4	38,8	52,9	28,5	56,9	22,6
2. Jahr						
- in DM	931	1.765	1.785	1.139	2.533	1.194
- in % des Fachkräftelohnes	24,9	43,6	58,5	30,9	57,7	33,7
3. Jahr						
- in DM	1.018	-	-	1.245	-	-
- in % des Fachkräftelohnes	27,2	-	-	34,1	-	-

Quelle: BACKES-GELLNER 1996

über die Höhe der institutionell bedingten Vorratskosten ableiten.[10]

Hinsichtlich der Einstandskosten, als wesentlichem Bestandteil der Vorratskosten, zeigt sich, daß in Deutschland die geringsten Ausbildungsvergütungen (absolut und in Prozent der Facharbeiterlöhne) gezahlt werden (vgl. Tab. 1.3). Die höchsten Ausbildungsvergütungen wurden in den betrachteten französischen Unternehmen gezahlt. Dies kann u.a. darauf zurückgeführt werden, daß die Eingangsqualifikationen der französischen Jugendlichen im Ländervergleich ebenfalls relativ hoch sind,

---

(QUIPPE). Befragt wurden 82 Unternehmen aus vier Ländern und vier Branchen. Um eine breite Streuung an unterschiedlichen Unternehmen repräsentieren zu können, wurden neben zwei eher traditionellen Industriezweigen, des eisenschaffenden Zweigs der Metallindustrie und der Textilindustrie, ein moderner Industriebereich, die Meß- und Regeltechnik als Teilbranche der Elektroindustrie sowie viertens als Dienstleistungssektor der Bereich der Universalbanken untersucht.

[10] Vgl. BACKES-GELLNER (1996).

da die Jugendlichen i.d.R. vor Aufnahme der betrieblichen Ausbildung bereits ein CAP (Certificat d'aptitude professionelle), d.h. einen Berufsausbildungsabschluß erworben haben. Die Ausbildungsvergütungen englischer Auszubildender fallen im Vergleich dazu moderat aus. Dies dürfte darauf zurückzuführen sein, daß die Unternehmen die Vorteile der hoch regulierten klassischen Apprenticeships kombinieren mit den günstigen YT-Finanzierungsmöglichkeiten (Youth Training Scheme)[11], wodurch sie vergleichsweise geringe Ausbildungsvergütungen zahlen. Zusätzlich zu den Vergütungen der Auszubildenden entstehen Kosten für die Ausbilder und sonstige direkte Ausbildungskosten. Um die Größenordnung der *Ausbilderkosten* vergleichen zu können, wurde anhand von Vollzeitausbilderäquivalenten berechnet, wieviel Ausbildungskapazität auf einen Auszubildenden entfällt. Dabei fällt auf, daß es keine deutlichen Länderunterschiede gibt. Im Durchschnitt werden 10% der Arbeitszeit eines Ausbilders auf einen Auszubildenden verwendet. Wenn man unterstellt, daß die Einkommensunterschiede der Ausbilder nicht allzu groß sind, kann man daraus schlußfolgern, daß die Ausbilderkosten im Ländervergleich sehr ähnlich sind. Einen weiteren Kostenfaktor bilden die *Abwesenheitszeiten* vom Arbeits- bzw. Ausbildungsplatz. Während die Auszubildenden in einer Berufsschule oder funktional äquivalenten Schulen unterrichtet werden, können sie vom Unternehmen natürlich nicht produktiv eingesetzt werden, so daß solche Zeiten einen Kostenfaktor darstellen. Entgegen den aus öffentlichen Diskussionen abzuleitenden Vermutungen gibt es im Hinblick auf solche Abwesenheitszeiten aber keine großen länderspezifischen Differenzen. Im Durchschnitt verbringen die Auszubildenden in den untersuchten Ländern in der Summe ca. 20% ihrer Ausbildungszeit außerhalb des Betriebes in der Berufsschule oder ähnlichen Einrichtungen. Auch hier muß also nicht von systematischen Kostenunterschieden ausgegangen werden. Im Hinblick auf *direkte finanzielle Unterstützungen* fällt auf, daß die untersuchten Unternehmen

---

[11] Anfang der 80er Jahre wurden aufgrund der Probleme mit den klassischen beruflichen Ausbildungen (Apprenticeships) einjährige Jugendausbildungsprogramme und Mitte der 80er Jahre zusätzlich zweijährige Ausbildungsprogramme (Youth Training Schemes) eingerichtet. Sie versuchten, sowohl die hohen Ausbildungsvergütungen als auch die fehlenden Abschlußprüfungen, die als Hauptursache für den dramatischen Rückgang der Apprenticeships angesehen wurden, zu beseitigen.

4. Institutionelle Rahmenbedingungen betrieblicher Bildungsentscheidungen

ihre Ausbildungen weitgehend ohne jeden finanziellen Anreiz anbieten. Im Ländervergleich kommen englische Unternehmen am häufigsten in den Genuß von Finanztransfers, die z.B. im Rahmen des YT-Programms oder von einer sektoralen Trainingsorganisation gezahlt wurden. Französische ausbildende Unternehmen weisen insofern finanzielle Vorteile auf, als durch das Angebot von betriebsinternen Bildungsmaßnahmen systematisch Umlagefinanzierungsabgaben eingespart werden können. Das heißt, die großen Nachteile im Hinblick auf die Höhe der Ausbildungsvergütungen können durch solche Finanztransfers etwas ausgeglichen werden; allerdings ist zu vermuten, daß die deutlichen Nachteile bei den Vergütungen durch die leichten Vorteile bei den Finanztransfers nicht überkompensiert werden. Dabei werden die Vorteile der deutschen Unternehmen bei den Vergütungen nicht – wie man vermuten könnte – konterkariert durch eine schlechtere Qualität der *schulischen Eingangsqualifikationen* der durch eine betriebliche Ausbildung erreichbaren Jugendlichen. Deutsche und französische Auszubildende bringen sehr ähnliche schulische Bildungsniveaus mit: in beiden Ländern weisen ca. 56% einen dem Realschulabschluß und ca. 40% einen dem Hauptschulabschluß ähnlichen Abschluß auf. Die Auszubildenden der englischen Unternehmen wiesen zu 100% ein dem Realschulabschluß vergleichbares Ausbildungsniveau auf, was allerdings darauf zurückzuführen ist, daß es sich bei den in der Stichprobe befindlichen Auszubildenden nur um solche handelt, die unter den Regularien klassischer Apprenticeships ausgebildet werden, nicht aber um die neueren YT-Ausbildungen handelt, die vor allem auf hohe Quantität, nicht aber auf hohe Qualität der Ausbildung ausgerichtet sind.[12]

Abschließend kann festgehalten werden, daß deutschen Unternehmen im Bereich mittlerer Qualifikationen aufgrund der Qualität des dualen Bildungssystems die geringsten Einstandskosten entstehen. Auch britische Unternehmen, die unter den Regularien der klassischen Apprenticeships ausbilden und dabei die finanziellen Vorzüge von YT-Ausbildungen nutzen, haben noch vergleichsweise geringe Einstandskosten. Deutlich höhere Einstandskosten haben französische Unternehmen zu bewältigen, insbesondere aufgrund der hohen Ausbildungsgehälter.

---

12 Vgl. BACKES-GELLNER (1996): 217 ff.

4.1.4 Alternative Absatzmarktbedingungen und ihr Einfluß auf die Kosten mangelnder Fachkräftevorhaltung

Fehlmengenkosten entstehen, wenn zu einem gegebenen Zeitpunkt der Bedarf an qualifizierten Fachkräften höher ist als der aktuelle Bestand an Fachkräften. Solch ein Mangel an Fachkräften kann z.B. Qualitätsprobleme oder Lieferverzögerungen zur Folge haben, die für das Unternehmen insofern mit Kosten verbunden sind, als daraus z.B. Abwanderungen von Kunden oder Preisminderungen resultieren können. Um die Unternehmen gemäß der Höhe der ihnen entstehenden Fehlmengenkosten einzuteilen, wurde eine Unterscheidung in spotmarktähnliche vs. idiosynkratische Absatzmarktbeziehungen vorgenommen. Dabei wird angenommen: je mehr beziehungsspezifische Eigenheiten eine Absatzmarktbeziehung aufweist, desto mehr sind die Kunden an das Unternehmen gebunden, desto schwieriger ist es für sie, im Falle von Produktionsmängeln abzuwandern oder mit Abwanderung zu drohen und daraus resultierend Preisnachlässe zu erzwingen; d.h. desto geringer sind die Fehlmengenkosten. Je weniger spezifisch die Beziehungen sind, und je mehr der Absatzmarkt spotmarktähnliche Charakteristika aufweist, desto besser können unzufriedene Kunden abwandern und um so höher sind die Fehlmengenkosten aufgrund unzureichender Fachkräfteausstattung. Anhand einer Clusteranalyse konnten die betrachteten Unternehmen gemäß dieser Vorüberlegungen eindeutig in zwei Gruppen eingeteilt werden: solche mit spotmarktähnlichen und solche mit idiosynkratischen Absatzmarktbeziehungen. Es wäre zu erwarten, daß erstere unter sonst gleichen Bedingungen höhere und letztere niedrigere Bildungsanstrengungen unternehmen (BACKES-GELLNER 1996).

4.1.5 Betriebliche Bildungsstrategien im Ländervergleich: empirische Befunde

Die oben theoretisch hergeleiteten Zusammenhänge können auf der Basis des oben bereits erwähnten international vergleichenden Unternehmensdatensatzes QUIPPE überprüft werden. Dabei wurden nicht nur formale und zertifizierte Qualifikationen und Bildungsmaßnahmen betrachtet, sondern auch informale Maßnahmen ohne Zertifikate. Neben der Zahl der Auszubildenden bzw. der Ausbildungsquote werden die

4. Institutionelle Rahmenbedingungen betrieblicher Bildungsentscheidungen

Tabelle 1.4: Anteil der Auszubildenden an den Beschäftigten in der Produktion in % - nach Produktionsstrategie und Absatzmarktbeziehungen

Produktionsstrategie/ Service-Strategie	Industrieunternehmen Absatzmarktbeziehung		Banken Absatzmarktbeziehung	
	Idiosynkratisch	*Spotmarkt*	*Idiosynkratisch*	*Spotmarkt*
Massenproduktion/ Geringe Servicepalette	1,40	2,22	0,75	2,00
Flexible Spezialisierung / Allround Banking	2,10	5,51	4,50	4,47

Quelle: BACKES-GELLNER 1996

Zahl der Weiterbildungsteilnehmer und die Zahl der Facharbeiter sowie die tatsächlich verfügbaren Qualifikationspotentiale[13] erfaßt.

Bezüglich der *Ausbildungsquoten* ergeben sich sowohl im Hinblick auf die Produktionsstrategien (Qualifikationsnachfrage), als auch im Hinblick auf die Absatzmarktbedingungen (Fehlmengenkosten) und die länderspezifischen Einflußfaktoren (Vorratskosten) die theoretisch vermuteten Zusammenhänge (vgl. Tab. 1.4 und Tab. 1.5).

Bezüglich des *Anteils der Facharbeiter* an den Beschäftigten zeigt sich zunächst, wie bereits bei den Ausbildungsquoten, daß diese deutlich durch die Produktionsstrategien und die Absatzmarktbedingungen geprägt sind (vgl. Tab. 1.6).

Im Ländervergleich ergibt sich allerdings ein in Relation zu den Ausbildungsquoten erstaunlicher Befund. Der Anteil der Facharbeiter ist in französischen Industrieunternehmen[14] am höchsten (insbesondere wenn sie hohe Fehlmengenkosten zu erwarten haben) und in deutschen Industrieunternehmen am niedrigsten. Diese Zahlen deuten darauf hin, daß es nicht nur formale Ausbildungen sein können, die im Ergebnis zu qualifizierten Fachkräften führen, sondern daß es offenbar funktionierende Alternativen, d.h. *informale Bildungsmaßnahmen* wie Weiterbildung und Job-

---

[13] Als Grundlage dafür werden die typischen Qualifikationsprofile von branchenspezifischen Facharbeiterausbildungen herangezogen, wie z.B. Textilmaschinenmechaniker oder Anlagenelektroniker.

[14] Für Banken konnten leider keine vergleichbaren aussagekräftigen Indikatoren erhoben werden.

Tabelle 1.5: Anteil der Auszubildenden an den Beschäftigten in der Produktion in % - nach Ländern

	Industrieunternehmen			Banken			
	Frankreich	England	Deutschland	Frankreich	England	Deutschland	Luxemburg
Anteil der Auszubildenden	1,50	2,26	3,71	0,61	2,58	6,44	0,75

Quelle: BACKES-GELLNER 1996

Rotation gibt. So liegen denn auch bei den Weiterbildungsteilnehmern französische Unternehmen mit einem Weiterbildungsanteil von 28% an der Spitze. Weit abgeschlagen folgen englische und deutsche Unternehmen mit 16% bzw. 15%. Ähnliches ist bei der Anwendung systematischer Job-Rotation zu beobachten; sie wird in höchstem Maße von französischen Unternehmen eingesetzt, weit abgeschlagen folgen wiederum deutsche und englische Unternehmen. Eher informale Weiterbildungsmaßnahmen scheinen also tatsächlich als Substitute bzw. als Kompensation für fehlende Anfangsausbildung eingesetzt werden zu können.

Bezüglich der *faktischen Qualifikationsprofile* zeigen sich ebenfalls die theoretisch vermuteten Zusammenhänge. Es gibt signifikante Unterschiede zwischen Unternehmen mit Massenproduktion vs. Flexibler Spezialisierung und solchen mit Spotmarktbeziehungen vs. idiosynkratischen Beziehungen. Darüber hinaus gibt es keine signifikanten Unterschiede zwischen Unternehmen verschiedener Länder, was wiederum ein Beleg dafür ist, daß Ausbildung und Weiterbildung tatsächlich funktional äquivalent eingesetzt werden, um den betrieblich optimalen Bestand an qualifizierten Arbeitskräften zu realisieren.

Welche Schlußfolgerungen ergeben sich daraus nun für den Einfluß nationaler Berufsausbildungsinstitutionen auf die Bildungsanstrengungen von Unternehmen? Zunächst kann festgehalten werden, daß Unternehmen ihre Entscheidung über die Höhe der vorgehaltenen Qualifikationspotentiale und damit das Ausmaß ihrer Bildungsanstrengungen vor allem in Abhängigkeit von produktionstechnischen Erfordernissen und aufgrund von aus dem Absatzmarkt resultierenden ökonomischen Zwängen fällen. Hohe Qualifikationspotentiale werden vorgehalten, wenn dauernd

Tabelle 1.6: Anteil der Facharbeiter in der Produktion in %

		Frankreich	*England*	*Deutschland*	*Alle Länder*
Massen-produktion	Fehlmengenkosten niedrig	19,23	34,19	29,49	27,64
	Fehlmengenkosten hoch	75,0	42,50	19,17	45,55
Flexible Spezialisierung	Fehlmengenkosten niedrig	-	47,82	28,69	37,75
	Fehlmengenkosten hoch	90,0	-	61,54	75,76
	Durchschnitt	61,41	41,28	34,72	44,73

Quelle: BACKES-GELLNER 1996

wechselnde Produktionsanforderungen zu bewältigen sind und wenn unzureichende Ausstattungen mit qualifizierten Arbeitskräften von den Abnehmern negativ sanktioniert werden. Dagegen resultiert die Art der Bildungsmaßnahmen aus den mit den unterschiedlichen Bildungsalternativen verbundenen Einstandskosten. In Ländern, in denen die Regulierungen des Berufsbildungssystems niedrige Ausbildungsvergütungen garantieren bei gleichzeitig hohen Ausbildungsstandards und damit ausreichender Attraktivität auch bei qualifizierten Schulabgängern, investieren Unternehmen in starkem Maße in formale und marktfähige Ausbildung von Jugendlichen. Mit formalen Ausbildungsmaßnahmen halten sich Unternehmen hingegen deutlich zurück in Ländern, in denen die Ausbildungsvergütungen hoch sind oder in denen die Qualität der Ausbildungswilligen die Effektivität der Ausbildungsanstrengungen negativ tangiert. Sie ziehen es unter diesen Umständen vor, die erforderlichen Qualifikationspotentiale über systematische Weiterbildungsmaßnahmen bereitzustellen und sind damit nach den hier vorgestellten Ergebnissen auch nicht weniger erfolgreich.

4.2 Auswirkungen von Bindungsklauseln auf betriebliche Weiterbildungsangebote

Unabhängig von nationalen Regulierungen des betrieblichen Bildungsgeschehens besteht grundsätzlich natürlich auch die Möglichkeit, einzelvertragliche Instrumente einzusetzen, um die Rentabilität betrieblicher Bildungsmaßnahmen zu beeinflussen. Eine Möglichkeit zur Lösung des Abwanderungsproblems bei allgemeinen Humankapitalinvestitionen besteht darin, sogenannte Rückzahlungsklauseln zu vereinbaren, nach denen der Arbeitnehmer die zunächst vom Arbeitgeber getragenen Kosten von Bildungsmaßnahmen zurückzahlt, wenn er das Unternehmen auf eigenen Wunsch innerhalb eines bestimmten Zeitraumes verläßt. Die Verwendung solcher Klauseln wird jedoch von der deutschen Rechtsprechung insbesondere hinsichtlich der Höhe des zulässigen Rückzahlungsbetrages erheblich beschränkt. Die Frage, welche Auswirkungen unterschiedliche Beschränkungen von Rückzahlungsklauseln auf betriebliche Weiterbildungsmaßnahmen für allgemeine Qualifikationen haben, untersucht ALEWELL (1997). Sie kann zeigen, daß immer dann, wenn eine Rückzahlung der verzinsten Erträge vereinbart werden dürfte, das optimale Ausmaß an Weiterbildungsmaßnahmen zustande käme. Werden die Rückzahlungen dagegen – wie in der aktuellen deutschen Rechtsprechung üblich – auf die unverzinsten Kosten begrenzt, liegen die Investitionen grundsätzlich niedriger. Während Ertragsgrößen als Bestandteil einer Rückzahlungsklausel kaum justitiabel sind, stellt die Vereinbarung einer Rückzahlung der verzinsten Kosten eine ökonomisch sinnvolle Lösung dar, wobei sich die Verzinsung jeweils an einem für den genannten Zeitraum gültigen Kapitalmarktzins orientieren könnte.[15] Auf jeden Fall aber läßt sich durch Rückzahlungsklauseln die Gefahr der Abwanderung im Nachgang zu Investitionen in allgemeines Humankapital reduzieren, so daß die Tendenz zur Unterinvestition in allgemeine Qualifikationen dadurch zumindest verringert werden kann.

4.3 Auswirkungen von Arbeitsmarktreputation und Informationsasymmetrien bei der Personalauswahl auf betriebliche Ausbildungsentscheidungen

Eine weitere Erklärung für unternehmerische Investitionen in allgemeine Qualifikationen ergibt sich, wenn man Reputationseffekte von Ausbildungsmaßnahmen in

---

[15] Vgl. ausführlich ALEWELL (1997).

5. Exkurs: Zur Messung des Spezifitätsgrades von Humankapital   61

Betracht zieht.[16] Ausgangspunkt einer solchen Erklärung ist die Beobachtung, daß in Deutschland trotz der in der Humankapitaltheorie beschriebenen Abwanderungsgefahr systematisch in allgemeine Qualifikationen des dualen Ausbildungssystems investiert wird – auch in Unternehmen, in denen die Ausbildungsvergütungen nicht niedrig genug sind, um die Ausbildungskosten vollständig zu decken. Wenn man Informationsunvollkommenheiten am Arbeitsmarkt und bei der Personaleinstellung annimmt, haben Unternehmen gute Gründe, Ausbildungsplätze anzubieten, auch wenn ihnen eindeutig Nettokosten entstehen. Durch die systematischen Ausbildungsanstrengungen kann nämlich erstens Reputation am Arbeitsmarkt aufgebaut oder gesteigert und zweitens eine genauere Personalselektion gewährleistet werden. Das heißt, das Unternehmen kann seinen Pool an Bewerbern verbessern, und es kann eine informiertere Auswahl vornehmen, da es seine potentiellen Arbeitnehmer schon während der ganzen Lehrzeit beobachten kann, bevor es sie endgültig einstellt. Die Erträge der Ausbildung sind also nicht nur die höhere Produktivität desjenigen Arbeitnehmers, der im Unternehmen verbleibt, sondern die Erträge schließen auch die höhere Produktivität durch eine besser selektierte Arbeitnehmerschaft ein. Das heißt, das Kosten-Ertrags-Kalkül muß sich nicht mehr für jeden einzelnen Arbeitnehmer rechnen, sondern es muß sich in der Summe über alle Ausbildungen und alle daraus resultierenden Produktivitätsgewinne rechnen (vgl. SADOWSKI 1980).

5. Exkurs: Zur Messung des Spezifitätsgrades von Humankapital

Nachdem wir in den vorhergehenden Abschnitten kennengelernt haben, warum die Unterscheidung zwischen betriebsspezifischem und allgemeinem Humankapital so wichtig ist, stellt sich an dieser Stelle nun auch die Frage, wie denn empirisch festgestellt werden kann, ob ein Arbeitnehmer vorrangig allgemeines oder vorrangig betriebsspezifisches Humankapital besitzt. Eine Analyse der Alters-Einkommens-Profile kann dabei nicht weiterhelfen, da sowohl bei betriebsspezifischem als auch bei allgemeinem Humankapital steigende und konkave Profile vorausgesagt werden. Ein flacher verlaufendes Einkommensprofil kann bedeuten, daß ein größerer Anteil

---

[16] Vgl. SADOWSKI (1980).

des Humankapitals einer Person betriebsspezifisch ist, es kann aber auch bedeuten, daß ein Individuum mit allgemeinem Humankapital einfach nur weniger investiert hat und deshalb kaum Steigerungen vorzuweisen hat.

Es gibt allerdings einen Ansatzpunkt, der sehr nützlich sein kann. Er basiert auf der Unterscheidung zwischen Erfahrung, gemessen anhand der Dauer der Erwerbstätigkeit, und Betriebszugehörigkeitsdauer (tenure), die nur die Zeit innerhalb einer ganz spezifischen Unternehmung einschließt. Anhand des folgenden Beispiels soll die Nützlichkeit dieser Unterscheidung illustriert werden.

Angenommen, wir betrachten eine Gruppe von 35-jährigen Arbeitnehmern der ABC-Elektronik Unternehmung. Die Hälfte dieser Arbeitnehmer sei die gesamte Zeit ihrer Erwerbstätigkeit (insgesamt 10 Jahre) in diesem Unternehmen gewesen. Die andere Hälfte habe demgegenüber nur die ersten 7 Jahre bei der ABC-Elektronik Unternehmung gearbeitet und habe dann zu einem anderen Unternehmen gewechselt (z.B. weil der Lebenspartner umziehen wollte oder die Grundstückspreise an anderen Orten günstiger sind). Die Einkommen der Arbeitnehmer seien im Laufe der Jahre deutlich angestiegen. Falls wir beobachten, daß es kaum systematische Differenzen in der Entwicklung der Einkommen der beiden Gruppen gibt, kann daraus geschlossen werden, daß das Humankapital, das sie sich im Rahmen der ABC-Elektronik Unternehmung angeeignet haben, vollständig allgemeiner Natur ist. Ansonsten könnte nämlich ein Arbeitsplatzwechsel nur mit geringeren Produktivitäten vonstatten gehen, was sich dann wiederum in geringeren Einkommen nach dem Firmenwechsel niederschlagen müßte. Umgekehrt kann aus niedrigeren Löhnen für die Gruppe der wechselnden Arbeitnehmer geschlossen werden, daß ein großer Teil des erworbenen Humankapitals betriebsspezifischer Natur war. Die Spezifität des Humankapitals wäre dann nämlich verantwortlich für den Rückgang der Einkommen im Zusammenhang mit dem Unternehmenswechsel.

Die Analyse von Fluktuationsraten ist eine gute Möglichkeit festzustellen, welche Bedeutung spezifischem Humankapital zukommt. Wenn die Fluktuationsrate bei der Firma ABC vergleichsweise niedrig ist, dann läßt dies darauf schließen, daß die Löhne höher sein werden als in anderen Unternehmen. Dies kann als Hinweis auf die Existenz von betriebsspezifischem Humankapital interpretiert werden. Natürlich gibt es aber auch andere Erklärungen. Niedrige Fluktuationsraten können zum Beispiel auch auf eine fehlerhafte Kompensationspolitik des Unternehmens zurückzuführen sein, wie wir in späteren Anwendungskapiteln noch sehen werden.

Ähnliche Analysen kann man auch bei der Interpretation von Produktivitätsunterschieden und Lohndifferentialen innerhalb eines Unternehmens heranziehen. Beispielsweise kann man die Spezität des Humankapitals bestimmen, indem man die Produktivität unterschiedlicher Arbeitnehmer vergleicht. Trotz der Schwierigkeiten, die im Zusammenhang mit der Messung der Produktivität auftreten, kann man in vielen Unternehmen Versuche beobachten, die individuelle Leistung zu beurteilen, zum Beispiel im Rahmen der jährlichen Gehaltsverhandlungen. ABC-Elektronik könnte beispielsweise die Produktivität von Arbeitnehmern, die seit zehn Jahren im Unternehmen arbeiten, mit der Produktivität von Arbeitnehmern vergleichen, die gerade erst bei ABC eingestellt worden sind, vorher aber eine mindestens zehnjährige Karriere in einem anderen Unternehmen durchlaufen haben. Wenn sich bei diesem Vergleich eine systematisch höhere Produktivität der Arbeitnehmer mit zehnjähriger Betriebszugehörigkeit nachweisen lassen würde, dann kann das Unternehmen daraus den Schluß ziehen, daß für die effiziente Erledigung der Arbeitsplätze ein nicht zu vernachlässigendes Ausmaß an betriebsspezifischen Qualifikationen erforderlich ist. Daraus kann man wiederum schlußfolgern, daß es in der Regel sinnvoller sein wird, auftretende Vakanzen durch interne Rekrutierung zu schließen. Dabei ist die betrieblich Beförderungspolitik eng verknüpft mit den Qualifizierungsstrategien. Zur Vorbereitung auf die Übernahme der neuen Verantwortungsbereiche sollte das Unternehmen also besser bereits eingestellte Arbeitnehmer entsprechend qualifizieren, anstatt neue Arbeitskräfte vom externen Arbeitsmarkt einzustellen.

6. Resümee

Nachdem wir in diesem Kapitel das erforderliche analytische Handwerkszeug bereitgestellt haben, sind wir nun in der Lage, die im Eingangsdialog von den Managern aufgeworfenen Fragen zu beantworten.

Zum Beispiel waren die Manager unsicher, wieviel betriebliche Qualifizierungsmaßnahmen sie den Arbeitnehmern zukommen lassen sollten. Wir haben gesehen, daß es sich lohnt, soviel in die Ausbildung der Arbeitnehmer zu investieren, daß die Erträge der Investition in Humankapital denen bei alternativen Verzinsungssätzen entsprechen. Dies ist ein allgemeines Prinzip, das auf alle Arten von Investitionen zutrifft, sei es physisches Kapital, formale Schulbildung oder betriebliche Bildung.

Ein wichtiger Punkt ist die Art der Aufteilung der Ausbildungskosten zwischen Arbeitnehmer und Arbeitgeber. Wenn es sich um allgemeine Qualifikationen handelt, kann der Arbeitnehmer 100% der Erträge realisieren, da er außerhalb des Unternehmens die gleichen Produktivitätsfortschritte erzielen kann wie innerhalb des Unternehmens. Externe Arbeitgeber werden bereit sein, einen Lohn zu zahlen, der dieser Produktivität entspricht, so daß das ausbildende Unternehmen den Arbeitnehmer gemäß seiner Produktivität entlohnen muß, wenn es ihn halten will. Anders sieht es aus bei Arbeitnehmern mit betriebsspezifischen Qualifikationen. In diesem Fall werden sowohl die Kosten als auch die Erträge der Qualifizierungsmaßnahme zwischen Arbeitnehmer und Arbeitgeber aufgeteilt. Darüber hinaus verringern betriebsspezifische Fähigkeiten die Fluktuationsrate, da sie durch die Aufteilung der Kosten und der Erträge sowohl dem Arbeitnehmer als auch dem Arbeitgeber einen Anreiz liefern, das Arbeitsverhältnis aufrecht zu erhalten. Diese Anreize können Investitionen in allgemeine Qualifikationen nicht bieten. Neben diesen investitionstheoretischen Überlegungen müssen bei betrieblichen Bildungsentscheidungen aber auch die rechtlichen und tarifvertraglichen Regulierungen beachtet werden, die wiederum länderspezifische Bildungsmuster hervorbringen.

Betrachten wir beispielsweise die Firma Oldies-But-Goodies, ein Unternehmen, das sich auf den Vertrieb von Schallplatten mit Aufnahmen von Oldies und Klassikern spezialisiert hat. OBG existiert mittlerweile seit über 30 Jahren, und die Belegschaft besteht zu einem hohen Anteil aus älteren Arbeitnehmern, die größtenteils schon bei der Gründung des Unternehmens eingestellt wurden. Gegenwärtig beschäftigt sich die Unternehmensleitung mit dem Problem, daß die Arbeitskosten vergleichsweise hoch sind. Die große Zahl älterer Arbeitnehmer, deren Lohn typischerweise höher ist als der der jüngeren, und die geringe Fluktuationsrate der älteren Arbeitnehmer führen zu einer Lohn- und Gehaltssumme, die über dem allgemeinen Niveau liegt. Wie immer in solchen Situationen wird eine Kommission eingesetzt, die sich mit dem Problem beschäftigen soll. Im folgenden wird der auf einer ersten Sitzung geführte Dialog wiedergegeben:

6. Resümee

PRESLEY: *Ich finde, wir sollten einige unserer älteren Arbeitnehmer dazu bringen, frühzeitig in Rente zu gehen. Vielleicht könnten wir Abfindungen oder Übergangsgelder zahlen, um sie zu diesem Schritt zu motivieren.*

HOLLY: *Glaubst Du, daß das eine weise Entscheidung ist? Schließlich sind einige von ihnen hochproduktive Mitarbeiter.*

PRESLEY: *Wir könnten ja selektiv vorgehen. Wir sollten die Guten behalten und versuchen, die Schlechten loszuwerden.*

HOLLY: *Sicherlich, das könnten wir. Aber mein Gefühl sagt mir, daß all unsere älteren Arbeitnehmer besser sind als die jüngeren Mitarbeiter, durch die wir sie ersetzen müßten.*

PRESLEY: *Da mag was dran sein, aber die älteren Mitarbeiter kosten uns ein Vermögen, und freiwillig gehen sie nie. Meiner Meinung nach würden wir uns mit einer jüngeren Belegschaft besserstellen.*

HOLLY: *Das glaube ich allerdings nicht.*

PRESLEY: *Meinst Du, wir könnten Berater gewinnen, die uns mit den erforderlichen Daten für diese Frage versorgen könnten? Wie wäre es, wenn wir das junge, dynamische Team von McAnderson-Consulting, mit dem wir neulich schon zusammen gearbeitet haben, beauftragen würden?*

HOLLY: *Damit bin ich einverstanden.*

Es wird also die Beratungsgesellschaft McAnderson-Consulting beauftragt, die ihre Mitarbeiter Herrn Weckmüller und Frau Schmidtke mit dem Projekt betraut. Herr Weckmüller nimmt die Schallplattenabteilung unter die Lupe, während Frau Schmidtke die CD-Abteilung analysiert. Da die Schallplattenabteilung sehr viel früher existierte als die CD-Abteilung, sind die hierzu verfügbaren Daten teilweise nur noch unvollständig vorhanden. Für die CD-Abteilung liegen detaillierte Informationen über die Löhne und die Produktivität jedes einzelnen Arbeitnehmers seit ihrem Bestehen vor. Nach einer eingehenden Analyse berichten die beiden Berater an das Unternehmen.

SCHMIDTKE: *Lassen Sie mich mit dem zentralen Ergebnis meiner Analyse beginnen: Behalten Sie die alte Garde. Wir haben hier ein Lehrbuch-Beispiel für betriebsspezifisches Humankapital vorliegen. Die jüngeren Arbeitnehmer verdienen mehr als sie*

Tabelle 1.7: Produktivitäts- und Einkommensdaten der CD-Abteilung

Personalnummer	Alter	Einkommen	Verkaufserlös	Alternativeinkommen
1001	37	50.155	47.355	49.055
1002	55	59.875	67.875	53.375
1003	45	54.875	56.875	51.375
1004	**66**	**64.220**	**78.820**	**54.420**
1005	24	41.120	30.520	43.920
1006	59	61.595	71.995	53.895
1007	57	60.755	69.955	53.655
1008	**22**	**39.580**	**27.780**	**42.980**
1009	31	46.195	39.795	46.895
1010	46	55.420	58.020	51.620
1011	53	58.955	65.755	53.055
1012	51	57.995	63.595	52.695
1013	29	44.795	37.195	46.095
1014	38	50.780	48.580	49.380
1015	44	54.320	55.720	51.120
1016	20	38.000	25.000	42.000
1017	22	39.580	27.780	42.980

Ergebnisse der Regression:
Einkommen = 20.000 + 1.000(Alter) − 5(Alter)^2
Gewinn = 5.000 + 1.600(Alter) − 5(Alter)^2

wert sind. Die älteren Arbeitnehmer verdienen weniger als sie wert sind, aber mehr als sie in anderen Firmen wert wären. Das heißt, Ihr Unternehmen verdient an den Mitarbeitern, wenn sie alt sind, nicht aber, wenn sie jung sind bzw. wenn sie gerade neu bei OBG angefangen haben. Gleichzeitig können wir davon ausgehen, daß die älteren Arbeitnehmer von sich aus keinen Anreiz haben, das Unternehmen zu verlassen, da sie große Einkommensverluste hinnehmen müßten, wenn sie das Unternehmen wechseln würden. Es stimmt also, daß die älteren Arbeitnehmer mehr kosten; allerdings sind sie es auch wert, da ihre Produktivität höher ist als die der jüngeren.

WECKMÜLLER: *Schauen wir uns einfach einige Beispiele an. Ich habe die Daten in Tabelle 1.7 zusammengestellt, die Sie jetzt auf der Folie sehen können.*

6. Resümee

Abbildung 1.4: Alters-Einkommens-Profile der Company

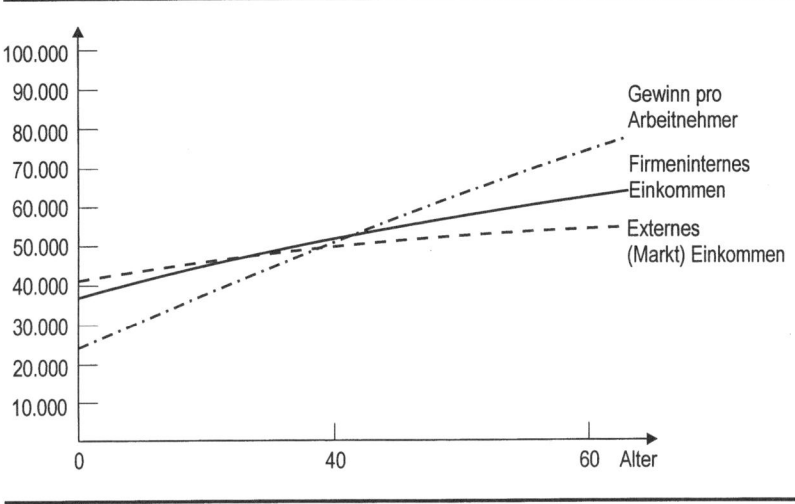

Nehmen wir beispielsweise die Arbeitnehmerin mit der Personalnummer 1008. Sie ist 22 Jahre alt und kostet pro Jahr € 39.580. Die auf sie entfallenden Nettoerträge liegen aber nur bei jährlich € 27.780, so daß das Unternehmen faktisch jedes Jahr Geld verliert. Sie erwirtschaftet einfach nicht genug Umsatz – bislang zumindest.

Nehmen wir im Gegensatz dazu beispielsweise den Arbeitnehmer mit der Personalnummer 1004. Er ist 65 Jahre alt und kostet € 64.220 pro Jahr, allerdings belaufen sich die auf ihn entfallenden Nettoerträge pro Jahr auf € 78.000. Der einzige Grund, die Arbeitnehmerin mit der Personalnummer 1008 dennoch zu beschäftigen, liegt darin, daß Sie hoffen, daß sie am Ende genauso produktiv sein wird wie die Person mit der Nr. 1004. Vollkommen klar ist jedenfalls, daß es ökonomisch unsinnig wäre, den älteren Arbeitnehmer mit der Personalnummer 1004 zu ermutigen, das Unternehmen zu verlassen, nur weil Sie ihm höhere Löhne zahlen müssen. Fakt ist nämlich, daß Sie trotzdem an ihm verdienen, da seine Produktivität um ein Vielfaches höher ist.

Dieses Muster zieht sich durch die gesamte Belegschaft. Ich habe Regressionen geschätzt, um das Verhältnis zwischen Alter, Einkommen, Profitabilität und externen Einkommensalternativen genauer bestimmen zu können. Das klingt zwar sehr kompliziert, ist aber keine Hexerei: Durch die einzelnen Datenpunkte, die in Tabelle 1.7 aufgelistet sind, wird einfach nur eine Kurve gelegt, die sich möglichst gut an die einzelnen Punkte anschmiegt. Die Ergebnisse der Regressionsrechnung sind am Ende von Tabelle 1.7 abgedruckt. Außerdem habe ich sie zur Veranschaulichung auch graphisch dargestellt, was Sie jetzt in Abbildung 1.4 sehen.

Hier können Sie erkennen, was ich vorhin versucht habe zu erklären. Zu Beginn der Betriebszugehörigkeitsdauer zahlen Sie den jungen Arbeitnehmern mehr als sie dem Unternehmen bringen, aber weniger als sie außerhalb bekommen könnten. Irgendwann im Verlauf ihrer Karriere dreht sich dann das Verhältnis um. Die Arbeitnehmer verdienen dann bei OBG mehr als sie sonstwo verdienen könnten, wobei sie aber immer noch weniger verdienen als sie dem Unternehmen bringen. Das ist der Grund, warum die Arbeitnehmer so gerne bei OBG bleiben, und das ist gleichzeitig auch der Grund, warum Sie sie behalten sollten.

PRESLEY: *Das klingt in der Tat überzeugend. Gute Arbeit, meine Herrschaften. Vielen Dank.*

7. Literatur

Alewell, Dorothea (1997): Die Finanzierung betrieblicher Weiterbildungsinvestitionen – ökonomische und juristische Aspekte. Wiesbaden: Gabler.

Backes-Gellner, Uschi (1996): Betriebliche Bildungs- und Wettbewerbsstrategien im deutsch-britischen Vergleich. München (u.a.): Hampp.

Backes-Gellner, Uschi; Bernd Frick und Andrea Timmesfeld (1991): Zur kurz- und mittelfristigen Persistenz von Diskriminierung. In: Rendtel, U.; G. Wagner (Hrsg.): Lebenslagen im Wandel. Frankfurt: Campus: 213-242.

Becker, Gary S. (1975): Human Capital: A Theoretical and Empirical Analysis, with Special Reference to Education, 2nd edition. New York: Columbia University Press for National Bureau of Economic Research.

Block, Rainer; Klaus Klemm (1997): Lohnt sich Schule? Aufwand und Nutzen: eine Bilanz. Hamburg: Rowohlt.

Mincer, Jacob (1974): Schooling, Experience, and Earnings. New York: University Press for NBER.

Pfeiffer, Barbara (1996): Das Ausbildungsverhalten der westdeutschen Betriebe 1995. In: Mitteilungen aus der Arbeitsmarkt- und Berufsforschung 29(1996)4: 589-606.

Sadowski, Dieter (1980): Berufliche Bildung und betriebliches Bildungsbudget. Stuttgart: Schäffer-Poeschel.

Weiß, Reinhold (1997): Betriebliche Weiterbildung 1995. Mehr Teilnehmer – größere Wirtschaftlichkeit. Köln.

8. Weiterführende Literaturempfehlungen

Altonji, Joseph G.; James R. Spletzer (1991): Worker Characteristics, Job Characteristics, and the Receipt of On-the-Job Training. In: Industrial and Labor Relations Review 45(1991)1: 58-79.

Ashenfelter, Orley; Alan B. Krueger (1994): Estimates of the Economic Returns to Schooling from a New Sample of Twins. In: American Economic Review 84(1994)5: 1157-1173.

Backes-Gellner, Uschi; Heiko Weckmüller (1998): Ist das Ende der Hauptschule aufzuhalten? Ein informationsökonomischer Beitrag zur Wirkung alternativer Schulregulierungsstrategien auf das Schulnachfrageverhalten. In: Weizsäcker, Robert K. (Hrsg.): Deregulierung und Finanzierung des Bildungswesens. Berlin: Duncker&Humblot: 49-77.

9. Anhang

Das Humankapitalmodell war die wichtigste Grundlage für die empirische Analyse von Einkommensfunktionen. Ein Großteil der empirischen Arbeiten bezieht sich auf eine Arbeit von MINCER (1974). Die Logik der sogenannten Mincer-Modelle läßt sich wie folgt zusammenfassen: Die Schulausbildung ist eine der wichtigsten Investitionen, die ein Individuum in sein eigenes Humankapital tätigt. Genau wie bei jeder anderen Investition wird auch bei Investitionen in Humankapital die Entscheidung in Abhängigkeit von der Rentabilität der Investition gefällt. Angenommen, ein

Individuum hätte nur darüber zu entscheiden, wie viele Jahre es in Schulausbildung investieren soll. Dann wird es sich entscheiden, solange in die Schule zu gehen wie jedes zusätzliche Schuljahr zu einem Ertrag führt, der mindestens den zusätzlichen Kosten entspricht. Formal läßt sich dies wie folgt darstellen:

Der Barwert der Einkünfte eines Individuums mit s Schuljahren lautet

(A1.1) $\quad V_s = Y_s \int_s^{n+s} e^{-rt} dt$

Dabei stellt V_s den Barwert der Einkommensströme (present value of earnings) dar, Y_s ist der Betrag, den ein Individuum in jedem einzelnen Jahr gegeben s Schuljahre verdient (dabei wird davon ausgegangen, daß dies ein konstanter Wert ist, daß sich also das Einkommen im Laufe der Jahre nicht verändert), und n ist die Anzahl der Jahre, die ein Individuum nach Abschluß der Schulzeit bis zur Pensionierung noch arbeiten kann. Betrachten wir als Gegenbeispiel ein anderes Individuum, das sich entscheidet, überhaupt nicht in die Schule zu gehen (was natürlich unrealistisch ist, allerdings der analytischen Klarheit dient). Für ein solches Individuum sähe der Barwert der Einkommensströme wie folgt aus:

(A1.2) $\quad V_0 = Y_0 \int_0^{n+s} e^{-rt} dt$

Dabei stellt V_0 das jährliche Einkommen eines Individuums ohne Schulausbildung dar, das man in $n + s$ Jahren verdienen kann.

(A1.1) und (A1.2) können unter Verwendung von $Y_s \int_s^{n+s} e^{-rt} dt = Y_s \left[-\frac{1}{r} e^{-rt} \right]_s^{n+s}$ wie folgt umformuliert werden:

(A1.3) $\quad$ (a) $V_s = \frac{Y_s}{r} e^{-rs} (1 - e^{-rn})$

$\quad\quad\quad$ (b) $V_0 = \frac{Y_0}{r} (1 - e^{-r(n+s)})$

Wenn wir nun beobachten, daß zwei ansonsten identische Individuen sich bei der o.g. Bildungsentscheidung nicht für die gleiche Alternative sondern unterschiedlich

9. Anhang

entscheiden, dann muß es daran liegen, daß keine Alternative eindeutig vorteilhaft ist, sondern beide Alternativen den gleichen Wert haben. So gilt also in dem genannten Fall $V_s = V_0$. Wenn wir diese Erkenntnis in Formel A1.3 a,b einsetzen, erhalten wir

$$Y_s = Y_0 e^{rs} \frac{1-e^{-r(n+s)}}{1-e^{-rn}}$$

Annäherungsweise ist dies

$$Y_s = Y_0 e^{rs}$$

unter der Annahme, daß die Anzahl der Schuljahre s in Relation zur Zahl der Erwerbsjahre klein ist.

Wenn wir diese Formel logarithmieren, erhalten wir Formel (A1.4), die aufgrund des linearen Zusammenhangs als Basis für Regressionsschätzungen verwendet werden kann.

(A1.4) $\quad \ln Y_s = \ln Y_0 + rs$

Wenn wir also Daten über das Einkommen von Individuen und der Anzahl ihrer Schuljahre besitzen, kann damit folgende Regressionsgleichung geschätzt werden:

ln(jährliches Einkommen) = $a + b$(Schuljahre)

Wobei die Konstante a dem logarithmierten Einkommen Y_0 und der Regressionskoeffizient b dem Zinssatz r entspricht. Inhaltlich spiegelt die Konstante a das Einkommen wieder, das ein Individuum ohne jegliche Schulausbildung erreichen könnte, und der Koeffizient b kann als die Ertragsrate der Schulausbildung interpretiert werden. Diese variiert im Zeitablauf und zwischen gesellschaftlichen Gruppen.[17]

Erfahrungsgemäß aber liegt die Bildungsrendite (inflationsbereinigt) in einer Größenordnung zwischen 5 und 10%.

---

[17] Vgl. bspw. BACKES-GELLNER/FRICK/ TIMMESFELD (1991).

II. Kündigungen, Entlassungen und Abfindungen

Auch wenn es gelegentlich so erscheinen mag, als gäbe es nur stabile Belegschaften und als würde kaum noch eingestellt oder entlassen, darf nicht übersehen werden, daß selbst in Deutschland jährlich ca. ein Viertel der Arbeitsverhältnisse umgeschlagen wird. So standen beispielsweise 1997 in der Bundesrepublik Deutschland 8.586.697 beendeten Arbeitsverhältnissen 8.302.217 neu begonnene Arbeitsverhältnisse gegenüber (bei einem Bestand von 27.140.806 Beschäftigungsverhältnissen am 31. Dezember 1997).[18]

Dabei ist es aus betrieblicher Perspektive sicherlich nicht gleichgültig, welche Arbeitnehmer das Unternehmen wann und unter welchen Bedingungen verlassen. Genau diesen Fragen werden wir uns in dem nun folgenden Kapitel widmen. Genaugenommen fragen wir, unter welchen Bedingungen Fluktuation aus betrieblicher Perspektive gefördert und wann Fluktuation eher vermieden werden sollte. Sobald Fluktuation erwünscht ist, stellt sich die Frage, welche Arbeitnehmer entlassen werden sollten und wie der Personalabbau abgewickelt werden kann. Die im folgenden dargestellte Diskussion soll in die grundsätzlichen Fragestellungen einführen:

MISES: *Ich hatte Joan gebeten, die Zusammensetzung unserer Belegschaft zu untersuchen. Sie hat einige alarmierende Ergebnisse zu präsentieren!*

ROBINSON: *Leider habe ich keine guten Nachrichten. Unsere Arbeitskosten sind extrem hoch und bescheren uns negative Nettogewinne. Wenn wir unsere Arbeitskosten nicht reduzieren können, sehe ich für die Zukunft Schwarz. Wenn wir überleben wollen, müssen wir unbedingt Personal abbauen.*

NEF: *Das beste wäre doch, wenn es uns gelänge, die Schlechtesten unserer älteren Arbeitnehmer los zu werden. Damit würden wir nicht nur die hohen Kosten der Beschäftigung älterer Arbeitnehmer reduzieren, sondern auch die Durchschnittsproduktivität der verbleibenden Arbeitnehmer erhöhen.*

Gibt es nicht einen Weg, die älteren Arbeitnehmer zu bewegen, uns „freiwillig" zu verlassen? Wie wäre es, wenn wir ihnen Abfindungszahlungen anbieten für den Fall,

---

[18] Bundesanstalt für Arbeit (1998: 1252)

daß sie innerhalb eines bestimmten Zeitraums das Unternehmen verlassen und zum Beispiel frühzeitig in Rente gehen.

SLICHTER: *Das mag zwar theoretisch gut klingen, praktisch werden wir mit einer solchen Strategie aber in große Schwierigkeiten geraten. Ihr wißt, daß wir bei betriebsbedingten Entlassungen soziale Auswahlkriterien beachten müssen, zu denen ganz eindeutig die Dauer der Betriebszugehörigkeit und das Lebensalter gehören. Wir könnten natürlich versuchen, das Problem über Aufhebungsverträge zu lösen; dann müssen wir allerdings mit hohen Abfindungszahlungen rechnen, die bekanntlich für ältere Arbeitnehmer höher sind als für jüngere Arbeitnehmer. Außerdem haben solche Aufhebungsangebote den Nachteil, daß sie möglicherweise genau von den falschen Arbeitnehmern in Anspruch genommen werden, und das kann uns sehr teuer zu stehen kommen. Wir müßten ein solches Programm also schon sehr gezielt auf die Arbeitnehmer zuschneiden, von denen wir glauben, daß sie am wenigsten produktiv sind.*

NEF: *Wir wollen ja schließlich nicht, daß uns die besten Arbeitnehmer verlassen und wir mit einer Negativ-Auswahl zurückbleiben.*

MISES: *Ich finde diese ganze Diskussion unglaublich und kann sie gar nicht nachvollziehen. Sie tun so, als wenn es selbstverständlich sei, daß wir die älteren Arbeitnehmer los werden müssen, ohne daß Sie die Rationalität einer solchen Entscheidung überhaupt in Frage stellen. Unterstellen wir mal, daß die Zahlen von Frau Robinson stimmen, dann bedeutet das aber noch lange nicht, daß es eine gute Strategie ist, die älteren Arbeitnehmer zu entlassen. Könnt Ihr Euch nicht daran erinnern, daß wir früher im Rahmen des Studiums immer das Beispiel einer Schallplattenfirma diskutiert haben, die sich mit den gleichen Fragen auseinandersetzen mußte? Wenn ich mich richtig erinnere, dann war die Geschäftsleitung der Schallplattenfirma in Sorge darüber, daß sie mit dem Verlust der älteren Arbeitnehmer auch deren Qualifikationen verlieren würden. Bei genauerem Hinsehen zeigte sich doch, daß die durchaus hohen Löhne bei weitem wettgemacht wurden durch noch viel höhere Produktivitäten. Vielleicht sind wir hier bei uns in der Firma ja in einer ganz ähnlichen Situation? Unsere älteren Arbeitnehmer verfügen mit Sicherheit über Wissen und eine Vielzahl an Qualifikationen, die unsere jüngeren Arbeitnehmer (noch) nicht vorzuweisen haben. Können wir es uns überhaupt leisten, ohne die älteren Arbeitnehmer auszukommen? Sollten wir nicht über diese Fragen nachdenken, bevor wir uns Gedanken darüber machen, wie wir die Oldies am besten loswerden könnten? Andersherum gefragt: Woher nehmt Ihr überhaupt die Weisheit, daß wir die älteren Arbeitnehmer und nicht die jüngeren Arbeitnehmer entlassen sollten? Wenn wir also einmal unterstellen, daß wir wegen der Arbeitskosten tatsächlich die Belegschaft reduzieren müssen, wieso fangen wir dann nicht einfach mit den jüngsten Arbeitnehmern an?*

ROBINSON (*nach einer langen, unangenehmen Pause*): *Nun ja, ich glaube, daß ich an der frühzeitigen Verengung der Diskussion Schuld bin. Wahrscheinlich haben meine einführenden Kommentare die Diskussion zu sehr auf die Kostenseite gelenkt, ohne daß wir die Ertragsseite berücksichtigt haben. Vielleicht sollten wir im nächsten Schritt erst einmal zusätzliche Daten sammeln, die uns Aufschluß über die Erträge geben. Hat jemand von Ihnen einen Vorschlag, wie wir vorgehen könnten, bevor ich meine Abteilung in Bewegung setze?*

NEF: *Ich unterstelle mal, daß wir herausfinden wollen, welche unserer Arbeitnehmer für uns die wertvollsten sind. Das Problem dabei ist, daß sich Produktivität so schwer messen läßt. Das wird eine wahre Plackerei werden, und ich bin noch nicht einmal sicher, ob die Ergebnisse solcher Studien uns tatsächlich sehr viel weiter helfen können.*

SLICHTER: *Ich habe eine Idee, wie wir das Ganze vergleichsweise einfach halten könnten. Wir können die durchschnittliche Produktivität im Unternehmen messen, indem wir einfach den Gesamtoutput durch die Zahl der Arbeitnehmer dividieren. Wenn wir diese Zahl erst einmal haben, dann können wir anschließend die Produktivität jeder Altersgruppe schätzen, wenn wir wissen, wie sich der Output einer Gruppe relativ zu dem einer anderen Gruppe verhält. Wir müssen also nicht die Produktivität in absoluten Größen messen. Wir müssen nur wissen, ob die älteren Arbeitnehmer zum Beispiel doppelt, dreimal oder vielleicht auch nur halb so produktiv sind wie die jüngeren Arbeitnehmer. Eine solche Vorgehensweise müßte eigentlich einfach zu bewältigen sein.*

MISES: *Das würde uns aber nicht helfen, gute junge Arbeitnehmer von schlechten jungen Arbeitnehmern zu unterscheiden. Immerhin könnte es uns aber erste Auf-*

schlüsse darüber geben, ob es sinnvoll ist, bei den Entlassungen strikt nach umgekehrter Betriebszugehörigkeitsdauer vorzugehen. Nach diesen Anregungen möchte ich die Details aber Joan überlassen. Ich schlage vor, daß wir uns in zwei Wochen wieder treffen, um neue Erkenntnisse zu diskutieren.

Wir wollen im folgenden versuchen, die in der Diskussion aufgeworfenen Fragen mit Hilfe personalökonomischer Analysen zu beantworten. Zu diesen Fragen gehören zum Beispiel:

- Welche Gruppe von Arbeitnehmern sollte zuerst von Entlassungen betroffen sein?
- Wie können Entlassungen mit möglichst geringen Kosten, aber unter Einhaltung der gesetzlichen Regelungen und in Übereinstimmung mit den betrieblichen Interessen abgewickelt werden?
- Gelegentlich wird eine hohe Fluktuationsrate als Problem angesehen, und Unternehmen versuchen mit allen Mitteln, diese zu reduzieren; gelegentlich wird Fluktuation aber auch als wünschenswert betrachtet. Wie kann ein Unternehmen entscheiden, in welcher Situation es sich gerade befindet?
- Wenn Fluktuation als wünschenswert angesehen wird, wie kann dann *Adverse Selektion* verhindert werden bzw. wie kann sichergestellt werden, daß die hochproduktiven Arbeitnehmer im Unternehmen verbleiben, während die geringproduktiven Arbeitnehmer das Unternehmen eher verlassen?

1. Fluktuation: Wann ist sie wünschenswert?

Es ist offensichtlich, daß in einer stabilen Umwelt, in der das Unternehmen konstanten Absatzmarktbedingungen ausgesetzt ist, Fluktuation immer mit Kosten verbunden ist. Neue Arbeitnehmer müssen gefunden, eingearbeitet und in den Produktionsprozeß effizient integriert werden. Wenn neue und ältere Arbeitnehmer perfekte Substitute für einander wären, dann gäbe es keinen Grund für einen Arbeitskräfteaustausch mit dem externen Arbeitsmarkt. Allerdings kann man unter bestimmten Umständen beobachten, daß die Produktivität jüngerer Arbeitnehmer durch die Präsenz älterer Arbeitnehmer gesteigert wird und umgekehrt. Wenn solche Einflußfaktoren am Werke sind, dann gibt es gute Gründe, auch ältere Arbeitnehmer auszutauschen und durch jüngere Arbeitnehmern zu ersetzen. Im folgenden Abschnitt soll diese Überlegung näher erläutert werden.

2. Zur optimalen Kombination von älteren und jüngeren Mitarbeitern

Unbestreitbar bringen junge, neu in das Unternehmen eintretende Arbeitnehmer neue Ideen und Fähigkeiten in ein Unternehmen ein. Dabei darf vermutet werden, daß diese Neuerungen insbesondere in solchen Branchen wichtig sind, die einem ständigen und sehr schnellen technologischen Wandel unterliegen. Neu eintretende Arbeitnehmer weisen in diesen Branchen den Vorteil auf, daß sie das neueste Wissen frisch von der Schule in das Unternehmen hineintragen. Ältere Arbeitnehmer, bei denen die formale Schulausbildung schon viele Jahre zurückliegt, mögen sich zwar ein hohes Maß an arbeitsplatzspezifischen Fähigkeiten angeeignet haben, aber es ist unwahrscheinlich, daß sie über die neuesten Entwicklungen genauso gut informiert sind wie ihre jüngeren Kollegen.

Andererseits aber zeichnen sich ältere Arbeitnehmer durch die bessere Kenntnis betriebsspezifischer Details aus. Wenn auch die jüngeren Arbeitnehmer sicherlich über mehr Wissen im Hinblick auf die neuesten technischen Entwicklungen verfügen, so ist es umgekehrt genauso sicher, daß ältere Arbeitnehmer besser informiert sind über alle Details des Produktionsprozesses und seiner technischen und organisatorischen Einbindung. Außerdem haben ältere Arbeitnehmer einen Vorteil, wenn es um allgemeine Fähigkeiten und Fakten geht, die typischerweise nicht in Schulen sondern nur unmittelbar am Arbeitsplatz erlernt werden können. Drittens sind Unternehmen bis zu einem gewissen Grade immer idiosynkratische Wirtschaftseinheiten; ältere Arbeitnehmer kennen die Eigenschaften der Branche und auch die Produktionsprozesse ihres spezifischen Unternehmens sicherlich besser als jüngere Arbeitnehmer. Zusammenfassend kann man festhalten, daß ältere Arbeitnehmer sicherlich immer dann einen Vorteil gegenüber jüngeren Arbeitnehmern aufweisen, wenn firmenspezifisches Humankapital oder allgemeines Humankapital, das nur am Arbeitsplatz selbst erworben werden kann (Praxiserfahrung), benötigt wird. Der Vorteil jüngerer Arbeitnehmer kommt dagegen zum Tragen, wenn es um allgemeines Humankapital geht, das am besten durch formale Schulausbildung erworben werden kann.

Diese Argumente legen die Vermutung nahe, daß eine Mischung aus jüngeren und älteren Arbeitnehmern zu der höchsten Produktivität führt. Jüngere Arbeitnehmer können den älteren Arbeitnehmern Kenntnisse über neue Technologien oder Verfahren vermitteln, während ältere Arbeitnehmer ihr Wissen über die Idiosynkrasien der Branche oder das spezifische Unternehmen weitergeben können, das sie in jahrelanger Berufserfahrung erworben haben.

Die Behauptung, daß eine Kombination von jüngeren und älteren Arbeitnehmern optimal sei, ist sogar ohne Bezugnahme auf firmenspezifisches Humankapital haltbar. Selbst wenn ältere und jüngere Arbeitnehmer perfekte Substitute darstellen, ist es immer noch möglich, daß die Fähigkeiten der älteren die der jüngeren Arbeitnehmer in optimaler Weise ergänzen. Tabelle 2.1 enthält die Daten eines hypothetischen Beispiels, das diese Argumentation unterstützt.

Tabelle 2.1 liefert Daten für eine Vielzahl an möglichen Kombinationen von jüngeren und älteren Arbeitnehmern. Ältere Arbeitnehmer verdienen demnach € 200 pro Tag, während jüngere Arbeitnehmer nur € 120 pro Tag erhalten. Ihr Humankapital sei allgemeiner Natur, so daß sie in jedem anderen Unternehmen die gleichen Einkommen erzielen könnten. Darüber hinaus können wir der Tabelle entnehmen, daß Outputs und Kosten in Abhängigkeit von der Zahl der beschäftigten Arbeitnehmer variieren. Die Kosten, die man in Spalte 3 bis 5 ablesen kann, hängen von der Zahl der Arbeitnehmer jeder Kategorie ab. Für jede Anzahl älterer Arbeitnehmer existiert genau eine optimale Anzahl jüngerer Arbeitnehmer. Wenn sich beispielsweise ein Unternehmen entscheidet, nur einen älteren Arbeitnehmer zu beschäftigen, dann werden die Gewinne genau dann maximiert, wenn diesem älteren Arbeitnehmer drei jüngere Arbeitnehmer zur Seite gestellt werden. Wenn ein Unternehmen sich dagegen entscheiden würde, zwei ältere Arbeitnehmer einzustellen, dann würden die Gewinne maximiert, wenn ihnen gleichzeitig vier jüngere Arbeitnehmer an die Hand gegeben werden. Die letztgenannte Kombination ist zugleich die, die den Gewinn insgesamt maximiert (über alle möglichen Belegschaftsgrößen).

2. Zur optimalen Kombination von älteren und jüngeren Mitarbeitern

Tabelle 2.1: Komplementaritäten älterer und jüngerer Arbeitnehmer

Lohn älterer: € 200; Lohn jüngerer: € 120
(Alle Angaben in Spalten 3 bis 7 in € und pro Tag)

Anzahl älterer Arbeitnehmer	Anzahl jüngerer Arbeitnehmer	Kosten älterer Arbeitnehmer	Kosten jüngerer Arbeitnehmer	Gesamt-kosten	Output	Gewinn
1	0	200	0	200	200	0
1	1	200	120	320	600	280
1	2	200	240	440	766	326
1	3	200	360	560	893	333
1	4	200	480	680	1.000	320
2	1	400	120	520	766	246
2	2	400	240	640	966	326
2	3	400	360	760	1.119	359
2	4	400	480	880	1.249	369
2	5	400	600	1.000	1.363	363
2	6	400	720	1.120	1.466	346
2	7	400	840	1.240	1.560	320
2	8	400	960	1.360	1.649	289
3	2	600	240	840	1.119	279
3	3	600	360	960	1.293	333
3	4	600	480	1.080	1.439	359
3	5	600	600	1.200	1.568	368
3	6	600	720	1.320	1.685	365
3	7	600	840	1.440	1.792	352
3	8	600	960	1.560	1.892	332
4	3	800	360	1.160	1.439	279
4	4	800	480	1.280	1.600	320
4	5	800	600	1.400	1.742	342
4	6	800	720	1.520	1.870	350
4	7	800	840	1.640	1.987	347
4	8	800	960	1.760	2.097	337
7	5	1.400	600	2.000	2.160	160
7	6	1.400	720	2.120	2.315	195
7	7	1.400	840	2.240	2.458	218
7	8	1.400	960	2360	2591	231
7	9	1.400	1.080	2.480	2.717	237
7	10	1.400	1.200	2.600	2.835	235
8	7	1.600	840	2.440	2.591	151
8	8	1.600	960	2.560	2.731	171
8	9	1.600	1.080	2.680	2.863	183
8	10	1.600	1.200	2.800	2.987	187
8	11	1.600	1.320	2.920	3.105	185
8	12	1.600	1.440	3.040	3.218	178
9	8	1.800	960	2.760	2.863	103
9	9	1.800	1.080	2.880	3.000	120

9	10	1.800	1.200	3.000	3.130	130
9	11	1.800	1.320	3.120	3.253	133
9	12	1.800	1.440	3.240	3.371	131
9	13	1.800	1.560	3.360	3.484	124
10	9	2.000	1.080	3.080	3.130	50
10	10	2.000	1.200	3.200	3.265	65
10	11	2.000	1.320	3.320	3.393	73
10	12	2.000	1.440	3.440	3.516	76
10	13	2.000	1.560	3.560	3.634	74

Die Zahlen in Tabelle 2.1 reflektieren Komplementaritäten zwischen älteren und jüngeren Arbeitnehmern. Das betrachtete Unternehmen erzielt einen höheren Gewinn, wenn es zwei ältere und vier jüngere Arbeitnehmer einstellt, als wenn es beispielsweise sechs ältere Arbeitnehmer und keinen jüngeren oder sechs jüngere Arbeitnehmer und keinen älteren beschäftigt. Allerdings ist auch zu beobachten, daß die Bedeutung der Komplementaritäten zwischen den unterschiedlichen Arbeitnehmertypen im Laufe der Zeit relativiert wird. Zwar übersteigt der Output von zwei älteren und fünf jüngeren Arbeitnehmern den Output von zwei älteren und vier jüngeren Arbeitnehmern, aber die Differenz der Produktivitäten ist nicht groß genug, um die zusätzlichen Kosten dieses zusätzlichen Arbeitnehmers zu decken. Darin mag sich widerspiegeln, daß ein älterer Arbeitnehmer vielleicht zwei jüngere Arbeitnehmer effizient führen kann, daß aber die Möglichkeiten einer effizienten Führung abnehmen, wenn die Zahl der jüngeren Arbeitnehmer steigt. Eine alternative Erklärung besteht darin, daß vier jüngere Arbeitnehmer ihre neuen Erkenntnisse und Ideen effektiv an zwei ältere Arbeitnehmer kommunizieren können, daß aber die Integration eines weiteren jüngeren Arbeitnehmers in die Gruppe zu Kosten führt, die nicht durch den Nutzen der Informationen gedeckt werden können, die er in das Team einbringt.

Die Schlußfolgerung ist demnach, daß die Entlassung eines älteren Arbeitnehmers sowohl die Gewinne erhöhen als auch senken kann und zwar in Abhängigkeit von der Anzahl der älteren und der jüngeren Arbeitnehmer in der Gruppe. Leider ist also keine eindeutige Antwort auf die Frage nach der optimalen Entlassungspolitik möglich. Zumindest aber können wir die Faktoren benennen, die das optimale Verhältnis von jüngeren zu älteren Arbeitnehmern bestimmen.

1. *Der Anteil jüngerer Arbeitnehmer sollte unter sonst gleichen Umständen in Branchen mit stärkerem technologischen Wandel höher sein.* Wenn neue Technologien von neu eingestellten bzw. frisch ausgebildeten Arbeitskräften besser in das Unternehmen hineingetragen bzw. von ihnen schneller bewältigt werden, sind in solchen Branchen größere Anteile an jüngeren Arbeitnehmern vorteilhaft.
2. *Der Anteil jüngerer Arbeitnehmer sollte unter sonst gleichen Umständen geringer sein, wenn der Anteil der am Arbeitsplatz erlernbaren Fähigkeiten groß ist im Vergleich zu dem Anteil der Fähigkeiten, die in schulischen oder formalen Ausbildungsmaßnahmen erworben werden können.* Wenn die am Arbeitsplatz erlernten Fähigkeiten unwichtig sind, gibt es einen geringen Bedarf an älteren Arbeitnehmern. Dagegen besteht ein größerer Bedarf an älteren Arbeitnehmern, wenn die am Arbeitsplatz erworbenen Fähigkeiten sehr wichtig sind, da dann die älteren Arbeitnehmer als „Lehrer" für jüngere Arbeitnehmer eingesetzt werden können.
3. *Der Anteil jüngerer Arbeitnehmer sollte unter sonst gleichen Umständen höher sein, in Unternehmen mit niedrigen Anteilen an betriebsspezifischen Technologien und Prozessen.* Wenn Unternehmen dagegen sehr spezifische Produktionsprozesse und Technologien haben, ist es unwahrscheinlich, daß die Fähigkeiten zur Beherrschung dieser Prozesse in anderen Unternehmen oder in formalen Qualifizierungsmaßnahmen erworben werden können. In solchen Fällen sind es die älteren Arbeitnehmer, die die idiosynkratischen Details des Unternehmens besonders gut beherrschen. In solchen Unternehmen sind ältere Arbeitnehmer wertvoller als jüngere, die dieses idiosynkratische Wissen noch nicht erworben haben.

3. Optimale Entlassungsstrategien und Betriebszugehörigkeitsdauer

Im letzten Kapitel haben wir bereits den Unterschied zwischen betriebsspezifischem und allgemeinem Humankapital analysiert. Dabei wurde herausgearbeitet, daß Arbeitnehmer mit längerer Betriebszugehörigkeitsdauer über mehr betriebsspezifisches Humankapital verfügen und deshalb eine geringere Entlassungswahrscheinlichkeit aufweisen als Arbeitnehmer mit kürzerer Betriebszugehörigkeitsdauer. Da die Produktivität eines betriebsspezifisch qualifizierten Arbeitnehmers in dem Unternehmen, in dem er aktuell beschäftigt ist, höher ist als in jedem anderen Unternehmen, ist es leicht möglich, einen Vertrag abzuschließen, der sowohl Arbeitnehmer als auch Arbeitgeber besserstellt. Das Unternehmen kann dem Arbeitnehmer einen höheren Lohn zahlen, als er an anderer Stelle (Marktlohn) bekäme; der gezahlte Lohn kann gleichzeitig aber immer noch unterhalb der aktuellen Produktivität in seiner jetzigen Beschäftigung liegen. Diese Überlegungen kann man nun anwenden, um die Frage zu beantworten, welcher Arbeitnehmer entlassen werden sollte, wenn ein Beschäftigungsabbau erforderlich wird. Dabei kann man zeigen, daß dann, wenn betriebsspezifisches Humankapital wichtig ist, Unternehmen sich gewinnmaximal verhalten, wenn sie die jüngsten Arbeitnehmer und die unmittelbar vor der Pensionierung stehenden zuerst entlassen. Warum Entlassungsstrategien, die an beiden Seiten der Altersverteilung ansetzen, vorteilhaft sind, bedarf einer etwas ausführlicheren Analyse, die wir uns im folgenden anschauen.

3.1 Die Grundidee

Ausgangspunkt sind die Alters-Einkommens-Profile und die Alters-Produktivitäts-Profile von Individuen, die in betriebsspezifisches Humankapital investiert haben (vgl. Abb. 2.1).[19] Die Produktivität innerhalb des betrachteten Unternehmens sei $V(t)$. Das Einkommen sei $W(t)$, und die alternativen Einkommen, die ein Arbeitnehmer in einem anderen Unternehmen erzielen könnte, seien $A(t)$.

Unter normalen Umständen würde ein Arbeitnehmer vom Zeitpunkt 0 bis zum Zeitpunkt T beschäftigt werden – hiervon wird im folgenden ausgegangen. Zum Zeitpunkt T geht er in Rente. Der Barwert der Einkommensströme $W(t)$ muß dem Barwert der Produktivität $V(t)$ entsprechen.[20] Sollte nämlich der Barwert der Einkommen den Barwert der Produktivität übersteigen, so würde das Unternehmen Geld verlieren. Wenn der Barwert der Produktivität hingegen höher wäre als der Barwert

---

[19] Weitere Details können in LAZEAR/FREEMAN (1979) nachgelesen werden.

[20] Die Flächen unterhalb von $W(t)$ und $V(t)$ von 0 bis T müssen also gleich groß sein.

3. Optimale Entlassungsstrategien und Betriebszugehörigkeitsdauer   **83**

Abbildung 2.1: Einkommen, Produktivität und Alternativen

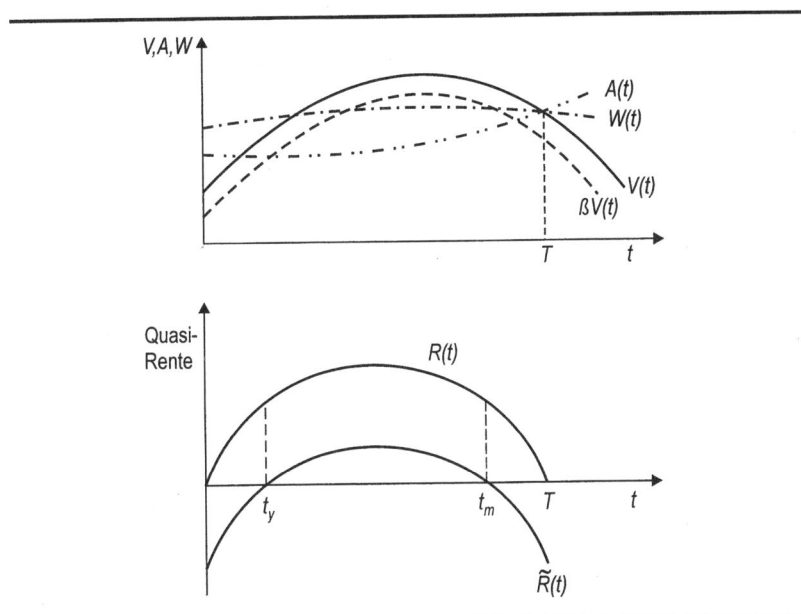

der Einkommen, bestünde die Gefahr, daß externe Unternehmen dem Arbeitnehmer einen höheren Lohn bieten, um ihn abzuwerben. Dies würde dann entweder dazu führen, daß dem Unternehmen Gewinne verloren gingen, weil der Arbeitnehmer abgeworben würde, oder daß es den Lohn anheben müßte bis die Einkommen wiederum genau der Produktivität entsprächen (was ebenfalls die Gewinne aufzehren würde).

Genau wie in Kapitel I kommen wir auch hier zu der Schlußfolgerung, daß sich der Barwert der Einkommensströme und der Barwert der Produktivitätsströme im Gleichgewicht genau entsprechen müssen. Der Barwert der Einkommen, die ein Arbeitnehmer in seiner Ursprungsfirma erlangen kann, übersteigt typischerweise den Barwert der extern erreichbaren Einkommensströme.[21]

---

[21] Wenn der Arbeitnehmer bei einem anderen Unternehmen zum Zeitpunkt 0 angefangen hätte, dann hätte er in diesem ebenfalls in spezifisches Humankapital investieren können. Da er aber bis zum Zeitpunkt t in dem von uns betrachteten Unternehmen gearbeitet hat, unterscheidet sich seine Pro-

Der Barwert der Einkommen $W(t)$ und der Produktivität $V(t)$ sind nur zum Zeitpunkt der Einstellung identisch, danach unterscheiden sie sich. Da nämlich der Arbeitnehmer annahmegemäß betriebsspezifisches Humankapital erwirbt, müssen sowohl er als auch das Unternehmen einen Teil der anfänglichen Kosten übernehmen. Wenn diese Kosten jedoch einmal angefallen sind, entsteht in den nachfolgenden Perioden für beide Parteien ein zusätzlicher Wert aus der Aufrechterhaltung des Beschäftigungsverhältnisses. Genau genommen ist für jeden Zeitpunkt nach dem Einstellungsdatum der Barwert von $V(t)$ größer als der Barwert von $W(t)$. Da aber das Einkommen $W(0)$ die Produktivität $V(0)$ übersteigt, hat das Unternehmen einen Teil der Kosten der Investition übernommen, so daß es in den nachfolgenden Perioden berechtigterweise einen Teil der Erträge vereinnahmen kann.[22]

Die zusätzliche Produktivität, die durch die betriebsspezifische Humankapitalinvestition erreicht wird, bezeichnet man als Quasi-Rente. Der Anteil der Quasi-Rente, der auf das Unternehmen entfällt, ist im unteren Teil der Abbildung 2.1 durch den Verlauf der Kurve $R(t)$ gekennzeichnet. $R(t)$ ist definiert als die Differenz zwischen dem Barwert der Produktivitäten $V(t)$ und dem Barwert der Einkommen $W(t)$ vom Zeitpunkt t bis zum Zeitpunkt T. Sobald das Unternehmen in den Arbeitnehmer investiert hat, kann es also sein Geld nur zurück bekommen, wenn es den Arbeitnehmer für einen ausreichend langen Zeitraum im Unternehmen weiterbeschäftigt.

Ein Arbeitnehmer, der sein Unternehmen einen Tag vor dem Zeitpunkt T verläßt, kostet das Unternehmen fast nichts, da allenfalls die zusätzliche Produktivität eines

---

duktivität von der, die er zum heutigen Zeitpunkt extern erreichen könnte. Zu Beginn wäre seine Produktivität in einer alternativen Beschäftigung sicherlich höher gewesen (falls er nicht in betriebsspezifisches Humankapital investiert hätte, da mit einer solchen Investition immer direkte und Opportunitätskosten verbunden sind). Dies führt dazu, daß $V(t)$ zum Zeitpunkt 0 unterhalb von $A(t)$ liegt. In späteren Phasen jedoch wächst V schneller, so daß $V(t)$ sogar über $A(t)$ steigt, da der Wert des betriebsspezifischen Humankapitals die Produktivität so sehr steigert, daß damit die Kosten der Investitionen mehr als gedeckt werden können.

[22] Dies muß so sein, da die Barwerte der Einkommen und der Produktivitäten sich zum Zeitpunkt 0 entsprechen, gleichzeitig aber das Einkommen zum Zeitpunkt 0 die Produktivität zum Zeitpunkt 0 übersteigt. Die Produktivität vom Zeitpunkt t bis zum Zeitpunkt T muß also größer sein als die im gleichen Zeitraum gezahlten Einkommen.

3. Optimale Entlassungsstrategien und Betriebszugehörigkeitsdauer

einzigen Tages verloren geht. Sowohl der Rentenbarwert $R(0)$ zum Zeitpunkt der Einstellung als auch der Rentenbarwert $R(T)$ zum Zeitpunkt der Verrentung haben einen Wert von 0. Ein Unternehmen verliert also nichts durch einen Arbeitnehmer, der das Unternehmen am gleichen Tag wieder verläßt, an dem er eingestellt wurde. Hat er aber ein paar Tage gearbeitet und betriebsspezifisches Humankapital erworben, dann entsteht in der verbleibenden Beschäftigungszeit eine Quasi-Rente aus der dadurch erhöhten Produktivität. Je länger der Arbeitnehmer arbeitet, um so mehr betriebsspezifisches Humankapital eignet er sich an, und um so größer sind die Produktivitätsverbesserungen. Je länger die noch verbleibende Beschäftigungszeit, um so länger können diese Produktivitätsverbesserungen realisiert werden bzw. je kürzer die noch verbleibende Beschäftigungszeit, um so geringer fällt $R(t)$ aus. Zum geplanten Verrentungszeitpunkt gehen die noch verbleibenden Produktivitätsüberschüsse auf Null zurück. Somit verliert ein Unternehmen auch nichts an einem Arbeitnehmer, der zum geplanten Verrentungszeitpunkt aus dem Unternehmen ausscheidet, da zu diesem Zeitpunkt das Erwerbsleben ohnehin endet und keine weiteren Produktivitätsüberschüsse erwirtschaftet werden könnten.

Genau diese Überlegungen begründen die eingangs vorgestellte Entlassungsstrategie. Wenn ein Unternehmen mit einem negativen Nachfrageschock konfrontiert wird, dann verliert es am wenigsten, wenn es die ältesten Arbeitnehmer und die jüngsten Arbeitnehmer entläßt. Die ältesten Arbeitnehmer würden ohnehin bald in Rente gehen, so daß nur noch für eine kurze Zeit Gewinne erwirtschaftet werden könnten. Die jüngsten Arbeitnehmer haben noch sehr wenig in betriebsspezifisches Humankapital investiert, so daß ebenfalls keine oder allenfalls geringe zusätzliche Erträge verloren gehen würden. Dabei ist der Verlauf der Kurve nur zur Vereinfachung symmetrisch dargestellt, ihr tatsächlicher Verlauf hängt in der Realität natürlich von dem mit zunehmender Betriebszugehörigkeitsdauer angesammelten betriebsspezifischen Humankapital ab.

3.2 Praxisbeispiel: Entlassungsstrategien bei zurückgehender Produktnachfrage

Angenommen, die Nachfrage nach Produkten eines Unternehmens geht deutlich zurück. Daraus resultierend müssen die Preise der verkauften Güter ebenfalls gesenkt werden, so daß das Wertgrenzprodukt der Arbeitnehmer deutlich reduziert wird. In Abbildung 2.1 wird diese Reduktion der Produktivität dargestellt durch den Übergang von $V(t)$ zu $\beta V(t)$. Dadurch wird natürlich auch die von dem Unternehmen realisierbare Rente reduziert. Für das Unternehmen lohnt es sich nicht mehr, in jüngere Arbeitnehmer zu investieren, da die Belegschaft sowieso reduziert werden muß.[23] Gleichzeitig können wir an der Graphik ablesen, daß ein solches Unternehmen die ältesten Arbeitnehmer entlassen würde, da für diese die verbleibende Rente negativ wäre. Die Rente, die das Unternehmen bei gefallenen Preisen realisieren könnte, ist im unteren Teil der Abbildung 2.1 durch $\tilde{R}(t)$ wiedergegeben. Hier zeigt sich, daß für alle Arbeitnehmer, die eine Betriebszugehörigkeit von mehr als t_m aufweisen, die Rente nach der Preisreduktion negativ ist. Für alle Arbeitnehmer, die weniger als t_y Jahre im Unternehmen beschäftigt sind, ist die Rente ebenfalls negativ. Nur die Arbeitnehmer mit mittleren Betriebszugehörigkeitsdauern erwirtschaften noch eine positive Rente und würden damit sinnvoller Weise nicht entlassen werden. Das Unternehmen hat bereits ausgiebig in ihr betriebsspezifisches Humankapital investiert, so daß ihre Produktivität vergleichsweise hoch ist; außerdem haben sie noch einen sehr langen Zeitraum vor sich, in dem sie für das Unternehmen arbeiten können und in dem das Unternehmen somit Erträge aus der Investition erwirtschaften kann. In der neuen Situation würde das Unternehmen also nicht bereit sein, weitere Investitionen in betriebsspezifisches Humankapital zu tätigen, da es angesichts des Nachfragerückgangs keine zusätzlichen Gewinne mehr realisieren könnte. Da aber die vorhergehenden Humankapitalinvestitionen sunk costs darstellen und nicht mehr rückgängig zu machen sind, stellt sich das Unternehmen besser, wenn es

---

[23] Dabei vernachlässigen wir im Moment, daß möglicherweise keine vollständige Substituierbarkeit zwischen älteren und jüngeren Arbeitnehmern besteht. Dies könnte nämlich dazu führen, daß das Unternehmen jüngere Arbeitnehmer einstellt, obwohl es gleichzeitig ältere Arbeitnehmer entläßt.

die Arbeitnehmer hält und die für die verbleibenden Perioden anfallenden Erträge realisiert. Dieses Argument trifft jedoch nicht für Arbeitnehmer mit einer Betriebszugehörigkeit von mehr als t_m zu, da dies der Zeitpunkt ist, ab dem die verbleibenden reduzierten Produktivitätsströme $\beta V(t)$ unter die noch zu zahlenden unveränderten Einkommensströme $W(t)$ fallen. Nach Zeitpunkt t_m kostet ein Arbeitnehmer das Unternehmen also zusätzliches Geld für jeden weiteren Tag, den er gehalten wird. Ein Unternehmen, das mit einem Nachfragerückgang konfrontiert ist, hat also ein Interesse daran, Arbeitnehmer von beiden Polen der Altersverteilung zu entlassen. Mit anderen Worten bedeutet der Rückgang in der Nachfrage, daß das Unternehmen daran interessiert ist, sich von älteren Arbeitnehmern zu trennen. Gleichzeitig kann ein Unternehmen keine Gewinne machen, wenn es neue Arbeitnehmer einstellt und zusätzliche Humankapitalinvestitionen tätigt, wenn es schon aus den alten Investitionen keine Erträge mehr erwirtschaften kann. Es wird also nicht nur Neueinstellung vermeiden, sondern zusätzlich die jüngsten Arbeitnehmer entlassen, da bei diesen die bisherigen Investitionen in betriebsspezifisches Humankapital noch vergleichsweise gering waren.

3.3 Entlassung oder Aufhebungsvertrag

Nach den vorhergehenden Analysen hat ein Unternehmen bei Nachfrageeinbrüchen ein Interesse daran, sowohl die jüngsten als auch die ältesten Arbeitnehmer zu entlassen. Allerdings ist dies nicht immer ohne weiteres möglich. Zunächst sind die rechtlichen Beschränkungen bei der Entlassung älterer Arbeitnehmer zu berücksichtigen. Diese genießen nämlich einen besonderen Kündigungsschutz.[24] Aber selbst wenn es die rechtlichen Beschränkungen nicht gäbe, könnte es vorteilhaft für das Unternehmen sein, ältere Arbeitnehmer nicht einfach so zu entlassen, sondern ihnen Aufhebungsverträge mit entsprechenden Abfindungszahlungen anzubieten.[25] Wenn nämlich Arbeitnehmer in der Vergangenheit in betriebsspezifisches Humankapital

---

24 FRANZ (1999): Kapitel 4.3.1, 6.2.3 und S.248.

25 LAZEAR (1981).

investiert haben, dann waren sie zu dieser Investition nur bereit, weil sie darauf vertraut haben, daß das Unternehmen sie langfristig beschäftigen wird, so daß sie ausreichende Erträge aus ihrer Investition realisieren können. Sie sind also einen impliziten Kontrakt mit dem Unternehmen eingegangen, in der Hoffnung, daß das Unternehmen diesen Vertrag einhalten wird. Wenn ein Unternehmen nun solche Arbeitnehmer früher als erwartet entläßt, bricht das Unternehmen diesen Kontrakt und hält sein implizites Versprechen nicht ein, dem Arbeitnehmer langjährige Erträge (bis zum ursprünglich vorgesehenen Verrentungszeitpunkt) zu ermöglichen. Spätestens wenn solche Vertragsbrüche wiederholt bzw. systematisch vorkommen, wird das Unternehmen seine Reputation als glaubwürdiger Vertragspartner verlieren. Daraus resultierend werden zukünftige neue Arbeitnehmer nicht mehr bereit sein, in einem solchen Unternehmen in betriebsspezifisches Wissen zu investieren, da ihre zusätzlichen Erträge (bzw. der ihnen zustehende Teil der Quasi-Rente) nicht ausreichend gesichert erscheinen. Aus Unternehmensperspektive können also in einer solchen Situation Abfindungszahlungen ein effektives Instrument sein, um ältere Arbeitnehmer entlassen zu können, ohne gleichzeitig die Reputation als guter und zuverlässiger Vertragspartner zu verlieren. Das Unternehmen signalisiert damit, daß es die aus der betriebsspezifischen Humankapitalinvestition erworbenen Ansprüche des Arbeitnehmers nicht einfach ignoriert, sondern sogar versucht, die entgangenen Erträge mit Hilfe von Abfindungszahlungen auszugleichen. Damit bleiben auch zukünftige Versprechungen des Unternehmens glaubwürdig, so daß für die verbleibenden und auch für die neu hinzukommenden Arbeitnehmer Investitionen in betriebsspezifisches Humankapital weiterhin attraktiv bleiben.

Anders sieht die Situation im Hinblick auf die Entlassung der Arbeitnehmer am unteren Ende des Altersspektrums aus. Die jüngeren Arbeitnehmer sind weder rechtlich besonders geschützt noch würde ihre Entlassung die Reputation des Unternehmens signifikant beeinträchtigen, da die jüngsten Arbeitnehmer noch keine großen Investitionen in betriebsspezifisches Humankapital getätigt haben und somit durch eine Entlassung auch vergleichsweise wenig verlieren. Dementsprechend ist zu erwarten, daß jüngere Arbeitnehmer mit größerer Wahrscheinlichkeit einfach entlassen werden, während ältere Arbeitnehmer eher Abfindungsangebote bekommen werden.

> **Zur Diskussion...**
>
> Die vorangehende Argumentation läßt darüber hinaus auch erkennen, daß der „Entlassungsschutz aufgrund drohender Reputationsverluste" in einer untergehenden Branche mit nur noch sehr kurzen Zukunftsaussichten oder in einem Unternehmen, das kurz vor der Liquidation steht, nicht funktioniert. Soweit es keine rechtlichen Beschränkungen gibt, würde also ein Unternehmen, das in den letzten Zügen liegt, Reputationsüberlegungen wahrscheinlich ignorieren und ältere Arbeitnehmer auch ohne Abfindungszahlungen einfach entlassen.
>
> Darüber hinaus kann man erwarten, daß die Reputation eines Unternehmens kaum negativ tangiert wird, wenn solche älteren Arbeitnehmer entlassen werden, die sehr kurz vor der Pensionierung stehen (solange das Unternehmen die Pensionszusagen vollständig aufrechterhält). Dies resultiert daraus, daß Arbeitnehmer, die sehr nahe am Verrentungszeitpunkt sind, bei einer frühzeitigen Beendigung des Beschäftigungsverhältnisses nur ganz geringe Anteile der zusätzlichen Erträge verlieren. Somit bedeutet der „Bruch des impliziten Vertrages" für Arbeitnehmer unmittelbar vor der Verrentung allenfalls einen sehr geringen finanziellen Verlust, so daß die Reputation des Unternehmens allenfalls marginal in Mitleidenschaft gezogen wird.

3.4 Ökonomisch sinnvolle Abfindungsangebote

Wenn ein Unternehmen sich entscheidet, Arbeitskräfte frei zu setzen, indem es ihnen Abfindungsangebote unterbreitet, stellt sich die Frage, welche Höhe die Abfindungsofferten haben und welchen Arbeitnehmern sie angeboten werden sollten.

Um diese Fragen zu beantworten, müssen wir uns zunächst in Erinnerung rufen, daß die ältesten und die jüngsten Arbeitnehmer diejenigen sind, die die geringste Quasi-Rente für das Unternehmen produzieren. Da die jüngsten Arbeitnehmer kaum Investitionsverluste zu verzeichnen haben und daraus resultierend auch Reputationsverluste vernachlässigbar sind, können die jüngsten Arbeitnehmer am ehesten entlassen werden, ohne daß ihnen Abfindungsangebote gemacht werden. Anders sieht dies bei älteren Arbeitnehmern aus. Entlassungen älterer Arbeitnehmer haben, wie oben gezeigt, negative Reputationseffekte, so daß das Unternehmen versuchen wird, über Abfindungszahlungen sicherzustellen, daß es nicht als Vertragsbrecher in Verruf gerät. Bei der Festlegung der Höhe der Abfindung gilt es zwei Aspekte zu beachten. Einerseits ist für die Arbeitnehmer mit der längsten Betriebszugehörigkeitsdauer die dem Unternehmen noch verbleibende Quasi-Rente am kleinsten. Andererseits ist auch der den Arbeitnehmern verbleibende Teil der Quasi-Rente nur noch klein, da sie ohnehin nur noch kurze Zeit im Unternehmen verbleiben würden. So würde beispielsweise ein Arbeitnehmer, der einen Tag vor der Verrentung steht, dem Unternehmen seine aus den betriebsspezifischen Humankapitalinvestitionen resultierende erhöhte Produktivität nur noch einen weiteren Tag zugute kommen lassen. Gleichzeitig würde aber auch dem Arbeitnehmer das über dem Marktlohn liegende Einkommen nur noch für einen weiteren Tag zustehen. D.h. eine frühzeitige Beendigung dieses Arbeitsverhältnisses hätte nur einen geringen Einfluß auf das Vermögen des Unternehmens und des Arbeitnehmers. Einen Arbeitnehmer mit einem einzigen Restarbeitstag könnte man dementsprechend auch mit einer vergleichsweise geringen Abfindungszahlung zu einem freiwilligen Verlassen des Unternehmens bewegen, da er ohnehin geplant hatte, nur noch einen Tag länger zu arbeiten. Damit wird der Betrag, den man benötigt, um ihn zu einem freiwilligen Verlassen zu bewegen, allenfalls der Lohn dieses einen zusätzlichen Tages sein – wahrscheinlich sogar weniger. Wieviel weniger, werden wir anhand der folgenden Zahlenbeispiele erläutern. Wir werden dabei auch sehen, daß bei Arbeitnehmern, die noch eine längere Zeit bis zum Verrentungsalter vor sich haben, die Abfindungszahlungen typischerweise höher sein müssen (dabei seien rechtliche Regulierungen oder arbeitsgerichtliche Rechtsprechung an dieser Stelle zunächst noch vernachlässigt).

3.5 Das Beispiel Grafik-TEAM

Im folgenden betrachten wir das hypothetische Unternehmen Grafik-TEAM, das die in Tabelle 2.2 wiedergegebenen Alters-Einkommens-Profile, Alters-Produktivitäts-Profile und alternativen Marktlohn-Profile zu gewärtigen hat (die Zahlen entsprechen den Werten der Abbildung 2.1). Es wurde ein Kalkulationszinssatz von 25,98%

3. Optimale Entlassungsstrategien und Betriebszugehörigkeitsdauer

Tabelle 2.2: Das Problem der Abfindung bei Grafik-TEAM

Alter	W	Alt	V	βV	PV(W)	PV(Alt)	PV(V)	PV(βV)
25	30.000	20.000	20.000	14.000	145.462	99.306	145.462	101.823
26	30.000	20.125	23.175	16.222	145.459	99.909	158.056	110.640
27	30.000	20.250	26.200	18.340	145.456	100.512	169.924	118.947
28	30.000	20.375	29.075	20.353	145.451	101.115	181.063	126.744
29	30.000	20.500	31.800	22.260	145.445	101.716	191.475	134.032
30	30.000	20.625	34.375	24.063	145.438	102.316	201.158	140.811
31	30.000	20.750	36.800	25.760	145.429	102.914	210.113	147.079
32	30.000	20.875	39.075	27.353	145.417	103.510	218.340	152.838
33	30.000	21.000	41.200	28.840	145.402	104.104	225.838	158.087
34	30.000	21.125	43.175	30.222	145.384	104.694	232.607	162.825
35	30.000	21.250	45.000	31.500	145.360	105.280	238.646	167.052
36	30.000	21.375	46.675	32.672	145.331	105.861	243.956	170.769
37	30.000	21.500	48.200	33.740	145.294	106.436	248.534	173.974
38	30.000	21.625	49.575	34.703	145.247	107.002	252.381	176.667
39	30.000	21.750	50.800	35.560	145.189	107.558	255.495	178.847
40	30.000	21.875	51.875	36.313	145.115	108.101	257.875	180.512
41	30.000	22.000	52.800	36.960	145.021	108.628	259.519	181.663
42	30.000	22.125	53.575	37.503	144.904	109.134	260.424	182.297
43	30.000	22.250	54.200	37.940	144.756	109.613	260.588	182.412
44	30.000	22.375	54.675	38.273	144.569	110.060	260.008	182.006
45	30.000	22.500	55.000	38.500	144.335	110.466	258.679	181.075
46	30.000	22.625	55.175	38.623	144.039	110.820	256.594	179.616
47	30.000	22.750	55.200	38.640	143.666	111.108	253.748	177.624
48	30.000	22.875	55.075	38.553	143.196	111.313	250.131	175.092
49	30.000	23.000	54.800	38.360	142.605	111.414	245.732	172.012
50	30.000	23.125	54.375	38.063	141.860	111.384	240.536	168.375
51	30.000	23.250	53.800	37.660	140.921	111.189	234.525	164.168
52	30.000	23.375	53.075	37.153	139.738	110.786	227.677	159.374
53	30.000	23.500	52.200	36.540	138.248	110.120	219.964	153.975
54	30.000	23.625	51.175	35.823	136.371	109.124	211.349	147.944
55	30.000	23.750	50.000	35.000	134.006	107.712	201.788	141.251
56	30.000	23.875	48.675	34.073	131.027	105.775	191.222	133.855
57	30.000	24.000	47.200	33.040	127.274	103.178	179.581	125.706
58	30.000	24.125	45.575	31.902	122.545	99.748	166.773	116.741
59	30.000	24.250	43.800	30.660	116.588	95.270	152.685	106.880
60	30.000	24.375	41.875	29.312	109.084	89.471	137.174	96.022
61	30.000	24.500	39.800	27.860	99.630	82.007	120.057	84.040
62	30.000	24.625	37.575	26.303	87.720	72.448	101.108	70.776
63	30.000	24.750	35.200	24.640	72.716	60.247	80.039	56.027
64	30.000	24.875	32.675	22.873	53.813	44.719	56.488	39.542
65	30.000	25.000	30.000	21.000	30.000	25.000	30.000	21.000

Erläuterungen zur Tabelle

W **Einkommen** eines Arbeitnehmers eines bestimmten Alters (in €).

Alt **Alternativeinkommen** (in €) der nächstbesten Beschäftigungsalternative (Marktlohn) bzw. Wert der Alternative Freizeit (bei gegebenem Alter).

V **Produktivität** eines Arbeitnehmers (bewertet in €) bei Grafik-TEAM (bei gegebenen Alter).

βV aufgrund eines Nachfrageschocks **reduzierte Produktivität** (bewertet in €) bei Grafik-TEAM (bei gegebenem Alter).

$PV(W)$ **Barwert der Einkommensströme** (in €), die von dem angegebenen Alter an bis zum Verrentungsalter von 65 Jahren erworben werden können.

$PV(Alt)$ **Barwert der Alternativeinkommensströme** (in €), die von dem angegebenen Alter an bis zum Verrentungsalter von 65 Jahren erreicht werden können.

$PV(V)$ **Barwert der Produktivitätsströme** (bewertet in €), die von dem angegebenen Alter an bis zum Verrentungsalter von 65 Jahren realisiert werden.

$PV(\beta V)$ **Barwert der** aufgrund des Nachfrageschocks **reduzierten Produktivität** (bewertet in €) von dem angegebenen Alter an bis zum Verrentungsalter von 65 Jahren.

---

angesetzt. Dies ist für reale Verhältnisse zwar eigentlich zu hoch, ermöglicht es uns aber, die Zusammenhänge sehr klar zu verdeutlichen. Denn dieser Zinssatz ist der interne Zinsfuß der Zahlungsreihe $(V(t) - W(t))$. (Man erinnere sich, daß der Barwert der durch ($V(t)-W(t)$) definierten Zahlungsreihe in $t=0$ Null sein muß.)

Gemäß Tabelle 2.2 hätte also beispielsweise ein Arbeitnehmer im Alter von 30 Jahren bei Grafik-TEAM ein Jahreseinkommen von € 30.000. Das Einkommen in seiner nächstbesten Beschäftigungsalternative würde dagegen nur bei € 20.625 liegen. Seine Produktivität bei Grafik-TEAM würde in diesem Alter € 34.375 jährlich betragen. Wenn Grafik-TEAM einen Nachfrageeinbruch zu verzeichnen hätte, der das Unternehmen zwingen würde, seinen Produktpreis auf 70% des ursprünglichen Preises zu reduzieren, dann würde die in Euro bewertete reduzierte Produktivität eines Arbeitnehmers gleichen Alters allerdings nur noch € 24.063 jährlich betragen. Der Barwert der noch zu erzielenden Einkommensströme eines 30-Jährigen läge bei € 145.438, der Barwert der externen Einkommensströme würde € 102.316 betragen,

3. Optimale Entlassungsstrategien und Betriebszugehörigkeitsdauer

der Barwert der bei Grafik-TEAM erarbeiteten Produktivität läge ohne Nachfrageeinbruch bei € 201.158 und mit einem nachhaltigen Nachfrageeinbruch bei € 140.811.

Für die Analyse der optimalen Abfindungshöhe sind die letzten vier Spalten von besonderem Interesse. Betrachten wir beispielsweise einen 64-jährigen Arbeitnehmer, der für zwei weitere Jahre € 30.000 Jahreseinkommen erwerben könnte, wenn er bei Grafik-TEAM weiter beschäftigt bliebe. Der Barwert der noch zu erwartenden Einkommensströme wäre also

$$30.000 + \frac{30.000}{1+0,2598} = 30.000 + 23.813 = 53.813$$

Die Produktivität eines 64-Jährigen läge bei € 32.675 und die Produktivität eines 65-Jährigen betrüge € 30.000, was einem Barwert der noch zu erwartenden Produktivität von

$$32.675 + \frac{30.000}{1+0,2598} = 32.675 + 23.813 = 56.488$$

entspricht. Wenn das Unternehmen aber einen Nachfrageschock zu verkraften hat, dann ist der Barwert des Outputs deutlich reduziert und liegt im vorletzten Jahr nur noch bei € 22.873 und im letzten Jahr bei € 21.000, was einem Barwert von € 39.542 entspricht.

Diesen Zahlen müssen nun die entsprechenden Werte einer Alternativbeschäftigung gegenübergestellt werden. Wenn der Arbeitnehmer das Unternehmen verlassen würde, läge der Barwert seines Einkommensstromes in den letzten beiden Jahren bei € 44.719, also deutlich unter dem Barwert der innerhalb des Unternehmens realisierbaren Einkommensströme von € 53.813. Diesen Betrag müssen wir mit dem Wert des Arbeitnehmers für das Unternehmen vergleichen. Der Arbeitnehmer hätte in den letzten beiden Jahren eine Produktivität von € 56.488 gehabt, wenn es keinen Nachfrageeinbruch gegeben hätte. Aufgrund des Schocks wird diese aber auf € 39.542 reduziert. Schaut man sich diese vier Zahlen an, zeigt sich, daß es hier durchaus Verhandlungsspielräume gibt.

Wenn der Arbeitnehmer trotz Nachfrageeinbruch in dem Unternehmen verbleiben würde, müßte das Unternehmen ihm Einkommen in Höhe von € 53.813 zahlen, was

€ 14.271 unter dem von ihm erwirtschafteten Wert liegen würde (€ 53.813 – € 39.542). Somit verliert das Unternehmen durch die Weiterbeschäftigung in den letzten beiden Jahren insgesamt € 14.271 diskontiert auf den Entscheidungszeitpunkt. Alternativ zu dieser Lösung kann das Unternehmen dem Arbeitnehmer ein Abfindungsangebot machen, um ihn so zu einem freiwilligen Verlassen des Unternehmens zu bewegen. Dieses könnte beispielsweise bei € 10.000 liegen. Damit wäre der Arbeitnehmer besser gestellt als bei der vorhergehenden Lösung, da € 10.000 Abfindungszahlung plus € 44.719 externes Einkommen zusammen € 54.719 ausmachen. Dies ist mehr als der Einkommensstrom, der bei Grafik-TEAM in der Folgezeit noch erworben werden könnte. Hier läge das Einkommen nämlich nur bei € 53.813. Ein Abfindungsangebot von € 10.000 wäre für den Arbeitnehmer in der beschriebenen Situation also durchaus akzeptabel. Darüber hinaus hätte auch das Unternehmen bei dieser Lösung einen Vorteil, da es trotz Abfindungszahlung Geld sparen könnte. Die Weiterbeschäftigung würde wie oben dargestellt einen Nettoverlust von € 14.271 bedeuten, wohingegen die Abfindungszahlung nur € 10.000 betragen würde, so daß das Unternehmen Verluste in Höhe von € 4.271 vermeiden könnte.

Wenn wir vor dem Hintergrund dieser Überlegungen die Zahlen in Tabelle 2.2 interpretieren, sehen wir, daß das Unternehmen Grafik-TEAM es sich leisten könnte, jedem Arbeitnehmer über 62 Jahren ein Abfindungsangebot zu machen, da der Barwert der reduzierten Produktivitätsströme unterhalb des Barwertes des externen Einkommens liegt, so daß immer ein vorteilhaftes Tauschgeschäft existiert.

Betrachten wir dagegen die Zahlen für einen 61-jährigen Arbeitnehmer, so zeigt sich, daß bei diesem eine Freisetzung über Abfindungsangebote im o.g. Sinne nicht profitabel wäre, da der Barwert der Alternativbeschäftigung geringer ist als der Barwert der reduzierten Produktivitätsströme.

Zur Verdeutlichung betrachten wir zunächst die Zahlen eines 62-jährigen Arbeitnehmers. Wenn er in dem Unternehmen verbleibt, muß das Unternehmen für die letzten Jahre ein Einkommen in Höhe von € 87.720 bezahlen, während es nur eine Produktivität von € 70.776 erwarten kann. Das heißt, es würde einen Verlust von € 16.944 machen. Wenn es dem Unternehmen gelänge, mit einer Abfindung von weniger als € 16.944 den Arbeitnehmer dazu zu bewegen, das Unternehmen „freiwillig" zu verlassen, dann würde es sich also ökonomisch besserstellen. Wie sieht auf der anderen Seite das Kalkül des Arbeitnehmers aus? Bei einer Weiterbeschäftigung würde er einen diskontierten Einkommensstrom in Höhe von € 87.720 bei Grafik-TEAM erzielen können. Eine Alternativbeschäftigung würde ihm dagegen nur € 72.448 bringen. Damit der Arbeitnehmer einen Anreiz hat, das Unternehmen zu verlassen, müßte er also mindestens eine Abfindung in Höhe von € 15.272 bekommen (€ 87.720 - € 72.448). Da die von dem Arbeitnehmer erwarteten € 15.272 geringer sind als die von dem Unternehmen zu zahlenden € 16.944, könnten beide Seiten sich besserstellen, wenn sie sich auf eine Abfindungszahlung im Rahmen dieses Spielraumes einigen würden. So wäre beispielsweise eine Abfindungszahlung in Höhe von € 16.000 für den Arbeitnehmer akzeptabel, da er € 728 gewinnt. Auch für das Unternehmen wäre diese Zahlung vorteilhaft, da es € 944 spart. Für Arbeitnehmer im Alter von 62 Jahren lassen sich in dem hier beschriebenen Unternehmen also beiderseitig akzeptable Abfindungssummen festlegen.

Betrachten wir dagegen die Situation bei einem 61-jährigen Arbeitnehmer. Wenn der Arbeitnehmer in dem Unternehmen weiter beschäftigt bleibt, muß das Unternehmen ihm € 99.630 bezahlen, während es nur einen Gegenwert von € 84.040 durch die Produktivität des Arbeitnehmers realisiert. Damit verliert es über die letzten fünf Beschäftigungsjahre € 15.590. Jede Abfindungszahlung von weniger als € 15.590 würde das Unternehmen also besserstellen. Wie sieht es auf der anderen Seite bei dem Arbeitnehmer aus? Der Arbeitnehmer erhält € 99.690 wenn er in dem Unternehmen verbleibt. Die Alternativbeschäftigung hätte einen Wert von € 82.007, d.h. es müßten ihm € 17.623 Abfindungssumme angeboten werden, damit er ein Interesse hat, das Unternehmen zu verlassen. Da die für den Arbeitnehmer akzeptable Abfindungssumme in Höhe von € 17.623 den für das Unternehmen rentablen Betrag von € 15.590 übersteigt, gibt es in diesem Falle keine für beide Seiten akzeptable Abfindungssumme. Somit führen uns die o.g. Analysen und Beispiele zu folgender Schlußfolgerung:

Beiderseits gewinnbringende Abfindungen sind nur möglich, wenn der Barwert der externen Einkommen des Arbeitnehmers den Barwert des noch zu erwartenden Produktivitätsstroms innerhalb des betrachteten Unternehmens übersteigt.

Die detaillierte formale Herleitung dieses Ergebnisses ist im Anhang wiedergegeben. Inhaltlich interpretiert ergibt sich daraus die logische Konsequenz, daß es grundsätzlich einfacher ist, Verträge mit Hilfe von Abfindungszahlungen aufzuheben, wenn die externen Alternativen der betroffenen Arbeitnehmer besser sind. Außerdem zeigt sich, daß das Interesse des Unternehmens an einem Aufhebungsvertrag um so größer ist, je geringer der noch zu erwartende Output des Arbeitnehmers im Unternehmen ist. Wenn der Barwert des verbleibenden Outputs unterhalb des Barwerts der Alternativen liegt, haben also Unternehmen, die Beschäftigung abbauen müssen, immer einen Anreiz und die Möglichkeit, ihren Arbeitnehmern ein ausreichend hohes Abfindungsangebot zu unterbreiten. Tendenziell erwarten wir deswegen bei guten Arbeitsmarktaussichten und schlechten betrieblichen Perspektiven eher Beschäftigungsabbau mit Hilfe von Aufhebungsverträgen.

Schauen wir uns vor diesem Hintergrund also wieder das Unternehmen Grafik-TEAM an. Das Unternehmen würde gerne alle Arbeitnehmer freisetzen, deren Barwert der Einkommensströme den Barwert der Produktivitätsströme übersteigt, weil die Weiterbeschäftigung dieser Arbeitnehmer Nettokosten verursacht. Ein Blick in die Tabelle 2.2 zeigt sehr schnell, daß diejenigen Arbeitnehmer, die das Unternehmen freisetzen will, nicht notwendigerweise die gleichen sind, für die es auch ein akzeptables Abfindungsangebot gibt. In unserem Beispiel hätte das Unternehmen ein Interesse, alle Arbeitnehmer zu entlassen, die älter als 56 oder jünger als 31 Jahre sind, da für diese Arbeitnehmer der Barwert der Einkommensströme $PV(W)$ den Barwert der Produktivitätsströme (nach dem Nachfrageeinbruch) $PV(\beta V)$ übersteigt. Allerdings gibt es nicht für alle diese Arbeitnehmer ein für das Unternehmen rentables und für den Arbeitnehmer akzeptables Abfindungsangebot. Wie bereits gezeigt, reichen die für das Unternehmen rentablen Abfindungsangebote nur bei den 62- bis 65-Jährigen aus, um die für den Arbeitnehmer aus einem Arbeitsplatzverlust entstehenden Einkommensverluste wettzumachen. Für Arbeitnehmer im Alter von 57 bis einschließlich 61 Jahre entstehen dem Unternehmen zwar auch Verluste, diese Verluste sind allerdings nicht so groß, daß es sich rentieren würde, den Arbeitnehmern ein für sie akzeptables Abfindungsangebot zu machen. Unter diesen Umständen ist es für das Unternehmen beispielsweise eine gute Entscheidung, allen Arbeitnehmern, die älter als 55 sind, ein Abfindungsangebot von beispielsweise

€ 15.400 zu machen. Das Ergebnis wird sein, daß alle Arbeitnehmer die älter als 61 Jahre sind, das Angebot akzeptieren und alle jüngeren Arbeitnehmer das Angebot ablehnen werden. Mit einem höheren Angebot wäre es zwar auch möglich, Arbeitnehmer zwischen 57 und 61 zur Annahme eines Aufhebungsangebotes zu bewegen, solche Angebote wären für das Unternehmen allerdings nicht profitabel.

Darüber hinaus kann man in der Tabelle ablesen, daß das Unternehmen einen Anreiz hat, alle Arbeitnehmer unter 31 Jahren freizusetzen, da für diese ebenfalls der Barwert der Einkommensströme den Barwert der Produktivitätsströme übersteigt. Gleichzeitig zeigt sich aber, daß es für diese Arbeitnehmer keine akzeptablen Abfindungsangebote gibt. Der Barwert der Alternativeinkommensströme ist kleiner als der Barwert der Produktivitätsströme, so daß kein für das Unternehmen rentables und für die Arbeitnehmer akzeptables Abfindungsangebot existiert. Anders ausgedrückt: Die alternativen Einkommensmöglichkeiten der jüngeren Arbeitnehmer sind nicht gut genug, um es für das Unternehmen attraktiv zu machen, sie mit Abfindungsangeboten zu einem freiwilligen Verlassen zu bewegen. Die einzige Lösung ist also, die jüngeren Arbeitnehmer regulär zu entlassen und darauf zu bauen, daß dadurch keine gravierenden Reputationsverluste entstehen. Dies ist insofern nicht unrealistisch, da junge Arbeitnehmer im Gegensatz zu den älteren Arbeitnehmern keinen besonderen Kündigungsschutz genießen und darüber hinaus die Reputationsverluste aufgrund des Bruchs impliziter Versprechen wie oben gezeigt eher gering sind, weil auch die finanziellen Verluste aufgrund der noch sehr eingeschränkten betriebsspezifischen Humankapitalinvestitionen klein sind.

Die o.g. Zusammenhänge werden in Tabelle 2.2 dadurch verdeutlicht, daß die Werte für die Arbeitnehmer, die das Unternehmen entlassen will, unterstrichen sind und die Werte für die Arbeitnehmer, für die es akzeptable Abfindungsangebote gibt, fett gedruckt sind.

Nachdem wir nun anhand der fiktiven Zahlenbeispiele sehr gute Anhaltspunkte für die Freisetzungsentscheidung des Unternehmens entwickelt haben, stellt sich an dieser Stelle natürlich die Frage, wie ein Unternehmen in der Realität vorgehen könnte, um solche Zahlen als Entscheidungsgrundlage zu gewinnen (nur Theoretiker glauben, daß Unternehmen solche Zahlen tatsächlich besitzen). Obwohl es sicherlich nicht einfach ist, entsprechende Daten bereitzustellen, darf dennoch davon ausgegangen werden, daß Unternehmen ständig zumindest implizit solche Berechnungen anstellen. Entsprechend verhalten sie sich so, „als ob" sie die entsprechenden Zahlen und Entscheidungskriterien hätten. Jedesmal wenn ein Unternehmen eine Abfindungszahlung anbietet, liegt dem sicher die Überlegung zugrunde, daß das Unternehmen daraus resultierend einen Vorteil haben wird. Die Gewinne, mit denen das Unternehmen kalkuliert, sind die eingesparten Einkommen, die höher eingeschätzt werden als die Kosten, d.h. Produktivitätsverluste plus Abfindungssumme.

Unternehmen, die versuchen, diese Entscheidung explizit zu machen, könnten folgende Schritte unternehmen, um die für eine entsprechende Tabelle notwendigen Daten zu gewinnen:

(1) Erforderliche Daten:

Das Unternehmen braucht Schätzungen über die noch zu erwartenden Einkommensströme W, über den Wert der Alternativbeschäftigung A und über den reduzierten Output βV.

Sobald man diese Zahlen ermittelt hat, kann eine Tabelle analog zu Tabelle 2.2 aufgestellt werden, wobei zu beachten ist, daß bisher noch jegliche Differenzen zwischen Arbeitnehmern innerhalb einer Altersklasse ignoriert wurden. Solche Differenzierungen werden später im Detail besprochen. Um dieses Problem hier zu umgehen, soll zunächst angenommen werden, daß eine solche Tabelle für jeden Arbeitsplatz getrennt erstellt wird.

(2) Schätzungen der Einkommensströme

Um Einkommensschätzungen zu erhalten, kann man den Durchschnittslohn von Arbeitnehmern einer bestimmten Altersklasse in den betrachteten Job-Kategorien heranziehen.[26] Wo Altersklassen gebildet werden, kann man den Mittelwert der Einkommen in einer Altersklasse errechnen und diesen Wert dem Mittelpunkt der Altersklasse, also etwa bei einer Altersklasse von 55-60 Jahre dem Wert 57,5, zuordnen.

---

[26] Um zuverlässige Zahlen ermitteln zu können, sollten dabei die Altersklassen und die Arbeitsplatzabgrenzungen nicht zu eng gewählt werden, damit je Kategorie eine ausreichend große Zahl an Arbeitnehmern existiert.

Tabelle 2.3: Geschätztes Einkommen, Alternativeinkommen und Produktivität

Alter	Einkommen	Alternativeinkommen	Produktivität
25	70.383	70.383	55.512
26	72.066	71.142	59.128
27	73.702	71.901	62.598
28	75.290	72.660	65.922
29	76.831	73.419	69.099
30	78.325	74.178	72.129
31	79.771	74.937	75.013
32	81.170	75.696	77.750
33	82.522	76.455	80.341
34	83.826	77.214	82.785
35	85.083	77.973	85.083
36	86.292	78.732	87.234
37	87.454	79.491	89.238
38	88.568	80.250	91.097
39	89.635	81.009	92.808
40	90.655	81.768	94.373
41	91.627	82.527	95.791
42	92.552	83.286	97.063
43	93.430	84.045	98.189
44	94.260	84.804	99.167
45	95.043	85.563	100.000
46	95.778	86.322	100.685
47	96.466	87.081	101.225
48	97.106	87.840	101.617
49	97.699	88.599	101.863
50	98.245	89.358	101.963
51	98.743	90.117	101.916
52	99.194	90.876	101.723
53	99.598	91.635	101.382
54	99.954	92.394	100.896
55	100.263	93.153	100.263
56	100.524	93.912	99.483
57	100.738	94.671	98.557
58	100.904	95.430	97.484
59	101.023	96.189	96.265
60	101.095	96.948	94.899
61	101.119	97.707	93.387
62	101.096	98.466	91.728
63	101.026	99.225	89.922
64	100.908	99.984	87.970
65	100.743	100.743	85.872

Diese tatsächlich gezahlten Löhne[27] in den unterschiedlichen Altersklassen können verwendet werden, um die Spalte 1 einer Entscheidungstabelle (vgl. Tab. 2.3) auszufüllen.[28]

(3) Schätzungen der externen Einkommen

Diese Aufgabe ist etwas schwieriger als die vorhergehende. Sie erfordert, daß man entweder den Wert der Freizeit einschätzen müßte oder das Einkommen, das ein Arbeitnehmer in einer alternativen Beschäftigung erhalten könnte. Einen Anhaltspunkt könnten die Löhne von Arbeitnehmern liefern, die das Unternehmen verlassen haben. Ein solcher Ansatz verursacht aber zwei Probleme. Erstens ist es generell schwierig, Informationen über die Einkommen von abgewanderten oder entlassenen Arbeitnehmern zu ermitteln. Zweitens muß berücksichtigt werden, daß Arbeitnehmer, die das Unternehmen freiwillig verlassen, dies typischerweise tun, um außerhalb besser bezahlte Jobs anzunehmen. Die Stichprobe dürfte sich demgemäß nur aus Arbeitnehmern zusammensetzen, die unternehmensseitig entlassen wurden, was wiederum insofern einen Bias verursacht, als es sich dabei wahrscheinlich um Arbeitnehmer mit einer unterdurchschnittlichen individuellen Qualität handelt.

Es müssen also andere Wege gefunden werden, um die Alternativeinkommen schätzen zu können. Eine Möglichkeit, den Alternativwert zu schätzen, besteht darin, die Einkommen von freiwillig in Frührente gehenden Arbeitnehmern als Indikator zu nehmen. Wenn ein Arbeitnehmer freiwillig in Rente geht, muß diese Alternative mindestens genauso viel Wert sein, wie die aktuelle Beschäftigung, die er aufgibt. Umgekehrt gilt, daß während der vorhergehenden Beschäftigungsjahre das Einkommen in der Beschäftigung höher gewesen sein muß als der Wert der Alternative, da

---

[27] Inflation kann an dieser Stelle ignoriert werden, da sie die Einkommen und die Preise, und damit die Produktivitätsmaße, zumindest im Durchschnitt in gleicher Weise beeinflußt.

[28] Ein anspruchsvollerer Ansatz wäre es, wenn man versucht, eine Regressionsgerade durch die Punktewolke der gesammelten Individual-Einkommensdaten zu legen. Dies hätte den Vorteil, daß Einkommensdaten für jedes gewünschte Alter berechnet werden könnten, indem man nämlich das Alter einfach in die geschätzte Einkommensfunktion einsetzt und den entsprechenden Einkommenswert berechnet.

das Individuum ansonsten die Arbeit nicht so lange fortgesetzt hätte (ohne Berücksichtigung gesundheitlicher oder sozialer Veränderungen). Damit stellt daß zum Zeitpunkt der freiwilligen Verrentung bezahlte Arbeitseinkommen eine gute Schätzung für den Wert der Alternativbeschäftigung dar. In ähnlicher Weise kann man für neu eingestellte Arbeitnehmer argumentieren. Wenn Arbeitnehmer frisch eingestellt werden, wird ihnen ungefähr das bezahlt, was sie an anderer Stelle bekommen hätten. Damit ist das Anfangseinkommen eine gute Schätzung für den Wert der Alternativbeschäftigung eines frisch eingestellten Arbeitnehmers.[29]

Wenn wir Arbeitsplätze betrachten, auf denen überhaupt kein betriebsspezifisches Humankapital erforderlich ist, dann stimmt auch in späteren Zeitpunkten das im Unternehmen gezahlte Einkommen mit dem Wert der Alternativbeschäftigung überein. Wenn wir allerdings Arbeitsplätze betrachten, auf denen betriebsspezifisches Humankapital anfällt, dann müssen mit zunehmender Betriebszugehörigkeitsdauer entsprechende Anpassungen vorgenommen werden. Angesichts bisheriger empirischer Ergebnisse über den typischen Verlauf von Alters-Einkommens-Profilen ist es dabei vernünftig anzunehmen, daß das Ausmaß an betriebsspezifischem Humankapital für Arbeitnehmer um die 40 Jahre am größten ist. Außerdem wissen wir, daß Arbeitsplätze, die in sehr hohem Maße betriebsspezifisches Humankapital erfordern, mit Einkommen versehen sind, die teilweise doppelt so hoch sind, wie die Einkommen vergleichbarer Arbeitnehmer an anderer Stelle. Somit muß bei den o.g. Schätzungen berücksichtigt werden, inwieweit die Arbeitsplätze betriebsspezifisches Humankapital voraussetzen. Wenn es sich beispielsweise um Arbeitsplätze handelt, die nur ein geringes Maß an betriebsspezifischem Humankapital erfordern, dann liegt die Schätzung des externen Einkommens nahe an dem aktuell bezahlten Lohn. Wenn das Ausmaß an betriebsspezifischem Humankapital eher hoch ist, dann liegt die Schätzung des externen Einkommens z.B. für einen 40-Jährigen deutlich unter-

---

[29] Das Anfangseinkommen muß eventuell aufgrund von Humankapitalinvestitionen angepaßt werden. Wenn in allgemeines Humankapital des Arbeitnehmers investiert wird, muß der anfänglich beobachtete Lohn unterhalb des durch die Produktivität gerechtfertigten Lohnes liegen, da der Arbeitnehmer mit der Differenz zwischen Grenzwertprodukt und niedrigerem Einkommen seinen Anteil zur Finanzierung der Humankapitalinvestition beiträgt.

halb des aktuellen Lohnes, möglicherweise sogar bei ungefähr nur der Hälfte. Die vorgenannten Überlegungen liefern uns im Ergebnis drei Werte (Anfangseinkommen, Einkommen freiwillig in Rente gehender Arbeitnehmer und einen gewissen Prozentsatz des Einkommens von 40-Jährigen (in Abhängigkeit von der Spezifität des Humankapitals)). Diese Daten können als Ausgangswerte für eine Interpolation verwendet werden, die eine Schätzung über die Alternativeinkommen auch aller anderen Altersklassen erlaubt.

Dies ist sicherlich ein wenig exaktes Verfahren, aber es ist auch nicht schlechter oder besser als das, was Unternehmen intuitiv immer schon getan haben. Obwohl normalerweise sicherlich nicht so vorgegangen wird, daß zunächst der Output, der Lohn und das externe Einkommen tabellarisch kalkuliert werden, so kann doch vermutet werden, daß auch subjektive Entscheidungen auf Überlegungen basieren, in denen man den noch zu erwartenden Output mit den noch zu zahlenden Einkommen vergleicht. Außerdem haben sich Unternehmen sicherlich auch Vorstellungen darüber gemacht, was sie ihren Arbeitnehmern wohl als Abfindung anbieten müssen, um sie zum freiwilligen Verlassen des Unternehmens zu motivieren. Wenn sie in solchen Fällen den Wert der Alternative überschätzen, dann führt dies dazu, daß die Abfindungsangebote zu niedrig sind und von den Arbeitnehmern nicht akzeptiert werden (bzw. nicht von einer ausreichenden Zahl an Arbeitnehmern akzeptiert werden). Wenn sie dagegen die Alternativen unterschätzen, dann sind die Abfindungsangebote zu hoch. Dann werden möglicherweise zu viele Arbeitnehmer das Angebot akzeptieren und das Unternehmen hat vermeidbare Kosten, da es den abwandernden Arbeitnehmern unnötig hohe Abfindungen zahlt. Der hier vorgestellte Ansatz ist in diesem Zusammenhang – obwohl inexakt – auf jeden Fall eine gute, wissenschaftlich begründete Methode, um die firmeninternen Diskussionen im Zusammenhang mit Abfindungsangeboten zu strukturieren. Vermutlich ist er sogar auch eine gute Hilfestellung, um die Höhe von Abfindungszahlungen konkret festzulegen.

(4) Schätzung des Outputs

Um den noch zu erwartenden Output schätzen zu können, muß ein Unternehmen sich fragen, wieviel Nettoerträge es verlieren würde, wenn es Arbeitnehmer XY entlassen würde. Auf diese Frage müßte das Unternehmen eine Antwort haben, da es ansonsten keinen Anhaltspunkt dafür hat, wieviel ihm ein Arbeitnehmer XY wert ist, und ob es ihn noch braucht oder entlassen sollte. Da diese Zahl immer ein Spekulationselement beinhaltet, aber von zentraler Bedeutung für die Entlassungsentscheidung ist, dürfte es an dieser Stelle sinnvoll sein, mehrere unabhängige Schätzungen vorzunehmen. Multiple Schätzungen reduzieren die Fehlerwahrscheinlichkeit und verbessern die Genauigkeit der Schätzung. Obwohl es keinen einfachen Weg gibt, den Output eines Arbeitnehmers zu schätzen, kann ein Unternehmen anhand eines Gedankenexperiments versuchen, einen Annäherungswert zu finden. Es kann sich (bzw. seine Abteilungsleiter können sich) fragen, was der höchste monatliche (bzw. jährliche) Betrag wäre, den man bereit wäre zu zahlen, um den Arbeitnehmer XY behalten zu können. Die Antwort auf diese Frage stellt eine Schätzung für die Produktivität des Arbeitnehmers XY dar.

Den Ausgangspunkt stellen die Daten dar, die wir für (zufällig) ausgewählte Individuen auf dem o.g. Weg ermittelt haben. Auf dieser Grundlage ist es möglich, Outputschätzungen für alle Altersklassen oder Betriebszugehörigkeitsdauern durch geeignete Interpolationen zu schätzen. Es kann entweder die oben beschriebene, sehr einfache Interpolation im Sinne der Verbindung zweier aufeinanderfolgender Punkte erfolgen, oder es können anspruchsvollere Techniken wie z.B. Regressionsanalysen (wie sie im Anhang beschrieben werden) verwendet werden, um stetige Outputfunktionen zu erhalten. Mit der Berechnung der Outputs für alle Altersklassen kann dann eine Tabelle in Analogie zu Tabelle 2.3 konstruiert werden.

(5) Zielgruppe von Freisetzungsaktivitäten festlegen

Nachdem aus den in Tabelle 2.3 dargestellten Daten die in Tabelle 2.2 aufgelisteten Indikatoren errechnet wurden, kann die Zielgruppe für Freisetzungsmaßnahmen anhand eines Vergleichs der Barwerte der Einkommensströme mit den Barwerten der Outputströme ermittelt werden. Alle Arbeitnehmer, deren Barwerte der Einkommensströme größer als die Barwerte ihrer Outputs sind, bedeuten für das Unternehmen Verluste. Dementsprechend hat das Unternehmen ein Interesse daran, diese Arbeitnehmer freizusetzen. In Tabelle 2.3 können wir ablesen, daß dies für alle Arbeitnehmer zutrifft, die älter als 55 Jahre sind. Außerdem trifft es für alle Arbeitnehmer zu, die jünger als 35 Jahre sind.

(6) Der Umgang mit Seniorität

Die jüngeren Arbeitnehmer können aufgrund der geringen Seniorität relativ einfach entlassen werden, die älteren Arbeitnehmer sind dagegen stärker geschützt und müssen möglicherweise mit Hilfe von Abfindungszahlungen dazu motiviert werden, das Unternehmen freiwillig zu verlassen.

Die Höhe der Abfindung (B) muß knapp über dem Mindestbetrag liegen, den zu akzeptieren der Arbeitnehmer bereit ist. Für den Arbeitnehmer ist ein Angebot akzeptabel, für das gilt:

B + Barwert der externen Einkommensströme > Barwert der internen Einkommen

oder

B > Barwert der internen Einkommensströme
./. Barwert der externen Einkommensströme

Das heißt, das Abfindungsangebot braucht nur so hoch zu sein, daß es gerade die Differenz zwischen dem Barwert der internen Einkommen und dem Barwert der externen Einkommen übersteigt. Das ist der niedrigste Betrag, den das Unternehmen zahlen kann und bei dem der Arbeitnehmer noch bereit sein wird, ein Abfindungsangebot zu akzeptieren.

Übertragen auf unser Zahlenbeispiel ergeben sich die in Tabelle 2.4 enthaltenen Werte.

Die Werte für den Barwert der verbleibenden internen Einkommensströme, der externen Einkommensströme und der Outputs werden anhand einer Diskontierungsformel aus Tabelle 2.3 berechnet. Anhand der Barwerte kann man kalkulieren, was das Unternehmen bereit sein wird zu zahlen. Hierfür wird die Differenz zwischen den noch zu zahlenden Einkommensströmen und den dafür zu erwartenden Outputströmen gebildet; diese Zahl wird im folgenden als „Angebot" bezeichnet. Es zeigt sich, daß das Angebot positiv ist für Arbeitnehmer, die jünger als 31 Jahre und für solche, die älter als 47 Jahre sind. Dies sind also die Arbeitnehmer, die das Unternehmen aus seiner Perspektive freisetzen möchte, da sie ihm Nettokosten verursachen.

3. Optimale Entlassungsstrategien und Betriebszugehörigkeitsdauer 105

Tabelle 2.4: Höhe „angebotener" und „geforderter" Abfindungszahlungen

Alter	Barwert der Einkommen PV(W)	Barwert der Alternativeinkommen PV(A)	Barwert der Produktivitäten PV(V)	„Angebot"	„Forderung"
25	886.641	833.599	837.298	49.343	53.042
26	897.884	839.538	859.965	37.919	58.346
27	908.400	845.235	880.921	27.479	63.165
28	918.168	850.668	900.155	18.013	67.500
29	927.165	855.809	917.656	9.509	71.356
30	935.368	860.629	933.413	1.955	74.739
31	942.747	865.096	947.413	-4.666	77.651
32	949.273	869.175	959.640	-10.367	80.098
33	954.913	872.826	970.079	-15.166	82.087
34	959.631	876.009	978.712	-19.081	83.622
35	963.385	878.674	985.519	-22.134	84.711
36	966.133	880.771	990.480	-24.347	85.362
37	967.825	882.243	993.571	-25.746	85.582
38	968.409	883.027	994.766	-26.357	85.382
39	967.825	883.055	994.036	-26.211	84.770
40	966.008	882.250	991.351	-25.343	83.758
41	962.889	880.531	986.676	-23.787	82.358
42	958.388	877.804	979.973	-21.585	80.584
43	952.419	873.970	971.200	-18.781	78.449
44	944.888	868.917	960.313	-15.425	75.971
45	935.691	862.525	947.260	-11.569	73.166
46	924.714	854.658	931.986	-7.272	70.056
47	911.829	845.169	914.413	-2.602	66.660
48	896.900	833.897	894.527	2.373	63.003
49	879.773	820.663	872.200	7.573	59.110
50	860.281	805.270	847.370	12.911	55.011
51	838.240	787.504	819.948	18.292	50.736
52	813.446	767.125	789.835	23.611	46.321
53	785.677	743.874	756.924	28.753	41.803
54	754.688	717.463	721.096	33.592	37.225
55	720.207	687.576	682.220	37.987	32.631
56	681.939	653.865	640.153	41.786	28.074
57	639.557	615.949	594.737	44.820	23.608
58	592.701	573.406	545.798	46.903	19.295
59	540.977	525.773	493.773	47.832	15.204
60	483.949	472.543	436.568	47.381	11.406
61	421.139	413.154	375.836	45.303	7.985
62	352.022	346.992	310.695	41.327	5.030
63	276.018	273.378	240.864	35.154	2.640
64	192.492	191.569	166.036	26.456	923
65	100.743	100.743	85.872	14.871	0

Demgegenüber muß die „Forderung" der Arbeitnehmer kalkuliert werden. Sie errechnet sich aus der Differenz zwischen dem Barwert der verbleibenden internen Einkommensströme und dem Barwert der externen Einkommensströme. Der errechnete Betrag stellt die Quasi-Rente dar, die der Arbeitnehmer erhalten würde, wenn er weiterhin im Unternehmen verbliebe. Jede Abfindungszahlung, die größer ist als die noch zu erwartende Rente, wird von einem Arbeitnehmer, der ökonomisch rational handelt, akzeptiert werden, da das Alternativeinkommen plus Abfindungszahlung größer ist als das im Unternehmen noch zu erwartende Einkommen. Es zeigt sich, daß akzeptable Abfindungsangebote nur für Arbeitnehmer über 54 Jahre möglich sind, da nur für diese die „Forderungen" geringer sind als die „Angebote" der Unternehmen. Weder für die Arbeitnehmer, die jünger als 31 Jahre sind, noch für die Arbeitnehmer zwischen 48 und 54 Jahren gibt es also für das Unternehmen rentable *und* gleichzeitig für die Arbeitnehmer akzeptable Abfindungsangebote. Dabei verursacht dies für die Gruppe der jüngeren Arbeitnehmer ein eher geringeres Problem, da diese keinen besonderen Kündigungsschutz genießen und auch Reputationsverluste eher gering sind. Schwieriger ist die Situation bei den 48- bis 54-Jährigen. Das Unternehmen hätte ein Interesse daran, diese Arbeitnehmer freizusetzen, da der Barwert der noch zu zahlenden Einkommensströme über dem Barwert der dafür zu erwartenden Outputströme liegt. Allerdings sind für das Unternehmen nur sehr geringe Abfindungsbeträge rentabel, da die Differenz zwischen dem Barwert der noch verbleibenden Einkommensströme und dem Barwert der Produktivitätsströme nur sehr gering ist. Solche geringen Angebote sind für diese Arbeitnehmergruppe aber nicht akzeptabel, da ein Unternehmenswechsel aufgrund eines hohen Verlustes an beriebsspezifischem Humankapital zu große Einkommensverluste verursachen würde. Das „Angebot" der Unternehmen liegt also unterhalb der „Forderung" der Arbeitnehmer, so daß es für diese nicht akzeptabel ist. Gleichzeitig können diese Arbeitnehmer aber wahrscheinlich nicht einfach entlassen werden. Erstens aufgrund von besonderen Kündigungsschutzregeln und zweitens aufgrund möglicherweise nicht zu vernachlässigender Reputationsverluste. Letztendlich wird das Unternehmen diese Altersgruppe also einfach tolerieren. Die daraus resultierenden Verluste müssen als Kosten der Aufrechterhaltung zukünftiger Glaubwürdigkeit akzeptiert werden.

3. Optimale Entlassungsstrategien und Betriebszugehörigkeitsdauer

Fallstudie: Amos Press

Das Familienunternehmen Amos Press, ein Verlag mit einem Umsatz von 25 Millionen Dollar, stellte fest, daß einige der älteren Arbeitnehmer im Vergleich zu den jüngeren Arbeitskräften an Produktivität einbüßten. Physische Probleme und erhöhte Fehlzeiten reduzierten die Produktivität so weit, daß die älteren Arbeitnehmer nicht ohne schwerwiegende finanzielle Konsequenzen hätten weiterbeschäftigt werden können. Rechtliche Beschränkungen erschwerten es, diese älteren Arbeitnehmer zu entlassen. Um sie zu entlassen, wäre es erforderlich gewesen, individuell nachzuweisen, daß sie weniger produktiv sind als andere Arbeitnehmer. Um dieses Problem zu umgehen, wurden bei Amos Press ausgewählten Arbeitnehmern Frühverrentungspakete angeboten.

Die Frühverrentung wurde nur solchen Arbeitnehmern angeboten, die älter als 60 Jahre waren. Der Plan enthielt eine einmalige Zahlung entsprechend der Betriebszugehörigkeitsdauer. Darüber hinaus bot er den Arbeitnehmern eine fortgesetzte Krankenversicherung, eine Pension und einen monatlichen Scheck entsprechend der erwarteten Sozialversicherungsbeiträge. Außerdem bezuschußte das Unternehmen die Teilnahme an Seminaren, die den Übergang in den Ruhestand oder den Beginn einer neuen Karriere erleichtern sollten. Die meisten dieser älteren Arbeitnehmern erhielten vorher Löhne, die ihre Produktivität überstiegen. Amos Press konnte durch die gut kalkulierten Zahlungen die Arbeitnehmer überzeugen, daß Unternehmen zu verlassen.

Der Plan war sehr erfolgreich. Insgesamt konnte das Unternehmen $ 175.000 durch die Frühpensionierung der Hälfte der angesprochenen Arbeitnehmer einsparen, vor allem durch Zusammenlegung von Arbeitsplätzen und die Beförderung jüngerer Arbeitnehmer mit geringerem Gehalt auf die frei gewordenen Arbeitsplätze. So gelang es Amos Press unter Einhaltung der rechtlichen Restriktionen, die Zusammensetzung der Belegschaft deutlich zu verändern und damit die Produktivität zu erhöhen und die Kosten zu senken.

Quelle: KOLTON, ELLEN (1985): An Offer They Couldn't Refuse. In: INC. (April 1985).

4. Selektive Entlassungen und Abfindungszahlungen

Bisher haben wir uns darauf konzentriert, Entlassungsstrategien und Abfindungsangebote in Abhängigkeit von Alter bzw. Betriebszugehörigkeitsdauer zu analysieren. Dabei wurden als Entlassungsgründe nur sogenannte betriebsbedingte Entlassungen unterstellt. Natürlich gibt es aber auch andere Determinanten, die ein Unternehmen bei einer Entlassungsentscheidung berücksichtigen muß und will. Einer der wichtigsten Faktoren ist, daß einzelne Arbeitnehmer, die zwar die gleiche Tätigkeit ausüben und in der gleichen Alterskategorie sind, dennoch unterschiedliche Produktivitäten aufweisen können. Die Arbeitnehmer können sich in ihren Fähigkeiten, ihren Ambitionen, ihrer physischen oder psychischen Leistungsfähigkeit und ihren Verhaltensweisen unterscheiden und sind auch aus diesen Gründen mehr oder weniger attraktiv für ein Unternehmen. Solchen personen- oder verhaltensbedingten Entlassungsgründen kann mit den im vorhergehenden Abschnitt verwendeten Zahlen noch keine Rechnung getragen werden. Es stellt sich nun die Frage, wie wir solche Differenzen in unsere Analyse einbeziehen können.

4.1 Unterschiedliche Aneignung von betriebsspezifischem Humankapital

Der erste Faktor, den wir sicherlich berücksichtigen müssen, ist das Ausmaß an betriebsspezifischem Humankapital, das ein individueller Arbeitnehmer besitzt bzw. sich angeeignet hat. Selbst Arbeitnehmer auf dem gleichen Arbeitsplatz und in der gleichen Altersgruppe können sich deutlich (quantitativ und qualitativ) unterschiedliche betriebsspezifische Fähigkeiten angeeignet haben. Arbeitnehmer mit einem hohen Maß an betriebsspezifischen Qualifikationen haben sicher die vergleichsweise schlechtesten externen Alternativen (gemessen an ihrem Output beim gegenwärtigen Arbeitgeber). Solche Arbeitnehmer kommen also für Abfindungsangebote am wenigsten in Frage, da die Abfindungszahlungen, die sie fordern, tendenziell sehr hoch sein werden und der Betrag, den das Unternehmen bieten kann, eher gering sein wird. Folglich muß das Unternehmen sich also die Frage stellen, welche Arbeitnehmer das meiste betriebsspezifische Humankapital erworben haben. Typischerweise werden dies Arbeitnehmer sein, die idiosynkratische Aufgaben zu erledigen haben, wie z.B. Arbeitnehmer, die in langfristigen Kundenkontakten tätig sind, Arbeitnehmer, die mit Spezialwerkzeugen bzw. hochspezialisierten Systemen arbeiten, die es nur in dem einen Unternehmen gibt, oder Arbeitnehmer, die ständig mit vielen anderen Arbeitnehmern des Unternehmens kooperieren müssen und deren Produktivität davon abhängt, daß diese Austauschbeziehungen funktionieren.

4.2 Individuelle Produktivitätsdifferenzen

Eine Ursache für weitere Produktivitätsdifferenzen können auch unterschiedliche Talente und Leistungsfähigkeiten der Arbeitnehmer sein, wobei sich die Frage stellt, ob die Leistungsfähigeren generell die sind, die gehalten werden sollten. Die Antwort ist nicht so eindeutig, wie sie auf den ersten Blick erscheinen mag. Leistungsfähigere Arbeitnehmer haben bessere externe Beschäftigungsalternativen. Wenn wir wissen wollen, wie sich dies auf die Entlassungsentscheidung auswirkt, müssen wir uns noch einmal in Erinnerung rufen, daß ein Unternehmen solche Arbeitnehmer entlassen will, deren Barwert der noch zu zahlenden internen Einkommensströme oberhalb des Barwertes der noch zu erwartenden Outputs liegt. Andererseits hängt die Akzeptanz eines Abfindungsangebotes von der Differenz des Barwertes der Outputs und des Barwertes der externen Einkommen eines individuellen Arbeitnehmers ab. Nur wenn die daraus resultierende „Forderung" des Arbeitnehmers unterhalb des unternehmerischen „Angebots" liegt, ist eine Trennung über Abfindungszahlungen profitabel. Das heißt, die Entscheidung, ob die leistungsfähigeren Arbeitnehmer gehalten werden sollten, kann sinnvoll nur getroffen werden, wenn diese Zahlen vorliegen bzw. zumindest Anhaltspunkte darüber gewonnen werden können.

In der „Einführung in die Personalökonomik" (WOLFF/LAZEAR 2001) haben wir außerdem darauf hingewiesen, daß die produktivsten Arbeitnehmer nicht notwendigerweise die profitabelsten Arbeitnehmer sein müssen. Ein Unternehmen sollte grundsätzlich versuchen, solche Arbeitnehmer einzustellen und zu halten, die die größten Gewinne versprechen, d.h. Arbeitnehmer, die im Vergleich zu ihrem Einkommen am meisten produzieren. In einem Unternehmen mit wenig differenzierter Einkommensstruktur kann vermutet werden, daß die produktivsten Arbeitnehmer einer Lohngruppe tendenziell unterbezahlt sind im Vergleich zu ihren Kollegen. In solchen Unternehmen kann deshalb davon ausgegangen werden, daß die produktivsten Arbeitnehmer tatsächlich immer die gewinnbringendsten Arbeitnehmer sind. Gibt es sehr differenzierte Einkommensstrukturen, bei denen jeder Arbeitnehmer genau nach seiner individuellen Leistungsfähigkeit entlohnt wird, trifft dies nicht automatisch zu.

Wie bereits in den vorhergehenden Abschnitten erwähnt, produzieren Arbeitnehmer mit einem hohen Maß an betriebsspezifischem Humankapital höhere Quasi-Renten als Arbeitnehmer mit nur allgemeinem Humankapital. Folglich ist es für Unternehmen vorteilhaft, Arbeitnehmer mit einem hohen Maß an betriebsspezifischen Fähigkeiten möglichst lange zu halten und statt dessen zuerst Arbeitnehmer mit nur allgemeinen Qualifikationen oder allenfalls einem geringen Maß an betriebsspezifischen Qualifikationen zu entlassen. Dies bedeutet nicht, daß grundsätzlich differenzierte Abfindungsangebote notwendig sind. Vielmehr können auch für alle Arbeitnehmer gleichlautende Abfindungsangebote diesem Ziel genügen. Da der Wert der Alternativbeschäftigung für Arbeitnehmer mit einem hohen Maß an betriebsspezifischem Humankapital im Vergleich zum Output und den Einkommen bei einem Verbleib im Unternehmen sehr gering ist, werden sie Abfindungsangebote nicht akzeptabel finden, die ihre Kollegen mit wenig spezifischem Humankapital und damit geringen Differenzen zwischen internen und externen Einkommensmöglichkeiten durchaus noch akzeptabel finden.

Ein großes Problem von Abfindungsangeboten ist allerdings das der Adversen Selektion. In jeder Lohngruppe wird es typischerweise Arbeitnehmer geben, die produktiver sind als ihre Kollegen. Ein Unternehmen hat oft nicht, oder nur unter sehr hohen Kosten, die Möglichkeit festzustellen, wer von zwei Arbeitnehmern mit gleichem Hintergrund und identischem Einkommen der produktivere ist. Gleichzeitig ist aber nicht ausgeschlossen, daß der produktivere Arbeitnehmer ein besseres externes Einkommen angeboten bekommt (z.B. aufgrund besserer Bewerbungsstrategien, größerer Mobilität und Flexibilität oder ähnlichem). In einem solchen Fall ist es möglich, daß die produktiveren Arbeitnehmer einer Einkommensgruppe ein Abfindungsangebot akzeptabel finden und das Unternehmen verlassen, während die weniger produktiven (und auch weniger profitablen) Arbeitnehmer das Abfindungsangebot wegen ihrer schlechten externen Alternativen nicht akzeptabel finden und im Unternehmen verbleiben. Geht man als Unternehmen also davon aus, daß bei einer bestimmten Arbeitnehmergruppe die produktiveren Arbeitnehmer mit einer höheren Wahrscheinlichkeit gute externe Alternativen finden werden, müßte man versuchen, diesem Faktum Rechnung zu tragen.

4.3 Implementierungsfragen

4.3.1 Zeitliche Aspekte

In der Regel ist der Zeitraum begrenzt, innerhalb dessen ein Arbeitnehmer sich entscheiden kann, ein Abfindungsangebot anzunehmen oder abzulehnen. Zudem beobachten wir, daß Abfindungsangebote oft unvorhergesehen (ohne lange Vorankündigungen) gemacht werden. Für beide Tatsachen gibt es ökonomisch gute Gründe.

Warum sollte eine lange Vorankündigung vermieden werden? Die vorangehenden Analysen haben gezeigt, daß die Höhe des Abfindungsangebotes abhängt von der Differenz der noch zu zahlenden Einkommen und der noch zu erwartenden Produktivität. Je geringer die noch zu erwartende Produktivität, desto größer ist das Interesse des Unternehmens, einen Arbeitnehmer freizusetzen, und desto höher wird das Abfindungsangebot des Unternehmens ausfallen.[30] Vor diesem Hintergrund können im Vorfeld von Abfindungsangeboten schwelende Gerüchte und Diskussionen kontraproduktive Auswirkungen haben. Ein Arbeitnehmer, der ahnt, daß es Abfindungsangebote geben wird, hat nämlich einen Anreiz, seine aktuelle Produktivität zu reduzieren, um damit das Abfindungsangebot in die Höhe zu treiben (dieses Problem tritt insbesondere dann auf, wenn Abfindungsangebote individuell zugeschnitten sind). Solche Produktivitätsreduktionen sind natürlich teuer für das Unternehmen, insbesondere wenn sie über einen längeren Zeitraum hinweg auftreten. Indem das Unternehmen Gerüchte vermeidet und wenig Zeit für Spekulationen läßt, wird die strategische Reduktion der individuellen Produktivität der Arbeitnehmer verhindert, so daß das Unternehmen unnötige Kosten einspart.

---

[30] Vgl. SCHWARZ (1997).

Warum sollte der Zeitraum, in dem ein Arbeitnehmer über die Annahme eines Abfindungsangebotes entscheiden muß, möglichst kurz sein? Auch hier geht es darum, Verluste aus strategisch reduzierter Produktivität zu vermeiden. Arbeitnehmer, die für sich selbst sehr schnell entscheiden, daß sie das Unternehmen verlassen wollen, haben ab dem Zeitpunkt ihrer Entscheidung kein Interesse mehr daran, ihre ursprüngliche Produktivität aufrechtzuerhalten, da sie nichts mehr zu verlieren haben. Die Zeit, in der die regulären Einkommen weiter bezahlt werden, sollte also möglichst kurz gehalten werden, um entsprechende Verluste nicht über einen zu langen Zeitraum hinnehmen zu müssen.

4.3.2 Frühverrentung vs. Abfindungen

In Tabelle 2.4 zeigt sich, daß unter den gegebenen Annahmen Arbeitnehmern, die näher am Verrentungszeitpunkt sind, nur noch sehr geringe Abfindungsangebote unterbreitet werden, während es sich bei Arbeitnehmern, die noch einen längeren Zeitraum bis zur Verrentung vor sich haben, für das Unternehmen lohnt, höhere Abfindungsangebote zu machen. Da aber mit dem Alter abnehmende Abfindungsangebote einer arbeitsgerichtlichen Überprüfung kaum standhalten dürften, stellt sich die Frage, wie unsere analytischen Ergebnisse mit den rechtlichen Rahmenbedingungen in Übereinstimmung zu bringen sind. In diesem Zusammenhang können beispielsweise vorzeitige betriebliche Pensionsleistungen einen Ausweg darstellen. Mit solchen vorgezogenen Pensionsansprüchen erhalten Arbeitnehmer, die noch weiter vom Verrentungszeitpunkt entfernt sind, implizit eine höhere Prämie, als solche Arbeitnehmer, die nur noch einen sehr kurzen Zeitraum bis zur Verrentung zu überbrücken haben. Wenn beispielsweise ein 60-jähriger Arbeitnehmer in Frührente gehen soll, müßte ein Ausgleich für fünf Jahre vorgenommen werden, während einem Arbeitnehmer mit 63 Jahren nur zwei Jahre ausgeglichen werden müßten. Im Grunde genommen sind also vorgezogene Pensionsansprüche funktional äquivalent zu abnehmenden Abfindungszahlungen, da sie bewirken, daß die Höhe der vom Unternehmen geleisteten Zusatzzahlungen mit dem Alter systematisch abnimmt, was ökonomisch erwünscht und rechtlich wie sozial akzeptabler sein dürfte als mit dem Alter abnehmende Abfindungsangebote.

4.3.3 Outplacementangebote

Immer häufiger beobachtet man, daß Unternehmen im Zusammenhang mit einem Personalabbau Outplacementleistungen anbieten. Die Frage ist, ob es auch hierfür eine ökonomische Rationalität gibt oder ob sich darin vielleicht so etwas wie soziale Verantwortung oder Schuldgefühle der Unternehmen widerspiegeln. Vor dem Hintergrund der obigen Analysen sind solche Leistungen keine sozialpolitisch motivierten Ausgaben, sondern ökonomisch kalkulierte Aktivitäten, weil sie helfen, die Kosten von Entlassungen zu reduzieren. Da nämlich die „geforderte" Höhe des Abfindungsangebotes des Arbeitnehmers von der Differenz des Barwertes der noch zu zahlenden internen Einkommensströme und dem Barwert der externen Einkommen abhängt, führt eine Verbesserung der Alternativbeschäftigungsmöglichkeiten unmittelbar zu einer Reduktion der „geforderten" Abfindung. In dem Ausmaß, in dem ein Unternehmen also Arbeitnehmern helfen kann, neue Arbeitsplätze zu finden, verbessert es die externen Beschäftigungsmöglichkeiten und Einkommensströme, was wiederum dazu führt, daß die Arbeitnehmer mit geringeren Abfindungsangeboten zufrieden sein können.

Auch die Entscheidung eines Unternehmens, einen Outplacement-Service intern anzubieten, ist ökonomisch kalkulierbar. Solche Services können sehr teuer sein und sollten nur durch das entlassende Unternehmen angeboten werden, wenn es den Service für den Arbeitnehmer günstiger anbieten kann als externe Organisationen. Das interne Angebot hängt also davon ab, ob das entlassende Unternehmen einen Outplacement-Service effizient bereitstellen kann; anderenfalls wäre es für das Unternehmen günstiger, dem Arbeitnehmer die Kosten für einen externen Outplacement-Service einfach zu ersetzen. In vielen Fällen mag letztgenanntes sogar die günstigere Alternative sein, da Unternehmen, die auf Outplacement spezialisiert sind, diesen Service wahrscheinlich kostengünstiger anbieten können als das im Personalabbau befindliche Unternehmen, das häufig nur über geringe oder gar keine Outplacementerfahrung verfügt. Sind jedoch Outplacements in sehr großem Umfang oder über einen sehr langen Zeitraum geplant und gibt es beispielsweise freie Kapazitäten in der Personalabteilung des Unternehmens, könnte es auch vorteilhaft sein, daß das Unternehmen sich das erforderliche Know-how aneignet. Unabhängig davon, ob aber die „make"- oder die „buy"-Alternative gewählt wird (vgl. Kap. IX), gilt in beiden Fällen, daß das Outplacementangebot ökonomisch rational kalkuliert begründbar ist. Mit Hilfe von Outplacementunterstützung für zu entlassende Arbeitnehmer kann nämlich das für den Arbeitnehmer akzeptable Mindestabfindungsangebot verringert werden. Das heißt, ein Unternehmen sollte genau dann Outplacementleistungen anbieten, wenn dadurch die externen Einkommensalternativen mehr erhöht werden als die Kosten, die durch den Service entstehen. Wenn dies nicht der Fall ist, stellt das Unternehmen sich besser, wenn es einfach nur ein höheres Abfindungsangebot macht und der Arbeitnehmer bei der Suche nach Alternativen auf sich selbst gestellt bleibt.

5. Resümee

In diesem Kapitel haben wir mit Hilfe ökonomischer Modelle Entlassungen und Abfindungszahlungen theoretisch analysiert. Damit sind wir nun besser in der Lage, die in dem anfänglichen Dialog aufgeworfenen Fragen zu beantworten und Probleme zu lösen.

Welche Arbeitnehmer sollten zuerst entlassen werden, wenn die Nachfrage eines Unternehmens nachhaltig einbricht? Hier haben wir zeigen können, daß es rational ist, die ältesten und die jüngsten Arbeitnehmer zuerst zu entlassen. Dabei werden die jüngsten Arbeitnehmer typischerweise eher durch normale Kündigungen freigesetzt, da sie weder rechtlich oder tarifvertraglich besonders geschützt sind, noch in hohem Maße implizite Versprechen eingegangen wurden. Die Freisetzung älterer Arbeitnehmer ist dagegen problematischer. Erstens genießen sie besonderen Kündigungsschutz und zweitens sind die Reputationsverluste tendenziell größer, so daß es häufig erforderlich sein wird, ältere Arbeitnehmer mit Hilfe von Abfindungszahlung zu einem „freiwilligen" Gehen zu veranlassen.

Welche Arbeitnehmer sollten Abfindungsangebote in welcher Höhe angeboten bekommen? Unternehmen haben wie gezeigt ein Interesse daran, all diejenigen Arbeitnehmer zu entlassen, deren Barwert der verbleibenden internen Einkommensströme höher ist als der Barwert der noch zu erwartenden Produktivität. Es können allerdings nur solche Arbeitnehmer mit Hilfe von Abfindungsangeboten zu einem freiwilligen Verlassen des Unternehmens motiviert werden, deren Barwert der externen

5. Resümee

Einkommen den Barwert der noch verbleibenden Produktivität übersteigt. Diese beiden Gruppen müssen jedoch nicht identisch sein. Die letztgenannte Gruppe ist typischerweise eine Teilmenge der erstgenannten Gruppe. Damit ein Arbeitnehmer ein Abfindungsangebot akzeptieren kann, muß das Angebot mindestens so groß sein wie die Differenz zwischen dem Barwert der intern und der extern realisierbaren Einkommensströme. Der Betrag, den zu bieten das Unternehmen bereit ist, richtet sich nach der Differenz zwischen dem noch zu zahlenden internen Einkommen und den noch zu erwartenden Produktivitäten innerhalb des Unternehmens. Nur wenn dieser Betrag (das Angebot) größer ist als das, was der Arbeitnehmer mindestens wünscht (die Forderung), wird es eine für beide Seiten profitable Abfindungslösung geben. Eine notwendige und hinreichende Bedingung dafür, daß das „Angebot" des Unternehmens größer ist als die „Forderung" des Arbeitnehmers, besteht also darin, daß der Barwert der externen Einkommensströme größer ist als der Barwert der internen Produktivität.

Auch im Hinblick darauf, wie die zu entlassenden Arbeitnehmergruppen identifiziert werden können, haben wir im vorangehenden Kapitel Modelle bereit gestellt. Dabei ist zunächst festzuhalten, daß es durchaus sinnvoll ist, Arbeitnehmer zu halten, deren gegenwärtige Einkommen die gegenwärtige Produktivität übersteigen, solange sichergestellt ist, daß der Barwert der insgesamt noch verbleibenden Einkommensströme den Barwert der insgesamt noch zu erwartenden Produktivität nicht übersteigt. In der Praxis ist es allerdings schwierig, diese analytisch klare Regel anzuwenden, da die entsprechenden Daten normalerweise nicht vorliegen und schwer zu ermitteln sind. Wir haben aber Wege aufgezeigt, wie die entsprechenden Informationen näherungsweise ermittelt werden können. Solche Interpolationen oder Regressionsrechnungen sind sicherlich ungenau, allerdings darf vermutet werden, daß sie zumindest besser sind als rein instinktive Entscheidungen. Auf alle Fälle hat die analytische Vorgehensweise den Vorteil, daß sie das Management dazu zwingt, strukturiert über die Entscheidung nachzudenken und explizit die Kosten und den Nutzen einer Entlassungsentscheidung zu berücksichtigen.

Für die konkrete Implementierung ökonomisch notwendiger und sinnvoller Entlassungsmaßnahmen konnten zusätzliche Hinweise abgeleitet werden, um unerwünschte Nebenwirkungen zu vermeiden. Zum Beispiel sollten Gerüchte vermieden und die Entscheidungsphasen für den Arbeitnehmer kurz gehalten werden. Falls mit dem Alter abnehmende Abfindungszahlungen angeboten werden sollen, könnte das Angebot vorzeitiger Pensionsleistungen helfen, rechtliche Probleme zu vermeiden und soziale Akzeptanz zu schaffen.

6. Literatur

Franz, Wolfgang (1999): Arbeitsmarktökonomik. Berlin: Springer-Verlag.

Lazear, Edward P.; Richard Freeman (1996): Relational Investing: The Worker's Perspective. NBER Working Paper 5436, Jan. 1996.

Lazear, Edward P. (1981): Agency, Earnings Profiles, Productivity and Hours Restrictions. In: American Economic Review 71(1981)4: 606-620.

Schwarz, Michael (1997): Downsizing and Layoff Mechanisms. Stanford Graduate School of Business doctoral dissertation, unveröffentlicht.

Wolff, Birgitta; Edward P. Lazear (2001): Einführung in die Personalökonomik. Stuttgart: Schäffer-Poeschel.

7. Weiterführende Literaturempfehlungen

Brühl, Norbert (1997): Personalabbau und Altersstruktur. München (u.a.): Hampp.

Bundesanstalt für Arbeit (1998): Zentrale Kennwertindikatoren des Arbeitsmarktes. In: Amtliche Nachrichten der Bundesanstalt für Arbeit (ANBA) 46(1998)11: 1252.

Burdett, Kenneth (1978): A Theory of Employee Job Search and Quit Rates. In: American Economic Review 68(1978)1: 212-220.

Hall, Robert E.; Edward P. Lazear (1984): The Excess Sensitivity of Layoffs and Quits to Demand. In: Journal of Labor Economics 2(1984)2: 233-257.

Jovanovic, Boyan (1979): Firm-Specific Capital and Turnover. In: Journal of Political Economy 87(1979)6: 1246-1260.

Kiefer, Nicholas M.; George R. Neumann (1985): Layoffs and Duration Dependence in a Model of Turnover. In: Search Models and Applied Labor Economics. Cambridge: Cambridge University Press: 139-159.

Leonard, Jonathan S.; Louis Jacobson (1990): Earnings Inequality and Job Turnover. In: American Economic Review 80(1990)2: 298-302.

Leonard, Jonathan S. (1987): Carrots and Sticks: Pay, Supervision, and Turnover. In: Journal of Labor Economics 5(Part 2, Oct. 1987)4: S136-152.

Mincer, Jacob; Yoshio Higuchi (1988): Wage Structures and Labor Turnover in the United States and Japan. In: Journal of the Japanese and International Economy 2(1988)2: 97-133.

Sicherman, Nachum; Oded Galor (1990): A Theory of Career Mobility. In: Journal of Political Economy 98(1990)1: 169-192.

8. Anhang

Im vorhergehenden Kapitel wurde darauf hingewiesen, daß ein profitables Abfindungsangebot nur möglich ist, wenn der Barwert der externen Einkommen den Barwert der internen Produktivität übersteigt. Dies soll im folgenden anhand einfacher mathematischer Umformungen gezeigt werden.

Angenommen, w_i, a_i und v_i stehen für das interne Einkommen, das externe Einkommen und den Output im Alter i. $PV(W_t)$ sei der Barwert der Einkommensströme vom Zeitpunkt t bis zum Verrentungszeitpunkt T. Er errechnet sich wie folgt:

$$PV(W_t) = \sum_{i=t}^{T} \frac{w_i}{(1+r)^{i-t}}$$

Analog sei $PV(A_t)$ der Barwert des externen Einkommens vom Zeitpunkt t bis zum Verrentungszeitpunkt T. Er ist definiert als:

$$PV(A_t) = \sum_{i=t}^{T} \frac{a_i}{(1+r)^{i-t}}$$

Schließlich sei $PV(V_t)$ der Barwert des Outputs im aktuellen Unternehmen vom Zeitpunkt t bis zum Zeitpunkt der Verrentung T.

Er errechnet sich wie folgt:

$$PV(V_t) = \sum_{i=t}^{T} \frac{v_i}{(1+r)^{i-t}}$$

Ein Arbeitnehmer wird ein Abfindungsangebot B(uy out) akzeptieren, wenn die Summe aus dem Barwert des externen Einkommens und dem Barwert der Abfindung größer ist als der Barwert des noch verbleibenden internen Einkommens. Wenn also

$$B + PV(A_t) > PV(W_t)$$

bzw.

$$B > PV(W_t) - PV(A_t)$$

Ein Unternehmen wird ein Abfindungsangebot in Höhe von B machen, wenn dieses geringer ist als die Verluste, die ihm aus der Weiterbeschäftigung entstehen, d.h. es muß gelten

$$B < PV(W_t) - PV(V_t)$$

Wenn die beiden Ungleichungen gleichzeitig eingehalten werden, ist ein Abfindungsangebot B für beide Seiten profitabel, d.h. wenn gilt

$$PV(W_t) - PV(V_t) > PV(W_t) - PV(A_t)$$

bzw.

$$PV(A_t) > PV(V_t)$$

Eine notwendige und hinreichende Bedingung für ein für beide Seiten profitables Abfindungsangebot ist also, daß der Barwert der externen Einkommen den Barwert der Outputs beim gegenwärtigen Arbeitnehmer übersteigt.

III. Rekrutierungsstrategien bei Informationsasymmetrien

Werden Arbeitnehmer durch die Ausbildung erst zu dem gemacht, was sie sind, oder ist es umgekehrt: das Talent eines Arbeitnehmers rechtfertigt die Ausbildungsinvestitionen? Während Sie sich gerade mit Personalökonomik befassen, ist Ihnen sicher schon klar, daß weder Sie noch Ihre Kommilitonen schlichte „Durchschnittsarbeitnehmer" sind (bzw. sein werden). Aber warum? Wir behaupten, daß Sie sich von „Durchschnittsarbeitnehmern" unterscheiden durch Ihre Entscheidung, die Universität zu besuchen und ein Diplom zu erwerben. Damit können wir Sie tendenziell zu den begabteren Arbeitnehmern rechnen.
Suchen Arbeitgeber hochqualifizierte Mitarbeiter, weil ihre Ausbildung sie produktiver gemacht hat oder weil die Produktiveren auch diejenigen sind, die höhere Ausbildungsgänge durchlaufen?

JEVONS: *Ich finde, wir sollten in Zukunft keine Diplom-Kaufleute mehr einstellen. Wir würden uns besser stellen, wenn wir diejenigen, die ein BWL-Studium schaffen können, einfach ohne Abschluß rekrutieren. Die sind billiger und ebenso klug.*

WEBB: *Die alte Leier! Ich habe im BWL-Studium eine Menge gelernt, das mir direkt oder indirekt bei der Arbeit hilft. Ich habe gelernt, Probleme strukturiert anzugehen, zwischen echten Themen und Modewellen zu unterscheiden, und ich habe ein paar analytische Methoden gelernt, die ich als Vorstandsmitglied ständig anwende. Ich weiß, wie man Probleme löst und wie ich meine Leute in die richtige Richtung bewegen kann. Mit diesen Fähigkeiten wurde ich nicht geboren. Nichts davon kannte ich vor meinem Studium.*

JEVONS: *OK, natürlich haben wir alle irgendetwas an der Uni gelernt. Die Frage ist nur, ob fünf Jahre langweilige Vorlesungen unsere Produktivität wirklich nennenswert gesteigert haben. Das sind eine Menge Zeit und Geld. Da muß schon einiges an Wissen vermittelt werden, damit sich das alles lohnt. Und ich glaube, das Ergebnis rechtfertigt die lange Ausbildung nicht.*

WEBB: *Wenn das stimmt: Warum geben Firmen soviel Geld aus, um Diplom-Kaufleute zu rekrutieren?*

JEVONS: *Weil Trottel wie wir bereit sind, ihnen Riesengehälter zu zahlen, sobald sie aus der Uni kommen.*

WEBB: *Ich glaube, das siehst Du ein bißchen zu eng. Selbst wenn sie nichts in der Uni gelernt haben: wen stört's? Solange die BWL-Absolventen das zusätzliche Geld wert sind: wen kümmert's, wo sie ihr Wissen her haben?*

JEVONS: *Wenn wir sie vor ihrem Abschluß einstellen könnten, könnten wir doch vielleicht dieselbe Produktivität bekommen, ohne diese hohen Gehälter zahlen zu müssen.*

WEBB: *Viel Glück bei der Suche nach talentierten Managern, die keinen Studienabschluß machen wollen!*

JEVONS: *Ich gebe zu, daß das nicht so leicht ist. Aber warum lassen wir nicht einfach unsere Wettbewerber die Arbeit tun? Die stellen ja Leute ohne Studienabschluß ein. Von denen können wir uns ja einfach die besten raussuchen. Dann hätten wir nicht das Risiko völlig unerprobter Mitarbeiter, aber noch immer den Vorteil niedrigerer Gehälter.*

WEBB: *Wie können wir die rekrutieren, wenn wir ihnen niedrige Gehälter zahlen wollen?*

JEVONS: *Wir bieten ihnen halt mehr als die Konkurrenz, aber weniger als wir unseren Diplom-Kaufleuten zahlen.*

Auch dieser Dialog wirft eine Reihe von Fragen auf:

- Beeinflußt Ausbildung die Mitarbeiterproduktivität oder zertifiziert sie lediglich Mitarbeiter, die auch unabhängig von der Ausbildung hoch produktiv sind?
- Falls Ausbildungsgänge lediglich Zertifizierungsfunktionen haben, sollte das die Rekrutierungs- und Gehaltsentscheidungen des Unternehmens beeinflussen?
- Bei welchen Mitarbeitern werden Ausbildung und Training mit größter Wahrscheinlichkeit die Produktivität fördern?
- Gibt es eine Möglichkeit, unterbewertete Mitarbeiter von der Konkurrenz abzuwerben?

1. Rekrutierung mit Hilfe von Bildungsabschlüssen als Produktivitätssignale

Die Idee, die sich hinter der obigen Diskussion verbirgt, hat erstmals Michael Spence analysiert.[31] Seine Untersuchung zeigt, daß es für Individuen rational sein kann, eine Ausbildung zu durchlaufen und für Firmen, diesen Leuten dafür höhere Gehälter zu zahlen, selbst wenn die Ausbildung die Produktivität nicht beeinflußt. Er argumentiert, daß die Akteure Ausbildungsgänge möglicherweise nicht durchlaufen, um für ihren Beruf nützliche Fähigkeiten zu erwerben, sondern um zu *signalisieren*, daß sie für bestimmte Jobs geeignet sind.

1.1 Signalling: Die Grundidee

Die Grundidee läßt sich relativ einfach illustrieren. Sie hat zwei Bestandteile. Erstens muß eine Informationsasymmetrie vorliegen: der Arbeitnehmer muß seine Produktivität kennen, die Firma aber darf sie nicht kennen. Zweitens muß es eine positive Korrelation zwischen einem guten Abschneiden in der Ausbildung und guten Leistungen im Beruf geben. Wenn die Akteure, die mit großer Wahrscheinlichkeit im Beruf besonders produktiv sind, zugleich diejenigen sind, die die guten Ausbildungsabschlüsse erreichen, dann kann ein Ausbildungszeugnis als Signal für die diesen Leistungen zugrunde liegenden Fähigkeiten dienen.

Sehen wir uns das folgende stilisierte Beispiel an. Es gibt zwei Typen von Akteuren: die Schnellen und die Langsamen. Die Schnellen produzieren einen Output von € 20 pro Stunde, die Langsamen nur € 18. Diese Werte sind gegeben und bestimmt von Faktoren jenseits der Kontrolle des einzelnen, und sie haben auch mit der Ausbildung nichts zu tun. Der Idee aus dem obigen Text entsprechend können die Schnellen das Arbeitspensum eines Studienjahres schneller bewältigen als die Langsamen. Deshalb können sie innerhalb derselben Zeitspanne ein höheres Arbeitspensum absolvieren als die Langsamen. Nehmen wir konkret an, daß die Schnellen für den

---

[31] Vgl. SPENCE (1973).

Tabelle 3.1: Zusammenfassung der Daten für das Signallingmodell

Variable	Schnelle	Langsame
Output	€ 20/hr	€ 18/hr
Gehalt	€ 12 + € 0,50 S	€ 12 + € 0,50 S
Ausbildungskosten	Direkte Kosten + 0,76 × Einkommensverzicht	Direkte Kosten + Einkommensverzicht
Jährliche Arbeitsstunden	2.000	2.000
Arbeitsjahre über die Lebenszeit	40	40
Zinssatz	0	0
Gesamtnutzen eines Ausbildungsjahres	€ 40.000	€ 40.000

Stoff eines Uni-Jahres 76% der Zeit brauchen, die ein Langsamer für denselben Stoff benötigt.

Nehmen wir nun an, Firmen würden folgendes Gehaltsschema ankündigen:

$$\text{Gehalt pro Stunde} = € 12 + € 0,50 \times S$$

S ist der bewältigte Ausbildungsinhalt ausgedrückt in Jahren. Ein Mitarbeiter mit 12 Ausbildungsjahren (bspw. Fachhochschulreife) verdient also € 18 pro Stunde (€ 12 + € 0,50 × 12), während jemand mit 13 Ausbildungsjahren (bspw. allgemeine Hochschulreife) € 18,50 bekommt (€ 12 + € 0,50 × 13). Unter der vereinfachenden Annahme, daß ein Mitarbeiter 2.000 Stunden pro Jahr arbeitet, bringt ihm jedes zusätzliche Ausbildungsjahr € 0,50 × 2.000, also € 1.000 für jedes Arbeitsjahr. Nehmen wir wiederum zur Vereinfachung an, ein Arbeitnehmer plane, 40 Jahre zu arbeiten und der geltende Zinssatz sei Null, so daß wir nichts diskontieren müssen. In diesem Fall beträgt der Barwert jedes zusätzlichen Ausbildungsjahres

$$€ 1.000 \times 40 = € 40.000$$

Ausbildung verursacht jedoch auch Kosten, die wir berücksichtigen müssen. Für exklusive Ausbildungsgänge fallen Schulungs- oder Studiengebühren und andere direkte Kosten an. Für höhere Ausbildungsgänge müssen die Akteure zugleich auf Einkommen verzichten. Es sei daran erinnert, daß Arbeitgeber nicht die Fähigkeiten der Arbeitnehmer kennen, aber die absolvierte Ausbildung beobachten können. Es kostet die Schnellen weniger (und zwar um den Faktor 0,76), ein Jahr Ausbildungs-

Tabelle 3.2: Kosten und Nutzen zusätzlicher Ausbildungsjahre (in €)

Ausbil-dungsjahr	Nutzen	Direkte Kosten	Eink. verz. Schnelle	Eink. verz. Langsame	Gesamtkosten Schnelle	Gesamtkosten Langsame
11						
12	40.000	0	26.600	35.000	26.600	35.000
13	40.000	10.000	27.360	36.000	37.360	46.000
14	40.000	10.000	28.120	37.000	38.120	47.000
15	40.000	10.000	28.880	38.000	38.880	48.000
16	40.000	10.000	29.640	39.000	39.640	49.000
17	40.000	10.000	30.400	40.000	40.400	50.000
18	40.000	10.000	31.160	41.000	41.160	51.000

stoff zu absolvieren als die Langsamen. Deshalb verlieren die Schnellen weniger Einkommen für ein Ausbildungsjahr. Aber alle Akteure mit demselben Ausbildungsgang verdienen das gleiche Gehalt, weil die Arbeitgeber ja nur auf Unterschiede in der Ausbildung reagieren können. Der Einkommensverzicht für ein weiteres Ausbildungsjahr ist um so höher, je mehr Ausbildungsjahre ein Arbeitnehmer bereits absolviert hat, denn mit zunehmender Zahl von Ausbildungsjahren steigt ja das ihm entgangene Gehalt. Tabelle 3.1 faßt diese Informationen zusammen.

Die Ausbildungskosten hängen von der Zahl der Arbeitsstunden (im Beispiel 2000) und dem Gehalt pro Stunde ab. Tabelle 3.2 zeigt die Kosten und den Nutzen jedes zusätzlichen Schuljahres für Schnelle und Langsame ab dem 12. Ausbildungsjahr. Jedes Ausbildungsjahr ergibt denselben Nutzen: € 40.000 zusätzliches Gehalt. Das steht in der zweiten Spalte von Tabelle 3.2. Aber die Kosten steigen, je mehr Ausbildungsjahre ein Arbeitnehmer bereits absolviert hat. Erstens weil das entgangene Einkommen höher ist und zweitens weil eine zusätzliche Ausbildung direkte Kosten verursacht. Die Kosten durch entgangenes Einkommen sind höher, weil mit jedem bereits abgelegten Ausbildungsjahr das potentielle Gehalt steigt - und darauf zu verzichten, steigert die Kosten der Ausbildung. Die direkten Ausbildungskosten wären bis zum Ende des 12. Jahres – also bspw. bis zum Erreichen der Fachhochschulreife – Null; danach könnte ein Studium aufgenommen werden, das allerdings vorausset-

Abbildung 3.1: Kosten und Nutzen von Ausbildung nach Ausbildungsjahren

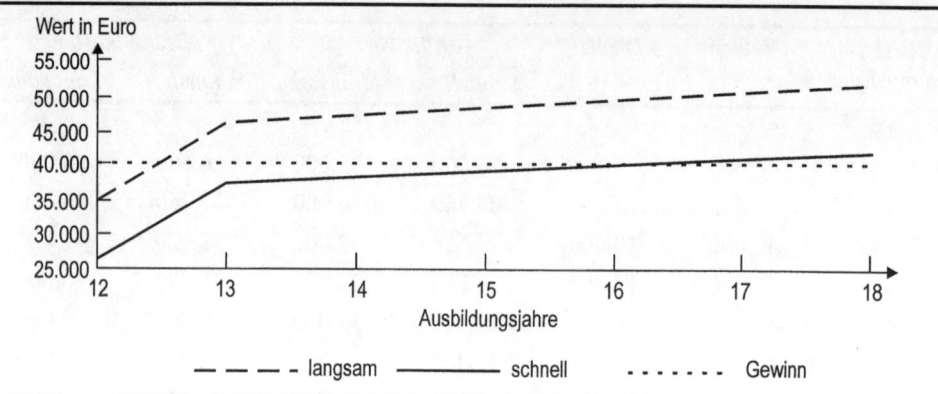

zen würde, daß man in eine andere Stadt umzieht, sich eine eigene Wohnung und die damit verbundenen höheren Lebenshaltungskosten auf sich nimmt. Lohnt sich der Aufwand und, wenn ja, für wen? Die Schnellen haben geringere Einkommensverluste, weil sie den Ausbildungsstoff schneller absolvieren können; ihnen entstehen Gesamtkosten in Höhe von € 37.360.[32] Die Langsamen haben größere Einkommensverluste, so daß das 13. Ausbildungsjahr sie € 46.000 kostet; es bringt ihnen aber nur € 40.000. Deshalb hört ein Langsamer nach 12 Jahren mit der Ausbildung auf. Für Schnelle übertrifft der Nutzen die Kosten bis zum 16. Schuljahr. Ein Schneller hört also erst nach 16 Jahren mit der Ausbildung auf.

Angesichts des ausbildungsabhängigen Gehaltsversprechens (€ 12 + € 0,50 × S) der Arbeitgeber lohnt sich für den Arbeitnehmer die Ausbildung solange, bis die Grenzkosten den Grenznutzen aufzehren. Das ist für die Schnellen nach dem 16. und für die Langsamen nach dem 12. Jahr der Fall.

Wir können Tabelle 3.2 in die Graphen aus Abbildung 3.1 übersetzen. Sie stellen die Grenzkosten eines Ausbildungsjahres für Schnelle und Langsame dar.

Die Grenzkostenlinie der Langsamen schneidet die € 40.000-Linie, also die Grenznutzenlinie, vor dem 13. Jahr. Das 13. Jahr lohnt sich schon nicht mehr, deshalb beenden die Langsamen ihre Ausbildung nach 12 Jahren. Die Grenzkostenlinie der

---

[32] Beispielsweise könnte ein Schneller noch neben dem Studium arbeiten.

1. Rekrutierung mit Hilfe von Bildungsabschlüssen als Produktivitätssignale

Schnellen schneidet die € 40.000-Linie nach 16, aber vor 17 Jahren. Deshalb lohnt sich eine Ausbildung über das 16. Jahr hinaus nicht.

Tabelle 3.1 erinnert uns daran, daß Langsame € 18 und Schnelle € 20 pro Stunde produzieren. Kann ein Langsamer eine 12-jährige Ausbildung vorweisen, so verdient er € 18 pro Stunde. Schnelle mit 16 Jahren Ausbildung verdienen einen Stundensatz von € 20. Im Gleichgewicht entscheiden sich Langsame also für 12 Jahre Ausbildung, die ihnen einen Stundensatz von € 18 einbringen, was genau ihrer Produktivität entspricht. Analog entscheiden sich Schnelle im Gleichgewicht für 16 Jahre Ausbildung, was ihnen einen Gehaltssatz von € 20 bringt, die genau dem von ihnen produzierten Output pro Stunde entsprechen.[33]

Das Ganze ist deshalb ein Gleichgewicht, weil die Firmen ein Gehalt von genau

$$€ 12 + € 0{,}50 \times S$$

pro Stunde anbieten. Warum das so ist, läßt sich unter der Annahme eines funktionierenden Arbeitsmarktes leicht zeigen. Nehmen wir an, die Firmen hätten eine andere Gehaltsformel angekündigt, zum Beispiel

$$€ 12 + € 0{,}51 \times S$$

Weil nun jedes zusätzliche Ausbildungsjahr € 0,51 pro Stunde statt € 0,50 mehr bringt, ist der Grenznutzen eines zusätzlichen Ausbildungsjahres nun

$$€ 0{,}51 \times 2.000 \times 40 = € 40.800$$

statt € 40.000. Jetzt wird ein Akteur ein zusätzliches Ausbildungsjahr absolvieren, solange es weniger als € 40.800 kostet. Die Langsamen werden weiterhin nach 12 Jahren ihre Ausbildung beenden, aber die Schnellen werden jetzt 17 Jahre absolvieren. Für die Langsamen kostet das 12. Ausbildungsjahr € 35.000, das 13. aber € 46.000, was deutlich mehr ist als die € 40.800, die es ihnen an Mehreinkommen bringen würde. Für die Schnellen kostet das 17. Jahr € 40.400, das 18. würde jedoch

---

[33] Es gibt ein paar zusätzlich technische Details zu beachten. Eines betrifft die Frage, ob die Langsamen sich nicht einfach für Null Jahre Ausbildung entscheiden und damit das Gleichgewicht zum Zusammenbrechen bringen könnten. Wir haben das in unserer Darstellung ausgeschlossen, indem wir angenommen haben, daß niemand weniger als 12 Jahre Schulung wählen darf. Frühe Arbeiten von WILSON (1979) und RILEY (1979) diskutieren solche Fragen ausführlich.

€ 41.160 kosten. Das 17. lohnt sich also noch, das 18. hingegen nicht mehr.

Nach dieser Gehaltsformel verdienen die Schnellen nun € 20,67 pro Stunde und die Langsamen € 18.12. Daraus ergeben sich zwei Probleme. Erstens werden beide Arbeitnehmertypen über ihrer Produktivität bezahlt. Die Langsamen bekommen € 18,12 (12 + 0,51 × 12), erarbeiten aber nur € 18,00. Die Schnellen bekommen € 20,67 (12 + 0,51 × 17), erarbeiten aber nur € 20,00. Zweitens werden die Schnellen in Relation zu den Langsamen überbezahlt. Die Schnellen bekommen € 2,55 mehr als die Langsamen, sind aber nur € 2,00 produktiver.

Um die allgemeine Überbezahlung abzustellen, könnten die Unternehmen den konstanten Faktor der Gehaltsformel reduzieren, z.B. von € 12 auf etwa € 11. Damit ist das zweite Problem aber noch nicht gelöst. Selbst wenn nicht mehr alle Mitarbeitertypen überbezahlt werden, sind die Schnellen in Relation zu den Langsamen noch zu teuer. Wenn beispielsweise das Gehaltsschema

$$€ 11 + € 0{,}51 \times S$$

ist, bekommen die Langsamen € 17,12 und die Schnellen € 19,67. Beide produzieren mehr als sie kosten, aber die Langsamen bieten das bessere Preis-Leistungsverhältnis. Die Schnellen sind zwar produktiver – um € 2 mehr –, aber eben nicht genug, um gleich € 2,55 mehr zu rechtfertigen. Am Arbeitsmarkt wollen dann alle Firmen unbedingt Langsame rekrutieren; es gäbe eine Überangebot an Schnellen. So würde dann der Markt die Prämien für zusätzliche Ausbildungsjahre nach unten drücken. Das Gleichgewicht wäre erreicht, sobald die Prämie wieder € 0,50 pro Stunde anstelle von € 0,51 ist.

Die Formel € 12 + € 0,50 S entspricht also den Marktbedingungen. Beide Arbeitnehmertypen erhalten genau das Gehalt, das sie wert sind, und der Abstand zwischen ihren Entgelten entspricht exakt dem Produktivitätsunterschied. Damit sind die Unternehmen indifferent zwischen der Rekrutierung von Schnellen und Langsamen.

Das gegenteilige Problem stellt sich ein, wenn die Arbeitnehmer weniger als € 0,50 pro Stunde für jedes zusätzliche Ausbildungsjahr erhalten. Nehmen wir beispielsweise an, die Formel sei

$$€ 12 + € 0{,}49\, S$$

Nun bringt ein zusätzliches Ausbildungsjahr

$$€\ 0{,}49 \times 2.000 \times 40 = €\ 39.200$$

Bei einem solchermaßen geringeren Nutzen würden die Schnellen 15 und die Langsamen 12 Jahre Ausbildung wählen. Daraus ergeben sich ebenfalls zwei Probleme, und zwar die dem obigen Fall entgegengesetzten: Jetzt werden Schnelle und Langsame unterbezahlt. Darüber hinaus werden die Schnellen in Relation zu den Langsamen unterbezahlt.

Zum einen werden beide Mitarbeitertypen unter ihrer Produktivität bezahlt. Die Langsamen bekommen € 17,88 (12 + 0,49 × 12), erarbeiten aber € 18,00. Die Schnellen bekommen € 19,35 (12 + 0,49 × 15), erarbeiten aber € 20,00. Zum anderen sind die Schnellen relativ zu den Langsamen unterbezahlt. Sie bekommen nur € 1,47 mehr als die Langsamen, erarbeiten aber € 2,00 mehr.

Die Unterbezahlung von Schnellen und Langsamen wird zu einer überhöhten Nachfrage nach schnellen und langsamen Mitarbeitern führen. Denn solange Mitarbeiter in Relation zu ihrem Output billig sind, werden die Firmen versuchen, weitere einzustellen. Um mehr Mitarbeiter anzuziehen, könnten sie den konstanten Gehaltsbestandteil erhöhen. Dies würde das Problem der generellen Unterbezahlung lösen, nicht aber das der relativen Überbezahlung der Langsamen. Wenn die Gehaltsformel beispielsweise

$$€\ 12{,}75 + €\ 0{,}49\ S$$

ist, verdienen die Langsamen € 18,63 und die Schnellen € 20,10. Im Durchschnitt mögen die Arbeitnehmer damit einigermaßen passend bezahlt sein, aber die Schnellen bieten am Markt das bessere Preis-Leistungsverhältnis. Sie produzieren den Gegenwert von € 2 mehr, kosten aber nur € 1,47 mehr als die Langsamen. Deshalb gäbe es am Arbeitsmarkt eine Übernachfrage nach Schnellen mit 15-jähriger Ausbildung. Der Markt würde die Prämien für zusätzliche Ausbildungsjahre anheben. Bei € 0,50 wäre das Gleichgewicht wieder erreicht. Die Formel, die am Markt Bestand hat, ist also

$$€\ 12 + €\ 0{,}50\ S$$

Bei dieser Entgeltformel werden beide Mitarbeitertypen genau nach ihrer Produktivität bezahlt, und der Abstand in den Gehältern entspricht dem Abstand ihrer jeweiligen Produktivität. Die Firmen sind indifferent zwischen der Rekrutierung von Schnellen und Langsamen. Die Schnellen sind zwar produktiver, aber ihre zusätzliche Leistung entspricht exakt ihrem Gehaltsvorsprung gegenüber den Langsamen.

1.2 Zum gesamtwirtschaftlichen Nutzen von Schulen

Das oben dargestellte Signalling-Modell geht davon aus, daß Mitarbeiter eine angeborene Produktivität oder Begabung aufweisen. Ausbildungsgänge beeinflussen dementsprechend nicht die Produktivität, sie sind aber dennoch damit korreliert, weil die produktiveren Individuen sich mit ihrer Ausbildung leichter tun und deshalb längere und schwerere Ausbildungsgänge wählen. Aus dieser Perspektive wäre Ausbildung aus ökonomischer Perspektive also reine Verschwendung.[34] Die fünf- bis sechsstelligen Beträge, die die diversen Ausbildungsgänge pro Absolvent kosten, tragen nach dieser Sichtweise also nicht zu einer Mehrproduktion bei. Darüber hinaus verursachen sie eine unnötige Einkommensungleichheit zwischen Schnellen und Langsamen, die nur durch genetische Zufälle zu ihren jeweiligen Gruppen gehören.

Nach dieser Perspektive sind Arbeitgeber und schnelle Arbeitnehmer implizit Verschwörer. Arbeitgeber stellen Schnelle ein, in der Hoffnung damit mehr Produktivität einzukaufen. Die Unternehmen mögen dabei sehr wohl wissen, daß die Ausbildung nichts mit der Produktivität zu tun hat. Aber ohne Rückgriff auf dieses Ausbildungsspiel können sie nicht feststellen, wer schnell und wer langsam ist. Jeder Bewerber wird der Firma erzählen, er sei ein Schneller, damit er das höhere Gehalt bekommt. Ausbildung bietet den Arbeitnehmern eine Möglichkeit, glaubwürdig zu offenbaren, zu welchem Arbeitnehmertyp sie gehören – ohne daß das ihre Produktivität beeinflußt.

Die Reduzierung von Ausbildung auf eine reine Signalling-Funktion ist allerdings selbst für die größten Kritiker des Bildungssystems zu extrem. In bestimmten Kon-

---

[34] Für wirtschaftsethische Überlegungen zu diesem Thema vgl. BACKES-GELLNER/WECKMÜLLER (1999).

texten entfaltet Ausbildung zweifelsohne produktive Wirkungen. Dafür gibt es eine Reihe von Argumenten.

Es gibt berufliche Fähigkeiten, die ein Akteur vor dem Eintritt in das entsprechende Programm ganz eindeutig nicht beherrscht. Denken wir beispielsweise an die Ausbildung von Chirurgen. Man könnte argumentieren, daß es Leute gibt, die mit der Fähigkeit, einen Blinddarm operieren zu können, auf die Welt kommen und andere, die ohne diese Fähigkeit geboren werden. Man könnte behaupten, daß eine chirurgische Ausbildung lediglich die besten Blinddarmoperateure zertifiziert, ohne daß sie dabei etwas lernen. Aber das geht sicherlich an der Realität vorbei. Man könnte jedoch Fallunterscheidungen einführen und fragen, für welche Arten von Fähigkeiten die Ausbildung eine Lehrleistung bietet und für welche sie lediglich eine Zertifizierungsfunktion hat. Mit großer Wahrscheinlichkeit steigert die Ausbildung in technischen und hoch spezifischen Fächern die Produktivität des Arbeitnehmers, während allgemeinere Ausbildungsgänge gemäß der Signalling-Interpretation eher eine Zertifizierungsfunktion ausüben. Inwieweit ist diese Interpretation haltbar?

Betrachten wir einen Abschluß als Dipl.-Kfm. oder Dipl.-Kffr. Es handelt sich im obigen Sinne sicher um einen eher allgemeinen Abschluß, so daß man weiter argumentieren könnte, daß es dabei eher um das Signalisieren von Produktivität geht. Allerdings ist der Abschluß als Dipl.-Kfm./Kffr. ein recht teures Signal, und es stellt sich die Frage, ob rational handelnde Akteure ein solches Signal verwenden würden. Der Einkommensverzicht kann sich über fünf Jahre ohne weiteres auf € 100.000 summieren, und die direkten Kosten für ein BWL-Studium liegen sicherlich bei mindestens € 40.000 (die in Deutschland allerdings i.d.R. nicht allein von den Studierenden getragen werden). Man könnte glauben, daß brauchbare Informationen über die Fähigkeiten von Akteuren auch für weniger als € 140.000 gesammelt und dokumentiert werden könnten. Die Tatsache, daß Unternehmen sich nicht allein auf das Abitur und irgendwelche Zusatztests verlassen, deutet darauf hin, daß das Studium möglicherweise auch andere Funktionen als lediglich Zertifizierung haben könnte. Was wäre nämlich eine kostengünstigere Alternative?

Kontingente, also vom Eintreten bestimmter Zustände abhängige Verträge könnten eine preiswertere Alternative sein, wenn es nur um die Zertifizierung von Fähigkeiten ginge. Wenn in einem fünfjährigen BWL-Studiengang die Produktivität eines

Akteurs festgestellt werden kann, kann in einem Unternehmen, wenn der Mitarbeiter einen echten Job ausübt, die Produktivität wahrscheinlich viel schneller festgestellt werden. Arbeitgeber könnten beispielsweise folgendes anbieten: Während einer Probezeit werden alle Mitarbeiter als Langsame eingestuft und mit € 18 pro Stunde bezahlt. Sobald die Produktivität ermittelt ist, wird jeder Kandidat nach der tatsächlichen Produktivität bezahlt, also entweder mit € 18 oder € 20. Darüber hinaus bekommt jeder Schnelle eine rückwirkende Zahlung von € 2 für jede während der Probezeit geleistete Arbeitsstunde. Dieses Verfahren vermeidet hohe Ausbildungskosten, erlaubt aber dennoch den Schnellen, sich von den Langsamen zu differenzieren.

Aus diesen Gründen überzeugt die radikale Signallingsicht von Ausbildung also nicht. Dennoch kann das Signal, das ein bestimmter Abschluß enthält, mitunter sehr wertvoll sein – ganz im Sinne von Spence.

Nehmen wir an, Ausbildung steigere die Produktivität, habe aber zugleich einen weiteren Effekt, nämlich Informationen über Eignung und Fähigkeit eines Akteurs bezüglich bestimmter Jobs zu bieten. Damit wäre gut erklärbar, daß Arbeitgeber sich für den Ausbildungsgang von Bewerbern, aber auch für das Abschneiden in bestimmten Ausbildungsgängen interessieren. Letzteres zeigt nicht zuletzt, wer zielorientiert lernen kann. Alle gewonnenen Information über spezielle Fähigkeiten, aber auch eventuelle Schwächen tragen dazu bei, daß ein Unternehmen den betreffenden Mitarbeiter möglichst wertschöpfend einsetzen kann. Hier liegen sowohl aus privater aber auch aus gesamtwirtschaftlicher Sicht gute Argumente für den Wert von Bildung und Ausbildung, und es scheint eine Sichtweise zu sein, die der Realität eher entspricht als theoretische Radikalperspektiven.

1.3   Signalling - Ein Anwendungsbeispiel: Prüfung für Wirtschaftsprüfer

Wer Wirtschaftsprüfer werden möchte, muß über ein BWL-Studium hinaus noch mindestens eine weitere Prüfung ablegen. Das Wirtschaftsprüferexamen gilt als besonders hart. Die Vorbereitung ist extrem zeitaufwendig, die Prüfung selbst wird von vielen als große Last empfunden, und die Durchfallquoten sind i.d.R. sehr hoch. Wenn aber das Examen bestanden ist und ein Mitarbeiter das Wirtschaftsprüferzertifikat erworben hat, winken als Belohnung bessere Gehälter und Karriereoptionen.

1. Rekrutierung mit Hilfe von Bildungsabschlüssen als Produktivitätssignale

Welche Arbeitnehmer werden sich vor diesem Hintergrund dafür entscheiden, das Wirtschaftsprüferexamen abzulegen? Wir wollen diese Frage mit Hilfe der Signalling-Theorie beantworten.

Nehmen wir zur Vereinfachung an, ohne WP-Zertifikat verdiene ein Mitarbeiter einer Wirtschaftsprüfungsgesellschaft für den Rest seiner Beschäftigungsdauer im Durchschnitt € 30 pro Stunde, mit WP-Zertifikat € 35. Die einzelnen Kandidaten haben unterschiedliche Fähigkeiten; den Besten fällt das Zertifikat quasi in den Schoß, die Leistungsschwächsten bestehen die Prüfung überhaupt nicht. Tabelle 3.3 zeigt die Verteilung von WP-Mitarbeitern nach der Fähigkeit, die Prüfung zu bestehen. In jede Kategorie fallen zehn Prozent der WP-Population. Die leistungsfähigsten Akteure sind in Gruppe 1, die schwächsten in Gruppe 10. Nehmen wir im Moment zur Vereinfachung weiter an, daß in Übereinstimmung mit der Signalling-Perspektive das WP-Examen die Fähigkeiten des einzelnen in keiner Weise fördert, sondern nur Produktivitätsdifferenzen aufdeckt.

Folgende drei Fragen können wir nun im Kontext dieses Beispiels beantworten:

1. Werden jüngere oder ältere Arbeitnehmer mit größerer Wahrscheinlichkeit das Examen anstreben?
2. Nützt die Beschäftigung von Mitarbeitern mit Zertifikat den Unternehmen?
3. Welche Möglichkeiten hat ein Unternehmen zur Rekrutierung von bereits zertifizierten WPs?

Weil wir annehmen, daß die Ausbildung keinen Einfluß auf die Produktivität hat, handelt es sich um ein reines Signalling-Szenario. Wer wird demgemäß die Prüfung anstreben? Die Antwort kennen wir: Ein Mitarbeiter wird die Vorbereitungskurse belegen und an der Prüfung teilnehmen, wenn die daraus resultierenden Erträge die Kosten übersteigen. Tabelle 3.3 gibt die Kosten für die verschiedenen Gruppen der Gesamtpopulation an. Was sind die Erträge? Die Antwort ist abhängig vom geltenden Zinssatz und von der Zahl der verbleibenden Beschäftigungsjahre des Kandidaten. Die folgende Formel gibt den Nutzen der bestandenen WP-Prüfung an:

$$(3.1) \quad Ertrag = \sum_{i=1}^{T} \frac{(Arbeitsstunden/Jahr)(Gehaltsunterschied/Stunde)}{(1+r)^i}$$

Tabelle 3.3: Das Beispiel der Wirtschaftsprüfer

Fähigkeitsgruppe	Vorbereitungsaufwand (in Stunden)	Kosten (in Euro)
1	100	4.000
2	101	4.030
3	116	4.480
4	181	6.430
5	356	11.680
6	725	22.750
7	1396	42.880
8	2501	76.030
9	4196	126.880
10	6661	200.830

r ist der Zinssatz, mit dem wir den Barwert ermitteln. T bezeichnet die restlichen Arbeitsjahre bis zur Pensionierung des Mitarbeiters.

Diese Gleichung hat viel Ähnlichkeit mit der Gleichung für die Berechnung von Humankapitalinvestitionen aus dem vorhergehenden Kapitel. Dem einzelnen Mitarbeiter ist es egal, ob er durch das Bestehen der Prüfung wirklich produktiver wird oder ob die Prüfung ihn lediglich als produktiver ausweist. Er interessiert sich einzig dafür, um wieviel dadurch sein Gehalt steigt und für wie viele Jahre er das höhere Gehalt noch beziehen können wird. Auch dem Arbeitgeber ist es egal, ob die Prüfung die Mitarbeiter wirklich produktiver macht oder ob sie nur eine bereits vorhandene hohe Produktivität dokumentiert. Solange er keine andere Möglichkeit hat, die hoch produktiven Mitarbeiter zu identifizieren, kann die Nutzung der WP-Prüfung als Informationsquelle für ihn gewinnsteigernd sein.

Die Entscheidung des Arbeitnehmers über die Teilnahme an der Prüfung reduziert sich darauf zu vergleichen, ob der Barwert des Ertrags den Barwert der Kosten übertrifft. Tabelle 3.4 zeigt den Barwert der Erträge für jede der zehn Fähigkeitsgruppen und für unterschiedliche Altersstufen. Wir nehmen zur Vereinfachung wieder an, daß jeder 2000 Stunden pro Jahr arbeitet und mit 65 pensioniert wird. Der geltende Zinssatz sei 10%. Der Ertrag aus einer bestandenen Prüfung ist dann einfach das Ergebnis aus Formel (3.1) für unterschiedliche Altersgruppen.

1. Rekrutierung mit Hilfe von Bildungsabschlüssen als Produktivitätssignale

Tabelle 3.4: Barwert der Erträge aus bestandenem Wirtschaftsprüferexamen (in €)

Fähigkeits-gruppe	Alter zum Prüfungszeitpunkt				
	24	34	44	54	64
1	107.791	104.269	95.136	71.446	10.000
2	107.791	104.269	95.136	71.446	10.000
3	107.791	104.269	95.136	71.446	10.000
4	107.791	104.269	95.136	71.446	10.000
5	107.791	104.269	95.136	71.446	10.000
6	107.791	104.269	95.136	71.446	10.000
7	107.791	104.269	95.136	71.446	10.000
8	107.791	104.269	95.136	71.446	10.000
9	107.791	104.269	95.136	71.446	10.000
10	107.791	104.269	95.136	71.446	10.000

Tabelle 3.4 illustriert mehreres: Erstens hängt der Ertrag einer bestandenen Prüfung nicht von der Fähigkeitsgruppe ab. Das liegt daran, daß der Wert der bestandenen Prüfung – unabhängig von der Fähigkeitsgruppe – in einer Gehaltssteigerung von € 5 pro Stunde besteht (von € 30 auf € 35). Das Fähigkeitsniveau beeinflußt die Kosten für das Bestehen der Prüfung, nicht aber den Ertrag.

Zweitens sinkt mit zunehmendem Alter der Barwert der Erträge einer bestandenen Prüfung. Beispielsweise haben 64-Jährige nur noch ein Arbeitsjahr vor sich. Sie werden noch 2000 Stunden arbeiten und dabei eine Prämie von € 5 pro Stunde für die bestandene Prüfung kassieren. Der Ertrag aus der Prüfung ist deshalb € 5 × 2.000 = € 10.000. Für 25-Jährige liegt der Ertrag bei € 107.791, also dem Barwert eines Mehrertrags von € 10.000 für insgesamt 41 Jahre (diskontiert auf den Zeitpunkt der Prüfung, d.h. auf das 24. Lebensjahr des Akteurs).

Ob sich jemand für die Teilnahme an der Prüfung entscheidet, hängt aber nicht von den Erträgen, sondern von der Differenz zwischen Kosten und Erträgen ab. Die Kosten für eine entgangene Arbeitsstunde sind unabhängig vom Alter, weil der Stundensatz ohne WP-Zertifikat als konstant angenommen wurde und für alle Arbeitnehmer bei € 30 liegt. Da die talentierteren Akteure mit weniger Vorbereitungszeit auskommen und ihnen dadurch weniger Arbeitsstunden entgehen (vgl. Tab 3.3), hängen

Tabelle 3.5: Barwert der Nettoerträge aus bestandenem Wirtschaftsprüferexamen zum Prüfungszeitpunkt (in €)

Fähigkeits-gruppe	Alter zum Prüfungszeitpunkt					Kosten
	24	34	44	54	64	
1	**103.791**	**100.269**	**91.136**	**67.446**	**6.000**	4.000
2	**103.761**	**100.239**	**91.106**	**67.416**	**5.970**	4.030
3	**103.311**	**99.789**	**90.656**	**66.966**	**5.520**	4.480
4	**101.361**	**97.839**	**88.706**	**65.016**	**3.570**	6.430
5	**96.111**	**92.589**	**83.456**	**59.766**	-1.680	11.680
6	**85.041**	**81.519**	**72.386**	**48.696**	-12.750	22.750
7	**64.911**	**61.389**	**52.256**	**28.566**	-32.880	42.880
8	**31.761**	**28.239**	**19.106**	-4.584	-66.030	76.030
9	-19.089	-22.611	-31.744	-55.434	-116.880	126.880
10	-93.039	-96561	-105.694	-129.384	-190.830	200.830

die Gesamtkosten allerdings von den individuellen Fähigkeiten ab. Tabelle 3.5 gibt den Nettowert, d.h. die Erträge abzüglich der Kosten einer bestandenen Prüfung für die unterschiedlichen Alters- und Fähigkeitsgruppen an. Die letzte Spalte von Tabelle 3.5 stimmt mit der letzten Spalte aus Tabelle 3.3 überein; sie zeigt die Kosten der Prüfung für jede Fähigkeitsgruppe. Die vorhergehenden Spalten zeigen die Netto- „Erträge", wobei die positiven Beträge, d.h. die gewinnbringenden Entscheidungszustände fett gedruckt sind. Das heißt, diejenigen Arbeitnehmer, die zu einer fett gekennzeichneten Gruppe gehören, werden die Prüfung absolvieren, andere nicht. 64-Jährige aus Fähigkeitsgruppe 1 beispielsweise werden gemäß Tabelle 3.4 einen Bruttoertrag von € 10.000 und Kosten von € 4.000 haben, so daß ihnen ein Nettoertrag von € 6.000 verbleibt (vgl. Zeile 1, Spalte 6 in Tab. 3.5). Analog zeigt sich, daß 64-Jährige aus der Fähigkeitsgruppe 10 einen negativen Nettoertrag haben. Denn durch ihr geringeres Talent werden ihre Kosten mit € 200.830 erheblich höher sein, während der Bruttoertrag derselbe bleibt. Ihr Nettoertrag ist somit

€ 10.000 − € 200.830 = − € 190.830

Tabelle 3.5 zeigt also zweierlei: Erstens werden sich weniger begabte Akteure unabhängig vom Alter mit geringerer Wahrscheinlichkeit und begabtere Mitarbeiter mit höherer Wahrscheinlichkeit der Prüfung unterziehen. Deshalb hat das WP-Zertifikat eine Signalwirkung im Sinne der oben beschriebenen Signalling-Theorie.

Zweitens werden sich unabhängig von ihrer Begabung ältere Akteure mit geringerer Wahrscheinlichkeit der WP-Prüfung unterziehen. Denn sie haben nur noch relativ wenige Arbeitsjahre, um diese Investition zu amortisieren. Dies entspricht dem Standardergebnis der Humankapitaltheorie. Dabei spielt es keine Rolle, ob die WP-Ausbildung produktiver macht oder nur Fähigkeiten dokumentiert. Das Verhalten der Akteure ist in beiden Fällen gleich. Das gleiche gilt für Arbeitnehmer, die planen, freiwillig früher aus dem Arbeitsleben auszuscheiden.

Die Tabellen geben uns damit auch Antworten auf die zuvor aufgeworfenen Fragen: Erstens werden junge Mitarbeiter mit größerer Wahrscheinlichkeit in die zusätzliche Ausbildung investieren, weil für sie der Ertrag größer ist als für ältere. Zweitens werden Firmen, die eine Prämie für WP-Zertifikate bezahlen, mit großer Wahrscheinlichkeit produktivere Mitarbeiter haben, weil die produktiveren mit höherer Wahrscheinlichkeit als die weniger produktiven das Zertifikat vorweisen können, wobei der Markt dafür sorgen wird, daß die Gehaltsprämie für das Zertifikat den Produktivitätsvorteil nicht übersteigt.

Eine weitere wichtige Frage richtet sich darauf, ob es nicht preiswertere Alternativen der Informationsbeschaffung gibt, für den Fall, daß die Zusatzausbildung wirklich nicht die Produktivität fördert. Eine Alternative, die oben schon angesprochen wurde und die sowohl die Mitarbeiter als auch die Unternehmen besser stellen würde, könnten auch hier kontingente Verträge darstellen. Wenn sämtliche Mitarbeiter in den fett gekennzeichneten Kategorien aus Tabelle 3.5 das WP-Zertifikat erwerben, muß die Produktivität der begabtesten aus diesem Personenkreis bei mindestens € 35 liegen. Der Grund dafür, daß das Gehalt bei € 35 pro Stunde liegt, ist nämlich, daß die Produktivität mindestens bei € 35 liegt – denn sonst würden die Firmen draufzahlen. Ein Unternehmen könnte also auch versuchen, diese Mitarbeiter über kontingente Verträge von anderen Firmen abzuwerben. Dies könnte beispielsweise über ein entsprechend ausgestaltetes Probezeitschema geschehen, was allerdings voraussetzt, daß die Produktivität in einer gewissen Zeit am Arbeitsplatz festgestellt werden kann. Das Unternehmen könnte für die Probezeit allen Mitarbeitern € 30 pro Stunde zahlen, und den produktivsten nach der Probezeit € 35 geben – und auch rückwirkend für die Probezeit die € 5 Differenz zahlen (z.B. in Form eines Sonderbonusses). Die produktiveren Mitarbeiter würden dieses System bevorzugen, weil der Nutzen derselbe ist, aber die ganzen Ausbildungskosten nicht anfallen. Den Unternehmen wäre es mehr oder weniger gleichgültig, so daß sich das hier beschriebene System am Markt durchsetzen müßte, wenn die Wirtschaftsprüferprüfung tatsächlich nur vorhandene Fähigkeiten zertifizieren würde.

2. Rekrutierung durch Abwerbung von Mitarbeitern: Vor- und Nachteile

Genau wie im vorhergehenden Abschnitt gehen wir im folgenden davon aus, daß unvollständige und asymmetrisch verteilte Informationen am Arbeitsmarkt vorliegen. Die Rekrutierungsstrategie der Unternehmen sei nun aber eine andere. Sie versuchen nicht, Ausbildungszertifikate als Produktivitätssignal für eine spezifische Arbeitnehmergruppe zu verwenden, sondern sie versuchen, die aktuellen Leistungen eines Arbeitnehmers in einem anderen Unternehmen als Hinweis für seine individuelle Produktivität heranzuziehen. Mitunter mag es nämlich für ein Unternehmen attraktiv sein, einen besonders produktiven Mitarbeiter von einem anderen Unternehmen abzuwerben. In diesem Zusammenhang stellt sich die Frage, ob und unter welchen Bedingungen es sinnvoll ist, einen Mitarbeiter von einem anderem Unternehmen abzuwerben und unter welchen Bedingungen Vorsicht geboten ist. Sollte man beispielsweise versuchen, einen Mitarbeiter abzuwerben, dessen Qualifikationen keine Seltenheit sind? Oder sollte man dies besser lassen? Sollte man versuchen, einen Mitarbeiter mit besonderen Qualifikationen abzuwerben, und zu welchen Konditionen sollte man dies gegebenenfalls tun? Das sind die Fragen, die wir im folgenden beantworten wollen.

2. Rekrutierung durch Abwerbung von Mitarbeitern: Vor- und Nachteile

2.1 Risiko: Winner's Curse

Zur Beantwortung der Fragen, läßt sich in einem ersten Schritt leicht zeigen, daß bei Mitarbeitern mit Fähigkeiten, die jederzeit am freien Markt erhältlich sind (unter den sich selbst anbietenden Kandidaten), die Nachteile einer Abwerbung die Vorteile normalerweise übersteigen werden. Der Hauptnachteil liegt darin, daß der gegenwärtige Arbeitgeber den Mitarbeiter stets besser kennt als jeder Außenseiter. Letzterer hat immer den schlechteren Informationsstand und können die tatsächlichen Fähigkeiten des betreffenden Akteurs schlechter einschätzen. Wir haben also das typische Problem asymmetrisch verteilter Informationen. Die daraus resultierenden Probleme für ein rekrutierendes Unternehmen werden in der Spieltheorie als *Winner's Curse* (Fluch des Gewinners) bezeichnet. Die abwerbbaren Mitarbeiter sind dann nämlich genau die, die man eigentlich nicht haben möchte. Warum ist das so? Der aktuelle Arbeitgeber hat stets die Möglichkeit, das Gehalt eines Mitarbeiters, den er tatsächlich halten will, zu steigern und damit seine Abwerbung zu verhindern – genau wie er stets die Möglichkeit hat, einem mittelmäßigen Mitarbeiter eine Gehaltssteigerung zu verweigern. Wenn der abwerbende Arbeitgeber also ein Gehaltsangebot des aktuellen Arbeitgebers überbietet und mit der Abwerbung erfolgreich ist, dann ist es sehr wahrscheinlich, daß er gemessen an der Produktivität des Kandidaten zuviel geboten hat. Das erinnert an das Zitat von Groucho Marx: „I wouldn't join any club that would have me."[35]

Anders sieht es aus, wenn die Fähigkeiten eines bestimmten Arbeitnehmers hinreichend selten sind und zu dem abwerbenden Unternehmen besser passen als zu dem aktuellen Arbeitgeber. Dann kann sich ein Abwerbungsversuch trotz asymmetrisch verteilter Informationen lohnen. Die Entscheidungsmöglichkeiten, denen sich ein potentiell abwerbender Arbeitgeber gegenübersieht, illustriert Abbildung 3.2.

In der Regel haben sämtliche Mitarbeiter spezifische Fähigkeiten oder Wissen, das sie für ihren gegenwärtigen Arbeitgeber wertvoller macht als für andere Arbeitgeber. Dennoch gibt es Ausnahmen – Situationen, in denen das spezifische Qualifikations-

---

[35] Dieser Abschnitt beruht auf LAZEAR (1986).

Abbildung 3.2: Abwerbung oder nicht? – Der Entscheidungsbaum

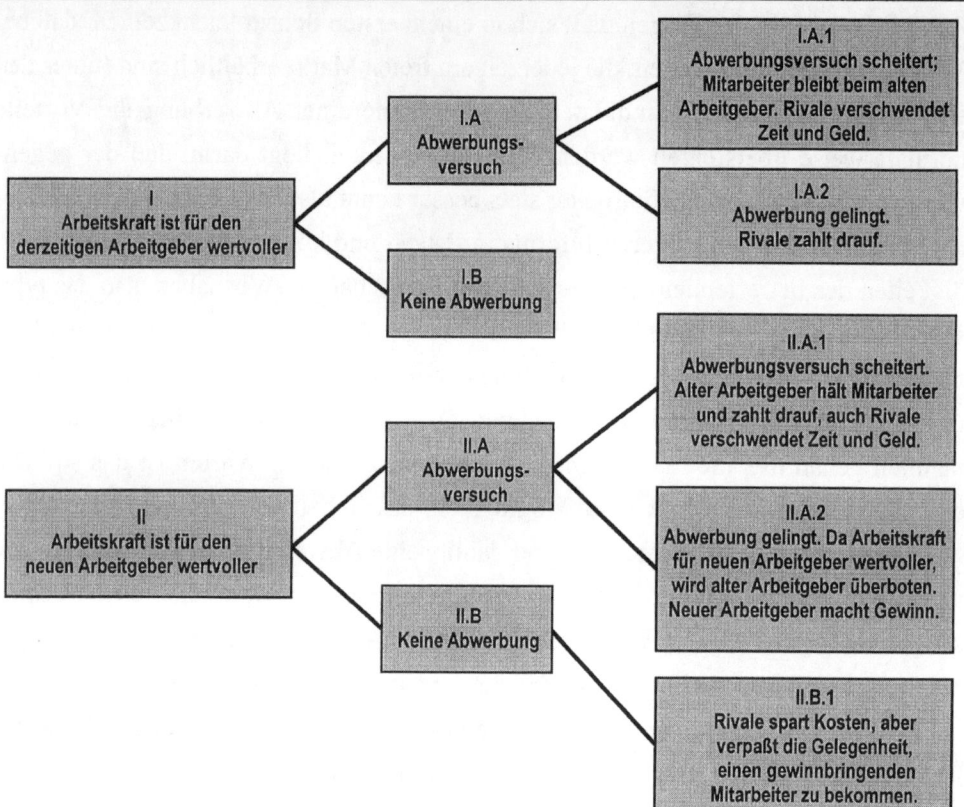

profil eines Mitarbeiters besser zu einem anderen Unternehmen paßt, so daß dieses ein höheres Gehalt bieten kann als der aktuelle Arbeitgeber.

Erinnern wir uns beispielsweise daran, wie Kajo Neukirchen von der Metallgesellschaft bei KHD abgeworben wurde. Die Metallgesellschaft war am Rande des Konkurses, und die Aufsichtsräte glaubten, daß Neukirchen als bewährter Krisenmanager einer der ganz wenigen sei, die die Firma retten können. Vor diesem Hintergrund war er also für die Metallgesellschaft wertvoller als für KHD.

Die Neukirchen-Episode wird durch Feld II.A.2 in Abbildung 3.2 dargestellt. Ast II des Entscheidungsbaumes zeigt die Situation, in der der Arbeitnehmer für einen neuen Arbeitgeber wertvoller ist als für den gegenwärtigen. In diesem Fall gibt es

2. Rekrutierung durch Abwerbung von Mitarbeitern: Vor- und Nachteile

zwei Entscheidungsoptionen. Das außenstehende Unternehmen kann einen Abwerbungsversuch unternehmen (Ast II.A), oder es kann darauf verzichten (Ast II.B). Ein Verzicht kann dadurch begründet sein, daß der hohe Wert des Mitarbeiters nicht erkannt wird oder daß ein Abwerbungsversuch als zu teuer erscheint. Der gegenwärtige Arbeitgeber kann den Mitarbeiter ziehen lassen – wie das bei Kajo Neukirchen der Fall war –, oder er kann ihn fälschlicherweise im Unternehmen halten. Ihn zu halten, ist in diesem Fall ein Fehler, weil wir ja angenommen haben, daß der Mitarbeiter für das andere Unternehmen wertvoller ist. Deshalb kann das außenstehende Unternehmen ein höheres Gehalt bieten und noch immer einen Gewinn machen. Geschieht dies nicht, so hat entweder der gegenwärtige Arbeitgeber zu viel oder der eventuelle neue zu wenig geboten.

Das häufigere Szenario illustriert Ast I im Entscheidungsbaum. Als Folge von Investitionen in firmenspezifisches Humankapital ist der Mitarbeiter für seinen gegenwärtigen Arbeitgeber mehr wert als für außenstehende. In diesem Fall sollte kein anderes Unternehmen einen Abwerbungsversuch starten; das Unternehmen sollte sich vielmehr in Feld I.B wiederfinden. Wenn es sich in Feld I.A wiederfindet und auch noch Erfolg hat (Feld I.A.2), so macht es einen Fehler. Denn es zahlt drauf, und der alte Arbeitgeber verliert Gewinne. Aufgrund des Informationsnachteils des außenstehenden Unternehmens kann dies leicht passieren. Der Mitarbeiter wird abgeworben, aber der Preis ist zu hoch. Genau so etwas bezeichnet der Winner's Curse. Es kann aber auch sein, daß es nicht gelingt, den Mitarbeiter abzuwerben (Feld I.A.1). Dann hat das außenstehende Unternehmen lediglich Zeit und Geld verschwendet.

Unter welchen Bedingungen sollte ein Abwerbungsversuch unternommen werden? Erstens muß der Abwerber davon überzeugt sein, daß der Wert des betreffenden Mitarbeiters für ihn höher ist als für den gegenwärtigen Arbeitgeber. Zweitens darf der gegenwärtige Arbeitgeber den Mitarbeiter nicht überbewerten und überbezahlen. Abwerbungsversuche sind dann mit größter Wahrscheinlichkeit erfolgreich, wenn der betreffende Arbeitnehmer für den neuen Arbeitgeber wertvoller ist als für den alten, und letzterer dies weiß. Denn dann wird er den neuen Arbeitgeber nicht überbieten, so daß wir in Feld II.A.2 landen.

Abbildung 3.3: Mögliche Ergebnisse eines Abwerbungsversuchs

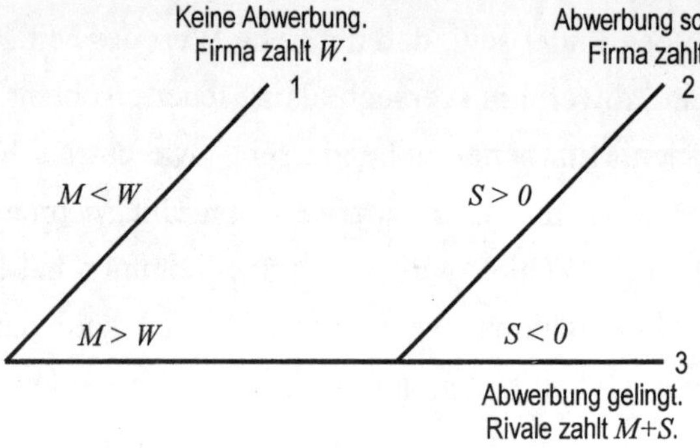

```
        Keine Abwerbung.          Abwerbung scheitert.
        Firma zahlt W.            Firma zahlt M.
               1                         2
       M < W                      S > 0


       M > W                      S < 0
                                         3
                                  Abwerbung gelingt.
                                  Rivale zahlt M+S.
```

Abbildung 3.3 bietet nochmals einen systematischen Überblick über die möglichen Ergebnisse von rationalen Abwerbungsversuchen. Die Wertschöpfung des Mitarbeiters bei seiner momentanen Arbeitgeberin betrage $M + S$. M spiegelt die allgemeinen Qualifikationen des Mitarbeiters wider und S die spezifischen Fähigkeiten, die nur bei dieser Firma wertvoll sind. W ist das Gehalt, das das Unternehmen diesem Mitarbeiter zahlt. Nehmen wir an, ein Rivale kann kostenlose Abwerbungsversuche unternehmen. Das wird er nur dann tun, wenn das Gehalt des Arbeitnehmers noch unter dem liegt, was dieser durch seine nicht arbeitgeberspezifischen Fähigkeiten erwirtschaftet, d.h. $M > W$. Denn zahlt die momentane Arbeitgeberin ein Gehalt W, das über M liegt, so würde der Rivale einen Verlust machen, wenn er noch mehr zahlte (Ast 1). Aber im Fall von $M > W$ besteht noch Spielraum für Gehaltsverbesserungen. Gibt es nun arbeitgeberspezifische Wertschöpfungsmöglichkeiten, d.h. $S > 0$, so wird der Abwerbungsversuch scheitern, weil die momentane Arbeitgeberin das Gehalt auf M erhöhen wird. Der Rivale kann hier nicht mitbieten, da die Wertschöpfung des Arbeitnehmers bei ihm niedriger wäre (Ast 2). Ist aber $S < 0$, so kann die Abwerbung gelingen, da der Rivale $M + S$ anbieten wird, die alte Arbeitgeberin aber genau hier aufhört, mitzubieten.

2.2 Bedingungen für gewinnbringende Abwerbungsversuche

Welche Bedingungen machen es nun wahrscheinlich, daß Abwerbungsversuche dem abwerbenden Unternehmen einen Gewinn bringen, bzw. unter welchen Bedingungen ist die Wahrscheinlichkeit groß, daß das abwerbende Unternehmen einfach nur einen Mitarbeiter zu überhöhten Preisen einkauft?

Ein Umstand, der Abwerbungsversuche eher gewinnbringend sein läßt, sind Veränderungssituationen. Die Veränderung kann sich sowohl auf die Fähigkeiten des Mitarbeiters als auch auf die Branche oder das Unternehmen beziehen und führt dazu, daß Mitarbeiter aufgrund der Veränderung für einen anderen Arbeitgeber wertvoller als für den gegenwärtigen werden. Einige Beispiele:

1. Eine erfolgreich abgeschlossene berufliche Fortbildung eines Mitarbeiters. Ein solcher Mitarbeiter ist danach wahrscheinlich produktiver als vorher, und wenn der aktuelle Arbeitgeber ihm keinen seinen neuen Fähigkeiten angemessenen Aufgabenbereich bietet und dementsprechend auch kein erhöhtes Gehalt, dann ist die Wahrscheinlichkeit hoch, daß ihm ein anderes Unternehmen genau dies anbieten wird. Das geschieht in amerikanischen Unternehmen beispielsweise häufig nach nebenberuflichen MBA-Studiengängen. In deutschen Unternehmen ergibt sich diese Situation beispielsweise, wenn ein Mitarbeiter eines kleinen Unternehmens eine Ausbildung zum Meister erfolgreich abgelegt hat und sein bisheriges Unternehmen aber keinen Bedarf an zusätzlichen Meistern hat.

2. Mitarbeiter in schnell veränderlichen, insbesondere schrumpfenden Branchen. Durch unvorhergesehene Veränderungen werden mitunter die Produktivitätserwartungen, die den Mitarbeiter ursprünglich zu seinem Arbeitgeber gebracht haben, nicht (mehr) erfüllt. Dadurch ist der Wert des Mitarbeiters im Unternehmen unter seinem Potential, und mit großer Wahrscheinlichkeit gibt es dann ein anderes Unternehmen, in dem er eine höhere Produktivität erzielen könnte.

3. Mitarbeiter in Branchen mit schnellem technologischen Wandel. Schneller Wandel ist nie neutral, sondern einige Firmen wachsen schneller und verdienen mehr als andere. Die besten Mitarbeiter der langsamer wachsenden Firmen sind typische Abwerbungsziele. Dies erklärt beispielsweise die hohe Mitarbeiterfluktuation in neuen IT- oder Telekommunikationsunternehmen. Ein Unternehmen, das vor sechs Mona-

ten noch wie ein angehender Superstar aussah, mag auf einmal im Wettbewerb völlig zurückfallen. Es kann gut sein, daß es dann auch noch seine besten Mitarbeiter an den Marktführer verliert.

Ist Abwerbung immer die beste Strategie? Wenn das wahr wäre, würden alle Firmen sich ständig gegenseitig die besten Mitarbeiter abwerben und niemand würde mehr unbewährte Kräfte vom Arbeitsmarkt einstellen.

Unternehmen, die ihre Mitarbeiter aus dem allgemein verfügbaren Arbeitnehmerpool rekrutieren, bekommen eine Zufallsauswahl. Einige Arbeitnehmer sind sehr produktiv, andere weniger. Solange die Firmen nicht mehr Gehalt zahlen als durch die Durchschnittsproduktivität gedeckt ist, können sie damit gut leben. Jedoch wird der Durchschnittsmitarbeiter einer Firma, die jeden Bewerber einstellt, weniger produktiv sein als der Durchschnitt der Gesamtpopulation. Denn die aktiv abwerbenden Unternehmen treffen eine nicht-zufällige Auswahl aus der Population. Insbesondere suchen sie sich die produktivsten Arbeitnehmer aus, indem sie die aktuell beobachtbare Leistung bei einem anderen Unternehmen als Indikator für die individuelle Produktivität eines Arbeitnehmers verwenden. Deshalb muß ein nicht abwerbendes und damit nicht selektierendes Unternehmen hinreichend niedrige Gehälter zahlen, so daß, selbst wenn andere Firmen seine besten Mitarbeiter abwerben, kein Verlust entsteht. Wenn beispielsweise das Gehalt bei einer durchschnittlichen Produktivität von € 30 über alle Arbeitnehmer € 30 betrüge, dann würde ein zufällig selektierendes und nicht abwerbendes Unternehmen Geld verlieren. Denn die abgeworbenen Mitarbeiter sind die mit überdurchschnittlicher Produktivität, so daß die verbleibenden Mitarbeiter keine Durchschnittsproduktivität von € 30, sondern von weniger haben.

Wir können an dieser Stelle also festhalten, daß Abwerbung nicht die einzige potentiell effiziente Strategie ist. Auch eine zufällige Auswahl von Bewerbern vom externen Arbeitsmarkt kann effizient sein, wenn die angebotenen Gehälter in ihrer Höhe entsprechend angepaßt werden. Wie wir in Kapitel X zeigen, kommt es bei dem Vergleich unterschiedlicher Firmen genau genommen allerdings nicht nur auf die Gehälter, sondern auf die Höhe des gesamten Kompensationspaketes an, das sich aus fixen und variablen Einkommensbestandteilen, sowie aus einer Vielzahl nicht-monetärer Aspekte zusammensetzt.

2. Rekrutierung durch Abwerbung von Mitarbeitern: Vor- und Nachteile

Fallstudie: Brounoff Claire & Co. versus Patriot Securities

Im März 1994 stellte die Firma Brounoff Claire & Co., ein Wertpapierbroker, nach Mitarbeiterabwerbungen durch Patriot Securities den Betrieb ein. Obwohl erst 1993 gegründet, war Patriot im Markt für Firmenanleihen sehr schnell bis auf eine Größe von 175 Wertpapierhändlern gewachsen. Brounoff Claire dagegen hatte lediglich 20 Vollzeit-Händler. Weil Liberty Brokerage, die Firma, die 65% der Anteile von Patriot hält, eine Gründung von anderen großen Wall Street Handelshäusern und McGraw Hill ist, wurde kolportiert, daß hier große Firmen ein kleines Unternehmen übervorteilten. Aber hatte der Größenunterschied wirklich Einfluß auf den Erfolg der Abwerbungen?

Patriot warb insgesamt sechs Mitarbeiter ab. Normalerweise lohnt sich Abwerbung, wenn die Mitarbeiter beim neuen Arbeitgeber mehr Wertschöpfung erwirtschaften können als beim alten. Nach dieser Logik müßten die Entscheidungsträger bei Patriot geglaubt haben, daß die Händler bei ihnen produktiver sind und sie hätten ihnen höhere Gehälter geboten. Tatsächlich hat Patriot die Mitarbeiter jedoch nicht mit höheren Gehältern, sondern mit langfristigen Verträgen und großzügigen Mindesteinkommensgarantien gelockt. Der Chef von Brounoff Claire & Co., Frank Claire, konstatierte, daß sein kleines Unternehmen wohl dasselbe variable Entgeltsystem wie Patriot anbieten, nicht aber die hohen Mindestgehälter garantieren könne. Weil Patriot Securities ein relativ großes Unternehmen ist, fielen dort die sechs neuen Mitarbeiter kaum ins Gewicht. Brounoff Claire dagegen verlor mit ihnen 30% der Mitarbeiter. Ihnen feste Mindestgehälter zu bieten, könnte das kleine Unternehmen in einem einzigen schlechten Jahr ruinieren. Bei einem Nettoverlust von 560.000 Dollar bei 4,6 Millionen Umsatz 1993 hätte die Zahlung von Fixgehältern für sechs Händler den Verlust auf über ein Viertel des Umsatzes getrieben. Das hätte für Brounoff Claire den Konkurs bedeuten können. Für Patriot ist das Risiko viel geringer. Patriot mit seiner hohen Zahl an Händlern, von denen keiner einzeln das Gesamtergebnis wesentlich beeinflussen kann, kann es sich leisten, einzelnen Mitarbeitern Mindestgehälter zu garantieren, die das Unternehmen für risikoaverse Mitarbeiter attraktiver machen. Für solche Mitarbeiter wäre wegen des Risikofaktors der Wert des Kompensationspakets bei Brounoff Claire geringer als bei Patriot, obwohl der Erwartungswert beider Pakete gleich ist. Weil Patriot groß genug ist, kann die Firma es sich leisten, Einkommensrisiken von einzelnen Mitarbeitern zu übernehmen. Selbst im schlimmsten Fall wäre Patriot mit seinen größeren Reserven und durch das Pooling des Risikos noch zahlungsfähig; Brounoff Claire dagegen nicht. Durch das Angebot von garantierten Mindestgehältern für risikoaverse Arbeitnehmer hat Patriot also tatsächlich einen Vorteil aus der relativen Größe des Unternehmens gezogen.

Die Abwerbung war in diesem Fall weniger deshalb erfolgreich, weil die Mitarbeiter für Patriot mehr wert waren als für Brounoff und deshalb höhere Gehälter hätten geboten werden können. Sie war erfolgreich, weil Patriot bei einem gegebenen Produktivitätsniveau ein besseres Gesamtkompensationspaket (einen besseren Mix von Risiko und Ertrag) unterbreiten konnte. Weil viele Arbeitnehmer hohe Einkommensrisiken fürchten und weil das große Handelshaus eher in der Lage war, Mitarbeiter dagegen zu versichern, konnte Patriot potentiellen Mitarbeitern das insgesamt attraktivere Kompensationspaket bieten.

Quelle: JACK WILLOUGHBY (1994) : Brounoff Claire was pummeled by Patriot Securities raid. In: Investment Dealers' Digest (28. März 1994).

In dem Beispiel von Brounoff Claire versus Patriot gelang die Abwerbung leicht, weil erstens die betreffenden Mitarbeiter über nicht-firmenspezifische Fähigkeiten verfügten, die in beiden Unternehmen gleich wertvoll waren. Zweitens war ein nichtmonetärer Einkommensbestandteil, nämlich Einkommenssicherheit, ein wichtiges Argument für die Mitarbeiter. Im folgenden Abschnitt untersuchen wir, wie firmenspezifische Fähigkeiten und nichtmonetäre Entgeltkomponenten die Strategie desjenigen Unternehmens beeinflussen, das mit Abwerbungsversuchen anderer Unternehmen konfrontiert ist.

3. Abwehr von Abwerbungsversuchen: optimale Bleibeverhandlungsstrategien

Wir haben inzwischen gelernt, daß unter gewissen Bedingungen mit Abwerbungsversuchen durch erhöhte Gehaltsangebote gerechnet werden muß. Die Frage, die sich nun stellt ist die, unter welchen Bedingungen es für den aktuellen Arbeitgeber sinnvoll ist, ein Gegenangebot zu unterbreiten, d.h. in Bleibeverhandlungen einzutreten. Da wir beobachten, daß manche Arbeitgeber sich sogar grundsätzlich weigern, Bleibeangebote zu machen, können wir vermuten, daß Gegenangebote nicht immer eine sinnvolle Strategie darstellen. Wann aber sind sie sinnvoll und wann nicht? Um diese Frage zu beantworten, müssen wir uns zunächst anschauen, welche Faktoren das Suchverhalten von Arbeitnehmern beeinflussen.

Nehmen wir als Ausgangspunkt zur Analyse des Suchverhaltens wieder ein stilisiertes Beispiel: Ein Mitarbeiter verdiene gegenwärtig € 20 pro Stunde. Weiterhin gebe es einen (und nur einen) Job am Arbeitsmarkt, bei dem er eine höhere Produktivität entfalten könnte. Das Gehalt dafür liege bei € 20,50. Nehmen wir außerdem an, es gebe 50 andere Firmen, die prinzipiell zum Qualifikationsprofil des Arbeitnehmers passen, aber nur eine davon weise genau die Arbeitsplatzcharakteristika auf, die alle Fähigkeiten unseres Arbeitnehmers in optimaler Weise abverlangen und somit den höheren Lohn rechtfertigen. Das Problem besteht darin, daß der Mitarbeiter nicht weiß, welche der 50 Firmen genau zu ihm paßt und ihm dementsprechend den höheren Lohn zahlen kann; er geht aber fest davon aus, daß es genau eine solche Firma gibt.

Der Mitarbeiter könnte also an alle 50 Unternehmen Bewerbungen schicken. Jede Bewerbung kostet jedoch Mühe und Zeit, also Suchkosten, die mit einem gewissen Betrag X bewertet würden. Die Frage ist nun: Unter welchen Bedingungen lohnt sich für den Arbeitnehmer die Suche nach einem besser bezahlten Arbeitsplatz bzw. unter welchen Bedingungen lohnt sich der Aufwand nicht? Verschiedene Konstellationen von Arbeitnehmer- und Arbeitgeberentscheidungen sind denkbar.

Nehmen wir zunächst an, der gegenwärtige Arbeitgeber verfolge die grundsätzliche Politik, Gehaltsangebote von außen durch ein exakt gleichwertiges Gegenangebot zu beantworten. Unter dieser Voraussetzung wird der Mitarbeiter immer dann nach einem neuen Job suchen, wenn der diskontierte Erwartungswert der Gehaltssteigerung seine Suchkosten übersteigt. Was ist der diskontierte erwartete Ertrag, wenn der Arbeitnehmer sich bei einer der 50 in Frage kommenden Unternehmen bewirbt?

$$(3.2) \quad \text{Ertrag} = \frac{1}{50} \sum_{t=0}^{T} \frac{(2000)(0{,}50)}{(1+r)^t}$$

Dies entspricht im Prinzip einer Ertragsformel für Humankapital, weil eine Jobsuche etwas ähnliches wie eine Investition in Humankapital ist. Das 1/50 vor dem Summenzeichen steht für die Wahrscheinlichkeit, daß der Mitarbeiter gleich bei der ersten Bewerbung die gesuchte Stelle findet. Findet er sie, so bekommt er durch das Gegenangebot seines derzeitigen Arbeitgebers eine Erhöhung seines Stundensatzes um 0,50 € für 2.000 Stunden pro Jahr für jedes Jahr von 0 bis T (seinem Pensionierungsjahr). Die zusätzlichen Einkommen werden diskontiert mit Hilfe des Zinssatzes r. Übersteigt der so berechnete Ertrag die Suchkosten, so wird der Mitarbeiter suchen. Er sucht also, wenn

$$(3.3) \quad \frac{1}{50} \sum_{t=0}^{T} \frac{(2000)(0{,}50)}{(1+r)^t} > X$$

Bei niedrigen Suchkosten X und großer Restlebensarbeitszeit (hohes T) ist eine Suche also wahrscheinlicher als bei hohen Suchkosten und geringer Restlebensarbeitszeit. Wenn beispielsweise $r = 0{,}1$ ist und $T = 40$, ist der Ertrag:

$$\text{Ertrag} = \frac{1}{50} \sum_{t=0}^{40} \frac{(2000)(0{,}50)}{(1+0{,}1)^t} = € \, 215{,}58$$

Solange bei unserem Beispielarbeitnehmer also die Suchkosten unter € 215,58 liegen, würde sich die erste Bewerbung lohnen.[36]

---

[36] Wenn der Mitarbeiter sich beim ersten Unternehmen bewirbt, wird er das auch beim zweiten tun. Denn der erwartete Ertrag der zweiten Bewerbung übersteigt den der ersten, weil die Erfolgswahrscheinlichkeit inzwischen von 1/50 auf 1/49 gestiegen ist. Wenn allerdings weitere Bewerbungen teurer werden als die ersten – beispielsweise, weil der Arbeitnehmer wertvollere Zeit in Anspruch nehmen muß (steigende Grenzkosten) –, so wird er möglicherweise die Suche abbrechen, ohne daß er den besseren Job gefunden und ohne daß er sich bei allen Firmen beworben hat.

Für den gegenwärtigen Arbeitgeber wäre die externe Jobsuche des Mitarbeiters wenig erfreulich. Unter der oben getroffenen Annahme, daß er grundsätzlich ein identisches Gegenangebot unterbreitet, kann sie nämlich darauf hinaus laufen, daß er dem Mitarbeiter in Zukunft ein höheres Gehalt zahlen muß.

Wie aber würde eine alternative „Abwehr"-Politik, nämlich grundsätzlich keine Gegenangebote zu unterbreiten, das Verhalten der Mitarbeiter beeinflussen? Das hängt davon ab, ob der betreffende Mitarbeiter aufgrund eines höheren externen Gehaltsangebotes das Unternehmen tatsächlich verlassen würde oder nicht. Ist er bereit, das Unternehmen zu verlassen, so ist es ihm aus einer reinen Einkommensperspektive gleichgültig, ob der aktuelle Arbeitgeber Gegenangebote macht oder nicht. Wenn er generell kein Gegenangebot bekommt, wird er einfach das Unternehmen verlassen, um den höheren Ertrag zu realisieren. Würde der Arbeitgeber Gegenangebote machen, dann hätte er die gleiche Einkommenssteigerung auch in seinem aktuellen Unternehmen realisieren können. In beiden Fällen ist die erwartete Einkommenssteigerung für den Arbeitnehmer die gleiche. Der einzige Unterschied zwischen den beiden Gegenangebotsstrategien besteht für ihn darin, daß er im Falle einer „Keine-Gegenangebote-Strategie" das Unternehmen auf jeden Fall verlassen muß, um die Einkommenssteigerung zu realisieren, während bei einer „Gegenangebote-Strategie" eine Abwanderungsdrohung zur Realisierung des Ertrags genügt hätte.

Welche Gegenangebots-Strategie ist vor diesem Hintergrund für den Arbeitgeber die einträglichere? Verfolgt er eine „grundsätzlich keine Gegenangebote-Strategie", so verliert er den Mitarbeiter; ist er hingegen generell bereit, Gegenangebote zu machen, kann er den Mitarbeiter möglicherweise halten. Selbst wenn der Arbeitgeber nicht jedes externe Angebot mit einem entsprechenden Gegenangebot beantworten will, so ist doch zu vermuten, daß er sich grundsätzlich die Option offenhalten will, ein Gegenangebot zu unterbreiten, um gegebenenfalls einen hervorragenden Mitarbeiter halten zu können. Übersteigt das neue Gehaltsangebot aber den Wert eines Mitarbeiters, kann der Arbeitgeber sich immer noch entscheiden, ihn abwandern zu lassen. Demnach wäre für den Arbeitgeber die Gegenangebote-Strategie die vorteilhaftere, da sie flexibler ist und die Möglichkeit der Verweigerung bzw. Begrenzung eines Gegenangebots einschließt.

Wenn jedoch die Einkommenszuwächse für die Mitarbeiter unabhängig von der gewählten Strategie des Arbeitgebers sind und die Arbeitgeber bei einer „Gegenangebots-Strategie" flexibler sind, dann stellt sich die Frage, warum wir in der Realität dennoch die „Keine-Gegenangebote-Strategie" beobachten? Warum kann es dennoch sinnvoll sein, grundsätzlich keine Gegenangebote zu unterbreiten? Die Antwort ist: Die „Keine-Gegenangebote-Strategie" kann bestimmte Arten der Jobsuche unter bestimmten Bedingungen unterbinden.

Nehmen wir beispielsweise an, der Mitarbeiter habe eine starke Präferenz für seinen derzeitigen Arbeitgeber, vielleicht weil er seine Kollegen, den Unternehmensstandort oder das generelle Arbeitsumfeld mag. Deshalb würde der Mitarbeiter das Unternehmen selbst für ein externes Gehaltsangebot von € 20,50 nicht verlassen. Wenn aber der aktuelle Arbeitgeber externe Gehaltsangebote übernimmt, solange sie nicht höher als die Produktivität des Mitarbeiters sind, würde er das Gehalt des Mitarbeiters auf € 20,50 steigern, obwohl dieser auch zu dem ursprünglichen Gehalt von € 20,00 nicht gewechselt hätte. Das bietet dem Mitarbeiter einen Anreiz, externe Jobangebote einzuholen, auch wenn er in keiner Weise die Absicht hat, das Unternehmen zu verlassen. Genau diese Art von Bewerbungsaktivitäten (Gehaltsverhandlungen ohne ernsthafte Abwanderungsabsichten) kann eine generelle „Keine Gegenangebote"-Politik verhindern und somit dem Unternehmen zusätzliche Gehaltskosten ersparen. Zwar kann ein Arbeitgeber, der genau weiß, daß ein Mitarbeiter ohnehin nicht gehen wird, sich auch bei einer flexiblen Gegenangebots-Strategie weigern, das Gehalt dieses Mitarbeiters anzuheben. Er kommt allerdings in Schwierigkeiten, wenn er glaubwürdige Abwanderungsdrohungen nicht immer von unglaubwürdigen unterscheiden kann. Genau in dieser Situation kann für ihn die Politik, generell keine Gegenangebote zu unterbreiten, vorteilhaft sein. Gemäß der obigen Überlegungen ist eine solche Situation insbesondere dann wahrscheinlich, wenn es hohe nichtmonetäre Entlohnungskomponenten gibt und wenn gleichzeitig der Mitarbeiter unter seinem aktuellen Wert bezahlt wird.

Zusammenfassend kann also festgehalten werden, daß der Erhalt von Flexibilität normalerweise besser ist, als sich selbst an eine Radikalpolitik zu fesseln. Insofern ist eine Politik, generell keine Bleibeverhandlungen zu führen, normalerweise keine ökonomisch sinnvolle Strategie. Aber zu jeder Regel gibt es eine Ausnahme: Wenn es nicht vernachlässigbare nichtmonetäre Einkommensbestandteile gibt und ein Arbeitgeber die Bereitschaft eines Mitarbeiters, ein externes Angebot tatsächlich anzunehmen, nicht abschätzen kann und wenn gleichzeitig das Unternehmen seine Mitarbeiter deutlich unter ihrer Wertschöpfung bezahlt, dann und nur dann kann eine „Keine-Gegenangebote-Strategie" durchaus vorteilhaft sein.

> **Zur Diskussion: Nichtmonetäre Kompensationselemente in unterschiedlichen Arbeitsmarktsegmenten**
>
> Monetäre Gehälter sind leicht vergleichbar, Kompensationspakete mit hohen nichtmonetären Anteilen dagegen nicht. Wenn die alternativen Arbeitsstellen bis auf unterschiedliches finanzielles Entgelt identisch sind, kann der Arbeitgeber gut prognostizieren, ob ein Mitarbeiter ein externes Angebot annehmen wird oder nicht. Ist das externe Gehaltsangebot höher, wird der Arbeitnehmer die neue Stelle bei der konkurrierenden Firma annehmen, ansonsten nicht. Unter diesen Bedingungen stellt ein externes Angebot immer eine glaubwürdige Drohung dar. In der Realität ist die Bewertung von externen Jobangeboten häufig jedoch nicht so einfach. Ein beträchtlicher Anteil der Gesamtkompensation besteht aus nichtmonetären Faktoren. Arbeitsbedingungen, Status, Flexibilität oder der Unternehmensstandort können eine besondere Attraktivität ausmachen, aber in unterschiedlichem Maße für unterschiedliche Akteure.[37] Sind diese Aspekte wichtig, so fällt dem Arbeitgeber die Bewertung eines externen Angebots seiner Mitarbeiter nicht mehr so leicht. Mitarbeiter können sich dann um externe Angebote mit hohem monetären Wert bemühen und behaupten, daß diese die für den Arbeitgeber unsichtbaren psychischen Kosten eines Wechsels kompensieren. Eine rein strategische Jobsuche – ohne die Absicht, den Arbeitgeber wirklich zu wechseln – lohnt sich also für den Mitarbeiter besonders, wenn es signifikante nichtmonetäre Entgeltkomponenten gibt. In diesem Szenario kann die Ankündigung eines Arbeitgebers, grundsätzlich keine Gegenangebote zu unterbreiten, von vornherein solche Suchaktivitäten verhindern.

---

[37] Vgl. WOLFF/LAZEAR (2001): Kapitel III.1, und Kapitel X in diesem Buch.

Wenn allerdings die Mitarbeiter vor allem des Geldes wegen arbeiten, können die nichtmonetären Komponenten vernachlässigt werden. In diesem Fall kann der Arbeitgeber durch eine „Keine Gegenangebote"-Politik nichts gewinnen. Kommt kein Gegenangebot, verliert das Unternehmen die Mitarbeiter einfach nur, und strategische Bewerbungsaktivitäten kann es durch diese Politik auch nicht verhindern – also hat es nichts gewonnen, sondern nur seine Handlungsmöglichkeiten eingeschränkt. Dies mag einer der Gründe sein, warum es z.B. im Investmentbanking, in dem Geld der treibende Einkommensfaktor ist, eine solche Gehaltsangebotspolitik nicht gibt. Für öffentliche Arbeitgeber könnte sich eine solche Politik dagegen schon eher lohnen. Wenn wir unterstellen, daß dort in vielen Bereichen nichtmonetäre Entlohnungskomponenten, wie Arbeitsplatzsicherheit, kurze und geregelte Arbeitszeiten etc., für viele Mitarbeiter sehr wichtig sind, dann ist es für die Manager solcher Einrichtungen schwierig zu beurteilen, ob ein externes Abwerbungsangebot (außerhalb des öffentlichen Sektors) mit lediglich geringfügig höherem Gehalt wirklich eine glaubwürdige Abwanderungsdrohung darstellt. Um Mitarbeiter von rein strategischen Bewerbungsaktivitäten abzuhalten, könnte es für solche und ähnliche Unternehmen sinnvoll sein, Gegenangebote grundsätzlich abzulehnen.

Zur Diskussion: Unterbewertete Mitarbeiter

Strategische Bewerbungen werden besonders häufig vorkommen in Unternehmen, die normalerweise Gegenangebote unterbreiten und die durch das Halten von Mitarbeitern selbst bei erhöhten Löhnen Vorteile haben. Denn zahlte die Firma bereits den Produktivitätswert des Mitarbeiters, so würden externe Angebote – glaubwürdig oder nicht – keine Reaktion auslösen, da es für das Unternehmen besser ist, den Mitarbeiter abwandern zu lassen, als ihm ein höheres (und damit über der Produktivität liegendes) Gehalt zu zahlen. Der Mitarbeiter könnte durch eine strategische Bewerbung also nichts gewinnen. Wenn ein Unternehmen jedoch aufgrund von unterhalb der Produktivität liegenden Gehältern an seinen Mitarbeitern verdient, haben die Mitarbeiter beste Chancen durch strategische Bewerbungen einen Gehaltszuschlag zu realisieren. Der Mitarbeiter kann sich durch eine glaubwürdige Abwanderungsdrohung dann nämlich zumindest einen Teil der aus der Minderbezahlung erwirtschafteten Überschüsse aneignen. Wenn das Unternehmen die Glaubwürdigkeit einer Abwanderungsdrohung aber nicht einschätzen kann, weil es nichtmonetäre Kompensationsbestandteile gibt, dann kann es unter diesen Umständen für das Unternehmen profitabel sein, eine strikte „Keine-Gegenangebote-Politik" zu verfolgen.

4. Resümee

Vier Fragen standen am Beginn dieses Kapitels. Als erstes wollten wir feststellen, ob Ausbildung die Produktivität von Mitarbeitern steigert oder lediglich die besten zertifiziert. Falls letzteres zutrifft: Warum investieren Akteure dann Zeit und Geld in Aus- und Weiterbildung? Auf der Basis von Spences Signalling-Theorie fanden wir eine Antwort: Selbst wenn Ausbildung als solche nicht produktivitätssteigernd ist, kann es sich für Firmen lohnen, zertifizierten Arbeitnehmern höhere Gehälter zu zahlen. Ist die Fähigkeit, bestimmte Ausbildungsabschlüsse zu erwerben, nämlich positiv mit den Leistungen in einem bestimmten Job korreliert, und können die Unternehmen die Leistungsfähigkeit im Job nicht direkt bewerten, lohnt es sich für die Unternehmen, die Ausbildung als Signal zu interpretieren. Wird aber die Ausbildung von den Unternehmen als Signal geschätzt, resultiert daraus für die Arbeitnehmer zwangsläufig ein Anreiz, sich um entsprechende Abschlüsse zu bemühen – egal ob sie produktivitätssteigernd sind oder die vorhandenen Fähigkeiten einfach nur zertifizieren.

Damit haben wir gleichzeitig auch die Antwort auf die zweite Frage. Selbst wenn Ausbildung lediglich eine Zertifizierungsfunktion hat, kann eine Mitarbeiterentlohnung auf der Basis von Ausbildungsabschlüssen aus Firmensicht rational sein. Solange das Unternehmen nämlich keine andere Möglichkeit hat, die Mitarbeiterproduktivität festzustellen, lohnt es sich, den besser ausgebildeten Arbeitnehmern mehr zu zahlen, weil diese produktiver sein werden. Ob die höhere Produktivität aus der zusätzlichen Ausbildung resultiert oder ob sie eine Eigenschaft des Mitarbeiters ist, die einfach nur zertifiziert wird, muß den Arbeitgeber dabei nicht weiter interessieren (solange die Ausbildungsinstitution tatsächlich eine selektierende Funktion erfüllt). Wenn das Unternehmen die Mitarbeiterproduktivität nicht anders beurteilen kann, ist es sinnvoll, Ausbildungseinrichtungen diese Aufgabe zu überlassen und dafür zu bezahlen.

Es gibt jedoch zahlreiche Situationen, in denen es schwerfällt zu glauben, Ausbildung erfülle lediglich eine Zertifizierungsfunktion. Berufsaus- und -weiterbildung vermittelt in vielen Fällen eindeutig neue Fähigkeiten. Auch die Möglichkeit des Abschließens von kontingenten Verträgen (Beispiel Probezeiten) als billigere, aber oft nicht eingesetzte alternative Selektionsstrategie läßt darauf schließen, daß in vielen Fällen Ausbildung eine produktivitätssteigernde Funktion erfüllen muß – ansonsten würden die Unternehmen im Einvernehmen mit den Arbeitnehmern die billigeren Selektionsstrategien nutzen. Dieses Argument wiegt angesichts der hohen Kosten vieler Ausbildungsgänge besonders schwer. Damit haben wir auch die dritte Frage beantwortet: Aus- und Weiterbildung sind wahrscheinlich insbesondere dann produktivitätsförderlich, wenn sie eher teuer sind und sehr spezifische berufsbezogene Fähigkeiten vermitteln. Wenn ein Arbeitsgebiet hohe technische oder andersgeartete spezifische Ansprüche stellt, ist es eher unwahrscheinlich, daß ein Arbeitnehmer diese Fähigkeiten ohne eine entsprechende Ausbildung hat. Dann muß er die Ausbildung also durchlaufen, selbst wenn sie hohe Kosten verursacht.

Wir haben uns darüber hinaus außerdem mit der Frage beschäftigt, ob und unter welchen Bedingungen sich für Unternehmen eine andere Rekrutierungsstrategie lohnt, nämlich systematische Abwerbung hochproduktiver Mitarbeiter von anderen Unternehmen. Hier haben wir gesehen, daß es zwar gewinnbringend sein kann, die besten Mitarbeiter bei der Konkurrenz abzuwerben, daß die abwerbenden Unternehmen dabei aber systematische Risiken eingehen. Kann das abwerbende Unternehmen die Produktivität des betreffenden Mitarbeiters nämlich nicht mit Zuverlässigkeit korrekt bewerten, so rekrutiert es mit hoher Wahrscheinlichkeit genau solche Mitarbeiter, die es besser nicht einstellen sollte. Der sogenannte „Winner's Curse" kommt also auch am Arbeitsmarkt vor, insbesondere in Segmenten mit schwer einschätzbaren Mitarbeiterfähigkeiten. Und zuletzt haben wir uns mit der Frage beschäftigt, was die optimale Gegenreaktion auf Abwerbungsangebote sein kann. Normalerweise dürfte es sinnvoll sein, individuelle Gegenangebote zu unterbreiten, wenn einem Mitarbeiter ein Abwerbungsangebot gemacht wurde. Andererseits schafft die Aussicht auf solche Gegenangebote für die Mitarbeiter Anreize, ihre Arbeitgeber glauben zu lassen, ihre Arbeitsmarktalternativen seien besser als sie es in Wahrheit sind, und Abwanderung anzudrohen, wenn keine Gehaltserhöhungen zugesagt werden. Wenn es dem Arbeitgeber schwerfällt, die Glaubwürdigkeit von Abwanderungsdrohungen einzuschätzen und er Vorteile aus einer unveränderten Weiterbeschäftigung des Arbeitnehmers hat, kann also auch die Politik, grundsätzlich keine Bleibeverhandlungen zu führen, eine lohnende Strategie sein.

5. Literatur

Backes-Gellner, Uschi; Heiko Weckmüller (1999): Bildung-Ausbildung. In: Wilhelm Korff (Hrsg.): Handbuch der Wirtschaftsethik, Band 4: Ausgewählte Handlungsfelder. Gütersloh: Gütersloher Verlagshaus: 152-173.

Lazear, Edward P. (1986): Raids and Offer Matching. In: Ronald Ehrenberg (Hrsg.): Research in Labor Economics, Vol. 8. Greenwich: CT (JAI Press): 141-165.

Riley, John G. (1979): Testing the Educational Screening Hypothesis, Part 2. In: Journal of Political Economy 87(1997)5: S227-252.

Spence, A. Michael (1973): Job Market Signalling. In: Quarterly Journal of Economics 87(Aug. 1973): 355-374.

Wilson, Charles A. (1979): Equilibrium and Adverse Selection. In: American Economic Review 69(1979)2: 313-317.

Wolff, Birgitta; Edward P. Lazear (2001): Einführung in die Personalökonomik. Stuttgart: Schäffer-Poeschel.

6. Weiterführende Literaturempfehlungen

Dye, Ronald A.; Rick Antle (1984): Self-Selection Via Fringe Benefits. In: Journal of Labor Economics 30(1984)2: 388-411.

Greenwald, Bruce C. (1986): Adverse Selection in the Labour Market. In: Review of Economic Studies. 53(1986)2: 325-347.

Heckman, James J.; Guilherme L. Sedlacek (1990): Self-Selection and their Distribution of Hourly Wages. In: Journal of Labor Economics 8(1990)1: S329-363.

Weiss, Andrew (1984): Determinants of Quit Behavior. In: Journal of Labor Economics 2(1984)3: 371-387.

Willis, Robert J.; Sherwin Rosen (1979): Education and Self-Selection. In: Journal of Political Economy 87(1979)5: S7-36.

Wolpin, Kenneth (1977): Education and Screening. In: American Economic Review 67(1977)5: 949-958.

IV. Beförderungen als Motivationsinstrument – Turnierentlohnung

Nach dem Eintritt in ein individuell attraktives Unternehmen als erstem Karriereschritt sehen viele Arbeitnehmer den Aufstieg auf der internen Karriereleiter als weiteres wesentliches Ziel an. Sie unternehmen eine Vielzahl an Anstrengungen, um dieses Ziel zu realisieren, so daß die Aussicht auf Beförderungen aus der Perspektive des Unternehmens ein wesentliches Motivationsinstrument darstellt. Dabei hängt die Motivationswirkung und damit die Leistung der Arbeitnehmer signifikant von der „Höhe der Stufen", d.h. den Verbesserungen von Stufe zu Stufe, und der „Länge der internen Karriereleiter", d.h. der Anzahl der zur Verfügung stehenden hierarchischen Ebenen, ab. Betrachten wir zur Veranschaulichung folgende Diskussion:

PAASCHE: *Jeder Mitarbeiter in diesem Unternehmen möchte sich gerne mit einem besonderen Titel schmücken. Meine Sekretärin wünscht sich zum Beispiel, „Verwaltungsassistentin" zu werden. Der Hausmeister strebt die Beförderung zum „Gebäude-Manager" an. Und die Putzfrauen wollen „Raumpflegerinnen" werden. Wo soll ich nur all das Geld hernehmen, um diese ganzen Beförderungen zu bezahlen? Außerdem haben wir gar nicht genug höherrangiger Positionen, um all diesen Forderungen gerecht werden zu können.*

LASPEYRES: *Die wollen doch nur den Titel. Das Geld ist denen wahrscheinlich vollkommen egal.*

PAASCHE: *Das kann so sein, muß aber nicht. Mich interessiert nur das Geld. Wenn ich sie befördern soll, dann muß ich Geld haben, um das zu bezahlen.*

LASPEYRES: *Ich habe eine Idee. Wir können sie befördern, ohne ihnen Einkommenssteigerungen zu gewähren. Damit sind sie sicher auch zufrieden.*

PAASCHE: *Deine Idee klingt übel. Kannst Du Dir vorstellen, was los ist, wenn ich meinen Mitarbeitern erzähle, daß wir sie zwar befördern, aber nicht entsprechend dem höherrangigen Arbeitsplatz bezahlen werden? Ich kann mir jetzt schon lebhaft vorstellen, wie die Hälfte der Belegschaft damit vor Gericht zieht.*

LASPEYRES: *Wie wäre es, wenn wir einfach nur neue Titel kreieren und diese Titel* mit dem gleichen Betrag entlohnen wie die bisherigen Jobs? Finanziell gesehen handelt es sich also um eine horizontale Bewegung, aber in den Köpfen der Arbeitnehmer wird es dennoch als eine Beförderung wahrgenommen werden können.

PAASCHE: *Das klingt nach Betrug. Glaubst Du, daß unsere Mitarbeiter darauf hereinfallen?*

LASPEYRES: *Kommt darauf an! Was ist denn überhaupt die Idee einer Beförderung? Wir wollen doch vor allen Dingen, daß die Mitarbeiter die Kompensation für die Leistungen, die sie auf ihrem Arbeitsplatz erbringen, als gerecht empfinden. Und wir können dazu beitragen, daß sie sich zufrieden fühlen, indem wir ihnen Anerkennung und Status verleihen. Das hilft wahrscheinlich sogar mehr als Geld. Wir müssen noch nicht einmal die Aufgaben verändern, die die Arbeitnehmer erfüllen; wir müssen ihnen einfach nur einen wertvoller klingenden Titel geben, und sie werden rundum glücklich sein.*

PAASCHE: *Das Argument mit der Anerkennung ist sicher gut. Das bedeutet aber sicherlich auch, daß wir nicht zu viele Arbeitnehmer auf diese „neuen Arbeitsplätze" befördern dürfen, da sie ansonsten an Exklusivität und damit an Bedeutung verlieren.*

LASPEYRES: *Was meinst Du mit Bedeutung?*

PAASCHE: *Das ist doch klar: wenn jeder befördert wird, dann hat doch die Beförderung einen geringeren Wert. Das heißt, wenn jeder eine Beförderung bekommt, warum sollte ein einzelner Arbeitnehmer sich dann anstrengen, um sich von den anderen Arbeitnehmern zu unterscheiden? Er wird ja ohnehin befördert.*

LASPEYRES: *Du hast recht. Ich glaube, wir müssen noch einmal etwas sorgfältiger über das Ganze nachdenken. Dieses Vorhaben kann tatsächlich explosiv sein, wenn wir es falsch angehen. Das Thema ist im Moment sowieso besonders brisant aufgrund der gestrigen Verkündung des neuen Gehalts von Herrn Schrempp, der ja dieses Jahr mit mindestens € 1,5 Mio. nach Hause gehen wird.*

PAASCHE: *Was willst Du denn damit sagen?*

LASPEYRES: *Jeder wird doch denken, daß wir im Geld schwimmen, wenn wir es uns leisten können, unseren Führungskräften so viel zu zahlen, und das, obwohl wir dieses Jahr eher nur bescheidene Ergebnisse vorzuweisen haben. Unter uns gesagt: ich*

glaube ja, er ist noch nicht einmal ein Zehntel dessen wert, was wir ihm bezahlen.
PAASCHE: *Richtig. Ich würde mich auch nicht beschweren, wenn ich seinen Job für soviel Geld machen dürfte. Und überhaupt, wann sind wir endlich einmal an der Reihe?*
LASPEYRES: *Jetzt reicht es aber, Hermann. Arbeite hart, dann werden die da oben Dich am Ende sogar noch vor mir befördern, wenn Herr Schrempp endlich in den Ruhestand geht. Aber jetzt laß' uns zu etwas ernsteren Angelegenheiten zurückkommen. Wir sollten vielleicht wirklich darüber nachdenken, unsere Arbeitsplatz- bzw. Titelhierarchie zu restrukturieren, um sie möglichst produktiv einzusetzen.*

Diese Diskussion hat wiederum wichtige Fragen aufgeworfen:
- Wie wirken sich Beförderungen auf die Zufriedenheit und die Anstrengung der Mitarbeiter aus?
- Wie viele Beförderungen sollten typischerweise vorgenommen werden?
- Welche Kriterien sollten bei der Beförderungsentscheidung gelten?
- Wie groß sollten die Einkommenszuwächse im Zusammenhang mit Beförderungen sein?
- Sind unsere Top-Manager wirklich überbezahlt und woran könnte dies gemessen werden?
- Welche Effekte haben interne Beförderungen im Gegensatz zu Rekrutierungen vom externen Arbeitsmarkt bei der Besetzung von Führungspositionen?

Implizit unterstellt diese Diskussion, daß es so etwas wie eine angemessene Gehaltsstruktur in einem Unternehmen gibt und daß die Gehälter in irgendeiner Weise an die jeweilige Hierarchiestufe gekoppelt sind. Wie entscheidet also ein Unternehmen über eine solche Struktur? Zunächst ist offensichtlich, daß der Wettbewerb am Arbeitsmarkt einem Unternehmen klare Restriktionen bei der Gestaltung der betrieblichen Gehaltsstruktur auferlegt. Es ist aber gleichzeitig davon auszugehen, daß innerbetriebliche Gestaltungsspielräume bestehen bleiben. So ist anzunehmen, daß ein Mitarbeiter sein Unternehmen nicht sofort verlassen wird, weil sein aktuelles Gehalt vergleichsweise niedrig ist. Vielmehr werden auch seine Karriereaussichten eine wichtige Rolle bei seiner Entscheidung spielen. Selbst ein schlecht bezahlter Arbeitnehmer hat also vielleicht ein Interesse, im Unternehmen zu verbleiben, wenn er nur ausreichende Beförderungschancen hat und diese mit deutlichen Einkommenszuwächsen in nicht allzu ferner Zukunft einhergehen. Folglich haben die Unternehmen also einen gewissen Gestaltungsspielraum. Wie aber sollten die Unternehmen diesen konkret nutzen? Wie sollten interne Karriereleitern vor dem Hintergrund von Beförderungen als Motivationsinstrument gestaltet sein? Auskunft hierüber kann uns eine Analogie von Karriereleitern mit sportlichen Wettbewerben geben.

1. Grundlegende Erkenntnisse der Tournament-Theorie

1.1 Karriereleitern als Leistungsturniere: Die Grundidee

Um die Probleme von Beförderungen und Einkommenssteigerungen genauer analysieren zu können, greifen wir im folgenden auf eine Modellierung zurück, die Anleihen im Bereich sportlicher Wettbewerbe macht, also z.B. Tennisturniere, Marathonläufe oder Handballturniere. Es handelt sich hierbei um die sogenannte Tournament-Theorie (vgl. ursprünglich LAZEAR und ROSEN 1981). Diese Theorie kann am einfachsten beschrieben werden, indem man ein Tennisturnier als Metapher verwendet.

Nehmen wir beispielsweise ein Match zwischen Thomas Haas und Nicolas Kiefer, die an einem Tennisturnier teilnehmen und darüber nachdenken, wie sehr sie sich für genau dieses Turnier verausgaben sollen. Man kann sich leicht vorstellen, daß sie sich für ein Benefiz-Turnier mit eher symbolischen Preisen weniger anstrengen werden als für eines der großen Grand-Slam-Turniere. Analog dazu müssen sich auch zwei Arbeitnehmer, die um den gleichen Arbeitsplatz konkurrieren, überlegen, wie sehr sie sich dafür anstrengen sollen. Dabei nehmen wir im folgenden an, daß ihre Antwort von den gleichen Faktoren abhängt wie die der Tennisspieler. Welche Faktoren dies sind, kann man durch eine genauere Analyse eines typischen Turniers herausarbeiten. Dabei werden wir zeigen, daß es einige wesentliche Eigenschaften eines Tennisturniers gibt, die wiederum wichtig sind, um die Analogie zu einer betrieblichen Karriereleiter fruchtbar machen zu können:

1. Grundlegende Erkenntnisse der Tournament-Theorie

Die Preise sind im voraus festgelegt und sind unabhängig von der absoluten Leistung der Teilnehmer. Das heißt, wenn Haas der Sieger des Matches ist, dann gewinnt er ein vorher festgelegtes Preisgeld und dieses Preisgeld ist unabhängig von dem Punktestand, mit dem er Nicolas Kiefer geschlagen hat. Mehr noch, beide Spieler können außerordentlich gut spielen oder sie können beide sehr schlecht spielen und beide Male ein extrem knappes Spiel vorlegen – das Preisgeld wird immer das gleiche bleiben. Es wird weder die gesamte Preisgeldsumme noch die Aufteilung der Preisgelder auf die verschiedenen Rangplätze beeinflußt.

Diese Beschreibung kann nun auf die Funktionsweise einer internen Karriereleiter als Motivationsinstrument in einem Unternehmen übertragen werden: In vielen Unternehmen sind die Aufstiegspositionen im voraus festgelegt und bekannt. Mit jeder Aufstiegsposition ist ein bestimmtes Gehalt oder eine Gehaltsspanne verbunden. So kann es beispielsweise eine Stelle als Geschäftsführer und vier Positionen als stellvertretende Geschäftsführer geben. Derjenige, der die Position des Geschäftsführers einnimmt, z.B. Herr Schrempp, erhält das mit dieser Position verbundene Geschäftsführergehalt. Diejenigen, die die stellvertretenden Geschäftsführerpositionen erreichen, z.B. die Herren Paasche und Laspeyres, bekommen die typischen Gehälter einer stellvertretenden Geschäftsführerposition. In dem Moment, in dem z.B. einer der beiden stellvertretenden Geschäftsführer zum Geschäftsführer befördert wird, erhält er automatisch das Geschäftsführergehalt, unabhängig davon, um wieviel er besser war als die anderen stellvertretenden Geschäftsführer.

Ein Tennisspieler bekommt die Siegprämie nicht, weil er gut ist, sondern weil er besser ist als die anderen Spieler. Es zählt die relative, nicht die absolute Leistung. Thomas Haas erhält also beispielsweise die Siegerprämie, weil er besser ist als Nicolas Kiefer, so daß nur der Vergleich zwischen den beiden wichtig ist. Wäre Thomas Haas aufgrund einer Verletzung in der Vorrunde ausgeschieden, hätte Nicolas Kiefer die Siegerprämie gewinnen können, obwohl er dadurch ja keinesfalls absolut besser gewesen wäre. Letztlich ist es in einem Tennisturnier immer nur wichtig, wer von einer bestimmten Gruppe von Tennisspielern der beste ist; alle mögen exzellent sein, aber innerhalb eines Turniers an einem ganz bestimmten Tag wird eben doch einer der beste sein.

Auch dieser Teil der Tennisturnier-Analogie ist gut geeignet zur Beschreibung eines Unternehmens. In den meisten Unternehmen werden Aufstiegspositionen intern besetzt, so daß die Gruppe derjenigen, die für eine Beförderung in Frage kommen, klar umrissen werden kann: Typischerweise sind es alle Arbeitnehmer, die auf der nächstniedrigeren Hierarchiestufe angesiedelt sind. Ein Arbeitnehmer, der aus dieser Gruppe befördert wird, erhält diese Beförderung nicht, weil er gut ist, sondern weil er besser ist als all die anderen auf seiner hierarchischen Ebene. Auch hier ist also die relative und nicht die absolute Leistung eines Arbeitnehmers wichtig. Für das Verständnis der folgenden Erläuterungen ist hierbei zu beachten, daß in den Annahmen des Modells Anstrengung und Leistung des Arbeitnehmers miteinander einhergehen – wenn ein Arbeitnehmer sich anstrengt, folgt daraus also automatisch, daß seine Leistung ebenfalls besser ist.

Je größer der Unterschied zwischen Sieger- und Verliererprämie, desto mehr werden sich die Spieler anstrengen, um gewinnen zu können. Angenommen, in einem Tennisturnier beträgt das gesamte Preisgeld € 500.000. Die Summe kann nun beispielsweise gleichmäßig auf den ersten und den zweiten Platz aufgeteilt werden, so daß der Gewinner € 250.000 und der Verlierer ebenfalls € 250.000 bekommt. Obwohl bei einem solchen Turnier natürlich finanziell nichts zu gewinnen ist, kann man sich vorstellen, daß die Spieler dennoch ein Mindestmaß an Anstrengungen an den Tag legen werden, da keiner gerne verliert und jeder sicherlich stolz ist, gewonnen zu haben. Genauso sicher ist es aber wohl auch, daß beide Spieler einen sehr viel größeren Anreiz haben, sich anzustrengen, wenn das Preisgeld anders aufgeteilt wird; wenn also zum Beispiel der Gewinner den gesamten Betrag bekommt und der Verlierer leer ausgeht. Zu der Freude über den Sieg kommt dann nämlich noch eine Einkommensdifferenz von € 500.000 hinzu. Umgekehrt muß der Verlierer nicht nur mit seiner Enttäuschung fertig werden, sondern ihm sind auch noch € 500.000 entgangen. Diese Überlegungen lassen vermuten, daß die individuellen Anstrengungen der beiden Spieler um so größer sein werden, je größer die Differenz zwischen den Preisgeldern ist. Man spricht dann von einer größeren Spreizung der Preisgelder.

Auch diese Gedanken können wir auf die Unternehmenshierarchie übertragen. Das Ausmaß der Anstrengung, das ein Arbeitnehmer an den Tag legen wird, um befördert zu werden, hängt von den potentiellen Einkommenszuwächsen aufgrund einer

Beförderung ab. Der Gewinner (hier der Beförderte) erhält eine höhere Position. Dies hat sicherlich einen Eigenwert. In Verbindung mit dieser Position bekommt er aber auch ein höheres Gehalt. Die Spreizung, von der wir oben gesprochen haben, ist nun die Differenz der Einkommen der beiden Hierarchiestufen. Je größer diese Differenz ist, desto mehr werden sich Arbeitnehmer anstrengen, um den Aufstieg zu schaffen.

Eine der zentralen Annahmen der Tournament-Theorie lautet demnach: Je größer die mit einer Beförderung verbundene Einkommenssteigerung, desto mehr werden sich Arbeitnehmer anstrengen, um diese Beförderung zu erreichen. Das heißt, wir gehen im folgenden immer von der Grundannahme aus, daß Arbeitnehmer sich mehr anstrengen, wenn eine Beförderung mit einem größeren Einkommenszuwachs verbunden ist. Aus dieser Grundannahme resultiert dann unmittelbar, daß das Gehalt z.B. des Geschäftsführers nicht (nur) die Funktion hat, den Geschäftsführer zu motivieren, sondern es hat auch die Funktion, dem stellvertretenden Geschäftsführer einen Anreiz zu liefern, sich anzustrengen. Das Gehalt des Geschäftsführers ist als Gewinnerprämie bzw. Belohnung für diejenigen anzusehen, die es aufgrund harter Arbeit geschafft haben, auf die Position des Geschäftsführers befördert zu werden. Die bisherige Argumentation impliziert außerdem, daß diese Belohnung in Form eines hohen Einkommens von Geschäftsführern keine altruistische Handlung der Unternehmen darstellt. Ganz im Gegenteil: Sie sind ein Mittel zur Produktivitätssteigerung. Die in der Gehaltsstruktur implizit enthaltenen Belohnungen für Beförderungen regen die Mitarbeiter auf allen hierarchisch niedrigeren Ebenen zu größeren Anstrengungen an, die zu höherer Produktivität und dementsprechend zu höheren Erträgen führen, womit wiederum die hohen Gehälter finanziert werden können.

Aus der Tournament-Theorie kann man aber auch eine Grenze für die Ausdifferenzierung bzw. Spreizung von Einkommen ableiten. Naiv betrachtet könnte man aus der obigen Annahme zunächst vermuten, daß eine „winner-takes-all"-Strategie die beste ist, da eine solche Strategie die Spieler (Arbeitnehmer) zu höheren Anstrengungen motivieren würde als gleichmäßiger verteilte Preisgelder. Wir beobachten allerdings in keinem Unternehmen, daß stellvertretende Geschäftsführer Gehälter von Null und Geschäftsführer die gesamte Gehaltssumme erhalten. Selbst der am besten bezahlte Geschäftsführer oder Vorstandsvorsitzende eines Unternehmens wird immer nur einen sehr kleinen Teil der gesamten Lohn- und Gehaltssumme bekommen, so daß sich aufgrund der empirischen Beobachtungen die Frage aufdrängt, wodurch die Spreizung der Gehälter begrenzt wird.

Die Antwort kennen wir schon mehr oder weniger: Unternehmen lassen nur vergleichsweise geringe Einkommensspreizungen zu, da der optimale Anstrengungsgrad nicht unendlich ist. So hatten wir beispielsweise bei der Bestimmung optimaler Akkordlöhne gezeigt, daß es kein sinnvolles Ziel sein kann, die Arbeitnehmer zu maximalen Anstrengungen zu bewegen.[38] Wenn höhere Anstrengungen mit höheren Löhnen einhergehen, gibt es genau einen Punkt, ab dem der mit zusätzlichen Anstrengungen verbundene zusätzliche Output nicht mehr ausreicht, um die zusätzlichen Einkommen zu rechtfertigen. Dieses Argument kann auch auf die Lohnspreizung in Karrierewettbewerben übertragen werden. Zusätzliche Gehaltsspreizungen induzieren größere Anstrengungen, allerdings sind sie auch nur mit entsprechend höheren durchschnittlichen Einkommen durchzusetzen. Ab einem gewissen Punkt wird es also unrentabel, die Mitarbeiter durch höhere Einkommen dazu zu motivieren, noch härter zu arbeiten, da das Unternehmen zu hohe Prämien zahlen müßte, um diese zusätzlichen Anstrengungen zu erreichen. Obwohl bzw. gerade weil zusätzliche Einkommensspreizungen das Anstrengungsniveau erhöhen, gibt es also einen Punkt, ab dem es sich lohnt, jede weitere Spreizung zu vermeiden. Dies resultiert daraus, daß die Einkommensstruktur nicht nur so gestaltet sein muß, daß sie hohe Anstrengungen induziert, sondern sie muß auch sicherstellen, daß das Durchschnittseinkommen (also der Erwartungswert der Preisgelder) bei einem gegebenen Anstrengungsniveau hoch genug ist, um eine ausreichende Zahl an Arbeitnehmern anziehen zu können. Kein Mitarbeiter kann nämlich gezwungen werden, in einem Unternehmen mit extremem Wettbewerbsdruck zu arbeiten; er kann allenfalls durch überdurchschnittlich hohe Einkommen dazu motiviert werden. Sind die durchschnittlich zu erwartenden Einkommen in einem Unternehmen zu niedrig, werden die Arbeitnehmer sich für andere Unternehmen entscheiden.

---

[38] Vgl. WOLFF/LAZEAR (2001): Kap.III.

1. Grundlegende Erkenntnisse der Tournament-Theorie

1.2 Gehaltsstruktur und individuelle Anstrengungen

Wir können die obigen Analysen in einem allgemeinen Prinzip zusammenfassen:

Je größer die Differenz zwischen der Gewinner- und der Verliererprämie, desto größer sind die individuellen Anstrengungen der Wettkampfteilnehmer. Für die Gehaltsstruktur von Unternehmen folgt daraus: je größer die Gehaltssteigerung aufgrund von Beförderungen, desto größer die Anstrengungen, die Individuen unternehmen werden, um eine Beförderung zu erreichen.

Dies können wir auch anhand eines numerischen Beispiels illustrieren. Nehmen wir beispielsweise die Entwicklungsabteilung eines großen Flugzeugherstellers. Angenommen, das Unternehmen möchte sein Entwicklungsteam dazu motivieren, einen vollkommen neuen Flugzeugtyp zu konstruieren, den sogenannten Bussard. Gemäß dem 10-Jahres-Plan des Unternehmens soll der Bussard innerhalb von fünf Jahren produktionsreif sein. Danach soll damit begonnen werden, eine kleinere Version des gleichen Flugzeugtyps zu konstruieren, die sogenannte Taube, die wiederum in fünf Jahren bis zur Produktionsreife gebracht werden soll.

Um die Analyse zu vereinfachen, nehmen wir an, daß das Entwicklungsteam aus nur zwei Ingenieuren besteht, nämlich Frau Curie und Herrn Lilienthal. Beide sind 55 Jahre alt und haben die Position eines normalen Entwicklers inne. Nehmen wir weiter an, daß die beiden die gleichen Fähigkeiten und Ambitionen aufweisen. Von der Unternehmensseite wird vorgegeben, daß derjenige, der sich bei der Entwicklung des Bussard am besten bewährt, der Projektleiter bei der Entwicklung der Taube sein wird und natürlich auch ein höheres Einkommen erhält. Gegeben diese Grundannahmen, sind verschiedene Gehaltsstrukturen möglich. Um die Effekte unterschiedlicher Gehaltsstrukturen analysieren zu können, sind drei Strukturen in Tabelle 4.1 wiedergegeben.

In der Tabelle sind sowohl die Gehälter eines normalen Entwicklers als auch die eines Projektleiters des Entwicklungsteams angegeben. Der Ingenieur, der nicht befördert wird, erhält zehn Jahre lang das Gehalt eines normalen Entwicklers, während der Ingenieur, der nach fünf Jahren zum Projektleiter befördert wird, in den zweiten fünf Jahren das deutlich höhere Einkommen eines Projektleiters bekommt. Tabelle 4.2 enthält die aus den drei Gehaltsstrukturen resultierenden Lebenseinkom-

Tabelle 4.1: Jahresgehälter von Ingenieuren und projektleitenden Ingenieuren (in €)

Gehaltsstruktur	Ingenieur	projektleitender Ingenieur
Struktur A	50.000	200.000
Struktur B	50.000	100.000
Struktur C	100.000	250.000

men. Dabei wird zur Vereinfachung unterstellt, daß erstens der Kalkulationszinssatz Null ist, so daß der Barwert der verbleibenden Einkommensströme die Summe der entsprechenden Gehälter ist.

Zweitens gehen wir davon aus, daß der Grenznutzen des Einkommens konstant ist. Es stellt sich also die Frage, wie das Unternehmen und die betroffenen Arbeitnehmer die drei alternativen Gehaltsstrukturen der Tabelle 4.1 bewerten. Sowohl das Unternehmen als auch die Arbeitnehmer interessieren sich für zwei Faktoren: das durchschnittliche Gehalt und das Anstrengungsniveau, das mit einer spezifischen Gehaltsstruktur induziert wird. Unter sonst gleichen Umständen kann weiter angenommen werden, daß Arbeitnehmer höhere durchschnittliche Einkommen präferieren, während Unternehmen niedrigere durchschnittliche Einkommen vorziehen. Das Unternehmen strebt außerdem eine Gehaltsstruktur an, die hohe Anstrengungen des Arbeitnehmers anregt. Ein Arbeitnehmer hingegen möchte sich bei gegebenem Gehalt möglichst wenig anstrengen.

Vergleichende Bewertung der Gehaltsstrukturen A und C

Betrachten wir vor diesem Hintergrund zunächst die Gehaltsstrukturen A und C und versuchen, diese nacheinander aus der Perspektive des Arbeitnehmers und des Unternehmens zu bewerten. Bei der Gehaltsstruktur C verdient ein Ingenieur € 100.000 während der ersten fünf Jahre, bei der Gehaltsstruktur A dagegen nur € 50.000. In der zweiten 5-Jahres-Periode erhält ein Projektleiter bei der Gehaltsstruktur C dagegen € 250.000, während er bei der Gehaltsstruktur A nur € 200.000 verdient. Wie werden die Ingenieure diese Unterschiede bewerten?

1. Grundlegende Erkenntnisse der Tournament-Theorie

Tabelle 4.2: Lebenseinkommen von Turniergewinnern und –verlierern (in €)

Gehalts-struktur	Lebenseinkommen		Differenz der Lebenseinkommen	Erwartetes Lebenseinkommen
	Verlierer	Gewinner		
Struktur A	500.000	1.250.000	750.000	875.000
Struktur B	500.000	750.000	250.000	625.500
Struktur C	1.000.000	1.750.000	750.000	1.375.000

Nach den obigen Annahmen ist unmittelbar einleuchtend, daß *Arbeitnehmer* (die Ingenieure) bei gleicher Anstrengung die Struktur C gegenüber der Struktur A präferieren, was man anhand der Zahlen auch leicht zeigen kann. Hierfür brauchen wir nur die Lebenseinkommen des Gewinners und des Verlierers zu berechnen. Die verbleibenden Lebenseinkommensströme eines normalen Entwicklers betragen € 500.000 (= 10 x € 50.000) bei der Gehaltsstruktur A, aber € 1.000.000 (= 10 x € 100.000) bei der Gehaltsstruktur C (vgl. Tab. 4.2, Spalte 1). Somit stellt sich der „Verlierer" bei der Gehaltsstruktur C besser als bei A. Die verbleibenden Lebenseinkommensströme des „Gewinners" belaufen sich bei Gehaltsstruktur A auf € 1.250.000 (= 5 x € 50.000 + 5 x € 200.000) und bei Gehaltsstruktur C auf € 1.750.000 (= 5 x € 100.000 + 5 x € 250.000). Daraus wird ersichtlich, daß der „Gewinner" bei der Gehaltsstruktur C ebenfalls mehr erhält als bei A. Da jeder der beiden Ingenieure mit 50%iger Wahrscheinlichkeit der Gewinner oder der Verlierer sein kann, beträgt das erwartete Lebenseinkommen € 875.000 unter der Gehaltsstruktur A (0,5 x € 500.000 + 0,5 x € 1.250.000) und € 1.375.000 (= 0,5 x € 1.000.000 + 0,5 x € 1.750.000) unter Gehaltsstruktur C. Gleichzeitig sehen wir, daß die absolute Gehaltsspreizung, d.h. die Differenz zwischen dem Gehalt des Gewinners und dem des Verlierers bei beiden Gehaltsstrukturen identisch ist, da in beiden Fällen der Gewinner € 750.000 mehr verdient als der Verlierer (vgl. Tab. 4.2, Spalte 3). Gemäß der Tournament-Theorie können wir daraus schlußfolgern, daß das Anstrengungsniveau der Arbeitnehmer in beiden Fällen gleich hoch sein wird, da die Siegprämie bei beiden Gehaltsstrukturen jeweils € 750.000 beträgt. Wenn also die beiden Ingenieure z.B. darüber entscheiden sollen, ob sie abends länger bleiben sollen, oder ob sie noch eine zusätzliche Simulation laufen lassen, werden sie bei beiden Gehaltsstrukturen nach unseren Annahmen die gleiche Entscheidung fällen. In beiden Fällen kann die Mehrarbeit mit der gleichen Wahrscheinlichkeit dazu führen, daß man befördert wird, was in beiden Situationen den gleichen Wert hat. Wenn man sich also unter der Gehaltsstruktur A entscheiden würde, mehr Arbeit auf sich zu nehmen, dann würde man sich auch unter der Gehaltsstruktur C dafür entscheiden, genauso viel Mehrarbeit zu leisten. Somit ist das Anstrengungsniveau unter beiden Gehaltsstrukturen identisch. Unter diesen Umständen werden Arbeitnehmer immer Gehaltsstruktur C präferieren, da diese höhere Durchschnittseinkommen verspricht.

Aus den gleichen Gründen wird umgekehrt das *Unternehmen* unter sonst gleichen Umständen immer Gehaltsstruktur A präferieren, da das Anstrengungsniveau das gleiche ist und die Kosten für das Unternehmen geringer sind. Warum sollten also Unternehmen überhaupt darüber nachdenken, Gehaltsstruktur C anzubieten, wenn diese Gehaltsstruktur dem Unternehmen doch höhere Kosten verursacht, ohne zusätzliche Anstrengungen zu induzieren? Die Antwort ist vergleichsweise einfach. Die Bereitschaft eines Arbeitnehmers, einen Arbeitsplatz in einem Unternehmen zu akzeptieren, hängt davon ab, wieviel er in dem Unternehmen verdienen kann, welches Anstrengungsniveau dafür erbracht werden muß, und wieviel er bei gleicher Anstrengung in einem anderen Unternehmen verdienen kann. Dabei induzieren die Gehaltsstrukturen A und C das gleiche Anstrengungsniveau, unterscheiden sich aber im Hinblick auf die Höhe des in einem Unternehmen realisierbaren Gehalts und machen die Arbeitsplätze im Vergleich zu externen Alternativen natürlich mehr oder weniger attraktiv. Wenn es dem Unternehmen also gelingt, eine ausreichende Zahl an qualifizierten Arbeitskräften mit der niedrigeren Gehaltsstruktur A anzuziehen, dann wird es sicherlich auch nur die Gehaltsstruktur A anbieten (da es unter diesen Umständen mit der Gehaltsstruktur C die Arbeitnehmer überbezahlen würde). Umgekehrt gilt genauso, daß ein Unternehmen, welches mit der Gehaltsstruktur A nicht in der Lage ist, eine ausreichende Zahl an qualifizierten Arbeitskräften anzuziehen, überlegen muß, doch Gehaltsstruktur C anzubieten: Entweder es bietet die höheren Gehälter an, oder es muß mit weniger Arbeitnehmern auskommen. Solange der Output der zusätzlich rekrutierbaren Arbeitnehmer die dafür zu zahlenden höheren Gehälter übersteigt, rentiert es sich für das Unternehmen, die höheren Gehälter zu zahlen. Wenn dies nicht der Fall sein sollte, ist die Antwort genauso eindeutig: Das Unternehmen wird sich mit einer geringeren Zahl an Arbeitnehmern zufrieden geben. Wir wissen damit also, wie ein Unternehmen sich zwischen den beiden Gehaltsstrukturen A und C entscheidet.

Vergleichende Bewertung von Gehaltsstruktur A und C mit B

Schauen wir uns im folgenden an, wie sich die Einbeziehung der Alternative B auf die Entscheidung auswirkt. Die Entscheidungssituation gestaltet sich nun schwieriger. Es zeigt sich, daß die Gehaltsstruktur B die geringsten Gehälter mit sich bringt, gleichzeitig aber auch die kleinste Differenz zwischen dem Gehalt des Gewinners und des Verlierers aufweist. Letzteres bedeutet, daß das Anstrengungsniveau bei der Gehaltsstruktur B geringer ist als bei A und C. Während die Gewinnerprämie im Modell A und C € 750.000 beträgt, liegt sie im Modell B nur bei € 250.000 (vgl. Tab. 4.2). Somit haben die Arbeitnehmer bei Modell A und C einen größeren Anreiz, Entwicklungsleiter zu werden. Gleichzeitig ist auch das durchschnittliche Gehalt in Modell B mit € 625.500 deutlich niedriger als in Modell A und C.

Betrachten wir zunächst die Frage, welches der genannten Modelle die *Arbeitnehmer* präferieren. Ist es denkbar, daß Arbeitnehmer das Modell B (niedrigere Durchschnittslöhne) gegenüber dem Modell A (höhere Durchschnittslöhne) vorziehen? Modell A verspricht zwar höhere Durchschnittslöhne, aber es induziert gleichzeitig auch ein höheres Anstrengungsniveau. Bei Modell A wird die Arbeit also härter sein als bei Modell B, da beide Ingenieure größere Anstrengungen unternehmen, um die Gewinnprämie zu erlangen. Allerdings ist bei Modell A auch das Durchschnittseinkommen höher, so daß sich die Frage stellt, ob das höhere Gehalt die zusätzlichen Anstrengungen wert ist. Die Antwort ist abhängig von den Präferenzen und Einstellungen der Arbeitnehmer. Wenn Arbeitnehmer das größere Anstrengungsniveau (erhöhten Wettbewerbsdruck) als besonders unangenehm empfinden, werden sie den geringer bezahlten Arbeitsplatz (z.B. Gehaltsstruktur B) mit dem niedrigeren Anstrengungsniveau präferieren. Arbeitnehmer, denen zusätzliche Anstrengungen nichts ausmachen, werden eher den höher bezahlten Arbeitsplatz präferieren. Den Gesetzen der Logik folgend kann man daraus ableiten, daß diejenigen Arbeitnehmer, die Modell A gegenüber B bevorzugen, auf jeden Fall auch C gegenüber B präferieren, da wir im vorhergehenden Abschnitt gezeigt haben, daß Arbeitnehmer das Modell C gegenüber dem Modell A vorziehen. Der Umkehrschluß ist allerdings nicht zulässig. Selbst wenn Arbeitnehmer das Modell B gegenüber dem Modell A vorziehen, heißt dies nicht, daß sie das Modell B auch gegenüber C vorziehen. Vielmehr werden sie beim Vergleich von B und C immer das Modell C gegenüber B präferieren, weil bei Modell C selbst ein Arbeitnehmer, der keine Anstrengungen unternimmt und verliert, nicht weniger, sondern mehr bekommt als ein Gewinner bei Modell B.

Betrachten wir nun die Entscheidung des *Unternehmens*. Das Unternehmen bewertet die Situation natürlich anders als der Arbeitnehmer, allerdings nicht exakt spiegelbildlich. Ob ein Unternehmen das Modell B gegenüber dem Modell A (hohe Anstrengungen bei eher niedrigen Einkommen) präferiert, hängt davon ab, welchen zusätzlichen Output es durch die Implementierung des Modells A erwarten kann. Wenn das Modell A nämlich ausreichende zusätzliche Outputs induziert, dann kann es sich lohnen, das Modell A trotz des höheren Durchschnittsgehalts gegenüber Modell B vorzuziehen. Das höhere durchschnittliche Gehaltsniveau wird in diesem Fall nämlich durch das noch höhere durchschnittliche Outputniveau wettgemacht. Wenn die zusätzlichen Outputs allerdings relativ gering sind, werden Unternehmen das geringere Anstrengungsniveau hinnehmen und Modell B mit den entsprechend geringeren Gehältern implementieren. Daraus kann man weiter schlußfolgern, daß ein Unternehmen, welches das Modell B (niedrige Anstrengungen bei niedrigem Einkommen) mit dem geringeren Gehalts- und Anstrengungsniveau gegenüber dem Modell A vorzieht, in gleicher Weise auch das Modell B gegenüber dem Modell C (hohe Anstrengungen bei hohem Einkommen) favorisiert, da letzteres das gleiche Anstrengungsniveau mit höheren Kosten induziert. Allerdings gilt auch auf Unternehmensseite, daß aus der Bevorzugung des Modells A gegenüber B nicht abgeleitet werden kann, daß auch das Modell C gegenüber dem Modell B präferiert wird. Die Kosten des Modells C könnten soviel höher sein als die des Modells A, daß die Outputgewinne im Vergleich zu B die Kostensteigerungen nicht rechtfertigen, auch wenn dies für Modell A zutraf.

Zusammenfassend kann man also festhalten, daß bei einer Analyse der Gehaltsstruktur zwei Aspekte berücksichtigt werden müssen. Erstens ist das _Gehaltsniveau_ von Bedeutung (manche Gehaltsstrukturen gehen mit durchschnittlich höheren Löhnen einher als andere). Unter sonst gleichen Umständen kann davon ausgegangen werden, daß Unternehmen niedrigere Gehaltsniveaus präferieren, während Arbeitnehmer höhere Gehaltsniveaus vorziehen. Im Beispiel bedeutete dies, daß Unternehmen grundsätzlich Modell A gegenüber Modell C und Arbeitnehmer immer Modell C gegenüber Modell A vorziehen. Allerdings gilt in der Realität natürlich nicht immer die ceteris paribus-Bedingung. Unternehmen müssen im Wettbewerb um Arbeitskräfte in der Lage sein, eine ausreichende Zahl an Arbeitnehmern anzuziehen. Würde das Unternehmen also einfach nur versuchen, die Arbeitskosten zu minimieren, und somit Modell A wählen, kann dies ineffizient sein, da mit einem solchen Gehaltsmodell keine ausreichende Zahl an qualifizierten Arbeitskräften angezogen werden kann. Das Unternehmen kann dieses Problem nur lösen, wenn es das Gehaltsniveau anhebt und z.B. gemäß Modell C vergütet.

Der zweite wesentliche Aspekt ist die _Spreizung der Gehaltsstruktur_. Je größer die Spreizung, desto stärker ist das Interesse an einer Beförderung. Wenn das Gehalt der nächsthöheren Hierarchiestufe nur geringfügig höher ist, dann hat die Beförderung einen sehr geringen Wert. Wenn dagegen das Erreichen der nächsthöheren Hierarchiestufe einen deutlichen Einkommenssprung mit sich bringt, dann hat die Beförderung einen sehr viel höheren Wert. Im letztgenannten Fall werden Arbeitnehmer also größere Anstrengungen als im Erstgenannten auf sich nehmen, um sich damit möglichst eine Beförderung zu erarbeiten.

Nebenwirkungen: Rattenrennen und Selbstselektion

In diesem Zusammenhang sollte allerdings beachtet werden, daß es auch zu einem sogenannten Rattenrennen (rat race) kommen kann. Was dies bedeutet, kann man sich wieder sehr schön anhand des obigen Beispiels klar machen. Größere Einkommenssprünge induzieren höhere Anstrengungsniveaus, da für alle Arbeitnehmer der Wert einer Beförderung steigt. Wie wirkt sich dies auf ihre Entscheidungen konkret aus? Wenn Frau Curie beispielsweise weiß, daß Herr Lilienthal um 17.00 Uhr nach Hause gegangen ist, dann kann sie ihre Chancen auf eine Beförderung verbessern, indem sie länger arbeitet. Die Wahrscheinlichkeit, daß sie sich dafür entscheidet, länger zu arbeiten, steigt, wenn mit der Beförderung größere Einkommenszuwächse einhergehen. Nehmen wir also an, Frau Curie würde sich entscheiden, länger zu arbeiten. Wie stellt sich nun die Entscheidungssituation von Herrn Lilienthal dar? Herr Lilienthal kommt am nächsten Tag an seinen Arbeitsplatz und muß feststellen, daß Frau Curie die Ergebnisse ihrer spätabendlichen Arbeit bereits an ihren Vorgesetzten weitergegeben hat. Herr Lilienthal wird sich dann natürlich entscheiden, an diesem Tag auch länger zu arbeiten, da auch für ihn die Beförderung einen sehr hohen Wert hat. Er entscheidet sich also ebenfalls, Extraanstrengungen zu unternehmen, da er weiß, daß ansonsten die Beförderung schon verloren ist, weil er Frau Curies Vorsprung nicht mehr aufholen kann. Wenn aber Herr Lilienthal Überstunden macht, um bessere Ergebnisse präsentieren zu können, dann kann Frau Curie dem natürlich nicht nachstehen, da sich ansonsten ihre Beförderungswahrscheinlichkeit reduzieren würde und somit auch die Chance auf den Einkommenssprung. Herr Lilienthal und Frau Curie geraten damit in ein sogenanntes Rattenrennen. Beide arbeiten immer häufiger immer länger, weil sie um den gleichen Arbeitsplatz konkurrieren und nur einer befördert werden kann.[39]

Natürlich hätten sowohl Frau Curie als auch Herr Lilienthal ein Interesse daran, sich abzusprechen und nicht länger als bis 17.00 Uhr zu arbeiten, da sie mit den vielen Überstunden letztlich nichts gewinnen. Wenn Frau Curie nach der Absprache tatsächlich nach Hause geht, hat Herr Lilienthal allerdings einen Anreiz, entgegen der Absprache länger zu bleiben (und diese Extraanstrengungen Frau Curie gegenüber zu verbergen, sie aber sehr wohl gegenüber dem Vorgesetzten durchblicken zu lassen). Solche Absprachen sind also sehr schwierig durchzusetzen. Dieses Problem wächst, je mehr Individuen miteinander um die gleiche Beförderung konkurrieren. Es ist zu vermuten, daß sich in jeder größeren Gruppe von Konkurrenten immer mindestens eine Person befindet, die von einer kollusiven Strategie abweicht.[40]

---

[39] REBITZER, LANDERS und TAYLOR (1996) zeigen beispielsweise, daß dieses Problem in großen Anwaltskanzleien durch den Ansturm auf die begehrten Beförderungen auftritt.

[40] Vgl. hierzu ausführlich KRÄKEL (1997).

1. Grundlegende Erkenntnisse der Tournament-Theorie

Je höher die Einkommensspreizung und je größer die Gruppen, desto größer ist die Wahrscheinlichkeit, daß die Arbeitnehmer sich in ein Rattenrennen begeben, um die nächsthöhere Position zu erreichen. Der Nutzen eines solchen Rattenrennens ist, daß durchschnittlich höhere Anstrengungsniveaus induziert werden und deshalb auch höhere Outputs realisiert werden können. Dieser Effekt ist allerdings nicht kostenlos: Wenn Arbeitnehmer einen solchen Arbeitsplatz mit deutlich höheren Anstrengungsniveaus akzeptieren sollen, dann müssen sie dafür auch mit entsprechend hohen Durchschnittsgehältern kompensiert werden. Es ist unwahrscheinlich anzunehmen, daß Arbeitnehmer solch hohe Anstrengungsniveaus auf sich nehmen werden, wenn das Gehaltsniveau insgesamt eher niedrig ist. In unserem Zahlenbeispiel kann man dies anhand eines Vergleichs von Modell A und Modell C verdeutlichen. Beide Modelle verursachen das gleiche Anstrengungsniveau, da in beiden Fällen die Gewinnerprämie € 150.000 pro Jahr beträgt. Es kann aber sein, daß qualifizierte Ingenieure nicht bereit sind, unter einem solchen Druck zu arbeiten, wenn das Gehaltsniveau dem Modell A entspricht. Andererseits kann der hohe Druck aber durchaus akzeptabel sein, wenn Gehälter nach dem Modell C angeboten werden (sowohl für Gewinner als auch für Verlierer), da das durchschnittlich höhere Gehalt eine ausreichende Kompensation für die höheren Anstrengungen und den höheren Druck darstellt. Andererseits könnte auch das Modell B als Alternative akzeptabel sein. Durch die geringere Gehaltsspreizung wird ein geringeres Anstrengungsniveau bzw. ein geringerer Arbeitsdruck induziert, dafür wird jedoch auch nur ein insgesamt niedrigeres Gehaltsniveau gezahlt. Auch eine solche Situation kann eine ausreichende Zahl an Arbeitnehmern anziehen; das Unternehmen zahlt bei Struktur B zwar vergleichsweise niedrige Löhne, allerdings ist der damit verbundene Arbeitsdruck ebenfalls deutlich geringer. Ein Unternehmen, das also beispielsweise mit einer Gehaltsstruktur nach dem Modell A nicht in der Lage ist, eine ausreichende Zahl an qualifizierten Arbeitnehmern anzuziehen, hat zwei Möglichkeiten: es kann entweder das Lohnniveau deutlich anheben und damit dem hohen Anstrengungsniveau anpassen (Richtung Modell C), oder es kann das Anstrengungsniveau nach unten anpassen (Richtung Modell B). Grundsätzlich sind beide Alternativen gleichwertig, wichtig ist nur, daß ein Unternehmen sich bewußt ist, daß es mit der Entscheidung für Modell C oder Modell B gleichzeitig auch eine Selbstselektion der

Arbeitnehmer induziert. Modell C ist in der Lage, bei einem insgesamt hohen Lohnniveau die überdurchschnittlich anstrengungswilligen Arbeitnehmer anzuziehen, während Modell B bei einem insgesamt niedrigen Lohnniveau die weniger anstrengungswilligen Arbeitnehmer anspricht.

1.3 Zur Bedeutung von Zufällen bei Beförderungsentscheidungen

Zusätzlich zu den o.g. Aspekten im Hinblick auf eine angemessene Gehaltsstruktur ist auch das Ausmaß an Glück oder Zufällen in Beförderungsprozessen von Bedeutung. In der Unternehmensrealität können solche Zufälle aus einer Vielzahl von Faktoren resultieren. Die wichtigsten sind Unsicherheiten des Produktionsprozesses und Meßfehler.

Unsicherheit des Produktionsprozesses bedeutet, daß zwischen den Anstrengungen des Arbeitnehmers und dem Output kein perfekter Zusammenhang bestehen muß. So können große Anstrengungen eines Arbeitnehmers in geringen Outputs enden, während andererseits auch geringe Anstrengungen mit hohen Outputs einhergehen können. Im erstgenannten Fall sprechen wir von einer negativen Störung (Pech) im zweitgenannten Fall von einer positiven Verzerrung (Glück). Es ist beispielsweise einfach Pech, wenn ein Manager, der sein Team an sich gut organisiert und im Griff hat, am Ende keinen Erfolg vorweisen kann, weil sein gesamtes Team am vorletzten Tag vor einem Termin durch eine Grippewelle ausfällt. Er kann sich in der vorangehenden Phase noch so sehr angestrengt und alle erforderlichen Aktivitäten sorgfältig geplant und ausgeführt haben, die Grippewelle macht all dies einfach zunichte. Die Grippewelle ist also ein solcher negativer Störfaktor, der sowohl unvorhersehbar als auch unkontrollierbar ist. Damit dürfte sie dem Manager eigentlich nicht angelastet werden. Andererseits kann ein Projektmanager aber einfach auch nur Glück haben. So kann beispielsweise ein mehr oder weniger schlecht konstruiertes und absetzbares Produkt plötzlich dennoch gut verkauft werden, weil Gesetze geändert oder eingeführt werden, die Vorschriften enthalten, welche sein Produkt zufälligerweise erfüllt. So könnte z.B. bei Motoren plötzlich der Einbau von Umweltfiltern zwingend sein, die nur in eigentlich überdimensionierten Gehäusen Platz finden. Dann könnte das an sich schlecht konstruierte Produkt anschließend sogar zu überhöhten

Preisen abgesetzt werden. In diesem Fall beschert also die gesetzliche Veränderung von Umweltauflagen dem Manager ein positives Ergebnis, das mit seinen individuellen Anstrengungen kaum etwas zu tun hat, sondern einfach nur die Folge von Glück ist.

Eine andere Ursache für Verzerrungen sind <u>Meßfehler</u>. So kann <u>einem Arbeitnehmer fälschlicherweise ein niedriges Anstrengungsniveau zugeschrieben werden, nur weil ein ungünstiger Stichtag als Meßgrundlage gewählt wurde</u>. Wenn beispielsweise die Zahl der bedienten Kunden als Indikator herangezogen werden soll, dann kann ein Arbeitnehmer insofern Pech haben, als am Stichtag eine Baustelle vor der entsprechenden Abteilung aufgebaut wird oder ein konkurrierendes Unternehmen just an diesem Tag eine sehr attraktive Anzeige geschaltet hat, die eine große Zahl an neugierigen Kunden abzieht. Auch <u>subjektive Einschätzungen durch Vorgesetzte</u> können solchen Verzerrungen unterliegen. So mögen Arbeitnehmer sehr große Anstrengungen an den Tag legen, aber von ihren Vorgesetzten dennoch als mittelmäßige Mitarbeiter eingestuft werden. Gleichzeitig kann ein Vorgesetzter fälschlicherweise einem Arbeitnehmer hohe Leistungsfähigkeit bescheinigen, obwohl er eher unterdurchschnittliche Leistungen erbringt.

Uns interessiert in diesem Zusammenhang die Frage, <u>inwieweit solche Zufälle systematisch die Anstrengungen der Arbeitnehmer beeinflussen.</u> Wir werden zeigen, daß das Anstrengungsniveau unter sonst gleichen Bedingungen um so geringer ist, je stärker die Zufallseinflüsse sind. <u>Zufallseinflüsse reduzieren nämlich systematisch den Wert der Anstrengung, weil mit solchen Zufallseinflüssen die Wahrscheinlichkeit sinkt, das Beförderungsturnier durch individuelle Leistungen zu gewinnen.</u>
Generell gilt:

Die aus Beförderungen resultierenden Anstrengungen der Arbeitnehmer gehen zurück, je weniger die Wahrscheinlichkeit einer Beförderung von individuellen Anstrengungen und je mehr sie von Störfaktoren abhängt.

Wenn Beförderungen sehr stark durch Glück oder Pech beeinflußt sind, kann die dadurch hervorgerufene Tendenz zu geringeren Anstrengungen durch eine höhere Einkommensspreizung aufgefangen werden.

Um dies zu erläutern, greifen wir wiederum auf das Beispiel des Tennisturniers zurück. Angenommen, Thomas Haas und Nicolas Kiefer müßten ihr Turnier während eines Wirbelsturms austragen. In der obigen Terminologie hätte somit der Zufall großen Einfluß auf das Ergebnis dieses Wettbewerbs. Ob Haas oder Kiefer einen Punkt gewinnt, würde vor allen Dingen davon abhängen, wie der Wind gerade bläst. Die individuellen Anstrengungen der beiden Spieler hätten wahrscheinlich kaum einen Einfluß auf den Ausgang des Spiels. Haas und Kiefer könnten also genauso gut aufgeben und das Ergebnis vollkommen dem Zufall überlassen, z.B. indem sie eine Münze werfen.

Wenn also der Einfluß von Störfaktoren groß wird, ist es erforderlich, den dadurch induzierten Rückgang der Anstrengungen aufzufangen, indem eine größere Einkommensspreizung als zusätzlicher Anreiz eingesetzt wird, was man sehr anschaulich auch anhand der im Anhang hergeleiteten Formel A4.4 ablesen kann:

(A4.4) $\quad (W_1 - W_2) g(0) = C'(\mu_j)$

Die Formel gibt das gleichgewichtige Anstrengungsniveau der Arbeitnehmer an, bei dem die Grenzkosten der Anstrengung $C'(\mu_j)$ gleich den Grenzerträgen $(W_1-W_2) g(0)$ sind. Dabei hängen die Grenzerträge von der Einkommensspreizung (W_1-W_2) einerseits und dem Zufallsfaktor $g(0)$ andererseits ab. Der Zufallsfaktor $g(0)$ ist so definiert, daß er um so größer ist, je unwichtiger der Zufall ist und um so kleiner ist, je größer der Einfluß des Zufalls auf das Ergebnis. Wenn nun in einem Unternehmen der Zufall einen größeren Einfluß bekommt, dann halten die Arbeitnehmer ihr Anstrengungsniveau nur konstant, wenn das kleinere $g(0)$ durch eine entsprechend größere Einkommensspreizung (W_1-W_2) wettgemacht wird.

Diese Überlegung läßt sich anhand des vorhergehenden Zahlenbeispiels noch konkretisieren: Wenn in einer Arbeitsumgebung ohne Meßfehler eine Gehaltsstruktur nach Modell B (niedrige Spreizung bei niedrigem Einkommen) gewählt wurde, weil sie optimal war, dann muß das Unternehmen, wenn plötzlich in signifikantem Maße Meßfehler zu erwarten sind, beispielsweise auf eine Gehaltsstruktur nach Modell A (große Spreizung bei niedrigem Einkommensniveau) übergehen. Durch Störungen oder Zufälle beeinflußte Produktionsprozesse gehen somit mit größeren Einkommensdifferenzen zwischen aufeinanderfolgenden Hierarchiestufen einher. Die größeren Einkommensdifferenzen helfen in diesem Zusammenhang, den negati-

1. Grundlegende Erkenntnisse der Tournament-Theorie

ven Einfluß der Zufälle auf das Anstrengungsniveau auszugleichen. Das heißt, manche Unternehmen weisen als Reaktion auf die ihren Produktionsprozessen zugrundeliegenden Unsicherheiten extrem große Einkommensdifferenzen zwischen Hierarchiestufen auf. Dies kann wiederum sehr schön anhand eines numerischen Beispiels veranschaulicht werden.

Angenommen, Herr Lilienthal und Frau Curie, die beiden Ingenieure aus dem vorhergehenden Beispiel, machen sich beide selbständig und erbringen ihre Leistungen als freie Mitarbeiter. Weiterhin wird angenommen, daß ihr ehemaliger Arbeitgeber Konkurs anmelden muß, so daß die ursprünglichen vertraglichen Beziehungen hinfällig sind. Gleichzeitig will aber ein Konsortium unter staatlicher Federführung die Entwicklung des neuen Flugzeugtyps vorantreiben und dafür einen Preis von € 2.000.000 ausloben. Dieser Preis soll an denjenigen Ingenieur gehen, der das beste Design für den Bussard entwickelt. Herr Lilienthal und Frau Curie sind im Grunde genommen die einzigen beiden Ingenieure, die für diesen Wettbewerb in Frage kommen. Da sie beide annahmegemäß die gleichen Fähigkeiten mitbringen, ist ihre Gewinnwahrscheinlichkeit bei gleichem Arbeitseinsatz 50%. In Tabelle 4.3 ist nun wiedergegeben, wie sich unterschiedliche Niveaus an Arbeitsanstrengungen auf die Wahrscheinlichkeit des Gewinns auswirken.

In der ersten Spalte ist die Anzahl der Stunden aufgelistet, die in die Entwicklung des Projektes investiert werden. In der zweiten Spalte ist die davon abhängige bedingte Wahrscheinlichkeit dafür abgetragen, daß einer der beiden Forscher den Preis gewinnt, wenn der andere seinen Stundeneinsatz konstant hält. Wenn beispielsweise Frau Curie ihre Stundenzahl konstant hält und Herr Lilienthal sich entscheidet, seinen Stundeneinsatz von 2.500 auf 3.000 zu steigern, erhöht er damit seine individuelle Gewinnwahrscheinlichkeit von 0,06 auf 0,09. Dies entspricht einem Zuwachs der Gewinnwahrscheinlichkeit um drei Prozentpunkte, was man in Spalte 3 der Tabelle 4.3 ablesen kann.

Mit Hilfe dieser Wahrscheinlichkeiten und der Kenntnis der Gewinnprämie (€ 2.000.000) kann im dritten Schritt auch der erwartete Gewinn aus den zusätzlichen Arbeitsanstrengungen errechnet werden. Er beträgt in dem genannten Beispiel

$$(0{,}09 - 0{,}06) \times € 2.000.000 = € 60.000.$$

Tabelle 4.3: Arbeitseinsatz und Gewinnwahrscheinlichkeit einer öffentlichen Ausschreibung

Arbeitsstunden	Wahrscheinlichkeit	Δ Wahrscheinlichkeit
1.500	0,00	
2.000	0,03	0,03
2.500	0,06	0,03
3.000	0,09	0,03
3.500	0,11	0,02
4.000	0,14	0,03
4.500	0,16	0,02
5.000	0,18	0,02
5.500	0,20	0,02
6.000	0,22	0,02
6.500	0,24	0,02
7.000	0,26	0,02
7.500	0,28	0,02
8.000	0,30	0,02
8.500	0,32	0,02
9.000	0,34	0,02
9.500	0,36	0,02
10.000	0,38	0,02
10.500	0,40	0,02
11.000	0,42	0,02
11.500	0,44	0,02
12.000	0,46	0,02
12.500	0,48	0,02
13.000	0,50	0,02
13.500	0,51	0,01
14.000	0,52	0,01
14.500	0,53	0,01

Nehmen wir nun zusätzlich an, daß Frau Curie und Herr Lilienthal in der Stunde € 75 netto verdienen, indem sie als Berater für andere Flugzeugbauunternehmen tätig sind und daß beide risikoneutral seien. Wenn Herr Lilienthal nun beispiels-

1. Grundlegende Erkenntnisse der Tournament-Theorie

weise 500 Stunden aufwendet, um dem Preis „hinterherzulaufen", dann entgehen ihm in dieser Zeit gleichzeitig € 37.500 an Beratungshonorar. Das heißt, der Einsatz der zusätzlichen 500 Stunden für den Wettbewerb ist nicht kostenlos, sondern hat Opportunitätskosten in Höhe von 500 x € 75 = € 37.500. Weiter oben haben wir gesehen, daß ein Einsatz von 500 zusätzlichen Arbeitsstunden für den ausgeschriebenen Preis den Erwartungswert der Erträge um € 60.000 erhöht, so daß es sich für Herrn Lilienthal tatsächlich lohnen würde, den für den Wettbewerb aufgewandten Stundeneinsatz von 2.500 auf 3.000 zu erhöhen. Die erwarteten Erträge einer solchen Strategie betragen € 60.000 und die Opportunitätskosten liegen nur bei € 37.500, so daß es sich um eine ökonomisch vorteilhafte Vorgehensweise handelt. Wenn man sich die Zahlen genauer anschaut, dann zeigt sich, daß es sich für Herrn Lilienthal lohnen würde, die aufgewendeten Stunden auf bis zu 13.000 auszudehnen. Jede zusätzliche Erhöhung der Stundenzahl um 500 erhöht die Gewinnchancen von Herrn Lilienthal um zumindest 0,02, solange er nicht 13.000 Stunden überschreitet. Eine Erhöhung der Wahrscheinlichkeit um 0,02 bedeutet eine Erhöhung der erwarteten Erträge um mindestens € 40.000, während die Opportunitätskosten immer nur bei € 37.500 liegen. Allerdings kehrt sich das Bild um, sobald 13.000 Stunden an Gesamteinsatz überschritten werden. Eine weitere Erhöhung des Arbeitseinsatzes um 500 Stunden erhöht die Gewinnwahrscheinlichkeit nur noch um 0,01, was einer erwarteten Ertragssteigerung von € 20.000 (0,01 x € 2.000.000) entspricht. Da Herr Lilienthal die gleichen 500 Stunden aber auch als Consultant einsetzen und dafür ein Honorar von insgesamt € 37.500 verlangen könnte, stellt er sich besser, wenn er bei 13.000 eingesetzten Arbeitsstunden jede weitere Arbeitsanstrengung auf andere Projekte verwendet. Herr Lilienthal investiert also keinen zusätzlichen Arbeitseinsatz mehr in das ausgeschriebene Projekt, wenn die Gewinnwahrscheinlichkeit genau 50% erreicht hat.

Parallel zu Herrn Lilienthals Entscheidungslage kann auch Frau Curies Entscheidungssituation dargestellt und analysiert werden. Frau Curie durchläuft grundsätzlich den gleichen Entscheidungsprozeß. Wenn Frau Curie und Herr Lilienthal identische Fähigkeiten und identische externe Alternativen haben, dann wird die Entscheidung von Frau Curie nicht anders ausfallen können als Herrn Lilienthals Entscheidung. Sie wird ebenfalls maximal 13.000 Stunden für die Entwicklung des

Preisprojektes aufwenden, so daß beide Wettbewerbsteilnehmer (Frau Curie und Herr Lilienthal) eine Gewinnwahrscheinlichkeit von 50% haben, nachdem sie 13.000 Stunden (6,5 Jahre) in die Entwicklung des Bussard hineingesteckt haben.

Was passiert dagegen, wenn der ausgelobte Preis tatsächlich durch eine reine Lotterie zugeteilt wird? Welche Konsequenzen hat es also, wenn Frau Curies und Herr Lilienthals Namen einfach nur auf Zettel geschrieben und anschließend in eine Lostrommel geworfen werden, aus der ein einziger Schnipsel gezogen wird? Wie viele Stunden verwenden Herr Lilienthal und Frau Curie dann auf das Projekt? Die Antwort lautet: sie wenden keine einzige Stunde auf, weil die Zahl der eingesetzten Stunden überhaupt keinen Effekt auf die Wahrscheinlichkeit des Gewinns hat und es somit vollkommen sinnlos und ineffizient ist, zusätzliche Anstrengungen für den Wettbewerb auf sich zu nehmen. Frau Curie und Herr Lilienthal bieten in diesem Fall ihre gesamte Zeit als Beratungszeit bei anderen Firmen an und hoffen gleichzeitig das Beste für die Zuteilung des Forschungsförderungspreises. Wenn der Ausgang eines Wettbewerbs vollkommen unabhängig von den Anstrengungen ist, dann werden keine Anstrengungen unternommen. Allgemein formuliert kann man festhalten: wenn die Zufallseinflüsse unendlich groß sind (wie in einer Lotterie), gehen die individuellen Anstrengungen gegen Null (wobei reale Situationen wahrscheinlich nie so extrem ausfallen werden).

Was könnte man also tun, um den Einfluß von Störgrößen auf das gewählte Anstrengungsniveau auszugleichen? Die bereits oben vorgestellte Antwort ist, daß man die Differenz zwischen Gewinn- und Verlustprämie vergrößern muß, um den die Anstrengungen bremsenden Effekt von Zufällen zu neutralisieren. Dabei gilt natürlich: je größer die Zufallseinflüsse, um so größer muß die Differenz zwischen Gewinn- und Verlustprämie sein. In unserem Entwicklungswettbewerb würde dies beispielsweise bedeuten, daß der Preis statt € 2.000.000 sogar € 10.000.000 betragen müßte, so daß der erwartete Ertrag einer zusätzlich eingesetzten Arbeitsstunde um den Faktor 5 erhöht werden würde. Somit würde die Differenz zwischen der Gewinnprämie von € 10 Millionen und der „Verliererprämie" von € 0 einen Anreiz darstellen, Zeit in das Entwicklungsprojekt zu investieren, obwohl immer noch das gleiche Ausmaß an Zufällen im Spiel wäre. Das würde auf der anderen Seite natürlich bedeuten, daß die preisverleihende Organisation für den ausgeschriebenen

1. Grundlegende Erkenntnisse der Tournament-Theorie

Wettbewerb mehr Geld investieren müßte, wobei sich dann sehr schnell die Frage stellt, ob der zusätzliche Ertrag (das vorangetriebene Entwicklungsprojekt) den erhöhten Aufwand noch rechtfertigt. Schließlich hatten wir bereits oben erwähnt, daß ein Unternehmen es grundsätzlich präferiert, ein hohes Maß an Anstrengungen zu induzieren, ohne dafür extra Aufwendungen in Kauf zu nehmen. Gemäß den Erkenntnissen der Tournament-Theorie ist es sogar möglich, trotz größerer Gewinnspreizung die Kosten konstant zu halten. Wir müssen uns nur in Erinnerung rufen, daß die Differenz der Sieger- und Verliererprämie für das von den Individuen gewählte Anstrengungsniveau verantwortlich ist. Eine Differenz von € 10 Millionen kann nämlich auch kreiert werden, wenn beispielsweise nur € 2 Millionen an Preisgeld zur Verfügung stehen. Zum Beispiel könnte man verlangen, daß jeder Wettbewerbsteilnehmer zunächst € 4 Millionen Startgeld zahlen muß, um überhaupt an dem Wettbewerb teilnehmen zu dürfen. Der Gewinner des Wettbewerbs würde dann die € 2 Millionen des Veranstalters, die € 4 Millionen Einsatz des anderen Individuums und seine eigene Einzahlung bekommen. Der Verlierer würde nichts erhalten und hätte zusätzlich seine € 4 Millionen Startgeld verloren, d.h. der Verlierer hätte am Ende einen Verlust von € 4 Millionen, während der Gewinner einen Gewinn von € 6 Millionen gemacht hätte, was einer Differenz von € 10 Millionen zwischen Gewinner und Verlierer entsprechen würde.

Ein solcher Plan klingt zunächst unrealistisch, da man noch nie davon gehört hat, daß jemand € 4 Millionen Einsatz zahlen muß, bevor er an einem Wettbewerb teilnehmen darf. Im modernen Wirtschaftsleben ist dieses Zahlenbeispiel dennoch gar nicht so weit hergeholt. Beispielsweise muß in Architektenwettbewerben sehr viel Vorarbeit geleistet werden, bevor man ein fertiges Konzept vorstellen kann und eventuell einen Auftrag bekommt. Diese <u>hohen Vorleistungen sind verloren, wenn man nicht den Zuschlag für den Bau des Projektes bekommt und wirken insofern genauso wie ein hohes Startgeld</u>. Ähnliche Wirkungen hat es auch, wenn beispielsweise Wagniskapitalgesellschaften nur bereit sind, neu gegründete Firmen zu finanzieren, wenn der Firmengründer selbst sein gesamtes Privatvermögen als Sicherheit einbringt. Dies ist im Grunde genommen ebenfalls ein solcher Starteinsatz. Selbst wenn das Privatvermögen des Unternehmensgründers im Vergleich zu dem notwendigen Gesamtkapital zur Realisierung der Neugründung nur sehr klein sein mag, stellt der Verlust des eingesetzten Privatvermögens für den Unternehmensgründer doch einen nicht zu vernachlässigenden Kostenfaktor dar, was ihm wiederum einen ausreichenden Anreiz liefert, um alle seine Anstrengungen auf den Erfolg des Unternehmens auszurichten.

Auf die Unternehmenssituation übertragen bedeutet dies analog, daß eine Vergrößerung der Einkommensspreizung auch erreicht werden kann, indem das Einkommen des Verlierers im Vergleich zum Einkommen des Gewinners reduziert wird. So könnten beispielsweise in einem Unternehmen ein Geschäftsführer € 300.000 und ein stellvertretender Geschäftsführer € 100.000 erhalten, während in einem anderen Unternehmen der Geschäftsführer € 250.000 und der stellvertretende Geschäftsführer € 150.000 verdienen könnten. Die gesamte Vergütungssumme wäre die gleiche, aber die Spreizung wäre im ersten Unternehmen doppelt so groß wie im zweiten Unternehmen. Dem zweiten Unternehmen würden also keine Zusatzkosten entstehen, wenn es das erstgenannte Gehaltsschema verwenden würde, und dennoch könnte es höhere Anstrengungsniveaus der Arbeitnehmer induzieren. Natürlich sind höhere Anstrengungsniveaus bei den Arbeitnehmern unbeliebter, so daß ein Teil der aus den zusätzlichen Anstrengungen resultierenden Gewinne dafür verwendet werden müßte, das durchschnittliche Gehaltsniveau zu verbessern, um den Arbeitnehmern so eine Kompensation für ihre höheren Anstrengungen zu bieten, da sie ansonsten nicht bereit wären, unter solchen Bedingungen zu arbeiten.

> **Zur Diskussion...**
>
> Die Erkenntnis, daß Störgrößen und Zufälle im Produktionsprozeß die optimale Gehaltsstruktur beeinflussen, hat auch Implikationen für die Gehaltsstruktur im Vergleich von Branchen oder Ländern.
>
> Nehmen wir beispielsweise den Unterschied zwischen den USA und Deutschland. Seit langem wird in der Öffentlichkeit diskutiert, daß die Gehaltsstruktur in Deutschland sehr viel komprimierter ist als in den USA. Die Differenz zwischen den Einkommen von Top-Managern und dem Gehalt von normalen Produktions-

1. Grundlegende Erkenntnisse der Tournament-Theorie

arbeitern ist in Deutschland sehr viel geringer als in den USA.[41] Häufig wurde dies als reiner Luxus oder als Ausdruck von Machtverhältnissen und mangelnden Kontrollmöglichkeiten durch Aufsichtsgremien interpretiert. Obwohl wir diese Gründe nicht vollständig ausschließen können, resultiert aus unseren bisherigen Überlegungen aber zumindest eine alternative Erklärung. Die größeren Einkommensspreizungen in U.S.-amerikanischen Unternehmen könnten gemäß unserer Analysen auch darauf zurückzuführen sein, daß aus der Perspektive der betroffenen Manager die Aufstiegsbedingungen in amerikanischen Unternehmen riskanter sind als in deutschen. Beförderungen könnten in amerikanischen Unternehmen beispielsweise mehr von Zufallsfaktoren abhängen als in deutschen Unternehmen. Dies könnte auf mehrere eng miteinander zusammenhängende Gründe zurückzuführen sein: Beförderungen gehen in deutschen Unternehmen üblicherweise langsamer vonstatten als in amerikanischen Unternehmen. Während es in amerikanischen Unternehmen keine Seltenheit ist, daß das Top-Management mit 40-Jährigen oder gar 30-Jährigen besetzt ist, müssen deutsche Führungsnachwuchskräfte sehr viel länger darauf warten, eine solche Position zu erreichen. Bevor deutsche Führungsnachwuchskräfte tatsächlich ins Top-Management vordringen, haben sie eine langjährige Karriere in den unterschiedlichsten Positionen hinter sich, so daß es bis zu diesem Zeitpunkt sehr klare und eindeutige Signale für ihre Produktivität gibt. Zufallseinflüsse und Meßfehler sind eher gering, da diese sich über eine Vielzahl von Projekten und Beobachtungsinstanzen hinweg ausgleichen. In U.S.-amerikanischen Unternehmen werden die Entscheidungen über eine Beförderung in das Top-Management früher und schneller getroffen, so daß Zufallseinflüsse eine sehr viel größere Rolle spielen. Wenn Beförderungen in U.S.-amerikanischen Unternehmen aber in höherem Maße durch Zufälle beeinflußt sind, dann müssen nach unseren obigen Analysen die Unternehmen versuchen, den die Anstrengungen bremsenden Effekt der Zufälle

---

[41] 1991 betrug das durchschnittliche Gehalt eines deutschen Geschäftsführers ungefähr das 24fache eines normalen Arbeiterlohnes, während ein amerikanischer CEO ca. 109mal soviel verdiente wie ein Arbeiter (aus: „Executive Pay May Be Subject to New Scrutiny". In: The Wall Street Journal vom 16.5.1991).

über eine größere Einkommensspreizung auszugleichen. Im Ergebnis kann sich dies eben beispielsweise in einer größeren Gehaltsspanne zwischen Top-Managern und einfachen Arbeitnehmern in den USA im Vergleich zu Deutschland niederschlagen. Dies bedeutet nun aber nicht, daß die Strategie der deutschen Unternehmen irrational ist, da sowohl hohe als auch niedrige Einkommensspreizungen ökonomisch effizient sein können. Die unterschiedlichen Gehaltsstrukturen können in diesem Sinne sowohl bei amerikanischen als auch bei deutschen Unternehmen die jeweils beste Antwort auf die länderspezifischen Rahmenbedingungen und die daraus resultierenden Zufallseinflüsse im Beförderungsgeschehen sein.

Eine ähnliche Argumentation ergibt sich beim Vergleich von modernen innovativen und aussterbenden Branchen. Wenn unkalkulierbare Zufälle in neuen innovationsstarken Branchen eine größere Rolle spielen und die individuelle Leistung stärker beeinflussen als in alteingesessenen, sich kaum noch ändernden Branchen, dann ist zu erwarten, daß die Gehaltsstrukturen in den sehr innovativen Branchen tendenziell größere Spreizungen aufweisen als in alteingesessenen Branchen. Dies bedeutet beispielsweise, daß Neugründungen und Hightech-Unternehmen aufgrund ihrer Neuheit und den damit implizierten Unvorhersehbarkeiten eine differenziertere Gehaltsstruktur aufweisen als ältere Unternehmen in Traditionsbranchen.

Für Unternehmen ist es also wichtig, in Erinnerung zu behalten, daß die Festlegung einer Gehaltsstruktur unterschiedliche Auswirkungen haben kann, je nach dem Ausmaß an Zufälligkeiten des zugrundeliegenden Produktionsprozesses. Eine bestimmte Gehaltsspreizung kann in einem Unternehmen I völlig andere Effekte haben als in einem Unternehmen II. Wenn in Unternehmen I beispielsweise der Produktionsprozeß durch größere Zufälligkeiten bestimmt ist als in Unternehmen II, dann resultiert in Unternehmen I bei gleicher Gehaltsspreizung ein geringeres Anstrengungsniveau. Wenn ein Unternehmen sich also in einer stärker durch Zufälle geprägten Situation befindet, muß es eine größere Gehaltsspreizung etablieren, wenn es unter seinen Arbeitnehmern ein vergleichbares Anstrengungsniveau realisieren will.

1. Grundlegende Erkenntnisse der Tournament-Theorie

Beispiel: Architekten und Produktentwicklung

Alles-oder-Nichts-Turniere, bei denen die Arbeit des Verliererteams im Papierkorb landet und nur die Ergebnisse des Gewinnerteams genutzt werden, scheinen auf den ersten Blick unnütz. In der Praxis kann man allerdings viele Beispiele für solche Turniere finden. Es ist beispielsweise üblich, einen Wettbewerb auszuschreiben, um den besten Entwurf für ein neues Gebäude zu finden. Der Berliner Reichstag und das Holocaust Mahnmal sind nur zwei der hochrangigen Beispiele für den erfolgreichen Einsatz solcher Turniere. Typischerweise muß jeder Architekt, der an einem Turnier teilnimmt, ein Design entwickeln und ein Modell bauen, daß seine Vorstellungen illustriert. Natürlich wird letztlich nur die Arbeit des Gewinners genutzt, und nur der Gewinner erhält einen Preis. Diese scheinbar unsinnige Praktik überlebt, weil solche Turniere der effiziente Weg sind, überragende Entwürfe zu erreichen. Die Kosten des Entwurfs und des Modellbaus sind vernachlässigbar gering im Vergleich zu den Kosten der Realisierung des Gebäudes. Wenn das Turnier auch nur zu einem geringfügig besseren Gebäude führt, ist es somit die Zusatzkosten wert. In einigen Fällen ist der Abstand zwischen dem Top-Entwurf und dem zweitbesten Design immens – es kann sich um den Unterschied zwischen einem Meisterwerk und einem Durchschnittsbau handeln.

Architektur ist nicht der einzige Bereich, in dem Turniere zum Einsatz kommen. Weniger explizite Turniere findet man zum Beispiel auch in der Produktentwicklung. Ein Unternehmen, das ein neues Produkt auf den Markt bringen will, hat häufig mehrere Teams, die unabhängig voneinander das gleiche Produkt konstruieren oder ein Design entwerfen. Auch hier wird letztendlich nur ein Entwurf verwendet. Obwohl in diesem Beispiel natürlich alle Teams vom Unternehmen ein Gehalt bekommen, wird das Gewinnerteam doch durch einen zusätzlichen Bonus oder eine Beförderung belohnt.

Heutzutage sind viele Hightech-Unternehmen einem intensiven Wettbewerb ausgesetzt, was es den Unternehmen ermöglicht, die Qualität der Arbeit der Entwicklungsteams durch den Vergleich ihrer Produkte mit denen der Konkurrenz zu beurteilen. Als beispielsweise IBM noch fast eine Monopolstellung in der

Computerbranche hatte, war es schwierig, die Arbeit der Entwicklungsteams einzuschätzen. Um dieses Problem zu bewältigen, setzte IBM gewöhnlich zwei Teams auf das gleiche Projekt an. Beide Teams versuchten zu gewinnen, indem sie sich bemühten, so schnell wie möglich das überlegene Produkt zu entwickeln. Ein Beispiel hierfür ist die Entwicklung der 4300er Serie. Zwei konkurrierende Teams mit identischen Zielvorgaben wurden an unterschiedlichen Orten der Welt plaziert. Eins arbeitete in Böblingen, das andere in Endicott. Letztlich wurde der Entwurf aus Endicott verwendet, um das Modell 4341 zu bauen, während die Arbeit aus Böblingen bei der Konstruktion des Modells 4331 zum Einsatz kam. Beide Teams entwickelten Maschinen nach genau gleichen Spezifikationen; dementsprechend war der Nutzen des Einsatzes von zwei Teams wahrscheinlich minimal. Der wirkliche Wert des Turniers bestand darin, einen Anreiz zu schaffen, die Maschine so schnell wie möglich zu entwickeln.

2. Zur Implementation von Leistungsturnieren mit Hilfe von Organigrammen

Die Grundprinzipien der Tournament-Theorie sind, wie wir gesehen haben, sehr einfach.

Erstens: Je größer die Einkommensspreizung, desto größer die Gewinnerprämie und desto größer die Anstrengungen der Arbeitnehmer.

Zweitens: Je größer Zufallseinflüsse und Meßfehler bei der Bestimmung des Gewinners, desto weniger effektiv ist ein Leistungsturnier bzw. desto geringer sind die Anstrengungen der Arbeitnehmer.

Obwohl diese Grundsätze sehr leicht zu verstehen sind und unmittelbar einleuchten, stellt sich dennoch die Frage, wie sie in der Realität der betrieblichen Personalpolitik umgesetzt werden können. Insbesondere stellt sich natürlich die Frage, wie entschieden werden kann, ob ein Unternehmen eine angemessene bzw. eine für seine Situation unangemessene Gehaltsstruktur aufweist. Erste Anhaltspunkte hierüber liefert die Analyse von Organigrammen. Ein solches ist in Abbildung 4.1 dargestellt.

Abbildung 4.1: Beispiel einer Gehaltsstruktur

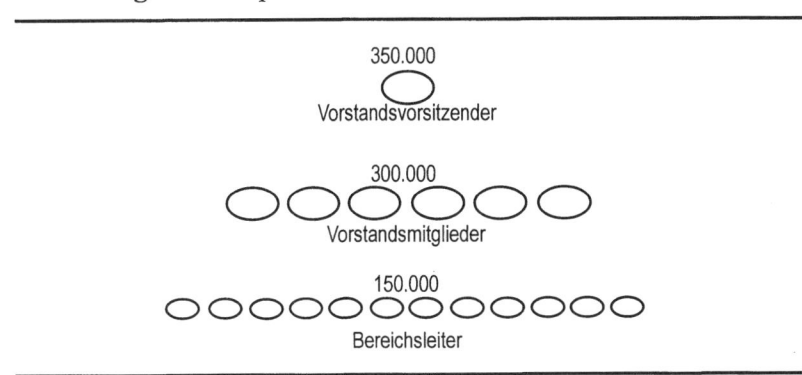

Gehaltssprünge zwischen verschiedenen Ebenen im Vergleich

In der Abbildung sind die obersten drei Ebenen einer Unternehmenshierarchie dargestellt. Der Vorstandsvorsitzende verdient € 350.000 pro Jahr, sechs weitere Vorstandsmitglieder verdienen jeweils € 300.000 im Jahr und 12 Bereichsleiter verdienen jährlich € 150.000. Wenn jedes normale Vorstandsmitglied über die gleichen Fähigkeiten und Ambitionen verfügt, dann hat auch jeder die gleiche Chance (1/6), auf die Position des Vorsitzenden befördert zu werden. Der Einkommenszugewinn, der mit einer Beförderung zum Vorstandsvorsitzenden verbunden ist, beträgt € 50.000 pro Jahr, so daß jedes normale Vorstandsmitglied mit einer Wahrscheinlichkeit von 1/6 den Gewinnzuwachs von € 50.000 erhält.

Betrachten wir nun die nächste Hierarchiestufe. Auf dieser Ebene gibt es 12 Bereichsleiter, die für die 6 Vorstandspositionen in Frage kommen. Die Wahrscheinlichkeit eines Bereichsleiters, in den Vorstand befördert zu werden, liegt bei jeweils 50%. Dabei steigt das Einkommen von € 150.000 auf € 300.000 pro Jahr, so daß die Bereichsleiter mit einer 50prozentigen Wahrscheinlichkeit einen Einkommensgewinn von € 150.000 pro Jahr realisieren können (wobei natürlich weniger die allgemeine Wahrscheinlichkeit einer Beförderung relevant ist, als vielmehr der Einfluß von individuellen Anstrengungen auf die Veränderungen dieser Wahrscheinlichkeit). Dennoch wird man sagen können, daß in einer Gehaltsstruktur wie der in Abbildung 4.1 wiedergegeben, die Vorstände durch die Aussicht auf eine „Beförderung" zum Vorstandsvorsitzenden weniger motiviert werden können als die Bereichsleiter durch die Aussicht auf die Beförderung in den Vorstand. Würde man ein Beratungsunternehmen, das mit unserem Analyseinstrumentarium umzugehen weiß, in ein solches Unternehmen hineinholen, würde es mit einem schnellen Blick auf die hierarchische Struktur feststellen, daß auf einer der drei Ebenen etwas nicht stimmt. Entweder man kommt zu dem Schluß, daß der Vorstandsvorsitzende unterbezahlt ist oder daß die normalen Vorstandsmitglieder überbezahlt sind.

Asymmetrische Gehaltsstrukturen

Es gibt darüber hinausgehend aber noch weitere Aspekte der Anreizstruktur, die man durch die Betrachtung einfacher Diagramme von Unternehmenshierarchien ableiten kann (vgl. Abb. 4.2).

Die beiden treppenförmigen Linien repräsentieren die Gehaltsstruktur, die in zwei unterschiedlichen Unternehmen beobachtet werden konnten. Wenn man sich die Linien anschaut, fallen zwei Charakteristika sofort ins Auge. Erstens weist Gehaltsstruktur II größere Gehaltsspreizungen auf als Gehaltsstruktur I. Dies kommt dadurch zustande, daß in der Gehaltsstruktur II die Eingangsgehälter deutlich niedriger sind und gleichzeitig die Spitzengehälter über denen der Gehaltsstruktur I liegen.

Abbildung 4.2: Zwei Kompensationsstrukturen

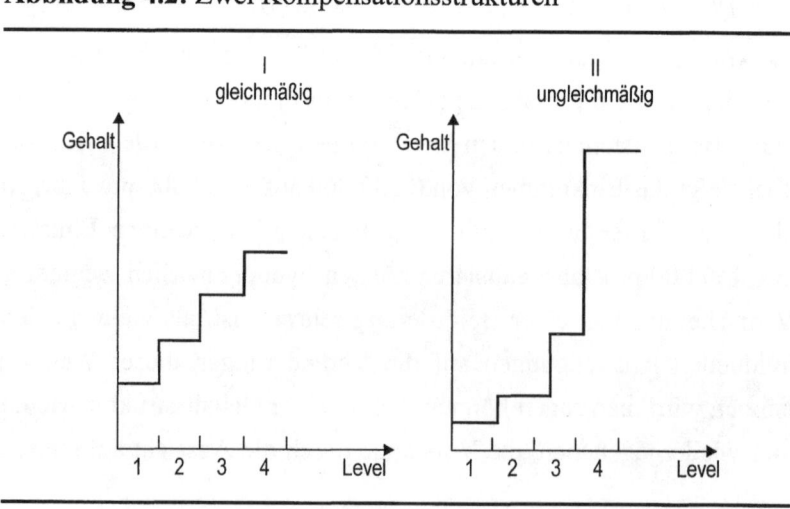

Zweitens beobachten wir, daß die Gehaltssprünge in Gehaltsstruktur I immer gleichmäßig sind, während sie in Gehaltsstruktur II von Stufe zu Stufe variieren. In Gehaltsstruktur I ist der Sprung von der ersten auf die zweite Stufe nahezu identisch mit dem Sprung von der zweiten auf die dritte oder von der dritten auf die vierte Stufe. In Gehaltsstruktur II dagegen ist der Sprung von der ersten auf die zweite Stufe noch sehr klein, von der zweiten auf die dritte Stufe ist er schon fast doppelt so groß und von der dritten auf die vierte Stufe ist er um ein Mehrfaches größer. In der Realität sind die Gehaltstrukturen typischerweise näher an Gehaltsstruktur II, so daß sich an dieser Stelle die Frage stellt, wie dies zu begründen ist. Es gibt eine Vielzahl von Erklärungen für die großen Gehaltssprünge am oberen Ende der Hierarchie. Eine Möglichkeit ist, die höheren Einkommen auf den obersten Stufen mit den damit verbundenen höheren Risiken und Anforderungen zu erklären; hierauf kommen wir in späteren Kapiteln zurück. An dieser Stelle wollen wir uns auf Anreizwirkungen zur Erklärung solcher asymmetrischen Strukturen konzentrieren. Für eine anreizorientierte Erklärung können wir wiederum auf die Metapher des Tennisturniers zurückgreifen. Wenn ein Spieler das Viertelfinale gewinnt, hat er damit zwei Dinge erreicht: Erstens hat er sich damit den Gewinn des Viertelfinalpreises gesichert und zweitens die Chance erarbeitet, an der nächsten Runde des Turniers teilnehmen zu können. Wenn er in der nächsten Runde auch das Halbfinale gewinnt, dann hat er sich damit nicht nur den Halbfinalpreis gesichert, sondern auch die Möglichkeit erkämpft, im Finale zu spielen. Diese zusätzlichen Möglichkeiten sind natürlich sehr wertvoll, da mit ihnen eine gewisse Wahrscheinlichkeit auf den Gewinn des ersten Preises verbunden ist. Genau genommen ist es also möglich, daß Individuen sich selbst in einem Viertelfinale, in dem der Gewinner und der Verlierer die gleichen Preise bekommen, dennoch hart anstrengen, da nur der Gewinner in der nächsten Runde mitspielen darf. Es ist also der Optionswert der nächstfolgenden Runde, der einen Anreiz liefert, sich in der ersten Runde anzustrengen. Wenn dann schließlich das Endspiel erreicht ist, gibt es keine weiteren Optionswerte mehr. Der erste Platz eines Turniers ist also das Ende dieser Kette. Alles, was sich der Gewinner auf dieser Stufe erhoffen kann, ist der Gewinn des ersten Platzes mit der entsprechenden Siegprämie. Deshalb muß es hier einen größeren Unterschied zwischen Gewinner und Verlierer geben.

Dieser Gedanke kann nun wieder auf die Unternehmenssituation übertragen werden. Wenn ein Arbeitnehmer vom einfachen Sachbearbeiter zum Gruppenleiter befördert wird, dann bringt ihm dies nicht nur das höhere Gehalt des Gruppenleiters, sondern es gibt ihm auch die Chance, um den nächsthöheren Arbeitsplatz zu konkurrieren. Das heißt, die Beförderung hätte selbst dann einen Wert für ihn, wenn das Gehalt eines einfachen Angestellten genau identisch wäre mit dem eines Gruppenleiters. Je weiter ein Arbeitnehmer in der Hierarchie nach oben vorangekommen ist, desto weniger Beförderungschancen hat er noch. Der Optionswert einer Beförderung sinkt deshalb mit zunehmender Hierarchiestufe. In der allerletzten Runde bekommt der Gewinner des Beförderungsturniers das Gehalt des Vorstandsvorsitzenden. Vorstandsvorsitzender zu werden bringt also keine zusätzlichen Optionswerte mehr mit sich. So gesehen müßte das gesamte Preisgeld in das Gehalt des Vorstandsvorsitzenden eingehen, da Individuen auf der darunter liegenden Stufe sich nicht mehr aufgrund zusätzlicher Optionen anstrengen, die mit einer Beförderung einhergehen, sondern aufgrund des Einkommenszuwachses, den die nächste Beförderungsstufe mit sich bringt, da die Ernennung zum Vorstandsvorsitzenden das Ende der Karriereleiter darstellt. Es mögen sich darüber hinausgehend zwar noch weitere Möglichkeiten eröffnen[42], die aus der Sicht des Unternehmens aber allenfalls eine geringe Bedeutung haben können, da es hierauf nicht die gleichen Einflußmöglichkeiten hat, wie auf die Gestaltung seiner Einkommensstruktur. Aufgrund anreiztheoretischer Überlegungen gibt es also gute Gründe, die Gehaltsstruktur eines Unternehmens asymmetrisch (größere Gehaltssprünge am oberen Ende der Karriereleiter) zu gestalten.

Gibt es dennoch Unternehmen, die eine symmetrische Gehaltsstruktur gemäß Modell I in Abbildung 4.2 verwenden, ist die Wahrscheinlichkeit groß, daß solche Unternehmen andere Instrumente zur Motivation ihrer Arbeitnehmer verwenden, wie z.B. Umsatzbeteiligungen und andere Anreizinstrumente, die auf absoluten Leistungsmaßen basieren. Dagegen werden Unternehmen, die ihre Arbeitnehmer nach relativen Leistungsmaßen entlohnen wollen, eher asymmetrische Gehaltsstrukturen gemäß Modell Nr. II verwenden.

---

[42] Vgl. ROSEN (1986).

3. Empirische Befunde zur Effektivität von Leistungsturnieren

Grundsätzlich ist es schwierig, die Effekte von turnierähnlichen Gehaltsstrukturen auf die Arbeitsanstrengungen nachzuweisen. Da Turniere als Leistungsanreize insbesondere dort notwendig sind, wo weder die Arbeitsanstrengungen noch die Outputs einfach zu beobachten oder zu messen sind (wenn Anstrengungen oder Outputs leicht zu beobachten wären, dann gäbe es keinen Grund auf relativen Leistungen basierende Anreizschemata zu verwenden). Dennoch gibt es einige wenige Bereiche, in denen die Effekte sehr deutlich empirisch nachgewiesen werden konnten. Ein großes empirisches Feld eröffnet sich im Bereich des professionellen Sports. Mittlerweile gibt es eine Vielzahl von Studien, die den Einfluß der Höhe und Struktur von Gewinnprämien auf den Ausgang eines Wettbewerbs untersucht haben. Eine klassische Studie geht auf EHRENBERG und BOGNANNO (1990) zurück, die den Einfluß der Prämienstruktur im professionellen Golfsport auf den Ausgang von Golfturnieren untersucht haben. Die Ergebnisse einer Analyse der Professional Golfers' Association belegen sehr deutlich die Erklärungskraft der Tournament-Theorie. Dies mag insbesondere Sportbegeisterte erstaunen, da man doch annehmen würde, daß Golfer in jedem Turnier gleichermaßen maximale Anstrengungen unternehmen, um die besten Ergebnisse zu erzielen. Im Gegensatz dazu können Ehrenberg und Bognanno zeigen, daß ein Golfer typischerweise bessere durchschnittliche Scores auf dem gleichen Kurs realisiert, wenn die Differenz zwischen der Gewinnerprämie und der Verliererprämie besonders groß ist. Wenn für einen Golfer besonders viel auf dem Spiel steht, ist seine Konzentration und Leistungsfähigkeit offensichtlich durchaus noch steigerbar, so daß in Turnieren mit großen Prämiendifferenzen typischerweise bessere Scores beobachtet werden.

Es gibt aber mittlerweile auch Studien, die Unternehmensdaten verwenden, um die Tournament-Theorie zu testen. So haben DRAGO/GARVEY (1997) geeignete Daten australischer Unternehmen analysieren können. Sie können zeigen, daß das Anstrengungsniveau steigt und der Absentismus sinkt, wenn Unternehmen größere Einkommenssprünge bei Beförderungen aufweisen. Sie schließen daraus, daß die Arbeitnehmer den Wert der großen Einkommenssprünge hoch schätzen und deshalb mit einer größeren Wahrscheinlichkeit ihre Arbeit anforderungsgemäß erfüllen.

Fallstudie: Turniere in Anwaltskanzleien

Die für viele Anwaltskanzleien typischen Up-or-Out-Beförderungsturniere sind ein weiteres gutes Beispiel für den Erklärungsgehalt der Tournament-Theorie. Der Sprung vom Angestellten zum Partner (dem wichtigsten Rang in der Unternehmenshierarchie) beinhaltet eine Vielzahl an Belohnungen: doppeltes Gehalt, ein größeres Büro, eine eigene Sekretärin, etc. Natürlich macht die Kanzlei nur eine bestimmte Zahl von Anwälten zu Partnern. Diese Zahl ist typischerweise geringer als die Zahl der um diese Positionen Konkurrierenden. Die, die nicht befördert werden, sind angehalten, die Kanzlei zu verlassen. Die Zahl der Beförderungen, die Größe der Belohnung und der Preis des Versagens induzieren eine Wettbewerbssituation, die die Anwälte dazu motivieren soll, ihr Bestes für die Kanzlei zu geben.

Winston und Strawn, eine Anwaltskanzlei in Chicago, kreierte einen neuen Rang in der Karriereleiter: den Einkommenspartner. Der Einkommenspartner verdient zwischen $100.000 und $200.000 pro Jahr - dies liegt ungefähr in der Mitte zwischen dem Gehalt eines Juniorpartners und eines Angestellten. Diese Partner dürfen Gutachten unterschreiben, eigenständige Geschäfte tätigen und andere Aktivitäten erledigen, die sonst nur den normalen Partnern erlaubt sind. Der einzige Unterschied besteht darin, daß sie als Angestellte entlohnt werden, also nicht an den Nettogewinnen beteiligt sind. Diejenigen Einkommenspartner, die in der Lage sind, sich von den anderen positiv abzuheben, indem sie eine beachtliche Zahl an neuen Klienten für die Kanzlei gewinnen, werden zu Partnern befördert. Diejenigen, die das nicht schaffen, dürfen als Einkommenspartner bleiben.

Was sind die Anreizwirkungen dieses neuen Schemas? Die Beförderungen zum Einkommenspartner sind begrenzt und bringen eine Zuwachs an Verantwortung und Prestige mit sich. Darüber hinaus eröffnen sie die Möglichkeit, zum vollwertigen Partner befördert zu werden. Allerdings ist der Preis des Versagens gesunken: talentierte Anwälte, die keine neuen Klienten anwerben können, werden nicht mehr entlassen. Während die Anreizstruktur geschwächt wird, wird die Notwendigkeit berücksichtigt, daß man sowohl theoretisch talentierte Anwälte als auch solche Anwälte benötigt, die neue Klienten anwerben können, um in einem wettbewerbsintensiven Umfeld bestehen zu können - der Einkommenspartner repräsentiert einen effektiven Kompromiß.

Quelle: S. Torry: Economics Pushes Some Firms to Tiers. In: Washington Post vom 4. März 1996: pF7.

Schließlich gibt es auch eine Vielzahl von Laborexperimenten, die an Universitäten mit Hilfe von Studierenden als Untersuchungsgruppe durchgeführt wurden. In solchen Laborsituationen wird versucht, die Bedingungen von Leistungsturnieren experimentell herzustellen, indem über die Auslobung von Preisen das Verhalten von Studierenden in Rollenspielen beeinflußt wird. Dabei zeigt sich, daß unterschiedliche Preisstrukturen in der Tat mit unterschiedlichen Anstrengungsniveaus einhergehen, wobei die Variation der Anstrengungen in Übereinstimmung mit den Erkenntnissen der Tournament-Theorie steht. Wenn die Spreizung zwischen der Gewinnerprämie und der Verliererprämie vergrößert wird, dann unternehmen die Studierenden größere Anstrengungen um zu gewinnen. Gleichzeitig zeigt sich, daß die Studierenden in solchen Spielen sehr schnell lernen, auf unterschiedliche Preisstrukturen rational zu reagieren. Das Anstrengungsniveau, das die einzelnen Studierenden bei einer gegeben Preisstruktur wählen, konvergiert sehr schnell gegen die Anstrengungsniveaus, die die Tournament-Theorie vorhersagen würde.[43]

4. Weitere Probleme der Implementation von Leistungsanreizen

4.1 Absolute versus relative Leistungsbeurteilung

Typische Beispiele für Gehaltszahlungen auf der Basis von absoluter Leistungsbeurteilung sind Akkordlöhne oder einfache Umsatzbeteiligungen. Der Lohn eines Akkordarbeiters steigt proportional zu der von ihm produzierten Stückzahl. Ein Außendienstmitarbeiter erhält Gehaltssteigerungen proportional zu den von ihm erbrachten Umsätzen. Im Gegensatz dazu basieren Einkommenssteigerungen im Zuge von Beförderungen auf relativen Leistungsbeurteilungen, d.h. solche Entlohnungssy-

---

[43] BULL, SCHOTTER und WEIGELT (1987).

steme schaffen Anreize, indem sie einen Wettbewerb (entweder explizit oder implizit) zwischen unterschiedlichen Arbeitnehmern einer Organisation erzeugen. Beide Arten von Lohnbemessungssystemen sind in der Lage, Anreize für individuelle Anstrengungen zu schaffen. Beide haben sowohl Vor- als auch Nachteile, so daß sich die Frage stellt, unter welchen Bedingungen relative gegenüber absoluten Gehaltsbemessungsgrundlagen vorgezogen werden sollten? Anreize, die auf Beförderungen und damit relativen Leistungsbeurteilungen basieren, haben zwei Vorteile gegenüber Anreizen, die auf absoluter Leistungsbeurteilung beruhen.

Kosten der Leistungsmessung

Erstens ist es häufig einfacher, die relative Leistungsfähigkeit einzuschätzen, als eine absolute Schätzung der Leistung vorzunehmen. Um dies zu verdeutlichen, können wir mit einem ganz einfachen Beispiel aus einem klassischen Produktionsbereich beginnen. Nehmen wir den Fall eines Bergarbeiters, der jeden Morgen in die Kohlegrube einfährt, um Kohle abzubauen. Wenn die Bergarbeiter leistungsabhängig entlohnt werden sollen, dann könnten sie auf der Basis der pro Tag geförderten Kohle bezahlt werden. Eine Möglichkeit, diese zu messen, wäre das Aufstellen einer Waage am Ausgang des Schachtes, auf der jede ausgebrachte Lore jedes Arbeitnehmers gewogen, aufgezeichnet und am Ende des Tages aufaddiert werden würde. Die Bergarbeiter könnten dann proportional zu dem Gewicht der von ihnen geförderten Kohle entlohnt werden. Eine andere, sehr viel einfachere Möglichkeit wäre es, einfach nur die Ausbringungsmengen der Bergarbeiter zu vergleichen, indem die Höhe der von ihnen geförderten Kohlehaufen verglichen wird. Der Bergarbeiter mit dem größten Kohlehaufen würde den ersten Preis, d.h. die größte Prämie bekommen, der mit dem kleinsten Kohlehaufen würde allenfalls einen Trostpreis erhalten. Diese Methode hätte sicher den Vorteil, daß sie einfacher und kostengünstiger wäre. Die Ersparnis von Meßkosten kann ein wichtiger Grund für die Verwendung von relativen Leistungsbeurteilungen sein. In dem hier genannten Beispiel ist die Kostendifferenz wahrscheinlich nicht besonders groß. Es gibt aber sicherlich eine Vielzahl anderer Fälle, bei denen die Kostendifferenz sehr schnell unertragbare Größenordnungen annehmen kann, insbesondere bei der Messung der Leistungen von Führungskräften.

4. Weitere Probleme der Implementation von Leistungsanreizen

Oft ist es in diesem Bereich sogar schon schwierig, den Output überhaupt zu definieren, geschweige denn zu messen. Nehmen wir als Beispiel zwei Manager in der Informationssystem-Abteilung eines großen Unternehmens. Natürlich hat der Output dieser zwei Manager etwas damit zu tun, daß die richtigen Informationen an der richtigen Stelle, zum richtigen Zeitpunkt und auf effiziente Weise zur Verfügung gestellt werden. Dennoch werden die Art der Informationsbedürfnisse und die daraus abzuleitenden Programmierungsanforderungen so stark variieren, daß es nahezu unmöglich ist, im voraus einen objektiv meßbaren Output zu definieren. Unter solchen Umständen können dann Beförderungen als relatives Leistungsbeurteilungsinstrument eine sehr gute Grundlage für Gehaltsanreize darstellen. Es mag dann immer noch schwierig sein festzustellen, was ein einzelnes Individuum an Output geleistet hat, aber es kann trotzdem vergleichsweise einfach sein festzustellen, daß das, was Herr Müller leistet, besser ist, als das, was Herr Schulze leistet. Wenn also relative Leistungsvergleiche einfacher sind, haben Beförderungen als Anreizinstrument Vorteile gegenüber absoluten Leistungsmaßstäben.

Das Problem der Zufallseinflüsse

Zweitens weisen Beförderungen und relative Leistungsmaßstäbe insofern einen Vorteil auf, als sie den Einfluß von Zufällen ausschalten können. Dies gilt immer dann, wenn davon auszugehen ist, daß die einen Produktionsprozeß beeinflussenden Zufallsgrößen alle Individuen gleichermaßen treffen. Wenn beispielsweise die Leistungen eines Abteilungsleiters in einem Handelsunternehmen beurteilt werden sollen, dann hängen die Verkaufsumsätze sicherlich von seinen eigenen Verkaufsanstrengungen ab, sie werden aber möglicherweise genauso stark von Witterungsbedingungen und der damit zusammenhängenden Kauflust der Kunden beeinflußt. Allerdings wirken diese Zufallseinflüsse gleichermaßen auf das Verkaufsergebnis von Abteilungsleitern an unterschiedlichen Standorten eines Handelsunternehmens. Um den Einfluß dieser Zufälle zu reduzieren, bietet es sich also an, nicht die absoluten Verkaufserlöse als Grundlage für Gehaltsbemessungen heranzuziehen, sondern einen Vergleich der Verkaufsergebnisse als Grundlage für Einkommensanreize zu verwenden. Wenn also Beförderungen auf der Basis von relativen Leistungsvergleichen ausgesprochen werden, können alle gemeinsamen Zufallseinflüsse ausgeschaltet werden, so daß daraus resultierend die Anreize verbessert werden.

Die Zahl der Beispiele ließe sich beliebig erhöhen. Wann immer die Produktionsbedingungen sehr stark variieren und außerhalb der Kontrolle und Einflußmöglichkeiten eines individuellen Arbeitnehmers liegen, spielen Glück oder Pech eine große Rolle und reduzieren damit individuelle Anreize. Beförderungen auf der Basis von relativen Leistungsvergleichen können in solchen Zusammenhängen ein sehr gutes Mittel sein, um diesen Effekt zu umgehen. Immer dann, wenn die Rahmenbedingungen und Zufallseinflüsse für einen Arbeitnehmer von Nachteil sind, dann werden sie tendenziell auch für die anderen Arbeitnehmer in den gleichen Arbeitszusammenhängen nachteilig sein. Wenn das Unternehmen nun einfach den besten Arbeitnehmer aus einer solchen Gruppe heraus befördert, hat das Pech, daß die Umweltbedingungen in einer betrachteten Periode schlecht waren, keinen Einfluß auf die Belohnung jedes einzelnen Arbeitnehmers. Vielmehr übernimmt das Unternehmen durch die relative Leistungsmessung das durch die Umwelt bedingte Risiko und hält damit zumindest die gemeinsamen Zufälligkeiten als Risikofaktor von der Belohnungsstruktur des Individuums fern. Dadurch wird die Anreizwirkung eines solchen Belohnungsinstrumentes, wie wir im vorhergehenden Abschnitten gelernt haben, verbessert.

4.2 Objektive versus subjektive Leistungsindikatoren

Es sind aber nicht nur Zufälligkeiten des Produktionsprozesses, die durch relative Leistungsvergleiche ausgeschaltet werden können, sondern auch Zufälligkeiten in der Messung der Leistung. Dies kann insbesondere bei subjektiven Leistungsbeurteilungen durch Vorgesetzte bedeutsam sein. Angenommen, alle Arbeitnehmer eines Unternehmens werden auf der Basis von jährlichen Evaluationen entlohnt, die durch die unmittelbaren Vorgesetzten durchzuführen sind. Ein Arbeitnehmer, der das Glück hat, einen wohlwollenden Vorgesetzen „gezogen" zu haben, würde sehr gute Benotungen bzw. sehr hohe Punktzahlen erreichen und entsprechend hohe Einkommenszuwächse genießen. Hätte der gleiche Arbeitnehmer aber das Pech gehabt, einem anderen Abteilungsleiter zugeordnet zu sein, der immer sehr viel unzufriede-

4. Weitere Probleme der Implementation von Leistungsanreizen

ner ist und sehr viel strengere Maßstäbe anlegt, würde er mit sehr viel schlechteren Noten und damit deutlich geringeren Einkommenszuwächsen leben müssen. Die Leistung des Individuums wäre in beiden Fällen identisch, aber die Belohnung würde sich aufgrund der subjektiven Beurteilungsmaßstäbe der Vorgesetzten deutlich unterscheiden. Solche Zufallseinflüsse auf das individuelle Gehalt werden von risikoaversen Arbeitnehmern aber als großer Nachteil angesehen, so daß daraus negative Einflüsse auf die Anreizwirkung zu erwarten sind.

Auch hier besteht eine einfache Möglichkeit, das Problem zu umgehen, indem relative statt absoluter Leistungsbeurteilungen verwendet werden. So könnte beispielsweise jedem Vorgesetzten die Möglichkeit eingeräumt werden, für eine bestimmte Anzahl an Arbeitnehmern aus seiner Abteilung eine Beförderung auszusprechen. Selbst der strengste Vorgesetzte mit den schlechtesten Benotungen muß dann die vorgegebene Zahl an Arbeitnehmern für eine Beförderung vorschlagen. Das heißt, er müßte einzelne Arbeitnehmer auswählen, weil sie besser als andere Arbeitnehmer sind, auch wenn sie aus seiner Perspektive alle vergleichsweise schlecht arbeiten. Damit wird also nichts daran geändert, daß mancher Vorgesetzte immer noch denken mag, daß alle seine Arbeitskräfte besonders schlecht sind, es wird allerdings vermieden, daß sich diese pessimistische Einschätzung in den Gehältern der Arbeitnehmer negativ niederschlägt und daß damit die Zuordnung zu einem Vorgesetzten einer Gehaltslotterie gleichkommt.

Anhand des letztgenannten Beispiels müßte auch deutlich geworden sein, daß die Art und Weise, wie Leistungsturniere ausgestaltet sind, einen großen Einfluß auf die Anreizwirkungen ausübt. Im vorhergehenden Szenario würde beispielsweise der Zufallseinfluß des Vorgesetzten nicht ausgeräumt werden, wenn es dem Vorgesetzten freigestellt wäre, die Zahl der zu befördernden Arbeitnehmer selbst zu bestimmen. In diesem Fall würden die unterschiedlichen Bewertungsmaßstäbe der Vorgesetzten sich in einer entweder sehr hohen oder sehr geringen Zahl an Beförderungen niederschlagen und im Extremfall dazu führen, daß gar keine Beförderungen vorgenommen werden. Mit einer Regelung, die zwar auf relativen Leistungsvergleichen basieren soll, die aber die absolute Zahl der zu Befördernden offen läßt, entstehen die gleichen Probleme, wie bei absoluten Leistungsbeurteilungen. Der springende Punkt des vorhergehenden Szenarios ist also, daß den Vorgesetzten vorgeschrieben wird, wie viele Arbeitnehmer genau zu befördern sind. Dabei kann die Anzahl der je Abteilung zu befördernden Arbeitnehmer durchaus variieren, z.B. in Abhängigkeit von der relativen Produktivität einer Abteilung. Wichtig ist nur, daß der individuelle Vorgesetzte keine Spielräume hinsichtlich der Zahl der Beförderungen erhält. Sobald die Anzahl der Beförderungen von außen vorgegeben wird, sind die Zufälligkeiten durch die Zuordnung zu unterschiedlichen Vorgesetzten ausgeräumt.

Probleme von Bonuszahlungen

Das gleiche Argument läßt sich auch auf andere Entlohnungsformen übertragen, die auf relativen Positionsvergleichen basieren. Betrachten wir beispielsweise Bonuszahlungen als Anreizinstrument. Nehmen wir an, daß ein Unternehmen pro Jahr eine bestimmte Summe für Bonuszahlungen zur Verfügung stellt, aus denen Boni für besonders ausgewiesene Arbeitnehmer gezahlt werden können. Auch dann wird es wie im vorhergehenden Beispiel so sein, daß es Vorgesetzte gibt, die eher großzügig sind und eine Vielzahl an Arbeitnehmern für Bonuszahlungen vorschlagen, während es andere Vorgesetzte gibt, die eher kleinlich sind und allenfalls einer geringen Zahl an Arbeitnehmern Boni zukommen lassen.

Eine mögliche Lösung des Problems besteht darin, nicht eine unternehmensweite Bonussumme auszuweisen, sondern jedem einzelnen Vorgesetzten einen festen Bonusbetrag zuzuweisen. Zumindest ein Teil des Problems wäre somit gelöst, nicht aber das Grundproblem. Zwar hätten positive oder negative Grundstimmungen des Vorgesetzten keinen Einfluß mehr darauf, ob die Arbeitnehmer überhaupt einen Bonus bekommen, möglicherweise würde sich aber ein anderes Problem einschleichen. Vorgesetzte könnten dazu neigen, die Bonuszahlungen zu nivellieren, um so möglichst wenig Anlaß für Unzufriedenheit und Beschwerden zu liefern. Im Extremfall könnte ein Vorgesetzter – sowohl positiver als auch negativer Grundstimmung – einfach nur den gesamten Bonusbetrag gleichmäßig auf alle Arbeitnehmer aufteilen. Durch ein solches Vorgehen würden aber alle Anreizeffekte der für Boni aufgewendeten Gelder zunichte gemacht.

Um Vorgesetzte von solchen Strategien abzuhalten, können Unternehmen die Spielräume bei der Vergabe von Boni strikt begrenzen. Statt den Vorgesetzten einen Pauschalbetrag für Boni zuzuteilen, den sie nach ihrem eigenen Ermessen weiter-

4. Weitere Probleme der Implementation von Leistungsanreizen

verteilen können, sollte das Management Bedingungen für die Vergabe von Bonuszahlungen festlegen. Beispielsweise könnte das Management entscheiden, jedem Vorgesetzten € 100.000 für Bonuszahlungen zur Verfügung zu stellen, gleichzeitig aber darauf bestehen, daß von dieser Gesamtsumme ein Individuum € 50.000 erhält, ein weiteres Individuum € 25.000, zwei € 10.000 und eins € 5.000. Der Rest der Belegschaft geht leer aus. Diese Vorgehensweise erzwingt, daß der Vorgesetzte eine Entscheidung über die Reihenfolge der Kandidaten fällen muß, so daß sichergestellt ist, daß durch die Bonusgelder tatsächlich Anreize geschaffen werden (unter Ausschluß gemeinsamer Quellen von Zufälligkeiten).

Bisher haben wir zwei große Vorteile von Beförderungen oder anderen Formen relativer Leistungsbeurteilungen herausgearbeitet. Es darf jedoch nicht vernachlässigt werden, daß alle Arten von relativen Belohnungen auch zwei grundsätzliche Probleme mit sich bringen: erstens kann es zu Absprachen zwischen den Arbeitnehmern kommen und zweitens zum gegenteiligen Problem, nämlich übermäßigem Wettbewerb.

Kollusion als Problem in Leistungsturnieren

Wenn Belohnungen (z.B. Gehälter oder Boni) von der relativen Leistung von Arbeitnehmern abhängig sind, haben die an einem Wettbewerb beteiligten Arbeitnehmer immer ein Interesse daran, sich gegenseitig abzusprechen und die Anstrengungen insgesamt auf einem eher niedrigen Niveau zu halten. Wenn also die an einem Wettbewerb beteiligten Arbeitnehmer die Möglichkeit zu Absprachen haben, stehen sich alle Arbeitnehmer besser, wenn sie vereinbaren, gemeinsam zu bummeln. Dabei sind Absprachen sicher weniger wahrscheinlich in Situationen, in denen eine große Zahl an Arbeitnehmern im Wettbewerb um einen Gewinn steht, und bei Konstellationen, bei denen die Wettbewerbsteilnehmer keine vollständige Kenntnis der restlichen Teilnehmer haben. Dies ist mit ein Grund dafür, daß in vielen Unternehmen gelegentlich Arbeitskräfte vom externen Arbeitsmarkt rekrutiert werden. Dadurch, daß man sich die Alternative vorbehält, fallweise auch externe vor internen Bewerbern vorzuziehen, werden Absprachen riskant. Selbst wenn alle internen Kandidaten sich über das Ausmaß ihrer Leistungszurückhaltung einig sind, besteht die Gefahr, daß das Unternehmen einen externen Kandidaten einstellt, der ohne diese Absprachen ein entsprechend höheres Leistungsniveau offenbart. Da die Identität der Outsider im voraus nicht bekannt ist, sind vollständige Absprachen nicht möglich, wodurch sie automatisch ihren Sinn verlieren.

Ähnliches gilt, wenn viele Arbeitnehmer um die gleiche Belohnung konkurrieren. Auch dann wird es schwieriger, vollständige Absprachen zu erreichen, da die Wahrscheinlichkeit steigt, daß nicht alle Kandidaten tatsächlich dazu bewegt werden können, ihr Anstrengungsniveau zu reduzieren und sich mit einer aufgeteilten Gewinnprämie zufrieden zu geben. Jeder einzelne Arbeitnehmer hat aus seiner Perspektive nämlich ein Interesse, sich im voraus an einer Absprache zu beteiligen, im nachhinein aber das Versprechen zu brechen, da er daraus individuelle Vorteile ziehen kann und der Vertragsbruch nur schwer zu kontrollieren ist.[44]

Ruinöser Wettbewerb, Sabotage und Mobbing

Das zweite Problem wirkt sich genau in umgekehrter Richtung aus. Arbeitnehmer, die auf der Basis von relativen Leistungsvergleichen bezahlt werden, haben u.U. einen Anreiz zu ruinösem Wettbewerb. So kann beispielsweise ein Arbeitnehmer Kooperation mit einem anderen verweigern, um damit zu verhindern, daß dieser erfolgreich sein Projekt beendet und entsprechende Anerkennung erfährt. Würde der gleiche Arbeitnehmer dagegen auf der Basis von absoluten Leistungsmaßstäben entlohnt, gäbe es keinen Anreiz zu solch unkooperativem Verhalten. Hierauf kommen wir im nächsten Kapitel ausführlicher zurück. Im Extremfall muß bei relativer Leistungsbeurteilung nicht nur mit unkooperativem Verhalten gerechnet werden, sondern sogar mit Sabotageaktivitäten und Mobbing (vgl. KRÄKEL 1997).

4.3 Selektions- versus Motivationsfunktion von Beförderungen

Der Wettbewerb, der zwischen Arbeitnehmern innerhalb von Unternehmen stattfindet, kann neben der Anreizfunktion auch eine Selektionsfunktion haben. Vergleiche zwischen Arbeitnehmern können durchgeführt werden, um herauszufinden, wer der bessere Kandidat für einen zu besetzenden Arbeitsplatz sein könnte. Sobald wir von heterogenen Arbeitskräften ausgehen, müssen wir gleichzeitig annehmen, daß

---

[44] Vgl. ausführlich KRÄKEL (1998).

4. Weitere Probleme der Implementation von Leistungsanreizen

manche Arbeitnehmer für eine ausgeschriebene Position geeignetere Fähigkeitsprofile aufweisen als andere. Ein Leistungsturnier kann ein sehr guter Weg sein, um herauszufinden, wer von zwei oder mehreren Arbeitnehmern der beste Kandidat für die nächsthöhere Position sein könnte. Indem man Individuen miteinander konkurrieren und die Gewinner wiederum gegen andere Gewinner antreten läßt, führen solche Vergleiche letztlich dazu, daß alle Individuen gemäß ihrer Leistungsfähigkeit sortiert werden. Natürlich können auch in solchen Wettbewerben Fehler auftreten. Nichtsdestoweniger sind relative Leistungsvergleiche ein geeignetes Hilfsmittel, um herauszufinden, wer welchen Arbeitsplatz zukünftig besetzen sollte. Dabei müssen grundsätzlich zwei Regeln beachtet werden, wenn firmeninterne Wettbewerbe als Selektionsmechanismen eingesetzt werden sollen.

Je länger die Zeitspanne vor einer Beförderungsentscheidung ist, desto größer ist die Wahrscheinlichkeit, daß tatsächlich die fähigsten Individuen den Wettbewerb gewinnen. Gleichzeitig darf aber folgender Trade-Off nicht übersehen werden: Längere Beobachtungsperioden führen dazu, daß die fähigsten Arbeitnehmer eines Unternehmens eine lange Zeit auf Positionen verbringen, die besser von weniger befähigten Arbeitnehmer besetzt werden würden.

Dieses Problem ist bereits im Zusammenhang mit dem Vergleich der Karriere- und Gehaltsstrukturen deutscher und amerikanischer Top-Manager angeführt worden. Es wurde argumentiert, daß deutsche Manager nicht in das Top-Management vorrücken, bevor nicht ausreichend gesichert ist, daß ein Kandidat tatsächlich für eine Vorstandsposition geeignet ist. Es werden solange Informationen gesammelt, bis Fehler weitgehend ausgeschlossen werden können. Die Kosten dieses Verfahrens bestehen vor allen Dingen im Zeitverlust, bevor ein Manager in die Position gelangt, für die er eigentlich prädestiniert ist. Statt dessen arbeitet er viel zu lange auf einer niedrigeren Hierarchiestufe, für die er eigentlich überqualifiziert ist. Es gibt also einen Trade-Off zwischen einer schnellen Besetzung mit dem höheren Risiko einer Fehlbesetzung von Führungspositionen und einer langsamen Beförderung, die mit einer größeren Verschwendung von Human-Ressourcen auf unteren Hierarchiestufen einhergeht. Dieses Argument kann auch formal modelliert werden (siehe Anhang).

Bei der Abwägung der Alternativen ist zu beachten, daß die Selektionsfunktion nicht in allen Unternehmenssituationen gleich wichtig ist. Unter Umständen ist die Selektionsfunktion sogar vollkommen irrelevant. Stellen wir uns beispielsweise eine Beratungsgesellschaft vor, in der Seniorberater genau die gleichen Tätigkeiten zu genau den gleichen Konditionen ausführen wie normale Berater. Die Funktionsbezeichnung „Senior" mag dann einfach nur darauf hindeuten, daß der betroffene Mitarbeiter eine längere Betriebszugehörigkeit aufweist und – damit verbunden – ein höheres Gehalt bekommt. In diesem Falle würde eine Beförderung vom normalen Berater zum Seniorberater eine reine Anreizfunktion ausüben, sie hätte aber wahrscheinlich keine Bedeutung als Sortierkriterium. In solchen Fällen ist es dann natürlich auch kein Problem, Beförderungen relativ lange hinauszuzögern und auf späte Phasen des Erwerbslebens zu verlagern. Man könnte so vor allen Dingen den Vorteil nutzen, durch lange Beobachtungszeiten die Zufallseinflüsse zu reduzieren, wodurch man wiederum die Anreizfunktion bei einer gegebenen Gehaltsspreizung verbessern kann (insbesondere bei risikoaversen Arbeitnehmern). Außerdem haben in diesem Zusammenhang spätere Beförderungen den Vorteil, daß sie den Anreiz über einen längeren Zeitraum aufrechterhalten. Hat nämlich ein Arbeitnehmer einmal seine letzte Beförderung erreicht, können aus Beförderungsaussichten keine Anreize mehr resultieren, so daß dann andere Anreize zur Motivation der Arbeitnehmer gefunden werden müssen. Indem die letzte Beförderung hinausgezögert wird, kann die Anreizfunktion von Beförderungen zeitlich verlängert werden.

Aus diesem Argument resultierend ergibt sich ein zweites Grundprinzip von Beförderungen:

Je mehr Hierarchieebenen es in einem Unternehmen gibt, auf die man auf Basis von relativen Leistungsvergleichen befördert werden kann, desto größer ist der Unterschied zwischen den Fähigkeiten der Personen an der Spitze der Hierarchie und denen der Personen am unteren Ende der Hierarchie.

Dieses kann man sich anhand eines einfaches Zahlenbeispiels verdeutlichen. Wenn ein Unternehmen beispielsweise 100 Arbeitskräfte hat und diese in 10 unterschiedlichen Hierarchieebenen anordnet, dann ist die Wahrscheinlichkeit groß, daß die Person an der Spitze größere Fähigkeiten aufweist als die Person am unteren Ende, da die Person an der Spitze neun Wettbewerbe gewinnen mußte, bevor sie diese Position erreichen konnte. Dagegen hat die Person auf dem untersten hierarchischen Level jedes Jahr immer wieder den Wettbewerb verloren, so daß sie auf dem untersten Level geblieben ist. Wenn ein Unternehmen mit 100 Arbeitnehmern ihre Arbeitsplätze dagegen nur in zwei Hierarchieebenen aufgeteilt hätte, dann müssen die Personen an der Spitze nur einen Wettbewerb gewonnen haben. Die Selektion in einem Unternehmen mit zwei Hierarchieebenen ist also weniger intensiv als in Unternehmen mit zehn hierarchischen Ebenen.

Tendenziell ist also davon auszugehen, daß Unternehmen mit flachen Hierarchien auf allen Ebenen Individuen mit ähnlichem Fähigkeitsprofil aufweisen. So unterscheidet sich beispielsweise die typische Fähigkeitsverteilung junger Anwälte in einer Anwaltskanzlei nicht viel von der der älteren Anwälte in dem gleichen Unternehmen. Es findet keine Sortierung über mehrere hierarchische Ebenen hinweg statt. Dagegen kann beispielsweise davon ausgegangen werden, daß sich die Fähigkeitsverteilung bzw. die durchschnittliche Fähigkeit von Top-Managern in einem großen Unternehmen mit vielen Hierarchieebenen mit großer Wahrscheinlichkeit deutlich von der Fähigkeitsverteilung bzw. dem durchschnittlichen Fähigkeitsniveau des Führungskräftenachwuchses unterscheidet. In einem solchen Unternehmen existieren über zahlreiche Hierarchieebenen hinweg mehrere Selektionsschritte. Dieses Argument kann auf eine Vielzahl von anderen Organisationen übertragen werden, so zum Beispiel auch auf Universitäten mit entweder flachen oder differenzierten Hierarchien.

4.4 Heterogene versus homogene Belegschaften

Unabhängig von den bisher genannten Problemen von Leistungsturnieren ist zu beachten, daß das von Arbeitnehmern gewählte Anstrengungsniveau nachteilig beeinflußt werden kann, wenn die an einem Leistungsturnier teilnehmenden Arbeitnehmer zu heterogen sind. Individuelle Anstrengungen haben den größten Einfluß auf den Ausgang eines Leistungsturniers, wenn die Mitbewerber vergleichsweise ähnliche Fähigkeiten aufweisen. Wenn die zugrundeliegenden Fähigkeiten sehr stark differieren, bestehen sowohl für die weniger Befähigten als auch für die überdurchschnittlich Befähigten mangelhafte Anreize, sich anzustrengen. Angenommen, Albert Zweistein ist deutlich leistungsfähiger als Otto Normalverbraucher. Unter diesen Umständen kann Otto Normalverbraucher sich ausrechnen, daß ein höheres Anstrengungsniveau zwar möglicherweise die Wahrscheinlichkeit erhöht, befördert zu werden, allerdings allenfalls in geringem Ausmaß, da Albert Zweistein selbst mit kleinsten Anstrengungen bessere Ergebnisse erzielen und damit die Beförderung gewinnen kann. Otto Normalverbraucher wird sich also nicht besonders anstrengen. Albert Zweistein wiederum beobachtet dies und so gibt es auch für ihn keinerlei Anreiz, sich anzustrengen, da er auch ohne jede zusätzliche Anstrengung den Wettbewerb gegen Otto Normalverbraucher gewinnen kann. Bei sehr heterogenen Wettbewerbern ist das Anstrengungsniveau beider Individuen also niedriger.[45]

Um also ein hohes Anstrengungsniveau sicherzustellen, müssen die Arbeitnehmer so gruppiert werden, daß sie möglichst ähnliche Fähigkeiten aufweisen, damit Individuen miteinander konkurrieren, die gegeneinander nur durch große individuelle Anstrengungen gewinnen können. Eine Art der Gruppierung ist die nach Stellenbezeichnungen oder nach hierarchischen Ebenen. Dabei ist es nicht wichtig, ob Individuen mit unterschiedlichen Stellenbezeichnungen oder auf unterschiedlichen hierarchischen Ebenen tatsächlich unterschiedliche Tätigkeiten ausüben. Wichtig ist nicht der Arbeitsinhalt, sondern wer mit welcher Person in einem Wettbewerb steht. So unterscheiden sich beispielsweise die Aufgaben von wissenschaftlichen Mitarbeitern auf Promotionsstellen und Hochschulassistenten auf Habilitationsstellen nur unwesentlich, allerdings erfolgt die Leistungsbeurteilung nur vor dem Hintergrund der jeweils eigenen Gruppe. Arbeitsplatzbezeichnungen erfüllen damit eine Vielzahl von Funktionen. Sie können dazu dienen, die Tätigkeiten zu beschreiben, die ein Individuum ausüben soll. Alternativ oder zusätzlich können Arbeitsplatzbezeichnungen die Funktion haben, das Gehaltsniveau zu definieren und den hierarchischen Level und die Entscheidungskompetenzen festzulegen. Arbeitsplatzbezeichnungen können aber auch Anhaltspunkte dafür bieten, wer mit wem in einem gemeinsamen Wettbewerb um eine Beförderung steht. Letztgenannte Funktion ist diejenige, die in dem gerade beschriebenen Beispiel angesprochen wurde.

---

[45] Die formale Herleitung dieses Arguments kann in LAZEAR/ROSEN (1981) nachgelesen werden.

4.5 Schiefe versus flache Gehaltsstrukturen

In den vorhergehenden Abschnitten wurde herausgearbeitet, daß effiziente Gehaltsstrukturen typischerweise größere absolute Gehaltssteigerungen am oberen Ende der Hierarchie aufweisen. In diesem Zusammenhang stellt sich natürlich die Frage, ob es eine sinnvolle Grenze gibt oder ob es auch noch effizient wäre, wenn alle Manager bis auf den Vorstandsvorsitzenden das gleiche Gehalt erhielten, wobei letzterer ein zehnmal höheres Gehalt bekäme. Man kann zeigen, daß immer dann, wenn die Arbeitskräfte heterogen sind, eine sehr schiefe Gehaltsstruktur, d.h. eine Struktur mit sehr hohen Einkommenssteigerungen an der Spitze, keine guten Anreizwirkungen erzeugt. In einem solchen Fall werden viele Arbeitnehmer frühzeitig aufgeben.

In den vorangehenden Ausführungen wurde bereits darauf hingewiesen, daß ein qualifizierter Angestellter möglicherweise darauf hofft, Büroleiter zu werden, selbst wenn Büroleiter nicht wirklich mehr verdienen. Als Grund wurde genannt, daß die Position des Büroleiters es gestattet, am Wettbewerb um die nächsthöheren Arbeitsplätze teilzunehmen, die dann wiederum höhere Gehälter versprechen. Implizit unterstellt diese Argumentation, daß alle Individuen zumindest potentiell in der Lage sind, den nächsthöheren Arbeitsplatz zu erreichen.

Im Gegensatz dazu könnten aber manche Arbeitnehmer auch signifikant höhere Fähigkeiten aufweisen als andere und diese Fähigkeitsunterschiede wären auch unmittelbar erkennbar. Im vorhergehenden Beispiel kann man sich etwa vorstellen, daß Otto Normalverbraucher zwar noch davon ausgehen kann, mit Lieschen Müller konkurrieren zu können, daß er aber keinesfalls in der Lage ist, gegen Herrn Zweistein zu gewinnen. Wenn nun sowohl Otto Normalverbraucher als auch Albert Zweistein aufgrund ihrer guten Arbeit als Sachbearbeiter auf die Position des Büroleiters befördert werden und Otto Normalverbraucher sehr schnell erkennt, daß es unwahrscheinlich ist, daß er bei der nächsten Beförderung gegen Albert Zweistein gewinnen kann, dann können aus Beförderungsaussichten keine Anreize für zusätzliche Anstrengungen resultieren. Wenn also annahmegemäß Büroleiter und qualifizierte Angestellte das gleiche Gehalt erhalten und dementsprechend der Wert der Beförderung nur in der Option auf ein höheres Gehalt aufgrund eines Gewinns in der nächsten Beförderungsrunde zu sehen ist, dann hat die Beförderung von Otto Normalverbraucher zum Büroleiter überhaupt keinen Wert, da es ihm keine zusätzlichen Optionen eröffnet. Es ist also damit zu rechnen, daß Otto Normalverbraucher von vornherein resigniert und gar nicht erst versucht zu gewinnen. Folglich lohnt es sich auch für Lieschen Müller nicht, sich anzustrengen, da sie genau weiß, daß auch Otto Normalverbraucher keinen Anreiz hat, besondere Anstrengungen zu unternehmen. Um eine solche Situation zu vermeiden, darf also die Gehaltsstruktur nicht zu schief sein. Jede Beförderung muß zumindest einen kleinen Eigenwert besitzen, um die Individuen, die von sich selbst wissen, daß weitere Beförderungen unwahrscheinlich sind, dennoch zu motivieren, auf den unteren Hierarchiestufen besondere Leistungsanstrengungen zu erbringen.

Wir können an dieser Stelle also zwei Schlußfolgerungen ziehen. Erstens sollte man versuchen, auf jeder Stufe des Wettbewerbs möglichst gleichartige Individuen gegeneinander antreten zu lassen, so daß kein Individuum veranlaßt wird, frühzeitig aufzugeben. (Auf diesen Aspekt kommen wir in späteren Kapiteln noch einmal zurück.) Zweitens ist es notwendig, auf jeder Stufe des Wettbewerbs zumindest kleine direkte Belohnungen vorzusehen, so daß Arbeitnehmer, die von sich selbst wissen oder glauben, daß sie keine weitere Beförderung schaffen werden, dennoch einen Anreiz haben, sich zumindest für die letzte Beförderung ausreichend anzustrengen. Zusätzlich sollte man beachten, daß um so mehr Zwischenbelohnungen vorgesehen werden müssen und daß die Gehaltsstruktur um so weniger schief sein sollte, je heterogener die zu motivierende Belegschaft ist.

Schließlich kann man daraus ableiten, daß Unternehmen, die einen großen Selektionsaufwand bei der Einstellung am unteren Ende der Hierarchie betreiben, um eine möglichst homogene Belegschaft sicher zu stellen, schiefere Einkommensverteilungen haben dürfen. Strenge Vorab-Selektion und frühes „Aussieben" wenig passender Arbeitnehmer sind somit substitutiv für flachere Gehaltsstrukturen. Unternehmen, die stärker selektieren, können durchaus sehr schiefe Gehaltsstrukturen einsetzen, wie zum Beispiel in Modell II der Abbildung 4.2. Unternehmen, die weniger selektieren und ein hohes Maß an Heterogenität auf allen möglichen Hierarchiestufen erlauben, werden typischerweise eher eine Gehaltsstruktur nach Modell I in Abbildung 4.2 aufweisen. Die schiefere Gehaltsstruktur weist dabei größere Anreize auf als die gleichmäßigere Gehaltsstruktur, wenn von einer homogenen Belegschaft auszugehen ist. Allerdings weist sie deutliche Defizite auf, wenn die Belegschaft eher heterogen ist und die unterschiedlichsten Fähigkeitsniveaus auf allen Stufen der Karriereleiter miteinander konkurrieren.

5. Interne Beförderungen versus externe Rekrutierung

Wenn man sich die Rekrutierungspolitik von Unternehmen anschaut, gewinnt man oftmals den Eindruck, daß interne Kandidaten gegenüber externen Bewerbern vorgezogen werden. Fragt man sich nach den Ursachen solcher Verhaltensmuster, lassen sich mehrere Begründungen finden, von denen einige mit der Spezifität des Humankapitals zusammenhängen. Interne Kandidaten haben typischerweise sehr genaue Kenntnisse über die Routinen und Produktionstechnologien ihres Unternehmens und müssen natürlich nicht mehr in solche Spezifitäten eingewiesen werden. Aber auch wenn solche firmenspezifischen Aspekte unwichtig sind, können wir beobachten, daß externe Kandidaten, die den internen Kandidaten deutlich überlegen sind, gegenüber internen Beförderungen das Nachsehen haben. Für solche Beobachtungen liefert die Tournament-Theorie angemessene Erklärungen. Sie weist darauf hin, daß unter bestimmten Umständen die Bevorzugung von internen gegenüber externen Kandidaten gerechtfertigt ist.[46] Dadurch daß externe Kandidaten in den Bewerberkreis für eine bestimmte Position aufgenommen werden, erhöht sich die Anzahl der Mitbewerber um eine Beförderung, wodurch sich wiederum die individuelle Gewinnwahrscheinlichkeit reduziert. Weiter oben haben wir bereits gezeigt, daß dadurch auch der Anreiz zu individueller Anstrengungen verringert wird, so daß Arbeitnehmer, die wissen, daß sie mit einer größeren Zahl externer Arbeitnehmer konkurrieren, tendenziell geringere Anstrengungen unternehmen, als Arbeitnehmer, die sich in einem Wettbewerb innerhalb eines limitierten und vergleichsweise kleinen Bewerberpools befinden. Durch eine stärkere Spreizung der Gewinner- und Verliererprämie kann dieser Effekt der Vergrößerung des Bewerberpools reduziert werden, gleichzeitig hat aber jede Vergrößerung der Prämienspreizung auch unmittelbare Nachteile. Unter sonst gleichen Umständen werden nämlich risikoaverse

---

[46] CHAN (1996).

Arbeitnehmer geringere Differenzen zwischen Gewinner- und Verliererprämien vorziehen. Wenn es also möglich ist, das Anstrengungsniveau zu erhöhen, indem externe Bewerber aus dem Bewerberfeld ausgeschlossen werden, dann werden Arbeitnehmer eine solche Lösung tendenziell vorziehen. Unternehmen müssen unter solchen Umständen geringere Löhne zahlen, um das Anstrengungsniveau entsprechend zu erhöhen.

Diese Argumentation impliziert natürlich, daß interne Beförderungen unter bestimmten Bedingungen eine geeignete Personalbesetzungsstrategie darstellen.[47] Auf der anderen Seite können Rekrutierungen von externen Kandidaten natürlich auch Vorteile haben, da sie Absprachen, die zwischen Arbeitnehmern innerhalb des Unternehmens bestehen, durchbrechen können. Insgesamt können wir daraus als generelles Prinzip ableiten:

Interne Beförderungen kreieren bessere Anreize als externe Rekrutierungen. Externe Rekrutierungen sollten nur dann vorgezogen werden, wenn externe Kandidaten deutlich besser sind als alle zur Verfügung stehenden internen Kandidaten oder wenn die Gefahr besteht, daß innerhalb eines Unternehmens gemeinsame Absprachen zur Reduktion des Anstrengungsniveaus existieren.

6. Resümee

In diesem Kapitel haben wir gesehen, daß die Tournament-Theorie hilft, firmeninterne Gehaltstrukturen zu analysieren und festzulegen. Insbesondere leistet sie Hilfestellung bei der Beantwortung der Frage, wie groß die mit Beförderungen verbundenen Einkommenssprünge sein sollten, um die Arbeitnehmer der niedrigeren Hierarchiestufe zu möglichst großen Anstrengungen anzuregen.

Dabei wird davon ausgegangen, daß die Tournament-Theorie auch dann Erklärungskraft besitzt, wenn Unternehmen sich der hier geschilderten Zusammenhänge nicht bewußt sind. Manager mögen zwar nicht explizit darüber nachdenken, daß sie mit der Strukturierung der Unternehmenshierarchie und der Gehaltssprünge Leistungs-

---

[47] Diese sind jedoch nicht immer gegeben, vgl. hierzu WECKMÜLLER (1999).

6. Resümee

turniere kreieren; dies bedeutet aber nicht, daß die geschaffenen Strukturen nicht doch turnierähnliche Auswirkungen entfalten. Sobald davon auszugehen ist, daß Arbeitnehmer untereinander verglichen werden und das Ergebnis der relativen Vergleiche ihre Entlohnung bestimmt, kann unterstellt werden, daß sie sich gemäß der Tournament-Theorie verhalten. Ob dies die Intention des Unternehmens war oder nicht, ist dabei weitgehend irrelevant. Unausgenutzte Möglichkeiten und Ressourcenverschwendung können die Folgen sein, wenn die Erkenntnisse der Tournament-Theorie ignoriert werden.

Die wichtigsten Argumente und Regeln der Tournament-Theorie können wie folgt zusammengefaßt werden:

Das Entlohnungssystem eines Unternehmens sollte immer in seiner Gesamtstruktur analysiert werden. Die Entlohnung eines Individuums beeinflußt nicht nur sein eigenes Verhalten sondern auch das Verhalten derjenigen, die es sich zum Ziel gesetzt haben, auf die entsprechende Position befördert zu werden. Dabei dürften die Auswirkungen der Entlohnung auf die Arbeitnehmer der niedrigeren Hierarchiestufen insgesamt gesehen wichtiger sein, als die Auswirkungen auf den betroffenen Arbeitnehmer selbst.

Bei der Analyse von Gehaltsstrukturen müssen grundsätzlich zwei Aspekte betrachtet werden: das Niveau und die Spreizung. Die Einkommensspreizung, d.h. die Differenz zwischen den Einkommen ranghöherer und rangniedrigerer Arbeitsplätze, beeinflußt das Ausmaß der Anstrengungen, das individuelle Arbeitnehmer aufbringen werden, um den Wettbewerb zu gewinnen. Größere Spreizungen gehen dabei mit höheren Anstrengungsniveaus einher. Das Gehaltsniveau bestimmt das erwartete Gehalt, das ein typischer Arbeitnehmer erhalten kann. Das Gehaltsniveau determiniert die Bereitschaft, einem bestimmten Unternehmen seine Arbeitskraft zur Verfügung zu stellen. Dabei präferieren Arbeitnehmer unter sonst gleichen Bedingungen höhere Gehaltsniveaus, während Unternehmen niedrigere Gehaltsniveaus vorziehen. Die Unternehmen sind in ihrem Angebot nach unten dadurch beschränkt, daß das Gehaltsniveau hoch genug sein muß, um – gegeben das Anstrengungsniveau, das durch die verwendete Gehaltsspreizung induziert wird – eine ausreichende Zahl von Arbeitnehmern attrahieren zu können. Je größer die Gehaltsspreizung, desto größer ist das Anstrengungsniveau, und desto größer muß das angebotene Gehaltsniveau sein, damit Arbeitnehmer bereit sind, ihre Arbeitskraft in einem solchen Unternehmen anzubieten. Dies impliziert, daß Unternehmen tendenziell hohe durchschnittliche Löhne zahlen, wenn mit Beförderungen sehr große Einkommenssprünge einhergehen.

Eine Vergrößerung der Einkommensspreizung muß aber nicht notwendigerweise mit einer Erhöhung des Gehaltsniveaus einhergehen. Die Spreizung kann auch vergrößert werden durch eine Verringerung des Einkommens am untere Ende der Hierarchie und eine Erhöhung des Einkommens am oberen Ende der Hierarchie. Damit allerdings Arbeitnehmer bereit sind, eine solche Gehaltsstruktur zu akzeptieren, muß das Gehaltsniveau insgesamt dennoch hoch genug sein, um das mit der Einkommensspreizung implizierte Anstrengungsniveau zu rechtfertigen.

Zufälligkeiten bzw. Glück und Pech haben adverse Effekte auf die Anstrengungen der Arbeitnehmer. Wenn das Ergebnis eines Beförderungsturniers sehr stark durch zufällige Faktoren beeinflußt ist, werden Arbeitnehmer ihre individuellen Anstrengungen reduzieren, da zusätzliche Anstrengungen nur mit einer geringeren Wahrscheinlichkeit das Ergebnis des Beförderungsturniers beeinflussen. Um diese negativen Effekte von Zufällen zu neutralisieren, ist es notwendig, die Einkommensspreizung zu vergrößern. Einkommensspreizungen sind größer in Unternehmen bzw. Arbeitszusammenhängen, in denen es große Meßfehler oder große Produktionsunsicherheiten gibt. Soweit insbesondere neugegründete Unternehmen und sich neu entwickelnde Branchen mit größerer Wahrscheinlichkeit starken Zufällen ausgesetzt sind, müßten hier größere Einkommensspreizungen verwendet werden.

Eine Möglichkeit festzustellen, ob eine Gehaltsstruktur angemessen oder vollkommen unangemessen ist, besteht darin, Organigramme des Unternehmens zu erstellen. Wenn zu viele Arbeitnehmer um eine Beförderung konkurrieren, die nur sehr geringe Einkommenssprünge mit sich bringt, ist davon auszugehen, daß das Anstrengungsniveau darunter leidet.

Einkommenssprünge sind tendenziell größer bei Beförderungen am oberen Ende der Unternehmenshierarchie als bei Beförderungen am unteren Ende der Unternehmenshierarchie. Dies resultiert daraus, daß auf den unteren Hierarchiestufen der Optionswert, d.h. die Aussicht darauf, weitere Beförderungsrunden gewinnen zu können, größer ist und mit zunehmender Nähe zur obersten Hierarchiestufe abnimmt. Je größer der Optionswert einer Beförderung ist, um so geringer kann der aktuelle Einkommenssprung von einer Hierarchiestufe auf die nächste sein.

Anreize können entweder durch relative Vergleiche oder durch absolute Leistungsbeurteilungen gesetzt werden. Die Kopplung des Lohns an Stückzahlen oder Umsätze liefert absolute Anreize, während Beförderungen, die auf relativen Leistungen basierend vorgenommen werden, sogenannte relative Anreize setzen. Relative Leistungsanreize haben zwei Vorteile: Erstens sind relative Leistungsbewertungen oft einfacher und billiger als absolute Leistungsbeurteilungen. Zweitens reduzieren relative Leistungsfeststellungen den Einfluß von gemeinsamen Zufällen, wie z.B. den allgemeinen wirtschaftlichen Rahmenbedingungen oder Leistungseinstellungen von Vorgesetzten, die bei der Verwendung von absoluten Leistungsmaßstäben die Gehaltszahlungen signifikant verzerren können. Der Nachteil von relativen Anreizen ist, daß diese Absprachen oder übertriebenen Wettbewerb zwischen Arbeitnehmern induzieren können.

Die Wahrscheinlichkeit von Absprachen zwischen Arbeitnehmern kann durch eine Vergrößerung der Zahl der Mitbewerber um eine Beförderung reduziert werden. Mit einer Vergrößerung der Zahl der Turnierteilnehmer muß allerdings auch der mit der Beförderung verbundene Einkommenssprung vergrößert werden, damit die verringerte Beförderungswahrscheinlichkeit durch eine größere Gewinnprämie wettgemacht wird. Alternativ dazu könnte die Zahl der Zielpositionen der Beförderung erhöht werden. Anstatt einen Wettbewerb zwischen zwei Personen um einen Arbeitsplatz zu induzieren, kann ein Unternehmen beispielsweise auch 20 Personen um 10 Arbeitsplätze konkurrieren lassen. Dabei sind Absprachen im letztgenannten Fall sicher schwieriger als im erstgenannten.

Eine weitere Möglichkeit, die Wahrscheinlichkeit von Absprachen zu reduzieren, ist die Rekrutierung von externen Bewerbern. Es gibt allerdings gute Gründe, interne Beförderungen gegenüber externen Rekrutierungen zu favorisieren, solange nicht entweder externe Bewerber den besten internen Bewerbern deutlich überlegen sind oder davon auszugehen ist, daß interne Absprachen zur gemeinsamen Reduktion des Anstrengungsniveaus existieren.

Je länger ein Unternehmen wartet, bevor es Mitarbeiter befördert, desto größer ist die Wahrscheinlichkeit, daß die besten Kandidaten für die ranghöchsten Arbeitsplätze gefunden werden. Andererseits verursacht die lange Zeit bis zur Beförderung auch Kosten, da die besonders fähigen Arbeitnehmer eine sehr lange Zeit auf Arbeitsplätzen verharren, für die sie eigentlich überqualifiziert sind und die deshalb angemessener mit geringer qualifizierten Arbeitnehmern zu besetzen wären. In Unternehmen, in denen die Selektionsfunktion im Vergleich zur Anreizfunktion von Beförderungen unwichtig ist, können Beförderungen später ausgesprochen werden, da sie dann über einen längeren Zeitraum ihre Anreizwirkung ausüben. Wenn die Selektionsfunktion von Beförderungen allerdings sehr wichtig ist, sollten Beförderungen tendenziell früher ausgesprochen werden.

Wenn die um einen Arbeitsplatz konkurrierenden Arbeitnehmer sehr heterogen sind, entfalten Beförderungsturniere keine großen Anreize und gehen mit einem geringen Anstrengungsniveau einher. Hierfür bieten sich zwei Lösungen an: Erstens kann ein Unternehmen die Zahl der verschiedenartigen Arbeitsplätze erhöhen, so daß die um einen bestimmten Arbeitsplatz konkurrierenden Arbeitnehmer sehr viel homogener sind. Dabei müßten die Arbeitsplatzabgrenzungen so gewählt werden, daß die Arbeitnehmer zum Zeitpunkt der Einstellung oder der letzten Beförderung auf diesen Arbeitsplätzen alle ähnliche Fähigkeiten mitbringen und damit vergleichbare Chancen auf die nächste Beförderung haben. Wenn dies nicht möglich ist, bleibt als zweite Möglichkeit, die Gehaltsstruktur stärker zu nivellieren. Wenn nämlich die Gehälter auf den obersten Hierarchiestufen vergleichsweise hoch sind, werden die Arbeitnehmer auf den unteren Stufen, die von sich wissen, daß sie kaum eine Chance haben, den Aufstieg zu schaffen, keine zusätzlichen Anstrengungen unternehmen. Dies wiederum führt dazu, daß auch die sehr viel fähigeren Bewerber sich zurücklehnen können, da sie überhaupt keine Konkurrenz zu befürchten haben. Eine stärker nivellierte Gehaltsstruktur ermöglicht auch auf den unteren Stufen respektable Gewinne, so daß sich, trotz einer fehlenden Aussicht auf den „Hauptgewinn", Anstrengungen auch für eher mäßig begabte Kandidaten lohnen.

Vor diesem Hintergrund können wir nun auf die zu Beginn des Kapitels aufgeworfenen Fragestellungen zurückkommen. Die erste Frage bezog sich darauf, welchen Einfluß Beförderungen auf die Arbeitseinstellung und Arbeitsanstrengungen der

6. Resümee

Arbeitnehmer ausüben. Um diese Frage zu beantworten, haben wir den Vergleich mit sportlichen Wettbewerben eingeführt und daraus abgeleitet, wie die Verteilung von Gewinnaussichten und Gewinnprämien sich auf die individuellen Anstrengungen der Turnierteilnehmer auswirkt. Die grundlegende Unterstellung dabei ist, daß die Aussicht auf eine Beförderung einen wesentlichen Einfluß auf die individuellen Anstrengungen ausübt. Wenn die Beförderungswahrscheinlichkeit eines individuellen Arbeitnehmers durch seine zusätzlichen Anstrengungen spürbar verbessert werden kann, haben die Arbeitnehmer einen Anreiz sich mehr anzustrengen. Je höher die mit der Beförderung verbundenen Einkommenszuwächse, desto größer ist die Anreizwirkung.

Darüber hinaus haben wir die Beförderungsstrukturen in einem Unternehmen analysiert. Dabei haben wir darauf hingewiesen, daß die Einführung zusätzlicher Hierarchieebenen nicht notwendigerweise mit einer Veränderung der Arbeitsinhalte einhergehen muß. Zusätzliche hierarchische Ebenen können statt mit Veränderungen der Arbeitsanforderungen auch nur mit Gehaltsveränderungen einhergehen.

Beförderungen basieren auf relativer Leistungsmessung. Diese sind meistens einfacher durchzuführen und schalten gemeinsame Zufälligkeiten der Leistungsmessung oder aufgrund von Produktionsunsicherheiten aus.

Die Höhe der mit Beförderungen einhergehenden Gehaltssprünge wird vorrangig durch den Anteil von Zufallseinflüssen im Beförderungsprozeß und das Ausmaß an Heterogenität der Wettbewerbsteilnehmer determiniert. Wenn Zufallseinflüsse eine große Rolle spielen, müssen die mit Beförderungen einhergehenden Einkommenssprünge groß sein. Wenn es ein großes Ausmaß an Heterogenität unter den Mitbewerbern gibt, sollten mehrere Gehaltskategorien existieren, so daß jede Beförderung unmittelbar mit kleinen Einkommenssprüngen verbunden ist.

Die Frage, ob Top-Manager überbezahlt sind, kann nicht ohne Kenntnis der gesamten Gehaltsstruktur eines Unternehmens beantwortet werden. Das Gehalt eines Top-Managers beispielsweise motiviert nicht nur sie oder ihn dazu, möglichst große Anstrengungen zu unternehmen, sondern es bietet auch Anreize für diejenigen, die sich in rangniedrigeren Hierarchiestufen befinden und mit viel Engagement eine realistische Chance haben, die Topposition zu erreichen.

Interne Beförderungen haben vorteilhafte Anreizeffekte. Bei einer gegebenen Einkommensspreizung ist das Anstrengungsniveau höher, wenn nur interne Beförderungen vorgenommen werden. Externe Rekrutierungen in höherrangige Arbeitsplätze sollten nur ausnahmsweise erfolgen. Externe Rekrutierungen bieten sich dann an, wenn es einen deutlichen Unterschied zwischen den Fähigkeiten des besten internen im Vergleich zum externen Bewerber gibt. Außerdem bieten sich externe Rekrutierungen an, wenn davon auszugehen ist, daß es innerhalb der vorhandenen Belegschaft Leistungsabsprachen gibt.

7. Literatur

Bull, Clive; Andrew Schotter und Keith Weigelt (1987): Tournaments and Piece Rates: An Experimental Study. In: Journal of Political Economy 95(1987)1: 1-33.

Chan, William (1996): External Recruitment versus Internal Promotion. In: Journal of Labor Economics 14(1996)4: 555-570.

Drago, Robert; Gerald T. Garvey (1998): Incentives for Helping on the Job: Theory and Evidence. In: Journal of Labor Economics 16(1998)1: 1-25.

Ehrenberg, Ronald G.; Michael L. Bognanno (1990): Do Tournaments Have Incentive Effects. In: Journal of Political Economy 98(1990)6: 1307-1324.

Lazear, Edward P.; Sherwin Rosen (1981): Rank-Order Tournaments as Optimal Labor Contracts. In: Journal of Political Economy 89(Oct. 1981): 841-864.

Kräkel, Matthias (1997): Rent-Seeking in Organisationen - eine ökonomische Analyse sozial schädlichen Verhaltens. In: ZfbF 49(1997)6: 535-555.

Kräkel, Matthias (1998): Internes Benchmarking und relative Leistungsturniere. In: ZfbF 50(1998)11: 1010-1028.

Rebitzer, James; Renee M. Landers und Lowell J. Taylor (1996): Rat Race Redux. In: American Economic Review 86(1996)3: 329-348.

Rosen, Sherwin (1986): Prizes and Incentives in Elimination Tournaments. In: American Economic Review 76(1986)4: 701-715.

Weckmüller, Heiko (1999): Führungskräftebeschaffung. München (u.a.): Hampp.

Wolff, Birgitta; Edward P. Lazear (2001): Einführung in die Personalökonomik, Stuttgart: Schäffer-Poeschel.

8. Weiterführende Literaturempfehlungen

Franck, Egon; Carola Jungwirth (1998): Vorurteile als Karrierebremse? Ein Versuch zur Erklärung des Glass Ceiling-Phänomens. In: ZfbF 5(1998)12: 1083-1097.

Gibbons, Robert; Kevin J. Murphy (1990): Relative Performance Evaluation for Chief Executive Officers. In: Industrial and Labor Relations Review, Spezialausgabe 43(1990)43: 530-551.

Green, Jerry R.; Nancy L. Stokey (1983): A Comparison of Tournaments and Contracts. In: Journal of Political Economy 91(1983)3: 349-364.

Kahn, Charles; Gur Huberman (1988): Two-Sided Uncertainty and 'Up-or-Out' Contracts. In: Journal of Labor Economics 6(1988)4: 432-444

Knoeber, Charles R. (1989): A Real Game of Chicken: Contracts, Tournaments, and the Production of Broilers. In: Journal of Law, Economics & Organisation 5(Fall 1989)2: 271-292.

9. Anhang

Der Anhang ist in zwei Abschnitte unterteilt. Im ersten Abschnitt wird eine formale Darstellung der Tournament-Theorie vorgestellt. Der zweite Abschnitt beinhaltet eine formale Darstellung der Selektionsfunktion.

9.1 Leistungsturniere und Anreizwirkungen

Zur formalen Herleitung der Anreizwirkung von Beförderungen betrachten wir ein Unternehmen mit zwei Arbeitnehmern und zwei verschiedenen Arbeitsplätzen: Vorgesetzter und Mitarbeiter. Die beiden Arbeitnehmer konkurrieren miteinander. Der Gewinner wird Vorgesetzter und der Verlierer bleibt einfacher Mitarbeiter. Der Gewinner bekommt ein Gehalt von W_1 und der Verlierer ein Gehalt in Höhe von W_2.

Zur Vereinfachung wird angenommen, daß keine Gehälter gezahlt werden, bevor der Wettbewerb abgeschlossen ist. Die Wahrscheinlichkeit, den Wettbewerb zu gewinnen, hängt von den individuellen Anstrengungen ab. Wir kennzeichnen die zwei Individuen durch die Indices j (für Herrn Jungbluth) und k (für Frau Kaiser). Der Output q_j bzw. q_k der beiden Arbeitnehmer sei gemäß der Gleichungen (A4.1a) respektive (A4.1b) definiert.

(A4.1a) $q_j = \mu_j + \varepsilon_j$

(A4.1b) $q_k = \mu_k + \varepsilon_k$

Dabei stehen μ_j und μ_k für die von Herrn Jungbluth bzw. Frau Kaiser aufgewendeten Anstrengungen. ε_j und ε_k sind Zufallseinflüsse, die ebenfalls Auswirkungen auf das Ergebnis von Herrn Jungbluth bzw. Frau Kaiser haben. ε_j und ε_k sind dabei symmetrisch und identisch verteilte Zufallsvariablen mit gegebener Varianz σ^2 und Erwartungswert 0. Entsprechend sind also auch q_j und q_k Zufallsvariablen mit Varianz σ^2 und Erwartungswert μ_j und μ_k.

Um die Anreizeffekte aufzeigen zu können, wird das Problem in zwei Schritten analysiert. Zunächst wird das Verhalten der Arbeitnehmer modelliert, dann jenes des Unternehmens. Wir unterstellen ein gewinnmaximierendes Unternehmen, das bei der Festsetzung eines optimalen Entlohnungsschemas dem Verhalten der Arbeitnehmer Rechnung trägt.

Das Optimierungsproblem von Herrn Jungbluth wird in Gleichung (A4.2) dargestellt.

(A4.2) $\underset{\mu_j}{Max}\ W_1 P + W_2(1-P) - C(\mu_j)$

Dabei stellt W_1 das Gehalt des Vorgesetzten, W_2 das Gehalt des einfachen Mitarbeiters und P die Wahrscheinlichkeit dar, im Beförderungswettbewerb zu gewinnen (in Abhängigkeit vom gewählten Anstrengungsniveau). $C(\mu_j)$ ist der in Geldeinheiten bewertete Aufwand bzw. das mit einem bestimmten Anstrengungsniveau verbundene Arbeitsleid. Durch Ableiten und Nullsetzen erhält man als erste Bedingung für einen optimalen Arbeitseinsatz Gleichung (A4.3):

9. Anhang

(A4.3) $\quad (W_1 - W_2)\dfrac{\partial P}{\partial \mu_j} = C'(\mu_j)$

Diese erste Bedingung kann unmittelbar interpretiert werden: Auf der linken Seite der Gleichung findet sich die Lohnspreizung ($W_1 - W_2$) multipliziert mit der Veränderung der Gewinnwahrscheinlichkeit ($\partial P/\partial \mu_j$) durch zusätzliche Anstrengungen. Es handelt sich also um den Grenzertrag zusätzlicher Anstrengungen, da der Wert des Gewinns ($W_1 - W_2$) mit den aus zusätzlichen Anstrengungen resultierenden Verbesserungen der Gewinnwahrscheinlichkeit multipliziert wird. Auf der rechten Seite der Gleichung stehen die Grenzkosten der Anstrengung. Die erste Optimalitätsbedingung besagt also, daß die Arbeitnehmer solange zusätzliche Anstrengungen unternehmen, bis die (daraus resultierenden) Grenzerträge genau den Grenzkosten der zusätzlichen Anstrengung entsprechen.

Die Wahrscheinlichkeit, daß Herr Jungbluth Frau Kaiser besiegt, kann wie folgt dargestellt werden:

$$P = P(\mu_j + \varepsilon_j > \mu_k + \varepsilon_k) = P(\mu_j - \mu_k > \varepsilon_k - \varepsilon_j) = G(\mu_j - \mu_k)$$

Dabei stellt G die Verteilungsfunktion der Zufallsvariable ($\varepsilon_k - \varepsilon_j$) dar; g bezeichnet dementsprechend die Dichtefunktion. Damit ist $G(\mu_j - \mu_k)$ die Wahrscheinlichkeit, daß die Differenz der Zufallseinflüsse ($\varepsilon_k - \varepsilon_j$) kleiner ist als die inverse Differenz der individuellen Anstrengungen ($\mu_j - \mu_k$). In unserer Optimalitätsbedingung (A4.3) benötigen wir jedoch die *Veränderung* der Gewinnwahrscheinlichkeit $\partial P/\partial \mu_j$ und nicht die Gewinnwahrscheinlichkeit selbst. Also müssen wir P nach μ_j differenzieren, so daß wir die Dichtefunktion $g(\mu_j - \mu_k)$ erhalten; also: $\partial P/\partial \mu_j = g(\mu_j - \mu_k)$

Das gleiche Optimierungsproblem können wir nun auf der anderen Seite für Frau Kaiser modellieren. Da angenommen wurde, daß Herr Jungbluth und Frau Kaiser ex ante identisch sind, unterstellen wir die Existenz eines symmetrischen Gleichgewichts, in dem Herr Jungbluth und Frau Kaiser das gleiche Anstrengungsniveau wählen. Im Optimum sind die Anstrengungsniveaus somit identisch ($\mu_j - \mu_k = 0$), und aus Gleichung (A4.3) wird Gleichung (A4.4):

(A4.4) $\quad (W_1 - W_2)g(0) = C'(\mu_j)$

Abbildung A4.1: Optimale Anstrengung

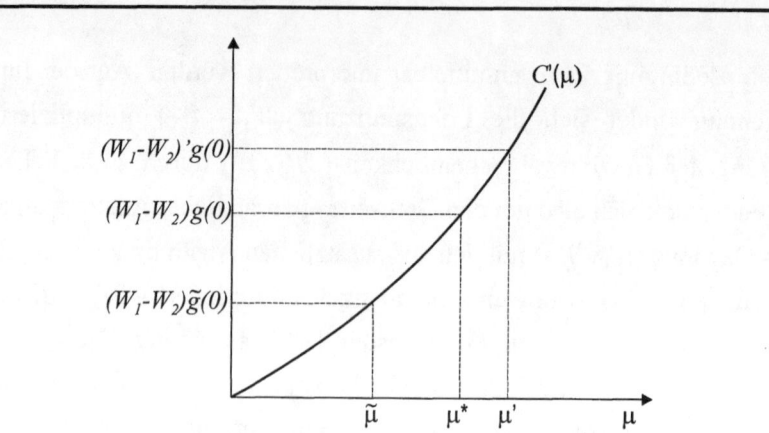

Aus Gleichung (A4.4) können wir unmittelbar zwei Implikationen ableiten, die konsistent sind mit der anfangs verwendeten Metapher des Tennisturniers. Erstens induziert eine Zunahme der Gewinnspreizung ($W_1 - W_2$) ein höheres gleichgewichtiges Anstrengungsniveau, da die Grenzkosten der Anstrengung als monoton steigend angenommen werden können. Größere Einkommenssprünge veranlassen die Arbeitnehmer im Rahmen eines Beförderungswettbewerbs zu größeren Anstrengungen.

In Abbildung A4.1 sind die Grenzkosten der Anstrengung in Abhängigkeit vom gewählten Anstrengungsniveau dargestellt. Die Lösung der ersten Optimalitätsbedingung ergibt sich an der Stelle, an der die Grenzkosten genau der Gewinnspreizung gewichtet mit der Wahrscheinlichkeitsdichte der Zufallsvariable ($\varepsilon_k - \varepsilon_j$) an der Stelle 0 entsprechen: $C'(\mu_j) = (W_1 - W_2)\, g(0)$. Als Lösung ergibt sich damit der Punkt $\mu = \mu^*$. Wenn nun die Gewinnspreizung erhöht würde, beispielsweise auf $(W_1 - W_2)'$, würde sich das optimale Anstrengungsniveau ebenfalls nach oben verschieben bis zum Punkt μ'. Man beachte, daß μ' größer als μ^* sein muß, weil (bzw. solange) von monoton steigenden Grenzkosten von μ ausgegangen wird.

Die zweite Implikation ist, daß das gleichgewichtige Anstrengungsniveau um so niedriger sein wird, je geringer $g(0)$ ist. Dabei ist $g(0)$ ein Maß für die Bedeutung von Zufällen in der betrachteten Arbeitsumgebung. Wenn Zufälle vollkommen unwichtig sind und damit die Differenz der Zufallseinflüsse ($\varepsilon_k - \varepsilon_j$) vernachlässig-

9. Anhang

bar klein wird, geht $g(0)$ gegen unendlich.[48] Wenn Zufälle eine sehr große Rolle spielen, d.h. wenn die Verteilung der Differenz der Störeinflüsse sehr flach ist, wird $g(0)$ sehr klein. Wenn also die Bedeutung von Zufällen zunimmt, wird das Anstrengungsniveau für jede beliebige Lohnspreizung reduziert. Dies kann man ebenfalls anhand Abbildung A4.1 ablesen.

Wir nehmen immer noch die gleiche Einkommensspreizung $W_1 - W_2$ an. Allerdings unterstellen wir statt der Dichtefunktion $g(0)$ nun die Dichtefunktion $\tilde{g}(0)$ (wobei $\tilde{g}(0) < g(0)$). Dann reduziert sich das optimale Anstrengungsniveau von μ auf $\tilde{\mu}$. Die Zufallseinflüsse sind gravierender, wenn die Verteilung $\tilde{g}$ statt der Verteilung g

---

[48] Dies folgt aus der Anforderung an die Dichtefunktion $g(x)$ einer Zufallsvariablen X: $\int_{-\infty}^{\infty} g(x)dx = 1$

Was bedeutet aber die Forderung, daß Zufallseinflüsse gering sein sollen? Nun: die Wahrscheinlichkeit, daß Herr Jungbluth Frau Kaiser besiegt ($q_j > q_k$) muß sehr gering sein, gegeben, daß Frau Kaiser tatsächlich mehr Anstrengungen als Herr Jungbluth ($\mu_j < \mu_k$) unternommen hat; oder mathematisch: $P(q_j > q_k | \mu_j < \mu_k)$ ist sehr klein. Diese Wahrscheinlichkeit wird bei gegebenen Anstrengungsniveaus μ_j, μ_k aber genau dann sehr klein, wenn $G(\mu_j - \mu_k)$ für

a) $\mu_j - \mu_k < 0$ (was das gleiche ist wie $P(q_j > q_k | \mu_j < \mu_k)$) ebenfalls einen positiven, nahe bei Null liegenden Funktionswert annimmt und für

b) $\mu_j - \mu_k > 0$ (was das gleiche ist wie $P(q_j > q_k | \mu_j > \mu_k)$) einen nahe bei eins liegenden Funktionswert annimmt. (Außerdem gilt natürlich $G(0)=0,5$).

Die *Verteilungs*funktion G muß also in einem ganz engen Bereich um die Null herum von einem betragsmäßig sehr kleinen Funktionswert auf einen Funktionswert nahe eins hochschnellen. Da das unendliche Integral der Dichtefunktion aber gleichzeitig der obigen Bedingung genügen muß, bedeutet dies, daß die *Dichte*funktion g in einem engen Bereich um die Null herum sehr viel Wahrscheinlichkeitsmasse verteilen muß, daß sie also in diesem Bereich sehr große Funktionswerte annimmt. (Man erinnere sich daran, daß der Wertebereich von G :]-1 ; 1[lautet, und der von g :]0 ; +∞[). Diesen Effekt kann man auch der Abbildung A4.2 entnehmen: im Falle nur geringer Zufallseinflüsse verläuft die Dichtefunktion g flacher als die zu einer Situation mit stärkeren Zufallseinflüssen gehörenden $\tilde{g}$. Wenn die Zufallseinflüsse nun gegen Null laufen, dann muß die Dichtefunktion ihre gesamte Wahrscheinlichkeitsmasse in diesem unendlich klein („eng") werdenden Intervall um die Null herum ansammeln. Ihr Funktionswert an der Stelle 0 wird dann unendlich groß.

Abbildung A4.2: Verteilung des Glücks

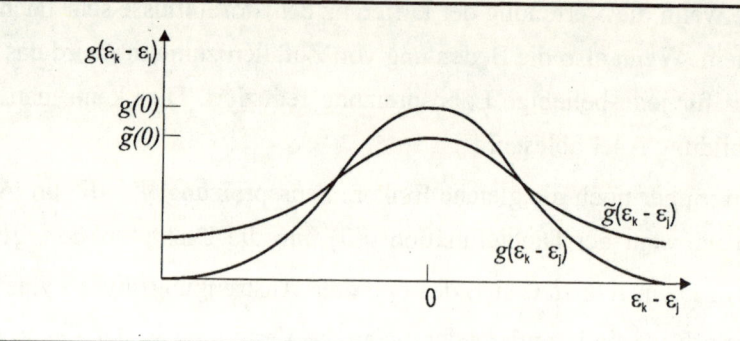

unterstellt wird. (Vergleiche hierzu auch Abbildung A4.2.) Wenn die Zufallseinflüsse weniger gravierend sind, hat $g(0)$ einen höheren Wert.

Die Logik hinter diesem Ergebnis ist sehr einfach; wir haben sie bereits im vorhergehenden Kapitel ausführlich diskutiert. Wenn Zufälle das Ergebnis von Beförderungsentscheidungen determinieren, werden Arbeitnehmer keine großen Anstrengungen unternehmen, da sie damit ihre Gewinnwahrscheinlichkeit kaum verändern können. In Unternehmen bzw. Arbeitszusammenhängen, in denen die Messung der Leistung sehr von Zufällen abhängt, müssen deshalb große Einkommenszuwächse existieren, damit die durch die Zufälligkeiten reduzierten Anstrengungen wieder erhöht werden. Man kann weiter zeigen, daß es optimal ist, jede Reduktion des Anstrengungsniveaus, die aus Zufälligkeiten resultiert, über Gewinnspreizungen auszugleichen.

Hierfür betrachten wir nun die Unternehmensseite des Entscheidungsproblems. Gegeben das oben vorgestellte Modell des Arbeitnehmerverhaltens möchte das Unternehmen nun seine erwarteten Gewinne maximieren. Da wir eine exogen gegebene und konstante Anzahl beschäftigter Mitarbeiter unterstellen, ist dieses Problem mit jenem der Maximierung der Gewinne pro Arbeitnehmer äquivalent, die sich ergeben aus den vom Anstrengungsniveau abhängigen Outputs abzüglich der zu zahlenden Löhne pro Arbeitnehmer. Damit läßt sich das Entscheidungsproblem des Unternehmens wie folgt darstellen:

$$(A4.5) \quad \underset{W_1,W_2}{Max}\ \mu - (W_1 + W_2)/2$$

9. Anhang

Unter der Nebenbedingung

(A4.6) $\quad (W_1 + W_2)/2 = C(\mu)$

Gleichung (A4.6) sagt aus, daß das Einkommen so hoch sein muß, daß die Arbeitnehmer überhaupt bereit sind, den Arbeitsplatz zu akzeptieren: $C(\mu)$ ist das in Euro bewertete Arbeitsleid, das mit dem Anstrengungsniveau μ einer gegebenen Gewinnspreizung einhergeht. $(W_1 + W_2)/2$ ist das erwartete Einkommen für jeden der beiden risikoneutralen Wettbewerbsteilnehmer. Gleichung (A4.6) sagt also aus, daß das erwartete Einkommensniveau hoch genug sein muß, damit risikoneutrale Arbeitnehmer sich um den Arbeitsplatz bewerben.

Wenn wir Gleichung (A4.6) in (A4.5) einsetzen, erhalten wir folgendes Maximierungsproblem:

(A4.7) $\quad \underset{W_1,W_2}{Max}\, \mu - C(\mu)$

aus dem wiederum folgende Optimalitätsbedingungen abgeleitet werden können:

(A4.8) $\quad \begin{aligned} \frac{\partial}{\partial W_1} &= (1 - C'(\mu))\frac{\partial \mu}{\partial W_1} = 0 \\ \frac{\partial}{\partial W_2} &= (1 - C'(\mu))\frac{\partial \mu}{\partial W_2} = 0 \end{aligned}$

Die Lösung zu Gleichung (A4.8) impliziert, daß die Grenzkosten der Anstrengung $C'(\mu) = 1$ sind. Aus Grenzkostenüberlegungen folgt dann: Unternehmen sollten ihre Gehaltsstrukturen so gestalten, daß ihre Arbeitskräfte motiviert werden, genauso viele Anstrengungen zu unternehmen, daß ihre Grenzkosten mit den Grenzkosten des Unternehmens übereinstimmen.[49] Solche Leistungsturniere sind effizient und induzieren ein optimales Anstrengungsniveau. Es gibt also für das Unternehmen keine bessere Lösung (zumindest keine, die gleichzeitig auch für die Arbeitnehmer akzep-

---

[49] Ein Gleichgewicht ergibt sich nur dann, wenn für jeden der Akteure, das Unternehmen und die Arbeitnehmer, gilt, daß seine jeweiligen Grenzkosten seinen Grenzerträgen entsprechen. Da die Grenzerträge eines jeden Arbeitnehmers gleichzeitig die Grenzkosten des Unternehmens darstellen, müssen also auch die Grenzkosten von Arbeitnehmern und die Grenzkosten des Unternehmens übereinstimmen.

tabel ist). Ausgehend von dieser Beziehung kann nun das optimale Anstrengungsniveau genau determiniert werden, das später dann in Gleichung (A4.6) eingesetzt werden kann, um den durchschnittlichen Lohn zu erhalten, der notwendig ist, um die entsprechenden Arbeitnehmer attrahieren zu können. Die Aufteilung der gesamten Einkommenssumme auf die beiden Hierarchieebenen ergibt sich, indem in Gleichung (A4.4) die Bedingung $C'(\mu) = 1$ eingesetzt wird. Daraus ergibt sich

(A4.9) $(W_1 - W_2) = \dfrac{1}{g(0)}$

Mit (A4.6) und (A4.9) haben wir also zwei Gleichungen mit zwei Unbekannten, die damit eindeutig das Einkommensniveau und die Einkommensspreizung determinieren. Wie erwartet, ist die optimale Einkommensspreizung umgekehrt proportional zu $g(0)$, so daß die Höhe des Einkommens vergrößert wird, um die Zunahme von Störgrößen (die sich in einem geringeren $g(0)$ niederschlagen) aufzufangen. Man beachte, daß die Durchschnittseinkommen in Abhängigkeit von der Funktion $g(0)$ nicht variieren.

9.2 Die Selektionsfunktion von Beförderungen

Der optimale Beförderungszeitpunkt:

Im folgenden soll gezeigt werden, daß Fehlbesetzungen im Zusammenhang mit Beförderungen weniger wahrscheinlich sind, wenn ein längerer Entscheidungszeithorizont gewählt wird.

Um dies zeigen zu können, gehen wir wiederum von einem ganz einfachen Modell aus. Es gebe zwei Arbeitnehmer, die um einen Arbeitsplatz konkurrieren. Einer der beiden weise ein höheres Fähigkeitsniveau auf und habe in jeder Beförderungsrunde eine Beförderungswahrscheinlichkeit von $p > \frac{1}{2}$. Wenn es nur eine Beförderungsrunde gibt, würde die begabtere Person in p Prozent der Fälle gewinnen und die weniger begabte Person in $(1-p)$ Prozent der Fälle. Wenn es dagegen drei Beförderungsrunden gibt, ist der Arbeitnehmer, der für eine Beförderung ausgewählt wird, derjenige, der zumindest zwei von drei Runden gewinnt. Die Wahrscheinlichkeit, daß der begabtere Spieler genau zwei von drei Runden gewinnt ergibt sich aus folgender Binomialverteilung[50]:

$$\binom{3}{2}p^2(1-p) = \frac{3!}{2!\,1!}p^2(1-p) = 3p^2(1-p)$$

Außerdem ist es möglich, daß die begabtere Person befördert wird, weil sie alle drei Runden gewonnen hat, wofür die Wahrscheinlichkeit wie folgt lautet:

$$\frac{3!}{3!}p^3$$

Also ist die Wahrscheinlichkeit, daß die begabtere Person ein drei Runden dauerndes Beförderungsturnier gewinnt

$$p^3 + p^2(1-p)$$

Die Wahrscheinlichkeit, daß die begabtere Person ein Einrunden-Beförderungsturnier gewinnt, ist dagegen genau p. Man kann allerdings zeigen, daß gilt

$$p^3 + 3p^2(1-p) > p \quad \text{für } \frac{1}{2} < p < 1.$$

Somit ist die Wahrscheinlichkeit, daß die fähigere Person gewinnt, in Leistungsturnieren mit drei Runden größer als in solchen mit nur einer Runde.[51]

---

[50] Es wird also unterstellt, daß es keine (psychologischen) Interdependenzen zwischen den einzelnen Runden gibt.

[51] $p^3 + 3p^2(1-p) - p = 0$

wird gelöst durch

$p = \frac{1}{2} \vee p = 1$.

Für $\frac{1}{2} < p < 1$ ist der Ausdruck positiv, denn

$p^2 + 3p(1-p) - 1 = 0$

und

$\frac{\partial}{\partial p} = -4p + 3 > 0$ bei $p = \frac{1}{2}$.

Allgemein gilt, daß in Leistungsturnieren mit N Runden (wobei N eine ungerade Zahl sein muß) die Wahrscheinlichkeit, daß die fähigere Person gewinnt, lautet:

$$\sum_{X=\frac{N+1}{2}}^{N} \frac{N!}{X!(N-X)!} p^x (1-p)^{N-X}$$

Dabei wächst dieser Term mit zunehmendem N für jede Wahrscheinlichkeit von $p > \frac{1}{2}$. Wenn beispielsweise $p = 0,7$ ist, bedeutet dies, daß die fähigere Person in einem Leistungsturnier mit einer Runde eine 70%ige Gewinnwahrscheinlichkeit hat. In einem Fünf-Runden-Leistungsturnier steigt die Wahrscheinlichkeit, daß die fähigere Person gewinnt, auf 0,84 und in einem 15-Runden-Leistungsturnier steigt die Wahrscheinlichkeit, daß der Fähigere gewinnt, auf 0,95. Wenn also z.B. jede Beförderungsrunde ein Jahr dauert, würde eine Beförderungsentscheidung, der 15 Beobachtungsrunden vorausgehen, in 19 von 20 Fällen in die richtige Entscheidung münden.

V. Turnierentlohnung und Kooperation am Arbeitsplatz

Die Arbeitsatmosphäre oder das Betriebsklima sind in vielen Unternehmen ein zentraler Diskussionspunkt in Gesprächen zwischen Arbeitnehmern. Gleichzeitig drehen sich auch Managementdebatten zu Personalthemen häufig um Kooperation, Vertrauen, Unternehmenskultur oder umgekehrt um mangelnde Teamfähigkeit, Mobbing und schlechte Arbeitsmoral. Solche Diskussionen beschäftigen sich zweifelsohne mit einem wichtigen personalwirtschaftlichen Problem, sie führen uns aber zu Fragestellungen, die breiter und weniger quantitativ faßbar sind als die in den vorangegangenen Kapiteln vorgestellten. Wir wollen in diesem Kapitel dennoch versuchen, Analyseinstrumente zu erarbeiten, die helfen, diese „verschwommene" Diskussion etwas konkreter zu machen und für eine ökonomische Analyse zu erschließen. Wie üblich fangen wir mit einer hypothetischen Unterhaltung zwischen ein paar Managern an.

FISHER: *Diese neue Generation von Managern! Manchmal habe ich die Befürchtung, die würden sogar ihre Großmütter verkaufen. Vielleicht leide ja nur ich an den ersten Anfällen von „Zu-meiner-Zeit-war-das-noch-ganz-anders", oder so, aber diese Truppe ist wirklich derart rücksichtslos und egoistisch...*

SHAW: *Du kennst doch den Witz mit den zwei BWLern, oder?*

FISHER: *Nein, aber tu Dir keinen Zwang an...*

SHAW: *Wie viele BWLer braucht man, um eine Glühbirne auszuwechseln? Zwei. Einer wechselt die Glühbirne, der Zweite zieht die Leiter unter dem Ersten weg.*

FISHER: *Sehr lustig, aber mal ernsthaft: Es ist wirklich ein Problem, meine Mitarbeiter können einfach nicht zusammenarbeiten. Statt gemeinsam die Arbeit zu erledigen, bekämpfen sie sich gegenseitig.*

WEBER: *Wohl wahr, an Teamwork ist bei denen nicht zu denken. Die würden einem noch nicht einmal sagen, wo es denn zum stillen Örtchen geht, ganz zu schweigen davon, gemeinsam für dasselbe Ziel oder Projekt zu arbeiten. Dieser Egoismus richtet wirklich jede effiziente Zusammenarbeit zugrunde. Warum können diese Jungs nicht ein bißchen mehr so sein wie wir in diesem Alter waren?*

SHAW: *Vielleicht stellen wir die falschen Leute ein. Wir müßten wohl während des Auswahlverfahrens besser oder anders aussieben. Es gibt etliche Firmen, die mit ihren Bewerbungsverfahren mehr Aufwand treiben als wir. Vielleicht haben wir da Nachholbedarf.*

WEBER: *Glaubst Du wirklich, daß es am Auswahlverfahren liegt? Ich habe den leisen Verdacht, daß diese Jungs einfach nur zu gewitzt sind, um ihr wahres Gesicht während eines Bewerbungsgespräches oder Assessment Centers zu zeigen. Und danach wundern wir uns, wenn mit dem Arbeitsbeginn ihre Nettigkeit dahinschmilzt.*

FISHER: *Eine andere Möglichkeit ist natürlich, daß wir zwar vernünftige Leute einstellen, aber unser Arbeitsumfeld sie in Haie verwandelt. Vielleicht sind ja, besonders während der ersten Berufsjahre, einige von unseren Anreizen zu kompetitivem Verhalten nicht gut für die Unternehmenskultur?*

WEBER: *Vielleicht, aber wir sind auch kein Schmuseklub. Die Leute müssen hier schon etwas leisten, und das beste Mittel dazu ist, wenn sie miteinander wetteifern. Leistungswettbewerb war bislang der Schlüssel zum Erfolg unseres Unternehmens.*

FISHER: *Dieser Wettkampf hat uns möglicherweise in der Vergangenheit zum Erfolg verholfen, aber derzeit treibt er uns in den Ruin. Wir sollten ernsthaft darüber nachdenken. Vielleicht können wir unser Unternehmen so reorganisieren, daß wir gute Leistungsanreize bieten, ohne daß wir die Leute dazu verführen, sich gegenseitig zu hassen.*

SHAW: *Ich denke immer noch, daß wir einfach die falschen Persönlichkeiten einstellen. Wenn wir die Selektion verbessern, ist das Problem gelöst. Selbst wenn wir nicht die idealen Leute für jede Stelle finden, so können wir sie vielleicht durch mehrere Abteilungen schleusen, bis wir ein Umfeld finden, zu dem sie passen.*

FISHER: *Menschen sind Menschen. Egal was wir anstellen, sie werden immer einen Weg finden, meine Zeit zu vergeuden und sich selbst zu bereichern.*

Die Diskussion stellt die mangelnde Kooperation am Arbeitsplatz und die daraus resultierende Ineffizienz in den Mittelpunkt. Die Manager im obigen Gespräch befürchten, daß die vorherrschende Einstellung unter den jüngeren Mitarbeitern nicht produktivitätsförderlich ist. Die Manager stehen vor folgenden Herausforderungen:

- Die Mitarbeiter zu motivieren, gemeinsam dafür zu sorgen, daß eine teamorientierte Atmosphäre am Arbeitsplatz entsteht.
- Arbeitnehmer einzustellen, deren Persönlichkeit zur Unternehmenskultur paßt.
- Das Unternehmen so zu gestalten, daß unkooperatives Verhalten keinen Platz hat, ohne daß zugleich die Leistungsanreize nachlassen.
- Die Arbeitnehmer zu motivieren, produktiv zu arbeiten, anstatt ihre Zeit für innerbetriebliches Lobbying zu verschwenden.
- Kooperation wahrzunehmen und zu belohnen, und ich-bezogenes Verhalten zu bestrafen.
- Arbeitnehmer in den Unternehmensteilen einzusetzen, in denen sie am produktivsten sind.

1. Kooperation versus Kollusion und Sabotage am Arbeitsplatz: Das Grundproblem

Das vorige Kapitel zeigte, daß Leistungsturniere grundsätzlich geeignet sind, Anreize zur Erhöhung der individuellen Anstrengungen am Arbeitsplatz zu schaffen. Wir haben aber gleichzeitig auch gesehen, daß sie unter manchen Bedingungen nachteilige Effekte entfalten.

So können turnierähnliche Anreizsysteme beispielsweise zu kostenträchtigen Kollusionen zwischen den Arbeitnehmern führen. Die Mitarbeiter können sich verbünden, um sich weniger anzustrengen und den Preis des Turniers – beispielsweise eine Beförderung – nach ihren eigenen Fairneßkriterien untereinander aufzuteilen. Auf diese Weise wird der Leistungswettbewerb umgangen, und die Arbeitsanstrengungen sind suboptimal. Ein zweites Problem ist gravierender und kann die ganze Arbeitsatmosphäre innerhalb eines Unternehmens zerstören. Es ist das Gegenteil von Kollusion: Statt sich zu verbünden, weniger zu arbeiten, können Arbeitnehmer nämlich auch in einen unproduktiven Wettkampf miteinander eintreten.[52]

---

[52] Dieses Kapitel basiert auf LAZEAR (1989).

In jeder Firma, die Gehälter, Boni oder andere Vergütungselemente durch relativen Wettbewerb unter den Arbeitnehmern aufteilt, bestehen Anreize für unkooperatives Verhalten. Ob man es will oder nicht, die Tatsache, daß die Mitarbeiter untereinander um begrenzte Mittel konkurrieren, ruft bestimmte Verhaltensmuster hervor, nämlich solche, die ihre eigene Position verbessern helfen. Das unkooperative Verhalten ist also eine direkte Folge des Einsatzes relativer statt absoluter Vergütungssysteme. Arbeitnehmer, die beispielsweise eine Provision allein auf der Basis ihrer individuellen Verkaufszahlen erhalten (also absoluter statt relativer Leistungsmaße) haben keinen Grund, die Arbeit ihrer Kollegen zu sabotieren. Es kostet sie nur Zeit und verbessert ihre eigenen Verkaufszahlen nicht. Die Anreize kehren sich allerdings um, sobald die Provision z.B. von den durchschnittlichen Verkaufsleistung zweier Kollegen im selben Gebiet abhängig gemacht wird. So könnte die Provision eines Mitarbeiters etwa sinken, wenn die durchschnittlichen Verkaufsleistungen seiner Kollegen steigen – und das obwohl seine absolute Leistung konstant geblieben ist. Unter diesen Bedingungen kann jeder einen Vorteil daraus ziehen, wenn sein Kollege schlechte Verkaufszahlen hat. Mitarbeiter werden es also nicht nur vermeiden, ihren Kollegen zu helfen, sie werden gegebenenfalls sogar versuchen, die Aktivitäten des anderen zu sabotieren oder den Kollegen zu „mobben". Die ökonomisch spannende Frage ist also, unter welchen Umständen die leistungssteigernden Anreizeffekte die kooperationsstörenden negativen Effekte relativer Entlohnungssysteme kompensieren und umgekehrt. Das folgende Beispiel soll dies verdeutlichen.

> **Beispiel: Thunfischfang**
>
> Beim Thunfischfang werden die Thunfische in Netzen gefangen, auf dem Schiff in einen Wassertank geschüttet und dann – lebendig – an die Küste transportiert. Schwimmt der Thunfisch während seines Aufenthaltes im Wassertank herum, so ist die Produktqualität besser. Falls der Fisch jedoch in Lethargie verfällt oder – im schlimmsten Fall – stirbt, leidet die Fleischqualität. Um den Thunfisch aktiv zu halten, könnte man einen Haifisch in den Tank setzen. Natürlich ist der Haifisch aggressiv und frißt ab und zu einen Thunfisch, wodurch die Produktmenge sinkt. Jedoch kann die Gegenwart des Hais im Tank auch einen positiven Effekt

2. Turnierentlohnung und Kooperation in Teams

haben: Die übrigen Fische bleiben in Bewegung und somit bleibt die Fleischqualität höher.

Dieses Beispiel deutet an, daß es sich lohnen kann, einzelne aggressivere Mitarbeiter zu halten: Sie können eine ansonsten eher verschlafene Organisation wachrütteln. Shaw, einer der Manager aus der obigen Diskussion, hätte somit Unrecht: Statt kooperative Menschen einzustellen, wäre es vielleicht besser, besonders aggressive Persönlichkeiten einzustellen. Konkurrenz unter den Mitarbeiter kann eine Organisation leistungsfähiger machen.

2. Turnierentlohnung und Kooperation in Teams

Leistungssteigerungen durch bloßes Aufeinanderhetzen von verschiedenen „Persönlichkeiten" mag zwar für Haie und Thunfische gut funktionieren, aber für Arbeitnehmer keine gute Strategie sein. Dies liegt nicht nur daran, daß Menschen keine Fische sind, sondern auch daran, daß Firmen andere Möglichkeiten haben, um Mitarbeiterverhalten zu beeinflussen. Statt aggressive Persönlichkeiten einzustellen, kann eine Firma bei gegebenen Mitarbeitern auch ihre Anreizstruktur verändern.[53] Dem Unternehmen stehen verschiedene Strategien zur Steuerung der Anreize zur Verfügung. Erstens kann ein Unternehmen - wie wir im vorhergehenden Kapitel kennen gelernt haben - die Gehaltsspreizung bestimmen und damit die Anreize verändern. Zweitens kann es, wie wir zeigen werden, auf verschiedene Weise innerbetriebliche Konkurrenz steuern. Drittens kann es Arbeitnehmer unterschiedlich einander zusortieren, zum Beispiel so, daß Aggressivere und Kooperativere jeweils zusammenarbeiten, oder so, daß die unterschiedlichen Persönlichkeitstypen jeweils unter sich bleiben. Bezüglich der Frage, welche Strategien unter welchen Bedingungen geeignet sind, optimale Anreize zu schaffen, werden wir argumentieren, daß folgende Zusammenhänge gelten:

---

[53] Vgl. WOLFF/LAZEAR (2001): Kapitel II.

Tabelle 5.1: Angestelltenkonfiguration nach Persönlichkeitstyp

Struktur	Gruppe 1	Gruppe 2	Gruppe 3	Gruppe 4
A	F1, F2, T1, T2			
B	F1, T1, T2	F2		
C	F1, F2	T1, T2		
D	F1, T1	F2, T2		
E	F1	F2	T1	T2

- *Falls eine enge Zusammenarbeit zwischen den Mitarbeitern wichtig ist, sollte die Gehaltsspreizung unter aggressiveren Persönlichkeiten geringer sein als unter den weniger aggressiven.*
- *Soweit praktikabel, sollten Mitarbeiter nach Persönlichkeitsmerkmalen getrennt werden.*
- *Mitarbeiter sollten nur mit solchen Kollegen in unmittelbare Konkurrenz gebracht werden, mit denen sie nicht kooperieren müssen bzw. mit denen eine enge Kooperation unwichtig ist. Also sollten Mitarbeiter, die an einem gemeinsamen Projekt arbeiten, beispielsweise nicht um dieselbe Beförderung oder dieselbe Belohnung konkurrieren.*

Das folgende Beispiel verdeutlicht diese Ideen. Wir gehen von vier Angestellten aus, zwei Falken und zwei Tauben. Falken sind aggressiv, Tauben hingegen eher passiv und kooperativ. Nennen wir unsere Arbeitnehmer F1, F2, T1 und T2, um die jeweiligen Typen (Falken und Tauben) und Personen (1 und 2) widerzuspiegeln. Das Unternehmen hat eine Reihe von Möglichkeiten, diese Mitarbeiter in Arbeitsteams einzuteilen. Tabelle 5.1 stellt einige Varianten dar. Welche soll es nach den oben vorgestellten Grundsätzen wählen?

Die beiden Extremfälle sind A und E. Bei Konfiguration A arbeiten alle Arbeitnehmer in einem Team, ungeachtet ihres Persönlichkeitstyps. Bei Konfiguration E arbeiten alle Arbeitnehmer getrennt. Konfiguration E kann die Vorteile einer Zusam-

2. Turnierentlohnung und Kooperation in Teams

menarbeit nicht nutzen. Konfiguration A kann die Gruppeninteraktion maximieren, aber vereint unterschiedliche Persönlichkeitstypen.

2.1 Größe, Zusammensetzung und effiziente Kooperation in Teams

Wenn man die Arbeitsgruppen optimal zusammenstellen will, muß man, wie oben erläutert, zwei Aspekte beachten: die Kooperations- bzw. Synergiepotentiale in Abhängigkeit von der Teamgröße bei gegebenem Produktionsprozeß und die Kooperationswilligkeit bei gegeben unterschiedlichen Arbeitnehmertypen.

Optimale Größe von Teams

Betrachten wir zuerst das *Ausmaß potentieller Synergien durch Teamwork*. Stellen wir uns zum Beispiel vor, wir müßten einen sehr schweren Gegenstand von Hand zu einem anderen Ort bewegen. Diese Aufgabe mag für eine Gruppe von weniger als drei Leuten unmöglich sein, eine Gruppe von sechs Leuten könnte sie jedoch ohne Schwierigkeiten bewältigen. Oder denken wir an eine Unternehmungsberatung, die ein bestimmtes Projekt für einen Kunden innerhalb einer bestimmten Frist fertigstellen muß. Damit das Projekt rechtzeitig fertig wird, benötigt die Firma mehr als nur einen Consultant. Aber selbst wenn mehrere Berater an demselben Projekt arbeiten, trägt dies nur zu Beschleunigung bei, wenn diese effektiv zusammenarbeiten - was insbesondere dann schwierig sein kann, wenn man unterschiedliche Persönlichkeiten in einem Team vereint. So wäre es beispielsweise nur schwer vorstellbar, daß sich Hai und Thunfisch zusammentun, etwa um eine Sardinenfalle zu bauen. Mehr ist also nicht zwangsläufig besser. Mitunter arbeiten auch zu viele Menschen zusammen. Denken wir zum Beispiel an ein Großraumbüro, das vollgestopft ist mit Menschen und Schreibtischen. Es verkürzt sicher die Wege und Kommunikationskosten, wenn die Arbeitnehmer alle in einem Raum sitzen. Im Extrem kann es aber auch dazu führen, daß der Lärmpegel und das Chaos derart groß sind, daß fast gar nicht mehr gearbeitet werden kann. Manche Arbeiten können möglicherweise überhaupt nur in der Stille des eigenen Büros verrichtet werden. Das Entwerfen einzelner Kapitel für dieses Lehrbuch ist ein gutes Beispiel für solch eine Arbeit. Andere Arbeiten erfordern engere Zusammenarbeit. Für den Gesamtentwurf des Buches sowie die Überarbeitung und Zusammenführung der einzelnen Textteile beispielsweise ist Teamarbeit zwischen mehreren Autoren und Helfern wieder vorteilhaft. Zusammenarbeit kann also in vielen, nicht aber in allen Fällen und in jeder Teamgröße, nützlich sein. Es ist aber nicht nur eine Frage der optimalen Größe, die die Effizienz eines Teams bestimmt, sondern auch eine Frage der Zusammensetzung des Teams, womit wir bei dem zweiten Aspekt angelangt wären.

Optimale Teamzusammensetzung: homogene oder heterogene Gruppen?

Um uns der Frage nach der optimalen Zusammensetzung von Teams zu widmen, starten wir wieder mit einem sehr stark vereinfachten Fallbeispiel. Wir nehmen an, daß man für eine zu erledigende Arbeit genau zwei Individuen benötige. Hierzu haben wir ein ungewöhnliches, aber aus dem Leben gegriffenes Beispiel anzubieten.[54] Professionelle Spieler in Las Vegas bedienen sich oft einer Technik namens „Kartenzählen".[55] Im Spiel „Siebzehn-und-vier" (Blackjack) kann ein Spieler seine Gewinnchancen verbessern, indem er hohe Einsätze tätigt, wenn bereits viele Asse und Bilder aufgedeckt wurden. Gewöhnlich sind Kartenzähler in Kasinos höchst unbeliebt, mitunter wird ihnen gar der Zutritt verweigert. Um nicht entdeckt zu werden, verkleiden sie sich manchmal oder sorgen auf andere Art und Weise dafür, nicht gleich enttarnt zu werden. Trotz ihrer Verkleidungen können Kartenzähler aber auch daran erkannt werden, daß sie ihren Einsatz jeweils erhöhen, nachdem viele Asse und Bilder gespielt wurden. Der Croupier wird irgendwann bemerken, daß der Spieler Karten zählt, und ihn des Tisches verweisen. Um das Kasino zu überlisten, kann nun ein zweiter Spieler zum Einsatz kommen. Der Kartenzähler gibt dem Partner ein Signal, wenn die Gelegenheit günstig ist. Der Partner kommt dann als neuer Spieler an den Tisch und bietet in beliebiger Höhe. Der Croupier weiß nun nicht, ob es sich um einen Kartenzähler handelt oder lediglich um einen besonders einsatzfreudigen Zocker. Die Rollenverteilung ist nun so, daß der frische Spieler als „ehrli-

---

[54] Dieses Beispiel bezieht sich auf die Praktiken eines Freundes von Ed Lazear, der früher Kartenzähler in Las Vegas war (der Freund, nicht Ed Lazear).

[55] Kartenzählen ist inzwischen weniger beliebt, da die Kasinos Wege gefunden haben, es zu erschweren und weniger profitabel zu machen.

2. Turnierentlohnung und Kooperation in Teams

cher Zocker" am Tisch sitzt, während der Zähler sich im Hintergrund hält und nicht offensichtlich mitspielt. Das System ist sehr wirksam, erfordert aber zwei Spieler, die kooperieren. Nehmen wir an, die Informationen aus Tabelle 5.1 beziehen sich auf den Job des Kartenzählens. Die Firma besteht aus einer Managerin und vier Spielern, die in zwei Teams spielen. Nehmen wir weiter an, die Firma finanziere die Einsätze, kassiere die Gewinne und bezahle die Spieler. Aufgabe der Managerin sei es, die Teams so zu strukturieren, daß der Gewinn maximiert wird und die Spieler eine angemessene Einsatzbereitschaft zeigen. Nun kommen wir zu unserer Eingangsfrage zurück: Wie soll die Zusammensetzung des Teams *nach Persönlichkeitstypen* erfolgen? Wenn wir die Vorteile von Teamarbeit und Gruppendynamik nutzen wollen, müssen die Mitarbeiter reibungslos zusammenarbeiten können. Haben Arbeitnehmer sehr unterschiedliche Persönlichkeiten oder pflegen sie sehr unterschiedliche Unternehmenskulturen, so kann es geradezu unmöglich sein, sie zu einer harmonischen Zusammenarbeit zu bewegen. Um uns das vorzustellen, betrachten wir die Konfigurationen C und D. C ist eine homogene Konfiguration, D dagegen eine heterogene, da sie Falken und Tauben zusammenspannt. Die Kartenzähler-Firma kann entweder Persönlichkeitstypen mischen oder einander zuordnen. Mischt sie Falken und Tauben (D), so kann der aggressivere Spieler, also der Falke, möglicherweise den weniger dynamischen Spieler, also die Taube, zu Mehranstrengungen motivieren, er kann aber auch jegliche Kooperation verhindern. Ob dies eintritt, hängt von der Struktur des Vergütungssystems ab. Nehmen wir an, die Managerin verspricht jedem Team, daß am Ende des Monats ein Preis an den besten Spieler jedes Teams vergeben wird. Die Managerin läßt die Spieler nun abwechselnd in den verschiedenen Rollen spielen (Kartenzähler oder Bieter), um beurteilen zu können, welcher Spieler am meisten zum Firmengewinn beiträgt. Dadurch gibt es eine direkte Konkurrenz unter den beiden Spielern eines Teams, wodurch kontraproduktive Anreize entstehen. Die Falken sind jederzeit bereit, ihren Teampartner, mit dem sie um den monatlichen Preis konkurrieren, ins offene Messer laufen zu lassen, wenn sie selbst dadurch besser dastehen. Unter Konfiguration D haben wir also in jedem Team einen Falken, der permanent versucht, seinen Mitspieler schlecht aussehen zu lassen. Was kann die Managerin dagegen tun? Sie könnte den Umfang der monatlich ausgesetzten Prämie und damit die Anreize zu kontraproduktiven Verhalten verringern. Im Extremfall, wenn der monatliche Preis gleich Null wäre, hätte der Falke keinen Grund, die Taube schlecht zu machen. Denn die Existenz des Preises, der auf einem relativen Vergleich zwischen zwei Teammitgliedern beruht, ist der Auslöser für das Problem. Gäbe es keine Prämie oder würde sie nach einem anderen Modus vergeben, so gäbe es keinen Anreiz für Störmanöver zwischen den Teamangehörigen. Jede Verringerung der Prämie würde also den Anreiz zu unkooperativem Verhalten eliminieren, aber auch den Anreiz, sich Mühe zu geben, reduzieren. Sind Falken und Tauben in einem Team, muß man jedoch mit diesem Trade-Off leben, denn die Prämienkonstruktion, die den maximalen Leistungseinsatz bewirkt, stört gleichzeitig die optimale Kooperation. Und das andere Extrem der Prämienkonstruktion – eine Prämie von Null – bewirkt eine maximale Kooperation, setzt aber keinerlei Anreize für zusätzliche individuelle Leistungen. Bei heterogen zusammengesetzten Arbeitsgruppen (Konfiguration D) muß die Managerin daher einen Kompromiß eingehen: Sie wählt eine Prämie, die zwischen Leistungsoptimierung einerseits und Kooperationsoptimierung andererseits liegt, und maximiert so den Gewinn unter der Nebenbedingung, daß der Falke davon abgehalten werden muß, die Arbeit der Taube zu sabotieren.

Gehen wir nun davon aus, daß jeweils zwei Tauben und zwei Falken ein eigenes Team bilden, daß wir also nur homogene Arbeitsgruppen (Konfiguration C) haben. In diesem Fall kann die Managerin den Tauben anbieten, daß die produktivste Taube am Ende des Monats eine hohe Prämie erhält. Beide werden sich anstrengen, den Preis zu gewinnen. Jedoch werden sie nicht gegeneinander arbeiten, denn ihr Persönlichkeitstyp schließt ein solches Verhalten aus. Mit den Falken muß sie anders umgehen. Da sie dazu tendieren, sich gegenseitig zu sabotieren, muß der ihnen ausgesetzte Preis unterhalb dessen für die Tauben liegen. Wie oben bereits beschrieben, muß die Managerin eine Prämie auswählen, bei der die Vorteile eines höheren Anstrengungsniveaus die Nachteile einer schlechteren Kooperation aufwiegen. Das Spektrum ist wie folgt eingegrenzt: Eine Prämie von Null ist zuwenig, da sie zu wenig Leistungsbereitschaft generiert. Eine Prämie, die genauso hoch ist wie die der Tauben, ist zu hoch, da sie unproduktiven Wettbewerb auslöst.

Der Vorteil aus der Trennung von Mitarbeitern nach Persönlichkeitstypen liegt darin, daß man die Produktion der Tauben nicht verringern muß, indem man die

Prämie niedrig hält, weil sonst die Falken zu Störfaktoren werden. Es kann sogar ratsam sein, zwei unterschiedliche Unternehmen zu gründen. Eine Firma würde ausschließlich kooperative Typen beschäftigen, die andere ausschließlich unkooperative. Die Firma der Kooperativen würde höhere Prämien oder eine breitere Gehaltsspreizung bieten, die Firma der Unkooperativen geringere Prämien oder Gehaltsspreads. Der Output der Kooperativen-Firma wäre höher und als Folge davon ebenso die Löhne.

2.2 Effiziente Zuteilung zu Teams bei asymmetrischen Informationen

Zuteilung durch den Arbeitgeber

Falken und Tauben sind sehr unterschiedlich aussehende Vögel. Dummerweise kann man menschliche Persönlichkeitszüge nicht ganz so einfach identifizieren, so daß sich die Frage stellt, wie eine optimale Teamzuteilung zustande kommen kann. Firmen wenden oft umfangreiche Mittel auf, um Persönlichkeitsmerkmale schon während des Bewerbungsverfahrens zu erkennen. Viele Leserinnen und Leser haben wahrscheinlich schon einmal so ein Auswahlverfahren mitgemacht. Dabei werden mitunter die merkwürdigsten Fragen gestellt. Oftmals haben diese Fragen wenig mit Fachwissen zu tun. Sie dienen vielmehr dazu, festzustellen, ob ein Bewerber aufgrund seiner Persönlichkeit in das Unternehmen paßt. Aber selbst diejenigen, die sich auf die Entwicklung solcher Persönlichkeitstests spezialisiert haben, geben zu, daß die Resultate oft ungenau sind. Das Problem der Unterscheidung von Persönlichkeitstypen wäre gelöst, wenn die Arbeitnehmer sie selbst und freiwillig durchführten. Wenn Falken es bevorzugen würden, mit Falken zu arbeiten, und Tauben mit Tauben, dann müßte eine Firma lediglich ihren Persönlichkeitstyp ausschreiben, und die Bewerber suchten sich die entsprechende Firma selbst und aus Eigeninteresse aus - ebenso wie Damen freiwillig eine mit „D" und Herren freiwillig die mit „H" gekennzeichnete Toilette aufsuchen, wenn sie die Wahl haben. Die Frage ist, ob die unterschiedlichen Arbeitnehmertypen sich selbst tatsächlich in homogene Gruppen selektieren würden.

Selbstselektion durch den Arbeitnehmer

Zur Beantwortung der Frage, ob Selbstselektion zu homogenen oder eher zu heterogenen Gruppen führt, schauen wir zunächst wieder das Beispiel der Falken und Tauben an. Angenommen, es gebe wieder nur zwei Unternehmen, die ursprünglich jeweils nur eine Art von Arbeitnehmer beschäftigen. Wir hätten in der Ausgangssituation also ein „Tauben"- und ein „Falken-Unternehmen". Beide Unternehmen würden Produkte oder Dienstleistungen erstellen, bei denen Kooperation unter den Mitarbeitern eine zwingende Voraussetzung für einen effizienten Produktionsprozeß darstellt, d.h. es gebe nicht vernachlässigbare Synergieeffekte bzw. Kooperationsgewinne. Auf dem Arbeitsmarkt gebe es sowohl Tauben, als auch Falken. Wie würden diese sich gemäß ihrer eigenen Präferenzen zuordnen?

Ein taubenartiger Bewerber wird immer eine Tauben-Firma vorziehen. Tauben kooperieren miteinander und schaffen so eine Arbeitsatmosphäre, die zu einem höheren Produktionsergebnis und damit auch zu höheren Löhnen führt. Außerdem hat der neue Arbeitnehmer ein faire Chance, befördert zu werden oder eine monatliche Prämie zu gewinnen, wie im Beispiel der Kartenzähler beschrieben. Denn alle Arbeitnehmer sind Tauben und bekämpfen sich nicht gegenseitig. Würde eine Taube hingegen in einer Falken-Firma arbeiten, so wäre ihr Lohn aus zwei Gründen geringer. Erstens sind die durchschnittlichen Gehälter in einer Falken-Firma niedriger, da Falken nicht miteinander kooperieren und somit die Produktion und folglich auch die Gehälter niedriger sind. Zweitens hat eine Taube in einer Falken-Firma systematische Nachteile bei Beförderungen oder Prämienzahlungen. Der kooperative Akteur erhöht die Produktion aller anderen und weigert sich zugleich, jemandem in den Rücken zu fallen. Die unkooperativen Kollegen in der Falken-Firma haben jedoch kein Problem damit, die freundliche Taube auszunutzen und sie zu bekämpfen, um sich selbst besser zu stellen. Sie werden die Bemühungen der Taube untergraben, und sie so in ein schlechtes Licht stellen. Weil die Taube niemals zurückschlägt, wird der Falke stets als relativer Sieger aus diesem Spiel hervorgehen. Folglich wird sich eine Taube von sich aus nie in einer Falkenfirma bewerben bzw. ein kooperativer Arbeitnehmer nicht in einer Firma, die von unkooperativen Typen dominiert wird.

Der Umkehrschluß trifft allerdings nicht zu. Falken werden sich nicht in Falken-Unternehmen bewerben. Aus denselben Gründen, aus denen eine Taube ein Falken-

Unternehmen meidet, wird auch ein Falke ein Falken-Unternehmen meiden und aus genau denselben Gründen auch das Tauben-Unternehmen bevorzugen. Da die Tauben miteinander kooperieren, sind in ihrer Firma Produktion und Lohn höher als in Falken-Firmen. Darüber hinaus hat der Falke einen weiteren Vorteil in einer Tauben-Firma: Die Mitarbeiter in der Tauben Firma sind kooperativ und pflegen keinen unproduktiven Wettbewerb. Der Falke jedoch hat keine Skrupel, die Taube zu hintergehen. Dies verschafft dem Falken einen relativen Vorteil gegenüber den Tauben. Während alle Tauben zum guten Ruf des Falken beitragen, fällt der Falke ihnen in den Rücken. Gutmütige Tauben sind ein gefundenes Fressen für aggressive Falken.

Zugegeben: die Geschichte beschreibt Extremfälle in Anlehnung an eine Analogie aus dem Tierreich. Dennoch illustriert sie einige Kernaussagen, die auch am Arbeitsplatz zutreffen:

Beruhen Belohnungen auf relativer Leistung, ist es vorteilhafter, Mitarbeiter nach Persönlichkeitstypen zu trennen, allerdings führt das Belohnungssystem selbst dazu, daß diese Trennung nicht zustande kommt.

Eine homogene Selbstselektion nach Persönlichkeitsmerkmalen findet bei durchgängig relativen Belohnungssystemen nämlich nicht statt. Aggressive Individuen arbeiten gerne mit kooperativen Personen zusammen, nicht aber umgekehrt. Was nicht heißt, daß nicht effiziente Selbstselektionsergebnisse erzielt werden könnten, wenn man die Struktur des Belohnungssystems und damit die Anreize zur Selbstselektion verändert.

> **Fallstudie: Selbstselektion bei Hambrecht und Quist**
>
> Sandy Robertson, Mitbegründerin der Investment Bank Robertson Stephens & Co., machte einst die Bemerkung, „In unserem Geschäft ist man nur erfolgreich, wenn man sich völlig verausgabt. Investment Banking fordert alles von einem. Es ist kein Job, sondern ein Lebensstil". Viele Investment Banken sind nach dem „Up-or-out"-Prinzip organisiert. Auf jeder Karrierestufe kämpfen die Mitarbeiter um wenige Beförderungsmöglichkeiten, und die Verlierer dieses Turniers verlassen – mit mehr oder weniger sanftem Druck – das Unternehmen. Aufgrund dieses hohen Wettbewerbsdrucks hat Investment Banking den Ruf, Mitarbeiter

bis an ihre Grenzen zu treiben: Es werden Arbeitsbelastungen von bis zu 100 Wochenstunden ertragen, einschließlich der Wochenenden, um sich gegenüber den Kollegen hervorzutun.

Selbst die dynamischsten Angestellten brennen bei dieser Prozedur irgendwann aus. Zum Teil ist das beabsichtigt: Das „Up-or-out"-Prinzip führt nämlich dazu, daß in der Führungsetage nur die aggressivsten und der Bank ergebensten Leute zu finden sind. Jedoch wird die Weisheit dieser Politik allmählich hinterfragt.

1994 stellte Dan Case, Präsident der in San Francisco ansässigen Investment Bank Hambrecht & Quist, die Frage, ob es wirklich so schlau sei, soviel von den Top-Managern zu verlangen: „Die klügsten Köpfe haben wahrscheinlich irgendwann auch keine Lust mehr, ewig so zu kämpfen."

Darauf begann er, ein Programm zu entwickeln, das unterschiedliche Karrierepfade ermöglicht. Diejenigen, die die Energie und den Ehrgeiz haben, zwölf Stunden am Tag zu arbeiten, können nach wie vor den Weg vom Analysten über Händler und Manager bis zum Vorstand gehen, während diejenigen, die zwar auch hart und gerne, aber lieber weniger fieberhaft arbeiten, Positionen als Top-Analysten mit weniger Managementverpflichtungen anstreben können.

Beispielsweise arbeitet der Vorstand, der verantwortlich für das Konsortialgeschäft bei H&Q ist, auch mit fast 60 noch von 5.30 Uhr bis 17.30 Uhr. Andererseits hat ein ehemaliger führender Mitarbeiter des Researchbereichs von der Leitung der Researchabteilung bei Smith Barney, einer anderen Investmentbank, genau deshalb zu H&Q gewechselt, weil er hier die Möglichkeit hat, den Streß etwas herunterzuschrauben. Seine Stellung bei H&Q ermöglicht es ihm, bestimmte Firmen zu beobachten, genau wie es jeder andere Analyst auch tut, während er gleichzeitig Mentor für jüngere Kollegen ist. „Anstelle mit voller Kraft das ganze Orchester zu dirigieren (wie bei Smith Barney), kann ich jetzt mit einer Hand ein bißchen dirigieren und mit der anderen Hand ein Instrument spielen. Das finde ich viel befriedigender." Die Managementaufgaben wurden aufgeteilt. Die großen Steuerungsaufgaben werden nach wie vor von den aggressiveren Mitarbeitern wahrgenommen, die sich für den belastenden Weg entschieden haben. Andere verdiente Mitarbeiter können ihre besondere Expertise in wichtige Aspekte des Tagesgeschäftes einbringen und so ihr gesammeltes Wissen an die nächste Generation weitergeben.

Diese Art persönlichkeitsseparierender Karrierepfade hat mehrere Vorteile. Erstens vermutet Case, daß diese neue Politik die aggressive Atmosphäre entschärft hat, die herrschte, solange alle Mitarbeiter im gleichen Job mit den gleichen Erwartungen arbeiteten. Das, so Case, verschafft H&Q einen Wettbewerbsvorteil, wenn es darum geht, sowohl jüngere als auch ältere Mitarbeiter zu rekrutieren. Die neue Organisationsformel scheint auch die Fluktuationsrate verringert zu haben. Dies wiederum hat den Vorteil, daß sich H&Q innerhalb einer Branche, in der es stark auf langfristige Kundenbeziehungen ankommt, positiv von der Konkurrenz differenzieren kann. Der Vorstandsvorsitzende von Executone, einem der größten H&Q-Kunden, äußerte sich dahingehend: „Es ist mir wichtig, daß meine Banker mein Geschäft in- und auswendig kennen, d.h. ich will nicht mit ständig wechselnden Teams zusammenarbeiten. (…) Die Veränderungen bei H&Q bauen eine gewisse Zuversicht auf, daß wir lange mit H&Q zusammenarbeiten werden."

Quelle: STEVEN KAUFMAN (1994) : Cutthroat Workload is Easier to Swallow at Uncommon Firm. In: The Orlando Sentinel (November 27, 1994), S. H1.

Wir haben also gesehen, daß selbst wenn jeder Arbeitnehmer seine eigenen Charaktermerkmale genau kennt, damit dennoch nicht zwingend sichergestellt ist, daß alle Mitarbeiter sich entsprechend ihres Charakters homogen sortieren. Solange alle Arbeitnehmer um die gleiche Prämie konkurrieren, werden kooperative Arbeitnehmer sich immer zu ihrem Naturell bekennen und sich der passenden Arbeitsgruppe zuordnen, während gleichzeitig unkooperative Arbeitnehmer dazu neigen, ihre Persönlichkeit zu verschleiern, sich kooperativer darzustellen als sie sind und sich entgegen ihrem eigenen Naturell zuordnen. Selbstselektionsprozesse können dann zu homogeneren Ergebnissen führen, wenn getrennte Karrierepfade mit unterschiedlichen Beförderungsoptionen und Prämien etabliert werden. Welche weiteren Möglichkeiten gibt es, optimale Teams zu bilden, d.h. die Mitarbeiter zu hohen individuellen Anstrengungsniveaus und gleichzeitig zu effizienter Kooperation zu motivieren?

3. Alternative Entlohnungsstrategien zur Sicherstellung von Kooperation in Teams

Im folgenden stellen wir drei Entlohnungssysteme vor, die die Mitarbeiter in Teams gleichzeitig dazu motivieren, zu kooperieren und hart zu arbeiten.

3.1 Wettbewerb zwischen Arbeitnehmern aus verschiedenen Teams

Konkurrieren Arbeitnehmer aus verschiedenen Teams um die gleiche Belohnung, so erhöht dies die Leistung ohne wertvolle Kooperation zu zerstören. Denken wir zurück an das Kartenzähler-Beispiel. Dabei setzt die Managerin einen Preis für den jeweils besten Mitarbeiter eines Teams aus. Aus jedem Team kann genau einer gewinnen, alle anderen verlieren. Die Folge ist, daß notwendige Kooperation einfach unterbleibt, weil jeder nur Interesse an der Verbesserung seines individuellen Ergebnisses hat. Durch die Vermeidung des relativen Leistungsvergleichs in der Gruppe könnte der kooperationshinderliche Effekt aber vermieden werden. Eine bessere Anreizwirkung entsteht, wenn nicht die Arbeitnehmer des gleichen Teams, sondern die aus unterschiedlichen Teams gegeneinander konkurrieren. Warum das so ist, können wir uns wiederum anhand unseres Falken- und Taubenbeispiels gemäß Tabelle 5.1 klarmachen. Wenn im ersten Team T1 und T2 arbeiten und im zweiten Team F1 und F2, dann kann die Managerin das Belohnungssystem so konstruieren, daß T1 mit F1 (und T2 mit F2) im Wettbewerb steht. Da T1 und F1 in unterschiedlichen Teams sind, kann F1 die Bemühungen von T1 nicht untergraben. Hätte F1 diese Möglichkeit, so würde er sie sicherlich nutzen. Die Managerin könnte die Teams sogar in verschiedenen Kasinos spielen lassen, dann haben sie noch nicht einmal Berührungspunkte. Unter diesen Umständen kommt es selbst in Falkenteams nicht zu negativen Wettbewerbsfolgen. Obwohl F1 zwar generell bereit wäre, seinem Mitspieler F2 Schaden zuzufügen, würde ihm dies nichts nutzen, da er nicht gegen ihn sondern gegen T1 antritt; es würde ihm allenfalls schaden, da es kostbare Zeit und Anstrengungen kostet, was wiederum nur die Wettbewerbsposition gegenüber T1 schwächt. T1 zu sabotieren könnte zwar die Gewinnchancen von F1 erhöhen, ist aber nicht möglich, da F1 und T1 in verschiedenen Teams arbeiten.

> **Zur Diskussion: Beförderungen in einer Autohandelsfirma**
>
> Eine Firma besitzt zehn Autohäuser im Ruhrgebiet. In jedem Autohaus müssen Verkäufer und Finanzierungsexperten miteinander kooperieren, damit möglichst viele Kauf- oder Leasingverträge abgeschlossen werden. Es ist daher ziemlich unklug, wenn der Verkaufsleiter und der Leiter des Leasingbereichs z.B. des Essener VW-Hauses um die Stelle des Geschäftsführers in Essen konkurrieren. Statt dessen sollte der Verkaufsleiter aus Essen beispielsweise mit dem Verkaufsleiter aus Witten um die Stelle des Geschäftsführers in Bochum konkurrieren. Ebenso sollte der Leiter der VW-Leasingabteilung in Essen mit dem Leiter der Wittener Leasingabteilung um die Stelle des Geschäftsführers in Oberhausen wetteifern. Unter diesen Umständen ist es für beide günstiger, wenn in ihrer Vertretung viele Verträge abgeschlossen werden, da dies für beide die Beförderungschancen in Relation zu den Mitbewerbern vergrößert.

Die Moral der Geschichte ist: Arbeiter, die miteinander kooperieren müssen, sollten nicht um denselben Preis konkurrieren. Erheblich sinnvoller ist es dagegen, Wettbewerb zwischen Mitarbeitern zu initiieren, die nicht miteinander kooperieren müssen.

3.2 Bezahlung nach Team-Ergebnis

Sinnvoll kann auch eine Entlohnung aller Teammitglieder auf der Basis des Team-Outputs sein. Mit einem solchen Entlohnungssystem kann sogar der Anreiz zur Kooperation verstärkt werden. Dabei gibt es mehrere Möglichkeiten, das Wohlergehen des einzelnen an die Gruppenleistung zu koppeln. Im Beispiel der Kartenzähler kann das dadurch geschehen, daß jeder Spieler einen Anteil am Gruppengewinn bekommt. Bei den Autohäusern kann jeder Mitarbeiter eine Prämie bekommen, die vom Gewinn des jeweiligen Hauses abhängt. Somit wird jeder bemüht sein, den Gewinn des Autohauses zu erhöhen.

Leider bieten teambasierte Kompensationsschemata aber nur relativ schwache Leistungsanreize. Da jedes Teammitglied nur einen kleinen Anteil des Gewinns aus seinen eigenen Anstrengungen erhält ($1/N$), hat jeder Mitarbeiter nur einen geringen

> **Zur Diskussion: Gewinnbeteiligung in einem Autohaus**
>
> Angenommen, in einem Autohaus sind 100 Mitarbeiter am Gewinnausschüttungsplan beteiligt. Nehmen wir an, daß jeder Verkauf dem Autohaus € 3000 Gewinn bringt - egal welcher Mitarbeiter den Vertrag abschließt. Selbst wenn der komplette Gewinn zu gleichen Teilen an die 100 Mitarbeiter ausgeschüttet wird, erhält der Verkäufer, der den Vertrag abgeschlossen hat, nur 3000/100 bzw. € 30. Das ist ein nur sehr geringer Teil der tatsächlichen Wertschöpfung und gemessen an den Anstrengungen für einen zusätzlichen Verkauf eher wenig, so daß daraus kein großer Anreiz für den Verkäufer resultiert. Anders wäre es, wenn es in dem Autohaus z.B. nur zwei Verkäufer gäbe. Erstens würde es sich dann um einen signifikanten Betrag handeln, zweitens wäre auch die Kooperation einfacher und drittens könnte Trittbrettfahrerverhalten wahrscheinlich auch durch direkte gegenseitige Kontrolle verhindert werden.

Anreiz, sich individuell mehr anzustrengen, und wir haben ein klassisches Trittbrettfahrerproblem.

Gemeinsame Gewinnbeteiligung schafft aber auch einen Anreiz für Mitarbeiter, sich gegenseitig zu beobachten und zu kontrollieren. Weil jeder Arbeitnehmer weiß, daß sich die eigene Vergütung verringert, wenn ein anderer weniger arbeitet, wird jeder gereizt reagieren, wenn ein Kollege seine Aufgaben nicht erfüllt. Jedoch gibt es auch beim wechselseitigen Monitoring einen Trittbrettfahrereffekt. Ein Mitarbeiter, der einen Kollegen beim Faulenzen entdeckt, wird sich zweifelsohne darüber ärgern. Wenn er jedoch den Shirker rügt, trägt er die vollen Kosten dessen schlechter Laune. Dabei hat der „Antreiber" nur einen geringen individuellen Vorteil aus der Aktion, denn sein Anteil am zusätzlichen Gewinn, den der ermahnte Kollege erwirtschaftet, ist wiederum nur sehr klein ($1/N$). Der Arbeitnehmer muß alle Nachteile des Konflikts tragen, hat aber kaum Vorteile. Manche Autoren sind der Meinung, daß die Rachegefühle ein hinreichendes Motiv darstellen, um nachlässige Kollegen zu disziplinieren.[56]

---

[56] Vgl. POSNER (1981), HIRSHLEIFER (1987), FRANK (1988), CARMICHAEL/MACLEOD (1996) und

Grundsätzlich ist das Trittbrettfahrerproblem um so gravierender, je größer die Gruppe ist, so daß davon auszugehen ist, daß Belohnungen auf der Basis von Teamleistungen nur dann wirksame Anreize entfalten, wenn die Gruppen ausreichend klein sind.

3.3 Belohnung für Kooperation

Schließlich gibt es noch die Möglichkeit, Kooperation zwischen Arbeitern unmittelbar zu belohnen und unkooperatives Verhalten direkt zu bestrafen. Beispielsweise könnte ein Falke, der nicht mit seinen Kollegen kooperiert, schlechtere Chancen auf eine Beförderung oder eine Prämie eingeräumt bekommen. Diese Strategie setzt allerdings voraus, daß die Managerin kooperatives Verhalten beobachten kann, was nicht immer der Fall sein wird. Ein schlauer Arbeitnehmer wird unkooperatives Verhalten natürlich nicht von seinen Vorgesetzten beobachten lassen. Die Bestrafung von unkooperativem bzw. Belohnung von kooperativem Verhalten erfordert daher Einblicke der Managerin bis auf die Mikro-Ebene des Produktionsprozesses. Ist dies nicht möglich, läuft man Gefahr, die falschen Arbeitnehmer zu belohnen oder zu bestrafen, was wiederum zu kontraproduktivem Verhalten führen kann.

3.4 Absolute Leistungsindikatoren für Top-Manager

Bei Turnierentlohnungen tragen zwei Faktoren zum Gewinn eines Arbeitnehmers bei. Entweder wird ein Arbeitnehmer befördert, weil er den Job am besten beherrscht und deshalb am produktivsten ist oder weil er das politische Spiel im Unternehmen besonders gut beherrscht. Das politische Spiel beherrschen soll dabei bedeuten, daß der Arbeitnehmer in der Lage ist, den Entscheidungsträgern den Eindruck zu vermitteln, daß seine Fähigkeiten bzw. Leistungen die der anderen Kandidaten überragen. Wie bereits diskutiert, kann dieses Spiel auch rücksichtsloses bzw. unfaires Verhalten beinhalten. Akteure, denen ein solches Verhalten liegt, haben einen

---

ROMER (1996), die argumentieren, daß sich einige Persönlichkeitsmerkmale aufgrund ihrer Überlebenstauglichkeit entwickelt haben. Rachegefühle könnten dazu gehören.

Vorteil gegenüber anderen, die zwar ähnliche berufliche Fähigkeiten haben, aber die ganze Politik – insbesondere deren negative Aspekte – verabscheuenswert finden. Daraus folgt, daß unter denen, die Beförderungen erhalten, überproportional viele fähige und leistungsorientierte, teilweise aber auch rücksichtslose Akteure vertreten sind. In dem Maß, in dem rücksichtsloses Verhalten erkannt werden kann, kann es auch bestraft werden. Wie bereits dargestellt, kann man unkooperativen Mitarbeitern Beförderungen verweigern. Es liegt jedoch in der Natur von Politik, daß es den Fähigsten und zugleich auch Rücksichtslosesten oft gelingt, ihr Verhalten geschickt zu tarnen. So kann es vorkommen, daß in der Unternehmensspitze überdurchschnittlich viele aggressive und rücksichtslose Individuen vertreten sind, so daß die Anreizstruktur an der Unternehmensspitze diese Art von Verhalten nicht unbedingt verstärken sollte. Da in der oberen Firmenetage oft ohnehin relativ kampfeslustige Akteure sitzen, kann es in bezug auf Top-Führungskräfte vorteilhaft sein, absolute statt relativer Leistungsstandards zu verwenden. Das verringert die Gefahr negativer Interaktionen zwischen Managern, die unbedingt miteinander kooperieren sollten. Das Letzte, was eine Firma braucht, sind Top-Manager, die gegeneinander arbeiten und sich gegenseitig das Wasser abgraben und schlecht machen. Für das Top-Management bieten sich deshalb oft absolute statt relativer Leistungsgrößen als Bemessungsgrundlage für alle Arten von Prämien und nichtmonetären Belohnungen an.

3.5 Ein empirischer Beleg zur Wirkung von Entlohnungssystemen auf Kooperation

Es ist schwierig, Belege für den Grad der Kooperation innerhalb einer Firma anzuführen. Dies liegt zum großen Teil daran, daß Kooperation schlecht zu beobachten ist. Wäre sie das, dann könnte man sie auch direkt belohnen. Aber einige Hinweise bietet die Studie von DRAGO und GARVEY (1997). Anhand von Daten aus 23 australischen Firmen zeigen Drago und Garvey, daß Arbeitnehmer weniger bereit sind, andere ihr Werkzeug oder ihre Maschinen mitbenutzen zu lassen, wenn große Lohnerhöhungen von Beförderungen abhängen, über die auf der Basis relativer Leistung entschieden wird.

Dieses Ergebnis ist konsistent mit der in diesem Kapitel vertretenen Auffassung von

Arbeitsbeziehungen, paßt jedoch nicht zu einigen anderen, mehr psychologischen Interpretationen. Einige Autoren haben argumentiert[57], daß sich die Mitarbeiter bei einer zu starken Lohnspreizung weniger anstrengen, weil sie eine solche Lohnstruktur als ungerecht empfinden. Die Logik des Leistungsturniers dagegen besagt, daß größere Lohnunterschiede den Einsatz der Arbeitnehmer fördern, aber gleichzeitig die Kooperationsbereitschaft reduzieren. Drago und Garvey zeigen, daß je höher die Prämie ist, die mit einer Beförderung einhergeht, der Anreiz für individuelle Anstrengungen eines Mitarbeiters größer und seine Kooperationsbereitschaft geringer werden. Drago und Garvey verwenden geringe Abwesenheitsquoten als Indikator für hohe Einsatzbereitschaft bzw. Anstrengungen. Sie stellen fest, daß die Fehlzeiten signifikant sinken, je höher die mit einer Beförderung einhergehende Gehaltsverbesserung ist, obwohl Kooperation und die Bereitschaft, Werkzeuge auszuleihen, zugleich abnehmen. Man könnte auch vermuten, daß schlechtere Kooperation die Arbeitsatmosphäre dermaßen verschlechtert, daß die Fehlzeiten steigen. Genau das passiert aber nicht. Mit einer höheren Prämie nimmt die Bereitschaft zur Kooperation ab, aber die Einsatzbereitschaft zu. Das ist exakt der Trade-Off, den dieses Kapitel beschreibt. Je nachdem wie wichtig individuelle Anstrengungen im Vergleich zu Kooperation für die Effizienz des Produktionsprozesses sind, haben beförderungsabhängige Anreize mehr oder weniger große Vor- bzw. Nachteile im Vergleich zu alternativen Anreizsystemen.

4. Weitere Aspekte der Gestaltung von Arbeitsverhältnissen

4.1 Lohngerechtigkeit

Bisher haben wir darüber diskutiert, ob und wie aggressives und unkooperatives Verhalten durch eine Komprimierung der Gehaltsstruktur beeinflußt wird. Reduziert man die Belohnung bzw. verringert man die Gehaltsunterschiede zwischen hoch und niedrig bezahlten Jobs, nimmt unter sonst gleichen Bedingungen die Kooperationsbereitschaft im Unternehmen zu. Der Nachteil dieser Maßnahme ist, daß sich zu-

---

[57] Zum Beispiel AKERLOF (1982).

gleich die Einsatzbereitschaft der Akteure verringert. Das heißt wir haben eine klare ökonomische Argumentation für und gegen komprimierte Gehaltsstrukturen geführt. Allerdings spricht für eine komprimierte Gehaltsstruktur auch noch ein anderer Grund, der weniger direkt mit Anreizen zusammenhängt: Bestimmte Gehaltsstrukturen werden als gerecht empfunden, andere nicht. Mitunter beobachtet man, daß Gehaltserhöhungen oder die Verweigerung von Gehaltserhöhungen von den Arbeitgebern ganz offen mit Fairneß- oder Gerechtigkeitsüberlegungen und nicht mit Produktivitätsargumenten begründet werden. Fairneß und Gerechtigkeit sind im Vergleich zu quantitativ meßbarer Produktivität zwar ziemlich unscharfe Begriffe, da im Prinzip jeder etwas anderes darunter verstehen kann. Jedoch scheint es gewisse kulturbedingte Übereinstimmungen gleichzeitig aber auch persistente interkulturelle Unterschiede in den Fairneßvorstellungen zu geben. Solche werden beispielsweise bei Unternehmensfusionen wie der von Daimler und Chrysler deutlich. Viele amerikanische Arbeitnehmer scheinen es als gerecht zu empfinden, wenn jemand, der doppelt so viel Wertzuwachs erarbeitet wie ein anderer, auch doppelt so viel verdient. Dies wird zum Teil bis auf die Spitze getrieben, unter anderem wenn CEOs großer Firmen in erfolgreichen Geschäftsjahren ein Gesamteinkommen in der Größenordnung von Hunderten von Millionen einstreichen (einschließlich von Buchgewinnen aus Aktien- und Optionsplänen). Gleichzeitig liegt der U.S.-weite Mindestlohn bei 5,15 Dollar, wobei dieser in den einzelnen Staaten sogar unterschritten werden kann und wird.[58] Die öffentliche Kritik an einer derart starken Einkommensspreizung hält sich in den USA in Grenzen, allenfalls wird danach gefragt, ob diese CEOs denn tatsächlich eine so hohe Wertschöpfung haben. Das läßt darauf schließen, daß dort ein stark an – meßbare – Leistung gebundener Gerechtigkeitsbegriff vorherrscht. Anders scheint es dagegen in Deutschland und in einigen anderen europäischen Ländern zu sein. Dort werden Einkommensentscheidungen traditionell sehr viel stärker auch nach der Bedürftigkeit und den Bemühungen der Arbeitnehmer als an den Ergebnissen ausgerichtet. Unterschiedliche Produktivitäten von Arbeitnehmern werden nicht automatisch als legitimer Grund für eine ungleiche Bezahlung akzeptiert. Sie können ja auch auf Glück (und sei es genetischem Glück)

---

[58] Vgl. http://www.dol.gov/dol/esa/public/minwage/america.htm (November 2000)

4. Weitere Aspekte der Gestaltung von Arbeitsverhältnissen

beruhen. Wenn sich zwei unterschiedlich erfolgreiche Arbeitnehmer nachweislich die gleiche Mühe geben, zum Beispiel indem sie beide gleich viel Zeit in den Job investieren, und der leistungsschwächere vielleicht eine große Familie zu ernähren hat, gilt es in Deutschland als gerecht, eben nicht allein nach Produktivität im Job zu bezahlen. Da solche, soziale Aspekte berücksichtigende Lohnbestandteile irgendwoher kommen müssen, kann man vermuten, daß diese Entlohnungskultur tendenziell dazu führt, daß hochproduktive Arbeitnehmer in Relation zu ihrem Arbeitsergebnis unterbezahlt werden. Analoges gilt für die Einstellung und Entlassung von Mitarbeitern; auch hierbei werden in Deutschland viel mehr als in den USA soziale Kriterien herangezogen, z.T. aufgrund gesetzlicher Regulierungen oder einfach nur aufgrund langjährig gewachsener Traditionen. Die parallele Existenz unterschiedlicher Entlohnungskulturen in weitgehend getrennten Volkswirtschaften ist zunächst unproblematisch. Ein Problem können solche nationalen Unterschiede jedoch im Zeitalter der sogenannten Globalisierung hervorrufen, weil es für die Unternehmen immer schwieriger wird, in verschiedenen Ländern unterschiedliche Entlohnungsstandards aufrecht zu erhalten. Denn *Globalisierung* bedeutet, daß Grenzen durchlässiger werden, was auch Folgen für die Mobilität von Arbeitnehmern hat. Insbesondere leistungsstarke und ambitionierte Arbeitnehmer beobachten zunehmend auch den internationalen Arbeitsmarkt. Viele hochqualifizierte Deutsche arbeiten im Ausland, häufig in den USA. Einer der Gründe dafür ist, daß sie dort mit derselben Leistung ein höheres Einkommen und bessere Karrierechancen erwarten können als in Deutschland. Es gibt signifikante empirische Ergebnisse, die belegen, daß Arbeitnehmer, die unterbezahlt sind, ihren Arbeitgeber verlassen und eine neue Stelle finden.[59] Wanderungsbewegungen von Arbeitnehmern werden durch die zunehmende Internationalisierung von Arbeitsmärkten stärker. Unterschiedliche Entlohnungsstrukturen in verschiedenen Ländern führen tendenziell zu einer Selbstauswahl, die der freiwilligen Verteilung von unterschiedlichen Arbeitnehmertypen auf Firmen mit verschiedenen Entlohnungssystemen ähnelt:[60] die leistungsstärkeren werden zu stärker leistungsabhängig entlohnenden Firmen gehen und dort höhere Durch-

---

[59] Vgl. TOPEL/WARD (1992) und BARTEL/BORJAS (1981).
[60] Vgl. WOLFF/LAZEAR (2001): Kapitel II.

schnittsgehälter beziehen; die weniger leistungsstarken werden zu einer eher egalitär zahlenden Firma gehen und dort geringere Durchschnittsgehälter bekommen. Beide Typen von Arbeitgebern können gleichermaßen erfolgreich sein, der Unterschied liegt mehr in der Einkommenshöhe und -struktur für die Mitarbeiter als in der Gesamtprofitabilität der Firmen. Die gleiche Profitabilität beider Typen von Arbeitgebern setzt allerdings voraus, daß für die weniger produktiven Arbeitnehmer die Gehälter ebenso nach unten floaten können wie die der hochproduktiven nach oben. In diesem Zusammenhang empfinden manche Arbeitgeber in Deutschland insbesondere die Anpassungen nach unten als problematisch, da das Tarifsystem derartige Gehaltsanpassungen in vielen Fällen erschwert.

Zur Diskussion ...

Es ist nicht ausgeschlossen, daß traditionelle europäische Gerechtigkeitsvorstellungen in Zukunft bei der Festlegung von Gehältern auch im deutschsprachigen Raum einen geringeren Einfluß als bislang haben werden. Hochproduktive Arbeitnehmer unterzubezahlen wird schwieriger, weil sich deren Abwanderungsmöglichkeiten verbessern. Und geringproduktive Arbeitnehmer überzubezahlen werden sich immer weniger Unternehmen leisten. Denn sie stehen im Wettbewerb mit produktivitätsorientiert zahlenden Konkurrenten, so daß sie die Produktpreise nicht erhöhen können. Damit sinkt ihre Kapitalrendite, was wiederum Kapitalgeber zur Abwanderung veranlassen könnte – aber nicht muß. Denn es kann ja auch Kapitalgeber geben, die bereit sind, für sozialere Arbeitsbedingungen in Form einer geringeren Rendite zu zahlen. Wir sehen, daß es hier letztlich auch um Wertfragen, d.h. die Bereitschaft, für bestimmte Dinge zu zahlen, geht. Generelle ökonomische Empfehlungen zu solchen individuellen Werten gibt es nicht. Ökonomik bezieht sich auf Mittel.

Wahrscheinlich werden sich Unternehmen in Deutschland für eine der beiden Strategien entscheiden. Es ist beispielsweise nicht ausgeschlossen, daß DaimlerChrysler in Zukunft verstärkt produktivitätsorientiert und stark differenziert entlohnt, während VW weiterhin ein stärker „solidarisches" Image pflegen könnte. Abhängig von persönlichen Gerechtigkeitsvorstellungen werden sich Arbeitnehmer und Kapitalgeber auf diese beiden Unternehmenstypen zuordnen, und beide könnten weiterhin gleichermaßen erfolgreich sein. Nur „Mischformen" werden – analog zur Logik von den Tauben und Falken – wahrscheinlich weniger erfolgreich sein.

Fallstudie: Differenzierte Personalstrategie bei IBM

Manche in Deutschland ansässige Firmen trimmten ihre Personalstrategien bereits explizit auf verstärkte Differenzierung. Dies trifft vor allem auf Unternehmen in wachsenden Branchen zu, in denen Humankapital als besonderer Engpaßfaktor gilt. Weltweit soll beispielsweise das Geschäft von IBM jedes Jahr mit zweistelligen Prozentzahlen wachsen. Keimzelle dieser Expansion soll die Mehrleistung der weltweit etwa 300.000 Mitarbeiter sein. Mit jedem Mitarbeiter werden im persönlichen Gespräch Zielvereinbarungen festgelegt, die zur Kontrolle im Folgejahr schriftlich dokumentiert werden. Es ist ausdrücklich erwünscht, die Meßlatte hoch zu legen: „Manche Ziele sehen auf den ersten Blick so aus, als ließen sie sich nicht erreichen". Im Team finde sich aber meist ein Weg.

Dieser steigenden Leistungserwartung stehen höhere Ansprüche von Mitarbeitern gegenüber. „Für die zehn bis fünfzehn Prozent der Besten müssen wir viel tun, sonst saugt der Arbeitsmarkt diese Leute auf", erklärte Klaus Kuhnle, Geschäftsführer von IBM Deutschland auf dem 8. Kongreß der Deutschen Gesellschaft für Personalführung in Wiesbaden. Zu den notwendigen Maßnahmen gehören für ihn nachdrücklich die verstärkte Unterstützung und Förderung von Leistungsträgern, das Angebot von interessanten Entwicklungsmöglichkeiten für Nachwuchskräfte und eine Anpassung von Karrieremöglichkeiten für Frauen an deren besondere Lebenssituation.

Quelle: Frankfurter Allgemeine Zeitung vom 21.6.99, S. 29.

4.2 Arbeitsplatzgarantien

Werden Arbeitnehmer aufgrund ihrer relativen Leistung entlohnt, so beeinflußt das, wie wir gesehen haben, ihre Entscheidungen nicht immer in wünschenswerter Weise. Ein Beispiel für unerwünschte Nebenwirkungen ist auch die Auswahl von Kollegen in Rekrutierungsverfahren. Nehmen wir an, die Mitarbeiter müssen entscheiden, wer eingestellt wird. Unter welchen Bedingungen werden Arbeitnehmer den besten Bewerber einstellen? Mitarbeiter werden nur widerwillig die qualifizierteste Person einstellen, wenn ihre Vergütung auf einem Leistungsvergleich beruht und die neu einzustellende Person in die Bemessungsgrundlage einbezogen wird. Denn durch die Rekrutierung des fähigsten und damit vielleicht besseren Bewerbers würde sich ihre Position innerhalb der Belegschaft verschlechtern und damit die für sie zu erwartende Vergütung sinken. Unter diesen Bedingungen werden sich die Akteure höchstwahrscheinlich strategisch verhalten und jemanden einstellen, gegen den sie sich leicht behaupten können. Ein weniger begabter Bewerber ist zwar die schlechtere Wahl für die Firma, für die bereits bestehende Belegschaft aber macht er den Wettbewerb um Prämien leichter.

Das Problem beruht auf der relativen Kompensation der Mitarbeiter. Zwei Lösungen bieten sich an. Die Offensichtlichste besteht darin, den Arbeitnehmern die Rekrutierungsentscheidung für neue Arbeitnehmer, die sich später mit ihnen messen müssen, zu entziehen. Das funktioniert so lange der Vorgesetzte ebenso gute Personalentscheidungen wie die Mitarbeiter treffen kann. In hoch fachspezifischen Angelegenheiten sind jedoch die Mitarbeiter häufig die einzigen, die über genügend Wissen verfügen, um die Bewerber zu beurteilen. Unter diesen Umständen braucht man ein anderes Verfahren. Einige Autoren schlagen vor, Arbeitsplatz- und Gehaltsgarantien zu bieten.[61] Da die Mitarbeiter dann wissen, daß sie mit dem neuen Kollegen nicht in Konkurrenz stehen werden, haben sie keinen Anreiz zu strategischem, firmenschädigenden Verhalten.

Eine andere Möglichkeit besteht darin, alle Mitarbeiter am Gewinn zu beteiligen, so daß es auch im Interesse jedes Arbeitnehmers liegt, daß es dem Unternehmen gut

---

[61] Vgl. z.B. CARMICHAEL (1998).

4. Weitere Aspekte der Gestaltung von Arbeitsverhältnissen   249

> **Zur Diskussion ...**
>
> Vor dem Hintergrund dieser Überlegungen läßt sich auch fragen, wie die Berufungsverfahren von Professorinnen und Professoren an Universitäten organisiert werden sollten. (Schließlich lassen sich all diese Überlegungen keineswegs nur auf kommerzielle Unternehmen anwenden.) Wenn Professoren bei zunehmender Budgetautonomie in Zukunft regelmäßig auch um materielle Besitzstände verstärkt untereinander konkurrieren, so läßt sich befürchten, daß bestimmte Typen von Fakultätsmitgliedern dazu neigen werden, in Berufungsverfahren eher für „schwache" als für (potentiell) „starke" Kollegen zu votieren. Dies könnte zu einer verstärkten Differenzierung der deutschen Universitätslandschaft durch Selbstselektion führen. Wollte man das verhindern, müßte wahrscheinlich der Berufungs- und/oder der Budgetierungsmodus überdacht werden.

geht, d.h. die besten Bewerber eingestellt werden. Wie bereits diskutiert, ist die hieraus resultierende Anreizwirkung für einen einzelnen Arbeitnehmer jedoch i.d.R. gering, da jeder einzelne nur einen geringen Teil des Gewinns erhält. Der Anreiz, einen wenig fähigen Kollegen einzustellen ist dagegen relativ stark, da dies die Chancen auf Beförderungen bzw. Prämien direkt verbessert. Dies wirkt sich auf sein persönliches Einkommen wahrscheinlich viel stärker aus als eine Gewinnbeteiligung.

4.3 Begrenzung von Influence Activities

Vergütungen auf der Basis relativer Leistung führen zu Spannungen unter Kollegen und stören die Zusammenarbeit. Aber auch bei Abwesenheit von relativen Entlohnungssystemen stellen sich nicht automatisch harmonische und produktive Arbeitsbeziehungen ein. Wann immer Manager Macht über das Wohlergehen von Mitarbeitern haben, resultieren daraus auf Mitarbeiterseite Anreize, auf die Managemententscheidungen Einfluß zu nehmen. Wenn dies nicht dem Wohl der Firma, sondern der Verteidigung oder Erlangung persönlicher Vorteile dient, ist es extrem schädlich für das Unternehmen. Dieses unternehmensinterne Rent-Seeking wird als *Influence*

Activities bezeichnet.⁶² Derartige Aktivitäten nehmen Zeit, Aufmerksamkeit und andere Ressourcen sowohl der Mitarbeiter als auch der Vorgesetzten in Anspruch; Ressourcen, die dem eigentlichen Produktionsprozeß dann entzogen sind. Wie kann man Influence Activities eindämmen?

Es gibt mehrere Möglichkeiten. Eine besteht darin, die Gehaltsspreizung zu reduzieren, ähnlich wie es eine auf relativer Basis zahlende Firma tut, um Falken an Sabotageakten gegen Kollegen zu hindern. In Firmen, die auf der Basis absoluter Indikatoren entlohnen, reduziert eine Verringerung des Einkommensspreads Influence Activities. Denn wenn die potentiellen Gewinne abnehmen, wird Lobbying unattraktiver.

Eine andere Möglichkeit besteht darin, „Lobbyisten" einfach nicht zuzuhören. Ein Problem bei dieser Strategie ist jedoch, daß Mitarbeiter oftmals wichtige Informationen für ihre Vorgesetzten haben. Manager, die den Kommunikationsfluß mit ihren Mitarbeitern unterdrücken, reduzieren unter Umständen nicht nur Lobbyismus, sondern schotten sich auch von wertvollen Informationen ab. Zu diesem Dilemma gibt es keine perfekte Lösung, aber ein guter „Gatekeeper" kann sich als große Hilfe erweisen. Dies ist eine der Funktionen, die beispielsweise gute Chef-Sekretärinnen oder Assistenten so wertvoll machen. Sie blocken Leute ab, die nur ein irrelevantes Schwätzchen halten wollen oder plattes Lobbying betreiben, verschaffen aber denjenigen Zutritt, die wichtige Informationen haben. Natürlich werden sie damit selbst auch zum Ziel von Lobbying-Aktivitäten, so daß das Problem von Influence Activities unter manchen Umständen nur verlagert wird.

Ein Unterschied zwischen den politischen Spielchen in relativ entlohnenden Firmen, im Vergleich zu absolut entlohnenden Firmen, besteht in der erforderlichen Mindestzahl an Spielern. Bei absoluter Gehaltssystematik treten Influence Activities schon bei zwei Parteien auf. Sobald es einen Akteur gibt, der bezahlt wird, und einen, der zahlt, gibt es auch Versuche der Einflußnahme. Influence Activities finden zwischen einem Mitarbeiter und seinem Vorgesetzten statt, nicht zwischen Mitarbeitern. Politische Spielchen, die üblicherweise bei relativen Vergütungssystemen auftreten, erfordern dagegen mindestens drei Parteien, zwei Mitarbeiter und einen Vorgesetz-

---

⁶² MILGROM (1988). Vgl. auch ERLEI (1996) und KRÄKEL (1997).

4. Weitere Aspekte der Gestaltung von Arbeitsverhältnissen

> **Zur Diskussion: Wahl des Vorstandsvorsitzenden bei AT&T**
>
> Vor der Aufteilung von AT&T hatten die regionalen operativen Einheiten des Konzerns (zum Beispiel Pacific Telephone, New England Telephone, New York Telephone und Illinois Bell) jeweils ihre eigenen Geschäftsführer, die dem Vorstandsvorsitzenden von AT&T untergeordnet waren. Der Hauptsitz war in New York und hatte einen großen Stab von Managern, die alle keine direkte Verantwortung in Bezug auf eine bestimmte Regionaleinheit hatten. Die Manager in der Zentrale beschäftigten sich mit Aufgaben, die alle Regionalfirmen betrafen. Wenn ein Vorstandsvorsitzender von AT&T in den Ruhestand trat, wurde er i.d.R. durch einen Geschäftsführer aus einer Tochterfirma ersetzt, nicht durch das nächstrangige Vorstandsmitglied aus der AT&T-Zentrale. Warum wohl? Ein Vorteil liegt darin, daß man so Konflikte zwischen den Top-Managern in der Zentrale vermeiden konnte. Die – unbedingt notwendige – Kooperation in der Hauptniederlassung hätte leiden können, wenn diese untereinander um die Stelle des Vorstandsvorsitzenden konkurriert hätten. Kamen sie allesamt für diese Position ohnehin nicht Frage, so sank der Anreiz, die Kollegen schlecht dastehen zu lassen. Natürlich konnte dieses Verfahren dazu führen, daß die Regionalchefs nicht miteinander kooperieren. Das war allerdings auch nicht ganz so wichtig. Illinois Bell operierte in einem ganz anderen Markt als Pacific Telephone. Obwohl die Regionalgeschäftsführer sicherlich auch noch voneinander hätten lernen könnten, war eine schwache Kooperation auf diesem Level von geringer Bedeutung. Dagegen wäre es verheerend gewesen, wenn beispielsweise der Finanzvorstand gegen den Personalvorstand gearbeitet hätte, nur weil beide um die Stelle des Vorstandsvorsitzenden wetteiferten.

ten. Entlohnung kann nicht relativ sein, wenn es keinen Vergleich gibt. Deshalb sind mindestens zwei Arbeitnehmer erforderlich. Bei relativen Entlohnungssystemen können daher gleich zwei politische Strategien zur Anwendung kommen: Zum einen können Mitarbeiter versuchen, ihren Chef zu manipulieren, zum anderen können sie zusätzlich auch alle möglichen Spielchen mit ihren Kollegen treiben – die keineswegs durchweg produktivitätsfördernd sind. Auch dies ist bei der Gestaltung von Gehaltsanreizen zu beachten.

Diese ökonomischen Überlegungen zeigen, daß auch scheinbar wenig griffige Phänomene wie die Arbeitsatmosphäre sehr wohl rational beschrieben und auch beeinflußt werden können, sobald dem Management nur die Steuerungslogik vertraut ist: In der Regel reagieren Akteure auf ihnen gebotene Anreize. Mißfällt dem Management das beobachtete Verhalten, so ist es nur begrenzt hilfreich, auf die ‚schlechten' Menschen zu schimpfen, wie es Fisher zunächst in der Einleitungsdiskussion dieses Kapitels tut. Vielmehr sollte stets überprüft werden, ob die von den Managern selbst geschaffenen Anreizstrukturen nicht dieses Verhalten, ebenso wie eine bestimmte Selektion von Mitarbeitern, systematisch provozieren. Systematische Korrekturen setzten dann an den Anreizstrukturen, nicht am Wesen der Mitarbeiter an.

5. Resümee

Vergütungssysteme, die auf der Basis relativer Leistungsindikatoren beruhen, mögen zwar die individuellen Anstrengungen fördern, sie haben aber auch negative Folgen für die Kooperation innerhalb eines Unternehmens. Weiß ein Mitarbeiter, daß ihm unkooperatives Verhalten zu einer Beförderung bzw. einem Bonus verhilft, so wird er versuchen, seine Kollegen schlechter zu machen. Das dient seiner eigenen Karriere, nicht aber der Gesamtproduktivität der Firma. Um die Zusammenarbeit in einer Teamkonstellation zu fördern, gibt es andere Methoden. Beispielsweise kann eine Firma ihre Mitarbeiter auf Basis des Team- oder Firmenergebnisses entlohnen oder einen Gewinnbeteiligungsplan einführen oder einen Bonus, der auf dem Teamergebnis beruht. Leider bieten diese Systeme insbesondere bei großen Gruppen nur schwache Anreize, da der einzelne nur einen geringen Anteil des Ergebnisses seiner Bemühungen erhält. Alternativ könnten Manager auch versuchen, Kooperation direkt zu beobachten und zu kompensieren. Das ist jedoch sehr aufwendig für die Vorgesetzten und kostet möglicherweise mehr als es einbringt. Schließlich kann man auch Karrierepfade so strukturieren, daß Akteure, die miteinander kooperieren sollen, nicht um den gleichen Arbeitsplatz konkurrieren. Diese letztgenannte

5. Resümee

Methode ist vermutlich die einfachste und effektivste, um viele der ‚politischen' Probleme, die zwangsläufig im Unternehmensalltag auftreten, zu lösen.

Sind Persönlichkeitstypen identifizierbar, ist die Trennung unterschiedlicher Mitarbeitertypen i.d.R. eine gute Managementstrategie. Die Vergütung und andere Anreize können dann auf jeden Mitarbeitertyp zugeschnitten werden, so daß sie für jeden Mitarbeiter möglichst effektiv sind. Kombiniert man unterschiedliche Persönlichkeitstypen in einem Team, so wird man keinem Typ gerecht.

Ein weiteres Problem resultiert daraus, daß nicht alle Arbeitnehmer ihre wahre Persönlichkeit während eines Bewerbungsverfahrens preisgeben wollen. Ein Unternehmen mag zwar bemüht sein, nur von Natur aus kooperative Individuen einzustellen, weil für seinen Produktionsprozeß Kooperation sehr wichtig ist, allerdings wird dies nicht einfach sein. Wenn nämlich kooperative Akteure unter ansonsten gleichen Voraussetzungen produktiver sind und das Unternehmen mit ausschließlich kooperativen Mitarbeitern eine höhere Produktion und ein höheres Gehaltsniveau aufweist, dann ist es nicht nur für kooperative, sondern auch für aggressivere und rücksichtslose Individuen hochattraktiv. Daher werden auch Akteure, die nicht zur Unternehmenskultur passen, versuchen, sich dort einzuschleichen. Folglich ist das Auswahlverfahren bei Firmen mit dringendem Bedarf an kooperativen Mitarbeitern besonders wichtig. Eine Komprimierung der Gehaltsspanne ist eine weitere Möglichkeit, unerwünschte Rivalität zwischen Mitarbeitern zu reduzieren.

Influence Activities sind ein weiteres Problem der Pflege von Arbeitsbeziehungen. Sie treten auch auf, wenn Mitarbeiter auf absoluter Basis vergütet werden. Eine Möglichkeit zur Vermeidung solcher Influence Activities besteht in einer engen Gehaltsspanne, so daß Lobbying sich nur sehr begrenzt lohnt. Natürlich reduziert eine verringerte Gehaltsspreizung auch die Einsatzbereitschaft der Mitarbeiter, aber die Reduzierung der Anreize zu unproduktiven politischen Spielchen mag es wert sein.

6. Literatur

Akerlof, George A. (1982): Labor Contracts as Partial Gift Exchange. In: Quarterly Journal of Economics 97(1982)4: 543-569.

Bartel, Ann P.; George J. Borjas (1981): Wage Growth and Job Turnover: An Empirical Analysis. In: Rosen, Sherwin (Hrsg.): Studies in Labor Markets. Chicago: University of Chicago Press for National Bureau of Economic Research.

Carmichael, H. Lorne (1988): Incentives in Academics: Why Is There Tenure? In: Journal of Political Economy 96(1988)3: 453-472.

Carmichael, H. Lorne; Bentley MacLeod (1996): Territorial Bargaining, unveröffentlichtes Manuskript, Queens University.

Drago, Robert; Gerald T. Garvey (1998): Incentives for Helping on the Job: Theory and Evidence. In: Journal of Labor Economics 16(1998)1: 1-25.

Erlei, Mathias (1996): Beeinflussungskosten, Reorganisation und Pfadabhängigkeit der Organisation. In: ifo Studien 42: 17-45.

Frank, Robert (1988): Passions with Reason: The Strategic Role of Emotions. New York: Norton.

Hirshleifer, Jack (1987): On the Emotions as Guarantors of Threats and Promises. In: John Dupre (Hrsg.): The Latest on the Best: Essays on Evolution and Optimality. Cambridge: MIT Press.

Kräkel, Matthias (1997): Rent-Seeking in Organisationen – eine ökonomische Analyse sozial schädlichen Verhaltens. In: ZfbF 49(1997)6: 535-555.

Lazear, Edward P. (1989): Pay Equality and Industrial Politics. In: Journal of Political Economy 97(1989)3: 561-580.

Milgrom, Paul R. (1988): Employment Contracts, Influence Activities, and Efficient Organization Design. In: Journal of Political Economy 96(1988)1: 42-60.

Posner, Richard A. (1986): The Economics of Justice. Cambridge: Harvard University Press.

Romer, Paul (1996): Preferences, Promises, and the Politics of Entitlement. In: Victor Fuchs (Hrsg.): Individual and Social Responsibility. Chicago: University of Chicago Press.

Topel, Robert; Michael Ward (1992): Job Mobility and the Careers of Young Men. In: Quarterly Journal of Economics 107(1992)2: 439-479.

Wolff, Birgitta; Edward P. Lazear (2001): Einführung in die Personalökonomik, Stuttgart: Schäffer-Poeschel.

7. Weiterführende Literaturempfehlungen

Rebitzer James B.; William E. Encinosa III und Martin Gaynor (1966): The Sociology of Groups and Economics of Incentives: Theory and Evidence on Compensation Structures, Paper prepared for NBER Research Conference, What do employers do? Dec. 1996.

Ripperger, Tanja (1988): Ökonomik des Vertrauens. Analyse eines Organisationsprinzips. Tübingen: J.C.B. Mohr.

Rotemberg, Julio J. (1994): Human Relations in the Workplace. In: Journal of Political Economy 102(1994)4: 684-717.

Williamson, Oliver E. (1993): Calculativeness, Trust, and Economic Organization. In: Journal of Law and Economics 36(Part 2, 1993)1: 453-486.

VI. Entlohnung nach Dienstalter als Motivationsinstrument

In den vorhergehenden Kapiteln haben wir gesehen, daß beförderungsabhängige Einkommenssteigerungen für viele Arbeitnehmer und Arbeitsplätze ein sehr wirkungsvolles Motivationsinstrument darstellen können. Wie aber kann ein Unternehmen solche Mitarbeiter motivieren, die von vornherein nur geringe Chancen auf zukünftige Beförderungen haben (entweder weil es keine Aufstiegsmöglichkeiten in dem Unternehmen gibt oder weil das Entwicklungspotential der Mitarbeiter für die zur Verfügung stehenden höherwertigen Arbeitsplätze nicht ausreicht)? Viele dieser Mitarbeiter mögen zwar auch ohne Anreize produktiv sein, andere aber nicht. Das Unternehmen muß also trotz fehlender Beförderungen eine Möglichkeit zur Anreizsetzung finden. Denn Arbeitnehmer, die sich in einer Karrieresackgasse befinden, sind schwer zu motivieren, da sie wissen, daß sie einerseits kaum eine Aufstiegschance haben und daß sie andererseits auch nicht ohne weiteres entlassen werden können. Die folgende Diskussion, die am Rande einer alljährlichen Mitarbeiterbeurteilung geführt wurde, illustriert einige der hiermit verbundenen Probleme.

SCHULTZ: *Wie würdet Ihr die diesjährigen Leistungen von Frau Leise einschätzen?*

PALGRAVE: *Nun, sie ist eine gute Managerin, aber eigentlich nichts Besonderes. Sie arbeitet seit Ewigkeiten in dieser Abteilung und kennt ihre Arbeit wirklich gut. Aber sie zeigt kaum eine Spur von Kreativität, ganz zu schweigen von irgendwelchen außerordentlichen Anstrengungen. Ich würde ihre Leistungen mit „zufriedenstellend" beurteilen.*

MORGENSTERN: *Das erinnert mich an fast jeden mittleren Manager, der in meiner Abteilung arbeitet. Ausnahmen bieten diejenigen, die diese Jobs auf dem Weg nach oben sehr schnell durchlaufen. Das sind gute, manchmal ganz ausgezeichnete Leute. Aber die Alteingesessenen sind mitunter fürchterlich träge.*

SCHULTZ: *Das stimmt schon, aber nicht jeder kann Vorstandsvorsitzender werden. Unser Unternehmen läuft u.a. deshalb so gut, weil wir ungefähr 100 mittlere Manager haben, die sich mit dem täglichen operativen Geschäft befassen. Wir* müssen auch sie sehr gut behandeln, denn sonst riskieren wir langfristig den Ruin des Unternehmens.

MORGENSTERN: *Warum kann eigentlich nicht jeder Vorstandsmitglied sein? Das meine ich natürlich nicht wörtlich, aber wir könnten doch unsere Unternehmensstruktur dahingehend verändern, daß wir zumindest ein paar zusätzliche Stellen weiter oben in der Hierarchie haben. Schließlich kann ein Unternehmen auch einen relativ großen Vorstand haben, so daß viele Manager Vorstandsmitglied sein könnten.*

PALGRAVE: *Daß das nur eine begrenzt gute Idee ist, siehst Du wahrscheinlich schon selbst. Gibt es nicht noch etwas anderes, was wir tun könnten?*

MORGENSTERN: *Ich glaube, unser Hauptproblem besteht in der geringen Differenzierung der Gehälter. Wir behandeln unser mittleres Management wie Beamte. Alle bekommen dieselben Gehaltssteigerungen und die Gehälter hängen lediglich von Erfahrungen und der bereits erreichten Hierarchiestufe ab.*

PALGRAVE: *Was ist daran falsch? Das schafft eine gewisse Gleichheit innerhalb der Organisation und macht die Entscheidung darüber, wer was bekommt, viel einfacher.*

MORGENSTERN: *Jedes Bezahlungssystem, das dem öffentlichen Dienst ähnelt, kann nur schlecht sein.*

SCHULTZ: *Aber nun ernsthaft, ich finde es gar keine so schlechte Idee, jedem dieselbe Gehaltserhöhung zu geben, solange er etwas leistet. Immerhin haben wir noch immer die Möglichkeit, diejenigen, die kein akzeptables Minimum leisten, zu feuern. Das schafft doch einen Leistungsanreiz.*

PALGRAVE: *Wohl wahr. Darüber hinaus besteht das Problem bei Abweichungen von unserer einheitlichen Regelung darin, daß wir einigen Standard-Gehaltserhöhungen geben werden, anderen aber sehr viel höhere geben müssen. Das kommt uns langfristig teurer zu stehen.*

MORGENSTERN: *Das stimmt sicherlich, und damit beschreibst Du zugleich unser Problem. Der Standard scheint zu niedrig zu sein und die Gehaltserhöhungen entsprechend zu gering. Unser System fördert Mittelmaß unter unseren Mitarbeitern. Wir müssen uns etwas überlegen, um Exzellenz zu fördern.*

SCHULTZ: *Ich glaube, jetzt gerätst Du ins Träumen. Aber ich sehe ja ein, daß wir hier etwas besser machen könnten. Kommen wir zurück zu unserem Ausgangsproblem. Welche Gehaltserhöhung gebe ich nun Frau Leise?*

PALGRAVE: *Hm, sie ist nicht mehr die Jüngste. Wenn wir ihr eine zu üppige Gehaltserhöhung geben, wird sie niemals in Rente gehen wollen, geschweige denn in einen vorgezogenen Ruhestand.*

SCHULTZ: *Sicher, aber eine gewisse Zeit wird sie auf jeden Fall noch bei uns sein, und wenn wir wollen, daß sie produktiv bleibt, halten wir sie lieber bei guter Laune.*

In dieser Diskussion werden u.a. folgende Themen angesprochen:

- Beförderungen gibt es nicht für alle Mitarbeiter oder kommen nicht für alle Mitarbeiter gleichermaßen in Frage. Was kann man anstelle von Beförderungen als Motivationsinstrument einsetzen?
- Gehaltserhöhungen auch ohne die Beförderung auf eine höhere Hierarchiestufe können Mitarbeiter motivieren. Wie können solche Gehaltserhöhungen gewährt werden, ohne daß die Kosten völlig aus dem Ruder laufen?
- Was ist die Anreizwirkung standardisierter Gehaltserhöhungen?
- Veranlassen zu große Gehaltserhöhungen Mitarbeiter dazu, ihren Arbeitsplatz möglicherweise zu spät aufzugeben und länger zu arbeiten als sie eigentlich produktiv sind?

Um diese Fragestellungen beantworten zu können, führen wir im folgenden ein Modell dienstaltersabhängiger Entlohnung ein, das uns hilft, die Anreizwirkungen sowie die Vor- und Nachteile aus Arbeitgeber- und Arbeitnehmerperspektive zu durchleuchten.

1. Die Anreizwirkung dienstaltersabhängiger Entlohnungen: Das Grundmodell

Nehmen wir an, in einer Firma gebe es nur eine Art von Arbeitsplatz. Alle Mitarbeiter hätten im wesentlichen dasselbe zu tun. Das Unternehmen gehöre seinem Gründer, und Beförderungen seien nicht vorgesehen (der Unternehmer plane mit seinem Tod, die Firma seiner Tochter zu vererben). Alle Akteure seien wie immer eigennutzorientiert, und es gebe asymmetrisch verteilte Informationen. Das Problem besteht nun darin, die Mitarbeiter trotz fehlender Beförderungsmöglichkeiten über ihr ganzes Arbeitsleben hinweg zu motivieren. Die einfachste Art der Leistungsanreize, die einem vielleicht zuerst einfallen würde, besteht darin, den Mitarbeitern Stücklöhne zu zahlen. Da dann alle nach ihrer individuellen Produktionsmenge bezahlt würden, bestünden angemessene Anreize, sich anzustrengen. Nehmen wir jedoch an, daß die Produktionsmenge des einzelnen schwierig zu beobachten oder gar zu definieren sei. Obwohl ein Beobachter im Prinzip einschätzen kann, was und wieviel produziert wird, ist es zu kostspielig, diese Bewertungen regelmäßig durchzuführen. Folglich muß ein anderes Kompensationsschema als das Stücklohnsystem gefunden werden, das allenfalls auf eine Art von Stichprobenverfahren zur Leistungsbewertung, beispielsweise eine Probezeitregelung,[63] zurückgreifen kann. Ohne irgendeine Art von Leistungsfeststellung wird es jedoch nicht gehen, da dann keine Kontrollmöglichkeit besteht und eigennutzorientierte Mitarbeiter entsprechend geringe Anstrengungen erbringen werden. Es könnte zwar auch Stolz auf die eigene Arbeit ein Anreiz sein, solange wir allerdings von eigennutzorientierten Mitarbeitern ausgehen, sollte man sich darauf dauerhaft nicht verlassen. Folglich muß der Unternehmer das Leistungsniveau seiner Mitarbeiter gelegentlich feststellen und hohe Belohnungen für gute Leistungen bzw. Strafen und geringe/keine Belohnungen für schlechte Leistungen zuteilen.

1.1 Die Lösung des unternehmerischen Anreizproblems durch steile Entgeltprofile

Wie könnte also eine Entlohnungsstrategie aussehen, die unter Beachtung der oben genannten Schwierigkeiten das Anreizproblem lösen hilft? Um diese Frage zu beantworten, schauen wir uns zunächst Abbildung 6.1 an.

Sie verdeutlicht noch einmal die oben genannten Zusammenhänge zwischen Lohn-

---

[63] Vgl. WOLFF/LAZEAR (2001), Kap. II

1. Die Anreizwirkung dienstaltersabhängiger Entlohnungen: Das Grundmodell

Abbildung 6.1: Langfristige Anreize

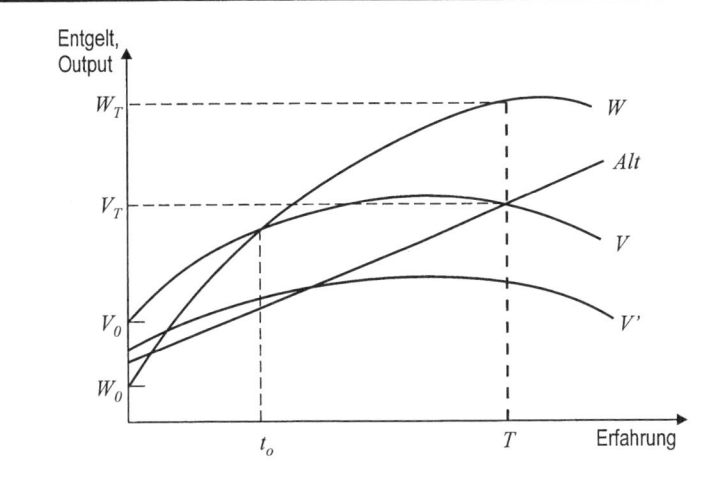

gestaltung, Anreizen und Anstrengungsniveau.[64] Zur Vereinfachung nehmen wir an, daß die Mitarbeiter des Unternehmens zwischen einem niedrigen und einem hohen Anstrengungsniveau wählen können. Ein Mitarbeiter, der sich sehr anstrengt, produziert auch sehr viel. Einer dagegen, der sich weniger anstrengt, produziert entsprechend weniger. Ein Mitarbeiter, der auf hohem Anstrengungsniveau produziert, erwirtschaftet ein Ergebnis, das die Kurve V in Abbildung 6.1 illustriert. Solange ein Mitarbeiter noch Erfahrungen sammelt und dazulernt, kann man davon ausgehen, daß seine Leistungen bis zu einem gewissen Punkt steigen, danach sinken sie altersbedingt möglicherweise wieder. Alternativ dazu kann der Mitarbeiter sich auch für das geringe Leistungsniveau entscheiden, das durch die Kurve V' illustriert wird. Genau wie V steigt auch V' zunächst an, um dann wieder zu sinken, insgesamt jedoch auf einem niedrigeren Leistungsniveau als V. Ein niedrigeres Anstrengungsniveau resultiert also in einer geringeren Produktionsleistung über die gesamte berufliche Laufbahn hinweg.

Auf der Abbildung erkennen Sie außerdem eine Gerade, die durch Alt gekennzeichnet ist. Diese bildet den Wert der alternativen Nutzung der Zeit des Arbeitnehmers

---

[64] Vgl. LAZEAR (1979).

(also z.B. den Nutzen von Freizeit) ab. Mit zunehmendem Alter des Arbeitsnehmers wird irgendwann seine beste Alternative die Nutzung seiner Zeit als Freizeit.[65] T ist damit der Tag, an dem der Arbeitnehmer rationalerweise in Rente gehen würde. Anders ausgedrückt: Ein Selbständiger, der das Leistungsniveau V produziert, würde am Zeitpunkt T freiwillig in den Ruhestand gehen, da von diesem Punkt an der Wert der Freizeit für ihn höher ist, als der Wert seiner Arbeitsergebnisse. Dieser Selbständige wird feststellen, daß es nicht sinnvoll ist, über den Punkt T hinaus zu arbeiten.

Eine weitere Kurve, die durch W gekennzeichnet ist, stellt ein mögliches Entlohnungsprofil dar. Sie ist so gezeichnet, daß der Barwert der gesamten Entlohnung bis zum Zeitpunkt T genau dem Barwert der Arbeitsergebnisse von Zeitpunkt 0 bis zu T entspricht.[66] Ein Mitarbeiter, der nach der Kurve V bezahlt würde, bekäme zu jedem Zeitpunkt während seines Arbeitslebens exakt den Wert seines Outputs. Ein Mitarbeiter jedoch, der nach W bezahlt wird, bekommt fast zu keinem Zeitpunkt genau den Gegenwert seiner Leistung. Bis zum Zeitpunkt t_0 bekommt der Mitarbeiter weniger als er produziert. Nach t_0 erhält er mehr als er erwirtschaftet. Über sein gesamtes Arbeitsleben hinweg addieren sich seine Gehaltszahlungen jedoch genau auf den Wert seines Arbeitsergebnisses. Warum sollte ein Entgeltprofil W in dieser Wiese vom Leistungsprofil V abweichen? Der Grund liegt darin, daß die unterschiedlichen Profile unterschiedliche Leistungsanreize auslösen. Das Profil W generiert höhere Leistungsanreize als das Profil V. Tatsächlich würde ein Arbeitnehmer, der genau nach V bezahlt wird, aufgrund der fehlenden Anreize nämlich weniger als V produzieren. Warum ist das so? Man kann es sich stark vereinfacht wie folgt plausibel machen: Nehmen wir an, ein Mitarbeiter wird zum Zeitpunkt T in Rente gehen. Am Tag vor seiner Pensionierung könnte dieser Mitarbeiter die folgende Kalkulation anstellen.

„Morgen gehe ich also in Rente, und heute kann ich entweder hart arbeiten oder faulenzen. Das Schlimmste, was mir passieren kann, wenn ich heute faulenze, ist,

---

[65] Es wird also unterstellt, daß mit zunehmendem Alter sowohl die Erfahrung größer wird als auch die Opportunitätskosten der Arbeit steigen.

[66] Für den Fall einer Diskontrate von $r = 0$ und den Zeitraum von 0 bis T sind dann die Flächen unterhalb der beiden Kurven W und V gleich groß.

*daß sie mich feuern. Geschieht das, so kann ich morgen nicht arbeiten und mir
entgeht V_T. Allerdings habe ich dann morgen frei. Der Wert meiner Freizeit beträgt morgen V_T, denn am ersten Tag meiner Rente entspricht der Wert meiner
Freizeit genau dem Wert meines Outputs. Insofern kann ich nichts verlieren, wenn
ich heute faulenze. Denn selbst, wenn sie mich rausschmeißen würden, verdiente
ich morgen denselben Wert in Freizeit, den ich statt dessen durch meine Arbeit in
Euro verdienen könnte. Dann faulenze ich doch lieber heute schon."*

Diese Überlegung mag etwas extrem erscheinen, sie ist im Prinzip jedoch sehr gut nachvollziehbar. Unmittelbar vor der Pensionierung kann von den Mitarbeitern kein sehr hohes Anstrengungsniveau mehr erwartet werden, es sei denn, sie verlieren eine recht große Menge an Einkommen, falls sie beim Faulenzen erwischt werden. Sehen wir uns nun alternativ einen Mitarbeiter an, der nach W bezahlt wird. Er verdient über das gesamte Arbeitsleben denselben Barwert wie unser Arbeitnehmer, der nach V bezahlt wird – vorausgesetzt, er arbeitet bis zum Zeitpunkt T. Insofern könnte man vermuten, daß Arbeitnehmer indifferent zwischen V und W sind.[67] Wie bereits erwähnt, bieten W und V jedoch unterschiedliche Leistungsanreize, obwohl sie dieselbe Gesamtkompensation über die Lebensarbeitszeit darstellen. Warum ist das so? Wiederholen wir noch einmal die Gedankenspielerei des Mitarbeiters, der einen Tag vor seiner Pensionierung steht. Nehmen wir aber diesmal an, er wird nach W statt nach V bezahlt.

*„Morgen gehe ich also in Rente, und heute kann ich entweder hart arbeiten oder
faulenzen. Falls ich faulenze, ist das Schlimmste, was mir passieren kann, daß sie
mich rausschmeißen. Tun sie das, so kann ich morgen nicht arbeiten und verliere
W_T Euro an Einkommen. Allerdings habe ich dann morgen frei. Der Wert meiner
Freizeit morgen ist V_T, weil am Tag meiner Pensionierung der Wert meiner
Freizeit exakt dem Wert meines Outputs bei der Arbeit entspricht. Ich habe also
etwas zu verlieren, denn W_T ist viel größer als V_T. Also der Betrag, den ich*

---

[67] LOEWENSTEIN/SICHERMAN (1991) argumentieren, daß Arbeitnehmer eine Präferenz für steilere Entgeltprofile haben, weil diese dem Einzelnen günstigere Zukunftsaussichten bieten als gleichbleibende oder gar fallende Löhne.

morgen durch Arbeiten verdienen kann, ist größer als der Spaß, den ich durch Freizeit gewinne. Wenn ich nicht arbeite, entgeht mir ein Lohn, der höher ist als der Wert meiner Freizeit. Insofern werde ich wohl heute lieber arbeiten, denn Freizeit kann ich ja noch nach meiner Pensionierung genießen."

Dieser Mitarbeiter muß also feststellen, das Faulenzen am Arbeitsplatz mit hohen Lohnverlusten einhergeht. Da das hohe Entgelt den Wert seiner Freizeit übersteigt, sind die Anreize, sich vor der Arbeit zu drücken, gering. Tatsächlich kann man sagen, daß je steiler das Profil ansteigt, desto stärker die Arbeitsanreize bis zum Ende der Berufslaufbahn sind. Steigt das Profil sehr stark an, so werden die Mitarbeiter bis zu ihrer Pensionierung zu hohen Leistungen motiviert. Entgeltprofile werden dadurch steil, daß man jungen Arbeitnehmern weniger bezahlt, als ihre Leistung wert ist, alten Mitarbeitern dagegen mehr, als ihre Leistung wert ist. Das Unternehmen kann also durch steigende Entgeltprofile sein Anreizproblem lösen. Für die Arbeitnehmer sind solche steilen Entgeltprofile unproblematisch, solange junge Arbeitnehmer über den Kapitalmarkt ihren Konsum vorfinanzieren können und solange sie sich darauf verlassen können, daß sie später, als Senioren, entsprechend höhere Löhne bekommen. Aber haben Arbeitnehmer vielleicht auch ein Eigeninteresse an dienstaltersabhängigen, steilen Entgeltprofilen?

1.2 Das Interesse des Arbeitnehmers an steilen Entgeltprofilen

Welches Interesse könnten Mitarbeiter an steilen Entgeltprofilen haben? Würden sie nicht lieber bei einer Firma arbeiten, die ihnen während ihrer gesamten Karriere V zahlt, so daß sie ihren Konsum nicht vorfinanzieren und gleichzeitig fürchten müssen, im Alter ihr Geld dann doch nicht zu bekommen? Die Antwort lautet ganz klar nein, und zwar aus zwei Gründen.

Erstens entspricht der Barwert von W ja dem Barwert von V, und somit gibt es keinen Grund, das flachere Entgeltprofil dem steileren vorzuziehen.[68] Der zweite und

---

[68] Natürlich könnte man sich dennoch einen Grund für die Bevorzugung des flacheren Entgeltprofils vorstellen. Beim steileren Entgeltprofil ist das Risiko für den Mitarbeiter größer. Wenn beispiels-

wichtigere Grund liegt aber darin, daß ein Unternehmen, welches das flachere Entgeltprofil V anbietet, dieses gar nicht bezahlen könnte. Denn da das flachere Profil V den Mitarbeitern schwächere Leistungsanreize bietet, ist die Gesamtproduktivität niedriger als eine Entlohnung nach dem Profil W. Ein Mitarbeiter, der nach V bezahlt wird, würde aufgrund fehlender Anreize also nur V' produzieren. Dies wiederum bedeutet, daß das Unternehmen ihn entsprechend niedriger bezahlen muß. Insofern besteht die Entscheidung, die der Mitarbeiter treffen muß, nicht zwischen W und V, sondern vielmehr zwischen dem Entgeltprofil W in Kombination mit dem hohen Anstrengungsniveau oder V' in Kombination mit dem niedrigen Anstrengungsniveau. Das flache Entgeltprofil bietet weniger Entgelt über die Lebensarbeitszeit und induziert deshalb ein geringeres Anstrengungsniveau als das steilere Entgeltprofil. Einkommens- und leistungsorientierte Mitarbeiter werden also das steilere Entgeltprofil vorziehen; nur leistungsscheue Mitarbeiter werden das flache Lohnprofil vorziehen, so daß aus der Lohngestaltung noch ein zusätzlicher Selektionseffekt resultiert.

Das Ganze erinnert ein wenig an die alte Geschichte von dem chinesischen Handelsschiff mit dem grausamen Antreiber. In frühen Zeiten der Seeschiffahrt wurden die Boote ja durch Ruderer angetrieben. Je schneller diese ruderten, desto schneller kam das Schiff voran und desto mehr Geld wurde verdient. In der Geschichte macht ein Beobachter gegenüber einem der Ruderer Bemerkungen über die Grausamkeit des Antreibers, denn dieser schlug die Ruderer mit einer Peitsche, sobald sie in ihren Anstrengungen nachließen. *„Es muß fürchterlich sein, für so einen grausamen Herren zu arbeiten".* Der Ruderer jedoch antwortete: *„Er arbeitet für uns – nicht wir für ihn. Uns Ruderern gehört das Boot, und wir engagieren ihn um sicherzustellen, daß keiner von uns faulenzt."*

Ein steiles Entgeltprofil ist ein wenig wie ein strenger Antreiber. Das steile Profil motiviert die Mitarbeiter zu mehr Anstrengungen. Dadurch sind sie produktiver und verdienen mehr Geld. Ähnlich wie die Ruderer in der Geschichte einen Antreiber engagieren, um sie zu höherer Leistung zu motivieren, können Mitarbeiter absicht-

---

weise das Unternehmen bankrott geht oder der Unternehmer absichtlich seine Schulden nicht begleicht, verliert ein Mitarbeiter, der nach W bezahlt wird, mehr als einer, der nach V bezahlt wird.

lich eine Firma mit einem steilen Entgeltprofil als Arbeitgeber auswählen, weil sie wissen, daß dort mehr Geld verdient wird. Ob sie dies tatsächlich tun oder nicht, hängt letztlich vom Wert des zusätzlichen Outputs in Relation zum zusätzlichen Arbeitsleid ab. Solange die mit den zusätzlichen Anstrengungen verbundenen Unannehmlichkeiten für einen Arbeitnehmer nicht zu groß werden, ist es in beiderseitigem Interesse, sie zu einem hohen Anstrengungsniveau zu motivieren. Die Zahlung von W statt V' wird dann von allen präferiert.

2. Probleme dienstaltersabhängiger, steiler Entgeltprofile

2.1 Mitarbeiter als Kreditgeber

Arbeitnehmer, die in jungen Jahren weniger Lohn erhalten als ihre Leistung wert ist, sind damit de facto Kreditgeber gegenüber ihrem Unternehmen. Denn implizit leihen diese Mitarbeiter dem Unternehmen durch ihren Lohnverzicht Geld. Im Prinzip ist dies dasselbe, als wenn die Mitarbeiter den vollen Geldwert ihres Outputs erhielten und dann einen Teil dieses Geldes an das Unternehmen zurückgäben, das es - wie eine Bank - als Einlage annimmt. In Abbildung 6.1 produziert der Mitarbeiter zum Zeitpunkt V_0, erhält aber nur W_0. Die Differenz, also $V_0 - W_0$, stellt einen impliziten Kredit vom Mitarbeiter an das Unternehmen dar. Das ist wie Schulden, die das Unternehmen mit Zinsen an den Mitarbeiter zurückzahlt, wenn dieser älter ist. Man könnte es sich auch so vorstellen, daß der Mitarbeiter einen Schuldschein kauft, oder eine Anleihe vom Unternehmen zeichnet.

Ob wir diesen Kredit an das Unternehmen als Anleihe oder eher als eine Art Eigenkapital betrachten, hängt von der implizierten Rückzahlungsvereinbarung ab. Im Fall der Anleihe ist der Zinssatz von vornherein festgelegt. Das bedeutet, daß die Rückzahlung an den Mitarbeiter in keiner Weise von Marktbedingungen oder anderen Faktoren abhängt. Im Gegensatz dazu besteht der Charakter von Eigenkapital ja gerade darin, daß die Anteilseigner sehr wohl wissen, daß der Wert ihrer Anteile von Marktbedingungen und vor allem der wirtschaftlichen Entwicklung (der Performance) des Unternehmens abhängt. Das funktioniert wie an der Börse: Wenn das Unternehmen floriert, steigt der Kurs seiner Aktien. Schwächelt das Unternehmen,

2. Probleme dienstaltersabhängiger, steiler Entgeltprofile

so fällt der Kurs. Damit hängt der Ertrag dieser Anlage von der Leistung des Unternehmens ab. In ähnlicher Weise können wir uns auch Mitarbeiter als Anteilseigner vorstellen, die im Gegensatz zu Zeichnern von Anleihen nicht mit fixen, sondern erfolgsabhängigen Rückzahlungen rechnen. Die Mitarbeiter aus Abbildung 6.1 könnten wir uns so als Käufer von Aktien im Wert von $V_0 - W_0$ vorstellen. Natürlich werden keine echten Aktien ausgegeben, und das Unternehmen verspricht allenfalls implizit Rückzahlungen an die Mitarbeiter zu einem späteren Zeitpunkt. Die Höhe der Rückzahlungen hängt aber von der Performance des Unternehmens ab. Geht es dem Unternehmen gut, so wird die Rückzahlung groß sein – die Mitarbeiter erhalten dann höhere Löhne als sie erwarteten. Geht es dem Unternehmen jedoch schlecht, so wird die Rückzahlung geringer sein, d.h. die Lohnsteigerungen fallen geringer als erwartet aus.

Beide Methoden, sowohl implizite Anleihen als auch implizite Aktien, bieten den Mitarbeitern Leistungsanreize. Unabhängig davon, ob die Rückzahlungsbeträge im voraus festgelegt oder von Marktbedingungen abhängig sind, können die Mitarbeiter davon ausgehen, im Alter höhere Zahlungen zu erhalten als ihr Output zu diesem Zeitpunkt wert ist. Es ist diese Prämie auf ihren Lohn, die sie auch im Zeitablauf zu fortwährenden Leistungen motiviert. Die Entscheidung zwischen einer anlageartigen Lohnstruktur und einer eigenkapitalartigen hängt von der Risikoneigung der Mitarbeiter ab. Anleihezeichner tragen kein Risiko bezüglich des nominalen Zinssatzes, den sie erhalten. Sind Mitarbeiter jedoch Anteilseigner, so tragen sie einen Teil des unternehmerischen Risikos ihres Arbeitgebers mit. In guten Zeiten wird die Verzinsung ihres Kredites höher sein, in schlechten dagegen geringer. Die folgenden Diskussionsbeispiele verdeutlichen, wie solche anleihe- bzw. aktienähnlichen „Kredite" in der Praxis der betrieblichen Personalpolitik verwirklicht werden können.

Zur Diskussion …

Betrachtet man die traditionellen Entlohnungsstrukturen japanischer Unternehmen, sind die Mitarbeiter im Sinne der oben vorgestellten Differenzierung als Anteilseigner zu interpretieren, d.h. japanische Arbeitnehmer sind wesentliche Kapitalgeber ihrer Unternehmen. Warum ist das so? Insbesondere im Vergleich mit amerikanischen Entgeltprofilen, aber auch mit deutschen, waren traditionelle japanische Entgeltprofile erheblich steiler.[69] Das könnte so interpretiert werden, daß japanische Arbeitnehmer ihren Unternehmern höhere „Kredite" gewährten als beispielsweise amerikanische. Diese „Kredite" waren jedoch keine festverzinslichen, sondern sie wurden de facto eher wie Eigenkapital behandelt, da das zukünftige Einkommen japanischer Arbeitnehmer nach dieser traditionellen Entgeltstruktur in starkem Maße vom Erfolg ihres Arbeitgebers abhing.[70] Darüber hinaus hielten japanische Unternehmen traditionell auch in starkem Maße Anteile an anderen Unternehmen. Das bedeutet, daß das Portfolio einer einzelnen Firma ziemlich diversifiziert ist, denn es besteht aus einer Auswahl von Anteilen unterschiedlicher Unternehmen. Stieg der Wert dieses Portfolios, so stiegen auch die Rückzahlungen des Unternehmens an die ihm kreditgewährenden Mitarbeiter. Denn diese erhalten höhere Löhne, wenn es dem Unternehmen gut geht. Insofern waren traditionelle japanische Unternehmen nicht nur Arbeitgeber, sondern auch Investmentmanager für ihre Mitarbeiter.

Das gleiche läßt sich in starkem Maße auch über viele deutsche Unternehmen sagen. Vor allem deutsche Großunternehmen sind im In- und Ausland bekannt für ihre hohen, teilweise auch wechselseitigen Unternehmensbeteiligungen. Außerdem gibt es in vielen Bereichen dienstaltersabhängige, steile Entgeltprofile, so daß auch deutsche Arbeitnehmer implizit Anteilseigner an einem Portfolio von Unternehmensbeteiligungen sind.

Amerikanische Unternehmen dagegen bieten flachere Entgeltprofile. Implizite Erfolgsbeteiligungen der Mitarbeiter, wie sie oben für traditionelle japanische Unternehmen beschrieben wurden, gibt es dort also in weitaus niedrigerem Maße.[71] Außerdem wird ein erheblich geringerer Anteil der Entlohnung der Mitarbeiter direkt vom Arbeitgeber investiert. Statt dessen wird ein sehr viel

---

[69] Vgl. HASHIMOTO/RAISIAN (1985).

[70] Für eine ausführliche personalökonomische Darstellung japanischer Entgeltstrukturen und ihrer Vor- und Nachteile vgl. KRÄKEL (1999).

[71] Es wird jedoch stärker mit expliziten Erfolgsbeteiligungen gearbeitet, beispielsweise in Form von Aktienoptionsplänen.

höherer Anteil des Produktionswertes direkt und zeitnah an den jeweiligen Mitarbeiter ausgezahlt, und dieser kann dann selbst entscheiden, ob er sein Einkommen in Konsum oder Kapitalanlagen umsetzen will. Dennoch wird auch in amerikanischen Unternehmen oft ein geringer Anteil des Lohnes junger Arbeitnehmer zurückgehalten und erst später ausgezahlt. Denn dies ist im Sinne der oben beschriebenen Logik der Senioritätsentlohnung wichtig, um sie über ihr gesamtes Arbeitsleben hinweg zu hohen Leistungen zu motivieren. In der Sprache von Abbildung 6.1: So werden Anreize dafür geboten, V statt V' zu produzieren.

2.2 Risiken durch Bankrott und Zahlungsverweigerung

Akzeptieren Mitarbeiter das Entgeltprofil W, so ist ein signifikanter Teil ihres Geldes an ihren Arbeitgeber gebunden. Dies kann genauer anhand Abbildung 6.2 illustriert werden. Am Zeitpunkt t_0 hat der Mitarbeiter dem Unternehmen den Betrag geliehen, der durch die dunkel schraffierte Fläche links von t_0 gekennzeichnet ist. Die heller schraffierte Fläche rechts von t_0 schuldet das Unternehmen dem Mitarbeiter als Rückzahlung. Vom Zeitpunkt t_0 an zahlt das Unternehmen dem Mitarbeiter also mehr als er erarbeitet. Folglich, so sollte man vermuten, ist das Unternehmen daran interessiert, das Arbeitsverhältnis zum Zeitpunkt t_0 aufzulösen. Was hindert ein Unternehmen aber daran, genau dies zu tun? Ein wesentlicher Hinderungsgrund besteht wohl in Reputationsüberlegungen. Ein Unternehmen, das den Ruf hat, Mitarbeiter zu entlassen bevor implizit versprochene Zahlungen getätigt wurden, wird in der Zukunft kaum noch Mitarbeiter finden. Also wird es aus Eigeninteresse die Mitarbeiter nicht zum Zeitpunkt t_0 entlassen. Diese Überlegung ist im Prinzip sehr stichhaltig. Allerdings steigt die Versuchung der Unternehmen – selbst für solche mit sehr guter Reputation – Mitarbeiter dennoch vorzeitig zu entlassen und so einen Teil des Betrages aus der hell schraffierten Fläche in Abbildung 6.2 zurückzuhalten, je steiler die Entgeltprofile sind. Je steiler nämlich die Entgeltprofile werden, desto größer ist der Gewinn aus einer vorzeitigen Entlassung – und um so größer wird die Versuchung und um so größer wird das Risiko des Arbeitnehmers. Genau dieses

Abbildung 6.2: Implizite Darlehen und Kreditwürdigkeit

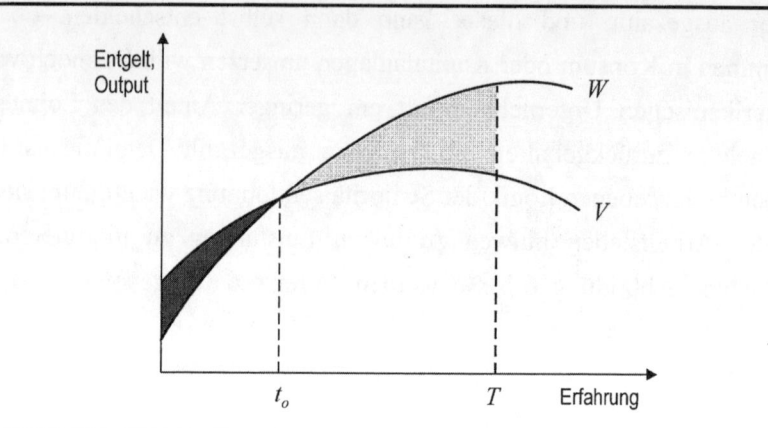

Risiko stellt also einen Grund dafür dar, Entgeltprofile trotz aller Anreizwirkungen nicht zu steil werden zu lassen.

Aber auch Unternehmen, die sich nicht opportunistisch verhalten wollen und sich sehr um ihre Reputation bemühen, können sich manchmal als schlechte Rückzahler erweisen. Bei einer schlechten Geschäftslage kann ein Unternehmen nämlich bankrott gehen und sich einfach dadurch als zahlungsunfähig erweisen. Auch in diesem Fall hätten die Mitarbeiter Zahlungsausfälle. Hierin besteht ein weiterer Grund dafür, Entgeltprofile nicht zu steil werden zu lassen, um die potentiellen Verluste zu begrenzen.

Zur Diskussion ...

Da es also durchaus die Möglichkeit gibt, daß Unternehmen ihren impliziten Lohnverpflichtungen nicht nachkommen – sei es nun absichtlich oder nicht –, werden Mitarbeiter sehr genau nachdenken, bevor sie einem Unternehmen das Versprechen glauben, W zu bezahlen, wenn doch V produziert wird, wie Abbildung 6.2 illustriert. Folglich wird man steile Entgeltprofile tendenziell eher bei älteren Unternehmen mit einer stabilen, guten Reputation finden, die in wachsenden oder zumindest stabilen Branchen operieren. Junge Unternehmen, die noch nicht eine derartige Reputation für Ehrlichkeit aufbauen konnten, werden tendenziell flachere Entgeltprofile und entsprechend geringere Produktivitäten aufweisen, oder sie werden andere Anreizinstrumente einsetzen müssen. Hohe Gehaltsversprechungen für die Zukunft als Gegenleistung für geringe gegenwärtige Gehälter sind ungeeignet, Mitarbeiter in jungen Unternehmen zu motivieren. Ebenso werden auch Unternehmen in schrumpfenden Branchen tendenziell wenig Mitarbeiter finden, die steile Entgeltprofile akzeptieren. Denn selbst angesehene Firmen können exogene Einflußfaktoren, die einen Bankrott auslösen könnten, nicht kontrollieren. Deshalb könnten auch hier Zahlungsausfälle für die Mitarbeiter entstehen. Unternehmen in schrumpfenden Branchen werden also tendenziell nicht nur die Anzahl ihrer Mitarbeiter reduzieren, sondern auch flachere Entgeltprofile bieten müssen (d.h. weniger/keine Kredite von ihren Mitarbeitern aufnehmen). Tun die Unternehmen das nicht, so werden sie Schwierigkeiten haben, Mitarbeiter zu finden, die sich auf das Risiko eines vorenthaltenen Entgelts einlassen – es sei denn, die Rückzahlungen sind z.B. aufgrund rechtlicher Regelungen über Sozialpläne oder über innerbetriebliche Institutionen (wie z.B. Betriebsräte) gesichert, die einen ausreichenden Schutz der Mitarbeiter auch im Falle eines Konkurses garantieren können.[72]

2.3 Das optimale Rentenalter und „Zwangs"-Pensionierungen

Ein weiteres mit steilen Lebenseinkommensprofilen verbundenes Problem besteht darin, daß die Entscheidung zwischen Arbeit und Freizeit mit zunehmendem Alter verzerrt wird. Ist das Entgeltprofil nämlich sehr steil, werden alte Mitarbeiter zu lange, d.h. ex post länger arbeiten wollen als es ex ante rational und geplant war. Warum ist das so? Zur Beantwortung betrachten wir noch einmal Abbildung 6.1. Der Zeitpunkt T war der Zeitpunkt, zu dem ein selbständiger Berufstätiger freiwillig in Pension gehen würde. Am Zeitpunkt T verdient der Mitarbeiter W_T, was höher liegt als V_T. Aber zum Zeitpunkt T liegt auch der Wert der Freizeit bei V_T, wie die

---

[72] Zu den Auswirkungen von Betriebsräten auf das betriebliche Entlassungsverhalten und damit den Schutz der Arbeitnehmer vgl. FRICK (1997).

mit *Alt* gekennzeichnete Gerade illustriert. Der Lohn liegt somit also deutlich über dem Wert von Freizeit, so daß der Mitarbeiter zum Zeitpunkt T noch gerne arbeiten will - auch wenn die ursprünglichen Absprachen bewußt anders gewählt wurden.

Genau dies (ein über der Produktivität liegendes Entgelt) wollten wir durch das steile Entgeltprofil ja auch erreichen. Leider wird der Mitarbeiter dann jedoch nicht nur bis zum Zeitpunkt T gerne und motiviert arbeiten wollen, sondern auch darüber hinaus. Denn da auch nach T der Lohn W den Wert der Freizeit *Alt* übersteigt, lohnt es sich für den Mitarbeiter auch weiterhin zu arbeiten. Dies wäre jedoch aus der Gesamtperspektive ineffizient und deshalb nicht wünschenswert. Dies läßt sich wie folgt begründen. Zunächst sei daran erinnert, daß jenseits des Zeitpunktes T der Wert der Freizeit den Wert des Outputs unseres Mitarbeiters übersteigt. Die Gerade *Alt* verläuft jenseits von T oberhalb der Kurve V. Die Freizeit, die der Mitarbeiter aufgibt, ist hier also wertvoller als sein Produktionsergebnis. Der Wert seines Outputs interessiert den Mitarbeiter jedoch nicht. Was ihn interessiert, ist sein Lohn. Und der liegt an dieser Stelle über dem Wert von alternativen Nutzungen seiner Zeit. Bis zum Zeitpunkt T war eine solche Differenz in das Gesamtkompensationspaket des Mitarbeiters einkalkuliert. Über das gesamte Berufsleben hinweg kann jedoch der Barwert des Lohnes den Barwert des Outputs nicht überschreiten. Jedes Unternehmen, das einem Mitarbeiter mehr Lohn zahlt, als dieser erwirtschaftet, würde mit diesem Mitarbeiter ein Verlustgeschäft machen und sich besser stellen, wenn es diesen Mitarbeiter gar nicht erst einstellte. Wenn ein Mitarbeiter also über den Zeitpunkt T hinaus arbeiten möchte, müßte der gesamte Verlauf des Entgeltprofils entsprechend angepaßt werden, d.h. das Entgeltprofil müßte flacher verlaufen. Allerdings würden diese Anpassungen den Mitarbeiter in der Summe schlechter stellen, da er seinen Gesamtnutzen maximiert, indem er sein Arbeitsleben beendet, wenn der Wert der Freizeit seine Arbeitsproduktivität übersteigt (wie in Abschnitt ausführlicher begründet). Gegeben dienstaltersabhängige, steile Entgeltprofile wäre es also besser, wenn die Mitarbeiter zum Zeitpunkt T „zwangs"-pensioniert werden können, als ihnen die Entscheidung freizustellen. Eine Zwangspensionierung stellt somit ein effizientes Komplement zu einem dienstaltersabhängigen steilen Entgeltprofil dar, das aus Anreizgründen unterhalb der Produktivität des Mitarbeiters beginnt und darüber endet.

2. Probleme dienstaltersabhängiger, steiler Entgeltprofile   273

Tabelle 6.1: Steigende Entgeltprofile und Pensionsentscheidungen (Angaben in €)

Jahr	V	Alt	Entgelt A	Entgelt B	Summe V	Summe Entgelt A	Summe Entgelt B
0	20.000	20.000	10.000	10.000	20.000	10.000	10.000
1	23.462	20.000	11.195	11.171	43.462	21.195	21.171
2	25.487	20.001	12.389	12.342	68.949	33.584	33.513
3	26.924	20.001	13.584	13.513	95.872	47.167	47.026
4	28.038	20.002	14.778	14.684	123.911	61.946	61.710
5	28.949	20.002	15.973	15.855	152.859	77.918	77.564
6	29.719	20.003	17.167	17.026	182.578	95.086	94.590
7	30.386	20.005	18.362	18.197	212.963	113.447	112.787
8	30.974	20.006	19.556	19.368	243.937	133.004	132.155
9	31.500	20.008	20.751	20.539	275.437	153.755	152.693
10	31.976	20.011	21.946	21.710	307.413	175.700	174.403
11	32.411	20.014	23.140	22.881	339.824	198.840	197.283
12	32.810	20.018	24.335	24.052	372.634	223.175	221.335
13	33.180	20.023	25.529	25.223	405.815	248.704	246.558
14	33.525	20.030	26.724	26.393	439.340	275.428	272.951
15	33.847	20.039	27.918	27.564	473.187	303.346	300.515
16	34.150	20.050	29.113	28.735	507.337	332.459	329.251
17	34.436	20.064	30.307	29.906	541.773	362.766	359.157
18	34.706	20.082	31.502	31.077	576.479	394.268	390.234
19	34.962	20.106	32.696	32.248	611.440	426.965	422.483
20	35.206	20.135	33.891	33.419	646.646	460.856	455.902
21	35.438	20.173	35.086	34.590	682.084	495.941	490.492
22	35.660	20.222	36.280	35.761	717.744	532.221	526.253
23	35.872	20.284	37.475	36.932	753.616	569.696	563.185
24	36.076	20.363	38.669	38.103	789.692	608.365	601.289
25	36.272	20.464	39.864	39.274	825.965	648.229	640.563
26	36.461	20.594	41.058	40.445	862.425	689.287	681.008
27	36.642	20.760	42.253	41.616	899.068	731.540	722.624
28	36.818	20.971	43.447	42.787	935.885	774.987	765.410
29	36.987	21.242	44.642	43.958	972.872	819.629	809.368
30	37.151	21.588	45.837	45.129	1.010.023	865.466	854.497
31	37.309	22.031	47.031	46.300	1.047.332	912.497	900.797
32	37.463	22.597	48.226	47.471	1.084.795	960.722	948.268
33	37.612	23.321	49.420	48.642	1.122.407	1.010.143	996.909
34	37.757	24.246	50.615	49.813	1.160.164	1.060.757	1.046.722
35	37.897	25.429	51.809	50.984	1.198.061	1.112.567	1.097.706
36	38.034	26.941	53.004	52.155	1.236.095	1.165.570	1.149.860
37	38.168	28.874	54.198	53.326	1.274.263	1.219.769	1.203.186
38	38.297	31.346	55.393	54.497	1.312.560	1.275.162	1.257.683
39	38.424	34.506	56.587	55.668	1.350.984	1.331.749	1.313.350
40	38.547	38.547	57.782	56.838	1.389.531	1.389.531	1.370.189
41	38.667	43.713	0	58.009	1.428.198	1.389.531	1.428.198

Um dies noch genauer zu verdeutlichen, wollen wir uns wieder einmal ein Zahlenbeispiel ansehen. Tabelle 6.1 zeigt uns ein typisches Mitarbeiterprofil V. Dieser Mitarbeiter beginnt im Jahr 0 zu arbeiten und sollte aus der Gesamtperspektive am Ende von 40 Dienstjahren pensioniert werden. Denn in Jahr 41 würde er nur noch € 38.667 zum Output beitragen können, aber einen Gegenwert von € 43.713 an Freizeit verlieren. Da der Wert der Freizeit erstmals nach 40 Dienstjahren über dem des Outputs liegt, ist also die Pensionierung zu diesem Zeitpunkt effizient. Anders ausgedrückt: Wäre dieser Mitarbeiter freiberuflich tätig, so würde er von sich aus nach 40 Jahren aufhören zu arbeiten. Aber auch ein angestellter Arbeitnehmer mit den Daten aus Tabelle 6.1 würde ex ante und aus der Perspektive seines Gesamtlebenseinkommens ein Profil, das ihn zur Pensionierung am Ende des 40. Jahres zwingt, einem anderen Profil, das ihn 41 Jahre lang arbeiten läßt, vorziehen.[73] Warum das so ist, können wir uns leicht anhand des Zahlenbeispiels klar machen.

Das Entgeltprofil A ist steiler als das Profil V, zugleich aber so kalkuliert, daß das Unternehmen und der Arbeitnehmer keine Verluste machen, wenn der Mitarbeiter sich zum effizienten Pensionierungszeitpunkt T zur Ruhe setzt. Das letzte Arbeitsjahr sollte das 40. sein, denn in den darauffolgenden Jahren übersteigt der Wert einer alternativen Zeitnutzung (Alt) den Wert des Outputs (V). Die mit „Summe V" überschriebene Spalte bezeichnet den Barwert von V bis zum jeweils entsprechenden Jahr. Alle Zahlenangaben in dieser Tabelle sind zur Vereinfachung unter der Annahme eines Zinssatzes von 0 kalkuliert. Ein Mitarbeiter, der nur während des Jahres 0 arbeitet, erwirtschaftet ein Ergebnis in Höhe von € 20.000. Diese stehen in der Spalte „V" ebenso wie in der Spalte „Summe V". Ein Mitarbeiter, der bis zum Ende von Jahr 1 arbeitet, erwirtschaftet € 20.000 plus € 23.462, die in der Spalte „V" stehen. Dies ergibt insgesamt € 43.462, wie in der Spalte „Summe V" angegeben. Ein Mitarbeiter, der bis zum Ende des Jahres 40 arbeitet, erarbeitet insgesamt € 1.389.531. Diese stehen in der Spalte „Summe V" des vierzigsten Jahres. Da der Mitarbeiter über sein gesamtes Berufsleben hinweg eine Summe von € 1.389.531 erwirtschaftet, kann sein Gesamtentgelt nicht darüber liegen. Die mit „Summe Ent-

---

[73] Dabei unterstellen wir, daß Arbeitnehmer insgesamt nicht mehr verdienen können, als sie im Verlauf ihres Arbeitslebens selbst erwirtschaften.

2. Probleme dienstaltersabhängiger, steiler Entgeltprofile

gelt A" überschriebene Spalte verhält sich zum Entgeltprofil A ebenso wie die Spalte „Summe V" zum Entgeltprofil V. Das heißt, sie gibt die bis zum jeweils angegebenen Jahr gezahlte Lohnsumme an. Ein Mitarbeiter, der nur ein Jahr lang arbeitet, bekommt € 10.000. Ein Mitarbeiter, der bis zum Ende von Jahr 40 arbeitet, wird im Verlauf seines Berufslebens insgesamt € 1.389.531 erhalten, wie in der Spalte „Summe Lohn A" angegeben. Das Entgeltprofil A ist also genau so konstruiert, daß es unterhalb von V beginnt und oberhalb von V endet und zugleich der Barwert der Lohnzahlungen genau der Summe der Outputs über die gesamte Berufslaufbahn entspricht. Bei dieser Konstellation kann sich das Unternehmen die Bezahlung des Mitarbeiters leisten, macht aber keine weiteren Gewinne. Wären noch Gewinne zu erzielen, so würden andere Unternehmen dem Mitarbeiter ein besseres Angebot unterbreiten und ihn damit abwerben.

Wieso entsteht nun bei einem so kalkulierten Entgeltprofil am Ende eine Verrentungsproblem? Im Jahr 40 beträgt der Lohn des Mitarbeiters € 57.782, aber der Wert der Freizeit im darauffolgenden Jahr liegt bei lediglich € 43.713. Selbst ohne eine weitere Lohnsteigerung würde der Mitarbeiter deshalb lieber über das Jahr 40 hinaus arbeiten. Er würde also nun nicht mehr freiwillig in Rente gehen wollen. Am Ende des vierzigsten Dienstjahres hat das Unternehmen ihm jedoch bereits den vollen Wert seiner Produktionsergebnisse ausbezahlt. Wollte der Mitarbeiter ein weiteres Jahr arbeiten, so würde das Unternehmen ihm lediglich € 38.667 bezahlen wollen, denn das ist der Wert von V im Jahr 41. Für diesen Betrag würde der Mitarbeiter jedoch nicht arbeiten wollen, weil der Wert einer alternativen Zeitnutzung für ihn bei € 43.713 liegt. Ein ansteigendes Entgeltprofil könnte natürlich ex ante auch so gestaltet werden, daß der Mitarbeiter motiviert wäre, über das Jahr 40 hinaus zu arbeiten. Aber er selbst würde es nicht bevorzugen. Dies liegt daran, daß das Unternehmen ihm letztlich insgesamt nicht mehr zahlen kann, als er in seinem Berufsleben erwirtschaftet. Egal wie das Einkommen über die Berufslaufbahn des Mitarbeiters verteilt wird, wenn er auch im Jahr 41 noch arbeiten will, wird das Unternehmen niemals mehr als zusätzliche € 38.667 (also genau den Wert seiner Produktivität) anbieten. Dies aber liegt unter dem Wert einer alternativen Zeitnutzung, deshalb wird der Arbeitnehmer das Entgeltprofil A bevorzugen. Um uns dies noch genauer zu verdeutlichen, sehen wir uns das alternative Entgeltprofil B aus Tabelle 6.1 an. Es bietet ebenso wie *A* weniger Entgelt an als der Mitarbeiter erwirtschaftet so lange er jung ist, und mehr als er erwirtschaftet, wenn er alt ist. Es ist ebenfalls so konstruiert, daß der Gesamtwert aller Entgeltzahlungen am Ende von 41 Dienstjahren genau dem Gesamtwert der Outputs von 41 Jahren entspricht (die Summe *V* beträgt im Jahr 41 € 1.428.198 ebenso wie die Summe *B*) – *B* steigt somit langsamer an als *A*. Welches Entgeltprofil wird der Mitarbeiter nun präferieren: Entgeltprofil *A* über 40 Jahre oder Entgeltprofil *B* über 41 Jahre? Die Antwort lautet Entgeltprofil *A* über 40 Jahre. Denn die Differenz zwischen der Entgeltsumme nach Profil *B* und derjenigen nach Profil *A* beträgt € 1.428.198 – € 1.389.531, d.h. € 38.667, d.h. der zusätzliche Wert des 41. Dienstjahres beträgt für den Mitarbeiter € 38.667. Der Wert der Freizeit im Jahr 41 beträgt aber € 43.713, so daß der Mitarbeiter sich durch die Wahl von Entgeltprofil B schlechter stellen würde. Eine Pensionierung zu dem Zeitpunkt, an dem der Wert der alternativen Zeitverwendung erstmals den Wert des Outputs im Unternehmen übersteigt, ist also auch aus der Sicht des Mitarbeiters wünschenswert. Das liegt nicht nur an dem von uns gewählten Zahlenbeispiel, sondern gilt generell. Der effiziente Verrentungszeitpunkt ist stets der Zeitpunkt, an dem die Freizeit für einen Mitarbeiter wertvoller wird als der Wert seiner Arbeitsleistung im Unternehmen. Danach muß das Unternehmen ihm entweder mehr zahlen als er erwirtschaftet, oder der Mitarbeiter bekommt weniger Lohn als eine alternative Verwendung der Zeit ihm wert ist. Den formalen Beweis hierfür finden Sie im Anhang dieses Kapitels.

Zur Diskussion ...

Zwangspensionierungen sind also wie wir gesehen haben, ein effizientes Komplement zu dienstaltersabhängigen steigenden Entgeltprofilen. In Deutschland werden sie auch mit großer Selbstverständlichkeit eingesetzt. Interessanterweise sind sie in den USA dagegen illegal. Sie gelten als diskriminierend für ältere Mitarbeiter. Der *Age Discrimination in Employment Act* von 1974 mit seinen anschließenden Ergänzungen verbietet den Einsatz von Zwangspensionierungsregelungen. Damit fällt jedoch ein personalwirtschaftlicher Mechanismus aus, der eingesetzt werden könnte, um Mitarbeiter zu motivieren, zum effizienten Zeitpunkt in den Ruhestand zu treten. Was tun amerikanische Unternehmen also statt

2. Probleme dienstaltersabhängiger, steiler Entgeltprofile

dessen? Verringern sie die Steigung des Entgeltprofils bis es genau dem Leistungsprofil V entspricht? Denn dann würden die Mitarbeiter von sich aus in den Ruhestand treten, sobald V den Wert ihrer alternativen Zeitnutzung unterschreitet – also genau zum effizienten Pensionierungszeitpunkt. Wie wir gelernt haben, würde dies jedoch die Leistungsanreize reduzieren, so daß die Produktivität der Mitarbeiter auf das Profil V' zurückfallen würde. Das wäre natürlich keine befriedigende Lösung. Einen besseren Weg bietet die Gestaltung betrieblicher Pensionspläne. Auch damit können Mitarbeiter zum freiwilligen Verlassen des Unternehmens motiviert werden. Intelligent strukturierte Pensionspläne können zugleich effiziente Pensionierungen und hohe Anstrengungen induzieren.

2.5 Bedingungen für die Vorteilhaftigkeit steiler Entgeltprofile zur Mitarbeitermotivation

Wie wir zu Beginn des Kapitels kurz angedeutet hatten, erscheint der Einsatz steiler Lohnprofile unter zwei Bedingungen besonders empfehlenswert: Zum einen ist es kostspielig, Arbeitsergebnisse direkt zu messen. Zum anderen bieten turnierartige Entlohnungssysteme zwar wirkungsvolle Leistungsanreize, zeigen aber inakzeptable Nebenfolgen. Warum das so ist, wollen wir im folgenden noch erläutern. Erstens wären die jeweiligen Leistungen einzelner Mitarbeiter einfach bzw. kostengünstig zu beobachten und zu messen, so könnten alle Mitarbeiter sehr gut und fortwährend durch stücklohnartige Entlohnungssysteme motiviert werden. Hinge nämlich beispielsweise jeder Monatslohn direkt vom Arbeitsergebnis eines Monats ab, so hätten auch Arbeitnehmer, die keine Beförderungsaussichten mehr haben, Anreize, sich fortwährend anzustrengen. Um die erwünschten Wirkungen erzielen zu können, müssen allerdings noch eine Reihe weiterer Bedingungen eingehalten werden, die wir uns im nächsten Kapitel etwas genauer anschauen werden. Aber wenn Arbeitsergebnisse von vornherein nicht oder nur unter sehr hohen Kosten meßbar sind, dann stellen steile Entgeltprofile ein sinnvolles Motivationsinstrument dar. Das heißt steile Entgeltprofile sollte man typischerweise auf solchen Arbeitsplätzen vorfinden, deren Outputs schwer meßbar sind (weil es keine Stückzahlen o.ä. gibt, und weil der Output nicht am Markt bewertet wird).

> **Zur Diskussion ...**
>
> Besonders prädestiniert für dienstaltersabhängige Entgeltprofile sind vor diesem Hintergrund Stellen im mittleren Management oder Stellen in Projekten mit langen Laufzeiten. Bei derartigen Stellen ist eine direkte Leistungsmessung i.d.R. schwierig oder zu aufwendig. Bestenfalls können in mehr oder weniger unregelmäßigen Zeitabständen stichprobenartige Leistungsevaluationen vorgenommen werden, um festzustellen, ob ein bestimmter Mindeststandard erfüllt wurde. Solange der Mindeststandard erfüllt wird, werden die Mitarbeiter nach einem vorher vereinbarten dienstaltersabhängigen steilen Entgeltprofil bezahlt und dadurch motiviert. Da die Stichproben aber nur in unregelmäßigen Zeitabständen erfolgen können, muß die Bestrafung für unter dem Standard liegende Leistungen relativ hart sein. Solche Strafen bestehen üblicherweise in Entlassungen oder drastischen Gehaltskürzungen, die einen solchen Mitarbeiter dann von sich aus zum Verlassen des Unternehmens bewegen.

Zweitens sind Leistungsturniere, bei denen Mitarbeiter auf der Basis ihrer relativen Leistungen befördert werden, wie wir in Kapitel IV gesehen haben, im Prinzip ein sehr wirkungsvolles Motivationsinstrument. Wir haben aber auch gelernt, daß sie unter bestimmten Bedingungen zu vollkommen unerwünschten und kontraproduktiven Anreizwirkungen führen können. Insbesondere kann die Kooperationsbereitschaft der Mitarbeiter verloren gehen, wenn diese in starkem Maße auf der Basis relativer Leistungen bezahlt werden. Deshalb sollten Leistungsturniere nicht eingesetzt werden, wenn eine enge Kooperation von Mitarbeitern wichtig für die Produktivität des Unternehmens ist. In solchen Fällen könnten steile Entgeltprofile als alternatives Anreizinstrument eingesetzt werden, denn sie entlohnen nicht auf der Basis relativer Standards, sondern auf der Basis eines absoluten Maßes, nämlich der Gesamtproduktivität eines Mitarbeiters. Ein solches Lohnsystem enthält kein vergleichendes Moment. Folglich würde die Kooperation zwischen den Mitarbeitern auch nicht leiden.

2.6 Zur Notwendigkeit von Entlassungen

Solange alles plangemäß läuft, sollten Entlassungen eigentlich sehr selten vorkommen. Denn ein hinreichend steiles Entgeltprofil macht einen Jobverlust für die Mitarbeiter sehr teuer. Entsprechend werden sie es vermeiden, sich so zu verhalten, daß ihr Arbeitsplatz in Gefahr gerät. In der Tat würde das perfekte Anreizsystem alle Mitarbeiter motivieren, genau zu tun, was von ihnen erwartet wird, und damit würden Entlassungen niemals vorkommen. Es ist die Drohung einer Entlassung, nicht die tatsächliche Entlassung, die den Anreizeffekt auslöst.

Das setzt jedoch voraus, daß Mitarbeiter, die sich vor der Arbeit drücken, auf jeden Fall entlassen werden müssen, auch wenn die Strafe im Moment überproportional hoch ist. Anderenfalls wäre die Entlassungsdrohung nicht glaubwürdig und damit das mit einem Fehlverhalten verbundene Risiko nicht ausreichend und die Anreizwirkung dahin.[74]

> **Beispiel: Reinigungsdienst einer Universitätsklinik**
>
> Ein Beispiel für eine glaubwürdige Entlassungsstrategie lernte einer der Autoren dieses Buches in seiner frühen Studienzeit kennen. Er hatte einen Teilzeitjob in der Putzkolonne des Krankenhauses seiner Universität, der University of California, Los Angeles (UCLA). Die Aufgabe dieser Putzkolonne bestand vor allem darin, das Krankenhaus sauber zu halten. Zu dieser Abteilung gehörten ungefähr 110 Reinigungskräfte, von denen jede ihren eigenen individuellen Arbeitsplan hatte. Jeder Arbeitsplan sah eine andere Route durch Teile des Krankenhauses vor. Da die Krankenhausgebäude sehr weitläufig waren und die meisten Reinigungsarbeiten nachts geschahen, war es leicht, sich jeglicher Aufsicht zu entziehen. Gelegentlich kam es vor, daß Mitarbeiter sich versteckten, um eine Runde zu schlafen statt zu arbeiten. Solange der Vorarbeiter nicht die komplette Route eines bestimmten Mitarbeiters kontrollierte, war es sehr schwierig, jemanden beim Faulenzen zu erwischen. Hin und wieder jedoch fand der Vorarbeiter tat-

---

[74] Ähnlich argumentieren auch SHAPIRO/STIGLITZ (1984) im Rahmen der Effizienzlohntheorie.

sächlich jemanden, der während seiner Dienstzeit schlief. Jedes Mal wenn dies passierte, wurde der unglückliche Schläfer ohne Diskussionen fristlos entlassen.

Diese Bestrafung erscheint weitaus größer als der verursachte Schaden. Ein Mitarbeiter, der für eine Stunde schlief, stahl der Universität im Wesentlichen einen Stundenlohn. Denn der Lohn wurde gezahlt, ohne daß irgendeine Arbeit verrichtet wurde. Die mit der fristlosen Entlassung verbundenen Kosten für den Mitarbeiter lagen wahrscheinlich deutlich über den – damals – drei Dollar, die die Leistung der Reinigungskraft in einer Stunde wert gewesen wäre. Der Grund für die Härte dieser Bestrafung lag darin, daß ein solches Schläfchen während der Dienstzeit für den Vorarbeiter schwer zu entdecken ist. Weil alle wußten, daß man dabei kaum entdeckt werden konnte, gab es die Drohung einer relativ harten Strafe, um alle Mitarbeiter vom Schlafen während der Dienstzeit abzuschrecken.

3. Dienstaltersabhängige Entgeltprofile in der Praxis

Unsere Ausführungen begannen mit der Frage, wie man einen Mitarbeiter, der keine Aussicht auf Beförderung hat, nachhaltig motivieren könnte. Die von uns diskutierte Lösung bestand in einem mit der Betriebszugehörigkeitsdauer steil ansteigenden Entgeltprofil. In der Praxis finden wir jedoch nicht nur Gehaltsverbesserungen innerhalb desselben Arbeitsplatzes, sondern auch mit Gehaltserhöhungen verbundene Beförderungen auf andere Jobs. Insofern könnte ein typisches, in der Unternehmensrealität vorzufindendes Entgeltprofil aussehen wie das in Abbildung 6.3 wiedergegebene. Dort gibt es Beförderungen zu den Zeitpunkten t_0 und t_1. Nach dem Zeitpunkt t_1 gibt es keine Beförderungen mehr, aber noch immer die Möglichkeit der Gehaltsverbesserung innerhalb desselben Jobs. Um die oben genannten Anreizwirkungen zu schaffen, würde das Gehalt zum Zeitpunkt t_1 unter dem Wert des Mitarbeiters liegen, während sein Gehalt zum Zeitpunkt der Pensionierung signifikant darüber liegen würde. Insofern treffen unsere Ausführungen über die Anreizwirkungen steiler Entgeltprofile auch in einem solchen Fall noch zu. Auch nach t_1, wenn der Mitarbeiter weiß, daß er nicht mehr mit Beförderungen rechnen kann, können

Abbildung 6.3: Entgeltprofil mit Beförderungen

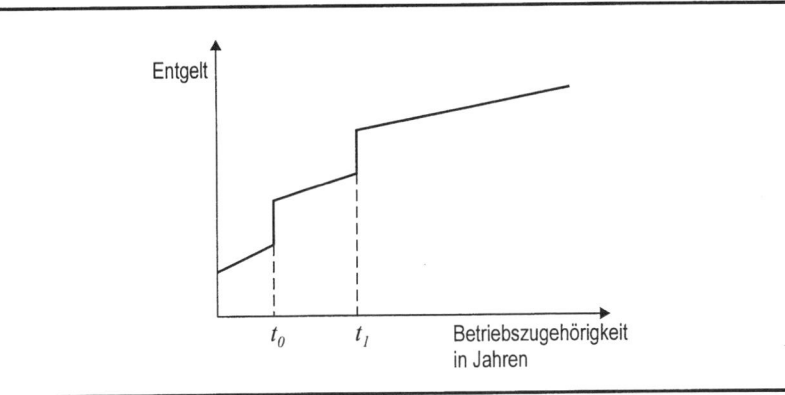

wir ihn durch das steigende Entgeltprofil weiterhin zu hohen Leistungen motivieren, bis er sich pensionieren läßt.

3.1 Diversifizierte Lohnsteigerungen

Trotz der grundsätzlich hohen Bedeutung des Dienstalters für die Festlegung von Gehaltsstrukturen ist es aus anreiztheoretischen Überlegungen keineswegs notwendig, daß alle Mitarbeiter mit steigendem Dienstalter vollkommen gleich behandelt werden. Um uns dies plausibel zu machen, schauen wir uns zwei Beispiele an. Ein ziemlich extremes Beispiel für eine Gleichbehandlung finden wir im öffentlichen Sektor. Dort richtet sich das Entgelt der Mitarbeiter allein nach der Einstufung ihres Arbeitsplatzes und nach ihrem Dienstalter. Durch bloßes Älterwerden verbessert man sein Einkommen. Theoretisch könnten Gehaltsverbesserungen und Beförderungen aber auch stärker an Leistungskriterien gebunden werden. Auch bei grundsätzlich steigenden und auf Dienstalter beruhenden Entgeltprofilen kann durchaus zwischen Mitarbeitern differenziert werden. Einzelne Mitarbeiter könnten höhere Gehaltsverbesserungen bekommen als andere. Das durchschnittliche Entgeltprofil könnte dem in Abbildung 6.1 dargestellten Profil W entsprechen, wobei jedoch einzelne Mitarbeiter steilere und andere weniger steile Entgeltprofile hätten. So könnten Unterschiede in ihrer Leistung widergespiegelt werden.

> **Zur Diskussion: Dienstaltersabhängige Entlohnung im öffentlichen Sektor**
>
> Obwohl im öffentlichen Dienst vom Dienstalter abhängige steigende Entgeltprofile die Regel sind, handelt es sich dennoch nicht um ein effizientes Anreizsystem. Warum nicht? Steigende Entgeltprofile motivieren Mitarbeiter gemäß der oben vorgestellten Überlegungen deshalb, weil es eine gewisse Wahrscheinlichkeit dafür gibt, daß sie ihre Stelle verlieren, falls ihre Leistung unter ein bestimmtes Niveau fällt. Mitarbeiter des öffentlichen Sektors jedoch sind nahezu vollständig vor dem Verlust ihres Arbeitsplatzes geschützt. Insofern ist hier eine wichtige Voraussetzung für die Anreizwirkung steigender Entgeltprofile, nämlich eine glaubwürdige Drohung des Arbeitsplatzverlustes, nicht gegeben. Ohne die realistische Aussicht, beim Zurückfallen hinter bestimmte Leistungsstandards Arbeitslosigkeit oder einen schlechteren Arbeitsplatz zu riskieren, kann jedoch auch das steilste Entgeltprofil keine Anreizwirkung entfalten.

Neben steigenden Entgeltprofilen haben Unternehmen, ebenso wie der öffentliche Sektor, zusätzlich auch Entscheidungsfreiräume in Bezug auf die Einstufung ihrer Mitarbeiter in unterschiedliche Stellentypen. Leistungsstärkere Mitarbeiter können auf diese Weise von vornherein auf höherwertige Arbeitsplätze gesetzt werden oder schneller über unterschiedliche Arten von Arbeitsplätzen hinweg befördert werden. Auch diese Instrumente können mit steigenden Entgeltprofilen kombiniert werden, um eine optimale (auf heterogene Arbeitnehmer abgestimmte) Anreizgestaltung zu gewährleisten.

3.2 Ein Anwendungsbeispiel

Wie immer ist es einfacher, das Grundprinzip theoretisch zu beschreiben, als es dann in der Unternehmensrealität umzusetzen. Wie steil genau soll denn nun ein Entgeltprofil sein? Welche Art von Entgeltprofilen werden Mitarbeiter akzeptieren? Woher bekommen wir die Informationen zur Beantwortung dieser Fragen? In diesem Abschnitt werden wir mit Hilfe von Daten, die im Prinzip in der Praxis verfügbar sind, ein beispielhaftes Entgeltprofil ableiten. Wir betrachten die Entlohnung des

3. Dienstaltersabhängige Entgeltprofile in der Praxis

Tabelle 6.2: Geleistete Arbeitsstunden und Gehaltsdaten aus anderen Unternehmen

Kennziffer der Firma	geleistete Arbeitsstunden	Gehalt mit 30 € pro Std.	Gehalt mit 65 € pro Std.	Gehaltsänderung in %
101	45	27,61	74,37	169,4%
102	46	32,21	75,12	133,2%
103	44	26,26	73,50	179,0%
104	47	31,72	78,68	148,0%
105	43	34,36	64,52	87,8%
106	42	29,15	67,07	130,1%
107	44	29,05	72,08	148,1%
108	42	33,72	62,47	85,3%
109	42	28,30	65,86	132,7%
110	41	32,14	62,07	93,1%
111	43	27,58	70,57	155,9%
112	46	28,65	78,05	172,5%
113	42	29,86	65,88	120,7%
114	47	34,94	77,61	122,1%
115	42	25,60	66,49	159,7%
116	41	30,25	62,93	108,0%
117	42	32,78	62,07	89,4%
118	44	31,29	71,20	127,5%
119	46	26,86	77,32	187,8%
120	45	32,29	74,61	131,1%
121	44	30,82	71,93	133,4%
122	42	34,95	60,34	72,7%
123	39	25,12	60,58	141,2%
124	43	28,50	70,58	147,7%
125	44	27,73	72,96	163,1%
126	41	29,66	62,53	110,8%
127	46	34,12	73,76	116,2%
128	44	32,64	68,36	109,4%
129	40	27,25	62,67	129,9%
130	45	29,17	75,26	158,0%

mittleren Managements in vergleichbaren Unternehmen mit unterschiedlichen Entlohnungsstrategien. Je größer die vom Entlohnungssystem ausgehenden Anreize, um so größer die Anstrengungen der Manager, was sich u.a. in zusätzlichen Überstunden niederschlage.

Tabelle 6.2 bietet uns Informationen über geleistete Arbeitsstunden (als Indikator für das Anstrengungsniveau) und gezahlte Löhne. In der ersten Spalte finden wir eine Kennziffer für die jeweilige Firma. In der zweiten Spalte finden wir die Anzahl geleisteter Arbeitsstunden der Mitarbeiter des mittleren Managements in der entsprechenden Firma. Die dritte und die vierte Spalte geben die Gehälter dieser Mitarbeiter beim Alter 30 und 65 Jahre an (als Stundensätze). Die letzte Spalte schließlich ist aus den vorhergehenden beiden abgeleitet. Die prozentuale Gehaltsveränderung ist definiert als

$$100 \times (\text{Gehalt mit 30} - \text{Gehalt mit 60}) / (\text{Gehalt mit 30})$$

Es gibt nun eine Relation zwischen den geleisteten Arbeitsstunden, dem Ausgangsgehalt bei 30 und der Gehaltssteigerung. Wir können folgende Regressionsanalyse vornehmen:

$$\text{Geleistete Arbeitsstunden} = a + b\ (\text{Gehalt mit 30}) + c\ (\%\ \text{Gehaltsänderung})$$

Mit den Daten aus Tabelle 6.2 erhalten wir durch die Regression folgende Schätzungen:

$$\text{Geleistete Arbeitsstunden} = 0{,}21 + 1{,}004\ (\text{Gehalt mit 30})$$
$$+ 0{,}096\ (\%\ \text{Gehaltsveränderung})$$

Das Bestimmtheitsmaß R^2 ist bei dieser Regression mit 0,96 sehr hoch, was auf eine gute Übereinstimmung des geschätzten Modells mit den empirischen Arbeitsstunden-Gehaltskombinationen hindeutet (96% der Gesamtvarianz wird durch das Modell erklärt). Auf dem Arbeitsmarkt, von dem diese Daten stammen, bedeutet eine Steigerung des Entgeltprofils um 10% eine Steigerung der geleisteten Arbeitszeit um etwa eine Stunde. In Unternehmen mit steileren Entgeltprofilen ist die Zahl der geleisteten Arbeitsstunden höher als in Unternehmen mit weniger steilen Entgeltprofilen, weil die Arbeitsanreize höher sind. Bei steilen Entgeltprofilen werden Mitarbeiter zusätzliche Mühe und Zeit investieren, um die Wahrscheinlichkeit dafür, daß sie ihren Job behalten, zu steigern.

Wenn wir diese Daten und einige weitere bezüglich der Produktivität haben, können wir das optimale Entgeltprofil bestimmen. Nehmen wir an, daß das von uns betrachtete Unternehmen gegenwärtig ein Startgehalt von € 60.000 pro Jahr zahlt. Dies entspricht einem Stundensatz von € 30, wenn wir annehmen, daß Manager im Durchschnitt 2.000 Stunden im Jahr arbeiten. Das entspricht 50 40-Stunden-Wochen, mit denen wir vereinfachend rechnen wollen. 65-jährige Manager verdienen € 120.000

3. Dienstaltersabhängige Entgeltprofile in der Praxis

pro Jahr, was € 60 pro Stunde entspricht. Wird das Gehaltsprofil steiler gestaltet, so werden Anreize zur Leistung zusätzlicher Arbeitsstunden geschaffen. Das verursacht jedoch Kosten, nämlich höhere Gehälter. Tabelle 6.3 gibt gegenwärtig gezahlte und vorgeschlagene Gehälter für das von uns betrachtete Unternehmen an.

Anhand der gegebenen Lohndaten können wir den Barwert der jeweiligen Gesamtgehälter sowohl für das gegenwärtige als auch für das vorgeschlagene Gehaltsszenario berechnen. Beträgt der Zinssatz beispielsweise 5%, so addieren wir die Gehälter jeweils auf, zinsen sie auf ein beliebig gewähltes Alter ab, beispielsweise 30 Jahre, und erhalten so den Barwert in Euro. Für das in Tabelle 6.3 angegebene gegenwärtige Gehalt erhalten wir so

$$(6.1) \quad \sum_{i=0}^{35} \frac{(Gehalt\ mit\ 30+i)(50 \times 40\ Arbeitsstunden)}{1{,}05^i} = €\ 520.844$$

Das vorgeschlagene höhere Gehalt beruht nun auf folgender Berechnung. Eine 5%ige Steigerung des Entgeltprofils würde zu einer Mehrleistung von etwa einer halben Stunde pro Woche führen. Das wissen wir aus unserer Regression und den Daten aus Tabelle 6.2. Der implizite Stundenlohn für einen 30-jährigen Manager beträgt dabei € 30. Lassen wir den Stundensatz dabei, aber nehmen eine hinreichend hohe Steigerung des Gesamtgehalts vor, um den Mitarbeiter zu einer Mehrleistung von einer zusätzlichen halben Stunde zu motivieren, so bedeutet dies, daß der Mitarbeiter statt der ursprünglichen 40 nun 40,5 Stunden pro Woche arbeitet. Deshalb steigt sein Einkommen im ersten Arbeitsjahr auf € 60.750, was die zusätzliche halbe Arbeitsstunde für 50 Wochen pro Jahr widerspiegelt. Die Kosten für die zusätzlichen Arbeitsstunden liegen damit bei € 30 x 25 = € 750. Die Gehaltssteigerung ist so kalkuliert, daß der Mitarbeiter anstelle der impliziten € 60 pro Stunde unter dem vorgeschlagenen steileren Profil nun einen impliziten Stundensatz von € 63 verdient, wenn er 65 ist. Dies entspricht einer 5%igen Steigerung gegenüber dem gegenwärtigen Stundensatz von € 60. Und genau diese 5%ige Steigerung motiviert den Mitarbeiter zur Mehrleistung von einer halben Stunde jede Woche. Das Gesamtgehalt im 65. Lebensjahr würde dann 40,5 x 50 x € 63 = € 127.575 betragen.

Nun können wir die Formel (6.1) nutzen, um den Barwert des vorgeschlagenen Gehalts zum 30. Lebensjahr des Mitarbeiters zu kalkulieren. Die Berechnung entspricht

Tabelle 6.3: Tatsächliche und vorgeschlagene Gehälter in einem Beispielunternehmen

Alter	gegenwärtiges Gehalt (in €)	vorgeschlagenes Gehalt (in €)
30	60.000	60.750
31	61.714	65.415
32	63.429	67.245
33	65.143	69.076
34	66.857	70.906
35	68.571	72.736
36	70.286	74.566
37	72.000	76.397
38	73.714	78.227
39	75.429	80.057
40	77.143	81.887
41	78.857	83.717
42	80.571	85.548
43	82.286	87.378
44	84.000	89.208
45	85.714	91.038
46	87.429	92.868
47	89.143	94.699
48	90.857	96.529
49	92.571	98.359
50	94.286	100.189
51	96.000	102.020
52	97.714	103.850
53	99.429	105.680
54	101.143	107.510
55	102.857	109.340
56	104.571	111.171
57	106.286	113.001
58	108.000	114.831
59	109.714	116.661
60	111.429	118.491
61	113.143	120.322
62	114.857	122.152
63	116.571	123.982
64	118.286	125.812
65	120.000	127.575

der vorhergehenden, außer daß wir nun das vorgeschlagene Gehalt anstelle des gegenwärtigen einsetzen und von 40,5 anstelle von 40 Arbeitsstunden ausgehen.

Die Berechnung ergibt

(6.2) $$\sum_{i=0}^{35} \frac{(\textit{vorgeschlagenes Gehalt mit } 30+i)(50 \times 40{,}5 \textit{ Arbeitsstunden})}{1{,}05^i} = \text{€ } 547.857$$

Die Kostensteigerung beträgt also € 547.857 − € 520.844 = € 27.013.
Nun können wir auch überschlagen, ob sich die Steigung des Entgeltprofils für das Unternehmen lohnt. Wir müssen lediglich folgende Frage beantworten: Ist die mit der zusätzlichen halben Arbeitsstunde pro Woche über die gesamte Berufslaufbahn verbundene Produktivitätssteigerung mehr wert als die Kosten von € 27.013? Wenn das Unternehmen schätzt, daß die zusätzliche halbe Arbeitsstunde pro Woche eine Wertschöpfung von mehr als € 27.013 generiert, so ist die vorgeschlagene Steigerung des Entgeltprofils eine gute Idee.

4. Resümee

Es gibt möglicherweise in jedem Unternehmen Mitarbeiter, die nur geringe Chancen auf zukünftige Beförderungen haben; z.B. in kleinen Unternehmen, weil es keine Aufstiegsmöglichkeiten gibt oder in großen Unternehmen weil das Entwicklungspotential der Mitarbeiter für die zur Verfügung stehenden höherwertigen Arbeitsplätze nicht (oder nicht mehr) ausreicht. Zudem sind sich die Mitarbeiter, die eine solche Phase ihrer Karriere erreicht haben, in der sie mit großer Wahrscheinlichkeit nicht weiter befördert werden, dieser Tatsache meist sehr genau bewußt. Dennoch können auch diesen Mitarbeitern monetäre Leistungsanreize geboten werden. Dies geschieht, wie wir oben gezeigt haben, durch steigende Entgeltprofile, bei denen junge Mitarbeiter unter und ältere über ihrem Produktionsergebnis entlohnt werden. Dadurch bleibt es auch für ältere Arbeitsnehmer attraktiv, trotz fehlender Aufstiegsmöglichkeiten weiterhin ein hohes Leistungsniveau zu erbringen. Dabei verursachen steile Entgeltprofile für Unternehmen keine höheren Kosten als flache. Denn steile Entgeltprofile enden zwar oberhalb des Gehaltsniveaus vergleichbarer Unternehmen mit flacheren Profilen, starten aber deutlich darunter. Mitarbeiter werden solch geringere Anfangsgehälter akzeptieren, weil sie wissen, daß auf diese Weise ihr Lebenseinkommen steigt. Auch wenn es zutrifft, daß ein größerer Anteil des Einkommens erst spät in der Berufslaufbahn ausgezahlt wird, werden Mitarbeiter sich einem solchen Auszahlungsschema nicht widersetzen, solange sie Zugang zum Kapitalmarkt haben und die spätere Auszahlung gesichert ist.

Gleichförmige, reguläre Gehaltssteigerungen sind keine Eigenart besonders steiler Entgeltprofile. Sie kommen auch bei flacheren vor. In dem Maße, in dem die Produktivität beobachtet werden kann, können die Gehälter auch im Rahmen von prinzipiell steigenden Gehaltsprofilen differenziert werden.

Ein Entgeltprofil, das junge Mitarbeiter unterbezahlt, sie aber überbezahlt, wenn sie alt sind, induziert ohne strikte Verrentungsregelungen ein ineffizientes Arbeitsangebot. Denn alte Arbeitnehmer werden zu lange arbeiten wollen, weil am Ende ihrer Erwerbstätigkeit ihr Lohn den Wert ihrer Freizeit übersteigt. Deshalb sind festgelegte Altersgrenzen bzw. Zwangspensionierungen oder andere Mechanismen, die den Mitarbeiter zum freiwilligen Rückzug in den Ruhestand motivieren, eine wichtige Ergänzung zu Entgeltprofilen, die in stärkerem Maße steigen als die Produktivität des Mitarbeiters. Sind Zwangspensionierungen rechtlich unzulässig, wie beispielsweise in den USA, oder aus anderen Gründen unerwünscht, so müssen alternative Verfahren eingesetzt werden, um die Mitarbeiter zu motivieren, sich zum effizienten Zeitpunkt in den Ruhestand zu begeben.

5. Literatur

Frick, Bernd (1997): Mitbestimmung und Personalfluktuation. München (u.a.): Hampp.

Hashimoto, Masanori; John Raisian (1985): Employment Tenure and Earnings Profiles in Japan and the United States. In: American Economic Review 75(1985)4: 721-735.

Kräkel, Matthias (1999): Grundprobleme der traditionellen Entgeltpolitik japanischer Großunternehmen. In: Backes-Gellner, Uschi; Matthias Kräkel und Christian Grund (Hrsg.): Entlohnung und Arbeitszeitgestaltung im Rahmen betrieblicher Personalpolitik. München (u.a.): Hampp: 77-103.

Lazear, Edward P. (1979): Why Is There Mandatory Retirement? In: Journal of Political Economy 87(1979)6: 1261-1284.

Loewenstein, George; Nachum Sicherman (1991): Do Workers Prefer Increasing Wage Profiles? In: Journal of Labor Economics 9(1991)1: 67-84.

Shapiro, Carl; Joseph E. Stiglitz (1984): Equilibrium Unemployment as a Worker Discipline Device. In: American Economic Review, 74(1984)3: 433-444.

Wolff, Birgitta; Edward P. Lazear (2001): Einführung in die Personalökonomik. Stuttgart: Schäffer-Poeschel.

6. Weiterführende Literaturempfehlungen

Abraham, Katharine G.; Henry S. Farber (1987): Job Duration, Seniority, and Earnings. In: American Economic Review 77(1987)3: 278-297.

Akerlof, George; Lawrence F. Katz (1989): Workers' Trust Funds and the Logic of Wage Profiles. In: Quarterly Journal of Economics 104(1989)3: 525-535.

Altonji, Joseph G.; Robert A. Shakotko (1987): Do Wages Rise with Job Seniority? In: Review of Economic Studies 54(1987)3: 437-459.

Carmichael, H. Lorne, et al. (1989): Self-Enforcing Contracts, Shirking and Life Cycle Incentives. In: Journal of Economic Perspectives 3(Fall 1989)4: 65-83.

Frank, Robert H.; Robert M. Hutchens (1993): Wages, Seniority, and the Demand for Rising Consumption Profiles. In: Journal of Economic Behavior and Organization 21 (1993)3: 251-276.

Hutchens, Robert M. (1987): A Test of Lazear's Theory of Delayed Payment Contracts. In: Journal of Labor Economics 5(Part 2, 1987)4: S153-179.

Hutchens, Robert (1986): Delayed Payment Contracts and a Firm's Propensity to Hire Older Workers. In: Journal of Labor Economics 4(1986)4: 439-457.

Medoff, James L.; Katharine G. Abraham (1980): Experience, Performance, and Earnings. In: Quarterly Journal of Economics 95(1980)4: 703-736.

7. Anhang

Dieser Anhang bietet den Beleg dafür, daß jeder Arbeitnehmer, der über den effizienten Pensionierungszeitpunkt hinaus arbeitet, entweder weniger verdient als alternative Nutzungen seiner Zeit für ihn wert sind, oder seinen Arbeitgeber mehr kostet als er erarbeitet.

Gehen wir von einem effizienten Gehaltschema aus. Der Wettbewerb auf dem Arbeitsmarkt führt dazu, daß der Arbeitgeber dem Mitarbeiter ein Gesamteinkommen bieten muß, dessen Barwert dem Barwert des gesamten Produktionsergebnisses entspricht. Böte der Arbeitgeber weniger, so würde der Mitarbeiter von einem anderen Unternehmen abgeworben werden. $W(t)$ sei das Entgeltprofil, $V(t)$ sei das Produktivitätsprofil und $A(t)$ das Profil der alternativen Zeitnutzung. Der effiziente Pensionierungszeitpunkt, T, ist definiert als der Zeitpunkt, an dem

$$A(T) = V(T)$$

folglich gilt für alle $t > T$, $A(t) - V(t) > 0$.

Der Wettbewerb am Arbeitsmarkt bewirkt nun, daß

$$(A6.1) \quad \int_0^T W(t)e^{-rt}dt = \int_0^T V(t)e^{-rt}dt$$

Dabei ist r der Zinssatz. Die linke Seite von (A6.1) gibt hierbei den bei stetiger Verzinsung mit r auf den Zeitpunkt 0 abgezinsten Barwert der Entgelte an, die rechte Seite den analog abgezinsten Barwert der Produktivität – betrachtet wird dabei die Gesamtlebensarbeitszeit von 0 bis zum Pensionierungszeitpunkt T. Wird die Gleichung (A6.1) nicht eingehalten, so machen die Unternehmen entweder Gewinne oder Verluste.

Nehmen wir an, ein Mitarbeiter wählt selbst einen Pensionierungszeitpunkt, und zwar $T' > T$. (Er will also länger arbeiten als effizient wäre.) Das Unternehmen zahlt nun ein Gehaltsprofil $Z(t)$ vom Zeitpunkt 0 bis zu T'. Zahlt das Unternehmen, was der Mitarbeiter in den Jahren von 0 bis T' erarbeitet, so muß folgende Gleichung zutreffen:

7. Anhang

(A6.2) $\int_0^{T'} Z(t)e^{-rt}dt = \int_0^{T'} V(t)e^{-rt}dt$

Die Differenz zwischen den Barwerten der Entgeltprofile W_t und Z_t beträgt

$$\int_0^{T'} Z(t)e^{-rt}dt - \int_0^{T'} W(t)e^{-rt}dt$$

oder, unter Verwendung von (A6.1) und (A6.2) anders ausgedrückt,

$$\int_0^{T'} V(t)e^{-rt}dt - \int_0^{T} V(t)e^{-rt}dt$$

oder

$$\int_T^{T'} V(t)e^{-rt}dt$$

Wir wissen jedoch, daß $\int_T^{T'} V(t)e^{-rt}dt$, die auf den Zeitpunkt T abgezinste Produktivität des Mitarbeiters bei einer (Weiter-)Beschäftigung von T bis T', kleiner sein muß als $\int_T^{T'} A(t)e^{-rt}dt$, der auf den Zeitpunkt T diskontierte Wert der Freizeit, weil $A(t) > V(t) \ \forall \ t > T$. Deshalb wird der Mitarbeiter für weitere Arbeitsjahre stets weniger verdienen als ihm seine Freizeit wert ist, sobald der Punkt überschritten ist, an dem weder Unternehmen noch Arbeitnehmer Verluste machen. Wählt er also ein Pensionierungsdatum jenseits des effizienten Pensionierungszeitpunktes T, so schadet er sich selbst.

VII. Lineare Anreizlöhne und Sonderzahlungen als Motivationsinstrument

Oft wird argumentiert, daß monetäre Motivationsinstrumente in Form von linearen Anreizen wie Stücklöhnen oder Umsatzbeteiligungen die Leistungsmotivation am meisten steigern. Mitunter wird aber auch vermutet, daß direkte monetäre Anreize die Motivation geradezu vermindern.[75] Extrinsische Anreize – so heißt es – verdrängten die intrinsische Motivation. Für nichtmonetäre Leistungsmotive, wie Spaß an der Arbeit oder Loyalität gegenüber dem Unternehmen oder den Kollegen, bliebe dann kein Raum mehr. Der durch Geld ausgelöste Verdrängungseffekt könne per Saldo die Leistungsmotivation stärker schädigen als fördern. Die folgende Diskussion, die im Rahmen der Abschlußpräsentation einer Strategieberatung zwischen dem Unternehmensberater, zwei Vertretern der Personalabteilung und dem Vertriebsleiter geführt wurde, illustriert einige der hiermit verbundenen Probleme.

BURGER: *Sie könnten sich vergleichsweise einfach strategische Wettbewerbsvorteile verschaffen, wenn Sie ein moderneres Gehaltssystem einführen, das zu einer deutlich erhöhten Produktivität führt. Statt der bisher üblichen Zeitlöhne sollten Sie leistungsabhängige Entgelte einführen. Bei Zeitlöhnen haben die Mitarbeiter doch überhaupt keinen Anreiz sich anzustrengen, sie erbringen gerade nur soviel Leistung, daß sie nicht unangenehm auffallen und riskieren, entlassen zu werden. Wenn Sie aber das Entgelt an den Output koppeln, dann haben die Mitarbeiter einen Anreiz, sich mehr anzustrengen und höhere Stückzahlen zu produzieren.*

HARTZ: *Als wenn das alles so einfach wäre. Sie müßten doch eigentlich wissen, daß es nicht nur auf die Quantität sondern auch auf die Qualität ankommt. Wenn wir das Gehalt von der produzierten Stückzahl abhängig machen, dann werden die Mitarbeiter sich doch nur noch darum bemühen, möglichst schnell zu arbeiten. Darunter leidet aber die Sorgfalt und damit die Qualität der Produkte.*

REITZLE: *Das kommt überhaupt nicht in Frage. Sie wissen doch wie anspruchsvoll unsere Kunden sind, die werden Verschlechterungen der Qualität nicht akzeptieren.*

---

[75] Vgl. FREY/OSTERLOH (1997).

Das Ganze macht nur Sinn, wenn wir trotz des neuen Systems eine gleichbleibende Qualität garantieren können, ansonsten sollten wir von Anfang an die Finger davon lassen.

KUCKELKORN: *Außerdem ist ja noch gar nicht klar, ob unsere Mitarbeiter aufgrund von monetären Anreizen ihre Anstrengungen überhaupt erhöhen. Unsere Mitarbeiter identifizieren sich so stark mit unserem Unternehmen, daß sie schon aufgrund intrinsischer Motivation das Beste geben. Die Pfennigfuchserei bei Stücklöhnen verschlechtert doch nur das Betriebsklima. Am Ende erreichen wir das genaue Gegenteil von dem was wir wollen.*

BURGER: *Das Qualitätsproblem läßt sich doch ganz einfach lösen. Sie haben doch ein sehr detailliertes Informationssystem, das es ihnen erlaubt genau zu identifizieren, welche Einheit von welchem Mitarbeiter produziert wurde. Sie brauchen also nur geeignete Sanktionen an eine überdurchschnittliche Ausschußrate zu koppeln und setzen damit Anreize, die Quantität nicht zu Lasten der Qualität zu erhöhen.*

HARTZ: *Das klingt plausibel, allerdings müßten Sie dann schon etwas präziser werden. Die Probleme tauchen doch erst dann auf, wenn man ins Detail geht. Wie stark soll denn das Gehalt steigen je produzierter Einheit und wie sieht eine geeignete Sanktion für Qualitätsmängel aus?*

KUCKELKORN: *Sanktionen haben wir doch noch nie gehabt. Bisher sind wir sehr viel positiver herangegangen und haben Belohnungen für gute Leistungen vergeben anstatt Bestrafungen für schlechte. Das paßt doch überhaupt nicht zu unserer Philosophie. Außerdem finde ich, daß wir nicht alle Mitarbeiter über einen Kamm scheren dürfen. Wir haben doch sehr unterschiedliche Persönlichkeitstypen und da weiß ich nicht, ob die alle genauso auf die Einführung ihres Lohnsystems reagieren. Am Ende laufen uns die besten Mitarbeiter davon und das Ganze geht nach hinten los.*

REITZLE: *Das muß auf jeden Fall vermieden werden. Die besten Mitarbeiter müssen wir auf jeden Fall halten, wenn wir konkurrenzfähig bleiben wollen – koste es, was es wolle.*

BURGER: *Sie haben recht, auch das ist natürlich zu bedenken. Bei genauerer Betrachtung sprechen diese Probleme allerdings nicht gegen die Einführung von*

Stücklöhnen, wir müssen nur bei der genauen Ausgestaltung aufpassen – was uns auch zur Frage von Herrn Hartz nach den Details des neuen Lohnsystems führt.

Die Diskussion deckt eine Reihe von wichtigen Fragen auf:
- Hat Geld überhaupt die von Ökonomen so oft behauptete Anreizwirkung und wie stark ist sie?
- Wie können Outputsteigerungen zu Lasten der Qualität verhindert werden?
- Macht es einen Unterschied ob monetäre Anreize als Bestrafung oder Belohnung gesetzt werden?
- Welche Selbstselektionseffekte verursacht die Einführung leistungsabhängiger Entgelte und wie kann die Abwanderung insbesondere von Leistungsträgern vermieden werden?

Im folgenden wollen wir uns sukzessive der Beantwortung dieser Fragen zuwenden. Zunächst gilt es natürlich klarzustellen, ob davon auszugehen ist, daß Geld überhaupt die erwarteten Anreize mit sich bringt und die Anstrengungen der Arbeitnehmer systematisch und merklich erhöht. Das oft vorgetragene Argument, daß der Verdrängungseffekt von monetären Anreizen per Saldo die Leistungsmotivation stärker schädigt als fördert ist in der theoretischen Literatur umstritten und läßt sich bislang empirisch weder eindeutig bestätigen noch widerlegen.[76] Gilt das Verdrängungsargument überhaupt, so trifft es wohl eher auf hoch als auf niedrig bezahlte Arbeitskräfte zu. Es gibt wenig Zweifel daran, daß Geld für normale Produktionsmitarbeiter ein sehr wichtiger Motivator ist. Dies scheint auch die Untersuchung des folgenden Fallbeispiels zu bestätigen.

1. Zur Anreizwirkung von Stücklöhnen: Das Fallbeispiel „Safelite Glass"

Die im amerikanischen Bundesstaat Ohio ansässige Firma Safelite Glass war zeitweise der größte Anbieter für Installationen von Automobilglas in den USA. Der

---

[76] Für eine Zusammenfassung dieser Diskussion vgl. WOLFF (1999).

Erfolg des Unternehmens wird teilweise mit dem Entlohnungssystem für die Glasinstallateure begründet. Bis Januar 1994 wurden sie nach Stunden bezahlt, so daß ihr Lohn nicht direkt von der Anzahl der von ihnen eingesetzten Glasscheiben abhing. Im Laufe der Jahre 1994 und 1995 wurde die Entlohnung von einer Bezahlung nach Stunden auf ein Stücklohnsystem umgestellt. Anstelle für die Anzahl der Stunden wurden die Installateure nun nach der Zahl der von ihnen eingesetzten Glaseinheiten entlohnt. Im Durchschnitt bekamen sie $ 21 pro verarbeiteter Einheit. Bei Einführung des Stücklohnsystems wurde den Mitarbeitern zugleich ein Mindestlohn von $ 11 pro Stunde garantiert. Blieb ihr durch den Stücklohn erzieltes Wochenentgelt unter dem garantierten Stundensatz, so erhielten sie diesen. Es zeigte sich, daß tatsächlich viele Mitarbeiter beim Garantielohn endeten.

Safelite verfügte über ein ausgefeiltes, rechnergestütztes Informationssystem, das Aufschluß darüber vermittelte, wie viele Einheiten jeder Art von Glas jeder Installateur in einer bestimmten Woche einsetzte. Für unsere Zwecke werden wir monatliche Daten verwenden. Da das neue Entlohnungssystem über einen Zeitraum von achtzehn Monaten geführt wurde, waren die meisten Mitarbeiter unter beiden Entlohnungssystemen beschäftigt. Deshalb gibt es für die meisten Installateure individuelle Outputdaten sowohl aus der Zeit der Stundenlöhne als auch aus der Zeit der Stücklöhne. Mit Hilfe dieser personenspezifischen Daten aus beiden Entlohnungssystemen kann die Leistungswirkung des Stücklohnsystems relativ gut analysiert werden.

1.1 Anreizwirkungen alternativer Entlohnungsschemata: Ein Analysemodell

Um zunächst die Anreizwirkung von Zeitlöhnen zu analysieren, betrachten wir Abbildung 7.1. Die dunkle Linie, die aussieht wie ein seitwärts gekipptes L und durch die Punkte e_0 und A verläuft, bildet sozusagen die Budgetrestriktion der Mitarbeiter ab. Die Mitarbeiter erhalten unabhängig von der Arbeitsanstrengung einen gleichbleibenden Tageslohn in Höhe von W, wobei sie einen Output von mindestens e_0 erarbeiten müssen, um nicht entlassen zu werden. Produziert jemand also mindestens e_0, so erhält er W, in unserem Beispielfall $ 88. Produziert er mehr als e_0, so be-

1. Zur Anreizwirkung von Stücklöhnen: Das Fallbeispiel „Safelite Glass"

Abbildung 7.1: Wahl des Anstrengungsniveaus bei fixen Stundenlöhnen

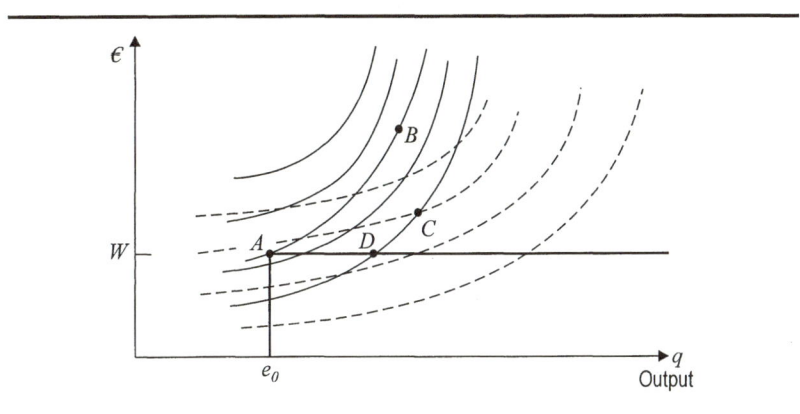

kommt er ebenfalls W. Wieviel Output wird ein typischer Mitarbeiter nun produzieren? Um das herauszufinden, müssen wir die Präferenzen des Mitarbeiters untersuchen.

Präferenzen lassen sich durch Indifferenzkurven darstellen. Jede Indifferenzkurve beinhaltet eine Menge von Punkten zwischen denen der Akteur indifferent ist. Betrachten wir zunächst nur die mittels durchgezogener Linien dargestellten Indifferenzkurven in Abbildung 7.1. Die Punkte A und B liegen auf derselben Indifferenzkurve. Zwischen A und B ist der Akteur also indifferent. Bei A verdient der Mitarbeiter weniger als bei B, bei B muß er allerdings auch härter arbeiten als bei A, da er einen höheren Output erwirtschaften muß. Daß diese beiden Effekte sich genau ausgleichen, wird dadurch veranschaulicht, daß die beiden Punkte auf derselben Indifferenzkurve liegen.

Kurven mit einem höheren Nutzenniveau für den Mitarbeiter liegen weiter nordwestlich, denn sie bedeuten mehr Geld und weniger Arbeit. Punkt A wird also Punkt D vorgezogen, weil ersterer auf einer höheren Indifferenzkurve liegt. Ebenso wird Punkt A auch Punkt C vorgezogen. Bei C würde der Mitarbeiter mehr verdienen, zugleich aber viel härter arbeiten müssen, so daß er per Saldo Punkt A bevorzugen würde. Dies wissen wir, weil C auf einer niedrigeren (durchgezogenen) Indifferenzkurve liegt als A.

Die Indifferenzkurven weisen eine positive Steigung auf, weil die Erwirtschaftung von Output q Anstrengungen erfordert, die mit Arbeitsleid, also Kosten, verbunden sind. Einkommen dagegen wird vom Mitarbeiter als positiv empfunden. Wenn ein Mitarbeiter also mehr produzieren soll, so muß auch seine Kompensation steigen, um sein Nutzenniveau unverändert zu lassen – deshalb die positive Steigung der Kurve. Zugleich sind die Kurven konvex, weil der Mitarbeiter für jede zusätzliche Leistungssteigerung eine jeweils höhere Entgeltsteigerung verlangen wird. Denn das mit der Produktion einer zusätzlichen Einheit verbundene Arbeitsleid ist um so höher, je mehr Einheiten bereits produziert werden, weil der Mitarbeiter zunehmend erschöpft ist. Nennen wir den Mitarbeiter, dessen Präferenzen die durchgezogenen Indifferenzkurven beschreiben, Anton.

Die in derselben Abbildung gepunktet eingezeichneten Indifferenzkurven gehören zu einem anderen Mitarbeiter. Nennen wir ihn Pünktchen. Pünktchens Präferenzen spiegeln eine geringere Abneigung gegen Arbeit wider als die Indifferenzkurven von Anton. Antons Indifferenzkurven verlaufen steiler als die von Pünktchen. Am Punkt C beispielsweise müßte die zusätzliche Kompensation für die Produktion einer weiteren Outputeinheit für Pünktchen weniger hoch sein als die Kompensation für Anton.

Werden die Mitarbeiter nach Stundensätzen bezahlt anstelle nach Produktionsergebnissen, so werden beide Mitarbeiter das Leistungsniveau, das sie zum Punkt A bringt, wählen. Das ist leicht verständlich, weil niemand zusätzliches Arbeitsleid auf sich nimmt, wenn es nicht kompensiert wird. Beide Mitarbeiter werden also e_0 produzieren. Das Management von Safelite war mit der Produktionsmenge pro Mitarbeiter unzufrieden. Intern sprach man von „glass ceiling" (einer Glasdecke oder anschaulicher einem Glasdeckel), weil es nicht möglich war, die Mitarbeiter zur Installation von mehr als drei Einheiten pro Tag zu bewegen. Eine Möglichkeit, die Produktionsmenge zu steigern, besteht darin, es schlichtweg zu fordern, indem die vorgeschriebene Mindestmenge e_0 erhöht wird. Dies zu tun würde jedoch eine gleichzeitige Steigerung des Stundensatzes erforderlich machen, andernfalls wäre es möglich, daß Mitarbeiter das Unternehmen verlassen, weil sie für das gleiche Einkommen nicht härter arbeiten wollen. Eine Steigerung des Mindeststandards ist ein ziemlich plumpes Instrument, weil es allen Mitarbeitern dieselbe Leistung abver-

1. Zur Anreizwirkung von Stücklöhnen: Das Fallbeispiel „Safelite Glass"

Abbildung 7.2: Wahl des Anstrengungsniveaus bei Stücklöhnen

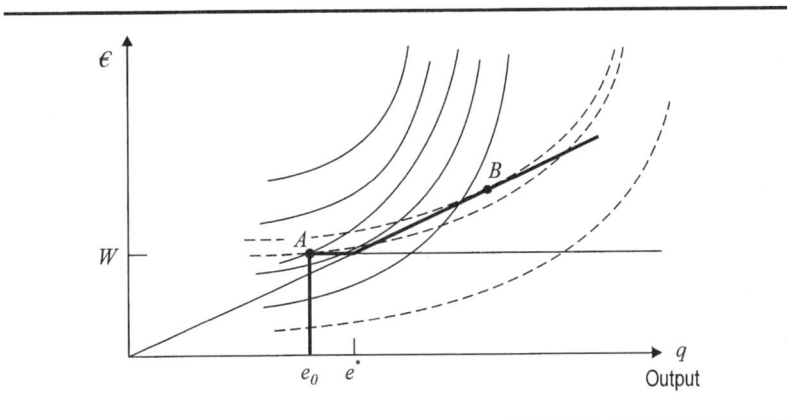

langt. Denn wahrscheinlich gibt es durchaus Mitarbeiter, die für eine relativ geringe Gehaltsverbesserung bereit wären, deutlich mehr Leistung zu erbringen. Ein Stücklohnsystem trägt derartigen Unterschieden zwischen Mitarbeitern sehr viel besser Rechnung als ein Fixlohnsystem mit einem Minimumstandard. Vermutlich aus diesem Grund war die neue Entlohnungsstrategie von Safelite so erfolgreich.

Die genauen Eigenschaften des Entlohnungssystems sind für das Verhalten der Mitarbeiter von großer Bedeutung und beeinflussen die Produktionsergebnisse auf prognostizierbare Weise. Da den Mitarbeitern garantiert wurde, daß ihr Entgelt nicht unter ihr früheres Gehalt fallen würde, sieht die Struktur des neuen Entgeltsystems etwa wie die dick durchgezogene Linie in Abbildung 7.2 aus. Bei Produktionsmengen unter e_0 werden Mitarbeiter wie zuvor entlassen. Für Outputmengen zwischen e_0 und e^* bekommt der Mitarbeiter W. Für Produktionsmengen oberhalb von e^*, erhält er das Entgelt, welches die schwarze Linie mit positiver Steigung anzeigt.

Wie werden sich die beiden Mitarbeiter nun verhalten? Anton wird seine Arbeitsweise nicht verändern. Für ihn bleibt Punkt A die attraktivste Alternative. Pünktchen wird nun jedoch Punkt B vorziehen. Weil sie für die gleiche Leistungsmenge weniger Arbeitsleid empfindet als Anton, wird sie nun ihr Anstrengungsniveau steigern, solange sie dafür genug zusätzliches Einkommen erhält. Ob eine Leistungssteigerung induziert wird oder nicht, hängt also von der Steigung und Positionierung des Stücklohnsystems in Relation zum garantierten Mindestlohn ab.

Was bedeutet dies nun? Aus der Theorie können wir eine Reihe von Vorhersagen ableiten. Erstens:

Der Wechsel zum Stücklohnsystem wird das Verhalten einiger Mitarbeiter nicht verändern, andere jedoch zu verstärkten Anstrengungen motivieren. Deshalb steigt die Durchschnittsleistung.

Wie ändert sich dadurch die Verteilung der Mitarbeiterleistung? Die Heterogenität der Mitarbeiterschaft steigt. Als Folge des Wechsels zum Stücklohnsystem stellen sich einige Mitarbeiter besser, während die Position anderer sich nicht verändert. Niemand wird schlechter gestellt, da es den garantierten Mindestlohn gibt. Die Position derjenigen Mitarbeiter mit der geringsten Abneigung gegen Arbeit verändert sich am stärksten. Sie können nun höhere Indifferenzkurven erreichen. Punkt B in Abbildung 7.2 befindet sich auf einer höheren Indifferenzkurve als A. Insofern werden besonders fähige oder ehrgeizige Mitarbeiter das Unternehmen nun auch mit einer geringeren Wahrscheinlichkeit als zuvor verlassen, und solche Arbeitnehmertypen werden nun auch mit größerer Wahrscheinlichkeit in der Firma arbeiten wollen. Die Zufriedenheit der Mitarbeiter, die weniger hart arbeiten, verändert sich nicht. Sie bleiben bei Punkt A. Deshalb gilt:

Die Einführung von Stücklöhnen verändert die Nutzenposition von Mitarbeitern mit geringer Leistungskraft nicht, aber verbessert die Zufriedenheit von Mitarbeitern mit hoher Leistungskraft. Mitarbeiter letzteren Typs werden unter einem Stücklohnsystem mit größerer Wahrscheinlichkeit für das Unternehmen arbeiten wollen.

Daraus folgt:

Weil sich für leistungsschwache Mitarbeiter nichts ändert, jedoch eine größere Zahl von leistungsstarken Arbeitnehmern das Unternehmen nun attraktiv findet, werden die durchschnittliche Leistungsstärke und die Varianz der Leistung steigen.

1.2 Empirische Überprüfung

Dieses theoretische Modell können wir auf Safelite anwenden. Die wichtigsten Ergebnisse faßt Tabelle 7.1 zusammen. Die Tabelle beinhaltet zwei Blöcke von Informationen, einen für die Daten unter dem Stundenlohnsystem und einen für die Ergebnisse unter dem Stücklohnsystem. Unter dem Stundenlohnsystem produzierten die Mitarbeiter im Durchschnitt 2,69 Einheiten pro Tag. Unter dem Stücklohnsystem stieg dieser Wert auf 3,23 Einheiten. Das bedeutet eine Steigerung von etwa 20%. Der Effekt ist bei Konstanthaltung anderer Faktoren sogar noch größer. Insbesondere handelt es sich um ein Saisongeschäft, und einige Monate sind besser als andere. Saisonbereinigt stieg die Zahl der pro Tag produzierten Einheiten um 36%.

Die an diesen Zahlen beobachtbare Leistungssteigerung kann auf zwei Einflußfaktoren zurückgeführt werden. Zum einen steigern einzelne Mitarbeiter ihr Anstrengungsniveau. Zum anderen tritt der bereits beschriebene Selektionseffekt ein. Die individuellen Leistungssteigerungen können abgeschätzt werden, indem die Leistungsdaten eines bestimmten Mitarbeiters vor und nach der Einführung des neuen Entlohnungssystems verglichen werden. Kalkulieren wir diese Veränderung für alle unter beiden Systemen beschäftigten Mitarbeiter, so erhalten wir eine Schätzgröße für diesen Anreizeffekt. So wissen wir, ein einzelner Mitarbeiter produziert nach der Einführung des neuen Systems 20% mehr als zuvor.

Wir wissen aber auch, daß der Gesamteffekt bei 36% und nicht bei 20% lag. Die restlichen 16% sind Folge des Selektionseffekts. Durch das Stücklohnsystem wird das Unternehmen attraktiver für leistungsstarke und ambitionierte Mitarbeiter. Des-

Tabelle 7.1: Durchschnittswerte wichtiger Kenngrößen nach Entlohnungsform

	Stundenlohn		*Stücklohn*	
Zahl der Beobachtungen	$N=13.850$		$N=15.691$	
Variable	*Durchschnitt*	*Standardabweichung*	*Durchschnitt*	*Standardabweichung*
Einheit pro MA und Tag	2,69	1,41	3,23	1,58
Kosten pro Einheit (in €)	44,48	74,95	35,23	48,56

Tabelle 7.2: Fluktuationsraten

Entlohnungssystem	Leistungsschwacher Typ	Leistungsstarker Typ	Relation von Leistungsschwachen zu Leistungsstarken
Stundenlohn	0,050	0,037	1,35
Stücklohn	0,059	0,033	1,78

halb ändert sich die Zusammensetzung der Mitarbeiterschaft. Nach dem Wechsel wird der Anteil leistungsstarker Mitarbeiter höher sein. Die neue Mitarbeiterschaft ist inhärent leistungsstärker als die alte. Dies erklärt die über 20% hinausgehenden Leistungsverbesserungen. Anreiz- und Selektionseffekt gemeinsam ergaben den Gesamteffekt, eine Steigerung um 36%.

Außer den Daten über die Leistungssteigerung enthält Tabelle 7.1 auch Informationen über die Kostenentwicklung. Während die Mitarbeiterproduktivität, wie wir bereits wissen, um 20% stieg, erhöhte sich das Einkommen der Mitarbeiter im Schnitt um 10%. Insofern wurde die Hälfte des Produktivitätsgewinns an die Mitarbeiter weitergegeben.

Auch über die Entwicklung der Fluktuationsrate unterschiedlicher Mitarbeitertypen können wir eine Aussage treffen. Betrachten wir dazu Tabelle 7.2.

Die Stichprobe besteht aus zwei Mitarbeitergruppen, die als leistungsschwache bzw. leistungsstarke Mitarbeiter bezeichnet werden können. Die Leistungsstarken zählen zu den 20% der Besten der Stichprobe und entsprechen etwa Mitarbeitern wie Pünktchen, die allesamt relativ flache Indifferenzkurven aufweisen. Sie sind diejenigen, die durch das Stücklohnsystem deutlich besser gestellt werden sollten. Tabelle 7.2 zeigt, daß dieser Effekt eingetreten ist. Die Fluktuationsrate in der Gruppe der Leistungsstarken sinkt von 3,7% auf 3,3% pro Monat. Im Gegensatz dazu steigt die Fluktuationsrate unter den leistungsschwachen Mitarbeitern nach Einführung des Stücklohnsystems. Obwohl die Leistungsschwachen in beiden Fällen höhere Fluktuationsraten aufweisen als die Leistungsstarken, verändert sich das zahlenmäßige Verhältnis der Fluktuationsraten der Leistungsschwachen zu jener der Leistungsstarken von 1,35 zu 1,78. Die Leistungsschwachen weisen unter beiden Entlohnungssystemen eine höhere Fluktuationsrate auf als die Leistungsstarken, allerdings steigt das Verhältnis der Fluktuationsraten von Leistunsschwachen zu Leistungsstarken von 1,35 zu 1,78. Diese Zahlen bestätigen, daß sich die Leistungsstärke der Mitarbeiterschaft inhärent verbessert.

1.3   Zusätzliche Aspekte der Gestaltung von Stücklöhnen

Unmittelbar nach der Einführung des Stücklohnsystems bezog ein großer Anteil der Safelite-Mitarbeiter den Garantielohn. Für das Unternehmen wäre es besser, mehr Mitarbeiter im Bereich der steigenden Löhne, d.h. im Bereich der Stücklöhne zu haben. Könnte dies ohne Mitarbeiteraustausch irgendwie erreicht werden? Ja, aber es könnte mehr kosten als es bringt. Würden die Stücklöhne so stark erhöht, daß bei der Produktionsmenge e_0 ein Mitarbeiter mehr als den Stücklohn W verdienen würde, so würde sich eine größere Zahl von Mitarbeitern für eine Leistungssteigerung entscheiden. Das illustriert Abbildung 7.3. Nach dem dort abgebildeten Stücklohnsystem würde selbst Anton härter arbeiten wollen, denn der mit Punkt D einhergehende Nutzen übersteigt denjenigen von Punkt A. Beachten Sie jedoch zugleich, daß Punkt B nicht mehr die optimale Wahl für Pünktchen darstellt. Pünktchens Leistung wird deshalb pro Stück teurer. Mit Hilfe einer einfachen Tabellenkalkulation könnte sich ein Manager einen guten Eindruck von der optimalen Stücklohnstruktur verschaffen.

Die Mitarbeiter haben das berechtigte Anliegen, sicherstellen zu wollen, daß exogene Nachfrageschwankungen nach ihrer Leistung sich nicht auf ihr Einkommen auswirken. Dieses unternehmerische Risiko werden sie nicht ohne weiteres tragen wollen. Davor schützt sie der Garantielohn W. Die Nachteile dieses Garantielohns (geringer Output und falsche Mitarbeiter) könnten durch den Einsatz einer anderen Managementmaßnahme verhindert werden. Statt einen Mindestlohn zu garantieren, könnte Safelite besser garantieren, auf jeden Fall so viel Arbeit abzufordern, daß jeder Mitarbeiter W verdienen kann. Fordert die Firma weniger Leistung ab, so zahlt sie dennoch W. Nun könnte zwischen exogenem, d.h. nachfragebedingtem, und endogenem, das heißt mitarbeiterbedingtem Leistungsrisiko unterschieden werden. Ein Mitarbeiter, der die Gelegenheit hat, die gewünschte Zielleistung zu erbringen,

Abbildung 7.3: Steigerung des Anstrengungsniveaus aller Mitarbeiter

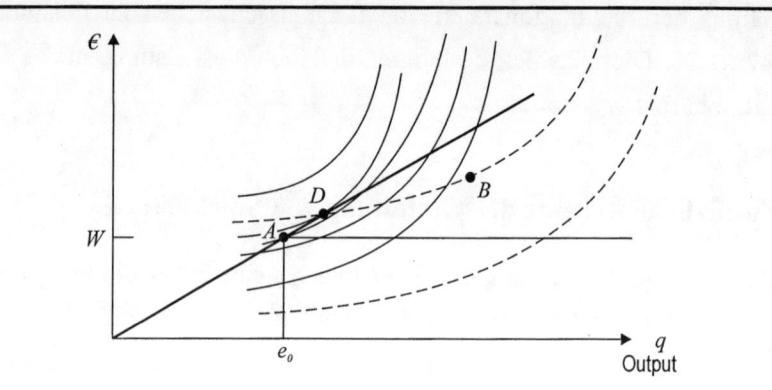

dies aber dennoch nicht tut, könnte weniger als W bekommen. Auf diese Weise könnten die Mitarbeiter vor marktbedingten Leistungsschwankungen geschützt werden, ohne daß die Anreizwirkung des Stücklohns durch einen garantierten Mindestlohn konterkariert wird. Es müßte also gegebenenfalls eine firmeninterne Umverteilung von Arbeit geben, so daß jeder Mitarbeiter zumindest das Leistungsziel erreichen kann. In größeren Unternehmen mit nennenswerten Fluktuationsraten sollte das kein Problem sein.

2 Qualitätsprobleme bei Stücklöhnen

2.1 Das Grundproblem und eine Lösungsmöglichkeit

Werden Mitarbeiter nach Stunden bezahlt, so haben sie keinen Anreiz, an der Qualität zu sparen. Bei einer Entlohnung nach Stückzahlen werden sie jedoch zu schnell arbeiten wollen. Darunter kann die Qualität leiden. Wie kann dieses Problem gelöst werden? Im Falle von Safelite zeigen sich die meisten Qualitätsschwächen relativ schnell; eine Autoscheibe ist undicht oder sie bricht sogar. Da der schuldige Installateur durch das Qualitätsüberwachungssystem schnell identifiziert werden kann, ist das Qualitätsproblem auf effiziente Weise lösbar: Der entsprechende Mitarbeiter muß die mangelhafte Scheibe in seiner Freizeit neu einsetzen und das Ersatzmaterial bezahlen, bevor er das nächste bezahlte Projekt von der Firma bekommt. Dadurch geben sich die Mitarbeiter von vornherein so viel Mühe, daß Schäden kaum auftreten. Vor der Einführung einer besseren Lösung verließ sich Safelite zunächst auf sozialen Druck unter Kollegen zur Begrenzung des Qualitätsproblems. Beschwerte sich ein Kunde über mangelhafte Arbeit, so wurde der Reparaturauftrag willkürlich an irgendeinen Werkstattmitarbeiter gegeben, der dann das Problem zu lösen hatte. Dieser Mitarbeiter wurde für die Reparatur nicht bezahlt. Unter den Mitarbeitern war sehr wohl bekannt, wer die mangelhafte Scheibe bearbeitet hatte. Verursachte nun ein Kollege zu viele Reparaturaufträge für andere Mitarbeiter, so wurde er unter Druck gesetzt, seine Arbeitsqualität entweder zu verbessern oder zu kündigen.

Qualitätsproblemen kann zum einen durch Anreizkorrekturen, zum anderen aber auch durch verbesserte Überwachung oder Ausbildung von Mitarbeitern begegnet werden. Diese führen im Rahmen von Stücklohnsystemen jedoch zu einem neuen Spannungsfeld.

Solange man Stundenlöhne zahlt, werden Mitarbeiter gerne Überwachungs- oder Ausbildungsfunktionen übernehmen, insbesondere wenn es für diese Aufgaben auch noch höhere Stundensätze gibt. Nach dem Wechsel zu Stücklöhnen werden diese Tätigkeiten unattraktiv. Zum Glück ist aber auch nicht mehr so viel Leistungsüberwachung erforderlich wie unter dem Stundenlohnsystem. Dabei mußte kontrolliert werden, daß jeder Mitarbeiter tatsächlich die Menge e_0 produzierte. Unter dem Stücklohnsystem haben die Mitarbeiter jedoch selbst hinreichende Anreize, höhere Stückzahlen zu produzieren. Die Mengenkontrolle kann deshalb entfallen. Und das Qualitätsproblem kann mittels der Regel der unbezahlten Reparatur durch den schuldigen Mitarbeiter begrenzt werden. Auch Qualitätskontrollen sind dadurch weniger dringend erforderlich. Voraussetzung für die genannte Lösungsmöglichkeit ist also, daß nachträglich auftretende Schäden oder Qualitätsmängel eindeutig zugeordnet und prozeßtechnisch vom Verursacher selbst behoben werden können.

2.2 Die Entscheidungsgrundlage: Gewinnveränderungen versus Outputsteigerungen

Steigt die Produktionsmenge, so gilt dies nicht notwendigerweise auch für den Gewinn. Die Anwendung eines Stücklohnsystems setzt eine Outputmessung voraus, die wiederum sehr teuer sein kann. Auch kann es sein, daß die mit dem System einhergehenden Qualitätsprobleme kaum gelöst werden können. Dann resultieren Outputsteigerungen nicht notwendigerweise in Gewinnsteigerungen. Für den Einsatz von Stücklöhnen sind aber letztlich die Gewinnveränderungen die relevante Größe.

In unserem Fallbeispiel können wir davon ausgehen, daß die Gewinne steigen. Die Summe von Arbeits- und Materialkosten liegt deutlich unter dem Preis des Produkts und deutlich unter dem vorherigen Niveau, und die erforderliche Monitoringtechnologie gab es bereits aus anderen Gründen, die mit einer Erhöhung der Servicegeschwindigkeit zusammenhängen. Bezüglich der Voraussagen der Entwicklung von Output und Selektionseffekten ist das Modell also eindeutig. Es besagt jedoch keinesfalls, daß es immer besser ist, Stücklöhne zu zahlen.[77]

Für Safelite aber hat sich die Einführung von Stücklöhnen rentiert, da es sich dadurch wesentliche Kostenvorteile gegenüber konkurrierenden Unternehmen verschaffen konnte. Allerdings ist davon auszugehen, daß die Wettbewerber eines Unternehmens wie Safelite nicht schlafen, sondern mit entsprechenden eigenen Maßnahmen reagieren. So wird der Wettbewerb auf den Güter- und Arbeitsmärkten dazu führen, daß das neue Entlohnungssystem kopiert wird, sobald es sich als erfolgreich erweist. Dies geschah auch im Fall der Konkurrenz von Safelite. Den zeitlichen Vorsprung konnte das Unternehmen jedoch nutzen, um Kostenreduzierungen und Ser-

---

Zur Diskussion: Stücklöhne und Unternehmensorganisation

Autoglasinstallateure arbeiten gewöhnlich in kleineren Werkstätten. In anderen Branchen werden derartige Tätigkeiten häufig im Franchisesystem betrieben. Der Schritt von Stundenlöhnen zu Stücklöhnen stellt eine Bewegung in Richtung auf ein Franchisesystem dar, ohne daß die Mitarbeiter den bei Franchisesystemen üblichen Kapitaleinsatz leisten müssen. Das Stücklohnsystem ist also eine Zwischenlösung, die es risikoaversen Akteuren ermöglicht, von positiven Anreizeffekten zu profitieren, ohne zugleich ein Kapitalrisiko einzugehen.

---

[77] Es schließt auch keinesfalls aus, daß sich die Situation des Unternehmens nicht aus anderen Gründen verschlechtern kann. So erging es in der Zwischenzeit auch Safelite.

viceverbesserungen vorzunehmen, die beide zu Gewinn- und Marktanteilssteigerungen beitrugen. Selbst wenn diese Marktvorsprünge nicht dauerhaft erhalten werden können, so sind die Gewinne zumindest in der Übergangsperiode höher. Und genügend lange Übergangszeiten bis zur Kopie von kreativen Ideen durch Wettbewerber entsprechen letztlich langfristigen Vorteilen.

3. Belohnungen oder Bestrafungen?

Um der Frage nachzugehen, ob Entgeltsysteme mit Belohnungen oder Bestrafungen als Anreizkomponente vorzuziehen sind, betrachten wir zunächst die folgenden zwei Jobangebote mit den jeweiligen Entlohnungsschemata:

Schema A: Es werden € 10.000 pro Monat gezahlt. Hinzu kommt ein Bonus von € 1 für jede verkaufte Einheit.

Schema B: Es werden € 15.000 pro Monat gezahlt, zugleich gibt es eine Zielquote von 5.000 Einheiten mit einem Gehaltsabzug von € 1 pro Einheit unter der Zielquote.

Es sei angenommen, daß es unmöglich ist, mehr als 5.000 Einheiten pro Monat zu verkaufen. Ein Unternehmen habe nun zu entscheiden, welches der beiden Schemata neuen Mitarbeitern angeboten werden soll. Zwei Fragen sind zu beantworten:

1. Welches Schema wird wahrscheinlich eine größere Anzahl von Mitarbeitern anziehen?
2. Welches Schema generiert wahrscheinlich die bessere Anreizwirkung?

Betrachten wir Tabelle 7.3. Es wird deutlich, daß bei jeder Anzahl produzierter Einheiten das Gehalt unter beiden Schemata genau gleich ist. Produziert ein Mitarbeiter beispielsweise 3.000 Einheiten unter dem Bonussystem, so würde er € 10.000 plus einen Bonus von € 3.000 erhalten, zusammen also € 13.000. Unter dem Strafzahlungssystem bekäme der Mitarbeiter € 15.000 abzüglich einer Strafzahlung von € 2.000 für eine Minderleistung von 2.000 Einheiten, was letztlich gleichfalls € 13.000 ergibt.

Das Bonussystem können wir folgendermaßen beschreiben:

Tabelle 7.3: Entlohnung unter zwei alternativen Schemata

Verkaufte Einheiten	Schema A (Bonus)		Schema B (Strafzahlung)	
	Bonus(in €)	Entlohnung(in €)	Strafzahlung(in €)	Entlohnung (in €)
0	0	10.000	5.000	10.000
1.000	1.000	11.000	4.000	11.000
2.500	2.500	12.500	2.500	12.500
3.000	3.000	13.000	2.000	13.000
5.000	5.000	15.000	0.000	15.000

(7.1)   Gehalt = € 10.000 + € 1 × Zahl der produzierten Einheiten

Und das Strafzahlungssystem kann so beschrieben werden:

(7.2)   Gehalt = € 15.000 - € 1 × (5.000 – Zahl der produzierten Einheiten)

Wir können (7.2) auch umformulieren und erhalten dann

Gehalt = € 15.000 - € 5.000 + € 1 × Anzahl produzierter Einheiten

bzw.

Gehalt = € 10.000 + € 1 × Zahl der produzierten Einheiten

was genau dem Bonusschema, d.h. Gleichung (7.1) entspricht. Damit wissen wir, daß das Strafzahlungs- und das Bonussystem für jede willkürlich gewählte Produktionsmenge zu demselben Gehalt führen wird.

Kehren wir zu unseren beiden Ausgangsfragen zurück. Welches der beiden Schemata wird wohl mehr Bewerber anziehen? Spontan würden die meisten von uns wohl das Bonussystem sympathischer finden. Die Aussicht auf eventuelle Gehaltszuschläge mag psychologisch angenehmer sein als eine Bedrohung durch Gehaltsabschläge. Im engeren Sinne rational ist diese Einschätzung jedoch nicht, denn schließlich erhält der Mitarbeiter bei jedem Leistungsniveau unter beiden Systemen dasselbe Entgelt. Wäre das Strafzahlungssystem nun so strukturiert, daß das Grundgehalt bei € 20.000 liegt und von dort ausgehend ein Abschlag von € 1 für jede am Leistungsziel von 5.000 fehlende Einheit abgezogen würde, so ist klar, daß wohl jeder Mitarbeiter dieses Strafzahlungssystem dem Bonussystem aus Gleichung (7.1) vorziehen würde. Denn nun gäbe es unter dem Strafzahlungssystem bei jedem beliebigen Leistungsniveau € 5.000 mehr als unter dem Bonusschema. In diesem Fall ist die Bevorzugung des Strafzahlungssystems rational. Grundsätzlich sollten wir davon ausgehen, daß Bewerber klug genug sein werden, ihre Gehaltsaussichten einfach auszurechnen und sich für das höhere Ergebnis zu entscheiden. Für die Entscheidung seitens des Unternehmens, ob ein Bonus- oder ein Strafzahlungssystem gewählt werden sollte, gibt es dagegen eindeutige Kriterien. Diese Kriterien ergeben sich im Zusammenhang mit der Antwort auf die zweite unserer Ausgangsfragen: Unter welchem der beiden Schemata wird ein Mitarbeiter sich mehr anstrengen? Spontan könnten hier die Meinungen auseinandergehen. Einige glauben, daß aus den bereits erwähnten psychologischen Gründen Belohnungen grundsätzlich besser als Bestrafungen sind. Andere glauben, daß drohende Gehaltsabschläge einen stärkeren Anreiz bewirken. Denn sobald ein Akteur € 15.000 innerlich als sein Grundgehalt akzeptiert hat, so wird argumentiert, wird er besonders darum kämpfen, davon nichts abgeben zu müssen.[78] Das Argument gilt natürlich nur, solange die Akteure nicht einfach ihre Entlohnung ausrechnen und finanzielle Unterschiede feststellen.

Was spricht aus Unternehmenssicht für das eine oder das andere System? In der Praxis finden wir sowohl Bonus- als auch Strafzahlungssysteme. Gehaltsabschläge verwenden manche Unternehmen beispielsweise, um Mitarbeiter zum pünktlichen Arbeitsantritt zu motivieren. Wenn jemand eigentlich um acht Uhr mit der Arbeit beginnen sollte, aber erst um neun Uhr erscheint, wird ihm ein Stundenlohn abgezogen. Theoretisch könnte man hier auch umgekehrt vorgehen. Man könnte neun Uhr als Normalarbeitsbeginn ansetzen und dem Mitarbeiter einen Stundenlohn für das Erscheinen um acht Uhr versprechen. Rechnerisch ergeben beide Verfahren dasselbe Ergebnis, dennoch findet man in der Praxis für solche Fälle üblicherweise Strafzahlungssysteme. Auf der anderen Seite gibt es auch zahlreiche Boni, beispielsweise das sogenannte Weihnachtsgeld oder dreizehnte, mitunter auch vierzehnte Monatsgehalt. Selbst wenn diese Zahlungen nicht tariflich zugesichert sind, so rechnen die

---

[78] Dieses Argument folgt KAHNEMANN/TVERSKY (1983). Sie zeigten experimentell, daß Menschen negative Abweichungen vom Status Quo als schmerzhafter empfinden als dieselbe positive Abweichung als angenehm empfunden wird.

Mitarbeiter je nach Gepflogenheiten in ihrem Unternehmen diese Boni fest in ihre jährlichen Ausgabenpläne ein. Trotzdem handelt es sich bei diesen Zahlungen dem Wesen nach um Boni, deren Höhe auch verändert werden könnte. Das heißt, auch für diese Zahlungen könnte rechnerisch leicht das Äquivalent in Form einer Strafzahlung geboten werden. Dennoch geschieht dies in der Praxis nicht. Irgendwie passen die Worte Weihnachten und Strafzahlungen auch nicht gut zusammen.

Was ist nun die theoretische Logik hinter Entscheidungen für ein Bonus- oder ein Strafzahlungssystem? Zum einen vermittelt ein Strafzahlungssystem eine andere Erwartungshaltung von Seiten des Unternehmens als ein Bonussystem. Gibt es eine regelrechte Strafe für das Nichterscheinen zur Arbeit um acht Uhr, so vermittelt dies einen größeren Nachdruck als eine Belohnung für ein ansonsten nicht ernsthaft eingefordertes Erscheinen um acht. Derselbe Nachdruck könnte jedoch auch mit einem etwas anders konstruierten Bonussystem vermittelt werden. Beispielsweise könnte der Stundenlohn für die Zeit zwischen neun Uhr morgens und fünf Uhr nachmittags etwas reduziert und dafür der Stundenlohn für die Zeit zwischen acht Uhr und neun Uhr erhöht werden. Auch unter diesem System wäre das Signal an den Mitarbeiter sehr eindeutig, und er hätte einen starken Anreiz, vor neun Uhr zur Arbeit zu erscheinen. Warum also sollten wir durch die Begriffswahl anstelle durch die Konstruktion monetärer Anreize Erwartungen signalisieren? Die Faustregel für die Verwendung des einen oder des anderen Systems ist folgende:

> *Strafzahlungssysteme* werden verwendet, wenn zusätzliche Leistungen oder Anstrengungen jenseits eines bestimmten Niveaus keinen zusätzlichen Wert generieren. *Bonussysteme* dagegen werden verwendet, wenn die Reduzierung von Produktionsmenge oder Anstrengungen unterhalb eines bestimmten Niveaus nicht mit Kosten verbunden ist.

Diese Unterscheidung wollen wir uns mit Hilfe von zwei Beispielen veranschaulichen. Das erste betrifft ein System von Gehaltsabschlägen für verspätetes Erscheinen zur Arbeit. Abbildung 7.4 zeigt die Systematik. Die Ankunftszeiten sind in absteigender Reihenfolge auf der horizontalen Achse eingetragen. Dies trägt der Tatsache Rechnung, daß der Output mit früherem Arbeitsantritt steigt. Dies gilt für die Zeit ab acht Uhr morgens. Stellen wir uns vor, daß um acht Uhr das Fließband für

3. Belohnungen oder Bestrafungen?

Abbildung 7.4: Profil eines Strafzahlungssystems

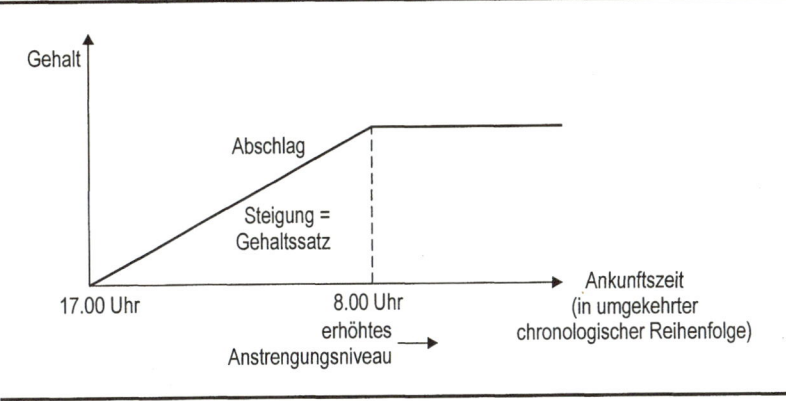

die betreffenden Mitarbeiter zu laufen beginnt. Eine Ankunft der Mitarbeiter vor acht Uhr ist für das Unternehmen also wertlos. Deshalb wird ein Erscheinen um halb acht oder sogar um sechs Uhr morgens nicht besser entlohnt als der Arbeitsantritt um acht Uhr. Ein Erscheinen nach acht Uhr wird jedoch bestraft. Die Strafzahlung besteht im Gehaltsverlust, der sich aus der Anzahl der verspätet erschienenen Stunden mal dem Stundenlohn errechnet. Erscheint jemand erst um fünf Uhr nachmittags, so fällt sein Tageslohn auf null. Das Strafzahlungssystem stellt also eine besondere Art nichtlinearer Gehaltsschemata dar. Jenseits einer bestimmten Zielgröße des Outputs oder des Inputs verläuft die Kurve flach. Zusätzlicher Input (oder zusätzliche Produktion) jenseits dieses Schwellenwerts bringt keinen zusätzlichen Gewinn für das Unternehmen. Deshalb bestraft das Unternehmen die Nichterreichung dieses Schwellenwertes, ignoriert jedoch gleichzeitig Abweichungen nach oben.

Bonussysteme sind umgekehrt strukturiert. Sie belohnen Mitarbeiter für Leistungen oberhalb eines Schwellenwertes, bestrafen aber nicht für negative Abweichungen von dieser Zielgröße. Saisongeschäfte bieten hierfür gute Fallstudien. Beispielsweise könnte ein Einzelhändler versuchen, zu Halloween am 31. Oktober ein besonderes Geschäft mit Halloween-Artikeln zu machen. Um diesen Umsatz tatsächlich zu erzielen, muß das Geschäft rechtzeitig vorher mit orangenen Farben, Kürbissen und Gespenstern dekoriert werden. Nehmen wir an, der Geschäftsinhaber weist die Mitarbeiter an, mit den Dekorationsarbeiten am 1. Oktober zu beginnen. Jeder Tag vor

Abbildung 7.5: Profil eines Bonussystems

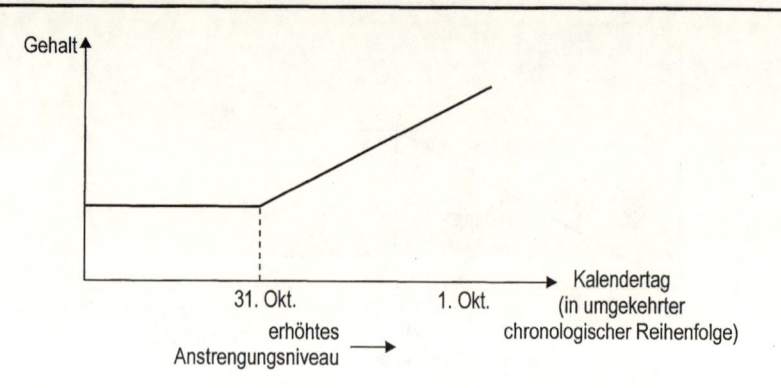

Halloween, an dem die Dekoration steht, schafft zusätzlichen Umsatz. Eine Fertigstellung der Dekoration nach dem 31. Oktober dagegen bringt nichts. Die Dekoration am 1. November abzuschließen, wäre ebenso wertlos wie ihr Abschluß am 5. November. Wenn das Anstrengungsniveau der Mitarbeiter so niedrig ist, daß die Dekoration ohnehin erst am 1. November fertig ist, schadet noch langsameres Arbeiten auch nicht weiter. Wenn nicht so gearbeitet wird, daß die Dekoration vor dem 31. Oktober fertig wird, wird überhaupt kein zusätzlicher Umsatz erzielt. Abbildung 7.5 illustriert diese Situation. Wiederum ist die Zeit auf der horizontalen Achse rückwärts eingetragen, weil frühere Daten ein höheres Anstrengungsniveau erfordern. Wird die Dekoration nicht bis zum 31. Oktober fertig, so wird überhaupt kein zusätzlicher Wert geschaffen. Je eher die Dekoration steht, desto mehr zusätzlicher Umsatz fällt an. Das zeigt Abbildung 7.5, die gewissermaßen das Spiegelbild zu Abbildung 7.4 darstellt.

Bei der Entscheidung, ob ein Bonus- oder ein Strafzahlungssystem implementiert werden sollte, ist also ausschlaggebend, welches Steuerungsproblem vorliegt. Muß ein kritischer Schwellenwert bezüglich des Anstrengungs- oder Outputniveaus erreicht werden, so ist ein Bonussystem angemessen. Gibt es dagegen einen Maximalwert, den zu überschreiten keinen zusätzlichen Wert generiert, den zu unterschreiten aber kostspielig wäre, so sollte ein Gehaltsabschlagssystem verwendet werden.

4. Gehaltsmodelle zur Bindung von Leistungsträgern

Mitunter gibt es Mitarbeiter, deren Verlust das Unternehmen schwer schädigen würde. Häufig handelt es sich um Erfinder oder Techniker, deren Wissen sowohl inner- als auch außerhalb des Unternehmens kaum jemand teilt. Wann immer Mitarbeiter über strategisch wichtige Betriebsgeheimnisse verfügen, ist es besonders wichtig, sie nicht an die umwerbende Konkurrenz zu verlieren. Mitunter könnten solche Mitarbeiter auch beabsichtigen, selbst ein konkurrierendes Unternehmen zu gründen. Für die Verbraucher und den Markt insgesamt ist zusätzliche Konkurrenz grundsätzlich gut, für das betroffene Unternehmen jedoch nicht wünschenswert. Letztlich strebt jeder Unternehmer nach einer – zumindest temporären – Monopolstellung. Dazu ist es unerläßlich, strategisch wichtige Mitarbeiter im eigenen Unternehmen zu halten.

Sehen wir uns zu dieser Problematik ein reales Beispiel an. Ein Mann namens Amdahl war maßgeblich an der Entwicklung des erfolgreichsten Mainframe Computers von IBM beteiligt. Er verließ jedoch IBM und begann, unter seinem eigenen Namen ein technisch gleichwertiges Produkt zu vermarkten. Sein Rechner war sehr erfolgreich und hat IBM deutliche Gewinneinbußen beschert. Wegen Amdahls Konkurrenzprodukt mußte IBM den Preis des Rechners senken. Zugleich konnte aber auch Amdahl keine Monopolpreise verlangen. Wären IBM und Amdahl zusammengeblieben, so hätten sie eine Monopolstellung gehabt und höhere Gesamtgewinne erzielt. Im Konflikt zwischen Amdahl und IBM ging es um die Aufteilung der Profite. Weil Amdahl und die anderen Stakeholder von IBM sich nicht einigen konnten, verwandelte Amdahl ein Monopol in ein Duopol, wodurch er für die Unternehmen Gewinnchancen vernichtete. Das mag gesellschaftlich wünschenswert sein, für die betroffenen Akteure ist es das aber nicht; sowohl Amdahl als auch IBM stellten sich schlechter.

In diesem Fall ging es nicht um firmenspezifisches Wissen, wie wir es in Kapitel III diskutierten; es stellt sich jedoch das gleiche Verhandlungsproblem. Bleibt Amdahl bei IBM, so generiert er mehr Gewinne als außerhalb des Unternehmens. In diesem Fall liegt es nicht an der Firmenspezifität seines Wissens, sondern daran, daß er durch die eigene Unternehmensgründung eine Monopolposition zerstörte.[79] Was hätte IBM bieten müssen, um Amdahl zu halten? Amdahls Gehalt hätte so hoch werden können, wie der Betrag, den IBM durch seinen Abgang verlor. Die Untergrenze für das Gehalt von Amdahl stellt der Betrag dar, den er durch sein eigenes Unternehmen verdienen kann. Es gab einen positiven Verhandlungsspielraum, mit dem IBM Amdahl im Unternehmen hätte halten können. Ein wenig entspricht diese Situation der fatalen Logik von Kriegen: weil zwei Staaten sich über ein Verteilungsproblem nicht einigen können, werden Werte zerstört, was letztlich beide schlechter stellt.

Was hätte IBM Amdahl nun konkret bieten können? Manche Autoren schlagen die Ausgabe von Aktien oder Aktienoptionen, die nicht verkauft werden können, vor.[80] Wenn das persönliche Vermögen eines Mitarbeiters zu einem großen Teil an das Unternehmen gebunden ist, so wird dieser Mitarbeiten sich stark für dessen Erfolg engagieren. Ein für das Unternehmen mehr oder weniger unersetzlicher Mitarbeiter, wird somit auch mit größerer Wahrscheinlichkeit im Unternehmen bleiben, wenn sein persönliches Wohl davon abhängt. Obgleich solche Aktienpläne helfen können, ist das Problem damit nicht vollständig gelöst.

Das können wir uns an einem Extrembeispiel veranschaulichen. Nehmen wir an, ein unersetzlicher Mitarbeiter besäße eine Aktie des Unternehmens, deren Börsenwert bei € 100 liegt. Selbst wenn der Einsatz des Mitarbeiters für das Unternehmen dessen Marktwert um einen Faktor 10 erhöht, verdient der Mitarbeiter selbst daran lediglich € 900, wenn er im Unternehmen bleibt. Mit großer Wahrscheinlichkeit könnte er durch eine eigene Unternehmensgründung mehr verdienen als das. Eine einzige Aktie hat offensichtlich kaum den erwünschten Effekt; ein solcher Mitarbeiter muß also schon einen sehr hohen Anteil am Eigenkapital des Unternehmens bekommen, damit der Anreiz zu bleiben, hinreichend stark ist. (In der Tat müßte ein risikoneutraler Mitarbeiter über das Eigentum an der gesamten Firma verfügen, damit

---

[79] Im Anhang zeigen wir, daß der Gewinn, den ein Duopolist durch die eigene Unternehmensgründung erzielt, stets geringer ist, als die Differenz zwischen Monopol- und Duopolgewinn.

[80] Vgl. NITZAN / PAKES (1983).

er bei jeder möglichen Gewinnkonstellation im Unternehmen bleibt.) Die Ausgabe von Aktien oder Aktienoptionen mag helfen, ist aber eigentlich unnötig.

Wir haben hier ein Verhandlungsproblem, das am besten über eine Beteiligung an dem für das Unternehmen erzielten Zusatzgewinn gelöst werden kann. Weil ein Monopol immer mehr abwirft als ein Duopol, ein Oligopol oder gar polypolistischer Wettbewerb, besteht stets ein Zusatzgewinn, der so aufgeteilt werden kann, daß jeder Mitarbeiter durch seinen Verbleib im Unternehmen besser gestellt werden kann. Dies kann durch die Einführung einer klaren Verteilungsregel für den Gewinn erreicht werden. Besonders wichtige Mitarbeiter beziehen in der Regel auch besonders hohe Gehälter. Wenn der zusätzliche Monopolgewinn nun in Relation zu den Gehältern aufgeteilt wird, bekommen die wichtigsten Mitarbeiter relativ hohe Gewinnanteile. Dieses Verfahren mag eine gute Annäherung an eine Problemlösung bieten, beinhaltet aber keine Erfolgsgarantie. Vielleicht sehen einzelne Mitarbeiter noch immer bessere individuelle Gewinnchancen außerhalb des Unternehmens. In diesem Fall wird die Unternehmensleitung sich nur schwer an die Regel der Gewinnaufteilung nach Gehaltsrelationen halten können. In der Realität wird sie im Zweifelsfall stets davon abweichen, wenn ein Schlüsselmitarbeiter droht, das Unternehmen zu verlassen.

5. Resümee

Es gibt empirische Anhaltspunkte dafür, daß Geld ein exzellentes Anreizinstrument ist, insbesondere für Mitarbeiter, deren Einkommensniveau insgesamt nicht sehr hoch ist. Mit steigendem Einkommensniveau scheinen auch andere, nichtmonetäre Faktoren zunehmend attraktiv zu werden. Insbesondere in bezug auf diesen Mitarbeiterkreis lohnt es sich für Arbeitgeber, sorgfältig über das Angebot nichtmonetärer Anreize nachzudenken.

Gehaltszu- und -abschläge bilden zwei Seiten derselben Medaille. Jedes als Bonussystem strukturierte Entgeltschema kann ebenso als Strafzahlungssystem konstruiert werden. Aber die Namensgebung suggeriert unterschiedliche Bedeutungen. Ein Bonus wird dafür gezahlt, daß ein bestimmtes Erfolgsziel erreicht wurde, während eine Strafzahlung fällig wird, wenn ein bestimmtes Mindestziel nicht erreicht wird.

Folglich sollten Bonussysteme dann eingesetzt werden, wenn ein Anstrengungs- oder Outputniveau unterhalb eines bestimmten Levels nicht mit Kosten für das Unternehmen verbunden ist. Strafzahlungen dagegen sollten eingesetzt werden, wenn Anstrengungen oder Output oberhalb eines bestimmten Niveaus wertlos sind.

Jeder Mitarbeiter kann von einer Kündigung abgehalten werden, indem man ihm mehr bietet, als er anderswo verdienen kann. Dies gilt auch für besonders unersetzliche Mitarbeiter. Dies kann in Form von Aktien, Aktienoptionen oder direkten Gehaltszuschlägen geschehen. Sind Mitarbeiter für den Erfolg des Unternehmens wirklich in dem Sinne entscheidend, daß sie innerhalb des Unternehmens eine höhere Wertschöpfung generieren als außerhalb, so kann stets eine Verhandlungslösung gefunden werden. Mitunter ist es für ein Unternehmen und einen Mitarbeiter sehr nachteilig, wenn ein im Prinzip lösbares Verhandlungsproblem nicht gelöst wird und statt dessen der Mitarbeiter kündigt. Für die Kunden des Unternehmens ist dies jedoch, wie am Beispiel von IBM gezeigt, mitunter vorteilhaft.

6. Literatur

Frey, Bruno; Margit Osterloh (1997): Sanktionen oder Seelenmassage. Motivationale Grundlagen der Unternehmensführung. In: DBW 57: 307-321.

Kahneman, Daniel; Amos Tversky (1983): Choices, Values and Frames. In: American Psychologist 39(1983)4: 341-350.

Nitzan, Shmuel; Ariel Pakes (1983): Optimum Contracts for Research Personnel, Research Employment, and the Establishment of Rival Enterprises. In: Journal of Labor Economics 1(1983)4: 345-365.

Wolff, Birgitta (1999): Anreizkompatible Reorganisation von Unternehmen. Stuttgart: Schäffer-Poeschel: 164 ff.

7. Weiterführende Literaturempfehlungen

Blanchflower, David G.; Andrew J. Oswald und Peter Sanfey (1996): Wages, Profits and Rent-Sharing. In: Quartely Journal of Economics (Feb. 1996): 227-251.

Blanchflower, David G.; Andrew J. Oswald (1988): Profit-Related Pay: Prose Discovered. In: Economic Journal 98(1988)392: 720-730.

Hart, Oliver D. (1983): Optimal Labour Contracts under Asymmetric Information: An Introduction. In: Review of Economic Studies 50(1983)1: 3-35.

Lazear, Edward P.; Matthew O. Jackson (1991): Stock, Options, and Deferred Compensation. In: Ehrenbert, Ronald G. (Hrsg.): Research in Labor Economics 12(1991): 41-62.

Lazear, Edward P. (1986): Salaries and Piece Rates. In: Journal of Business 59(1986)3: 405-431.

Wolff, Birgitta; Edward P. Lazear (2001): Einführung in die Personalökonomik. Stuttgart: Schäffer-Poeschel.

8. Anhang

In diesem Anhang zeigen wir, daß ein gegenwärtig als Monopolist operierendes Unternehmen stets ein hinreichend hohes Gehalt bieten kann, um einen Schlüsselmitarbeiter im Unternehmen zu halten und zu verhindern, daß dieser als Duopolist konkurriert.

Verläßt der Schlüsselmitarbeiter das Unternehmen und gründet eine rivalisierende Firma, so verändert sich die Struktur der Branche vom Monopol zum Duopol. Das Maximum, das der Schlüsselmitarbeiter als Duopolist verdienen könnte, entspricht seinem Normalgehalt plus dem Gesamtgewinn des neuen Unternehmens. Den Gewinn des neuen Unternehmens, den Gewinn des ursprünglichen Unternehmens unter Duopolbedingungen und den Gewinn des ursprünglichen Unternehmens unter Monopolbedingungen wollen wir folgendermaßen bezeichnen:

$$\Pi_{neu}, \Pi_{original}, \Pi_{monop}$$

Es muß zutreffen, daß

(A7.1) $\Pi_{neu} + \Pi_{original} < \Pi_{monop}$

Andernfalls hätte sich das ursprüngliche Unternehmen besser stellen können, indem es sich selbst in zwei Firmen aufgeteilt hätte. Zusätzlich wissen wir, daß die Bedingung (A7.1) zutrifft, weil der Gesamtgewinn einer Branche niemals höher ist als der Monopolgewinn.

Wir können (A7.1) folgendermaßen umschreiben:

(A7.2) $\Pi_{neu} < \Pi_{monop} - \Pi_{original}$,

Der Höchstbetrag, den das ursprüngliche Unternehmen dem Schlüsselmitarbeiter bieten kann, ohne sich schlechter zu stellen als einen konkurrierenden Duopolisten, ist das übliche Gehalt plus $\Pi_{monop} - \Pi_{original}$. Aus (A7.2) wissen wir, daß dieser Betrag zwangsläufig den Gewinn eines neuen konkurrierenden Duopolisten übersteigt. Folglich gibt es einen positiven Verhandlungsraum. Das ursprüngliche Unternehmen kann dem Schlüsselmitarbeiter immer mehr bieten, als dieser auf eigene Faust außerhalb des Unternehmens verdienen könnte. Ob diese Einigung tatsächlich zustande kommt, hängt von den individuellen Verhandlungspositionen beider Seiten und deren Erwartungen ab.

Nehmen wir beispielsweise an, daß die Schätzung des Schlüsselmitarbeiters bezüglich Π_{neu} höher läge als die entsprechende Schätzung des ursprünglichen Unternehmens. Bezeichnen wir die Schätzung des Mitarbeiters mit Π^*_{neu}. Nun könnte der Mitarbeiter ein zu hohes Entgelt fordern. Während (A7.2) noch immer gilt, ist es möglich daß

(A7.3) $\Pi^*_{neu} > \Pi_{monop} - \Pi_{original}$

Dies liegt daran, daß $\Pi_{neu} < \Pi^*_{neu}$ ist. Trifft (A7.3) zu, so kann es sein, daß die Verhandlungen scheitern und ein Duopol entsteht, obgleich die Monopolsituation für beide Seiten vorteilhafter wäre.

VIII. Teamarbeit

Unternehmen existieren im wesentlichen deshalb, weil die Zusammenarbeit mehrerer produktiver ist, als die Arbeit jeweils einzelner. Das Ganze ist eben größer als die Summe seiner Teile. Um Individuen jedoch zur produktiven Zusammenarbeit zu bewegen, müssen Unternehmer und Manager wissen, wie man Teams zusammenstellt und die einzelnen Team-Mitglieder motiviert. Der neudeutsche Begriff „Teamwork" ist unter Managern zu einem viel benutzten Slogan geworden. Die sich dahinter verbergende Idee wird immer wichtiger, ist jedoch keineswegs neu. So stellt auch Fließbandarbeit schon ein Beispiel für Teamarbeit dar, ein Beispiel für sehr stark strukturierte Teamarbeit, im Rahmen derer jeder eine ganz bestimmte Aufgabe ausführt. Das Produktionsergebnis hängt ab von den Bemühungen sämtlicher Mitarbeiter entlang des Fließbands. Arbeitet ein einzelner Mitarbeiter besser, haben alle Kollegen etwas davon, arbeitet er schlechter, haben alle Kollegen Nachteile. Und wenn die Zusammenarbeit nicht funktioniert, so daß das Produkt fehlerhaft wird, haben ebenfalls alle Teammitglieder Nachteile. Das folgende Gespräch zwischen Managern illustriert einige der daraus resultierenden typischen Probleme von Teamarbeit.

ENGEL: *Ich glaube, wir können von den Japanern einiges lernen. Sie sind kooperativ und hochproduktiv. Und das ist kein Zufall. Schließlich hängt bei ihnen ein sehr viel höherer Anteil des Gehalts vom Firmenergebnis ab als bei uns.*

COURNOT: *Das ist wohl wahr. Aber warum sollte sich ein einzelner Mitarbeiter um das Unternehmensergebnis scheren? Solange er in der Firmenhierarchie nicht ganz oben steht, kann er das Ergebnis doch kaum beeinflussen. Ich vermute, daß die meisten Mitarbeiter einen auf dem Unternehmensergebnis beruhenden Bonus eher als eine Art Lotterie empfinden. Sie werden wohl kaum glauben, daß ihr Bonus im starken Maße von ihrer Leistung abhängt.*

ENGEL: *Richtig, aber so ein Bonussystem führt zu einer verstärkten sozialen Kontrolle. Wenn ich beispielsweise sehe, daß Du hier nur rumhängst, und ich weiß, daß mein Einkommen auch von Deiner Arbeit abhängt, werde ich ziemlich unangenehm.*

FRISCH: *Nach diesem Prinzip funktionierten auch die sowjetischen Arbeitslager. Dort wurde einer Gruppe eine Aufgabe übertragen, die nicht zu erfüllen war, wenn sich nicht jeder einzelne Gefangene bis an seine Grenzen anstrengte. Ein beliebtes Druckmittel bestand darin, allen Gruppenmitgliedern Nahrung zu verweigern, bis die Aufgabe erledigt war. Ihr könnt Euch vorstellen, wie sie sich gegenseitig angetrieben haben.*

COURNOT: *Ich glaube, wir haben das gleiche Buch gelesen. Das System funktionierte im Prinzip gut, es gab aber auch ein paar Probleme. Erinnerst Du Dich daran, daß sich unter den Gefangenen Banden bildeten? Diese zwangen die anderen Gefangenen dazu, ihre eigene Arbeit zu erledigen, und die von den Bandenmitgliedern noch dazu. Darin besteht eines der Probleme, die Du provozierst, wenn Du die Wohlfahrt einzelner von Gruppenergebnissen abhängig machst.*

ENGEL: *Aber unsere Mitarbeiter sind doch keine Gefangenen. Sie können jederzeit gehen. Würden wir anfangen, solch unmoralische Spielchen mit ihnen zu veranstalten, hätten wir sofort den Riesen-Mitarbeiterexodus.*

FRISCH: *Wenn wir dennoch die Idee akzeptieren, daß ein Team eine Arbeitseinheit darstellt, bleibt noch immer das Problem einer geschickten Einteilung von Teams. Ist das gesamte Unternehmen ein Team? Oder ist ein Team irgendeine Teilmenge des Unternehmens?*

ENGEL: *Nun, für einige Zwecke ist es wahrscheinlich das gesamte Unternehmen. Für andere müssen wir die Mitarbeiter einteilen.*

FRISCH: *Na schön. Aber für welche Zwecke genau, und wie teilen wir die Mitarbeiter ein?*

ENGEL: *Ihr stellt schwierige Fragen, aber laßt uns die Idee nicht gleich verwerfen, nur weil wir nicht sofort alle Antworten darauf haben.*

Das vorliegende Kapitel befaßt sich mit einer Reihe von Fragen, die der einführende Dialog aufwarf:

- Unter welchen Bedingungen sollten Teams eingesetzt werden?
- Wie können im Rahmen von Teamarbeitssystemen Leistungsanreize für die Mitarbeiter geboten werden?
- Unter welchen Bedingungen interessieren sich Mitarbeiter für die Teamleistung anstelle ihrer individuellen Leistung?

- Welche Folgen hat soziale Kontrolle in Teamarbeitssystemen?
- Welche Team-Strukturierung bringt den höchsten Gewinn?

1. Zum effizienten Einsatz von Teams: Grundlagen

Jeder kluge Manager wird die Vorteile von Teamarbeit für sich nutzen wollen. Einen erfolgreichen Manager können wir uns ungefähr so vorstellen, wie den Torschützenkönig eines siegreichen Fußballteams. Wenn er ehrlich ist, gibt er zu: „Ohne mein Team hätte ich das nie geschafft." Und dies ist keineswegs falsche Bescheidenheit. Ebensolche Vorteile kann Teamarbeit auch in der Wirtschaftswelt entfalten. Jedoch nicht immer. Manchmal sind die Kosten der Teamarbeit höher als ihr Nutzen.

Ein Nebeneffekt von Teamarbeit ist, daß einzelne Teammitglieder sich hinter der Produktivität anderer verstecken können. Dies verwässert die Anreizstrukturen innerhalb des Unternehmens. Und das kann wiederum zu Leistungsminderungen führen. Deshalb sollten Teams nur dann eingesetzt werden, wenn die Synergievorteile gemeinsamer Anstrengungen so hoch sind, daß sie die Kosten der schwächeren individuellen Anreize übertreffen. Bevor wir die Einzelheiten einer effizienten Gestaltung von Teams diskutieren, sehen wir uns diesen grundlegenden Trade-Off etwas genauer an.

1.1 Das Grundproblem: Trittbrettfahren

Arbeiten Mitarbeiter in Teams, so wird es tendenziell schwierig, das Produktionsergebnis eines einzelnen Mitarbeiters zu beobachten. Weil die einzelnen sich hinter der Gesamtleistung des Teams verstecken können, werden die individuellen Leistungsanreize tendenziell schwächer.

Stellen wir uns beispielsweise eine Gruppe von Studierenden vor, die abends gemeinsam Pizza essen geht. Nehmen wir an, es handle sich um eine Gruppe von zehn Freunden, und die allgemeine Regel bei gemeinsamen abendlichen Exkursionen sei, die Rechnung einfach gleichmäßig aufzuteilen. Nehmen wir nun an, jeder habe seine Pizza bereits geordert, und nun frage der Kellner nach Getränkewünschen. Sie, als

Mitglied dieser Gruppe, schwanken nun zwischen einem guten Chianti, der für € 3 auf der Speisekarte steht und einem heimischen Bier für € 1,25. Wie entscheiden Sie sich? „Bestelle ich den Wein anstelle des Biers, so wird unsere Rechnung € 1,75 höher. Mein Anteil jedoch beträgt nur 17,5 Cents. Solange der Wein für mich persönlich mindestens 17,5 Cents mehr wert ist als das Bier, bestelle ich also den Wein." Natürlich wird jeder am Tisch genau dieselbe Überlegung anstellen, und am Ende ist die Rechnung nicht € 1,75 sondern € 17,50 höher.

Dies ist ein alltägliches Beispiel für den sogenannten Trittbrettfahrer-Effekt. Salopp ausgedrückt ist die handlungsleitende Maxime dabei in etwa folgende: „Weil ich nicht die vollen Konsequenzen meiner Handlung tragen muß, tue ich nicht das, was eigentlich angebracht wäre." Tatsächlich fallen Rechnungen grundsätzlich höher aus, wenn sie durch die Kopfzahl geteilt werden, als wenn nach einem Abendessen jeder nur das bezahlt, was er oder sie tatsächlich gegessen hat. (Wenn Sie also schlank bleiben wollen, gehen sie nur mit kleineren Gruppen aus und teilen Sie Rechnungen nicht nach Köpfen.) Ein ähnlicher Effekt läßt sich auch in Unternehmen beobachten. <u>Wird die Arbeitslast auf Gruppen verteilt, so sinkt das Anstrengungsniveau, weil ein Teil der Resultate individueller Anstrengungen anderen zufällt.</u>

Betrachten wir ein konkretes Beispiel aus der Arbeitswelt. Ein Mitarbeiter sei Mitglied eines Teams von insgesamt fünf Kollegen. Dieses Team ist nun verantwortlich für ein Projekt, das unbedingt pünktlich fertig werden muß. Jeder im Team weiß, daß es für jeden Tag, den das Projekt vor der Deadline abgeschlossen ist, einen Teambonus von € 100 gibt. Dieser wird gleichmäßig zwischen den fünf Teammitgliedern aufgeteilt. Sehen wir uns nun das Kalkül eines beliebigen Teammitglieds, nennen wir es Sven, an, wenn es darum geht, abends länger zu arbeiten, um das Projekt schneller fertig zu stellen. Sven kann entweder länger arbeiten, oder er kann nach Hause gehen und sich die Spiele der Fußball-Europameisterschaft ansehen. Er mag Fußball, aber natürlich würde er auch gerne den Bonus für die vorzeitige Fertigstellung des Projekts bekommen. Sven schätzt nun, daß er die Bearbeitungszeit für das Projekt um einen Tag verkürzen könnte, wenn er sich an diesem Abend richtig reinhängt. Dies bringt dem Team € 100. Er interessiert sich für die Fußball-EM, aber nicht so sehr, daß er dafür auf € 100 verzichten würde. Dann jedoch fällt ihm ein: Von einem Teambonus von € 100 bekommt er nur € 20. Er denkt kurz darüber nach und geht dann nach Hause, um das nächste Spiel zu sehen.

Das Anstrengungsniveau wird hier also unter das effiziente Niveau reduziert. Das liegt daran, daß derjenige, der die volle Last der Zusatzleistung trägt, nicht in den Genuß des vollen Nutzens kommt. Hätte Sven die € 100 vollständig bekommen, so hätte er an jenem Abend gearbeitet. Da das Unternehmen bereit war, für diese zusätzliche Leistung € 100 zu zahlen, können wir unterstellen, daß diese Leistung auch mindestens € 100 wert ist. Da Sven aber nur € 20 bekommen hätte, erbringt er die Leistung nicht. Hätte er den Bonus von € 100 voll einstreichen können, so hätte sowohl das Unternehmen, als auch Sven sich besser gestellt. Sven hätte sich besser gestellt, weil ihm € 100 lieber gewesen wären, als ein EM-Spiel zu sehen, und das Unternehmen hätte sich besser gestellt, weil die frühere Fertigstellung des Projekts mindestens € 100 wert war.

Was hindert also das Unternehmen daran, Individuen anstelle von Teams für Ihre Leistungen zu belohnen? Nichts, solange individuelle Leistungen beobachtet werden können. Das geht nur leider nicht immer. Außerdem wissen wir bereits, daß starke individuelle Leistungsanreize mitunter zu unkooperativem und produktionsschädigendem Verhalten führen. Sind individuelle Leistungsanreize falsch gesetzt, so kann das dazu führen, daß einzelne sich auf Kosten anderer profilieren wollen. Würden beispielsweise Fußballspieler nur nach der Anzahl der individuell erzielten Tore belohnt, so würde jeder Spieler auch aus relativ aussichtslosen Situationen den Ball aufs Tor schießen, ohne zu berücksichtigen, daß vielleicht ein Kollege in einer viel besseren Position steht, und man diesem den Ball nur zuspielen müßte, damit er ein sicheres Tor erzielt. Wir sind hier also mit einem Trade-Off konfrontiert. Bezahlen wir die Mitarbeiter auf der Basis des Gruppenergebnisses, so werden sie ihre Anstrengungen reduzieren und Trittbrett fahren. Bezahlen wir jedoch auf der Basis von Einzelleistungen, so kümmern sich die Mitarbeiter nicht genug um das Teamergebnis. Sie konzentrieren sich dann zu sehr auf ihre Einzelleistung und beachten ihre Teamkollegen zu wenig, selbst wenn es für das Teamergebnis am besten wäre, einem Teampartner zu helfen.

1.2 Bedingungen für die Vorteilhaftigkeit von Teams

Angesichts des oben beschriebenen Trade-Offs stellt sich die Frage: Unter welchen Bedingungen sollten Teams überhaupt eingesetzt werden? Auf einer sehr abstrakten Ebene ist die Antwort natürlich einfach: Teams sollten immer dann eingesetzt werden, wenn ihr Nutzen höher ist als die mit ihrem Einsatz verbundenen Kosten. Das wollen wir nun konkretisieren. Zunächst sehen wir uns die Nutzen-Seite an. Wann ist der Nutzen aus Teamarbeit groß?

1.2.1 Komplementaritäten

Die Antwort ist: Wenn es große *Komplementaritäten* zwischen den Tätigkeiten verschiedener Mitarbeiter gibt. Was das bedeutet, läßt sich leicht veranschaulichen. Wenn etwa eine Tätigkeit physische Arbeit erfordert, kann sie oft nicht von einem einzelnen Mitarbeiter erledigt werden. So können wir uns beispielsweise vorstellen, daß ein schwerer Gegenstand bewegt werden muß. Möglicherweise ist dieser Gegenstand für eine Person zu schwer, aber zwei können ihn gut bewegen. Ein typischer Fall für Teamwork. (Dieses Beispiel hatten wir bereits in einem früheren Kapitel.) Ein anderes Beispiel wäre ein Projekt, das bis zu einer bestimmten Deadline abgeschlossen werden muß. Möglicherweise ist das nicht von einem Mitarbeiter zu schaffen, ein Team kann diese Arbeit jedoch sehr wohl rechtzeitig fertigstellen.

Dahinter steckt ein generelles Prinzip: Teams sollten immer dann eingesetzt werden, wenn das Ganze größer ist als die Summe seiner Teile, präziser: wenn die Grenzwertschöpfung eines Mitarbeiters in Kombination mit einem anderen höher ist als die des Mitarbeiters allein. Die zwei oben genannten Beispiele illustrieren dieses Prinzip. Im Fall des schweren Objekts ist der Output der jeweiligen individuellen Bemühungen Null; wenn einer alleine an diesem schweren Objekt zerrt, bewegt es sich nicht. Nur mehrere gemeinsam – als Team – können das gewünschte Ergebnis erzielen. Das zweite Beispiel, das mit der Deadline, wollen wir uns mit Hilfe eines numerischen Beispiels veranschaulichen.

Nehmen wir an, daß der pünktliche Abschluß eines Projektes, das in zwei Wochen abgeschlossen sein muß, der Firma € 10.000 Gewinn bringen wird. Wird das Projekt erst nach der Deadline abgeschlossen, so beträgt der Gewinn nur € 5.000, weil der

1. Zum effizienten Einsatz von Teams: Grundlagen

Klient dann weniger zahlen wird. Gleichzeitig mit diesem Projekt arbeitet das Unternehmen noch an einem anderen Projekt. Nehmen wir an, dessen Deadline sei in vier Wochen, und der Gewinn werde dann € 15.000 betragen. Für beide Projekte ist dieselbe Anzahl an Arbeitsstunden erforderlich. Wenn jeweils nur ein Mitarbeiter an jedem Projekt arbeitet, sind jeweils vier Wochen bis zur Fertigstellung erforderlich. Arbeiten jedoch beide zusammen am selben Projekt, so ist dieses Projekt nach zwei Wochen fertig. Arbeiten beide also getrennt an jeweils einem Projekt, so wird der Gewinn nach vier Wochen € 20.000 betragen (= € 15.000 + € 5.000). Diese € 20.000 sind gewissermaßen „die Summe der Teile". Wenn sich jedoch die beiden Mitarbeiter zu einem Team zusammentun und zuerst das dringendere Projekt abschließen, so kann dies rechtzeitig fertig werden und € 10.000 Gewinn abwerfen. Anschließend könnten die beiden gemeinsam das zweite Projekt abschließen, das nach vier Wochen abgeschlossen sein muß. Auch dies könnte so noch rechtzeitig fertiggestellt werden, so daß der Gewinn € 15.000 beträgt. Auf diesem Wege könnten die beiden einen Gesamtgewinn von € 25.000 erwirtschaften. Insofern ist das Ganze also größer als die Summe der Teile.

Sehen wir uns zum Kontrast dazu ein Beispiel an, in dem das Ganze kaum größer ist als die Summe seiner Teile. Hier könnten wir etwa an die Mitarbeiter von Fluggesellschaften denken, die vor dem Abflug das Gepäck einchecken und die Bordkarten ausgeben. Stellen wir uns vor, es gäbe zwei Check-In-Stationen. Alle Passagiere wären wahrscheinlich dankbar, wenn von zwei Mitarbeitern jeweils einer eine Station besetzt, anstatt zu zweit hinter einer Station zu stehen. In diesem Fall würden wir also vermuten, daß die Vorteile einer Teamarbeit der beiden Mitarbeiter eher gering im Vergleich zu ihren Kosten wären. Der Trade-Off fiele also gegen die Teamarbeit aus (wenn nicht wichtige Sicherheitsüberlegungen o.ä. dagegen sprechen).

An diesen beiden Beispielen sehen wir, daß es mehr oder weniger sinnvoll sein kann, Teams zu bilden. Um ein dringendes Projekt schnell fertig zu stellen, ist der Einsatz von Teams sinnvoll, bei den Check-In-Mitarbeitern war es nicht sinnvoll. Wir können Tätigkeiten nach den Vor- und Nachteilen eines Teameinsatzes sortieren. Aktivitäten, bei denen der Nutzen von Teamarbeit groß ist und die Kosten gering sind, sollten teamweise ausgeführt werden. Die einzelnen Teammitglieder sollten bei dieser Art von Tätigkeit nach dem Gruppenergebnis entlohnt werden. Wie, das werden wir im Verlauf dieses Kapitels noch spezifizieren.

> **Zur Diskussion ...**
>
> Tabelle 8.1 bietet ein Beispiel aus einem Fischereiunternehmen. Bei einigen Tätigkeiten ist Teamarbeit sehr wertvoll, bei anderen nicht. Ebenso führt Teamarbeit bei einigen Aktivitäten zu größeren Produktivitätsverlusten durch den Trittbrettfahrer-Effekt als bei anderen. Die Verkaufsmitarbeiter zu einem Team zusammenzufassen generiert mit hoher Wahrscheinlichkeit Trittbrettfahrertum, ohne nennenswerte Teamvorteile zu induzieren. Nach Tabelle 8.1 ist der beste Kandidat für Teamarbeit das eigentliche Fangen der Fische und der schlechteste Kandidat der Fischverkauf.

Tabelle 8.1: Kosten und Nutzen aus Teamarbeit

Aktivität	Ranking nach Nutzen (1 = höchster Nutzen)	Ranking nach Kosten (1 = höchste Kosten)	Erläuterung
Fischfang von einem kleinen Boot aus	2	5	Der Fischfang erfordert Tätigkeiten, die schlecht von einer Person ausgeführt werden können. Die Kosten der Überwachung anderer Teammitglieder sind gering. Unproduktive Teammitglieder kann das Team leicht aussondern.
Fischfang von einem großen Boot aus	1	4	Auf einem großen Boot ist Teamarbeit wahrscheinlich noch wichtiger als auf einem kleinen, weil der Umfang der Tätigkeiten größer ist. Die Handhabung großer Netze erfordert mehr Hände und Kraft. Je größer jedoch das Team, desto schwieriger ist die Überwachung der Leistungen einzelner. Das Trittbrettfahrerproblem verschärft sich.
Fischverkauf im Großhandel	5	1	Verkäufer können gut alleine arbeiten. In einem Verkäuferteam hingegen gäbe es starke Anreize zum Trittbrettfahren, denn die Überwachung der Leistungen einzelner ist schwierig.
Buchführung über den Fischverkauf	4	2	Buchhalter in einem Team zusammenarbeiten zu lassen bringt wenig Vorteile, insbesondere wenn der Arbeitsumfang für einen einzelnen handhabbar ist. Darüber hinaus kann die Leistung einzelner Buchhalter leicht beurteilt werden, die Leistungen in einem Team von Buchhaltern dagegen schwieriger. Die mit einem Teameinsatz verbundenen Kosten sind deshalb hoch.
Auswahl der Fischgründe	3	3	Mehrere Meinungen zu hören und zu diskutieren kann die Entscheidung verbessern. Aber zu Teamentscheidungen zu gelangen, ist häufig schwierig und langwierig.

1. Zum effizienten Einsatz von Teams: Grundlagen

1.2.2 Spezialisierungsvorteile

Einen weiteren Vorteil von Teamarbeit hat bereits Adam Smith in dem klassischen Beispiel der Stecknadel-Fabrik beschrieben. Eine Fließbandproduktion ist Teamarbeit. Jedes Teammitglied spezialisiert sich auf eine kleine und wohldefinierte Tätigkeit. Diese Spezialisierung führt dazu, daß jede einzelne Tätigkeit wirtschaftlicher durchgeführt werden kann. Ohne solche arbeitsteiligen Teams wäre die Produktion insgesamt viel langsamer und teurer. Ein Auto beispielsweise, das vom Dach bis zu den Reifen von demselben Arbeitnehmer gebaut werden soll, würde erheblich später fertiggestellt, als ein arbeitsteilig gebautes, und es hätte nicht dieselbe Qualität wie eines, das von einer größeren Zahl Spezialisten gefertigt wird.

Eine Fließbandbesatzung ist ein Team, weil alle Tätigkeiten zusammenhängen. Ist ein Handgriff schlampig durchgeführt, ist auch das Ergebnis komplementärer Handgriffe schlechter. Auch ist die Qualität der Arbeit einzelner relativ schwer zu überwachen. Es kann sein, daß das Teil, das ein bestimmter Mitarbeiter eingebaut hat, bis nach dem Verkauf des Autos funktioniert. Versagt es dann nach einer Weile, so ist es relativ aufwendig, den Mitarbeiter, der den Fehler verursacht hat, herauszufinden.

1.2.3 Wissenstransfer

Wissenstransfer ist ein weiterer Effekt von Gruppenarbeit. Er tritt wahrscheinlich dann am ehesten auf, wenn der Spezialisierungsgrad der einzelnen Mitarbeiter nicht zu hoch ist. Steigender Wissenstransfer bringt dann einen Nutzen, wenn die einzelnen über eigenständige Informationsmengen verfügen und wenn diese Informationsmengen relevant für andere Mitarbeiter sind. Überschneiden sich die Informationsmengen bereits sehr weitgehend, so generiert Teamarbeit keinen nennenswerten Wissenstransfer. Und wenn die Informationsmenge eines Mitarbeiters für alle anderen irrelevant ist, so ist ein Wissenstransfer für das Unternehmen wertlos. Abbildung 8.1 illustriert die Bedingungen für einen erfolgsteigernden Wissenstransfer.

Betrachten wir den Fall zweier Mitarbeiter, nennen wir sie Engel und Frisch. Das linke Rechteck, das mit E gekennzeichnet ist, bezeichnet die Informationen, über die Engel verfügt. Das rechte Rechteck, das mit F gekennzeichnet ist, beschreibt die

Abbildung 8.1: Der Fall sich stark überschneidender Informationsmengen

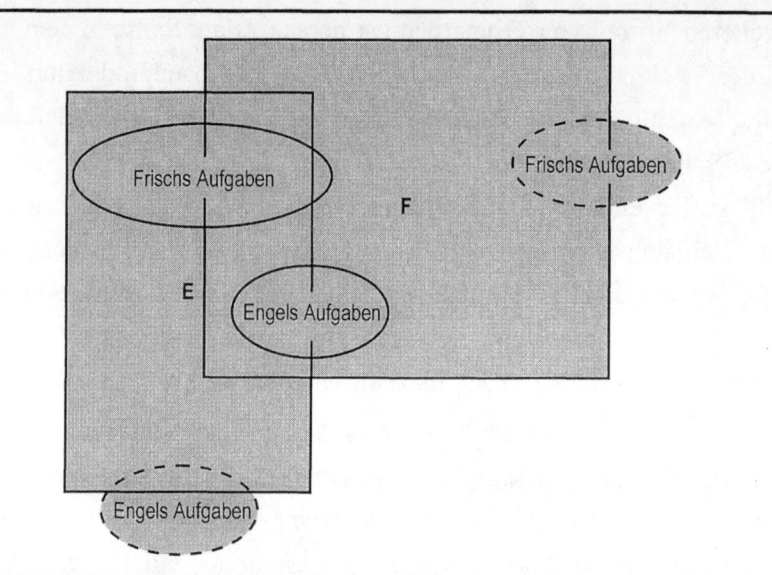

Informationsmenge von Frisch. In der Mitte gibt es ein kleineres Rechteck, die Schnittmenge von E und F. Diese repräsentiert Informationen, über die sowohl Engel als auch Frisch verfügt. Der größte Teil der Informationen ist jedoch nicht gemeinsam. Das bedeutet, daß die meisten Informationen, über die Frisch verfügt, Engel fremd sind und umgekehrt. Diese Informationen sind also idiosynkratisch. Bei dieser Konstellation gibt es potentielle Gewinne durch Wissenstransfer bei Teamarbeit, denn die Informationsmengen der beiden Mitarbeiter überschneiden sich kaum. Ob Teamwork jedoch tatsächlich wertvoll ist, hängt auch von den Informationsanforderungen der zwei Tätigkeiten ab. Es könnte theoretisch auch zu einem Wissenstransfer kommen, der für die beiden Tätigkeiten wertlos ist.

Abbildung 8.1 illustriert zwei Fälle. Nehmen wir an, die für die Durchführung zweier Tätigkeiten erforderlichen Informationen seien durch die beiden mit durchgezogenen Linien umrandeten Ellipsen gekennzeichnet. Frisch kann mit seinem eigenen Wissen in etwa die Hälfte seiner Aufgaben erledigen. (Die Hälfte des Frischs Aufgaben beschreibenden durchgezogenen Ovals liegt innerhalb des Rechtecks, das seine Informationsmenge abbildet.) In analoger Weise verfügt Engel etwa über die

Hälfte des für seine Aufgaben erforderlichen Wissens. (Die Hälfte des Engels Aufgaben beschreibenden durchgezogenen Ovals liegt innerhalb des Rechtecks, das seine Informationsmenge beschreibt.) Arbeiten die beiden im Team, so kann Engel das Wissen, das Frisch zur Erledigung seiner Aufgaben noch fehlt, an diesen übertragen, und Frisch kann umgekehrt dasselbe für Engel tun. Wir haben hier also ein Beispiel für weitgehend überschneidungsfreie Informationsmengen und für Informationen, die für den jeweils anderen relevant sind.

Nun nehmen wir an, daß die für die beiden Tätigkeiten erforderlichen Informationen durch die gestrichelt gezeichneten Ellipsen dargestellt werden. Wie zuvor sind die Informationen, über die die beiden Mitarbeiter verfügen, durch ihr jeweiliges Rechteck gekennzeichnet. Im Fall der gestrichelten Ellipsen zeigt sich, daß Frisch nur etwa über die Hälfte der für seine Tätigkeit erforderlichen Informationen verfügt. Aber die Hälfte, die sich außerhalb seiner Informationsmenge befindet, liegt zugleich auch außerhalb der Informationsmenge von Engel. Zwar verfügt Engel über eine große Menge an Informationen, die Frisch nicht hat, aber nichts davon ist relevant für Frisch. Das gleiche trifft umgekehrt für Engel zu. Auch dieser verfügt nur über einen Teil der Informationen, die er zur Erledigung seiner Aufgabe benötigt. Frisch hat nun eine Menge an Informationen, die Engel nicht hat, aber keine davon wäre hilfreich für die Erledigung von Frischs Aufgaben. Denn für die mit gestrichelten Ellipsen gekennzeichneten Aufgabenbereiche sind die sich nicht überschneidenden Teile der beiden Informationsmengen irrelevant.

Um es noch einmal zusammenzufassen:

Teamarbeit kann wertvollen Wissenstransfer bieten, wenn zwei Bedingungen erfüllt sind:

1. *Die Teammitglieder verfügen über idiosynkratisches Wissen, so daß ihre Zusammenarbeit zu einem Fluß neuwertiger Informationen innerhalb des Teams führt.*

2. *Das idiosynkratische Wissen eines Teammitglieds ist hilfreich für andere Teammitglieder.*

Die Informationsmengen der Teammitglieder müssen also unterschiedlich sein, und die idiosynkratischen Wissensanteile müssen relevant sein.

Abbildung 8.2: Der Fall fast überschneidungsfreier Informationsmengen

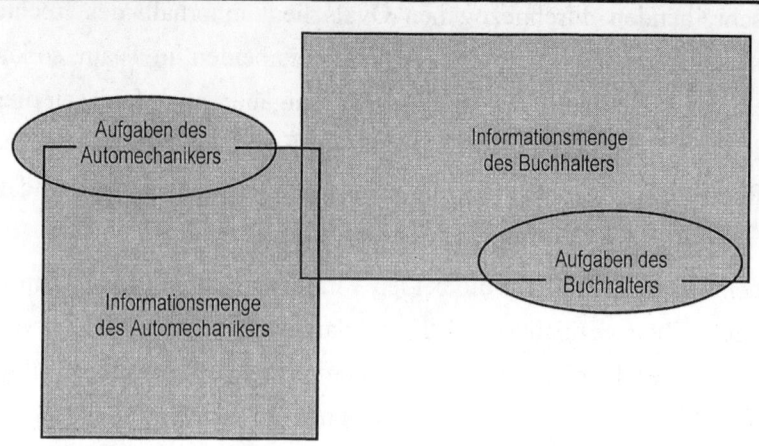

Diese beiden Bedingungen können uns dabei helfen, die richtigen Mitglieder für ein Team auszusuchen. So bilden ein Automechaniker und ein Buchhalter wahrscheinlich kein gutes Team. Während es zutrifft, daß ihre Informationsmengen sich kaum überschneiden (der Automechaniker weiß nichts über Buchhaltung und umgekehrt), sind die idiosynkratischen Informationen für den anderen jedoch jeweils irrelevant. Warum sollte der Buchhalter lernen, wie man ein Getriebe repariert?

Abbildung 8.2 illustriert diese Situation. Die beiden Informationsmengen überlappen sich kaum, aber die Informationen, die der Buchhalter benötigt, hat der Automechaniker nicht und umgekehrt. Dem Automechaniker fehlen etliche Informationen zur Erfüllung seiner Aufgaben. Das sehen wir daran, daß in Abbildung 8.2 ein großer Teil der die Aufgaben des Automechanikers beschreibenden Ellipse außerhalb seiner Informationsmenge liegt, diese Aufgaben aber zugleich auch außerhalb der Informationsmenge des Buchhalters liegen. Was der Automechaniker wissen müßte, aber nicht weiß, weiß auch der Buchhalter nicht. Umgekehrt gilt dasselbe. Was der Buchhalter nicht weiß, um seinen Job zu erfüllen, weiß auch der Automechaniker nicht.

Nun betrachten wir zwei Buchhalter mit identischer Ausbildung. Ein Wissenstransfer zwischen diesen beiden ist unwahrscheinlich, weil ihre Erfahrungs- und Wissensbasis sozusagen gleich ist. Die Informationen, über die die beiden verfügen, sind

1. Zum effizienten Einsatz von Teams: Grundlagen 331

Abbildung 8.3: Der Fall sich überschneidender Informationsmengen

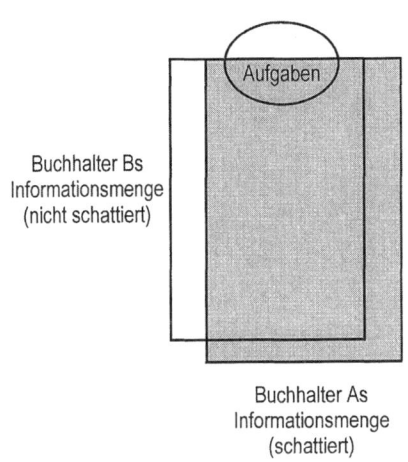

relevant für den jeweils anderen, aber ihre Informationsmengen überschneiden sich fast vollständig, so daß es kaum Gelegenheit zum Transfer idiosynkratischen Wissens gibt. Abbildung 8.3 illustriert diesen Fall. Buchhalter A und Buchhalter B haben fast vollständig deckungsgleiche Informationsmengen. Keiner von beiden kann alle Aufgaben erfüllen, aber weil ihre Informationsmengen fast identisch sind, ist es wahrscheinlich, daß die Tätigkeiten, die Buchhalter A nicht erledigen kann, auch Buchhalter B fremd sind.

Stellen wir uns nun das Beispiel einer Software-Entwicklerin vor, die ein Linux-basiertes Statistikprogramm weiterentwickeln soll. In ihrem Team hat sie zwei Programmierer, von denen einer über Erfahrung mit graphischen Benutzeroberflächen verfügt, und der andere ist ein promovierter Statistiker. Diese beiden als Team arbeiten zu lassen generiert mit hoher Wahrscheinlichkeit einen effektiven Wissenstransfer. Ihre Erfahrungsbasen sind ziemlich unterschiedlich, aber das Wissen des jeweils einen ist mit großer Wahrscheinlichkeit relevant für den jeweils anderen. Dies ist also eine Situation, wie sie Abbildung 8.1 illustriert. Wir können uns Engel als den Experten für graphische Anwendungsoberflächen vorstellen und Frisch als den Statistiker. Die Informationsstruktur, die Abbildung 8.1 darstellt, läßt also einen effektiven Wissenstransfer im Team zu.

Abbildung 8.4: Informationsmengen und Teambildung

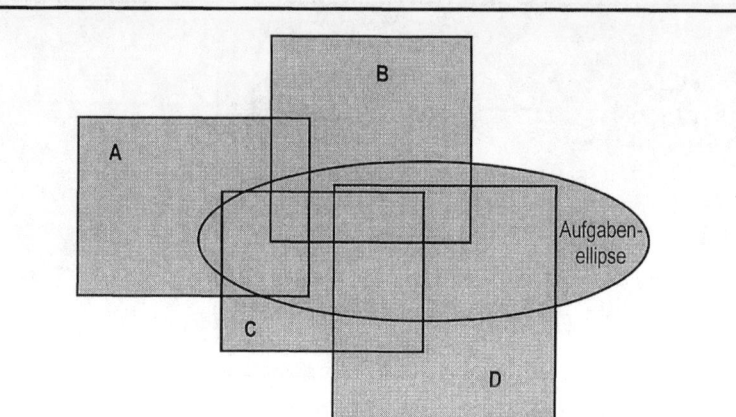

Natürlich ist für den effizienten Wissenstransfer die Größe von Teams nicht unwichtig. Große Mitgliederzahlen führen zu Kommunikationsproblemen. Kleine Mitgliederzahlen garantieren keinen hinreichenden Informationstransfer. Jeder, der einmal in irgendwelchen Kommissionen gearbeitet hat, weiß, wie schwer es ist, in großen Gruppen zu Ergebnissen zu gelangen. Die Mitglieder reden kreuz und quer, und ein großer Teil der Zeit vergeht mit belangloser Kommunikation. Mitunter werden große Gruppen so unbeherrschbar, daß die Kommunikation zusammenbricht und sich kleine Cliquen innerhalb der großen Gruppe bilden. Für eine effektive Kommunikation sind kleine Gruppen besser. Aber zu kleine Teams verursachen ebenfalls Kosten, denn ein großes Team verfügt wahrscheinlich über eine größere Informationsmenge, auf die zurückgegriffen werden kann. Dies illustriert Abbildung 8.4. In dem dort dargestellten Szenario gibt es vier Mitarbeiter, A, B, C und D, von denen jeder über spezialisierte Informationen verfügt. Die Informationsmengen der vier überlappen sich nicht vollständig. Wenn wir nun aus dieser Konstellation ein Team zusammenstellen sollen, so sollten wir C und D zusammenspannen. C und D verfügen über genug Informationen, um den größten Teil der Aufgaben abzudecken, weil der größte Teil der die Aufgaben beschreibenden Ellipse in den mit C und/oder D gekennzeichneten Rechtecken liegt. Dem Team noch B hinzuzufügen, erweitert die Menge verfügbarer relevanter Informationen etwas, aber A noch hinzuzufügen, bringt nahezu gar nichts. Selbst das vielköpfige Team aus A, B, C und D wird nicht alle Aufgaben erfüllen können, denn ein Teil der die Aufgaben beschreibenden Ellipse liegt außerhalb sämtlicher Informationsmengen. A und B dem Team von C und D hinzuzufügen, würde wahrscheinlich den Kommunikationsaufwand und die Kommunikationsprobleme verstärken, ohne die Verfügbarkeit von Informationen nennenswert zu verbessern.

1.3 Begrenzung des Trittbrettfahrerproblems

Der Fall des Fischerei-Unternehmens aus Tabelle 8.1 bot einige Beispiele für unterschiedliche Tätigkeiten und illustrierte, wann Trittbrettfahren in größerem oder geringerem Maße auftritt. Dies wollen wir uns noch etwas genauer ansehen.

1.3.1 Teamgröße

Der wichtigste Einflußfaktor für Trittbrettfahren ist wohl die Gruppengröße. Denken wir beispielsweise an eine kleine Wäscherei, die von Martin und Thomas betrieben wird, welche zugleich die Besitzer des kleinen Unternehmens sind. Natürlich gibt es hier Anreize zum Trittbrettfahren, weil jedem nur die Hälfte des Nutzens aus seinen jeweiligen Anstrengungen zufällt. Wenn beispielsweise Thomas durch seine Anstrengungen den Gewinn des Geschäfts um € 1 steigert, so bekommt er 50 Cents und Martin die anderen 50 Cents. Dieses Problem läßt sich jedoch handhaben, und zwar aus zwei Gründen.

Erstens verfügt Martin über ziemlich gute Informationen darüber, was Thomas tut, und umgekehrt. Drückt sich ein Partner zu sehr vor der Arbeit, so bricht die Partnerschaft zusammen. Die Drohung des Zusammenbruchs der Partnerschaft stellt einen Leistungsanreiz dar. Das Monitoring durch Partner, wie es in diesem kleinen Wäschereibetrieb auftreten wird, kann in kleinen Gruppen sehr wirkungsvoll sein. Denn hier wissen alle sehr viel genauer, was die anderen machen, als in großen Gruppen. Es ist in großen Gruppen viel schwieriger, Drückeberger zu identifizieren. Wenn viele Leute an einer umfangreichen und komplizierten Aufgabe arbeiten, ist die Identifizierung einer Problemquelle möglicherweise schwierig. Wenn dagegen ein Team aus nur zwei Mitgliedern besteht, weiß jeder, daß, was er nicht getan hat, der andere getan haben muß. Zweitens gibt es in kleinen Teams stärkere Anreize, Drückeberger zu bestrafen, als in großen Gruppen. In einem kleinen Team, wie einer Partnerschaft von zwei Personen, hat das Nachlassen eines Partners signifikante Folgen auf das Einkommen des anderen Partners. Obwohl es unangenehm ist, einen Partner auf Faulenzerei anzusprechen und diese mit ihm auszudiskutieren, wären die Kosten eines Verzichts auf diese Konfrontation ziemlich hoch, wenn es nur zwei Partner gibt. In einer größeren Gruppe dagegen ist das Monitoring durch Partner weniger wirkungsvoll, und zwar ebenfalls aus zwei Gründen. Zum einen hat die Drückebergerei eines Teammitglieds relativ wenig Folgen für ein einzelnes anderes Teammitglied, deshalb ist der Anreiz geringer, sich vor der Arbeit drückende Teammitglieder zu bestrafen. Stellen wir uns beispielsweise eine Gruppe mit 100 Mitgliedern vor. Wenn nun ein Mitglied weniger arbeitet und den Gewinn um einen Euro reduziert, so bedeutet dies einen Verlust von einem Cent für jedes andere Teammitglied. Für einen Cent wird kaum jemand eine Konfrontation mit einem Kollegen eingehen wollen. Es ist viel bequemer, so etwas einfach zu ignorieren. Wenn jedoch jeder sich so verhält, wird ein niedriges Anstrengungsniveau zur Norm in dieser Gruppe. Zum anderen ist die Identifizierung von Drückebergern in großen Gruppen aufwendig. Das Trittbrettfahrerproblem ist in großen Teams also schwieriger zu lösen als in kleinen. Eine Methode zur Begrenzung des Trittbrettfahrerproblems besteht darin, die Teams klein zu halten.

1.3.2 Zusammensetzung des Teams

Eine andere Methode besteht darin, Teams zusammenzustellen, deren Mitglieder jeweils verwandte Tätigkeiten ausüben. So bilden beispielsweise Ärzte Praxisgemeinschaften miteinander, und Anwälte gründen gemeinsam Kanzleien. Relativ häufig sind dabei die Ärzte sogar noch Spezialisten auf demselben Fachgebiet. Beispielsweise findet man eher eine Praxis mit zwei Augenärzten, als eine mit einem Augenarzt und einem Ohrenarzt. Die beiden Augenärzte werden gemeinsam eine Praxis betreiben, aber in der Regel wird jeder über seinen eigenen Patientenkreis verfügen. Einen Partner mit einem sehr ähnlichen Tätigkeitsgebiet zu haben, ist u.a. deswegen vorteilhaft, weil man dann die Arbeit und die Leistung des anderen besser beurteilen kann. Und wenn die Teammitglieder ihre jeweilige Leistung wechselseitig beurteilen können, reduziert dies die Möglichkeit und die Anreize zum Trittbrettfahren.

2. Gestaltung von Anreizen für Teams: explizite Anreize

Die Gestaltung von Anreizen für die Mitglieder von Teams wäre einfach, wenn die individuellen Leistungsbeiträge beobachtet werden könnten. Dies ist jedoch häufig nicht möglich. Deshalb werden Anreize oft auf die Leistung des gesamten Teams bezogen. Dafür gibt es im Prinzip zwei Verfahren: Explizite und implizite Teamanreize. Wir wollen uns in diesem Abschnitt zunächst auf die expliziten Teamanreize konzentrieren. Auch für Teams gibt es eine ganze Reihe von expliziten Anreizformen. Die gängigsten davon sind Teamboni, Gewinnbeteiligungen und die Ausgabe von Aktien oder Aktienoptionen.

2.1 Teamboni

Teamboni gibt es in der Regel für Projekte mit relativ kurzer Laufzeit, die von kleineren Gruppen durchgeführt werden. Beispielsweise könnte ein Konstruktionsteam einen Bonus für die rechtzeitige Fertigstellung eines Projekts bekommen. Für die Aufteilung des Bonusses innerhalb des Teams gibt es viele verschiedene Möglichkeiten. Der Bonus selbst ist jedoch fest an ein spezifisches Projekt und ein spezifisches Arbeitsteam gebunden. Ebenso können wir uns einen Bonus für eine Mannschaft beim Sport vorstellen. Ein Fußballteam, das die Endrunde der Europameisterschaft erreicht, könnte so für die besondere Leistung belohnt werden. Üblicherweise wird in solchen Fällen der Bonus innerhalb des Teams nach Köpfen aufgeteilt. Auch ein besonders herausragender Spieler erhält keinen größeren Anteil des Teambonusses als seine Mitspieler. Aber wir sehen auch hier: Das Team, also die Fußballmannschaft, ist relativ klein und das „Projekt" von kurzer Laufzeit.

Damit Teamboni einen Effekt haben, müssen Teams aus einer relativ geringen Anzahl von Mitgliedern bestehen, denn sonst nähme das Trittbrettfahrerverhalten überhand. In einem Konstruktionsteam mit 10 Mitgliedern weiß jedes Mitglied noch ziemlich genau, was die anderen jeweils tun. Jeder einzelne hat relativ starke Anreize, sich für einen hohen Leistungsstandard als Gruppennorm einzusetzen. In einer größeren Gruppe allerdings wäre es für die einzelnen attraktiver, unproduktives Verhalten anderer einfach zu ignorieren und auch selbst weniger zu leisten.

Zugleich darf auch die Laufzeit nicht zu lang sein, und das zu erzielende Teamergebnis muß klar definiert sein. Bei langer Projektlaufzeit könnte sich die Teamzusammensetzung in der Zwischenzeit ändern. So wäre ein Teambonus, der alle 20 Jahre ausgezahlt wird, wahrscheinlich wenig hilfreich. Denn bei normaler Arbeitnehmerfluktuation würde ein großer Teil der Teammitglieder die nächste Bonuszahlung nicht erleben. Damit wäre ein Teambonus als Anreizinstrument wertlos.

2.2 Gewinnbeteiligungen

Die Gewinnbeteiligung stellt eine weitere verbreitete Form der Teamentlohnung dar. Ein Gewinnbeteiligungsplan bietet den Mitarbeitern Zahlungen auf der Basis des Unternehmensgewinns, in der Regel bezogen auf ein Geschäftsjahr. Dabei bekommen die Mitarbeiter in der Regel unterschiedlich hohe Beträge. Meist hängt der individuelle Gewinnanteil von der relativen Gehaltshöhe des betreffenden Mitarbeiters ab. Ein typischer Gewinnbeteiligungsplan teilt den Pool proportional nach den Grundgehältern der Mitarbeiter auf. Wenn wir die relevante Lohnsumme als die Summe der jährlichen Grundgehälter aller Mitarbeiter, die am Plan teilnehmen, definieren, so beträgt der Anteil des Mitarbeiters j am Gewinn:

Gewinnanteil = (Basisgehalt von Mitarbeiter j) / (relevante Lohnsumme)

Somit erhalten Mitarbeiter mit höheren Gehältern auch höhere Gewinnanteile.

Der zu verteilende Pool, d.h. die Gesamtsumme des Bonusses, errechnet sich aus einer Formel, die die Einkünfte, Kosten und/oder den ermittelten Gewinn in einem bestimmten Jahr enthält. Mitunter, wie beispielsweise bei Wachstumsbeteiligungen, hängt die Höhe des Gesamtbonusses nicht nur vom Ergebnis des laufenden Jahres ab, sondern auch von der Differenz zwischen den Ergebnissen dieses Jahres und einem Durchschnitt früherer Jahre, wobei die jüngere Vergangenheit meist stärker gewichtet wird.

Allerdings darf eines nicht übersehen werden: Obwohl häufig gesagt wird, man richte Gewinnbeteiligungspläne aus Anreizgründen ein, sind die Anreizeffekte solcher Pläne eher begrenzt. Weil die betroffene Mitarbeitergruppe meist groß ist und die meisten Mitarbeiter nicht unmittelbar zusammenarbeiten, können erhebliche Trittbrettfahrereffekte auftreten. Zutreffender wäre es, solche Pläne als eine Form der Risikoteilung zu bezeichnen. Wie in Kapitel VI gesehen, gibt es bei traditionellen japanischen Unternehmen eine implizite Risikobeteiligung der Mitarbeiter durch steigende Lohnprofile. In den USA dagegen sind eher explizite Formen der Gewinnbeteiligung gebräuchlich. Aber sowohl bei beispielsweise Honda als auch bei General Motors ist der Einfluß eines einfachen Mitarbeiters auf den Gesamterfolg der Unternehmung denkbar gering. Die Anreizwirkung ist eher psychologischer Art. Deshalb scheint letztlich das Argument der Risikoteilung zwischen Kapitaleigentümern und Arbeitnehmern entscheidender zu sein. Partizipieren Arbeitnehmer durch Erfolgsbeteiligungen am Risiko des Unternehmens, so werden in guten Geschäftsjahren die Aktionäre etwas weniger verdienen als ohne die Mitarbeiterbeteiligung, dafür wird sich jedoch in schlechten Geschäftsjahren auch ihr Verlust etwas reduzieren. Bei fixen Mitarbeiterentlohnungen würden die Aktienkurse solcher Unternehmen stärker schwanken.

2.3 Aktien und Aktienoptionen

2.3.1 Allgemeine Anreizwirkungen

Aktien und Aktienoptionen sind die dritte explizite Form von Teamanreizen, die wir hier diskutieren. Aktienoptionen erhalten vor allem Top-Manager, und zwar zumindest teilweise aus Anreizgründen. Das Top-Management eines Unternehmens stellt ein Team dar. Und auch hier sind individuelle Beiträge zum Gesamterfolg meist schwer zu beobachten. Es wird argumentiert, daß Aktienoptionspläne Top-Manager zu besserer Teamarbeit motivieren. Denn wenn das Einkommen aller Manager an den Aktienkurs gekoppelt ist, werden sich die Manager nicht nur darum kümmern, wie sie durch ihre eigenen Aktivitäten einen klar begrenzten Teil des Unternehmenserfolgs beeinflussen können, sondern auch darum, ob sie durch ihre Aktivitäten vielleicht dazu beitragen können, den Erfolg in den Verantwortungsbereichen anderer

Manager zu verbessern. Die Zusammenarbeit zwischen den Top-Managern wird sich so also verbessern.

2.3.2 Aktien und Aktienoptionen im Vergleich

Um uns dies besser zu veranschaulichen, unterscheiden wir zunächst Aktien und Aktienoptionen. Aktien repräsentieren einen Eigentumsanspruch an einem Unternehmen. Sie berechtigen ihren Eigentümer dazu, im Verhältnis zu seiner Beteiligung am Gewinn des Unternehmens teilzuhaben. Aktien beinhalten also einen Residualanspruch, was bedeutet, daß sie erst nach anderen, bevorrechtigten Ansprüchen befriedigt werden. Bevorrechtigte Ansprüche erhalten beispielsweise Mitarbeiter, deren Löhne zu zahlen sind, und Fremdkapitalgeber, deren Kredite plangemäß zu bedienen sind. Aktionäre deutscher Aktiengesellschaften erhalten in der Regel einmal jährlich eine Dividendenzahlung. Diese erfolgt nach der jährlichen Hauptversammlung, bei der die Stammaktionäre neben der Höhe der Dividende auch über andere Fragen der Unternehmenspolitik mitbestimmen können. Ihr Mitbestimmungsrecht richtet sich ebenso wie die Höhe der ihnen zustehenden Dividende nach der Menge der Aktien, die sie halten. Aktionäre verdienen jedoch nicht nur durch die ihn zustehenden Dividendenzahlungen Geld, sondern auch durch Aktienkurssteigerungen, die sie durch den Verkauf ihrer Anteile realisieren können.

Aktienoptionen scheinen auf den ersten Blick ein sehr andersartiges Instrument zu sein. Ihre Anreizwirkung ist allerdings mit der von Aktien zu vergleichen, häufig aber stärker. Die Eigentümer von Optionen haben keinen Anspruch auf eine Beteiligung am laufenden Gewinn des Unternehmens. Statt dessen hat der Eigentümer einer Kaufoption das Recht, Aktien zu einem zukünftigen Termin zu einem im voraus festgelegten Ausübungspreis K zu erwerben. Die Kaufoption ist „im Geld", wenn der Marktpreis der Aktie oberhalb des Ausübungspreises liegt. In einer solchen Konstellation könnte der Halter einer Kaufoption die Option ausüben und damit die Aktie zum Ausübungspreis erwerben, um sie am Markt sofort wieder mit einem Gewinn zu verkaufen. Wenn der Marktpreis der Aktie bei X liegt, und wenn $X > K$ ist, resultiert die Ausübung der Option in einem sofortigen Gewinn von $X - K$. Alternativ dazu könnte der Halter der Option auch die Aktie kaufen und behalten. Damit hat er sie im Portfolio zu einem Einkaufskurs, der unter dem aktuellen Markt-

2. Gestaltung von Anreizen für Teams: explizite Anreize

preis liegt. Liegt der Marktkurs der Aktie unter dem Ausübungspreis, so wird der Halter der Option diese nicht ausüben. Warum sollte er auch, wenn er dieselbe Aktie an der Börse preiswerter einkaufen kann?

Aktien sind in gewisser Weise ein Sonderfall von Optionen. Wir könnten uns eine Aktie beispielsweise als eine Option mit dem Ausübungspreis Null vorstellen, die jederzeit ausgeübt werden kann. Zu keinem Zeitpunkt würde der Halter der Option bei der Ausübung seiner Option einen Verlust machen. Die eigentlich interessante Frage, die sich nun stellt, ist, wie viele Optionen mit welchem Ausübungspreis ein Manager erhalten sollte, um einen bestimmten Kompensationseffekt zu erzielen.

2.3.3 Anreizwirkungen unterschiedlicher Optionspläne

Grundsätzlich gibt es viele verschiedene Kombinationen von Optionszahlen und Ausübungspreisen, die denselben Erwartungswert generieren. Aber die Anreizwirkungen der unterschiedlichen Kombinationen sind verschieden. Daß es viele Möglichkeiten gibt, eine Option mit einem bestimmten Erwartungswert zu gestalten, können wir uns mit einfachen Zahlenbeispielen veranschaulichen.

Kaufoptionen

Nehmen wir an, die Aktie eines Unternehmens würde gegenwärtig zu € 100 gehandelt. Einem Manager eine Option zum Ausübungspreis von Null zu geben, entspricht der Ausgabe einer Aktie zum Wert von € 100 an den Manager. Eine erste Möglichkeit, einen Erwartungswert von € 100 zu generieren, besteht also in der Ausgabe einer Kaufoption (*Call*) mit dem Ausübungspreis von Null. Es gibt aber zahlreiche Alternativen. Zur Vereinfachung wollen wir annehmen, daß morgen der Börsenkurs der von uns betrachteten Unternehmensaktie entweder € 90 oder € 110 betragen wird. Zum Zeitpunkt der Optionsausgabe weiß niemand, welcher dieser beiden Preise morgen gelten wird. Nehmen wir also an, daß mit einer Wahrscheinlichkeit von 50% der Preis bei € 90 liegt und mit einer Wahrscheinlichkeit von ebenfalls 50% bei einem Kurs von € 110. Wiederum geben wir nun dem Manager eine Kaufoption, diesmal jedoch mit dem Ausübungspreis € 100. Der Manager wartet nun einen Tag und weiß dann, ob die Aktien € 90 oder € 110 wert ist. Liegt der Kurs bei € 110, so wird der Manager die Option ausüben, die Aktie also zu € 100 kaufen

Tabelle 8.2: Kombinationen der Anzahl und des Ausübungspreises von Optionen mit einem Erwartungswert von € 100

Ausübungspreis	Erwartungswert einer Option	Anzahl benötigter Optionen
€ 0	€ 100	1
€ 80	€ 20	5
€ 100	€ 5	20
€ 108	€ 1	100

und zu € 110 weiter verkaufen, wobei er € 10 verdient. Dies wird mit einer Wahrscheinlichkeit von 0,5 eintreten. Im Falle eines eintägigen Zeithorizontes ist der Erwartungswert einer Option mit dem Ausübungspreis € 100 also € 5, denn sie bringt dem Manager in der Hälfte der Fälle € 10. In der Hälfte der Fälle ist die Option im Geld, in der anderen Hälfte der Fälle nicht.

Um einen Erwartungswert von € 100 zu generieren, könnte das Unternehmen nun 20 Kaufoptionen zum Ausübungspreis von € 100 ausgeben, von denen jede einen Erwartungswert von € 5 aufweist. Alternativ könnte das Unternehmen aber auch 100 Optionen mit einem Ausübungspreis von € 108 anbieten. Mit 50%iger Wahrscheinlichkeit würde die Aktie am nächsten Tag € 110 wert sein und die Option damit einen Gewinn von € 2 abwerfen. Mit ebenfalls 50%iger Wahrscheinlichkeit würde die Option jedoch verfallen und keinen Gewinn abwerfen. Der Erwartungswert einer Option mit dem Ausübungspreis € 108 liegt somit bei einem Euro. 100 Optionen mit einem Ausübungspreis von € 108 würden also ebenfalls einen Gesamterwartungswert von € 100 generieren.

Wo läge nun der Wert einer Kaufoption mit dem Ausübungspreis € 110? Er läge bei Null, denn es würde sich niemals lohnen, diese Option auszuüben. Es gibt keine Anzahl von Kaufoptionen mit einem Ausübungspreis von € 110, die einen Erwartungswert von € 100 generieren würde. Was geschähe mit einer Kaufoption mit einem Ausübungspreis von € 80? Sie würde stets ausgeübt werden. Läge der Börsenkurs der Aktie am nächsten Tag bei € 90, so würde die Option ausgeübt und erbrächte einen Gewinn von € 10. Läge der Preis der Aktie dagegen bei € 110, so würde die Option sogar € 30 Gewinn abwerfen. Der erwartete Gewinn aus dieser Option liegt

2. Gestaltung von Anreizen für Teams: explizite Anreize

also bei € 20. Fünf Optionen mit einem Ausübungspreis von € 80 ergeben somit einen Erwartungswert von € 100. Tabelle 8.2 listet die bislang diskutierten Möglichkeiten auf.

Tabelle 8.2 illustriert ein generelles Prinzip: Je höher der Ausübungspreis, desto größer ist die Zahl der Optionen, die erforderlich ist, um einen gegebenen Erwartungswert zu generieren. In der Tat gibt es eine unendliche Anzahl von Kombinationsmöglichkeiten, die jeweils € 100 Erwartungswert bieten. Woher weiß nun die Unternehmensleitung, ob sie Aktien ausgeben soll, die einer Option mit dem Ausübungspreis Null entsprechen, oder ob sie Optionen mit einem positiven Ausübungspreis anbieten soll? Und im letzteren Fall: Welchen Preis soll sie festlegen?

Um diese Fragen zu beantworten, sollten wir zunächst festhalten, daß der Wert einer Option steigt, wenn der Wert des Unternehmens steigt. Nehmen wir nun an, daß eine Managerin durch eine bestimmte Aktivität den Unternehmenswert steigern kann. Diese Aktivität sei so bedeutend, daß sie den Wert jeder Aktie des Unternehmens um genau € 1 steigert. Wenn beispielsweise also 1 Million Aktien im Umlauf sind, müßte diese Aktivität den Gesamtwert des Unternehmens um € 1 Million erhöhen, um jede einzelne Aktie € 1 wertvoller zu machen. Durch diese Aktivität würde also, um auf unser vorangegangenes Zahlenbeispiel zurückzukommen, die Aktie am zweiten Tag entweder 91 oder € 111 wert sein, anstelle von € 90 oder € 110, wie zuvor angenommen. Welche Folgen hätte diese Aktivität für den Wert der Option?

Eine Option mit dem Ausübungspreis € 100 wäre in der Hälfte der Fälle € 11 wert, in der anderen Hälfte der Fälle € 0. Somit steigt der Erwartungswert der Option von € 5 auf € 5,50. Welchen Nutzen hat nun die Managerin aus der Aktivität, die den Wert jeder Aktie um € 1 steigert? Sie hätte einen Nettogewinn von € 0,50 für jede Option, die sie besitzt. Bei 20 Optionen hätte sie also einen Gewinn von € 10 für ihre Aktivität, die den Firmenwert um € 1 Million steigert.

Wie sieht es aus, wenn anstelle von 20 Optionen mit einem Ausübungspreis von € 100 die Managerin 100 Optionen mit einem Ausübungspreis von € 108 erhält? Liegt der Aktienkurs am nächsten Tag bei € 91, so ist die Option aus dem Geld. Liegt der Kurs jedoch bei € 111, so verdient die Managerin € 3 an jeder Option. Der Erwartungswert jeder Option liegt dann bei € 1,50 anstelle von € 1, dem Erwar-

Tabelle 8.3: Erwartete Nettokompensation für eine Steigerung des Aktienkurses um € 1

Ausübungspreis (in €)	Anzahl der Optionen	Erwartungswert einer Option ohne die Aktivität (in €)	Erwartungswert einer Option mit der Aktivität (in €)	Nettoeffekt für die Managerin (in €)
0	1	100	101	1
80	5	20	21	5
100	20	5	5,5	10
108	100	1	1,5	50

tungswert vor ihrer wertsteigernden Aktivität. Sie hat also einen Nettoerwartungsgewinn von € 0,50 pro Option. Wenn sie 100 Optionen mit dem Ausübungspreis € 108 hält, so bekommt die Managerin damit € 50 für die von ihr verursachte Wertsteigerung der Firma um 1 Million. Das ist fünfmal so viel wie durch eine Option mit dem Ausübungspreis 100.

An diesem Zahlenbeispiel können wir einen wichtigen Zusammenhang erkennen. Die zu erwartenden Kosten für das Unternehmen sind gleich, egal ob die Managerin 100 Optionen mit einem Ausübungspreis von € 108 erhält oder 20 Optionen mit einem Ausübungspreis von € 100. Schließlich weisen beide Varianten denselben Erwartungswert auf. Die beiden Varianten generieren jedoch deutlich unterscheidbare Anreize.

Die größere Anzahl von Optionen mit dem höheren Ausübungspreis bietet der Managerin eine höhere Kompensation für die betreffende Aktivität als die kleinere Zahl von Optionen mit dem niedrigeren Ausübungspreis.

Tabelle 8.3 zeigt, wie sich der Nettogewinn für die Managerin verändert, wenn sie den Unternehmenswert um € 1 pro Aktie steigert, wie in dem Szenario aus Tabelle 8.2 angenommen.

Tabelle 8.3 illustriert, daß die Leistungsanreize stärker sind, wenn der Ausübungspreis höher und die Zahl der Optionen größer ist. Dies resultiert aus der *Hebelwirkung* von Optionen. Der Erwartungswert der Auszahlung ist für alle vier Ausübungspreise gleich, nämlich € 100, aber die bessere Hebelwirkung verwandelt eine

2. Gestaltung von Anreizen für Teams: explizite Anreize

kleine Investition in einen großen Gewinn, wenn der Ausübungspreis und die Zahl der Optionen steigen.

Ein großer Vorteil von hohen Ausübungskursen und großen Mengen von Optionen im Rahmen von Managementkompensationspaketen besteht darin, daß so wirkungsvoll dem Trittbrettfahrereffekt entgegengewirkt wird. In unserem Beispiel konnte die Managerin den Unternehmenswert um € 1 Million steigern, wenn sie die entsprechende Anstrengung erbringt. Besäße diese Managerin lediglich eine Aktie – also eine „Option" mit dem Ausübungspreis Null – so würde sie lediglich € 1 für eine Wertsteigerung von € 1 Million erhalten. Besäße sie statt dessen 100 Optionen mit einem Ausübungspreis von € 108, so bekäme sie € 50 für die Wertsteigerung von € 1 Million. € 50 liegen natürlich noch immer weit von der Wertsteigerung von € 1 Million entfernt, aber der Betrag ist immerhin 50 mal so hoch wie der eine Euro, den die Managerin durch eine Aktie erhielte. Insofern besteht also eine Möglichkeit für die Begrenzung von Trittbrettfahrertum im Top-Management in der Ausgabe von Optionen mit hohen Ausübungspreisen.[81]

Die Höhe des Ausübungspreises von Optionen beeinflußt darüber hinaus auch den Risikogehalt von Managemententscheidungen. Mitunter wird ja unterstellt, daß Manager im Hinblick auf die Maximierung des Shareholder Values zu risikoavers entscheiden. Sie hätten Angst, ihren Job zu verlieren, und würden deshalb lieber sichere Entscheidungen treffen.[82] Die Ausgabe von Optionen mit hohen Ausübungs-

---

[81] Dieses Verfahren kann natürlich nur für eine begrenzte Zahl von Managern angewandt werden. Für die Ausgabe von Aktienoptionen müssen Unternehmen entweder eigene Aktien zurückkaufen oder – was das häufigere Verfahren ist – neue Aktien ausgeben. Die Ausgabe neuer Aktien verwässert jedoch den Wert der alten Aktien. Gäbe ein Unternehmen eine große Zahl von Optionen an alle Mitarbeiter aus, so ist im Extremfall der Effekt gleich Null. Die Option hätte keinen hinreichenden Wert, denn wäre sie im Geld, so würde sie von allen Mitarbeitern ausgeübt, egal ob sie einen Beitrag zur Wertsteigerung des Unternehmens geleistet haben oder nicht. Dies würde den Aktienkurs drücken und damit dem gewünschten Effekt der Option entgegenwirken.

[82] Trifft diese Unterstellung zu, so impliziert sie, daß der betreffende Manager mehr verdient, als er anderswo erwarten kann. Anderenfalls hätte er keinen Grund, den Verlust seines Arbeitsplatzes zu befürchten. Dies bedeutet, daß letztlich das Kompensationsschema sein zu risikoaverses Verhalten induziert. Eine Korrektur des Kompensationssystems kann das Problem also beheben.

Abbildung 8.5: Wahrscheinlichkeitsverteilung der Erträge alternativer Managementstrategien

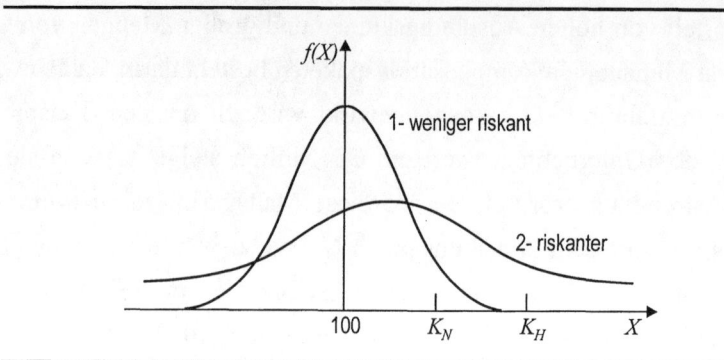

preisen kann einer solchen Tendenz entgegenwirken.

Nehmen wir an, ein Manager hätte die Wahl zwischen zwei Strategien, einer riskanten und einer weniger riskanten. Für ein gegebenes Anstrengungsniveau ergebe die weniger riskante Strategie eine Verteilung von Aktienkursen, wie in der in Abbildung 8.5 dargestellten Verteilung 1 illustriert. Die riskante Strategie führe dagegen zu einer Verteilung von Aktienkursen, wie durch Verteilung 2 in Abbildung 8.5 illustriert. Auf der Ordinate ist die Wahrscheinlichkeitsdichte $f(X)$ der Verteilung abgetragen. Anschaulich kann man sie als Maß für die Häufigkeit, mit der ein gegebener Aktienkurs X auftritt, interpretieren.

Wählt der Manager die Strategie, die in Verteilung 1 resultiert, so wird der Kurs der Aktie meist in der Nähe von € 100 sein, jedoch mit einer 50%igen Wahrscheinlichkeit dafür, daß der Kurs unter 100 fällt. Entscheidet sich der Manager für die riskantere Strategie, also diejenige, deren Ergebnisse durch Verteilung 2 illustriert werden, so wird der Aktienkurs meist über € 100 liegen. Jedoch liegt ein nicht zu vernachlässigender Anteil der Kurse nach Verteilung 2 unterhalb der niedrigsten Aktienkurse nach Verteilung 1.

Die riskante Strategie führt hier also neben erhöhter Volatilität des Aktkenkurses vor allem zu einem höheren Erwartungswert als Verteilung 1. Sind die Aktionäre risikoneutral, so werden sie wollen, daß der Manager das riskantere Projekt auswählt, das die Auszahlungen laut Verteilung 2 generiert. Risikoneutrale Investoren wollen

2. Gestaltung von Anreizen für Teams: explizite Anreize

stets den Erwartungswert maximieren. Dies geschieht durch die Auswahl von Verteilung 2. Manager könnten jedoch anders denken; sie könnten die sicherere Variante vorziehen, selbst unter Inkaufnahme einer Reduzierung der durchschnittlichen Gewinne. Ein gut gestaltetes Optionsprogramm kann nun selbst ängstliche Manager in risikobereite Unternehmer verwandeln.

Betrachten wir zwei mögliche Ausübungspreise: K_H und K_N (H und N stehen für hoch bzw. niedrig). Beide sind in Abbildung 8.5 gekennzeichnet. Weil K_H höher liegt als K_N, muß bei Verwendung von K_H eine größere Anzahl von Optionen geboten werden als bei Verwendung von K_N, um denselben Erwartungswert zu generieren. Tabelle 8.2 zeigte, daß es eine große Anzahl von Kombinationsmöglichkeiten von Ausübungspreisen und Anzahl von Aktien gibt, die denselben Erwartungswert ergeben. Aber Optionen mit dem Ausübungspreis K_H werden den Manager zur Auswahl riskanterer Projekte motivieren als Optionen mit dem Ausübungspreis K_N. Denn nur durch die Entscheidung für Projekte, die die Verteilung 2 generieren, kann der Manager einen Gewinn aus seinem Optionsplan ziehen, wenn der Ausübungspreis bei K_H liegt. Abbildung 8.5 illustriert, daß die Entscheidung für Projekte mit Verteilung 1 mit Sicherheit einen Aktienkurs generiert, der die Option wertlos werden läßt. Selbst das denkbar beste Resultat nach Verteilung 1 wird die Option nicht ins Geld bringen. Will er also von seinem Optionspaket profitieren, so muß der Manager zwangsläufig Projekte nach Verteilung 2 wählen. Selbst wenn er sich für Verteilung 2 entscheidet, wird die Option in den meisten Fällen keinen Gewinn für ihn abwerfen. Denn der größte Teil der Ergebnisse nach Verteilung 2 liegt links vom Ausübungskurs K_H. Dennoch gibt die Wahl riskanter Projekte dem Manager zumindest eine Chance, ins Geld zu kommen. Die Auswahl sicherer Projekte wird dagegen mit Sicherheit zu einem Wert von Null für die Option führen. Darüber hinaus kann der Manager durch die Wahl von riskanteren Projekten auch nichts verlieren. Denn wenn die Option aus dem Geld ist, erhält der Manager Null, was nicht schlechter ist als das, was er bei der Entscheidung für Projekte mit Verteilung 1 ohnehin erhalten würde.[83]

---

[83] Im Prinzip könnten Manager sich auch für das riskante Projekt entscheiden, wenn der Ausübungspreis bei K_N liegt. Dies liegt daran, daß der Optionswert sich mit zunehmender Varianz der zu-

Verkaufsoptionen

Eine andere Möglichkeit, die Risikoneigung von Managern zu verändern, bietet sich durch Verkaufsoptionen. Die bislang diskutierten Optionen waren Kaufoptionen (*Calls*). Eine Kaufoption gibt ihrem Eigentümer das Recht, eine Aktie zu einem bestimmten Preis zu kaufen. Das Halten einer Verkaufsoption (*Put*) dagegen gibt dem Eigentümer das Recht, die Aktie zu einem bestimmten Preis zu verkaufen, und zwar an die Partei, die die Verkaufsoption begeben hat.

Warum sollte jemand eine Verkaufsoption halten wollen? Durch den Besitz von Verkaufsoptionen kann ein Investor sein Risiko begrenzen. Denn wenn seine Aktie unter einen bestimmten Marktwert fällt, kann der Besitzer der entsprechenden Verkaufsoption seine Aktie noch immer zum festgesetzten Ausübungspreis verkaufen, egal wieweit der Marktwert der Aktie gefallen ist. Hält also beispielsweise Petra eine Verkaufsoption mit dem Ausübungspreis € 90, so weiß sie, daß sie auch, wenn der Marktpreis der Aktie unter € 90 fällt, die Aktie noch immer für € 90 verkaufen kann, nämlich an denjenigen, der die Verkaufsoption an den Markt gegeben hat. Wenn der gegenwärtige Aktienkurs bei € 100 liegt und Petra eine Aktie und eine Verkaufsoption mit dem Ausübungspreis € 90 hält, so ist ihr möglicher Verlust auf € 10 begrenzt.

Natürlich gibt es diese Risikobegrenzung nicht zum Nulltarif. Niemand wird ohne Gegenleistung eine Verkaufsoption an den Markt geben. Für die damit eingegangene Verpflichtung, eine bestimmte Aktie zu einem bestimmten Preis zu kaufen, will der entsprechende Akteur kompensiert werden. Deswegen bezahlt die Partei, die die Verkaufsoption erwirbt, eine Prämie an denjenigen, der die Verkaufsoption begibt, den sogenannten Stillhalter.

Auch Verkaufsoptionen können zur Gestaltung von Anreizen für Manager eingesetzt werden. Ebenso wie das Halten einer Kaufoption dazu führt, daß ein Manager den

---

grundeliegenden Verteilung erhöht. Ob Manager sich letztlich für die riskantere oder die weniger riskante Strategie entscheiden, hängt ab von dem Niveau ihrer Risikoaversion und den mit einem eventuellem Jobverlust verbundenen Kosten. Aber bei gegebenen Kosten und gegebener Risikoaversion werden Manager bei einem Ausübungskurs von K_H mit größerer Wahrscheinlichkeit die riskante Strategie wählen als bei einem Ausübungspreis von K_N.

Abbildung 8.6: Alternative Einkommensverteilungen

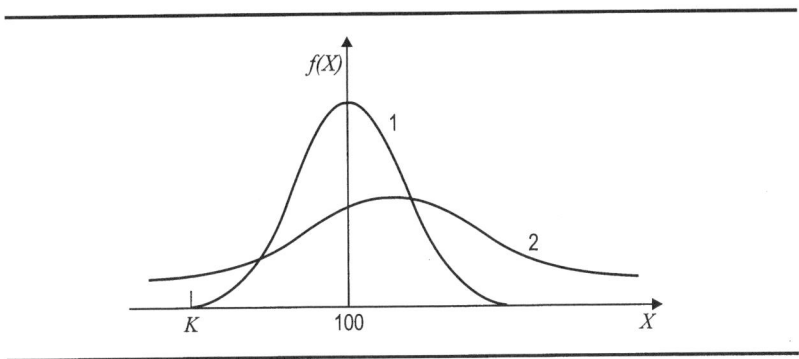

Aktienkurs steigen sehen will (wie in Tabelle 8.3 illustriert), so wird er ein Sinken des Aktienkurses vermeiden wollen, wenn er Stillhalter einer Verkaufsoption ist. So könnte ein Unternehmen einem Manager ein erhöhtes Grundgehalt zahlen, ihn aber zwingen, Stillhalter einer Verkaufsoption zu sein. Dadurch wäre er verpflichtet, Aktien zu einem bestimmten Kurs zu kaufen. Im Gegenzug für das erhöhte Grundgehalt – gewissermaßen die Prämie – verspricht der Manager im Grunde, den Aktienpreis nicht fallen zu lassen. Fällt er dennoch, so leistet der Manager eine Strafzahlung dadurch, daß er Aktien zu einem über den Börsenkurs liegenden Preis kaufen muß.

Sowohl Halter einer Kaufoption zu sein als auch Stillhalter einer Verkaufsoption zu sein, motiviert also einen Manager sich anzustrengen. Wiederum ergeben sich jedoch Unterschiede bezüglich des Risikogehalts der Projekte, die der Manager auswählen wird. Zur Erläuterung dieser Aussage dient Abbildung 8.6. Wie zuvor hat eine Managerin zwei Strategien zur Auswahl; die weniger riskante führt zu einer Verteilung von Aktienkursen, wie durch Kurve 1 in Abbildung 8.6 dargestellt, die riskantere Strategie resultiert in Verteilung 2.

Um eine Anreizwirkung durch Verkaufsoptionen zu generieren, muß ein Ausübungspreis K ausgewählt werden, zu dem die Managerin Aktien kaufen muß, wenn der Börsenkurs unter K fällt. Sie wird somit bestraft, falls der Aktienkurs unter K fällt. Diese Situation wird sie zu vermeiden suchen, indem sie den Firmenwert hochhält. Sie könnte die Strafzahlung jedoch auch auf eine andere Weise vermeiden, und zwar indem sie die sichere Strategie wählt. Verfolgt das Unternehmen die Strategie, die zu Verteilung 1 führt, so wird der Aktienkurs auf keinen Fall unter K fallen. Damit wird auch die Verkaufsoption niemals ausgeübt werden. Wählte die Managerin dagegen die riskantere Strategie, die zu Verteilung 2 führt, so besteht eine gewisse Wahrscheinlichkeit dafür, daß sie Aktien zum Preis K kaufen muß, die weniger als K wert sind. Deshalb wird sie lieber das sichere Projekt wählen. Bei den von uns unterstellten alternativen Verteilungen ist dies aber nicht im Interesse der Aktionäre, denn die riskante Strategie weist einen höheren Erwartungswert auf, als die sichere.[84]

Diese Ausführungen zeigen, daß Aktien auf zweierlei Arten eingesetzt werden können, um Manager zu motivieren. Die übliche Methode ist die Gewährung eines Teils der Managerentlohnung in Form von Kaufoptionen. Dies motiviert Manager zu höheren Leistungen, denn mit dem Aktienkurs steigt auch der Wert ihrer Optionen. Alternativ dazu könnte das Unternehmen einem Manager ein über dem Marktniveau liegendes Grundgehalt zahlen, im Gegenzug müßte der Manager sich bereit erklären, Stillhalter von Verkaufsoptionen zu sein. Wenn der Aktienkurs fällt, hat auch der Manager Verluste. Auch dies induziert ein höheres Anstrengungsniveau, denn niemand wird in die Situation geraten wollen, Aktien zu einem höheren Preis kaufen zu müssen, als sie an der Börse wert sind.

Der Unterschied zwischen diesen beiden Arten von Optionsprogrammen besteht darin, daß die Ausgabe von Verkaufsoptionen an Manager sie zur Auswahl riskanterer Strategien motiviert, während Manager, die Stillhalter von Verkaufsoptionen sind, sicherere Strategien bevorzugen werden. Wenn Manager sich also zu risikoavers verhalten, bietet es sich an, ihr Grundgehalt zu reduzieren und ihnen Kaufoptionen anzubieten. Verhalten sie sich dagegen zu riskant, so sollte ihnen ein höheres

---

[84] In unserer Abbildung ist K so gewählt, daß es unter jedem möglichen Wert in Verteilung 1 liegt. Dies war allerdings nicht nötig, um zu zeigen, daß Manager, die Stillhalter einer Verkaufsoption sind, tendenziell Verteilung 1 bevorzugen. Der Wert einer Verkaufsoption steigt mit der Varianz der zugrundeliegenden Verteilung, und Verteilung 2 weist eine höhere Varianz auf als Verteilung 1. Deshalb bevorzugt der Halter einer Verkaufsoption Verteilung 2. Daraus folgt, daß der Stillhalter der Verkaufsoption, in diesem Fall die Managerin, Verteilung 1 bevorzugt.

Grundgehalt in Kombination mit einer Stillhalterposition in Verkaufsoptionen geboten werden.

In der Praxis beinhalten Aktienoptionspläne eigentlich immer nur Kaufoptionen. Kein Unternehmen macht Manager zu Stillhaltern von Verkaufsoptionen. Dies mag eine natürliche Tendenz von Managern zu risikoaversem Verhalten widerspiegeln. Verkaufsoptionen wirken dieser Tendenz entgegen. Dieser Effekt ist dann besonders stark, wenn der Ausübungskurs hoch ist und eine größere Anzahl von Optionen gewährt wird. Wie Abbildung 8.5 zeigt, induzieren höhere Ausübungspreise ein risikofreudigeres Verhalten als niedrigere Ausübungspreise.

3. Gestaltung von Anreizen für Teams: implizite Belohnungen

Aktienoptionen, Gewinnbeteiligungen und Teamboni stellen explizite Formen von Belohnungen für Teamleistungen dar. Es gibt jedoch implizite Belohnungen für Gruppenleistungen, die wahrscheinlich stärker wirken als alle oben genannten expliziten Belohnungen zusammen. Empirische Studien aus den USA und Deutschland zeigen, daß es einen Zusammenhang zwischen Mitarbeiterentlohnung und Gesamtprofitabilität von Unternehmen gibt.[85] Wenn die Unternehmensgewinne hoch sind, so sind meist auch die Löhne höher. In einem erfolgreichen Geschäftsjahr werden größere Gehaltsverbesserungen gewährt als in schlechten Jahren. Wenn jedoch höhere Unternehmensgewinne für die Mitarbeiter mit höheren Gehaltssteigerungen verbunden sind, so sind die Mitarbeiter implizit am Unternehmensgewinn beteiligt. Es ist eine implizite Gewinnbeteiligung, aber nichtsdestotrotz eine Gewinnbeteiligung.

Wahrscheinlich macht diese Art der impliziten Gewinnbeteiligung von Mitarbeitern den größten Anteil von Gewinnbeteiligungen überhaupt aus. Denn die meisten Arbeitnehmer sind von impliziten Gewinnbeteiligungen betroffen, während nur eine kleine Minderheit der Arbeitnehmerschaft explizit am Gewinn beteiligt ist – beispielsweise durch Gewinnbeteiligungsprogramme, Teamboni oder Optionspläne. In

---

[85] Vgl. beispielsweise PUGEL (1980) und BROWN/MEDOFF (1989) für die USA sowie PULL (1996) für Deutschland.

den meisten Unternehmen erhält nur das Top-Management einen nennenswerten Anteil der Kompensation in Form von Optionen. Dies liegt daran, daß eine Aktienoption nur dann einen wirklichen Anreiz darstellt, wenn ein Mitarbeiter das Gesamtergebnis des Unternehmens nennenswert beeinflussen kann. Um uns die Bedeutung und Kosten impliziter Gewinnbeteiligungen für ein Unternehmen zu veranschaulichen, stellen wir folgendes Gedankenexperiment an. Nehmen wir an, ein Unternehmen passe die gezahlten Gehälter nach folgender impliziter Formel an die Unternehmensgewinne an:

Durchschnittliche jährliche Gehaltssteigerung in % =
Inflationsrate + 0,2 x (Gewinn in % − erwarteter Gewinn in %)

Wenn also der tatsächliche Gewinn dem erwarteten entspricht, so entspricht die durchschnittliche Lohnsteigerung der Inflationsrate. Das bedeutet, daß die Mitarbeiter keine realen Lohnzuwächse haben. Läge der tatsächliche Gewinn bei 20% und der erwartete bei 15%, so läge die Lohnsteigerung 0,2 (0,2 − 0,15) = 1% über der Inflationsrate. Dies würde die Gehaltsausgaben des Unternehmens um 1% (real) erhöhen.

Vergleichen wir diese 1%ige Steigerung der Lohnsumme mit den Kosten eines expliziten Aktienoptions- oder Bonusplanes. Diese Pläne beziehen sich in der Regel lediglich auf Top-Manager, die vielleicht 3% der Mitarbeiterschaft und 15% der Lohnkosten des Unternehmens ausmachen. Nehmen wir an, es gäbe einen Bonusplan, der folgende Formel für die Berechnung des Bonusses beinhaltet:

Bonus für den ausgewählten Mitarbeiterkreis =
(Grundgehalt) x (tatsächlicher Gewinn in % − erwarteter Gewinn in %) x λ

λ ist der Parameter, den das Unternehmen wählen muß. Nehmen wir an, λ betrage 1. Liegt der Gewinn 5% über dem erwarteten Gewinn, dann bekommt jeder betroffene Mitarbeiter einen Bonus in Höhe von 5% seines Basisgehalts. Die Kosten für das Unternehmen betragen 0,05 x 0,15 x (Lohnsumme), denn nur die 3% Topmitarbeiter, die 15% der Lohnsumme erhalten, sind von der Bonusregelung betroffen. Die Kosten dieses expliziten Bonusplanes betragen somit 0,75% der Lohnsumme. Das ist weniger als der von uns kalkulierte implizite Bonus für alle Mitarbeiter. Die Variablen könnten natürlich verändert werden, so daß explizite Boni mehr oder eben auch weniger kosten als implizite Boni. Bei sinnvollen Werten der Parameter ist es jedoch wahrscheinlich, daß implizite Boni einen höheren Anteil der Lohnsumme eines Unternehmens ausmachen und deshalb teurer sein werden als explizite Teamboni.[86]

4. Gestaltung von Anreizen für Teams: Normen

Teamboni, Gewinnbeteiligungen und Aktienoptionspläne stellen monetäre Instrumente zur Verbesserung der Teamatmosphäre in Unternehmen dar. Der gleiche Effekt könnte aber auch durch nichtmonetäre Instrumente erzielt werden. Normen beziehen sich auf in dem Unternehmen gebräuchliche Praktiken oder auf Überzeugungen, die von der überwiegenden Mehrheit einer Gruppe, in diesem Fall den Mitarbeitern, geteilt werden. Gemeinsame Praktiken oder Überzeugungen tragen dazu bei, so etwas wie eine Unternehmenskultur oder Unternehmensethik im Unternehmen zu etablieren. Ein Beispiel für eine solche Unternehmenskultur oder Norm könnte sein, daß die Manager immer, wenn es notwendig ist, freiwillig am Samstag arbeiten. Es kann vermutet werden, daß dann andere Mitarbeiter diese Verhaltensweise übernehmen und nicht von diesem Muster abweichen wollen. Durch diese unkomplizierte Bereitschaft zur Samstagsarbeit kann das Arbeitsergebnis gesteigert und mehr Gewinn generiert werden. Natürlich kommt diese Samstagsarbeit nicht zum Nulltarif. Für einen Job, bei dem sie die Norm ist, muß eine höhere Kompensation geleistet werden als für einen Job in einem Unternehmen, in dem Samstagsarbeit nicht erwartet wird.

Zusätzlich zu den direkten Kosten, die mit Samstagsarbeit einhergehen, gibt es meist auch Kosten für die Schaffung und Aufrechterhaltung der entsprechenden Norm. Diese Kosten können fortlaufend anfallen oder einmalig. Fortlaufende Kosten betreffen vor allem die Durchsetzung der Norm. Im Beispiel der Samstagsarbeit: Was geschieht, wenn sich ein Mitarbeiter nicht an die Norm der Samstagsarbeit hält und einfach nicht erscheint? Wird die Norm nicht durchgesetzt und gibt es keine Sank-

---

[86] Implizite Boni sind im Prinzip teurer als die Gehaltssteigerung im entsprechenden Jahr, weil sie das Basisgehalt für die Folgejahre erhöhen.

tionen für Abweichungen davon, so wird der Mitarbeiter wahrscheinlich in Zukunft wieder von der Norm abweichen. Schlimmer noch, dieses Verhalten mag andere Unternehmensangehörige anstecken, was dazu führt, daß die gesamte Norm zusammenbricht. Eine neue Norm, nämlich daß samstags nicht gearbeitet wird, könnte dann die alte Norm ersetzen, zum Nachteil des Unternehmens. Um dies zu verhindern, müssen diejenigen, die von der Norm abweichen, bestraft werden. Die Strafe könnte beispielsweise in Form monetärer Entgeltreduzierungen erfolgen. Aber dann wird die Samstagsarbeit ja einfach durch das Kompensationssystem durchgesetzt, so daß wir über die eigentliche Idee von Normen nicht weiter nachdenken müßten. Denn daß wir Mehrarbeit durch ein entsprechendes Entlohnungssystem induzieren können, wissen wir bereits. Normen können jedoch auch ohne unmittelbare (individuelle) monetäre Kompensation des betroffenen Mitarbeiters durchgesetzt werden.

Eine Möglichkeit der Durchsetzung von Normen bietet die Festlegung von Teamzielen. Das Unternehmen verspricht einem Team einen Bonus und legt eine Strafe für die Nichterreichung der entsprechenden Leistungsquote fest. Wenn nun ein Mitglied sich weniger anstrengt als es der Norm entspricht, hat das negative Folgen für alle in der Gruppe. Folglich wird der Abweichler Druck von seinen Kollegen zu spüren bekommen. Die Norm wird also durchgesetzt von Kollegen, die ein monetäres oder anderes Interesse an der Erfüllung der Quote haben. Die Sanktionen für den Abweichler sind dabei nicht unbedingt pekuniär. Sie können sich in Schmeicheleien, Kritik, Ächtung oder sogar physischen Übergriffen äußern.

Abweichungen von Normen sind aber nicht immer negativ. Mitunter bestrafen Kollegen Individuen, die zuviel Leistung erbringen. Dies kommt beispielsweise im Bereich der Produktion vor. So könnte sich ein Fließband mit einem Tempo bewegen, das manche Mitarbeiter als zu langsam empfinden. Wenn jedoch ein Mitarbeiter zu schnell arbeitet, bekommt der Vorarbeiter oder Abteilungsverantwortliche schnell mit, daß die Arbeit in weniger als der bislang dafür vorgesehenen Zeit erledigt werden kann. Dies könnte dazu führen, daß das Tempo des Fließbands erhöht wird - zum Nachteil der restlichen Mitarbeiter. Während das Unternehmen als Ganzes von der positiven Abweichung von der Arbeitsnorm profitiert, mag das auf die Kollegen nicht zutreffen. Sie könnten deshalb Druck auf Mitarbeiter ausüben, die übereifrig arbeiten.

Das mit derartigen Normen einhergehende Anstrengungsniveau hängt ab von den Sanktionen, die bei Abweichung drohen. Auch dies können wir uns wieder am Beispiel der Samstagsarbeit veranschaulichen. Wenn ein Mitarbeiter, der an einem bestimmten Samstag nicht zur Arbeit erschienen ist, nur geringfügig kritisiert wird, so könnte dieser Mitarbeiter für sich beschließen, daß dieses bißchen Kritik es wert war, dafür nicht das erste Fußballspiel seines Sohnes in der Auswahlmannschaft zu verpassen. Falls jedoch die völlige Ächtung seiner Kollegen die Folge des Nichterscheinens zur Arbeit am Samstag wäre, so würde er sich wahrscheinlich für die Arbeit entscheiden und seinem Sohn irgendein Trostpflaster zur Entschädigung dafür anbieten, daß er das Spiel nicht sehen konnte. In der Tat ist die Gleichgewichtsnorm, die sich letztlich etabliert, eine unmittelbare Folge des Drucks durch Kollegen, dem ein Mitarbeiter ausgesetzt ist. Je unangenehmer der mit der Verletzung einer Norm einhergehende Druck, um so höher liegt das als Norm akzeptierte Anstrengungsniveau. Sind die Kosten einer Abweichung von der Norm gering, so werden viele davon abweichen. Folglich wird die faktisch geltende Norm mit einem niedrigen Anstrengungsniveau verbunden sein.

Durchsetzungskosten, die von Kollegen getragen werden, sind tendenziell fortlaufender Art. Wenn der Druck und damit die Durchsetzung der Norm nachlassen, bricht die Norm irgendwann zusammen. Andere Kosten der Normeinführung und -durchsetzung sind nicht fortlaufend, sondern eher wie Einmalzahlungen. Beispielsweise investieren Armeen meist viel in neue Rekruten, um ihnen einen gewissen Stolz und Loyalität zu vermitteln. Die Grundausbildung soll zu einem großen Teil dazu dienen, Rekruten emotional miteinander zu verbinden und auch mit der Armee insgesamt. Diese früh in der Karriere eines Soldaten stattfindende emotionale Verbindung kann später sehr wertvoll für die Armee werden. So werden Soldaten mitunter für Aufgaben abkommandiert, deren Erfüllung kaum durch Kollegen oder Vorgesetzte beobachtet werden kann. Beispielsweise könnte das Überleben einer ganzen Einheit von der Korrektheit der Berichte eines Kundschafters abhängen. Die Tätigkeit eines Kundschafters ist gefährlich und findet gewöhnlich nahe oder jenseits der feindlichen Linien statt. Folgt der Kundschafter reinem Selbstinteresse, so könnte er sich im Gebüsch verstecken und seiner Truppe fiktive Berichte schicken. Erweisen sich seine Berichte als zutreffend, so wird er für diese gute Leistung belobigt werden. Erweisen sie sich als nicht zutreffend, so wird seine Einheit möglicherweise vernichtet und niemand erfährt jemals, daß der Bericht falsch war. Und selbst wenn Teile der betreffenden Einheit überleben, nachdem sie falsche Informationen bekommen haben, wird es schwierig sein, dem Kundschafter dafür die Schuld nachzuweisen.

Die Loyalität des Kundschafters gegenüber seiner Truppe hält ihn allerdings davon ab, den Weg des geringsten Widerstandes zu gehen. Loyalität spiegelt frühere Investitionen in die Entwicklung von Verbundenheit mit der Armee und Kameradschaft zwischen den Soldaten wider. Auch Unternehmen betreiben zahlreiche Aktivitäten, die dazu dienen, Mitarbeiterloyalität aufzubauen. Gemeinsame Erholungsausflüge, Weihnachtsfeiern und andere eher gesellschaftliche Aktivitäten schaffen einen Zusammenhalt zwischen den Mitarbeitern eines Unternehmens. Loyalität unter Freunden und Bekannten fällt erheblich leichter als unter Fremden. Eine Reduzierung des Gefühls von Fremdheit führt in der Regel zu einer höheren Effektivität des Drucks durch Kollegen, egal ob der Druck direkt durch Sanktionen der anderen Mitarbeiter verursacht wird oder indirekt durch ein Schuldgefühl dafür, daß man seine Freunde im Stich läßt.

Einfühlung in andere kann sehr wichtig sein, und Investitionen in zwischenmenschliche Beziehungen und Unternehmenskultur können dazu beitragen, Empathie aufzubauen. Da gibt es beispielsweise die Geschichte von dem Fluggast, der am Tag nach einem sehr schweren Flugzugabsturz im Flugzeug das Gespräch zwischen einigen Stewardessen mitbekam. Die eine sagte zu den anderen: „Ich habe gehört, daß vier Stewardessen bei dem Absturz ums Leben kamen. Das ist schrecklich." Zweifelsohne war dies schrecklich, aber es war gleichfalls schrecklich, daß auch 105 andere Menschen bei demselben Unfall starben. Die Stewardessen waren keineswegs herzlos, während sie den Tod der übrigen Opfer ignorierten. Aber sie dachten vor allem an jene, mit denen sie sich besonders eng identifizierten.

Drücken Mitarbeiter sich vor der Arbeit, so schaden sie anderen. Erhalten die Mitarbeiter einen fixen, gleichbleibenden Lohn, so schädigt ein Nachlassen der Anstrengung von Mitarbeitern die Eigentümer des Unternehmens, die die Kosten der Minderleistung tragen müssen. Mit anonymen Unternehmenseigentümern, beispielsweise Aktionären, Mitgefühl zu empfinden, fällt den meisten Arbeitnehmern sehr schwer. Wenn ein Mitarbeiter jedoch das Gefühl hat, daß sein Drückebergertum jemanden schädigt, den er kennt oder mit dem er sich identifizieren kann, so wird sein Drückebergertum weniger wahrscheinlich.

Viele Geschehnisse in Unternehmen könnten stärker mit der Schaffung von Empathie, Loyalität und latenten Schuldgefühlen zusammenhängen als mit der Ausführung der formal übertragenen Aufgaben. Die wichtigste Funktion von Qualitätszirkeln, bei denen Mitarbeiter zusammensitzen und über den besten Lösungsweg für ein Unternehmensproblem nachdenken, könnte beispielsweise darin liegen, daß sie den Mitarbeitern das Gefühl vermitteln, wichtiger Teil des Unternehmens zu sein, und zwischen den Kollegen Loyalität zu schaffen. Die Vorschläge, die sich aus Qualitätszirkeln entwickeln, werden nur selten umgesetzt. Deswegen sind Qualitätszirkel jedoch keineswegs Zeitverschwendung. Wenn sie zur Etablierung und Erhaltung wertvoller Normen beitragen, ist die in diese Zirkel investierte Zeit gut investiert.

5. Zur Zusammensetzung von Teams

Neben der Größe von Teams und ihrer Entlohnung gibt es weitere wichtige Aspekte, die es aus zusätzlichen personalpolitischen Überlegungen heraus bei der Gestaltung von Gruppenarbeit zu berücksichtigen gilt.

5.1 Vor- und Nachteile der Rotation von Teammitgliedern

Teammitglieder in gewissen Abständen auszutauschen ist aus mindestens zwei Gründen sinnvoll. Erstens, weil Menschen verschieden sind. Viele Menschen können bestimmte Dinge besser als andere. Die Stärken eines bestimmten Mitarbeiters sind zunächst möglicherweise weder dem Mitarbeiter selbst noch dem Management bekannt. Die Rotation eines Mitarbeiters über verschiedene Aufgabenbereiche kann dazu beitragen herauszufinden, auf welchem Arbeitsplatz der Mitarbeiter am produktivsten ist. Arbeitet jemand sein gesamtes Berufsleben lang im selben Team und auf demselben Arbeitsgebiet, so könnte für immer verborgen bleiben, daß diese Person in einem anderen Team und mit anderen Aufgaben viel mehr hätte leisten können. Zweitens verfügen Menschen über unterschiedliche, jeweils idiosynkratische Kombinationen von Informationen. Die Übertragung dieser Informationen von einer Partei zur anderen kostet Zeit, und könnte zugleich mit sinkenden Grenzerträgen verbunden sein.

Nehmen wir beispielsweise an, wir hätten vier Mitarbeiter, A, B, C und D. Sie können auf sechs verschiedene Arten in Zweierteams eingeteilt werden. Die möglichen Teams sind:

1) AB   2) AC   3) AD   4) BC   5) BD   6) CD

Diese Teams können nun auf unterschiedliche Weise organisiert werden. Eine Möglichkeit besteht darin, die Mitarbeiter fest in zwei Teams einzuteilen. Beispielsweise könnte A immer mit B und C immer mit D arbeiten. Alternativ dazu könnte das Unternehmen mit unterschiedlichen Teamzusammensetzungen experimentieren und sie nach einigen Rotationen so kombinieren, daß die Produktivität am höchsten ist. Zu Beginn könnte beispielsweise A mit B zusammenarbeiten und C mit D. Nach sechs Monaten könnte A dann mit C und B mit D zusammenarbeiten. Nach weiteren sechs Monaten könnte B mit C arbeiten und A mit D. Diese zweite Variante bringt also in einem Zeitraum von 18 Monaten jeden Mitarbeiter einmal mit jedem anderen in einem Team zusammen. Welche Methode ist besser?

Weist der Wissenstransfer zwischen Teammitgliedern einen stark abnehmenden Grenznutzen auf, so ist ein Wechsel der Teammitglieder wahrscheinlich besser. Abnehmende Grenzerträge bedeuten, daß die zweiten sechs Monate am selben Arbeitsplatz weniger Wissenstransfer ergeben als die ersten sechs Monate. Am Ende der ersten sechs Monate weiß A eine Menge von dem, was B weiß. A könnte zweifelsohne während der zweiten sechs Monate noch mehr von B lernen, aber von C könnte sie erheblich mehr lernen als von B, denn mit Cs Wissen und Ideen hatte A bislang noch gar keinen Kontakt.

Vielleicht gibt es jedoch keine abnehmenden Grenzerträge des Wissenstransfers. Auch das Gegenteil kann zutreffen. So kann personenspezifisches Humankapital wichtiger sein als der Effekt abnehmenden Grenznutzens. Es erfordert Zeit, einen anderen Menschen kennen zu lernen, ihm zu vertrauen und Kommunikationsgewohnheiten aufzubauen. Mitunter ist diese Anlauf- und Investitionsphase ziemlich lang.

5. Zur Zusammensetzung von Teams

> **Beispiel: Rotationsprogramm bei einer Bank**
>
> First Chicago, eine große Chicagoer Bank, betreibt ein Programm namens First Scholars. Jahrelang funktionierte es folgendermaßen: Die Teilnehmer des Programms arbeiteten tagsüber bei der Bank und gingen abends zur Business School, entweder an der University of Chicago oder an der Northwestern University. Das Programm dauerte zwei Jahre. Während dieser Zeit wurde jeder Teilnehmer auf vier verschiedenen Arbeitsplätzen innerhalb der Bank eingesetzt, jeweils für sechs Monate. Diese neuen Mitarbeiter über verschiedene Arbeitsplätze rotieren zu lassen, bot wertvolle Erfahrungen und Informationen über die speziellen Fähigkeiten des betreffenden Mitarbeiters. Es implizierte aber zugleich, daß immer dann, wenn ein Mitarbeiter gerade seinen neuen Job erlernt hatte, er wieder auf einen anderen Arbeitsplatz mit anderen Aufgaben, die er zunächst kaum kannte, wechselte.

Ein Austauschen von Teammitgliedern führt zu einem Verlust personenspezifischen Wissens, wenn Mitarbeiter genau dann zu einem anderen Teampartner weiter rotieren, wenn sie gerade erst an dem Punkt angelangt sind, an dem sie mit ihrem alten Teampartner produktiv zusammenarbeiten können.

Es liegt hier also wieder ein Trade-Off vor, der die Entscheidung für eine Rotation von Mitarbeitern erschwert. Es gibt zwei gegenläufige Effekte. Abnehmende Grenzerträge des Wissenstransfers lassen eine häufige Rotation von Mitarbeitern als wünschenswert erscheinen. Wenn aber teamspezifisches Humankapital wichtig ist, mag es besser sein, die Mitarbeiter in ihren gegenwärtigen Positionen zu belassen. Für die Bestimmung der richtigen Strategie können wir also folgende Faustregel anbieten: Wenn das Wissen der Teammitglieder hochgradig idiosynkratisch und bedeutsam auch für andere ist, so ist Rotation wahrscheinlich eine gute Strategie. Wenn die Kommunikation zwischen den Teammitgliedern jedoch sehr schwierig ist, beispielsweise weil die Mitarbeiter aus verschiedenen Disziplinen kommen (z.B. Ingenieure und Marketing-Experten), dann ist für den Aufbau einer funktionierenden Arbeitsbeziehung mehr Zeit erforderlich. Soll es hier überhaupt eine Rotation geben, so sollten die Intervalle zwischen den Wechseln von Mitarbeitern sehr lang sein.

5.2 Beförderungen und Personalentwicklung in Teams

In einem der vorhergehenden Kapitel diskutierten wir Situationen, in denen Individuen nicht mit ihren Kollegen kooperieren wollten, weil sie mit ihnen um dieselbe Beförderung konkurrierten. Dasselbe Problem kann auch in Teams auftreten, wenn der Vorgesetzte, der als Mitglied eines größeren Teams mit der Identifizierung und Förderung von Nachwuchstalenten befaßt ist, gute Untergebene nicht ihrem Potential entsprechend ausbilden und fördern möchte, weil sie zur Konkurrenz für ihn werden könnten. Diesem Problem kann durch eine geschickt gestaltete Anreizstruktur entgegengewirkt werden. Veranschaulichen wir uns dies an einem Beispiel.

Stellen wir uns eine große Versicherungsgesellschaft vor, deren Vertriebsstellen von Niederlassungsleitern geführt werden. Diesen direkt unterstellt sind stellvertretende Niederlassungsleiter, die sich unmittelbar um den Vertrieb und um die Aufsicht aller anderen Vertriebsmitarbeiter der Niederlassung kümmern. Einige dieser stellvertretenden Niederlassungsleiter werden irgendwann eigene Niederlassungen zugeordnet bekommen und damit selbst zu Niederlassungsleitern. Es ist im Interesse des Unternehmens, stellvertretende Niederlassungsleiter so auszubilden und zu fördern, daß sie erstens ihren gegenwärtigen Job gut beherrschen, zweitens aber auch die Stelle eines Niederlassungsleiters im Falle einer Beförderung ausfüllen können. Ein Niederlassungsleiter mag jedoch wenig Anreiz verspüren, seine eigene zukünftige Konkurrenz zu fördern. Noch schlimmer, vielleicht fördert er sogar bewußt weniger Begabte und bremst *High Potentials* geradezu aus.

Um die Niederlassungsleiter zu einer effizienten Nachwuchsförderung zu motivieren, verwendet eine amerikanische Lebensversicherungsgesellschaft folgendes System: Jeder stellvertretende Niederlassungsleiter, der zum Niederlassungsleiter befördert wird, beteiligt seinen ehemaligen Vorgesetzten, den Niederlassungsleiter, unter dem er Vize war, an seinen Provisionseinnahmen. So werden die Anreize zur Nachwuchsförderung erhöht. Wenn Trainings- und Nachwuchsförderungsaktivitäten unmittelbar beobachtet und bewertet werden könnten, ließe sich derselbe Effekt auch einfacher erreichen. Dann könnte das Unternehmen die Niederlassungsleiter einfach für die in Nachwuchstraining investierte Arbeitszeit und die Qualität von Beförderungsempfehlungen kompensieren. Schlechte Empfehlungen würden bestraft, gute belohnt werden.

Ob eine Beförderung gut oder schlecht war, zeigt sich jedoch erst, wenn der neu ernannte Niederlassungsleiter seine ersten Ergebnisse vorlegt. Die Kompensation des ehemaligen Vorgesetzten von diesen abhängig zu machen, bietet deshalb korrekte Anreize. Eine analoge Argumentation gilt für das Training. Weil es schwierig ist, Trainingsaktivitäten in den einzelnen Niederlassungen zu beobachten, kann durch eine Bindung der Kompensation von Vorgesetzten an die gegenwärtige und zukünftige Performance ihrer Untergebenen leichter einen Anreiz zur Ausbildung von Nachwuchs geschaffen werden.

Das hier dargestellte Problem ist aus zwei Gründen eine Frage der Organisation von Teams. Zum einen sind Vorgesetzte und Untergebene Mitglieder eines Teams im engeren Sinne, in dem sich die Identifizierung und Ausbildung von Nachwuchskräften abspielt. Zum anderen sind diese Akteure jedoch auch Mitglied eines größeren Teams, das letztlich alle Unternehmensangehörigen umfaßt. Im Interesse dieses größeren Teams liegt es, daß die Niederlassungsleiter gute Nachwuchskräfte fördern. Dies kann durch die Bindung ihrer Kompensation an den Erfolg der von ihnen Geförderten erreicht werden.

5.3 Kooperation oder Wettbewerb von Teams?

Mit der strategischen Interaktion von Spielern innerhalb von Teams und zwischen Teams haben wir uns erstmals bereits in Kapitel V beschäftigt. Ähnliche Überlegungen, jedoch in einem etwas anderen Kontext, stellen wir jetzt noch einmal an. Die Zusammensetzung von Arbeitsgruppen ist zur Erzielung einer hohen Teamleistung wichtig, weil bestimmte Teammitglieder besser zusammenpassen als andere. Innerhalb von Teams ist die Kooperation in der Regel sehr viel enger als über Teamgrenzen hinaus. Das ist wie in einer Teamsportart, beispielsweise Fußball, wo eine enge Zusammenarbeit zwischen Spielern mit unterschiedlichen Fähigkeiten unerläßlich ist, um Spiele zu gewinnen. Kooperation mit anderen Teams gibt es dabei nicht, im

Gegenteil: die Teams stehen im Wettbewerb miteinander. Ähnliches gibt es auch innerhalb von Unternehmen. Innerhalb von Teams soll eng kooperiert werden, zwischen den Teams besteht jedoch häufig regelrechter Wettbewerb. Das kann soweit gehen, daß Teams sich mitunter das Scheitern ihrer Konkurrenz regelrecht wünschen, weil sie dann relativ besser dastehen. Für manche Leistungsprozesse, beispielsweise Vertriebsaktivitäten von Versicherungen, kann ein solcher Wettbewerb förderlich sein, bei anderen Prozessen jedoch auch leistungsmindernd.

Denken wir beispielsweise an die Entwicklung eines neuen Automobils. Weil ein Automobil eine komplexe und komplizierte Maschine ist und die einzelnen Teile genau zusammenpassen müssen, damit das Auto am Ende überhaupt fährt, kann ein Gegeneinanderarbeiten zu eng gefaßter Teams den Designprozeß stark behindern. Wenn beispielsweise ein Team die Steuerung des Autos entwickelt und ein anderes die Federung und beide nur danach bezahlt werden, wer als erstes ein gutes Design vorlegt, so kann es sein, daß die Steuerung letztlich nicht optimal auf die Federung abgestimmt ist und umgekehrt. Dieses Problem kann vermieden werden, indem die Teams weiter gefaßt werden. In dem obigen Beispiel sollten die Ingenieure, die an der Steuerung und diejenigen, die an der Federung arbeiten, Mitglieder desselben Teams sein. Aber auch dieses Team müßte natürlich noch mit anderen interagieren, beispielsweise mit den Entwicklern des Fahrgestells, usw. Wenn das Team also so definiert wird, daß jeder, der in das Design involviert ist, Teammitglied wird, so verbessert das die Absprache und Zusammenarbeit der Beteiligten. Dann jedoch wird das Team gleich wieder so groß, daß Trittbrettfahrertum sämtliche Gruppenanreize konterkarieren kann.

Was ist nun die Lösung? Die Lösung besteht darin, diejenigen Akteure, die am engsten miteinander interagieren müssen, in einem Team zusammenzufassen und ihnen Anweisungen zu geben, die sie zur Koordination mit anderen Teams zwingen. Im Beispiel des Automobils könnten Steuerung und Federung in einem Team zusammengefaßt werden. Ihnen könnten zugleich bestimmte technische Spezifikationen vorgegeben werden, die sicherstellen, daß Steuerung und Federung zum Fahrgestell passen. Ebenso könnten den Fahrgestellentwicklern Anweisungen gegeben werden, die sicherstellen, daß das Fahrgestell bestimmten Spezifikationen von Seiten der Steuerung und Federung entspricht. Um den Teams solche Spezifikationen vorgeben zu können, ist Vorausplanung notwendig. Mit Teamarbeit kann also in einem Unternehmen nicht einfach in eigener Regie der jeweiligen Teams begonnen werden. Vielmehr sind Aufgaben- bzw. Zielspezifikationen notwendig, die im voraus feststehen müssen. Ebenso wie der Entwurf einer Gliederung ein wichtiger Arbeitsschritt beim Schreiben von Aufsätzen oder Lehrbüchern ist, so ist auch die Strukturierung und das Setzen von Zielspezifikationen für Teams ein wichtiger Teil von effektiver Teamarbeit.

5.4 Auswahl von Teams und Teammitgliedern

Nachdem wir uns damit beschäftigt haben, nach welchen Kriterien Teams aufgestellt und wer mit wem zusammenarbeiten sollte, möchten wir uns nun noch mit der Frage befassen, durch welchen Prozeß die Auswahl der Teammitglieder für die einzelnen Teams erfolgen sollte. Konkret: Sollten die Teams von Vorgesetzten zusammengestellt werden, oder sollten Teammitglieder sich selbst ihre Kollegen auswählen?

In den meisten Fällen weisen Vorgesetzte Mitarbeiter bestimmten Teams zu. Dies funktioniert gut, wenn der Vorgesetzte über mehr Informationen verfügt als die einzelnen Mitarbeiter. Stößt beispielsweise ein neuer Mitarbeiter oder jemand aus einem anderen Unternehmensbereich zu einer bestimmten Abteilung hinzu, so kann es gut sein, daß der entsprechende Abteilungsleiter über bessere Informationen verfügt als die einzelnen Mitarbeiter. Es wäre wenig sinnvoll, die schlecht informierten Mitarbeiter über die Zuordnung des neuen Kollegen zu einer Gruppe entscheiden zu lassen. In anderen Fällen verfügen die Mitarbeiter jedoch über bessere Informationen als der Vorgesetzte. Wenn die Mitarbeiter bereits lange zusammengearbeitet haben, wenn neue Kollegen mit bisherigen Mitarbeitern befreundet sind oder wenn die Mitarbeiter hoch spezialisierte Aufgaben erfüllen, die jenseits der Informationsmenge des Vorgesetzten liegen, so spricht einiges dafür, die Mitarbeiter ihre Teams selbst zusammenstellen zu lassen. Zwei Mechanismen bieten sich dafür an: abwechselnde Auswahl und das Bieten für Mitglieder.

5.4.1 Abwechselnde Auswahl

Die naheliegendste Möglichkeit der Teamzusammenstellung besteht darin, die Teams sich abwechselnd ihre neuen Mitglieder aussuchen zu lassen. So stellen beispielsweise auch Kinder häufig die Mannschaften für Wettspiele zusammen. Nehmen wir beispielsweise an, wir hätten zwei Teams, I und II, und vier neue Kandidaten, Andrea, Barbara, Christian und David. Wir könnten nun beispielsweise die „Kapitäne" jedes Teams abwechselnd ein neues Mitglied auswählen lassen. Nehmen wir an, daß die beiden Teams die Spieler in der Reihenfolge, die in der jeweiligen Spalte in Tabelle 8.4 aufgeführt ist, einordnen.

Nehmen wir an, daß aus Effizienzgründen Andrea und Christian mit Team I und Barbara und David mit Team II zusammenarbeiten sollten. Beide Teams bevorzugen jedoch Barbara gegenüber Christian. Wenn Barbara aus Effizienzgründen mit Team II zusammenarbeiten sollte, so übersteigt der Wert von Barbara für Team II ihren Wert für Team I bei jeweils gegebenen anderen Teammitgliedern. Beide Teams bevorzugen sie also, aber Team II in stärkerem Maße als Team I. Ebenso bevorzugen beide Teams Christian gegenüber David, wobei wir jedoch annehmen wollen, daß Christian in Team I eine höhere Wertsteigerung erarbeiten könnte als in Team II. Aus Effizienzgründen sollte er also Team I zugeordnet werden.

Nehmen wir nun an, wir werfen eine Münze um zu entscheiden, welches Team zuerst auswählen darf, und dabei gewinnt Team I. Die erste Wahl von Team I ist Andrea. Team II wählt Barbara, Team I daraufhin Christian, und schließlich wählt Team II David. Damit wäre die effiziente Allokation erreicht. Andrea und Christian arbeiten in Team I, Barbara und David in Team II. Was aber wäre passiert, wenn der Münzwurf zugunsten von Team II ausgegangen wäre? In diesem Fall hätte Team II zuerst Barbara gewählt, anschließend Team I Andrea. Daraufhin hätte Team II Christian gewählt, und für Team I wäre dann nur noch David übrig geblieben. So hätte Team I Andrea und David bekommen, Team II Barbara und Christian. Das wäre nicht effizient.

In diesem Beispiel hängt es also von einem Münzwurf ab, ob Effizienz erzielt wird oder nicht. Das ist natürlich kein wünschenswertes Kriterium für ein Mitarbeitereinsatzverfahren. Ähnliche Kriterien sind jedoch häufig anzutreffen. Den Teams

5. Zur Zusammensetzung von Teams

Tabelle 8.4: Teampräferenzen

	Präferenz von Team I	*Präferenz von Team II*
1	Andrea	Barbara
2	Barbara	Christian
3	Christian	David
4	David	Andrea

ohne irgendwelche sonstigen Bedingungen einfach abwechselnd die Auswahl von Mitgliedern freizustellen, resultiert grundsätzlich in ineffizienten Teamzusammenstellungen. Deshalb sollten Teams in irgendeiner Form für die Folgen ihrer Auswahlentscheidungen bezahlen.

5.4.2 Bieten für Teammitglieder

Ein alternatives Verfahren besteht darin, Teams für neue Mitglieder Gebote abgeben zu lassen. Man könnte eine englische Auktion veranstalten, so daß dasjenige Team, das die höchste Zahl von Punkten bietet, das neue Mitglied gewinnt. Die englische Auktion stellt den bekannten Auktionsmechanismus dar, bei dem Bieter ihre Gebote ausrufen bis kein höheres Angebot mehr gemacht wird. Der höchste Bieter erhält den Zuschlag.

Bei einer solchen „Versteigerung" von Teammitgliedern könnte mit Gewinnpunkten gezahlt werden, die letztlich die Entlohnung jedes Teammitgliedes beeinflussen. Am Ende jedes Geschäftsjahres werden die Beiträge aller Teams zum Gesamtgewinn berechnet. Die Teamentlohnung ist dann abhängig vom Gewinnbeitrag, den wir in Gewinnpunkten ausdrücken können.

Dieses Verfahren wollen wir jetzt auf Andreas Arbeitskraft anwenden. Wir haben bereits erwähnt, daß Andrea in Team I eine größere Leistung bringen kann als in Team II. Deshalb wird Team I auch zu einem höheren Gebot bereit sein, als Team II. Wird Barbaras Arbeitskraft verauktioniert, so gilt das Umgekehrte. Weil sie in Team II mehr leisten kann als in Team I, wird Team II mehr Punkte anbieten wollen als Team I. Der gleiche Mechanismus funktioniert auch für Christian und David. Team II wird sowohl für Christian als auch für David das höhere Gebot abgeben.

> **Beispiel: Lachsfischen in Alaska**
>
> Die Lachsfischerei in Alaska wird von Booten aus betrieben. Das Boot in die besten Fanggründe zu bringen, ist dabei ein wesentlicher Erfolgsfaktor. Einzelne Akteure sind nun besonders gute Fischer, andere haben ein ausgeprägtes Verständnis für das Verhalten von Fischen. Fischereifirmen in Alaska sind als Partnerschaften organisiert, wobei es eine relativ hohe Fluktuation unter den Mitgliedern gibt. Wird ein einzelner Akteur als besonders talentierter Fischer oder Fischbeobachter bekannt, so steigt sein Marktwert. Als Folge davon kann er einen höheren Anteil der Unternehmensgewinne für sich fordern.[87]
>
> Von Zeit zu Zeit finden deshalb Neuverhandlungen unter den Partnern eines Fischereibetriebs statt. Die Partner erkennen und akzeptieren den gestiegenen Marktwert eines Mitgliedes der Partnerschaft und bieten ihm verbesserte Vertragsbedingungen an. Häufig jedoch verläßt der betroffene Partner sein gegenwärtiges Team und wird Mitglied eines anderen Betriebs. Der Prozeß des Aushandelns von Vertragsbedingungen mit den gegenwärtigen und eventuellen neuen Partnern entspricht exakt dem eben beschriebenen Bietprozeß im Rahmen von Auktionen. Dieser Prozeß führt grundsätzlich zu einer effizienten Allokationen von Arbeitskräften über die gesamte Branche.

Damit wird Andrea Team I zugeteilt und Barbara, Christian und David Team II. Auktionen resultieren grundsätzlich in einer effizienten Allokation von Ressourcen und sind deshalb abwechselnden Ziehungen vorzuziehen. Darüber hinaus ist es auch nicht notwendig und nicht einmal wünschenswert, die Anzahl der Teammitglieder vorzuschreiben. Wenn der Wert eines dritten neuen Kollegen für Team I höher ist als der Wert eines zweiten für Team II, so ist es besser, wenn Team I drei neue Mitglieder bekommt und Team II lediglich eins. Der Auktionsprozeß klärt dies automatisch. Denn bei der Versteigerung der vierten neuen Arbeitskraft kann jedes Team das andere überbieten. Wenn Team II nun also nur wenig für ein eventuelles zweites neues Mitglied bietet, so kann Team I ein drittes neues Mitglied ersteigern. Und so

---

[87] Vgl. FARRELL/SCOTCHMER (1988).

sollte es sein. Denn aus Effizienzgründen sollten Ressourcen stets dort eingesetzt werden, wo die höchste Zahlungsbereitschaft für sie besteht.

6. Unternehmen in Mitarbeitereigentum

Vor allem in den USA sind in den letzten Jahren viele Unternehmen dazu übergegangen, Mitarbeitern statt höherer Gehälter Beteiligungen am Unternehmen zu übertragen. Insbesondere junge, zunächst kapitalschwache Unternehmen wählen oft diesen Weg, um talentierte Mitarbeiter anzuziehen. Auch in Deutschland stößt diese Idee auf zunehmendes Interesse. Nicht nur junge Start-Ups handeln bereits danach, sondern auch für größere und ältere Unternehmen können derartige Konzepte entwickelt werden. Im „Bündnis für Arbeit" und im Rahmen von Tarifverhandlungen werden Mitarbeiterbeteiligungen als Teil von Entlohnungskonzepten diskutiert. Zwei bekannte amerikanische Firmen, deren Anteile sich weitgehend in Mitarbeiterhänden befinden, sind die Autovermietung Avis und United Airlines. Befindet sich ein hinreichend großer Anteil der Eigentumsrechte am Unternehmen in den Händen von Mitarbeitern, so spricht man häufig von einem mitarbeitergeführten Unternehmen. Schließlich gehört zu den Eigentumsrechten am Unternehmen auch das Recht der Unternehmensführung. Wie funktionieren solche Unternehmen nun? Und warum sollten sie auf keinen Fall mit mitarbeitergeführten Unternehmen des ehemaligen Ostblocks, beispielsweise aus dem früheren Jugoslawien, verwechselt werden?

6.1 Zur Anreizwirkung von Mitarbeitereigentum

Die letzte Frage läßt sich einfach beantworten. Die mitarbeitergeführten Unternehmen im ehemaligen Jugoslawien gehörten letztlich nicht den einzelnen Mitarbeitern, sondern dem Staat. Die Mitarbeiter verfügten lediglich über die Geschäftsführungsrechte. So hatten sie die Möglichkeit und zugleich Anreize, dem Unternehmen zu ihrem persönlichen Vorteil Ressourcen aus dem laufenden Betrieb zu entnehmen, aber kaum Anreize, auf unternehmerische Weise für die Zukunft des Unternehmens vorzusorgen. Sollen mitarbeitergeführte Unternehmen nachhaltig effizient wirtschaften, so ist es entscheidend, nicht nur Geschäftsführungs- oder Mitspracherechte an die Mitarbeiter zu übertragen, sondern auch das Eigentum an den Ressourcen.[88] Dazu ist es nicht ausreichend, daß die Unternehmen sich auf relativ abstrakte Art und Weise in „Volkseigentum" befinden. Vielmehr müssen tatsächlich den einzelnen Mitarbeitern benennbare Anteile am Unternehmen, beispielsweise in Form von Aktien, übertragen werden. Eine solche „ganzheitliche" Übertragung von Eigentumsrechten kann die Effizienz der Unternehmung nachhaltig fördern. Insofern ist das Hauptmotiv für die Forderung von verstärkter Mitarbeiterbeteiligung am Produktivkapital deutscher Unternehmungen selten die Verwirklichung von politischen Ideologien oder fundamentalistischen Demokratievorstellungen, sondern häufig ein relativ unpolitisches ökonomisches Gewinnstreben. Damit kommen wir auf die erste der beiden von uns gestellten Fragen zurück: Wie funktionieren solche mitarbeitergeführten Unternehmungen?

Die Antwort ist: Häufig funktionieren sie wie nicht-mitarbeitergeführte Unternehmen. Sie verfügen über eine Geschäftsführung und ein Team von Managern, das den Auftrag hat, die Unternehmensgewinne zu maximieren. In manchen Fällen hat jedoch die Eigentumsstruktur eines Unternehmens durchaus Folgen für die Entscheidungsfindung, insbesondere dann, wenn direkt Mitarbeiterinteressen betroffen sind. Verzichtet ein Unternehmen allerdings auf ökonomisch effiziente Produktionsprozesse, um vordergründig Mitarbeiterinteressen zu befriedigen, so kann dies für alle Beteiligten sehr nachteilige Folgen haben. Um diese Gefahr zu veranschaulichen, sehen wir uns ein Beispiel an.

6.2 Eigentumsstruktur und Entscheidungsfindung in mitarbeitergeführten Unternehmen

Im pazifischen Nordwesten der Vereinigten Staaten sind etliche Unternehmen in der Bauholz-Branche als Kooperativen organisiert.[89] Einige Mitarbeiter sind von diesen Unternehmen ganz normal angestellt, andere besitzen Anteile am jeweiligen Unternehmen. Diese Anteile werden nicht an einer Börse gehandelt, können aber verkauft

---

[88] Vgl. z.B. PICOT/WOLFF (1994): 218.
[89] Dieses Beispiel stammt von CRAIG/PENCAVEL (1992).

werden. Wenn ein neuer Mitarbeiter in ein solches Unternehmen eintritt, kann er einen Unternehmensanteil von einem ausscheidenden Mitarbeiter kaufen. Zum Verkauf stehende Anteile werden beispielsweise in örtlichen Zeitungen angeboten. Die Mitarbeiter-Eigentümer dieser kleinen Unternehmen haben das Recht, Aufsichtsräte zu bestimmen, die ihrerseits Manager ernennen. Insofern stellen diese Unternehmen also große Teams dar, wie jedes andere Unternehmen auch. Worin besteht nun der Unterschied? Im Vergleich zu nicht-mitarbeitergeführten Unternehmen schützen sie stärker die Interessen ihrer Mitarbeiter-Eigentümer. Insbesondere schützen sie sie vor Entlassungen. Geht es der Branche schlecht, so werden diese Kooperativen kaum Mitarbeiter entlassen, sondern vielmehr versuchen, die Löhne für alle Mitarbeiter zu reduzieren. Ist das gut oder schlecht für diese Unternehmen? Der praktische Befund ist uneindeutig. Die Anteile solcher Kooperativen weisen zwar gewisse Wertsteigerungen auf, aber geringere als die Anteile an nicht-mitarbeitergeführten Unternehmen. Der Produktionsanteil der Kooperativen in dieser Branche betrug in den 50er Jahren etwa 35%, in den späten 80er Jahren nur noch 20%. Diese Zahlen mögen teilweise regionale Verschiebungen der Nachfrage widerspiegeln, zugleich trifft es aber auch zu, daß die Kosten pro Arbeitnehmer in den Kooperativen höher liegen als in nicht mitarbeitergeführten Unternehmen. Anscheinend beziehen die Mitarbeiter der Kooperativen einen Teil ihrer Kompensation in Form von höherer Arbeitsplatzsicherheit. Diese gibt es jedoch nicht zum Nulltarif. Rein finanziell können die Mitarbeiter sich besser stellen, wenn sie ihre Anteile an der Kooperative an eine nicht-mitarbeitergeführte Unternehmung verkaufen, sich für den Erlös Aktien dieser Firmen zulegen und sich von einem dieser so übernommenen Unternehmen einfach anstellen lassen. Dies ist tatsächlich auch mit einer Reihe von Kooperativen geschehen. Andere existieren jedoch als Kooperativen weiter. Die Mitarbeiter scheinen bereit zu sein, für den Einfluß auf die Unternehmensführung eine gewisse Prämie zu zahlen. Aus ökonomischer Sicht ist es jedoch keine gute Idee, Arbeitsplatzsicherheit zu Lasten von Unternehmensgewinnen zu garantieren. Setzt ein Unternehmen seine Mitarbeiter ineffizient ein, wirft es Geld aus dem Fenster, unabhängig davon, ob die Mitarbeiter die Sicherheit mögen oder nicht. Anders formuliert: Sind Mitarbeiter ineffizient eingesetzt und produzieren deshalb weniger als sie könnten, so gibt es stets einen Weg, diese Mitarbeiter besser zu stellen, wenn sie einen anderen Arbeitsplatz übernehmen. Damit greifen wir auf Überlegungen aus Kapitel II zurück, wo wir über Entlassungen und Abfindungen nachgedacht haben. Zur Veranschaulichung folgendes Zahlenbeispiel:

Nehmen wir an, die betreffende Bauholz-Kooperative zahlt ihren 20 Mitarbeiter-Eigentümern bei guter Geschäftslage € 1.000 pro Woche. Dies ist möglich, weil jeder Mitarbeiter 10.000 m^2 einer bestimmten Sperrholzqualität produzieren kann, die 10 Cent pro m^2 Nettogewinn abwirft. Stellen wir uns nun vor, daß die Zinsen steigen – was nicht durch die Mitarbeiter des Unternehmens verursacht wurde –, die Zahl der Bauaufträge sinkt, und mit ihr verschlechtert sich die Auftragslage der Bauholzbranche. Durch die schwächere Nachfrage fällt der Sperrholzpreis so, daß jeder Quadratmeter nun nur noch 5 Cent Nettogewinn abwirft. Unter diesen Umständen könnte sich die Bauholzkooperative für eine von mindestens zwei Strategien entscheiden. Eine besteht darin, alle Mitarbeiter weiterhin zu einem Wochenlohn von € 1.000 zu beschäftigen. Weil die Mitarbeiter nur noch € 500 pro Woche an Gewinn generieren, muß die Differenz aus Gewinnen der Vergangenheit oder aus Krediten finanziert werden. Nehmen wir an, es sei prognostiziert, daß die schlechte Auftragslage 30 Wochen anhält. Dies wäre mit Verlusten von € 300.000 verbunden:

(€ 500 wöchentlicher Verlust pro MA) x (20 MA) x (30 Wochen) = € 300.000

Eine alternative Strategie bestünde in der Entlassung einiger Mitarbeiter. Die Entlassungen könnten nach dem Zufallsprinzip oder irgendeinem anderen Mechanismus vorgenommen werden.

Das Unternehmen könnte nun einer gewissen Anzahl von Mitarbeitern eine Zahlung dafür bieten, daß sie freiwillig temporär ihren Arbeitsplatz aufgeben. Wir werden zeigen, daß dies dem obigen Arbeitsverteilungssystem oder Zufallsentlassungen stets vorzuziehen ist. Nehmen wir an, die Kooperative hätte 20 Mitarbeiter, die über unterschiedliche *outside options* verfügen. Ihr Alternativlohn kann sowohl andere Optionen am Arbeitsmarkt als auch ihre Wertschätzung für Freizeit widerspiegeln. Die Alternativlöhne der 20 Mitarbeiter sind in Tabelle 8.5 angegeben. Die Kooperative könnte nun beschließen, daß jeder Mitarbeiter entweder bleiben und einen Lohn von € 1.000 pro Woche bekommen oder das Unternehmen verlassen und eine Zahlung von € 500 für jede Woche der Zeit der Arbeitslosigkeit erhalten kann. Wel-

6. Unternehmen in Mitarbeitereigentum

Tabelle 8.5: Alternativlöhne für die Mitarbeiter der hypothetischen Bauholz-Kooperative

Mitarbeiter	Alternativlohn in €
Jens	990
Peter	990
Josef	800
Guido	750
Paul	600
Robert	600
Bill	575
Sara	525
Jürgen	525
Chris	510
Frank	505
Johann	490
Stefan	480
Susanne	460
Marcus	400
Andreas	380
Mike	200
Gabriel	190
Wolfgang	190

che Mitarbeiter werden das Unternehmen verlassen? Das Unternehmen werden alle verlassen, die in Tabelle 8.5 über Johann stehen. Johann wird bleiben, weil sein Alternativlohn bei lediglich € 490 liegt, so daß er zuzüglich der € 500 Kompensation für die Nichtbeschäftigung durch die Kooperative auf ein Wocheneinkommen von € 990 käme. Das ist weniger als die € 1.000, die er durch Weiterarbeit in der Kooperative verdienen kann. Diejenigen jedoch, die oberhalb seines Namens in der Liste stehen, können sich durch das Ausscheiden aus dem Unternehmen verbessern. So verläßt beispielsweise Frank das Unternehmen, weil er durch eine andere Arbeitsstelle zuzüglich seiner Kompensation insgesamt € 1.005 verdienen kann, was mehr ist als die € 1.000, die die Kooperative ihm zahlen würde. Diejenigen, die sich für die temporäre Freisetzung entscheiden, stellen sich besser, weil sie in der Zeit mehr als € 1.000 pro Woche verdienen. Die Mitarbeiter, die bleiben, stellen sich nicht schlechter, weil sie weiterhin die € 1.000 verdienen, die ihnen auch eine Arbeitsplatzgarantie geboten hätte. Diese verursacht für das Unternehmen jedoch Kosten in

Höhe von € 300.000. Was kostet der Kompensationsplan?

(€ 500 pro entlassener MA pro Woche) x (11 entlassene MA) x (30 Wochen) +
(€ 500 Verlust pro MA und Woche) x (9 weiter beschäftigte MA) x (30 Wochen)
= € 300.000

Die Verluste aus dieser Strategie sind also nicht höher als die € 300.000, die eine Weiterbeschäftigung aller Mitarbeiter gekostet hätte. Von der Kostenseite her ist der Kompensationsplan also nicht schlechter als die Weiterbeschäftigung aller Mitarbeiter. Von der Nutzenseite her ist er sogar viel besser, weil die Gruppe der Mitarbeiter, der zugleich das Unternehmen gehört, insgesamt ein höheres Einkommen bezieht. Der Wertverlust ihrer Unternehmensbeteiligungen durch die Kosten der beiden Pläne sind gleich, gleichzeitig ist das laufende Einkommen jedoch höher.

Dieses Beispiel illustriert ein allgemeines Prinzip: Risikoaversion hin oder her, es zahlt sich niemals aus, Arbeitsplätze zu erhalten, wenn keine Arbeit da ist. Selbst wenn den Mitarbeitern das Unternehmen gehört, können sie sich besser stellen, indem sie freiwillige Entlassungspläne implementieren. Als Kooperative organisiert zu sein, hindert ein Unternehmen keineswegs daran, seine Arbeitskräfte effizient einzusetzen. In der Praxis kann sich die Interaktion zwischen Arbeitnehmern einer Kooperative und sonstigen Eigentümern jedoch schwieriger gestalten. Es kann vorkommen, daß die Entscheidungsgewalt letztlich bei Akteuren liegt, die wenig Verständnis für die ökonomischen Gesetzmäßigkeiten aufbringen, die Kompensationen für freiwillige Freistellungen vorteilhaft für alle Betroffenen werden lassen. In einer Ideologisierung und Politisierung liegt eine gewisse Gefahr für mitarbeitergeführte Unternehmen.

Es gibt zahlreiche Studien über mitarbeitergeführte Unternehmen.[90] Die empirischen Befunde bezüglich des Effekts von Mitarbeitereigentum auf die Unternehmensleistung sind gemischt, vielleicht mit einer leichten Tendenz in Richtung eines positiven Zusammenhangs. Zugleich wird belegt, daß Mitarbeitereigentum nicht automatisch mit einer stärkeren tatsächlichen oder wahrgenommenen Beteiligung von Mitarbeitern an Entscheidungen im Unternehmen einhergeht. Dies überrascht

---

[90] Einen Überblick bieten KRUSE/BLASI (1995).

nicht. Denn auch mit Mitarbeiterbeteiligungen bleibt beispielsweise United Airlines noch immer ein sehr großes Unternehmen. Selbst Piloten, die in der Hierarchie der Mitarbeiter-Eigentümer an der Spitze stehen, sind sehr zahlreich. Deshalb hat kein einzelner Pilot einen großen Einfluß auf Entscheidungen über die Geschäftspolitik der Fluggesellschaft.

7. Resümee

Die Arbeit in einem Unternehmen ist Teamarbeit. Die einzelnen arbeiten nicht isoliert vor sich hin, sondern interagieren. Diese Interaktion anzuerkennen und angemessen zu gestalten kann die Unternehmensgewinne nachhaltig verbessern. Der Schlüssel dazu liegt in einer effizienten Team-Zusammensetzung und Anreizgestaltung.

Zwei wesentliche Vorzüge von Teamarbeit liegen in der Spezialisierung und den komplementären Fähigkeiten von Teammitgliedern. So läßt beispielsweise ein Fließband die Fokussierung jedes einzelnen auf einen eng definierten Aufgabenbereich zu, anstatt alle Mitarbeiter zu zwingen, sämtliche Aufgaben des Produktionsprozesses selbst zu erfüllen, dies dann jedoch in völliger Isolation. Ein weiterer wesentlicher Vorzug liegt im Wissenstransfer zwischen den Teammitgliedern. Wissenstransfer ist dann besonders nützlich, wenn die einzelnen über idiosynkratische Informationen verfügen, die für andere Unternehmensangehörige relevant sind.

Mit steigender Unternehmensgröße wird ein verstärkter Wissenstransfer auftreten. Zugleich gestaltet sich die Kommunikation zwischen den Teammitgliedern schwieriger. Darüber hinaus treten in größeren Teams verstärkt Trittbrettfahrereffekte auf. Das hängt damit zusammen, daß in kleinen Teams die Mitglieder besser darüber informiert sind, was die jeweils anderen tun und daß die Anreize gegen sich drückende Kollegen vorzugehen, in kleinen Teams stärker sind.

Teamarbeit führt häufig dazu, daß auch die Entlohnung teambezogen erfolgen sollte. Wenn weder individuelle Arbeitsergebnisse noch das jeweilige individuelle Anstrengungsniveau innerhalb des Teams beobachtet werden kann, bieten sich Verfahren der Teamentlohnung an. Diese können explizit sein, wie beispielsweise Teamboni, Gewinnbeteiligung oder Aktienoptionspläne, oder auch implizit, wie Löhne, die bei guten Unternehmensgewinnen stärker erhöht werden als bei schlechten.

Teamboni sind besonders wirkungsvoll in bezug auf kleine Teams, die gut definierte Aufgaben über kurze Zeiträume ausführen. Beteiligungen am Gewinn des Gesamtunternehmens erfüllen eher die Funktion der Risikoteilung als die eines Anreizinstruments. Aktienoptionspläne eignen sich zur Motivierung einiger weniger sehr hoch angesiedelter Führungskräfte des Unternehmens. Verschiedene Kombinationen von Ausübungspreis und Optionsmenge können denselben Erwartungswert generieren, bieten aber unterschiedliche Anreize. Höhere Ausübungspreise und größere Zahlen von Optionen setzen bei gleichbleibendem Erwartungswert stärkere Anreize. Hohe Ausübungspreise motivieren Manager zugleich auch zu riskanteren Entscheidungen.

Arbeitsnormen sind ein weiterer Aspekt der Teamorganisation. Normen etablieren angemessene Anstrengungsniveaus bzw. Verhaltensmuster innerhalb einer Organisation. Ihre Schaffung und Pflege verursacht Kosten. Je höher die Strafen für Normverletzungen sind, desto höher ist das durchsetzbare Anstrengungsniveau.

Mitunter ist eine Rotation von Teammitgliedern sinnvoll. Dies gilt insbesondere dann, wenn die Stärken des Mitarbeiters zu identifizieren sind und wenn Informationen leicht von einem Mitarbeiter zu anderen übertragen werden können. Wenn Mitarbeiterwissen hochgradig idiosynkratisch und zugleich für andere relevant ist, kann c.p. die Rotation von Mitarbeitern durch verschiedene Teams eine gute Strategie sein. Gestaltet sich die Kommunikation zwischen den Mitarbeitern jedoch schwierig, beispielsweise weil die Mitarbeiter aus unterschiedlichen fachlichen Disziplinen kommen, so sind längere Zeiträume zum Aufbau von Arbeitsbeziehungen erforderlich. Falls überhaupt eine Rotation gewünscht wird, so sollten die Intervalle relativ lang sein.

Die Evaluation anderer Mitarbeiter muß als zu kompensierende Teilleistung von Mitarbeitern betrachtet werden. Anderenfalls könnte strategisches Verhalten des Evaluierenden zum Problem werden. Ein Vorgesetzter könnte absichtlich hoch talentierte Mitarbeiter ausbremsen, um sich vor zukünftiger Konkurrenz zu schützen.

Innerhalb von Teams herrscht Kooperation, zwischen Teams jedoch Wettbewerb. Folglich sollten Mitarbeiter, deren Kooperation für das Gelingen des Produktionsprozesses unerläßlich ist, im selben Team arbeiten.

Es gibt verschiedene Verfahren der Zusammenstellung von Teams. Verfügen Vorgesetzte über mehr Informationen als die Mitarbeiter, so sollten Vorgesetzte über die Teamzusammensetzung entscheiden. Mitunter jedoch verfügen die Teammitglieder selbst über bessere Informationen. In diesem Fall sollten sie andere Mitglieder selbst auswählen können. In beiden Fällen wird ein Bietverfahren für neue Teammitglieder zu einer effizienten Allokation von Arbeitskräften auf die unterschiedlichen Teams führen, egal ob der jeweilige Vorgesetzte oder ein „Teamkapitän" die Gebote abgibt.

Mitarbeitereigentum an Unternehmen ist eine Form von Teamentlohnung. Ihre praktische Erfolgsbilanz ist gemischt. In dem Maße, in dem sie unproduktive Arbeitsplätze mehr schützen als nicht-mitarbeitergeführte Unternehmen dies tun, können sie sich als ineffizient erweisen. Alle Beteiligten könnten bessergestellt werden, wenn die effiziente Beschäftigungsstrategie gewählt würde und zugleich Mitarbeiter für die freiwillige Akzeptanz einer vorübergehenden Nichtbeschäftigung kompensiert würden.

8. Literatur

Brown, Charles; James Medoff (1989): The Employer Size-Wage Effect. In: Journal of Political Economy 97(1989)5: 1027-1059.

Craig, Ben; John Pencavel (1992): The Behavior of Worker Cooperatives: The Plywood Companies of the Pacific Northwest. In: American Economic Review 82(1992)5: 1083-1105.

Farrell, Joseph; Suzanne Scotchmer (1998): Partnerships: In: Quarterly Journal of Economics 103(1988)2: 279-297.

Jackson, Matthew O.; Edward P. Lazear (1991): Stock, Options, and Deferred Compensation. In: Ronald C. Ehrenberg (Hrsg.): Research in Labor Economics, Vol. 12. Greenwich, CT: JAI Press, Inc. : 41-62.

Kandel, Eugene; Edward P. Lazear (1992): Peer Pressure and Partnerships. In: Journal of Political Economy 100(1992)4: 801-817.

Kruse, Douglas; Joseph Blasi (1995): Employee Ownership, Employee Attitudes, and Firm Performance. NBER Working Paper 5277, Sept. 1995.

Picot, Arnold; Birgitta Wolff (1994): Institutional Economics of Public Firms and Administrations. Some Guidelines for Efficiency-Oriented Design. In: JITE 150/1 (1994): 211-232.

Pugel, Thomas A. (1980): Profitability, Concentration and the Interindustry Variation in Wages. In: Review of Economics and Statistics 62(1980)2: 248-253.

Pull, Kerstin (1996): Übertarifliche Entlohnung und freiwillige betriebliche Leistungen. München (u.a.): Hampp.

9. Weiterführende Literaturempfehlungen

Athey, Susan; Christopher Avery und Peter B. Zemsky (1994): Mentoring, Discrimination and Diversity in Organizations In: Standford Graduate School of Business Research Paper 1317, 34 (Oct. 1994).

Becker, Gary S.; Kevin M. Murphy (1992): The Division of Labor, Coordination Costs, and Knowledge. In: Quarterly Journal of Economics 107(1992)4: 1137-1160.

Jensen, Michael C.; William H. Meckling (1992): Specific and General Knowledge and Organizational Structure. In: Lars Werin; Hans Wijkander (Hrsg.):Contract Economics. Oxford: Blackwell: 251-274.

Meyers, Margaret A. (1994): The Dynamics of Learning with Team Production: Implications for Task Assignment. In: Quarterly Journal of Economics 109(1994)4: 1157-1184.

Rosen, Sherwin (1992): The Military as an Internal Labor Market: Some Allocation, Productivity, and Incentive Problems. In: Social Science Quarterly 73(1992)2: 227-237.

10. Anhang

Im vorliegenden Anhang werden wir uns zunächst noch einmal mit Optionen, anschließend mit Normen befassen. Zuerst werden wir einige Erkenntnisse über Optionen als Anreizinstrumente herleiten. Dies geschieht unter der Annahme, daß Eigentümer von Optionen sich risikoneutral verhalten. Dadurch wird unsere Herleitung deutlich einfacher als die Black-Scholes-Formel für Optionspreise, die Sie in jedem Finanzierungslehrbuch finden.

10.1 Zur Anreizwirkung von Optionen

Der Wert einer einzelnen Unternehmensaktie zum Ausübungszeitpunkt sei gegeben durch

$$V + \varepsilon$$

V kann vom Manager beeinflußt werden, während ε Zufallsschwankungen des Aktienkurses widerspiegelt, über die der Manager keine Kontrolle hat. K sei nun der Ausübungspreis. Die Dichte von ε wird angegeben durch $f(\varepsilon)$. Der Wert der Kaufoption beträgt dann $V + \varepsilon - K$. Da die Option zumindest keinen negativen Wert haben kann, wird der zulässige Wertebereich von ε auf $\varepsilon \geq K-V$ gesetzt. Der Erwartungswert der Option beträgt dann[91]

(A8.1) $$Z = \int_{K-V}^{\infty} [V + \varepsilon - K] f(\varepsilon) d\varepsilon$$

Die Option wird nur dann ausgeübt werden, wenn $V + \varepsilon > K$. Das liegt daran, daß der Halter der Option diese lediglich dann wird ausüben wollen, wenn er dadurch einen Gewinn erzielt, wenn also der gegenwärtige Wert des Unternehmens (hier also: seiner Aktie) $V+\varepsilon$ größer ist als der Ausübungspreis K.

---

[91] Man erinnere sich, daß der Erwartungswert einer Zufallsvariablen X gegeben ist durch $\int_{-\infty}^{+\infty} x \cdot f(x) dx$. Oder, im Falle einer Einschränkung von X auf $x \in [a;b]$ durch $\int_{a}^{b} x \cdot f(x) dx$.

Es wird nun deutlich, daß eine Steigerung des Ausübungspreises den Erwartungswert der Option vermindert. Erhöhen wir den Ausübungspreis um € 1, so reduziert dies den Gewinn des Optionshalters bei Ausübung seiner Option um € 1. Die Wahrscheinlichkeit dafür, daß der Wert der Option positiv ist, daß der Halter der Option sie also ausübt, ist gegeben durch

$$P(V + \varepsilon - K > 0) = P(\varepsilon > K - V) = 1 - P(\varepsilon \leq K - V) = 1 - F(K - V).$$

Insofern entspricht der Verlust aus der Steigerung des Ausübungspreises der Wahrscheinlichkeit dafür, daß der Halter der Option diese ausübt. Dies zeigt Gleichung[92] (A8.2):

(A8.2) $\quad \dfrac{\partial Z}{\partial K} = -(V + K - V - K)f(K - V) - \int\limits_{K-V}^{\infty} f(\varepsilon)d\varepsilon$

Ein höherer Ausübungspreis K, der zu einem geringeren Optionswert Z führt, kann durch die Übertragung einer größeren Anzahl N von Optionen ausgeglichen werden. Die rechte Seite der Gleichung (A8.2) beinhaltet zwei Terme, weil die Steigerung von K zwei Effekte hat. Der erste Term,

$$-(V + K - V - K)f(K - V)$$

reflektiert den Wert der Verminderung der Wahrscheinlichkeit dafür, daß die Option im Geld ist, wenn K steigt. Dieser liegt unabhängig vom momentanen Kurs der Aktie bei Null, da eine *Verminderung* der Ausübungswahrscheinlichkeit für den Halter der Option immer unvorteilhaft ist. In der Formel läßt sich dies daran erkennen, daß unabhängig von der konkreten Ausprägung der Variablen K, V und ε der erste Faktor immer Null ist. Der zweite Term besagt, daß eine Erhöhung des Ausübungspreises um € 1 bedeutet, daß der Nettowert der Option bei Ausübung um € 1 geringer sein wird. Dies geschieht in *1 − F(K−V)* der Fälle.

---

[92] Wir benutzen zur Herleitung die Leibniz-Regel: Wenn Z als Riemann-Integral eine Funktion der Form $Z(K) = \int\limits_{a}^{b(K)} F(\varepsilon, K)d\varepsilon$ annimmt, dann gilt $\dfrac{dZ}{dK} = F(b(K), K) \cdot b'(K) + \int\limits_{a}^{b(K)} F_K(\varepsilon, K)d\varepsilon$.

Unter Verwendung von $\int\limits_{a}^{b} f(x)dx = -\int\limits_{b}^{a} f(x)dx$ ergibt sich (A8.2).

Zweitens können wir nun zeigen, daß der Wert einer Option steigt, wenn der Unternehmenswert steigt. Erhöht sich der Aktienkurs des Unternehmens um einen Euro, so ist die Option im Zeitpunkt der Ausübung ebenfalls einen Euro mehr wert als ohne Aktienkurssteigerung. Dies gilt allerdings nur, sofern die Option überhaupt im Geld sein wird, was nur in 1-$F(K-V)$ Prozent der Fälle geschieht. In $F(K-V)$ Prozent der Fälle ist der Wert der Option Null, nämlich genau dann, wenn sie nicht ins Geld kommt. Somit ist 1-$F(K-V)$ der Erwartungswert des Einflusses der Unternehmenswertsteigerung um einen Euro auf den Preis einer Option. Für jeden Euro, den der Aktienkurs zulegt, steigt der Wert der Option um *1 – F(K–V)*. Die Differenzierung von (A8.1) nach *V* ergibt

$$\frac{\partial Z}{\partial V} = (V + K - K - V)f(K - V) + 1 - F(K - V) > 0$$

oder

(A8.3) $\quad \dfrac{\partial Z}{\partial V} = 1 - F(K - V) > 0$

Wie zuvor fällt der erste Term, der die erhöhte Wahrscheinlichkeit, im Geld zu sein, angibt, heraus, weil er Null beträgt.

Der zweite Term, der nicht herausfällt, gibt an, daß eine Steigerung des Unternehmenswertes um € 1 einen Euro Gewinn für den Halter der Option bedeutet, sobald die Option im Geld ist. Dies geschieht wiederum in *1 – F(K–V)* Prozent der Fälle.

Drittens können wir zeigen, daß eine Steigerung des Unternehmenswertes keinen Wert für den Halter der Option hat, wenn der Ausübungspreis sehr hoch wird. Aus Gleichung (A8.3) erhalten wir

(A8.4) $\quad \lim\limits_{K \to \infty} \dfrac{\partial Z}{\partial V} = \lim\limits_{K \to \infty} [1 - F(K - V)] = 0$

Wenn der Ausübungspreis so hoch liegt, daß die Option niemals ins Geld kommt, lohnt sich eine Steigerung des Unternehmenswertes für den Halter der Option nicht.

Viertens gibt es eine unendliche Anzahl von Kombinationsmöglichkeiten für die Zahl von Optionen und Ausübungspreise, die denselben Erwartungswert bieten. Die unterschiedlichen Kombinationen führen jedoch zu unterschiedlichen Anreizen.[93]

Daß es unendlich viele Kombinationsmöglichkeiten für die Anzahl der Optionen und Ausübungspreise gibt, die denselben Erwartungswert aufweisen, folgt aus der (negativen) Monotonie von $\partial Z/\partial K$. Weil eine Steigerung des Ausübungspreises stets eine Senkung von Z nach sich zieht, können wir hier also durch eine Erhöhung der Anzahl der Optionen N einen Ausgleich schaffen.

Es zeigt sich ebenfalls als generelle Regel, daß die unterschiedlichen Kombinationen unterschiedliche Anreize bewirken. Der Anreizeffekt läßt sich messen als

$$N \times \partial Z/\partial V$$

Dabei gibt N die Anzahl der übertragenen Optionen an. Weil $\partial Z/\partial V$ den Gewinn aus einer Unternehmenswertsteigerung für eine Option angibt, gibt $N \times \partial Z/\partial V$ den Gewinn an, wenn N Optionen gehalten werden. Dieser wäre konstant, nur wenn $\partial Z/\partial V = 1/N$. Dies trifft jedoch im allgemeinen nicht zu.

Als zweites wollen wir uns in diesem Anhang noch einmal die Wirkungsweise von Normen veranschaulichen.

10.2 Normen

Das Niveau der in einem Unternehmen gebräuchlichen Arbeitsnormen hängt ab von der Sanktion, die mit Normabweichungen einhergeht. Darüber hinaus gibt es für jede Sanktion eine Gleichgewichtsnorm bezüglich des Anstrengungsniveaus im Unternehmen.[94]

Um dies nachzuvollziehen, schreiben wir den Nutzen eines Akteurs als

(A8.5) $Nutzen = Y(E) - C(E) - P(E-E^*)$

---

[93] Vgl. JACKSON/LAZEAR (1991) für eine vollständigere Diskussion.
[94] Diese Analyse basiert auf KANDAL/LAZEAR (1992).

Dabei bezeichnet E das Anstrengungsniveau des Akteurs, $Y(E)$ beschreibt die Entlohnung als Funktion des Anstrengungsniveaus, $C(E)$ ist der monetäre Gegenwert des mit einem gegebenen Anstrengungsniveau verbundenen Arbeitsleides und $P(E-E^*)$ ist der von den Kollegen ausgehende Druck, wahrgenommen als eine Funktion des Anstrengungsniveaus E und der endogenen determinierten Anstrengungsnorm E^*. Wenn Mitarbeiter ihre Kollegen zu verstärkten Anstrengungen motivieren wollen, dann ist P' < 0. Reduziert ein Mitarbeiter sein Anstrengungsniveau, so steigt der Druck von den Kollegen. Darüber hinaus gilt Y''≤ 0, und C'' > 0. Hierbei wird also einerseits von einem abnehmenden Grenzeinkommen ausgegangen[95] und andererseits bedeutet die irgendwann eintretende Erschöpfung, daß der Grenzwert von $C(E)$ unendlich ist, wenn E gegen unendlich geht. Jenseits eines Punktes der totalen Erschöpfung ist es unmöglich, noch weitere Anstrengungen zu erbringen – die Kosten für weiteren Arbeitseinsatz werden unendlich groß.

Nehmen wir an, der Druck von Kollegen ließe sich folgendermaßen beschreiben

(A8.6) $P(E - E^*) = \gamma (E^* - E)$

Diese Gleichung besagt, daß für jede Einheit, die das Anstrengungsniveau eines Akteurs unter die Norm E^* fällt, er einen Druck von Kollegen verspürt, der ihm ein Leid mit dem monetären Äquivalent von € γ zufügt.

Das Maximierungsproblem des Mitarbeiters besteht darin, E so zu wählen, daß der Nutzen nach (A8.5) maximiert wird, wobei (A8.6) gegeben ist. Die Bedingung erster Ordnung lautet

(A8.7) $Y'(E) - C'(E) + \gamma = 0$

Diese Gleichung ist grundsätzlich lösbar. Da annahmegemäß alle Mitarbeiter gleich sind, kann im Gleichgewicht nur E^* die Lösung zu (A8.7) sein.

Damit ist eine Norm bezüglich des Anstrengungsniveaus etabliert.

Unter Nutzung der Theorie impliziter Funktionen wird ebenfalls klar, daß

---

[95] Was vor allem dann sinnvoll erscheint, wenn man von einer Entlohnung gemäß der individuellen Produktivität ausgeht – denn diese ist in ihren Grenzerträgen sicherlich abnehmend.

$$\left.\frac{\partial E}{\partial \gamma}\right|_{A8.7} = -\frac{1}{Y''-C''}$$

Dieser Ausdruck ist positiv. Damit steigert jede Erhöhung von γ das Anstrengungsniveau jedes Mitarbeiters. Steigen die Sanktionen für Normabweichungen, so steigt auch das durch die Norm beschriebene Anstrengungsniveau.

Hätten also wie in unserem Modell alle Mitarbeiter eines Unternehmens dieselbe Nutzenfunktion, so würde jeder nach (A8.7) dasselbe Anstrengungsniveau wählen. Somit wäre E aller Mitarbeiter identisch, und daraus ergibt sich E^*, also die Norm oder das durchschnittliche Anstrengungsniveau im Unternehmen. Die in (A8.6) angegebene Funktion war willkürlich gewählt und lediglich als Beispiel gedacht. Die gleiche Analyse trifft jedoch auch bei jeder anderen Funktion bezüglich des Drucks durch Kollegen zu.

IX. Outsourcing und Franchising statt Eigenerstellung

In diesem Kapitel besprechen wir Themen, die sicherlich nicht zu den klassischen Aufgaben der Personalabteilung zu rechnen sind, die aber dennoch ein sehr wichtiges Personalmanagementproblem darstellen. Es geht unter anderem um Outsourcing, die Gestaltung von Zulieferverträgen und Franchising. Um in die Problemstellungen einzuführen, beginnen wir auch hier wieder mit einem fiktiven Gespräch zwischen Geschäftspartnern.

BURNS: *Ich finde, wir sollten nun mit dem Bau unseres neuen Geschäftsgebäudes beginnen. Wir brauchen einfach mehr Platz. Die Zinsen sind niedrig, unser Umsatz entwickelt sich prächtig, alles sieht bestens aus.*

LERNER: *Das sehe ich genauso. Unsere Konstrukteure sollten so bald wie möglich mit der Planung beginnen. Ich weiß, daß sie sehr beschäftigt sind, aber jetzt ist wirklich ein sehr günstiger Zeitpunkt für dieses Projekt.*

MITCHELL: *Moment mal. Mir untersteht die Konstruktionsabteilung, und wir ertrinken in Arbeit. Das letzte, was ich will, ist, meine Mitarbeiter aus ihren laufenden Kundenprojekten zu ziehen, um sie an einen ‚Inhousejob' zu setzen, der uns keinen Umsatz bringt. Ihr Rechenkünstler versucht ständig, uns Arbeit aufs Auge zu drücken, damit in euren Büchern dafür keine Kosten auftauchen.*

LERNER: *Mir ist das Problem bewußt, aber den Konstruktionsauftrag nach außen zu vergeben, würde uns ein Vermögen kosten. Wir arbeiten doch in der Branche; es ist doch wenig sinnvoll, andere für etwas zu bezahlen, was wir gut selbst machen können. Könnt Ihr eure anderen Projekte nicht etwas beschleunigen? Du bist doch ein kreativer Typ. Irgend etwas wird Dir doch einfallen.*

MITCHELL: *Sicher, wir könnten den Konstrukteuren einen Bonus für die vorzeitige Fertigstellung von Projekten anbieten. Dann weiß ich allerdings nicht, ob das die Qualität der laufenden Projekte nicht negativ beeinflußt. Vielleicht könnten wir sie auch für eine späte Fertigstellung der Projekte irgendwie bestrafen. Wenn wir unsere laufenden Projekte innerhalb des Zeitplans abschließen, können wir uns schon in wenigen Monaten mit unserem Geschäftsgebäude befassen. Aber Ihr wißt ja: in der Baubranche wird nie etwas rechtzeitig fertig.*

BURNS: *Das stimmt. Und das liegt daran, daß Ihr auf einer „Kostenplus-Basis" arbeitet. In dieser Beziehung sind Baumanager wie Ärzte: beide haben kein ökonomisches Interesse daran, ihre Aufgabe wirklich abzuschließen.*

LERNER: *Gibt es denn keinen nichtmonetären Weg, unser Geschäftsgebäude in Angriff zu nehmen? Denkt doch einmal an etwas anderes als Prämien. Kann die Konstruktionsgruppe nicht einmal über unser neues Geschäftsgebäude nachdenken, einfach weil es gut für das Unternehmen ist? Warum reden wir immer nur über Geld? Die ständige Fokussierung auf Geld reduziert alle Dinge immer auf ihren kleinsten gemeinsamen Nenner. Es ginge uns allen viel besser, wenn wir auch das Gesamtbild und unsere Ziele im Auge behielten.*

BURNS: *Okay, das war das Wort zum Sonntag. Ich will, daß wir mit diesem Projekt beginnen. Erarbeitet mir bitte einen Plan, nach dem wir innerhalb der nächsten Woche anfangen.*

Die obige Diskussion berührt folgende Fragen:

- Wann sollte ein Projekt im Haus bearbeitet statt nach außen vergeben werden?
- Sind kostenbasierte Vertragskalkulationen besser als andere Vertragsformen?
- Sollten Mitarbeitern zur Leistungsmotivation Boni angeboten oder Strafen angedroht werden?
- Sind nichtmonetäre Motivationsformen besser als monetäre?

Diese Fragen werden wir der Reihe nach beantworten.

1. Outsourcing: Die Make-or-Buy Entscheidung

1.1 Das Grundproblem

Der Konfliktpunkt des obigen Szenarios lag in der Frage, ob das Konstruktionsprojekt von eigenen Mitarbeitern oder von einer anderen Firma bearbeitet werden sollte. Lerner, d.h. ein Manager, der nicht für die Probleme der Konstruktionsabteilung verantwortlich ist, war für die interne Bearbeitung des Projekts. Er war daran interessiert, daß möglichst keine zusätzlichen Kosten in den Büchern erscheinen; der für die Konstruktionsabteilung verantwortliche Manager dagegen sorgte sich um die Folgen für ihn selbst und seine Mitarbeiter. Welcher Vorteil ergäbe sich für ihn daraus, ein weiteres Projekt zu übernehmen, insbesondere eines, das in besonderem Maße von seinen Managerkollegen beobachtet wird?

Keine dieser engen Sichtweisen führt zu einer korrekten Outsourcingentscheidung. Denn beide Manager beachten nur einen kleinen Ausschnitt der relevanten Entscheidungsvariablen. Make-or-buy Entscheidungen können und müssen jedoch sehr systematisch gefällt werden. Der Rechnungswesenexperte macht einen Fehler, indem er die wahren Kosten des Projektes ignoriert. Denn eine korrekte Kostenrechnung könnte zeigen, daß eine Eigenerstellung keineswegs sparsamer wäre. Der Manager der Konstruktionsabteilung macht einen Fehler, indem er das Projekt glattweg ablehnt. Hier sind bessere Entscheidungskriterien erforderlich.

Der Schlüssel zu effizienten Make-or-buy Entscheidungen liegt im Verständnis von *Opportunitätskosten*. Der Faktor Arbeit stellt eine maßgebliche Komponente der Opportunitätskosten dar. Zur Erinnerung: Opportunitätskosten sind (meist) nicht die Kosten, die in den Büchern stehen, sondern die durch die Nichtnutzung alternativer Chancen verursachten Verluste. Im ersten Kapitel dieses Buches diskutierten wir unter anderem die Kosten eines Jahres Ausbildung. Zu diesen Kosten zählen nicht nur eventuelle Schul- oder Studiengebühren, die leicht gemessen werden können, sondern auch die Einkommensausfälle, die dadurch verursacht werden, daß man ein Jahr weniger arbeitet. Der Verdienstausfall macht einen wesentlichen Teil der Opportunitätskosten aus.

Die Opportunitätskosten jedoch werden von Lerner, dem Rechnungswesen-Mann, in der obigen Diskussion völlig ignoriert. Auf Mitchells Einwand hin erwidert er, daß eine Fremdvergabe des Projekts auf jeden Fall ein Vermögen kosten werde. Er argumentiert, daß es keinen Sinn mache, andere für etwas zu bezahlen, was man selbst erledigen könnte. Opportunitätskosten spielen in dieser Argumentation keine Rolle. In derselben Branche tätig zu sein, bedeutet jedoch nicht, daß die eigene Arbeitskraft nichts kostet. Es mag eine gewisse Versuchung für Manager bestehen zu glauben, da die Mitarbeiter ja ohnehin da seien, könne man ihnen das eine oder andere Projekt zusätzlich aufbürden, ohne Kosten zu verursachen. Denn die Gehälter für die Mitarbeiter zahlt man ja ohnehin. Sie betrachten diese Kosten fälschlicherweise als fix und versenkt. Diese Sichtweise ist unter der Annahme bisher ausgelasteter Kapazitäten falsch, weil die vorhandenen Mitarbeiter nur über eine begrenzte Arbeitskapazität verfügen, so daß die Arbeit an internen Projekten nur zu Lasten von Kundenprojekten möglich ist. Genauso könnte man sich auch vorstellen, daß für interne Projekte neue Mitarbeiter eingestellt und bezahlt werden müssen. Bereits dieses Gedankenspiel vermittelt einen realistischeren Eindruck der Kosten des eigenen Projekts.

Bei allen vorhandenen Mitarbeitern müssen wir also davon ausgehen, daß sie anstelle des eigenen Projekts auch Kundenprojekte bearbeiten könnten. Wenn wir nun einen Mitarbeiter von einem Kundenprojekt abziehen, um ihn auf das hausinterne Projekt zu setzen, entsteht ein Verdienstausfall. Wenn wir annehmen, daß wir diesen Mitarbeiter nicht einfach durch einen Neueingestellten ersetzen können, wird das Kundenprojekt folglich erst später oder gar nicht fertiggestellt. Der hierdurch verursachte Verdienstausfall beschreibt dann die Opportunitätskosten des internen Projekts. Wenn der Wert, den ein Mitarbeiter durch das Bearbeiten eines Kundenprojekts für das Unternehmen schaffen könnte, über den Kosten der Beauftragung einer anderen Firma liegt, ist es vorteilhaft, das eigene Projekt fremd erstellen zu lassen.

1.2 Ein Beispiel

Nehmen wir an, ein Unternehmen – nennen wir es Luftikus-Flugmaschinen AG – verfüge über 100 fest angestellte Mechaniker, die € 40.000 pro Jahr verdienen und die aufgrund einer in der Vergangenheit abgeschlossenen Betriebsvereinbarung zur Beschäftigungssicherung nicht entlassen werden können. Das Unternehmen stellt Flugzeuge für die Bundeswehr her. Völlig überraschend verabschiedet nun die Bundesregierung ein Sparpaket, das auch die Nachfrage nach den Produkten der Luftikus AG reduziert. Dadurch kann der einzelne Mitarbeiter des Unternehmens nicht mehr € 40.000, sondern nur noch € 35.000 pro Jahr erwirtschaften. Hätte die Leitung der Luftikus AG gewußt, daß ein solcher Nachfragerückgang bevorsteht, hätte sie wohl keine Vereinbarung unterschrieben, die Gehälter von € 40.000 und eine Beschäftigungsgarantie vorsieht, denn diese Vereinbarung beschert dem Unternehmen nun Verluste. Da die Vereinbarung aber nun einmal existiert, sind Entlassungen von Mitarbeitern ausgeschlossen. Allerdings kauft die Luftikus AG gegen-

1. Outsourcing: Die Make-or-Buy Entscheidung

wärtig einige Flugzeugkomponenten von anderen Herstellern. Angesichts der fallenden Nachfrage nach dem Hauptprodukt des Unternehmens plant die Geschäftsführung nun, die bislang fremdbezogenen Komponenten selbst herzustellen, um die ansonsten überschüssigen Luftikusmitarbeiter zu beschäftigen. Ist dies eine gute Idee? Spontan und intuitiv möchte man „Ja" antworten. In der Tat ist die korrekte Antwort jedoch ein klares „Nein". Selbst wenn freie Arbeitskräfte vorhanden sind, kann sich die Entscheidung, die Komponenten selbst zu erstellen, als falsch erweisen. Tabelle 9.1 zeigt einige Schätzungen der finanziellen Folgen verschiedener Szenarien. Die dort angegebenen Zahlen zeigen das Produktionsergebnis als eine Funktion der Anzahl der beschäftigten Mechaniker. Die Tabelle unterstellt, daß das Unternehmen auch weiterhin die betreffenden Komponenten extern bezieht. Die Zahlen errechnen sich folgendermaßen: Die Gewinne vor Abzug der Lohnkosten sind kalkuliert, indem wir alle fixen und variablen Kosten bis auf die Lohnkosten vom Gesamtumsatz durch die verkauften Flugzeuge abziehen. Werden weniger als 10 Mechaniker beschäftigt, so kann kein einziges Flugzeug hergestellt werden, aber die fixen Kosten bleiben. In unserem Beispiel verliert das Unternehmen also € 10 Mio., wenn es weniger als 10 Mitarbeiter in der Flugzeugproduktion einsetzt. Nach Zahlung von € 40.000 für jeden dieser 10 Mitarbeiter beträgt der Gesamtverlust also € 14 Mio. Werden 100 Mechaniker eingesetzt, so können 20 Flugzeuge hergestellt werden. Diese generieren genug Umsatz, um alle Kosten (bis auf die Lohnkosten) abzudecken und noch einen Gewinn von € 3,5 Mio. zu erwirtschaften. Nach Zahlung der Gehälter an die 100 Mechaniker besteht jedoch ein Verlust von € 0,5 Mio. Reduzieren wir die Anzahl der Mechaniker auf 80, so sinkt der Output auf 16 Maschinen und der Gewinn vor Lohnkosten fällt auf € 2,8 Mio. 80 Mechanikern 20 hinzuzufügen generiert also einen zusätzlichen Gewinn von € 3,5 Mio. - € 2,8 Mio. = € 0,7 Mio. Das entspricht € 0,7 Mio. / 20 = € 35.000 pro zusätzlichen Mechaniker. Auf diese Weise werden die in der vorletzten Spalte stehenden Zahlen berechnet. Sie geben die Gewinnveränderung im Vergleich zur vorherigen Mitarbeiterzahl dividiert durch die Anzahl der neuen Mitarbeiter an. Der letzte Eintrag in der vorletzten Spalte, also € 1.052.500, stellt einen Gewinnzuwachs von € 10.525.000 dar, der bei einer Steigerung der Mitarbeiterzahl von 0 auf 10 entsteht, geteilt durch 10. Diese

Tabelle 9.1: Gewinn pro Mitarbeiter bei der Luftikus AG nach dem Sparpaket der Regierung

Anzahl der Mechaniker	Anzahl der produzierten Flugzeuge	Gewinn vor Lohnkosten (in €)	Gewinnveränderung (Opportunitätskosten) pro Mechaniker (in €)	Unternehmensgewinn, bzw. –verlust (in €)
100	20	3.500.000	35.000	- 500.000
80	16	2.800.000	36.207	- 1.200.000
51	10	1.750.000	58.333	- 2.250.000
42	7	1.225.000	21.875	- 2.775.000
10	3	525.000	1.052.500	- 3.345.000
<10	0	-10.000.000		- 14.000.000

Zahl beschreibt den Grenzgewinn durch die Beschäftigung eines zusätzlichen Mechanikers.

Es fällt auf, daß die Gewinnveränderung pro Mechaniker oberhalb der Zahl von 51 Mitarbeitern abnimmt. Diesen abnehmenden Grenzgewinn können wir uns so erklären, daß die ersten Mitarbeiter die wichtigsten Aufgaben ausführen und damit eine besonders hohe Wertschöpfung erzielen. Tabelle 9.1 macht dies deutlich: werden weniger als 10 Mitarbeiter beschäftigt, so können gar keine Flugzeuge hergestellt werden. Es entstehen Verluste, weil Fixkosten (bspw. Miete für Grundstücke, Gebäude und Anlagen) anfallen, ohne daß ein Umsatz zustande kommt. Die erste Gruppe von 10 Mitarbeitern versetzt das Unternehmen überhaupt erst in die Lage, Flugzeuge zu produzieren. Die letzte Spalte der Tabelle gibt für jedes Beschäftigungsniveau den Gesamtgewinn an – in diesem Fall also den Verlust.

Nun können wir unsere Ausgangsfrage in Angriff nehmen: Ist es sinnvoll, mehr Arbeit intern zu verrichten, wenn freie Arbeitskräfte vorhanden sind? Um die Antwort zu geben, müssen wir wissen, wieviel Wertschöpfung jeder Luftikusmitarbeiter bei der Komponentenherstellung erzielen kann. Nehmen wir an, daß jede Komponente € 1.000 kostet. Sie intern zu erstellen, erfordert Material im Wert von € 450 pro Stück. Jeder Mitarbeiter kann 60 Komponenten herstellen. Lohnt es sich nun, die Komponenten selbst herzustellen, anstatt sie zu kaufen? Die Antwort hängt nun davon ab, ob die Gesamtkosten der internen Erstellung unter den € 1.000 liegen, die der externe Bezug kostet. Die Eigenerstellung lohnt sich also, wenn die Opportunitätskosten der Arbeit des Mechanikers unter 60 x € 550 liegen. Sind die Lohnkosten für den Mechaniker geringer als € 550 pro Komponente, so betragen die internen Erstellungskosten des Unternehmens weniger als € 1.000. Die Opportunitätskosten der Arbeitskraft von Mechanikern können wir direkt Tabelle 9.1 entnehmen. Wird die Mitarbeiterzahl von 100 auf 80 reduziert, so sinkt der Ertrag durch die geringere Anzahl der hergestellten Flugzeuge um € 35.000 pro Mechaniker. Deshalb betragen die Opportunitätskosten des Einsatzes von Mitarbeitern in der Komponentenproduktion anstelle der Flugzeugmontage € 35.000 pro Mitarbeiter. Das bedeutet, daß die Opportunitätskosten des Einsatzes von Mechanikern zur Komponentenherstellung € 35.000 / 60 = € 583,33 pro Stück betragen, da jeder Mechaniker 60 Komponenten pro Jahr herstellen kann. Die Gesamtkosten der internen Herstellung von Komponenten liegen dann bei € 450 + € 583,33 = € 1.033,33 pro Stück. Weil dieselben Komponenten jedoch für nur 1.000 € am Markt gekauft werden können, sollte das Unternehmen diese Teile weiterhin zukaufen, selbst wenn es freie Mitarbeiter gibt, die die Teile intern herstellen könnten.

Wie kann ein solches Ergebnis zustande kommen? Es ist offensichtlich, daß das Unternehmen über überschüssige Arbeitskräfte verfügt, denn gäbe es die entsprechende Betriebsvereinbarung nicht, so würde die Unternehmensleitung Mitarbeiter entlassen. Dies bedeutet jedoch nicht, daß die Wertschöpfung der überschüssigen Mitarbeiter bei Null liegt. Es bedeutet lediglich, daß diese Mitarbeiter für das Unternehmen nicht so viel wert sind wie das ihnen gezahlte Gehalt. Daraus folgt jedoch keineswegs, daß ihre Arbeitskraft nicht so gut wie möglich genutzt werden sollte. Und sie an einem Projekt arbeiten zu lassen, das weniger gewinnträchtig ist, als das, was sie gegenwärtig tun, wäre eine schlechte Nutzung von Arbeitskraft. Wir können also folgern, daß ein Einsatz von Mechanikern zur Herstellung von Komponenten weniger profitabel ist als ihr Einsatz in der Flugzeugmontage. Die Komponenten können also auch dann noch preiswerter extern bezogen als intern hergestellt werden, wenn wir berücksichtigen, daß nach dem Auftragsrückgang der Wert der Flugzeugmontage gesunken ist. In dieser Situation setzen wir die Mechaniker zur Verlustreduzierung ein. Und dazu tragen sie in stärkerem Maße bei, wenn sie Flugzeuge montieren, anstatt Komponenten herzustellen.

Eine rationale Unternehmensleitung würde die unterschiedlichen Entscheidungsoptionen folgender maßen ranken:

1. Wären Kündigungen möglich, so würden diese unter der Annahme, daß der Auftragsrückgang dauerhaft ist, sofort vorgenommen, denn das Unternehmen erzielt bei jeder Mitarbeiterzahl zwischen 1 und 100 Verluste.
2. Sind Kündigungen nicht zulässig, ist es vorteilhafter, die 100 Mechaniker zur Flugzeugmontage einzusetzen, während die Komponenten weiterhin von außen zugekauft werden.
3. Die schlechteste aller Möglichkeiten ist eine Umschichtung eigener Arbeitskräfte zur Komponentenherstellung.

Selbst wenn die Mechaniker ihr Gehalt von € 40.000 nicht erwirtschaften, ist ihre Wertschöpfung in der Flugzeugmontage höher als bei der Herstellung von Komponenten, die preiswerter von außen bezogen werden können. Alle Mechaniker in der Flugzeugmontage einzusetzen und die Komponenten weiterhin extern zu beziehen, minimiert die Verluste.

1.3 Das Prinzip effizienten Outsourcings

Nach diesen Überlegungen können wir nun einen Grundsatz für effiziente Make-or-buy Entscheidungen formulieren:

> *Der externe Bezug von Produkten ist ihrer internen Herstellung vorzuziehen, wenn und nur wenn die Kosten des externen Bezugs unter den Opportunitätskosten der Eigenerstellung liegen. Zu den internen Herstellungskosten zählen auch die durch den Abzug von Ressourcen von anderen Projekten entgangenen Gewinne.*

Bei dieser Argumentation ist allerdings zu beachten, daß sie im Hinblick auf strategische Unternehmensüberlegungen ebenfalls noch zu kurz greifen kann, denn das genannte Prinzip ist ein kostenorientiertes und insofern statisches Prinzip. Längerfristige und stärker dynamische Überlegungen müssen weitere Aspekte berücksichtigen und mögen zu modifizierten Schlußfolgerungen führen. So formuliert PICOT in Anlehnung an Transaktionskostenüberlegungen nach WILLIAMSON beispielsweise eine Leitlinie, die auch strategische Aspekte berücksichtigt.[96] In einer strategieorientierten Betrachtung spielen spezifische Investitionen eine große Rolle. Unabhängig von den Herstellungskosten wird dann folgendermaßen argumentiert: Leistungskomponenten, die spezifische Investitionen erfordern, sollten tendenziell intern erstellt werden, während Leistungskomponenten, die keine spezifischen Investitionen erfordern, vom Markt zu beziehen sind.

Dieses Prinzip spiegelt die Angst jedes Unternehmers vor einer ausnutzbaren Abhängigkeit von Zulieferern wider. Denn ist ein Unternehmen von einem bestimmten Lieferanten abhängig, so kann dieser Lieferant den Zulieferpreis bis zu dem Punkt erhöhen, an dem das Unternehmen selbst keinen Gewinn mehr macht. Diese strategischen Überlegungen gehen über die personalökonomische Argumentation hinaus und können hier nicht vertieft werden. Es sei jedoch darauf hingewiesen, daß Make-or-buy Entscheidungen nicht nur mit Kostenargumenten, sondern auch mit strategischen Erwägungen begründet werden können.

1.4 Entscheidungsunterstützung durch das betriebliche Rechnungswesen

Wenn man die Kosten von Eigenerstellung und von Fremdbezug analytisch korrekt aufschlüsselt, dann kann die korrekte Make-or-buy Entscheidung auch durch das Rechnungswesen unterstützt werden. Sowohl Lerner als auch Mitchell gingen irrtümlich davon aus, daß die interne Erstellung der Konstruktionszeichnungen in den Büchern nicht auftauche, während dies bei einer Auftragserteilung nach außen selbstverständlich der Fall wäre. Bei korrekter Analyse stimmt diese Vermutung jedoch nicht.

Kommen wir zurück auf das Beispiel der Luftikus AG. Werden Flugzeuge verkauft, so werden die erzielten Verkaufspreise als Erlöse verbucht. Die Herstellungskosten für die Flugzeuge, also die Beschaffungspreise von Material und Arbeitskraft, werden als Kosten verbucht. Gehen wir zunächst davon aus, daß das Unternehmen die Komponenten zukauft. Wie sieht nun der entsprechende Ausschnitt der betrieblichen Kosten- und Erlösrechnung aus? Auf der Erlösseite steht ein Betrag in Höhe von 20

---

[96] Vgl. WILLIAMSON (1975) und PICOT (1991).

Tabelle 9.2: Kosten und Erlöskalkulation beim Zukauf von Komponenten

Erlöse	Kosten
20 Flugzeuge	Arbeit
20 x € P	100 x € 40.000 = € 4 Mio.
	Komponenten Z x € 1.000
Netto = - € 500.000	

mal dem Verkaufspreis P der Flugzeuge. Auf der Kostenseite stehen zunächst die Gehälter der Mechaniker, also € 40.000 x 100. Hinzukommen € 1.000 für die bei der Herstellung von 20 Flugzeugen verwendeten Komponenten, deren Zahl wir als Z bezeichnen wollen. Tabelle 9.2 gibt diese Kalkulation wieder. Aus der ersten Zeile von Tabelle 9.1 wissen wir, daß bei der Herstellung von 20 Flugzeugen durch 100 Mitarbeiten unter Zukauf der Komponenten nach Abzug der Lohnkosten ein Nettoverlust von € 500.000 entsteht. Diese Zahl finden sie in der letzten Zeile von Tabelle 9.2 wieder.

Wie sähe die Kalkulation aus, wenn 20 Mitarbeiter anstatt mit der Flugzeugmontage mit der Herstellung von Komponenten beschäftigt wären? Tabelle 9.1 können wir entnehmen, daß dann nur 17 Flugzeuge hergestellt werden könnten und der Gewinn um € 700.000 fallen würde. Die Lohnkosten bleiben gleich, denn die 100 Mitarbeiter müssen weiterhin bezahlt werden. Im Unterschied zu vorher stellen also 20 von ihnen jetzt etwas anderes her. Während die Erlöse um € 100.000 zurückgehen, fallen auch die Kosten. Jeder der 20 umgesetzten Mitarbeiter stellt nun 60 Komponenten her. Dadurch reduzieren sich die Kosten für die von außen zugekauften Komponenten. Zugleich muß jedoch für die interne Herstellung der Komponenten wiederum Material beschafft werden. Wir haben zuvor bereits angenommen, daß für die Herstellung jeder Komponente € 450 als Kosten – ohne die Lohnkosten für die Mechaniker – anfallen. Somit fallen die Kosten um 60 x 20 x (€ 1.000 - € 450) = € 660.000.

Diese Kalkulation zeigt, daß die interne Erstellung der Komponenten zu zusätzlichen Verlusten führen würde. Die Erlöse abzüglich aller sonstigen Kosten fielen um € 700.000, während die Kosten für die Komponenten lediglich um € 660.000 zurückgingen. Da die Erlöse stärker sänken als die Kosten, ist die interne Erstellung

Fallstudie: Super Bakery

Im Jahr 1994 erzielte die Firma Super Bakery mit lediglich 9 Vollzeitmitarbeitern einen Umsatz von $ 8,5 Mio. In den vorangegangenen acht Jahren war das Unternehmen mit Steigerungen von über 20% pro Jahr sprunghaft gewachsen. Der Einstieg von Super Bakery in den Lebensmittelmarkt in den frühen achtziger Jahren war allerdings zunächst weniger beeindruckend. Am Anfang unterschied sich Super Bakery von der Konkurrenz nicht mehr als ein Donut vom anderen. Es überrascht nicht, daß Super Bakery als einer von vielen, nicht unterscheidbaren Spielern in diesem Markt zunächst enttäuschende Gewinne aufwies.

In den späten achtziger Jahren entwickelte das Unternehmen eine neue Strategie, die sich als hochgradig erfolgreich erwies. Das Outsourcing einiger Produktionsprozesse ist ein Kernelement dieser Strategie. Super Bakery schaffte es letztlich, in einer vormals stark fragmentierten Branche eine U.S.-weite Präsenz aufzubauen. Zunächst konzentrierte sich die Firma auf die Belieferung der Küchen von Schulen. Die meisten Bäckereien boten keine speziellen Produkte für Schulküchen an. Viele lokale Bäcker konnten ihre regulären Produkte nicht an Schulen verkaufen, weil sie nicht den behördlichen Gesundheitsvorschriften entsprachen. In diese Marktlücke stieß Super Bakery mit kalorienarmen, mit Vitaminen angereicherten Donuts, die außerdem gut schmeckten und den entsprechenden Gesundheitsvorschriften entsprachen. Um größere Stückzahlen erreichen und Skalenvorteile nutzen zu können, begann Super Bakery, das Produkt vakuum zu verpacken und zu kühlen. Auf diese Weise konnte es U.S.-weit vertrieben werden.

Dem Management war klar, daß eine Reihe von Aufgaben außerhalb des Unternehmens preiswerter erledigt werden kann. Wenn man beispielsweise über ein besonders gesuchtes Produkt verfügt, so bedeutet dies nicht automatisch, daß auch dessen Distribution zu den eigenen Kernkompetenzen zählt. Und so begann Super Bakery, die Lagerhaltung und den Versand an andere Firmen zu vergeben, und schließlich wurde auch die Produktion outgesourct. Als Schutz gegen Qualitätsverluste entwickelte das Unternehmen ein modernes System für das Rechnungswesen und die Qualitätssteuerung. Kunden-Service und -zufriedenheit wurden ebenso überwacht wie die Kosten der Auftragserfüllung und Kundenbelieferung. Die Qualität des Backprozesses wurde dadurch sichergestellt, daß Super Bakery sämtliche Hersteller mit dem eigenen, nach einem speziellen Rezept hergestellten Teig belieferte. Auf diese Weise konnte Super Bakery bestimmte Leistungsprozesse ohne Qualitätsverluste an den preiswertesten Anbieter outsourcen. Diese Outsourcingstrategie ermöglichte es Super Bakery, sich auf die Bereiche zu konzentrieren, in denen das Unternehmen über echte Wettbewerbsvorteile verfügte. Ein durchdachtes System der Materialflußsteuerung und der Auftragsüberwachung machte die Koordination zahlreicher Lieferanten und Auftragnehmer möglich.

Die Kunden allerdings haben ausschließlich mit Mitarbeitern von Super Bakery Kontakt. Super Bakerys Kundenbetreuer sind diejenigen, die Aufträge von Handelsunternehmen und Schulküchen entgegennehmen, Preise nennen und Lieferdaten bestimmen. Sie planen die Produktion, verteilt auf etliche unabhängige Bäckereien, die teilweise Tausende von Kilometern auseinander liegen. Die Kernkompetenz des Unternehmens liegt in der Auftragsbearbeitung, in der Koordination von Lieferanten und Auftragnehmern sowie in der Überwachung und Steuerung der Qualität der Produkte und Dienstleistungen, die diese anbieten. Diese Art der Organisation führt zu einer bemerkenswerten Effizienz, weil jeder Schritt der gesamten Leistungskette vom jeweils preiswertesten Anbieter ausgeführt wird. Darüber hinaus kooperiert Super Bakery auch mit nicht-konkurrierenden anderen Lebensmittelunternehmen, um Schulen mit kompletten Fertigmalzeiten beliefern zu können. Zugleich erfolgen sämtliche Forschungs- und Entwicklungsaktivitäten zentral, um Doppelarbeiten zu vermeiden.

Super Bakery bietet ein gutes Beispiel für eine erfolgreiche Outsourcingstrategie. Es ist ein florierendes, hochgradig virtuelles Unternehmen. Eine ähnliche Strategie verfolgt beispielsweise auch die Firma Benetton, die fast sämtliche Herstellungsaktivitäten outsourct.

Quelle: Davis, Tim und Bruce Darling: „ABC in Virtual Corporation". In: Management Accounting (October 1996) 78, 4, S. 18-26.

der Komponenten also eine schlechte Idee. Unter den von uns getroffenen Annahmen sollte das Unternehmen auch bei frei verfügbaren Mitarbeitern die Komponenten weiterhin von außen zukaufen.

1.5 Integration von Partikularinteressen bei der Entscheidungsfindung

In dem hypothetischen Szenario, das am Beginn diese Kapitels steht, befürwortet der Rechnungswesen-Manager die interne Erstellung und der Leiter der Konstruktionsabteilung die Fremdvergabe des Konstruktionsauftrags. Dabei mag jeder das vertreten haben, was für den von ihm verantworteten Bereich das Beste war. Das Gesamtinteresse des Unternehmens kam dabei jedoch zu kurz. Derartige Situationen reflektieren u.a. schlechte Anreizstrukturen im Unternehmen. Wären die Anreize für die Mitarbeiter im Unternehmen korrekt gesetzt, würde jeder Akteur die Gesamtfolgen für das Unternehmen berücksichtigen und sich dementsprechend verhalten. Verhalten sich Manager nicht im Interesse des Unternehmens, so ist das häufig eine direkte Folge falscher Anreizstrukturen.

Sehen wir uns noch einmal unser Beispielszenario an. Mitchell wehrte sich gegen die Übernahme eines weiteren Projekts, das in diesem Fall zufällig ein internes war. Warum? In der Regel gehen wir in der Wirtschaft davon aus, daß zusätzliche Nachfrage gut ist, nicht schlecht. Für Mitchells ablehnende Haltung gibt es möglicherweise zwei Gründe. Erstens könnte er glauben, daß Projekte für externe Kunden eine höhere Wertschätzung der Unternehmensleitung genießen, weil sie sichtbare Gewinne generieren. Interne Projekte zu bearbeiten, könnte seine Reputation vermindern. Zweitens scheint er zu glauben, daß interne Projekte typische Quellen für Ärger mit Kollegen und Vorgesetzten sind. Denn wenn irgend etwas falsch läuft, weiß es gleich jeder im Unternehmen. Für Mitchell gibt es in einem solchen Projekt deshalb nichts zu gewinnen.

Stellen wir uns nun einmal alternativ vor, Mitchell würde für interne Projekte gut entlohnt werden. Wahrscheinlich würde er dann das Konstruktionsprojekt sehr gerne übernehmen. Ist die Kompensation für interne Projekte allerdings zu gut, kann es sogar sein, daß er dafür externe Projekte vernachlässigt. Auch hier ist also wieder ein Trade-Off zu bedenken. Als Faustregel gilt, daß die Entlohnung für den Manager proportional zum Nutzen eines Projektes für das Unternehmen sein sollte. Wenn aus Unternehmenssicht interne und externe Projekte in etwa gleichwertig sind, dann sollte die Belohnung für den Manager für beide Arten von Projekten gleich sein. Dann gäbe es keinen Grund, interne Projekte abzulehnen. Werden interne Projekte jedoch zu stark gefördert, entweder explizit durch das Entlohnungssystem oder implizit durch die Aufmerksamkeit der Kollegen, so wird der Manager zuviel Zeit und Anstrengung in das interne Projekt investieren.

Es gibt einen relativ einfachen Feedbackmechanismus zur Überprüfung der Angemessenheit von Anreizen. Wenn Mitarbeiter und Manager sich ständig weigern, Tätigkeiten auszuführen, die im Interesse des Unternehmens sind, so ist es sehr wahrscheinlich, daß die aus Firmensicht wünschenswerten Projekte durch die Entlohnungssystematik für den entsprechenden Mitarbeiter nicht attraktiv genug sind. Dabei können sowohl pekuniäre als auch andere Anreize ausschlaggebend sein. Dieses Problem kann durch eine explizite und spürbare Restrukturierung des Kompensationssystems behoben werden.

2. Outsourcing: kosten- versus ergebnisorientierte Auftragsentlohnung

Nehmen wir an, Mitchell setze sich mit seiner Position durch und wehre alle Pläne zur internen Erstellung der Konstruktionsleistung erfolgreich ab. Das Unternehmen braucht aber dennoch das zusätzliche Gebäude, deshalb muß ein externer Auftragnehmer mit der Aufgabe betraut werden. Für die Strukturierung des Vertrags zwischen dem Auftraggeber und dem Auftragnehmer gibt es (mindestens) zwei Möglichkeiten.[97] Die erste besteht in der Aushandlung eines Fixpreises für das Projekt. Die zweite besteht in der Vereinbarung, die Kosten zu erstatten plus eine gewisse Gewinnmarge zu zahlen.

Die Entscheidung zwischen diesen beiden Vertragsformen entspricht der Entschei-

---

[97] Für eine umfassendere Analyse verschiedener Arten vertraglicher Vereinbarungen vgl. HART (1983).

2. Outsourcing: kosten- versus ergebnisorientierte Auftragsentlohnung

dung für die Bezahlung nach Input oder nach Output, wie sie in der „Einführung in die Personalökonomik" besprochen wurde.[98] Das kostenorientierte System entspricht einer Entlohnung auf der Basis des Inputs. Die berücksichtigten Kosten sind diejenigen für Material und Arbeit. Der zusätzlich gezahlte Aufschlag dient der Entlohnung von Managementkapazität und eingesetztem Kapital. Hier geht es also um den Gewinn des Unternehmens. Eine projektorientierte Entlohnung entspricht der Bezahlung nach Produktionsergebnis. Es handelt sich im Prinzip um eine Sonderform der Stückentlohnung, bei der es lediglich ein Stück gibt und die Bezahlung nach Fertigstellung dieses einen Stücks erfolgt. In unserem Beispiel würden das Unternehmen und der externe Auftragnehmer einen Vertrag vereinbaren, nach dem ein Gebäude mit bestimmten Spezifikationen innerhalb einer bestimmten Zeitspanne für einen Fixpreis, der bei Auftragsvergabe verhandelt wird, zu planen ist. Bei einer kostenorientierten Vertragsstruktur würde dagegen über den anzusetzenden Preis für Material und Arbeit verhandelt. Darüber hinaus müßte der Gewinnaufschlag ausgehandelt werden. Eine Vertragsbeziehung, bei der kostenorientiert entlohnt wird, kann in der Regel jederzeit vom Auftraggeber beendet werden. Er muß dann lediglich die bis zu diesem Zeitpunkt angefallenen Kosten und den anteiligen Gewinnaufschlag bezahlen. Ein projektorientierter Vertrag beinhaltet in der Regel die Leistung einer Vorabzahlung, die einen großen Teil der dem Auftragnehmer entstehenden Kosten abdeckt. Bei dieser Vertragskonstellation verliert ein Auftraggeber unweigerlich Geld, wenn er ein Projekt vorzeitig abbricht. Denn meist wird die Summe aus der Vorabzahlung und den für die Fertigstellung des Projektes noch weiter anfallenden Kosten die zunächst kalkulierten Gesamtkosten des Projekts übersteigen.

Auch die Überlegungen zur Qualitätsproblematik aus der „Einführung" gelten analog. Erfolgt die Bezahlung projektorientiert, so hat der Auftragnehmer Anreize, das Projekt so billig wie möglich abzuschließen. Wenn nach Output bezahlt wird, aber nicht alle Qualitätsparameter gut beobachtet und überwacht werden können, wird der Auftragnehmer versuchen, die Qualität soweit wie möglich zurückzufahren, um eigene Kosten zu sparen. Dem können Reputationsüberlegungen entgegenwir-

---

[98] Vgl. WOLFF/LAZEAR (2001): Kapitel II.2.

ken. Diese hängen jedoch von zwei Faktoren ab. Erstens muß sich das Qualitätsniveau der geleisteten Arbeit irgendwann offenbaren. Kann die Qualität niemals beurteilt werden, dann kann auch die Reputation des Auftragnehmers nicht durch schlampige Arbeit leiden. Zweitens muß dem Auftragnehmer die eigene Reputation wichtig sein. Dies trifft vor allem auf Auftragnehmer zu, die noch lange in der entsprechenden Branche tätig sein wollen.

Mitunter kann es auch bei projektorientierten Vertragsbeziehungen vorkommen, daß der Auftragnehmer kein Interesse an der Fertigstellung des Projektes hat. Dies kann ebenfalls durch ein falsches Entlohnungssystem begründet sein. Wenn beispielsweise 90% der Bezahlung erfolgt ist, nachdem erst siebzig Prozent der Arbeit ausgeführt wurden, kann es schwierig sein, den Auftragnehmer zu einem zügigen Projektabschluß zu bewegen. Denn für ihn wird dieses Projekt eine niedrige Priorität aufwiesen. Er wird seine Aufmerksamkeit lieber neuen Aufträgen mit großen Vorabzahlungen widmen. In den Vertragsverhandlungen muß also auch dem Konflikt zwischen dem Interesse des Auftraggebers, einen nennenswerten Anteil der Bezahlung möglichst lange zurückzuhalten und dem Interesse des Auftragnehmers, eine möglichst hohe Vorabzahlung zu erhalten, Rechnung getragen werden. Auch ein ehrlicher Auftragnehmer hat naturgemäß eine vollständige Vorabbezahlung am liebsten. Denn andernfalls begibt er sich in die Abhängigkeit vom Auftraggeber. Nehmen wir einmal an, daß dem Auftraggeber die Reputation als Käufer erheblich weniger wichtig ist als dem Auftragnehmer seine Reputation als Verkäufer (z.B. weil der Auftraggeber diese Art von Geschäft sehr viel seltener tätigt). Dann ist es weniger schädlich für den Auftraggeber mit schlechter Zahlungsmoral verschrien zu sein, als für den Auftragnehmer den Ruf zu haben, Projekte nicht fertig zu stellen. Unter dieser Annahme werden solche Vertragsbeziehungen einen hohen Anteil an Vorabzahlungen an den Auftragnehmer enthalten. Dies sieht natürlich anders aus, wenn wir häufig wiederholte Transaktionsbeziehungen zwischen denselben Partnern unterstellen.

Um Auftragnehmer zur zügigen Fertigstellung von Projekten zu motivieren, werden häufig auch Vertragsstrafen für eine nicht termingerechte Fertigstellung oder Prämien für eine rechtzeitige Fertigstellung vereinbart. Sind diese Vertragsstrafen bzw. Prämien allerdings zu hoch, so kann es geschehen, daß der Auftragnehmer zu schnell arbeitet und so die Qualität leidet. In der Regel bieten diese Instrumente jedoch wirkungsvolle Möglichkeiten, eine termingerechte Fertigstellung von Projekten zu fördern.

Kostenorientierte Verträge bieten sehr viel schwächere Anreize, an der Qualität zu sparen, weil der Auftragnehmer nach Input bezahlt wird. Die Anreize weisen eher in die entgegengesetzte Richtung. Weil der Auftragnehmer durch die vereinbarte Gewinnmarge an allen Kosten verdient, ist es für ihn attraktiv, sehr teuer zu arbeiten, indem er hochwertige Materialien verwendet und viel Arbeitszeit einsetzt. Auch hat er einen Anreiz, das Projekt in die Länge zu ziehen.

Auch dem Interesse des Auftragnehmers, zu langsam oder überteuert zu arbeiten, wirken im Prinzip Reputationsüberlegungen entgegen. Bei Auftragsvergabe fragen Auftraggeber häufig nach Referenzen. Da die Referenzen jedoch vom Auftragnehmer angegeben werden, sind sie kaum objektiv. Denn der Auftragnehmer wird natürlich nur Geschäftspartner angeben, deren Projekte er erfolgreich abgeschlossen hat. Die möglicherweise geringe Repräsentativität der vom Auftragnehmer genannten Referenzen sollte jedem Auftraggeber bewußt sein und von ihm berücksichtigt werden.

Wie kann das Interesse des Auftragnehmers an einer zeitlichen Verschleppung des Projektabschlusses auf anderem Wege begrenzt werden? Durch die Höhe der vereinbarten Gewinnmarge! Ist die Marge so gering, daß der Auftragnehmer mit anderen Projekten ähnliche Gewinne erzielen kann, so wird er nicht besonders daran interessiert sein, dieses eine Projekt in die Länge zu ziehen. Ist jedoch die Gewinnmarge höher als das, was er an anderen Projekten verdienen könnte, so wird er gerne so lange wie möglich an dem besonders gewinnträchtigen Projekt weiterarbeiten. Insofern gilt folgende Faustregel für Verträge, die auf Kosten-Plus Basis kalkuliert sind: je höher die vereinbarte Gewinnmarge ist, desto länger wird die zu erwartende Projektlaufzeit und desto höher wird die zu erwartende Qualität.

Insgesamt läßt sich festhalten, daß kostenorientierte Verträge dazu tendieren, ein zu hohes Anstrengungsniveau zu induzieren, während projektorientierte Entlohnungen ein zu geringes Anstrengungsniveau bewirken. Was ist nun vorzuziehen? Ist die Qualität leicht beobachtbar und verifizierbar, so sollte projektorientiert bezahlt werden, wobei Vertragsstrafen für Abweichungen von der vereinbarten Qualität vorzusehen sind. Kann die Qualität nicht leicht beobachtet werden, während aber die angemessene Bearbeitungszeit für das Projekt bekannt ist, so sollten eher kostenorientierte Verträge mit Vertragsstrafen für Nichteinhaltung von Terminen und Mindeststandards für die Qualität verwendet werden.

3. Franchising oder vertikale Integration

Franchising ist eine stark dezentralisierte betriebliche Organisationsform, bei der die Gewinnverantwortung in starkem Maße auf Franchisenehmer verlagert wird. Dadurch werden starke Leistungsanreize für die Franchisenehmer geschaffen.[99] Dabei wird der Franchisebegriff in den USA weiter ausgelegt als in Deutschland. Anschauliche Beispiele für Franchiseunternehmen bieten Mineralölkonzerne.[100] Einige Mineralölkonzerne, beispielsweise Standard Oil, betreiben zugleich eigene Tankstellen und Tankstellen, die von Franchisenehmern gemanagt werden. Die Mitarbeiter der eigenen Tankstellen sind fest bei Standard Oil angestellt, und alle Managemententscheidungen liegen beim Konzern selbst. Die Franchisenehmer dagegen sind eigenständige Unternehmer. Was vom Umsatz nach Abzug aller Kosten übrigbleibt, ist ihr unternehmerischer Gewinn. Laufen die Geschäfte schlecht, so trägt der Franchisenehmer dafür das Risiko. Sowohl eigene als auch Franchisetankstellen zu betreiben, weist u.a. den Vorteil auf, daß zwischen beiden Organisationsformen eine Art firmeninterner Wettbewerb besteht und auf diese Weise ein leistungsorientiertes Benchmarking betrieben werden kann. Franchising gibt es sowohl in den USA als auch in Deutschland in vielen Branchen. Die City Bank erregt zur Zeit dadurch Aufsehen, daß sie prüft, ob dieses Konzept in Europa im Bankenbereich angewendet werden kann. Franchising soll die Anreizstrukturen für leitende Mitarbeiter verbessern. Denn Mitarbeiter, die nach Arbeitsstunden oder in Form von festen Monatsgehältern entlohnt werden, haben relativ geringe Anreize, besondere Kreativität und Anstrengung zu zeigen. Für leitende „Mitarbeiter" aber, die selbst Unternehmer sind

---

[99] Vgl. PICOT/WOLFF (1995).

[100] Für eine Studie von Franchisekonstruktionen im Treibstoffeinzelhandel vgl. SHEPARD (1993).

3. Franchising oder vertikale Integration

und denen die Residualerträge aus ihren Anstrengungen zufallen, ist eine kreative und besonders leistungsorientierte Arbeitsweise sehr viel attraktiver. Franchising ist gewissermaßen ein Mittelweg zwischen einer festen Anstellung und einem vollständig freien Unternehmertum. Während der Franchisenehmer das Produkt und die Infrastruktur des Franchisegebers vollständig nutzen kann, trägt er zugleich ein hohes unternehmerisches Risiko. Jedoch lassen sich dadurch nicht alle Anreizprobleme lösen. Standard Oil bietet dafür ein anschauliches Beispiel. Interessanterweise liegen die von Franchisenehmern geführten Tankstellen vorzugsweise in geschlossenen Ortschaften, während die von Standard Oil selbst betriebenen eher an Highways liegen. Wie läßt sich dies erklären?

Zwei von den Akteuren zu erbringende Teilleistungen scheinen einen Schlüssel zur Erklärung zu bieten. Die erste besteht im Kundenservice. Tankstellenkunden erwarten nicht nur Benzin, sondern auch freundlichen Service und Hilfestellung, beispielsweise beim Reinigen von Scheiben oder der Kontrolle des Ölstandes. Eine zweite Teilleistung ist weniger eindeutig beschreibbar, aber vielleicht noch wichtiger für das Gesamtunternehmen. Was immer ein örtlicher Tankwart unter dem Namen Standard Oil treibt, betrifft den Markennamen des Unternehmens. Ein einziger schlecht arbeitender Tankwart kann auf diese Weise die Reputation der Marke Standard Oil sehr stark schädigen und für den gesamten Konzern nennenswerte Umsatzrückgänge verursachen. Diese beiden Teilleistungen weisen also auf ein Trittbrettfahrerproblem hin. Für einen einzelnen Akteur verursacht ein wenig Schlamperei kaum Kosten, sondern vor allem eine weniger anstrengende Arbeitsweise. Das Unternehmen insgesamt kann jedoch durch solches Verhalten letztlich hohe Umsatzeinbußen erleiden.

Hat eine Tankstelle nun einen hohen Anteil an Stammkunden, so reduziert sich das Trittbrettfahrerproblem durch Reputationsüberlegungen des örtlichen Tankstellenbetreibers. In geschlossenen Ortschaften, wo Tankstellen wahrscheinlich einen hohen Stammkundenanteil aufweisen, hält sich das Trittbrettfahrerproblem somit in Grenzen. Tankstellen an Highways weisen einen hohen Anteil an Laufkundschaft auf. Reputationsüberlegungen des Tankstellenbetreibers wirken hier kaum gegen den Trittbrettfahrereffekt. Deshalb betreibt Standard Oil diese Tankstellen tendenziell selbst, mit dem Effekt, daß so sehr viel konsequenter und strenger Leistungskontrollen betrieben werden können. Diese Leistungsüberwachung verursacht höhere Kosten als die Vergabe eines Franchisekontrakts. Dafür können Schädigungen des Markennamens wirkungsvoller vermieden werden.

Es kann aber auch innerhalb von Franchiseketten eine strenge Qualitätsüberwachung etabliert werden.[101] Ein Beispiel hierfür bieten die Sauberkeitsstandards von McDonalds. Natürlich wäre es für den einzelnen Restaurantbetreiber preiswerter, die Toiletten nur einmal wöchentlich putzen zu lassen. Dies würde jedoch den Ruf des Gesamtunternehmens McDonalds stark schädigen, so daß McDonalds genau gegen diese Art von Leistungslücken starke Kontroll- und Sanktionsmechanismen einsetzt. Schließlich wären verschmutzte Toiletten in irgendeinem McDonalds Restaurant hochgradig rufschädigend für die gesamte Kette.

Ob ein McDonalds Restaurant oder eine Standard Oil Tankstelle vom Mutterunternehmen selbst oder von einem Franchisenehmer betrieben wird, hängt also nicht von der Umsatzhöhe oder der Qualität des Standortes ab. Die Entscheidung richtet sich vielmehr nach Anreizüberlegungen. Faustregel ist, daß Betriebsstätten mit viel Stammkundschaft tendenziell lukrativer als Franchise betrieben werden können, während Geschäfte mit viel Einmalkundschaft aufgrund des beschriebenen Trittbrettfahrerproblems tendenziell besser in stärker integrierter Form betrieben werden sollten.

4. Resümee

Zunächst befaßten wir uns mit der Frage nach effizienten Outsourcingentscheidungen. Der erste Grundsatz ist relativ einfach: Ein Gut oder eine Leistung sollte von außen bezogen werden, wenn die Erwerbskosten niedriger sind als die Kosten der eigenen Herstellung. Dabei sollten jedoch nicht nur Produktionskosten sondern Opportunitätskosten als Entscheidungsgrundlage dienen. In dem von uns durchgerechneten Zahlenbeispielen schien eine interne Produktion auf den ersten Blick zwar billiger als der Fremdbezug zu sein, weil es überschüssige Mitarbeiterkapazität gab.

---

[101] Vgl. PICOT/WOLFF (1995): 230 ff.

Auf den zweiten Blick erwies sich der Fremdbezug jedoch selbst unter diesen Bedingungen als vorteilhafter. Betrachtet man Make-or-buy Entscheidungen darüber hinaus unter einem strategischen Aspekt, so sollte beim Fremdbezug von Gütern und Leistungen auch darauf geachtet werden, sich nicht durch einseitige spezifische Investitionen in ausbeutbare Abhängigkeiten zu begeben.

Für die Vergabe von Aufträgen nach außen werden üblicherweise entweder Kosten-Plus-Verträge oder Festpreisvereinbarungen genutzt. Beide Vertragsarten können unter bestimmten Bedingungen falsche Anreize setzen. Kostenorientierte Verträge motivieren Leistungsanbieter zu einem sehr hohen Ressourceneinsatz. Das kann sich in Form überhöhter Materialkosten oder überlanger Bearbeitungszeiten äußern. Je höher der Gewinnaufschlag für den Auftrag, desto länger wird die voraussichtliche Bearbeitungszeit und desto höher wird die zu erwartende Qualität. Festpreisverträge wirken in die umgekehrte Richtung. Sie verleiten Lieferanten dazu, an Material und Anstrengungen zu sparen. Bei Fixpreiskontrakten wird auch das Timing der Zahlungen bedeutsam. Ist die Vorauszahlung zu hoch, wird sich der Anbieter schwer tun, den Auftrag zu vollenden und sich statt dessen lieber schon neuen Aufträgen zuwenden. Faustregel ist: Kann die Qualität des Produkts bzw. der Leistung leicht verifiziert werden, so sind Fixpreisverträge wahrscheinlich geeigneter. Können die Bearbeitungszeit für den Auftrag und minimale Qualitätsstandards exakt spezifiziert werden, so eignen sich eher kostenorientierte Verträge.

Das Franchising stellt eine Vertragsform dar, die einige Anreizprobleme löst, weil sie weitgehende, wenn auch nicht alle Eigentumsrechte auf einen dezentralen Akteur überträgt. Dieser wird sich deshalb stärker um den Gewinn seines Franchises bemühen. Eventuellen Versuchungen, auf der Reputation des Gesamtunternehmens Trittbrett zu fahren, beugt der Franchisegeber durch das Setzen und Überprüfen bestimmter Qualitätsstandards vor. Bei extremen Überwachungsproblemen wird kein Franchise vergeben, sondern die entsprechende Leistung vertikal integriert.

5. Literatur

Hart, Oliver D. (1983): Optimal Labour Contracts under Asymmetric Information: An Introduction. In: Review of Economic Studies 50(1983)1: 3-35.

Picot, Arnold (1991): Ein neuer Ansatz zur Gestaltung der Leistungstiefe. In: ZfbF 43(1991)4: 336-357.

Picot, Arnold; Birgitta Wolff (1995): Franchising als effiziente Vertriebsform. In: ZfbF Sonderheft 35: 223-243.

Shepard, Andrea (1993): Contractual Form, Retail Price, and Asset Characteristics in Gasoline Retailing. In: Rand Journal of Economics 24(1993)1: 58-77.

Williamson, Oliver E. (1975): Markets and Hierarchies: Analysis and Antitrust Implications. New York: Free Press.

Wolff, Birgitta; Edward P. Lazear (2001): Einführung in die Personalökonomik. Stuttgart: Schäffer-Poeschel.

6. Weiterführende Literaturempfehlungen

Blanchflower, David G.; Andrew J. Oswald und Peter Sanfey (1996): Wages, Profits and Rent-Sharing. In: Quartely Journal of Economics 111(1996)1: 227-251.

Hölmstrom, Bengt; Paul Milgrom (1991): Multitask Principal-Agent Analyses: Incentive Contract, Asset Ownership and Job Design. In: Journal of Law, Economics, and Organisation 7(Special Issue 1991)0: 24-52

X. Nichtmonetäre Kompensationselemente

„Geld ist nicht alles". Fragte man beispielsweise Studierende der Betriebswirtschaftslehre, warum sie sich für diesen Studiengang entschieden haben, so gäben sie eine Vielzahl von Gründen an, unter denen jedoch der „erwartete monetäre Nutzen des Studiums" wohl eher selten genannt würde. Obwohl wahrscheinlich nur sehr wenige Studierende von sich behaupteten, Betriebswirtschaftslehre aus reinem Interesse am Fach zu studieren, würde die Mehrzahl vermutlich dennoch *nicht*monetäre Ziele wie einen interessanteren Arbeitsplatz, größere zeitliche Flexibilität, größere Entscheidungsspielräume oder bessere und flexiblere Aufstiegsmöglichkeiten nennen, die sie mit dem Studium der BWL verfolgen.

Auf der anderen Seite dürfte es für Unternehmen sehr teuer sein, jedem Arbeitnehmer genau die Arbeitsbedingungen zu gewähren, die ihm am wichtigsten sind bzw. von ihm am höchsten bewertet werden. Wenn es aber Kosten verursacht, Arbeitsbedingungen gemäß der individuellen Arbeitnehmerpräferenzen zu schaffen, dann entsteht – wie so oft – ein Trade-Off. Um im Wettbewerb überleben zu können, muß ein Unternehmen also die richtige Balance zwischen Gehältern und nichtmonetären (aber nicht kostenlosen) Kompensationsbestandteilen finden. Es muß über die Höhe und die Art der anzubietenden Benefits entscheiden, wobei sich hier die Frage stellt, wie eine solche Entscheidung getroffen werden kann. Um diese Frage beantworten zu können, beginnen wir wie immer mit einem Dialog, der so oder ähnlich in einem Unternehmen stattfinden kann, das eine solche Entscheidung zu treffen hat, und der das Spektrum an Problemen sehr anschaulich aufzeigt.

VINER: *Der Betriebsrat drängt uns schon seit langem, endlich variable Arbeitszeitmodelle anzubieten. Ich bin allerdings immer noch vollkommen dagegen, weil ich glaube, daß es unmöglich ist, unter den Bedingungen von Fließbandfertigung den Arbeitnehmern freizustellen, wann sie kommen und gehen.*

VON NEUMANN: *Sie haben sicherlich insofern recht, als daß auf jeden Fall immer alle Schichten besetzt sein müssen. Aber kein Mensch hindert uns daran, in den Schichten, die schwerer zu besetzen sind, höhere Gehälter zu zahlen. Wenn wir also beispielsweise nach ein paar Wochen feststellen würden, daß uns montags und frei-*

tags zu viele Arbeiter fehlen und somit keine ordentliche Wartung der Maschinen gewährleistet ist, könnten wir einfach für Montags- und Freitagsarbeit höhere Gehälter zahlen.

LOCKE: *Das ist eine gute Idee. Aber wieviel mehr sollen wir den Montags- und Freitagsarbeitnehmern zahlen? Am Ende zahlen wir montags und freitags so viel mehr, daß kein Mensch mehr an den restlichen Wochentagen arbeiten will.*

VON NEUMANN: *Natürlich müßten wir Erfahrungswerte sammeln und diese dann wiederum nutzen, um die anfänglichen Gehaltsentscheidungen sinnvoll zu revidieren. Aber darin sehe ich überhaupt kein Problem. Wenn wir beispielsweise herausfinden, daß aufgrund der zu hohen Gehälter für Montagsarbeit zu viele Arbeitnehmer an einem Montag, aber keiner an einem Dienstag arbeiten will, dann könnten wir einfach das Gehalt für Dienstagsarbeit erhöhen.*

VINER: *Jetzt aber mal halblang. Sie können nicht einfach hingehen und das Gehalt einzelner Personen variieren, obwohl sie die gleiche Arbeit ausüben. Wenn wir immer nur die Kosten erhöhen, werden wir überhaupt kein Geld dafür haben, die Gehaltsexperimente durchzuführen, die Locke vorgeschlagen hat. Meine Herren, sie müssen sich einfach mehr anstrengen, sich mit dem Betriebsrat zu einigen. Wir können jedenfalls nicht einfach immer die Löhne erhöhen, wenn wir zu wenige Arbeitnehmer zu einem bestimmten Zeitpunkt haben.*

LOCKE: *Na schön, dann zahlen wir eben einfach an den begehrten Tagen weniger, statt an den anderen Tagen die Gehälter aufzustocken. Anstatt höhere Gehälter für Montags- und Freitagsarbeit anzubieten, können wir ja genauso gut geringere Gehälter für Dienstags-, Mittwochs- und Donnerstagsarbeit offerieren.*

VINER: *Oh, Klasse. Ich kann mir richtig gut vorstellen, wie der Betriebsrat sich darum reißt, eine solche Lösung mitzutragen.*

LOCKE: *Jetzt warten Sie doch erst mal, Herr Viner. Sie haben das Gespräch mit der Feststellung eröffnet, daß der Betriebsrat jetzt endlich variable Arbeitszeiten möchte. Wenn die Betriebsräte das tatsächlich wollen, dann sollten wir unsere Verhandlungen damit beginnen, daß wir variable Arbeitszeiten statt Einkommenszuwächse anbieten. In der Hinterhand können wir behalten, daß wir für Montags- und Freitagsarbeit bei Bedarf dann doch zusätzliche Gehälter zahlen.*

VON NEUMANN: *Da ist was dran. Unsere Mitarbeiter sagen doch immer, daß sie sowieso nicht so sehr am Geld interessiert sind, sondern daß sie vor allen Dingen nach Selbstbestätigung, Entscheidungsspielräumen und ähnlichem suchen. Lassen Sie uns doch einmal sehen, ob sie bereit sind, auf Geld zu verzichten, oder ob sie immer nur große Töne spucken.*

LOCKE: *Wir müssen aber immer noch festlegen, wieviel mehr Geld wir im Zweifelsfall für die schwieriger zu besetzenden Tage zu zahlen bereit sind.*

VINER: *Ich glaube, das ist kein großes Problem. Es gibt eine Vielzahl von Firmen, die sicherlich schon Erfahrungen gesammelt haben und von denen wir genau die benötigten Informationen sammeln können. Außerdem existieren wahre Heerscharen von Vergütungsberatungen, die darauf spezialisiert sind, Arbeitsplätze aufgrund ihrer jeweiligen Charakteristika zu bewerten und daraus resultierend abzuleiten, welche Gehälter gezahlt werden sollten. Wir sollten einfach versuchen, einen dieser Vergütungsberater zu rekrutieren, damit er uns mit all den benötigten Informationen möglichst gut versorgt.*

LOCKE: *Wieviel wird das uns schon wieder kosten? Am Ende geben wir mehr Geld für die Berater aus als wir für Gehaltszuwächse ausgegeben hätten.*

VINER: *Das ist schon möglich. Aber warum sollten wir länger darüber Rätsel raten? Lassen sie es uns doch einfach herausfinden!*

Bis jetzt haben wir im Rahmen unserer Analysen der betrieblichen Personalpolitik immer unterstellt, daß Geld stellvertretend für alle Formen von Kompensation verwendet werden kann. Andererseits ist es beispielsweise bei der Diskussion über Investitionen in Humankapital nicht zwingend notwendig, monetäre Ziele zu unterstellen, d.h., daß Individuen in Humankapital investieren, um ihr Einkommen zu erhöhen. Wir könnten genauso gut annehmen, daß Investitionen in Humankapital getätigt werden, um den individuellen Status zu erhöhen, um interessantere Arbeitsplätze besetzen zu können oder um bessere Karriereaussichten zu haben. Unsere Analyse würde sich dadurch – wie wir im folgenden zeigen werden – aber nur unwesentlich ändern. Dazu benötigen wir lediglich eine Quantifizierung dieser nichtmonetären Kompensationselemente. Wir müssen also einen Weg finden, nichtmonetäre Eigenschaften wie sichere Arbeitsplätze, bessere Aufstiegschancen oder größere Freiheiten in metrische Größen umzuwandeln, die uns einen Vergleich zwischen nichtmonetären und monetären Kompensationsformen erlauben. Die vorhergehende Diskussion hat diese Frage implizit schon aufgegriffen. Die Bemerkung, daß Arbeitnehmer willens sein könnten, die Einführung variabler Arbeitszeiten gegen Einkommensreduktionen einzutauschen, war das Herzstück des einführenden Dialogs. Dabei sind folgende Fragen aufgeworfen worden:

- Geld ist nicht alles, aber wie wichtig sind andere Charakteristika des Arbeitsplatzes im Vergleich zu Geld?
- Wie können die nichtmonetären Eigenschaften eines Arbeitsplatzes bemessen werden?
- Gibt es eine zuverlässige Meßgröße, mit der alle Eigenschaften eines Arbeitsplatzes, d.h. monetäre und nichtmonetäre, gleichzeitig erfaßt werden können? Können zwei Kompensationspakete, die sich aus unterschiedlichen nichtmonetären Komponenten zusammensetzen, auf dieser Basis miteinander verglichen werden?
- Welche Rolle können externe Berater übernehmen, wenn es darum geht, Informationen über den Wert von nichtmonetären Charakteristika eines Arbeitsplatzes einzuholen? Was kann aus den gelieferten Informationen geschlußfolgert werden und was nicht?

1. Geld ist nicht alles, aber es ist die beste Meßgröße: Die Grundidee

Wenn Frau Koch beispielsweise Herrn Schneider mitteilt, daß sie € 100 in ihrem Portemonnaie hat, dann weiß Herr Schneider sofort, was das bedeutet. Mit den € 100 könnten sie zu einem gemeinsamen Abendessen ausgehen, sie könnten mehrere CDs kaufen, sie könnten einen Teil ihres Appartements davon bezahlen, oder sie könnten die € 100 auch auf ein Sparkonto einzahlen und für zukünftige Anschaffungen aufheben. Angenommen, Frau Koch sagt statt dessen aber zu Herrn Schneider, daß ein freier Nachmittag ihr genauso viel wert ist wie ein Glas Wein, dann wissen wir eigentlich nicht, was das bedeutet. Es ist noch nicht einmal klar, ob ein freier Nachmittag überhaupt einen positiven Wert für Frau Koch hat. Wenn Frau Koch nämlich

1. Geld ist nicht alles, aber es ist die beste Meßgröße: Die Grundidee

überhaupt keinen Wein trinkt, dann kann ihre Aussage bedeuten, daß ihr gar nichts daran liegt, einen arbeitsfreien Nachmittag zu haben. Es kann aber auch bedeuten, daß sie Wein-Trinken genießt, und daß sie es haßt, nachmittags zur Arbeit zu gehen. Das Problem besteht darin, daß ohne Kenntnis der individuellen Präferenzen Aussagen über Güter (bis auf Geld) nur schwer in interpretierbare Daten transformiert werden können.

In diesem Zusammenhang ist Geld eine sinnvolle Meßgröße, da es fungibel ist, d.h. ein Euro ist genauso gut oder schlecht wie ein anderer Euro. Außerdem kann Geld einfach in jede Art von Gütern und Dienstleistungen getauscht werden. Da alle Arbeitnehmer einen Teil ihrer Zeit gegen Geld eintauschen, kann man implizit den Geldwert einer Arbeitsstunde bestimmen. Wenn ein Arbeitnehmer sich beispielsweise entscheidet, 40 Stunden statt 39 Stunden zu arbeiten (und nicht vom Unternehmen dazu gezwungen wurde), dann kann man daraus schlußfolgern, daß der Wert der entgangenen Freizeit für die 40ste Arbeitsstunde nicht größer ist als die Lohnrate, die man für die 40ste Stunde bekommen hat. Ansonsten würde der Arbeitnehmer es ja präferieren, auf die Lohnzahlung der 40sten Stunde zu verzichten und statt dessen eine Stunde mehr Freizeit zu genießen. Aus der Entscheidung des Arbeitnehmers können wir also ableiten, daß für den betrachteten Arbeitnehmer der Wert der letzten Stunde Freizeit ungefähr der Lohnrate entspricht. Wäre der Wert der Freizeit niedriger, würde ein frei wählender Arbeitnehmer sein Arbeitsangebot um eine Stunde erhöhen; wäre der Wert der Freizeit hingegen höher, würde er eine Stunde weniger Arbeit anbieten. Da er sich annahmegemäß freiwillig genau für die beobachtete Stundenzahl entschieden hat, muß also der Wert der Freizeit dem Wert des Lohnsatzes entsprechen.

Kommen wir vor dem Hintergrund dieser Überlegungen wieder auf die Frage der Einführung variabler Arbeitszeiten zurück. Es wäre aus Unternehmensperspektive sicherlich hilfreich zu wissen, ob die Arbeitnehmer beispielsweise bereit sind, eine zehnprozentige Lohnkürzung in Kauf zu nehmen, um variable Arbeitszeiten zu bekommen. Das monetäre Äquivalent, in diesem Fall zehn Prozent der Lohnsumme, ist aus zwei Gründen eine nützliche Information: Es hat erstens eine genau definierte Bedeutung. Wir wissen, daß zehn Prozent des Einkommens ein nicht zu vernachlässigender Betrag sind und können daraus schlußfolgern, daß die Arbeitnehmer offensichtlich ein großes Interesse an variabler Arbeitszeit haben. Im Gegensatz dazu hätte beispielsweise eine Aussage wie die, daß die Einführung von variabler Arbeitszeit den gleichen Wert hat wie ein ausführlicher Spaziergang im Park, keinerlei vergleichbaren Informationswert. Das Unternehmen kann zweitens auf Basis der quantitativen Information entscheiden, ob es sich lohnt, variable Arbeitszeiten einzuführen. Wenn beispielsweise der Übergang zu variablen Arbeitszeiten typischerweise zu Störungen des Betriebsablaufs und damit beispielsweise zu erhöhten Produktionskosten führt, dann kann man die quantitativen Informationen einfach vergleichen. Wüßte das Unternehmen, daß das monetäre Äquivalent der Arbeitnehmer 10% des Lohnes beträgt und läge die Erhöhung der Produktionskosten mit Sicherheit bei weniger als 10% der Lohnsumme, dann würde eine Einkommensreduktion von beispielsweise 9,99% bei Einführung von variablen Arbeitszeiten sowohl die Arbeitnehmer als auch das Unternehmen besserstellen. Die Kenntnis der monetären Äquivalente von Arbeitsplatzcharakteristika ist hilfreich, da im Unternehmen alle Erträge und Kosten in Geldeinheiten bemessen werden. Geldeinheiten sind der Maßstab, an dem Unternehmen alle wichtigen Entscheidungen festmachen.

2. Monetäre Äquivalente bei homogenen Arbeitnehmerpräferenzen

Sobald es uns also möglich ist, die sonstigen Arbeitsplatzeigenschaften mit Hilfe monetärer Äquivalente zu bewerten, können wir die in den vorhergehenden Kapiteln durchgeführten Analysen der betrieblichen Personalpolitik ohne Probleme weiter verwenden. Bei Belohnungen darf dann beispielsweise nicht nur an Einkommensströme gedacht werden, sondern man muß gedanklich immer alle Vorzüge eines Arbeitsplatzes miteinschließen. Nur ein Teil der Belohnung besteht allerdings aus Geld, der andere Teil wird in Geldeinheiten bewertet. Um unsere bisherigen Analysen weiter verwenden zu können, müssen also lediglich alle nichtmonetären Faktoren in *monetäre Äquivalente* transformiert werden.[102] Dies ist im übrigen auch in der Praxis nicht ungewöhnlich, wenn man bedenkt, daß eine Vielzahl von Vergütungsberatern sich mit genau solchen Fragen beschäftigt.

---

[102] Die im folgenden präsentierte Argumentation beruht auf ROSEN (1974).

Abbildung 10.1: Indifferenzkurven, die den Zusammenhang zwischen Lohn und Einstellung zu variabler Arbeitszeit darstellen

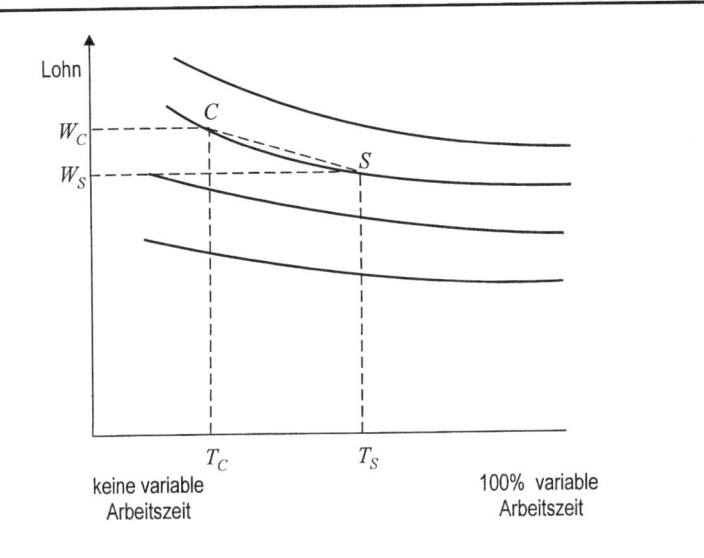

2.1 Arbeitszeitsouveränität und ihr monetärer Wert: Ein Analysemodell

Kommen wir vor dem Hintergrund dieser Überlegungen jetzt also zu dem Beispiel der Einführung variabler Arbeitszeiten zurück und konstruieren ein sehr einfaches Analysemodell für die Bestimmung monetärer Äquivalente. Wir nehmen an, daß alle Arbeitnehmer mehr Arbeitszeitsouveränität präferieren. Dieser Zusammenhang kann anhand von Indifferenzkurven dargestellt werden, die beispielsweise so wie in Abbildung 10.1 verlaufen könnten.

Auf der Abszisse ist der Anteil der Arbeitszeit abgetragen, über den die Arbeitnehmer selbst verfügen können. Am linken Ende der Abszisse gibt es überhaupt keine Souveränität über die eigene Arbeitszeit, d.h. die komplette Wochenarbeitszeit von beispielsweise 40 Stunden wird durch das Unternehmen festgelegt. Am anderen Ende der Abszisse befindet sich vollständig Arbeitszeitsouveränität, d.h. die gesamten 40 Wochenstunden können vom Arbeitnehmer selbst verplant werden. Eine Position zwischen diesen beiden Extremen, also beispielsweise 60% variable Arbeitszeit, bedeutet, daß der Arbeitnehmer über 60%, d.h. 24 Stunden, seiner Arbeitszeit frei verfügen kann und daß das Management 40%, d.h. 16 Arbeitsstunden, festlegen darf. Auf der Ordinate sind die mit einem bestimmten Arbeitszeitmodell korrespondierenden Stundenlohnsätze abgetragen.

Der fallende Verlauf der Indifferenzkurven deutet an, daß die beiden Eigenschaften, Arbeitszeitsouveränität und Höhe der Löhne, gegeneinander austauschbar sind. Arbeitnehmer sind beispielsweise bereit, mehr Souveränität gegen geringere Löhne einzutauschen. Dabei führen alle Kombinationen, die auf einer Indifferenzkurve liegen, zum gleichen Nutzenniveau. So stiften beispielsweise die Punkte C und S für das mit der Abbildung repräsentierte Individuum den gleichen Nutzen: das Individuum ist indifferent zwischen den aufgezeigten Arbeitszeit-Lohn-Kombinationen. Die Löhne sind im Punkt C zwar höher, dafür ist aber in Punkt S die freie Verfügbarkeit über die Arbeitszeit größer. Die zusätzliche Souveränität, die also mit dem Modell S einhergeht, kompensiert genau die Reduktion des Lohnes ($W_C - W_S$). Wie bei Indifferenzkurven üblich, wird auch hier ein konvexer Verlauf angenommen. Je mehr Souveränität ein Individuum schon hat, desto geringer ist der Wert eines zusätzlichen Souveränitätsgewinns, d.h. man wird weniger bereit sein, für zusätzliche Arbeitszeitsouveränität Einkommensverluste hinzunehmen. Wenn man von einem vollständig festen Arbeitszeitmodell ausgeht und für einige wenige Stunden Zeitsouveränität einräumt, dann ist dieser Zugewinn sicherlich sehr viel wertvoller, als wenn man beispielsweise sowieso schon über 80% seiner Arbeitszeit verfügen kann. Selbst ein Individuum, das sehr große Antipathien gegen vorgegebene Arbeitszeiten hegt, wird dennoch willig sein, sich einige wenige Stunden seiner Arbeitszeit diktieren zu lassen, wenn es dafür bezahlt wird. So läßt sich also der konvexe Verlauf der eingezeichneten Indifferenzkurven plausibel erklären. Höhere Nutzenniveaus können nur erreicht werden, wenn bei einem gegebenen Anteil an variabler Arbeitszeit die Löhne erhöht werden bzw. bei einem gegebenen Lohn der Anteil der frei verfügbaren Zeit vergrößert wird. Niedrige Nutzenniveaus resultieren daraus, daß man z.B. bei gegebenem Lohn den Anteil der variablen Arbeitszeit reduziert oder daß man bei einem gegebenen Anteil an variabler Arbeitszeit versucht, die Löhne zu reduzieren (oder bei einer entsprechende Kombination der beiden Fälle).

Nehmen wir nun weiter an, daß unterschiedliche Unternehmen sich unterschiedliche Kombinationen an Arbeitszeitflexibilität und Löhnen leisten können. Stellen wir uns auf der einen Seite beispielsweise ein Unternehmen vor, dessen Produktion voraussetzt, daß alle Arbeitnehmer gleichzeitig anwesend sind, um alle Plätze an einem Fließband besetzen zu können. Auf der anderen Seite können wir uns ein Unternehmen vorstellen, das sehr viel flexiblere Arbeitszeitregelungen verkraften kann, wie z.B. ein Softwareunternehmen, bei dem die einzelnen Programmierer weitgehend unabhängig voneinander arbeiten können und nur von Zeit zu Zeit eine Koordination gesichert sein muß (im Extremfall könnte das Unternehmen es sogar ermöglichen, daß man einen Großteil der Arbeitszeit überhaupt nicht im Unternehmen sondern zu Hause verbringt). Wenn wir diese beiden Unternehmen vergleichen, dann ist es sicherlich für das Softwareunternehmen einfach, variable Arbeitszeiten zu relativ niedrigen Kosten anzubieten, während es für das Industrieunternehmen mit Fließbandfertigung sehr schwierig ist, mehr Souveränität zu gewähren, da dadurch die Produktion am Fließband sehr schnell gestört wird, was sich unmittelbar in erhöhten Kosten bzw. reduzierten Gewinnen niederschlägt. Das so beschriebene Industrieunternehmen wird also sicherlich mit dem Angebot variabler Arbeitszeiten zurückhaltender sein als das Softwareunternehmen. Bezogen auf unsere Abbildung könnte also beispielsweise Punkt S das Softwareunternehmen repräsentieren, das ein hohes Maß an variabler Arbeitszeit anbietet, und Punkt C könnte für ein Automobilunternehmen mit Fließbandfertigung stehen, das es vorzieht, weniger Variabilität bei höheren Löhnen zu offerieren. Da sowohl S als auch C auf der gleichen Indifferenzkurve liegen, wären die Arbeitnehmer, die durch die eingezeichneten Präferenzkurven repräsentiert sind, indifferent bezüglich der Angebote. Für sie hätte es den gleichen Wert, bei dem Softwareunternehmen mit viel Souveränität und niedrigeren Lohnsätzen oder bei dem Automobilunternehmen mit geringerer Souveränität und höheren Lohnsätzen zu arbeiten.

Anhand des Beispiels kann man aber noch eine weitere Erkenntnis ableiten. Schauen wir uns dafür die gestrichelte Linie zwischen C und S an. Sie stellt die Bereitschaft der Arbeitnehmer dar, Geld gegen Souveränität einzutauschen. Nehmen wir beispielsweise an, daß der Lohnsatz W_C bei € 15 pro Stunde läge und der Lohnsatz W_S bei € 10 pro Stunde, und nehmen wir weiter an, daß am Punkt T_C über 20% der

Arbeitszeit frei verfügt werden könnte und im Punkt T_S über 40% der Arbeitszeit. Dann hätte die gestrichelte Verbindungslinie zwischen C und S die folgende Steigung:

$$\frac{W_S - W_C}{T_S - T_C} = \frac{10 - 15}{0,4 - 0,2} = -0,25$$

Um eine Zunahme der frei verfügbaren Arbeitszeit von 20 Prozentpunkten zu bekommen, wären die Arbeitnehmer bei gegebenem Lohnniveau also bereit, eine Reduktion des Lohnsatzes um € 5 hinzunehmen. In der gegebenen Situation könnte das Unternehmen also annäherungsweise für je zehn Prozentpunkte zusätzlich frei wählbare Arbeitszeit die Lohnsätze um rund € 2,50 reduzieren.

Schon in den vorhergehenden Analysen haben wir aber darauf hingewiesen, daß die Bereitschaft der Arbeitnehmer, Lohn gegen Souveränitätszugewinn einzutauschen, variiert. Ein Arbeitnehmer, der nur über einen sehr geringen oder gar keinen Anteil seiner Arbeitszeit frei verfügen kann, wird bereitwilliger auf Lohn verzichten, um etwas mehr Souveränität zu bekommen. Ein Arbeitnehmer, der am Punkt S ist und schon relativ viel Arbeitszeitsouveränität besitzt, hat schon einen großen Teil seines Lohnes geopfert. Da er schon relativ viel Souveränität besitzt, wird er eine geringere Bereitschaft aufweisen, weitere Lohnzugeständnisse zu machen, d.h. es ist nicht von einem gleichbleibenden Austauschverhältnis, oder ökonomisch präziser ausgedrückt, nicht von einer gleichbleibenden Grenzrate der Substitution auszugehen. Aus diesem Grunde sind die Indifferenzkurven am rechten Ende typischerweise flach, wohingegen sie am linken Ende relativ steil verlaufen. An den Enden müßten also andere Tauschverhältnisse angenommen werden. Für den mittleren Bereich zwischen C und S ist aber die o.g. Schätzung von € 2,50 je zehn Prozentpunkte sicherlich eine zulässige Vereinfachung.

Mit Hilfe der in Abbildung 10.1 repräsentierten Analyse verfügen wir über ein Instrument zur Umwandlung nichtmonetärer Arbeitsplatzcharakteristika in monetäre Größen. Da die Arbeitnehmer bereit sind, € 2,50 je zehn Prozentpunkte zusätzlicher Souveränität einzutauschen, ist das monetäre Äquivalent zu zehn Prozentpunkten Souveränität mit € 2,50 pro Stunde anzusetzen. Obwohl sich also die Arbeitnehmer nicht nur für Geld interessieren, kann ein zusätzlicher Lohn von € 2,50 den Verlust an Souveränität adäquat kompensieren. Umgekehrt formuliert gilt auch, daß einem Arbeitnehmer, dem zehn Prozentpunkte mehr Souveränität angeboten werden, im Gegenzug € 2,50 an Lohnreduktionen zugemutet werden können, da der Wert der zusätzlichen Souveränität mit € 2,50 pro Stunde angenommen werden kann.

Damit haben wir also gezeigt, daß ein nichtmonetäres Arbeitsplatzcharakteristikum (in diesem Fall variable Arbeitszeit) in monetären Äquivalenten ausgedrückt werden kann. Wir können zwar den Wert einer zehnprozentigen Souveränitätssteigerung für den Arbeitnehmer immer noch nicht direkt messen, aber wenn wir wissen, daß eine Erhöhung der Souveränität um zehn Prozentpunkte eingetauscht würde gegen eine Lohnreduktion von € 2,50, dann können wir in unserer Analyse diese Zahl als Wert der Souveränität einsetzen.

2.2 Statistische Ermittlung monetärer Äquivalente

Es ist also sehr hilfreich, wenn man das Verhältnis zwischen Löhnen und nichtmonetären Vorteilen kennt. Allerdings ist in der realen Welt normalerweise nicht davon auszugehen, daß diese Zusammenhänge so offensichtlich sind, wie sie etwa in Abbildung 10.1 wiedergegeben werden. Es stellt sich also die Frage, wie man geeignete Informationen zur Schätzung monetärer Äquivalente erhält. Ausgangspunkt können die von Vergütungsberatungen produzierten Daten sein. Sie sammeln typischerweise Informationen über Gehälter und Arbeitsplatzcharakteristika, so daß man die Trade-Offs zwischen Gehältern und nichtmonetären Arbeitsplatzcharakteristika erkennen und als Grundlage zur Schätzung monetärer Äquivalente verwenden kann. Unternehmen können diese Informationen heranziehen, um optimale Kompensationspakete zu konstruieren, die für Arbeitnehmer einen vorgegebenen Wert zu möglichst geringen Kosten gewährleisten. Wenn beispielsweise ein Unternehmen weiß, daß Arbeitnehmer indifferent sind bezüglich eines Jahresgehaltes von € 32.000 ohne zusätzliche Krankenversicherung und € 29.000 Jahresgehalt mit zusätzlicher Krankenversicherung, und das Unternehmen ein entsprechendes Zusatzversicherungspaket für € 1.500 je Arbeitnehmer kaufen kann, dann betragen die Kosten des zweitgenannten Kompensationspaketes nur € 30.500, während der Wert für den Arbeitnehmer bei € 32.000 liegt.

Tabelle 10.1: Einkommen vs. Arbeitszeitsouveränität

Unternehmen	Lohnsatz	Anteil AZ-Souveränität in %
101	30,00	0,0 %
102	27,56	5,0 %
103	25,25	10,0 %
104	23,06	15,0 %
105	21,00	20,0 %
106	19,06	25,0 %
107	17,25	30,0 %
108	15,56	35,0 %
109	14,00	40,0 %
110	12,56	45,0 %
111	11,25	50,0 %
112	10,06	55,0 %
113	9,00	60,0 %
114	8,06	65,0 %
115	7,25	70,0 %
116	6,56	75,0 %
117	6,00	80,0 %
118	5,56	85,0 %
119	5,25	90,0 %
120	5,06	95,0 %
121	5,00	100,0 %

Kommen wir vor diesem Hintergrund auf unser Arbeitszeitbeispiel zurück. Nehmen wir an, daß Arbeitnehmer identische Präferenzen haben und daß neben dem Lohn nur ein weiterer Faktor wichtig ist, nämlich das Ausmaß an Arbeitszeitsouveränität. Das Gehalt sei mit W gekennzeichnet und die Arbeitszeitsouveränität, d.h. der Anteil der Arbeitsstunden, über die die Arbeitnehmer selbst disponieren können, sei mit T bezeichnet. Nehmen wir weiter an, daß jedes Unternehmen in einer Volkswirtschaft eine bestimmte Kombination an Gehalt und Arbeitszeitsouveränität anbietet. Die verschiedenen Angebote können in einer Tabelle, wie zum Beispiel Tabelle 10.1, zusammengefaßt werden.

2. Monetäre Äquivalente bei homogenen Arbeitnehmerpräferenzen

Abbildung 10.2: Darstellung der Daten aus Tabelle 10.1

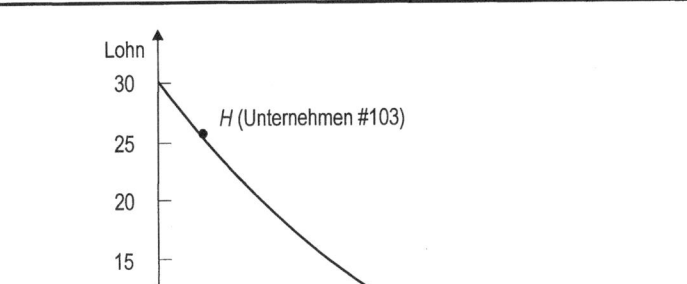

Die aus diesen Daten resultierende Kurve wird in Abbildung 10.2 dargestellt. Zur Veranschaulichung haben wir in der Abbildung zwei Unternehmen, *I* und *H*, besonders hervorgehoben (es handelt sich um Unternehmen 103 und 120 aus den Beispieldaten der Tabelle 10.1). Unternehmen *I* zahlt einen Lohnsatz von € 25,25 und bietet zehn Prozent frei verfügbare Zeit an. Unternehmen *H* zahlt einen deutlich geringeren Lohnsatz von € 5,60, bietet aber den Arbeitnehmern nahezu vollständige Zeitsouveränität (sie können über 95% der Arbeitszeit selbst disponieren). Unternehmen *H* könnte beispielsweise ein typischer Handwerksbetrieb des Kunstgewerbes sein. Die Kunsthandwerker wenden möglicherweise eine sehr hohe Anzahl an Arbeitsstunden auf, aber sie arbeiten typischerweise nur, wenn sie es selbst für richtig halten. Außerdem werden sie einen Großteil der Arbeit möglicherweise auch zu Hause erledigen. In einem solchen Fall kann der Lohnsatz durchaus sehr niedrig sein. Auf der anderen Seite könnte Unternehmen *I* ein mittelständisches Industrieunternehmen sein, das darauf angewiesen ist, daß die Industriefacharbeiter sich koordinieren, damit die Maschinen effizient eingesetzt werden können. In einem solchen Fall ist es aus Unternehmensperspektive sinnvoll, allenfalls einen kleinen Prozentsatz der Arbeitszeit frei wählen zu lassen (zehn Prozent), die restlichen 90% werden vom

Arbeitgeber für alle Arbeitnehmer in gleicher Weise diktiert.

Die in Abbildung 10.2 eingezeichnete Kurve verbindet alle möglichen Kombinationen von Gehalt und Arbeitszeitflexibilität. Schon auf den ersten Eindruck ähnelt sie einer Indifferenzkurve (vgl. Abb. 10.1). Wenn unsere Annahme stimmt, daß alle Arbeitnehmer identisch sind, ist eine solche Linie, die sich im Marktgleichgewicht ergibt, in der Tat eine Indifferenzkurve. Arbeitnehmer sind also indifferent zwischen einer Arbeit bei Unternehmen *I* oder *H*. Unternehmen *H* zahlt zwar vergleichsweise wenig, bietet dafür aber soviel mehr Souveränität, so daß die Arbeitnehmer genauso gerne in diesem Unternehmen arbeiten wie in Unternehmen *I* mit dem entsprechend höheren Lohn. Anders ausgedrückt: Ein typischer Arbeitnehmer ist bereit € 20,19 (= 25,25 - 5,06) aufzugeben, um einen Arbeitsplatz zu erhalten, auf dem er zu einem sehr viel größeren Anteil (85 Prozentpunkte) selbst über seine Arbeitszeit verfügen kann. Das monetäre Äquivalent von 85 Prozentpunkten an zusätzlicher Souveränität beträgt somit in dem hier gekennzeichneten Beispiel € 20,19 pro Stunde.

Solche Daten haben den Vorteil, daß sie direkt beobachtet bzw. gemessen werden können, auch wenn die Sammlung der einzelnen Datenpunkte durchaus kostspielig sein mag. Um eine zuverlässige Schätzung monetärer Äquivalente zu erhalten, muß nämlich eine ausreichende Zahl an ansonsten vergleichbaren Unternehmen berücksichtigt werden, und man benötigt detaillierte Informationen über die Gehälter und nichtmonetären Eigenschaften der Arbeitsplätze. Die in Abbildung 10.2 wiedergegebene Indifferenzkurve kann neben ihrer graphischen Darstellung auch in ihrer algebraischen Form angegeben werden. Wenn wir also mit Hilfe einer Vielzahl von gesammelten Daten versuchen würden, eine Regression durchzuführen, könnte beispielsweise folgende Funktionsform zugrunde gelegt werden:

$$\text{Lohn} = a + b(\text{Arbeitszeitsouveränität}) + c(\text{Arbeitszeitsouveränität})^2$$

Geschätzt würden die Parameter *a*, *b* und *c*. Im o.g. Beispiel der Abbildung 10.2 würden wir dabei die Werte 30, -50 und 25 erhalten. Die Indifferenzkurve hätte damit folgenden Verlauf:

$$\text{Lohn} = 30 - 50(\text{Arbeitszeitsouveränität}) + 25(\text{Arbeitszeitsouveränität})^2$$

Wenn also die Zeitsouveränität 0 beträgt, müßte das Gehalt bei € 30 pro Stunde liegen. Wenn die Arbeitszeitsouveränität um 1 Prozent erhöht wird, dann reduzieren sich die Gehälter:

30 - 50 x 0,01 + 25 x 0,0001 = € 29,50

Dies bedeutet, daß ein Prozentpunkt an Arbeitszeitsouveränität für einen Arbeitnehmer ohne jede Arbeitszeitsouveränität ungefähr 50 Cents pro Stunde wert ist.

2.3 Multiple Arbeitsplatzcharakteristika und die Bestimmung monetärer Äquivalente: Eine Erweiterung des Grundmodells

Ausgehend von diesen Überlegungen können wir unser Modell nun erweitern und zusätzlich annehmen, daß Arbeitnehmer nicht nur eine Präferenz für Arbeitszeitsouveränität haben, sondern beispielsweise gleichzeitig eine Abneigung gegen gefährliche Arbeitsplätze. Eine mögliche Operationalisierung der mit einem Arbeitsplatz verbundenen Gefahr ist die Wahrscheinlichkeit, mit der ein Arbeitnehmer am Arbeitsplatz eine Verletzung erfährt, die ihn für eine beträchtliche Zeit ausfallen lassen würde (beispielsweise einen Monat). Diese Wahrscheinlichkeit ist beispielsweise für Bauarbeiter höher als für Portiers. Nehmen wir wieder an, daß wir für 50 Unternehmen Daten sammeln konnten, so daß wir Informationen über deren Gehälter, deren Arbeitszeitsouveränität und deren Unfallrate haben. Beispielhaft sind solche Daten in Tabelle 10.2 wiedergegeben.

Es ist unmittelbar einsichtig, daß Verletzungen einen negativen Nutzen haben und daß deshalb Unternehmen, die ein größeres Verletzungsrisiko aufweisen, höhere Löhne zahlen müssen. Diesen Zusammenhang kann man in der Tabelle 10.2 sehr leicht wiederfinden, indem man sich einige wenige Punkte herausgreift. So zahlt beispielsweise das Unternehmen mit der Nr. 1040 höhere Löhne als Unternehmen mit der Nr. 1044 und zwar unabhängig von der Tatsache, daß das Unternehmen Nr. 1040 mehr Souveränität anbietet als das Unternehmen Nr. 1044. Wenn Arbeitszeitsouveränität der einzige nichtmonetäre Faktor wäre, der bei der Arbeitsplatzentscheidung von Bedeutung ist, dann würde das Unternehmen Nr. 1040 sicherlich geringere Löhne zahlen können als Unternehmen Nr. 1044. Da aber Unternehmen Nr. 1040 gefährlichere Arbeitsplätze anbietet als Unternehmen Nr. 1044, erklärt sich dieser Unterschied. Die Wahrscheinlichkeit eines Unfalls sei 0,0097 in Unternehmen Nr. 1040, aber nur 0,0026 in Unternehmen Nr. 1044, so daß die Verletzungswahr-

Tabelle 10.2: Einkommen, Arbeitszeitsouveränität und Verletzungsrisiko eines Arbeitsplatzes

Unternehmen Nr.	Lohnsatz	Anteil AZ-Souveränität in %	Verletzungsrisiko
1001	10,67	88%	0,0038
1002	20,84	90%	0,0085
1003	9,83	72%	0,0023
1004	6,95	86%	0,0013
1005	22,31	78%	0,0086
1006	11,70	76%	0,0038
1007	12,34	70%	0,0037
1008	27,18	60%	0,0094
1009	14,93	98%	0,0061
1010	16,96	82%	0,0067
1011	10,45	54%	0,0002
1012	19,04	58%	0 0060
1013	18,87	94%	0,0078
1014	17,81	50%	0,0045
1015	28,01	56%	0,0094
1016	31,21	44%	0,0094
1017	20,39	42%	0,0047
1018	16,25	36%	0,0009
1019	20,61	32%	0,0031
1020	7,79	74%	0,0010
1021	8,58	64%	0,0003
1022	25,51	48%	0,0077
1023	23,82	46%	0,0068
1024	15,83	92%	0,0065
1025	16,84	38%	0,0019
1026	22,80	62%	0,0079
1027	22,07	34%	0,0043
1028	11,16	96%	0,0043
1029	18,22	28%	0,0003
1030	6,82	84%	0,0011
1031	15,96	52%	0,0038
1032	25,33	68%	0,0092
1033	28,37	30%	0,0067
1034	25,95	16%	0,0026
1035	12,70	80%	0,0046
1036	25,16	66%	0,0091
1037	32,39	8%	0,0043
1038	42,67	4%	0,0081
1039	34,19	26%	0,0084
1040	**40,91**	**18%**	**0,0097**
1041	15,38	40%	0,0012
1042	40,47	10%	0,0083
1043	**32,78**	**20%**	**0,0069**

2. Monetäre Äquivalente bei homogenen Arbeitnehmerpräferenzen

1044	33,25	0%	0,0026
1045	25,28	24%	0,0041
1046	20,33	22%	0,0001
1047	39,61	14%	0,0086
1048	38,89	12%	0,0081
1049	31,29	2%	0,0019
1050	37,00	6%	0,0061

scheinlichkeit in Unternehmen Nr. 1040 dreimal höher ist als in Unternehmen Nr. 1044. Im Ergebnis führt eine Kombination der drei genannten Einflußfaktoren dazu, daß das Unternehmen Nr. 1040 um € 7 höhere Löhne zahlen muß als das Unternehmen Nr. 1044. Ein weiterer Vergleich mit Unternehmen Nr. 1043 macht deutlich, daß Souveränität immer noch ein wichtiger Faktor ist. Unternehmen Nr. 1044 zahlt mehr als Unternehmen Nr. 1043 und zwar ungeachtet der Tatsache, daß die Unfallrate in Unternehmen Nr. 1043 sehr viel höher als in Unternehmen Nr. 1044 ist. Der Grund dafür ist, daß die Souveränität in Unternehmen Nr. 1043 um 20 Prozentpunkte höher ist als in Unternehmen Nr. 1044. Der Wert der zusätzlichen Souveränität kompensiert also das höhere Unfallrisiko.

Auch hier bieten Regressionsschätzungen wiederum die Möglichkeit, eine vollständige Beschreibung der verschiedenen Arbeitsplatzcharakteristika und der individuellen Präferenzen zu kennzeichnen (immer noch unter der Annahme, daß alle Arbeitnehmer identische Präferenzen besitzen).

Wenn wir mit Hilfe der in Tabelle 10.2 enthaltenen Daten diese Regressionsfunktion schätzen, erhalten wir folgendes Ergebnis:

$$\text{Lohn} = 30 - 50(\text{Arbeitszeitsouveränität}) + 25(\text{Arbeitszeitsouveränität})^2$$
$$+ 1.000(\text{Unfallgefahr}) + 100.000(\text{Unfallgefahr})^2$$

Wenn also die Wahrscheinlichkeit einer Verletzung 0 beträgt, entspricht der Lohnsatz ungefähr dem Lohnsatz in Tabelle 10.1 (ohne Verletzungsrisiko). So hätte beispielsweise ein Unternehmen, das keine Arbeitszeitsouveränität anbietet, dafür aber ein Verletzungsrisiko von 0 Prozent hat, folgende Gehälter zu zahlen:

$$30 - 50(0) + 25(0) + 1.000(0) + 100.000(0) = €\ 30 \text{ pro Stunde}$$

Wenn das gleiche Unternehmen keine Arbeitszeitsouveränität anbietet und eine Zunahme des Verletzungsrisikos von 0 auf 0,001 zu verzeichnen hätte, dann müßte es dafür folgende Gehälter zahlen:

$$30 - 50(0) + 25(0) + 10.000(0,001) + 100.000 \, (0,001)^2 = € \, 31,10$$

Wir können aus dieser Gleichung schlußfolgern, daß die Erhöhung des Verletzungsrisikos von Null auf ein Promille eine Gehaltszunahme um € 1,10 pro Stunde bedingt. Somit beträgt das monetäre Äquivalent für die Steigerung der Unfallwahrscheinlichkeit von Null auf ein Promille (oder 0,1%) € 1,10 pro Stunde. Anders ausgedrückt ist einem typischen Arbeitnehmer die Arbeit in einer sicheren Arbeitsumgebung € 1,10 pro Stunde wert.

Ebenso wie wir Arbeitsbedingungen mit zwei nichtmonetären Charakteristika analysiert haben, könnten wir analog auch einen Arbeitsplatz mit drei oder einer beliebigen Zahl an nichtmonetären Eigenschaften analysieren. Das Grundproblem bleibt immer das gleiche. Die Analyse wird nur durch die Verfügbarkeit von geeigneten Daten beschränkt. Die Regressionsfunktion würde einfach nur mehr Variablen beinhalten, nämlich genauso viele, wie Arbeitsplatzcharakteristika berücksichtigt werden sollen. Das einzige Problem, das bei einer zunehmenden Erweiterung der zu berücksichtigenden Arbeitsplatzcharakteristika auftritt ist, daß die Möglichkeit, signifikante Schätzungen für monetäre Äquivalente zu erhalten, mit jedem zusätzlichen Regressor abnimmt, der in der Gleichung berücksichtigt werden soll. Dies bedeutet: Um bei einer Vielzahl an Arbeitsplatzcharakteristika zuverlässige monetäre Äquivalente schätzen zu können, müßte man eine sehr große Zahl an Daten erheben. Es ist dann wichtig, Beobachtungen aus einer Vielzahl von Unternehmen zu sammeln, die alle eine große Vielfalt an Arbeitsplatzcharakteristika aufweisen, damit zuverlässige Schätzungen über die Präferenzen der Arbeitnehmer möglich sind.

3. Heterogene Arbeitnehmerpräferenzen und die Bestimmung monetärer Äquivalente

Um eindeutige Aussagen über monetäre Äquivalente treffen zu können, hatten wir im vorhergehenden Abschnitt angenommen, daß alle Arbeitnehmer identische Präferenzen besitzen; in der Realität aber unterscheiden sich Arbeitnehmer natürlich.

Ökonomen fällt es schwer zu erklären, warum bestimmte Präferenzen bestehen, warum also beispielsweise ein Individuum Schokolade präferiert und ein anderes Individuum Salzstangen. Glücklicherweise ist es aber auch nicht erforderlich, die Entstehung unterschiedlicher Präferenzen zu erklären, um ihre Effekte analysieren zu können, d.h. um zu untersuchen, wie sich heterogene Präferenzen auf die Schätzung monetärer Äquivalente auswirken. Wir können aussagekräftige Statements und zuverlässige Schätzungen erreichen, obwohl sich die Präferenzen zwischen verschiedenen Arbeitnehmern unterscheiden, unabhängig davon, warum diese Differenzen existieren. Als Ökonomen interessieren wir uns nur für die Auswirkungen unterschiedlicher Präferenzen und nicht für die Ursachen.

3.1 Arbeitszeitsouveränität und Ermittlung ihres monetären Wertes bei heterogenen Präferenzen: Ein neues Analysemodell

Um die Auswirkungen unterschiedlicher Präferenzstrukturen zu verstehen, können wir auf Abbildung 10.1 zurückgreifen, die unterschiedliche Indifferenzkurven von typischen Arbeitnehmern enthält. Nehmen wir zur Vereinfachung zunächst an, daß wir nur zwei verschiedene Typen von Individuen haben. Beide ziehen einen positiven Nutzen sowohl aus ihrem Gehalt als auch aus ihrer Arbeitszeitsouveränität, allerdings unterscheiden sich die Gewichte der beiden Faktoren. Um dies konkretisieren zu können, stellen wir uns ein anderes Beispiel aus dem Bereich des Sports vor. Wir nehmen an, daß es auf der einen Seite Menschen gibt, die gerne windsurfen, und auf der anderen Seite Leute, die es lieben, Schach zu spielen. Dabei ist Windsurfing ein Sport, der sehr stark vom Wetter (insbesondere vom Wind) abhängt, welches in den meisten Regionen der Welt eher unvorhersehbar ist. Ein Windsurfer möchte also am liebsten windsurfen gehen, wenn gute Bedingungen herrschen, und würde es deshalb präferieren, wenn er seine Arbeit zu Zeiten erbringen könnte, in denen die Windsurfingbedingungen sehr schlecht sind. Schachspieler können dagegen ihre Schachturniere selbst im voraus ziemlich genau planen. Es gibt keine exogenen Einflußfaktoren, wie Wetter oder ähnliches, die einen signifikanten Einfluß auf die Qualität des Spieles hätten. Sie brauchen zur Ausübung ihres Hobbys keine Freiheiten bei der Arbeitszeitgestaltung. Im Vergleich der beiden

Abbildung 10.3: Indifferenzkurven von Schachspielern und Windsurfern

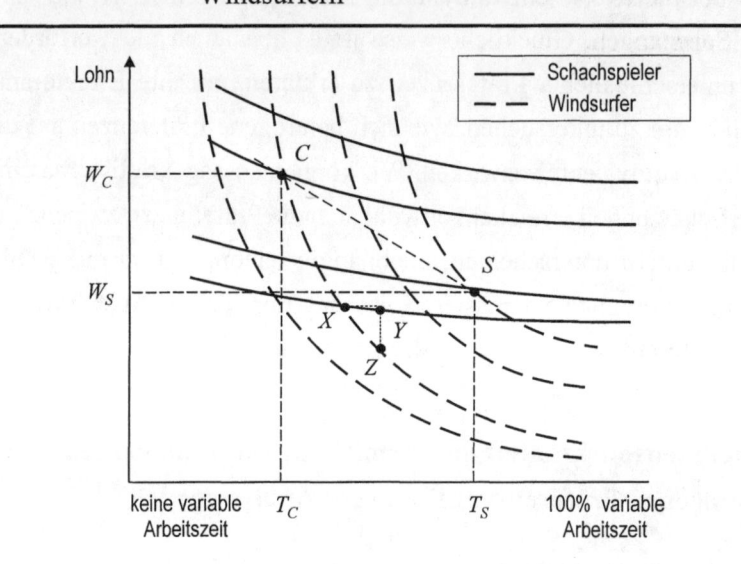

Sporttypen wird man sicher festhalten können, daß Windsurfer mit großer Wahrscheinlichkeit ihrer Arbeitszeitsouveränität einen höheren Wert beimessen als Schachspieler. Abbildung 10.3 stellt die Indifferenzkurven der beiden Typen dar.

Die Präferenzen der Windsurfer werden mit Hilfe der gestrichelten Linien gekennzeichnet, die Präferenzen der Schachspieler mit Hilfe der durchgezogenen Linien. Die Indifferenzkurven der Windsurfer sind steiler als die der Schachspieler, was impliziert, daß die Windsurfer eine größere Bereitschaft aufweisen, Gehaltsverluste gegen mehr Arbeitszeitsouveränität einzutauschen. Um dies genauer sehen zu können, betrachten wir den Punkt X. Wenn wir von dort aus ein Stück weit horizontal nach rechts gehen, sehen wir, daß die Windsurfer für den Zugewinn an Arbeitszeitflexibilität bereit sind, auf deutlich mehr Gehalt zu verzichten als die Schachspieler.

Windsurfer sind bezüglich des Punktes X und Z indifferent, d.h. sie sind bereit, einen deutlichen Gehaltsabstrich in Kauf zu nehmen, um mehr Arbeitszeitsouveränität zu gewinnen. Schachspieler sind dagegen indifferent zwischen den Punkten X und Y. Sie akzeptieren zwar ebenfalls eine Gehaltsreduktion, um eine zunehmende Souveränität zu erlangen; allerdings ist die Gehaltsreduktion, die ein Schachspieler bereit

3. Heterogene Arbeitnehmerpräferenzen und die Bestimmung monetärer Äquivalente

ist, für einen ganz bestimmten Zugewinn an Arbeitszeitsouveränität zu akzeptieren, deutlich geringer als bei den Windsurfern. Dies bedeutet wiederum, daß Windsurfer Souveränität sehr viel stärker gewichten, so daß sie daraus resultierend eine höhere Bereitschaft aufweisen, Geld aufzugeben, um Souveränität zu gewinnen.

Um die Analyse weiter vorantreiben zu können, betrachten wir nun außerdem zwei Unternehmen. Ein Unternehmen benötigt Arbeitnehmer, die bereit sind, nach einem festen Arbeitszeitschema zu arbeiten; es könnte sich hierbei beispielsweise um eine Fertigungsstätte eines Automobilproduzenten handeln. Das andere Unternehmen ist dagegen durchaus bereit, in gewissem Maße die Kontrolle über die Arbeitszeit der Arbeitnehmer aufzugeben bei einer gleichzeitigen Reduktion der Gehälter; es könnte sich hierbei beispielsweise um das anfangs erwähnte Softwareunternehmen handeln. Die Angebote, die die Unternehmen am Arbeitsmarkt machen, sind gekennzeichnet durch die Punkte C und S. Wir sehen, daß Schachspieler den Punkt C gegenüber dem Punkt S vorziehen würden, da der Punkt C für sie auf einer höheren Indifferenzkurve liegt als S.

Vor diesem Hintergrund werden Selektionsaspekte natürlich besonders wichtig. Diejenigen Arbeitnehmer, denen Arbeitszeitsouveränität am wichtigsten ist, werden typischerweise in Unternehmen arbeiten, die keine besonders hohen Anforderungen an die Einhaltung fester Arbeitszeitschemata haben. Diejenigen Arbeitnehmer, denen variable Arbeitszeiten weniger wichtig sind, werden in Unternehmen arbeiten, die festere Arbeitszeitpläne haben, die aber gleichzeitig auch bereit sind, höhere Gehälter zu zahlen.

Wenn wir die gestrichelte Linie betrachten, die C und S in Abbildung 10.3 verbindet, erinnert uns diese an die gestrichelte Linie zwischen C und S in Abbildung 10.1. Es gibt nur einen signifikanten Unterschied. In Abbildung 10.1 verband die gestrichelte Linie zwei Punkte auf der gleichen Indifferenzkurve. Interpretiert wurde dies als die Bereitschaft des Arbeitnehmers, variable Arbeitszeit gegen Lohnzahlungen zu erkaufen. Wenn Arbeitnehmer dagegen unterschiedlich sind und unterschiedliche Präferenzen unterstellt werden müssen, dann ist diese Interpretation nicht länger haltbar.

In Abbildung 10.3 verbindet die gestrichelte Linie zwischen C und S Punkte, die nicht auf der gleichen Indifferenzkurve liegen, sondern jeweils auf Indifferenzkurven von unterschiedlichen Typen von Arbeitnehmern. S liegt auf einer Kurve, die eher den Windsurfingtyp repräsentiert und C auf einer Kurve, die eher die Präferenzen eines Schachspielers widerspiegelt.

Was bedeutet aber dann die Steigung der gestrichelten Linien zwischen C und S? Sie repräsentiert nicht die Bereitschaft des Schachspielers, Gehaltszugeständnisse für mehr Souveränität einzutauschen; die gestrichelte Linie ist steiler als die Schachspielerindifferenzkurve, die durch C geht. Wir können schlußfolgern, daß für einen Schachspieler eine Veränderung der Situation von Punkt C nach Punkt S mit einer Nutzeneinbuße verbunden ist. Ein Schachspieler wäre also von einer Bewegung von Punkt C nach Punkt S nach den vorhergehenden Analysen nicht begeistert. Die Schachspieler wären nicht bereit, höhere Gehälter gegen Arbeitszeitsouveränität zu einem Preis einzutauschen, der durch die Steigung der Geraden durch die Punkte C und S gekennzeichnet ist. Ihre Indifferenzkurve ist nämlich flacher, was bedeutet, daß sie weniger bereit sind, Gehälter aufzugeben, um Souveränität zu erreichen, als die Linie CS es andeutet.

Umgekehrt gilt, daß die gestrichelte Linie flacher ist als die Indifferenzkurve der Windsurfer im Punkt S. Windsurfer wären zufrieden mit einer Bewegung von Punkt C nach Punkt S, da Windsurfer typischerweise eine hohe Präferenz für Arbeitszeitsouveränität haben. Damit würden die Windsurfer auf einer höheren Indifferenzkurve landen. Sie wären hingegen nicht willens, sich in umgekehrter Richtung zu bewegen, also Souveränität gegen ein (relativ) geringes Maß an zusätzlichem Gehalt einzutauschen (so wie es durch die gestrichelte Linien gekennzeichnet ist). Wenn also ein Unternehmen die Arbeitszeitsouveränität von T_C nach T_S erhöht und gleichzeitig die Gehälter von W_C nach W_S reduziert, stellen sich Arbeitnehmer vom Typ Windsurfer besser, da sie eine höhere Indifferenzkurve erreichen. Windsurfer schätzen die Veränderung der Souveränität von T_C nach T_S nicht als monetär gleichwertig zu der Lohnreduktion von W_C nach W_S ein. Vielmehr messen sie der erhöhten Souveränität einen höheren Wert bei als die gestrichelte Linie CS suggeriert und sind deshalb bereit, Gehaltsreduktionen in Höhe von $W_C - W_S$ im Austausch für die erhöhte Souveränität hinzunehmen. Die Steigung der gestrichelten Linie unterschätzt somit das monetäre Äquivalent der Arbeitszeitflexibilität von Windsurfern. Da die

Steigung der gestrichelten Linie dem Regressionskoeffizienten entspricht, den man aus real beobachtbaren Daten ermittelt, kann man schlußfolgern, daß Regressionsschätzungen die monetären Äquivalente von Souveränität für solche Arbeitnehmer unterschätzen, die sich bereits für Arbeitsplätze mit größerer Souveränität entschieden haben.

Schachspieler schätzen die Situation genau umgekehrt ein. Wenn ein Schachspieler mit einer Ausgangssituation gemäß Punkt C in Abbildung 10.3 ein Angebot bekommt, seine Arbeitszeitsouveränität vom Punkt T_C zum Punkt T_S auf Kosten einer Reduktion des Lohnes von W_C nach W_S zu erhöhen, dann würde er dieses Angebot sicherlich ablehnen. Schachspieler messen nämlich der Zunahme der Souveränität von T_C nach T_S einen geringeren Wert bei als dem entgangenen Einkommen ($W_C - W_S$). Der Gehaltsverlust ist größer als das monetäre Äquivalent der gesteigerten Souveränität von T_C nach T_S für Arbeitnehmer, die sich ursprünglich für weniger flexible Arbeitsplätze entschieden haben. Da die Steigung der gestrichelten Linie, wie bereits oben geschildert, das Ergebnis von Regressionsschätzungen aus beobachtbaren Daten ist, kann an dieser Stelle festgehalten werden, daß die Regressionskoeffizienten das monetäre Äquivalent von Souveränität für Arbeitnehmer auf weniger flexiblen Arbeitsplätzen tendenziell überschätzen.

Wohin führen uns diese Erkenntnisse? Sie zeigen uns, daß wir auf Basis empirisch ermittelbarer Zusammenhänge trotz unterschiedlicher Präferenzstrukturen vergleichsweise zuverlässige Aussagen treffen können. Selbst wenn wir die monetären Äquivalente aus den Regressionskoeffizienten nicht mehr direkt ablesen können, geben sie uns doch einen guten Anhaltspunkt für den wahren Wert. Warum das so ist, kann man sich anhand der im folgenden erläuterten drei Faktoren klarmachen.

3.2 Interpretationen empirisch ermittelter Austauschverhältnisse

Regressionskoeffizienten als Unter- bzw. Obergrenzen monetärer Äquivalente

Die geschätzten Regressionskoeffizienten der monetären Äquivalente von nichtmonetären Arbeitsplatzcharakteristika stellen eine Untergrenze der wahren monetären Äquivalente dar für solche Arbeitnehmer, die sich für Unternehmen entschieden haben, die die vom Arbeitnehmer jeweils präferierten Arbeitsplatzcharakteristika in größerem Ausmaß aufweisen. Gleichzeitig stellen die geschätzten Regressionskoeffizienten eine Obergrenze der monetären Äquivalente dar für Arbeitnehmer, die es vorziehen, in Unternehmen mit einem vergleichsweise geringem Ausmaß des betrachteten Arbeitsplatzcharakteristikums zu arbeiten. In dem obigen Beispiel bedeutet dies, daß der Regressionskoeffizient eine Untergrenze des monetären Äquivalentes der Arbeitszeitsouveränität für Windsurfer darstellt und eine Obergrenze des Wertes der Arbeitszeitsouveränität für Schachspieler. Die geschätzten Regressionskoeffizienten ermöglichen es uns somit, zumindest monetäre Bandbreiten für den Wert von nichtmonetären Arbeitsplatzcharakteristika anzugeben.

Regressionsschätzungen als Marktwerte

Die Ergebnisse von Regressionsschätzungen entsprechen dem wahren Marktpreis eines Arbeitsplatzcharakteristikums. Obwohl Regressionskoeffizienten weder den exakten Trade-Off eines Schachspielers noch den eines Windsurfers reflektieren, sind sie doch eine verläßliche Schätzung des Trade-Offs, der sich am Arbeitsmarkt einstellen wird. Angenommen, ein Unternehmen, das in der Ausgangssituation einen Lohn W_C zahlt und dafür Souveränität im Ausmaß von T_C bietet, entscheidet sich nun, die Souveränität auf T_S zu erhöhen. Mit dieser Entscheidung kann es gleichzeitig den Lohn von W_C nach W_S reduzieren. Warum ist das so? Wir wissen, daß die augenblicklichen Arbeitnehmer, die alle eher dem Typ Schachspieler entsprechen, den Trade-Off nicht akzeptabel finden. Allerdings sind Arbeitnehmer vom Typ Windsurfer durchaus bereit, für den Lohn W_S zu arbeiten, solange sie eine Souveränität von T_S erhalten. Das Unternehmen kann also die Löhne als Gegenzug für eine Erhöhung der Souveränität von T_C nach T_S durchaus bis zum Punkt W_S reduzieren. Die gegenwärtigen Arbeitnehmer (Typ Schachspieler) werden in diesem Fall durch neue Arbeitnehmer (Typ Windsurfer) nach und nach ersetzt. Die Regressionsschätzung entspricht also dem Marktpreis des betrachteten Arbeitsplatzcharakteristikums: das Unternehmen kann Arbeitszeitsouveränität im Umfang $T_S - T_C$ zu einem Preis von $W_C - W_S$ „verkaufen", solange es einen Wechsel der Arbeitnehmerschaft in Kauf nimmt.

Ein Unternehmen kann natürlich auf gleichem Wege auch Veränderungen in die

3. Heterogene Arbeitnehmerpräferenzen und die Bestimmung monetärer Äquivalente

andere Richtung vornehmen. Es könnte sich das Recht erkaufen, die Souveränität von T_S nach T_C zu reduzieren, indem es die Löhne von W_S nach W_C erhöht, wie es die Regressionskoeffizienten nahelegen. Allerdings gilt auch hier, daß damit die Arbeitnehmer vom Typ Windsurfer durch Arbeitnehmer vom Typ Schachspieler ausgetauscht werden. Das ist kein Problem, solange Arbeitnehmer keine betriebsspezifischen Fähigkeiten aufweisen. Sollte dies jedoch der Fall sein, so würden die derzeitigen Arbeitsplatzinhaber höhere Produktivitäten aufweisen als neu eingestellte Arbeitnehmer.

Regressionsergebnisse bei angenommenem Präferenzkontinuum

Bis jetzt sind wir immer nur von zwei verschiedenen Präferenzen ausgegangen. Windsurfer waren bereit, einen beträchtlichen Teil ihres Einkommens aufzugeben, um zusätzliche Souveränität zu erhalten, während Schachspieler nicht willens waren, für zusätzliche Souveränität auf Einkommen zu verzichten. In der Realität wird es allerdings so sein, daß es nicht nur diese beiden extremen Arbeitnehmertypen gibt, sondern ein ganzes Kontinuum an Präferenzen. Wenn beispielsweise fanatische Windsurfer, Gelegenheitswindsurfer, Dilettanten, windsurfende Schachspieler, reine Schachspieler, fanatische Schachspieler und alle Abstufungen dazwischen existieren, dann kommt die geschätzte Regressionsgleichung den Präferenzen jedes einzelnen Typs sehr nahe. Unter diesen Umständen entsprechen die mit Hilfe der von den Arbeitnehmern gefällten Entscheidungen geschätzten Regressionskoeffizienten den wahren monetären Äquivalenten. Kleine Veränderungen der Souveränität haben ein monetäres Äquivalent in Höhe des geschätzten Regressionskoeffizienten. Solange davon auszugehen ist, daß es ein Kontinuum an Präferenzen gibt, und solange die beabsichtigten Veränderungen klein sind, stellt die Regressionsgerade das monetäre Äquivalent eines Arbeitsplatzcharakteristikums eines betrachteten Arbeitnehmers nahezu perfekt dar.

Zur Diskussion...
Warum bietet eine zunehmende Zahl von Unternehmen sogenannte Job-Tickets an?

Fallstudie: Alternative Kompensationspakete und ihre Effekte

Die American United Life Insurance Co., Indianapolis, bietet ihren Arbeitnehmern eine Palette von Sozialleistungen an, die weit über die Krankenversicherungs- und Altersvorsorgepakete hinausgehen, die die meisten Wettbewerber offerieren. Die Pakete von AUL beinhalten beispielsweise Gruppentickets zu kulturellen und sportlichen Veranstaltungen der Region. Die beliebteste Sozialleistung von AUL ist ein voll ausgestattetes Fitneß-Center, das sich im Versicherungsgebäude befindet. Das Unternehmen übernimmt sowohl die Hälfte der Aufnahmegebühr als auch über 50% des Jahresbeitrages. So ist es wenig überraschend, daß mehr als 25% der Belegschaft diesen Vorteil nutzen. Es stellt sich die Frage, warum AUL nicht die Beiträge für andere Fitneß-Center subventioniert, anstatt die hohen Kosten der Einrichtung eines eigenen Centers auf sich zu nehmen. Im Grunde genommen muß man sogar fragen, warum die Mitgliedschaft in einem Fitneß-Center überhaupt unterstützt wird - warum man den Arbeitnehmern also nicht einfach das Geld gibt, so daß sie selbst entscheiden können, ob sie Mitglied in einem Club werden oder irgend etwas anderes kaufen.

Die Antwort ergibt sich, wenn man die positiven Effekte einer solchen Sozialleistung für das Unternehmen berücksichtigt. Betrachten wir zunächst die Wahl zwischen der Subventionierung einer Lohnerhöhung und einer externen Clubmitgliedschaft. Typischerweise bekommt das Unternehmen bei einem Großabonnement günstigere Raten als ein einzelner Arbeitnehmer. Durch das Angebot der firmenbezogenen Mitgliedschaft in einem Fitneß-Center verbilligt das Unternehmen für die Arbeitnehmer die Kosten der Clubmitgliedschaft. Durch eine Lohnerhöhung verbessert das Unternehmen lediglich die Möglichkeiten des Arbeitnehmers, sich eine individuelle Mitgliedschaft zu leisten. Indem der Club preiswerter wird, induziert das Unternehmen eine Substitution bei der Geldverwendung. Arbeitnehmer, die normalerweise noch keinem Club beigetreten wären (weil ihre individuellen Kosten den individuellen Nutzen überwiegen), werden bei günstigerer Firmenmitgliedschaft doch Mitglied, da die geringeren Kosten durchaus durch den Nutzen aufgewogen werden können. AUL ist somit in der Lage, die Verwendung des Kompensationspaketes mit zu formen. Das Unternehmen hat ein Interesse an einer solchen Verhaltensbeeinflussung, weil es annimmt, daß die Mitgliedschaft (und Nutzung) in einem Fitneß-Club gesündere Arbeitnehmer und geringere Produktivitätsverluste aufgrund von Fehlzeiten bedeutet. So gesehen sind gut gewählte Sozialleistungen eine Möglichkeit, das Verhalten der Arbeitnehmer so zu beeinflussen, daß es vorteilhaft für das Unternehmen ist - auf diese Weise führt die Kompensation nicht nur zu Kosten, sondern wird zu einer Investition.

Warum aber gibt das Unternehmen soviel Geld aus, um den Club im eigenen Gebäude einzurichten, statt eine externe Clubmitgliedschaft zu fördern? Unter der Annahme, daß die direkten Kosten sich kaum unterscheiden ist der wichtigste Grund, daß durch ein hausinternes Angebot auch noch die Zeitkosten gesenkt werden können. Wichtig ist aber möglicherweise auch, daß dieser Club eine Art Kameradschaft unter den Arbeitnehmern hervorruft und damit die Arbeitnehmer an das Unternehmen bindet oder auch seine Freizeitpräferenzen beeinflußt. Indem man die Mitgliedschaft in einem einzigen, dem hausinternen Club unterstützt, mag es außerdem sein, daß die Arbeitnehmer gemeinsam trainieren und Freundschaften auch außerhalb des Arbeitsplatzes aufbauen, was möglicherweise wiederum die Produktivität am Arbeitsplatz erhöht.

Quelle: GRETA SHANKLE (1992) : Aerobics, Movie Tickets, Swimming Pools, Day Care: A Paycheck is Just the Beginning in the Employee Benefits Game. In: Indianapolis Business Journal, 8.6.1992.

3.3 Wünschenswerte und unerwünschte Arbeitsplatzcharakteristika im Vergleich

Einige Arbeitsplatzcharakteristika sind typischerweise eher erwünscht, während andere eher unerwünscht sind. So dürfte Souveränität von praktisch allen Arbeitnehmern als eine gute Eigenschaft angesehen werden, während die Mehrzahl der Arbeitnehmer das Risiko von Berufsunfällen oder -krankheiten als etwas Schlechtes ansehen dürfte. Die vorhergehende Analyse ermöglicht es, solche Arbeitsplatzcharakteristika problemlos zu berücksichtigen. In Regressionsschätzungen können solche Faktoren als unabhängige Variable aufgenommen werden. Das Vorzeichen des Regressionskoeffizienten zeigt an, ob es sich um eine erwünschte oder unerwünschte Arbeitsplatzeigenschaft handelt. Das Vorzeichen einer unerwünschten Eigenschaft ist entgegen der sprachlichen Konnotation positiv, weil höhere Löhne gezahlt werden müssen, wenn ein Arbeitsplatz mehr von dieser Eigenschaft aufweist. Bei erwünschten Eigenschaften ist der geschätzte Regressionskoeffizient dagegen negativ (so wie z.B. bei Arbeitszeitsouveränität), weil geringere Löhne gezahlt werden, wenn ein Arbeitsplatz mehr von dieser Eigenschaft bietet.

Auch graphisch sind unerwünschte Arbeitsplatzeigenschaften genauso einfach zu handhaben wie erwünschte Arbeitsplatzcharakteristika. Die Indifferenzkurven weisen in diesem Fall eine positive Steigung auf, wie es in Abbildung 10.4 beispielhaft dargestellt wird. Auf der Abszisse ist die Unfallrate, also ein negativer Faktor, und auf der Ordinate der Lohn abgetragen. Die Indifferenzkurven sind konvex und weisen eine positive Steigung auf. Arbeitnehmer sind also indifferent zwischen Arbeitsplätzen mit geringen Löhnen und geringen Unfallraten und Arbeitsplätzen mit höheren Löhnen und einem höheren Unfallrisiko. Dies wird deutlich anhand der Punkte X und Y die auf der gleichen Indifferenzkurve liegen. Gleichzeitig ist zu erkennen, daß sowohl der Arbeitsplatz X als auch Arbeitsplatz Y gegenüber einem Arbeitsplatz Z vorgezogen werden, da dieser auf einer niedrigeren Indifferenzkurve liegt.

Alternativ zu der bisher geschilderten Methode der Untersuchung unerwünschter Arbeitsplatzcharakteristika besteht auch die Möglichkeit, diese zu berücksichtigen, indem das Gegenteil des unerwünschten Faktors als erwünschte Eigenschaft einbezogen wird, die dann natürlich das umgekehrte Vorzeichen aufweisen muß. So könnte man beispielsweise anstelle von Unfallraten auch von der Sicherheit eines Arbeitsplatzes sprechen und eine Sicherheitsrate definieren (1 - Unfallrate). Einer Unfallrate von beispielsweise 0,001 würde eine Sicherheitsquote von 0,999 entsprechen. Höhere Sicherheitsraten sind dann ein erwünschter Faktor und könnten als solcher in Regressionsgleichungen einbezogen werden. Grundsätzlich können beide Methoden verwendet werden, um unerwünschte Arbeitsplatzcharakteristika in Regressionen oder graphische Analysen einzubeziehen; sie führen beide zu den

Abbildung 10.4: Indifferenzkurven

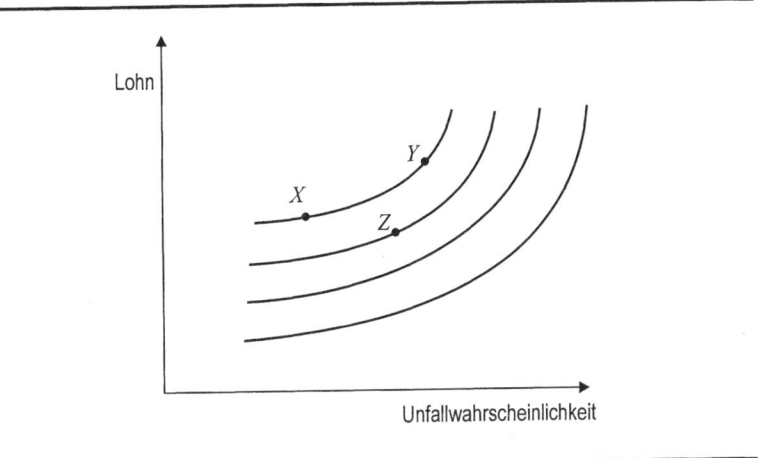

gleichen Informationen. Im Grunde genommen besteht zwischen den beiden Vorgehensweisen lediglich ein sprachlicher Unterschied.

4. Messung und Interpretation empirisch geschätzter monetärer Äquivalente

4.1 Nicht quantifizierbare Arbeitsplatzcharakteristika

So hilfreich die vorhergehenden Analysen auch sein mögen, stellt sich dennoch ein zusätzliches Problem, das nur schwer zu lösen ist. Für manche nichtmonetäre Arbeitsplatzcharakteristika bestehen schwerwiegende Meßprobleme. Respekt ist zum Beispiel ein Faktor, der in diesem Zusammenhang oft genannt wird. Am Arbeitsplatz respektiert zu werden, kann für manche Arbeitnehmer einen sehr hohen Eigenwert haben. Status ist ein weiteres Beispiel für eine wichtige nichtpekuniäre Arbeitsplatzeigenschaft. Einige Arbeitsplätze sind mit einem höheren Status verbunden als andere, und Arbeitnehmer, die statusbewußt sind, sind bereit, monetäre Kompensationen aufzugeben, um einen Arbeitsplatz mit einem höheren Status anzunehmen. Status hat somit durchaus ein monetäres Äquivalent. Wie aber kann der Status eines Arbeitsplatzes ermittelt werden? Um das monetäre Äquivalent eines

Arbeitsplatzcharakteristikums schätzen zu können, muß nämlich zunächst das Charakteristikum selbst gemessen werden können.

Obwohl zum Beispiel Status nicht direkt gemessen werden kann, besteht evtl. die Möglichkeit, Statussymbole als Indikatoren heranzuziehen. Solche Statussymbole sind es, die den Arbeitnehmern das Gefühl geben, daß sie einen bestimmten Status erreicht haben. So kann sich z.B. der Status in der Lokalisierung des Büros (z.B. je höher das Stockwerk, um so höher der Status) oder durch bestimmte Titel ausdrücken. Sowohl die Lokalisierung (oder auch Quadratmeterzahl oder Fensterzahl) des Büros als auch die Arbeitsplatztitel eines Arbeitnehmers können direkt beobachtet werden und können als Annäherung für den nicht meßbaren Status verwendet werden. So kann man sich beispielsweise vorstellen, daß ein Prokurist weniger verdient als Individuen, die weniger prestigeträchtige Titel besitzen. So könnte der Prokurist einer Bank gering bezahlt sein im Vergleich zu einer Person mit vergleichbaren Fähigkeiten, die als Berater für ein unbekanntes Unternehmen arbeitet. Die beobachteten Einkommensdifferentiale reflektieren wahrscheinlich eine Vielzahl von nichtpekuniären Eigenschaften, von denen eine der Titel des Prokuristen einer Bank sein mag.[103]

4.2 Die Perspektive des Grenzarbeitnehmers

Der Marktwert von nichtmonetären Arbeitsplatzcharakteristika und damit ihre monetären Äquivalente werden durch die Sichtweise der sogenannten Grenzarbeitnehmer (marginal workers) determiniert. Auch dies kann man sich anhand eines Beispiels klarmachen. Ein eher bescheiden bezahlter Verkäufer in einer Schallplattenabteilung hat vorher jahrelang als Bauarbeiter bei einem großen Bauunternehmen gearbeitet. Auf die Frage hin, warum er seinen ursprünglichen Arbeitsplatz verlassen hat, erhält man die Antwort, daß er den neuen Arbeitsplatz angenommen hat, weil er ihm einen höheren Status verleiht als sein vorhergehender Job als Bauarbeiter. Auch wenn wir vor dieser Antwort vielleicht nicht auf die Idee gekommen wären, daß die

---

[103] Titel müssen dabei natürlich eher spärlich vergeben werden, damit sie als Statussymbol dienen können. Erst die Knappheit der Titel macht sie wertvoll.

4. Messung und Interpretation empirisch geschätzter monetärer Äquivalente   433

Abbildung 10.5: Arbeitsangebot und Löhne von Schallplattenverkäufern

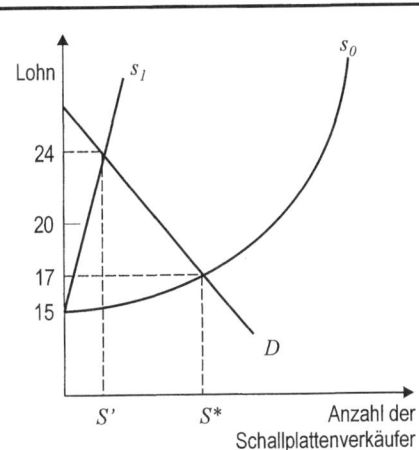

Arbeitsplatzbezeichnung „Verkäufer" einen höheren Status verleiht als die des „Bauarbeiters", ist unsere Sichtweise irrelevant. Da wir weder ein Bauarbeiter sind noch Schallplatten verkaufen wollen, ist unsere Einschätzung des Status, der mit einem dieser Arbeitsplätze verbunden ist, nicht entscheidend für die Bestimmung des monetären Äquivalentes. Das monetäre Äquivalent des Status eines Arbeitsplatzes bestimmt sich nur durch die Präferenzen der Betroffenen. Das Angebots- und Nachfragediagramm in Abbildung 10.5 verdeutlicht dieses Argument.[104]

Um die Analyse zu verstehen, können wir wiederum ein Beispiel konstruieren. Nehmen wir an, daß Bauarbeiter € 20 pro Stunde verdienen und daß einige Arbeitnehmer es in Erwägung ziehen, den Beruf des Verkäufers und nicht den des Bauarbeiters zu ergreifen, um einen höheren Status zu erlangen. Diese Arbeitnehmer sind bereit, geringere Löhne zu akzeptieren, wenn sie dafür Schallplattenverkäufer sein können. Allerdings ist es auch hier so, daß sich die Individuen in ihren Präferenzen unterscheiden, was man anhand Abbildung 10.5 verdeutlichen kann. S_0 stelle die Angebotskurve für Schallplattenverkäufer in Abhängigkeit von deren Löhnen dar. Individuen, für die der Beruf „Schallplattenverkäufer" den meisten Statusgewinn

---

[104] Diese Analyse geht zurück auf BECKER (1957).

bringt, sind bereit, für einen Lohn von € 15 pro Stunde Schallplattenverkäufer zu werden. Sie geben damit € 5 pro Stunde auf, weil sie als Bauarbeiter € 20 hätten verdienen können. Andere Arbeitnehmer präferieren es allerdings, als Bauarbeiter tätig zu sein. Diesen müßte man mehr als € 20 pro Stunde bezahlen, damit sie bereit sind, als Schallplattenverkäufer zu arbeiten. Diese Individuen werden durch das obere rechte Ende der Angebotskurve S_0 dargestellt, also genau genommen durch das Stück der Angebotskurve, das oberhalb der € 20 liegt. Die Nachfrage nach Schallplattenverkäufern wird gekennzeichnet durch die Kurve D. Das Gleichgewicht befindet sich im Schnittpunkt der Angebots- und Nachfragekurve. Im Gleichgewicht beträgt der Lohn eines Schallplattenverkäufers € 17 und es werden S^* Schallplattenverkäufer beschäftigt.

Die Tatsache, daß der Marktlohn unterhalb des Bauarbeiterlohnes von € 20 pro Stunde liegt, zeigt, daß der Grenzarbeitnehmer (die Person, die gerade indifferent ist zwischen einer Beschäftigung als Schallplattenverkäufer für € 17 und einer anderen Beschäftigung) dem Status, der mit dem Arbeitsplatz eines Schallplattenverkäufers einhergeht, einen Wert von € 3 pro Stunde beimißt. Dennoch ist es möglich, daß ein großer Teil der Erwerbspersonen in einer Volkswirtschaft davon ausgeht, daß kein besonderer Status mit der Position eines Schallplattenverkäufers verbunden ist (vielleicht sogar eher ein negativer Status). Das würde bedeuten, daß die Mehrzahl der Erwerbspersonen durch den Teil der Angebotskurve repräsentiert ist, der oberhalb der € 20 pro Stunde liegt. Diese Personen sind allerdings irrelevant. Solange nämlich genug Individuen existieren, die mit der Position eines Schallplattenverkäufers einen positiven Status verbunden sehen, wird der Preis von diesen Personen diktiert.

Die Situation am Arbeitsmarkt könnte aber auch eine ganz andere sein. Nehmen wir an, daß die Angebotskurve nicht durch S_0 sondern durch die Linie S_1 charakterisiert sei. In der neuen Situation gäbe es zwar auch noch Individuen, die bereit sind, für € 15 pro Stunde als Schallplattenverkäufer zu arbeiten, die neue Nachfragekurve S_1 impliziert allerdings, daß ein sehr viel kleinerer Teil der Erwerbsbevölkerung der Position eines Schallplattenverkäufers einen positiven Status beimißt, da die Angebotskurve S_1 sehr viel weiter links verläuft als die Angebotskurve S_0. Dadurch verändert sich auch das Arbeitsmarktgleichgewicht. Mit der Angebotskurve S_1 ergibt sich ein Gleichgewichtslohn von € 24. Für den Grenzarbeitnehmer hat also die Position eines Schallplattenverkäufers sogar einen negativen Status, da er mit € 4 dafür entschädigt werden muß, daß er nicht Bauarbeiter, sondern Schallplattenverkäufer sein soll. Obwohl es immer noch einige wenige Individuen gibt, die der Position eines Schallplattenverkäufers einen positiven Status zumessen, reicht diese Zahl nicht aus, damit das monetäre Äquivalent für den Status als Schallplattenverkäufer insgesamt positiv ist. Da der Grenzarbeitnehmer die Beschäftigung als Schallplattenverkäufer als eine Beschäftigung mit geringem Status ansieht, müssen die Unternehmen eine Prämie zahlen, um eine ausreichende Zahl an Arbeitnehmern dazu zu bewegen, Schallplattenverkäufer zu werden.

Dies impliziert, daß der Lohn um so geringer und das monetäre Äquivalent für den Status einer Beschäftigung um so größer ist, je größer der Anteil an Arbeitnehmern ist, die glauben, daß diese Beschäftigung einen hohen Status mit sich bringt. Außerdem zeigt sich, daß das monetäre Äquivalent des Status um so geringer ist, je größer die Nachfrage nach bestimmte Positionen ist. Größere Nachfrage bedeutet nämlich, daß mehr Arbeitnehmer beschäftigt werden, und wenn mehr Arbeitnehmer beschäftigt werden, folgt daraus, daß der Grenzarbeitnehmer mit größerer Wahrscheinlichkeit einer ist, der die Beschäftigung als Schallplattenverkäufer nicht als eine Beschäftigung mit hohem Status ansieht. Große Nachfrage und geringes Angebot reduzieren die monetären Äquivalente des Marktwertes von nichtpekuniären Arbeitsplatzcharakteristika.

4.3 Bewertungsskalen

4.3.1 Die Grundidee

Einige Unternehmen haben die Überlegungen zu den monetären Äquivalenten von Arbeitsplatzcharakteristika sehr ernst genommen. So z.B. Hay Associates, eine bekannte und renommierte Personalberatungsfirma, die die sogenannte Hay-Punkteskala entwickelt hat. Mit Hilfe dieser Skala werden verschiedene Arbeitsplatzcharakteristika bewertet und in Gleichgewichtslöhne übersetzt. Ein Komitee, das sich in der Regel aus Arbeitnehmern, Managern und Beratern zusammensetzt, bewertet die Eigenschaften eines Arbeitsplatzes, wie z.B. Qualifikationsanforderungen, technisches Know-how, Verantwortung und Annehmlichkeiten des Arbeitsplatzes. Diese Bewertungen werden anhand bestimmter Bewertungsmaßstäbe in Punkte übersetzt, die wiederum mit einem ganz bestimmten Gehalt verbunden sind.

Unternehmen setzen diese Bewertungen in unterschiedlicher Weise ein. Häufig werden Gehaltsstrukturen in einem Unternehmen mit Hilfe solcher Bewertungen etabliert, überprüft oder gerechtfertigt. Viele Unternehmen haben nämlich eine sehr große Zahl an Arbeitsplätzen und somit ein Interesse daran festzustellen, ob die mit diesen Arbeitsplätzen verbundenen Gehälter angemessen sind. Welche Kombination einzelne Individuen jeweils als angemessen betrachten, hängt dabei natürlich von ihrem Standpunkt ab. Individuen mögen ihren eigenen Wert auch strategisch überschätzen. Wenn Gehälter allerdings nur auf der Basis von Selbsteinschätzungen bestimmt würden, dann könnten nur wenige Unternehmen überleben. Ein externer Berater, der Marktdaten verwendet, kann in diesem Zusammenhang dazu beitragen, objektivere Evaluationen der verschiedenartigen Arbeitsplätze zu ermöglichen. Für diese Aufgaben sind die oben geschilderten Punkteschemata sehr hilfreich.

Eine andere Verwendung solcher Punkteschemata bzw. Bewertungsskalen ist die Aufdeckung von Einkommensdiskriminierung. In den Vereinigten Staaten gibt es den sogenannten Equal Pay Act, der es verbietet, Männern und Frauen bei gleichwertiger Arbeit einen unterschiedlichen Lohn zu zahlen. Problematisch ist in diesem Zusammenhang allerdings, daß Männer und Frauen typischerweise in unterschiedlichen Arbeitsplätzen zu finden sind und damit unterschiedliche Arbeit ausüben. Es stellt sich also die Frage, wie Gehälter über verschiedenartige Jobs hinweg verglichen werden können, um die Existenz von Diskriminierung überprüfen zu können.

Eine Möglichkeit besteht darin, die o.g. Bewertungsschemata zu verwenden. Angenommen, Arbeitnehmer auf Arbeitsplätzen, die von Frauen dominiert sind, erhalten weniger als Arbeitnehmer, die auf von Männern dominierten Arbeitsplätzen arbeiten. Wie kann ein Unternehmen dann entscheiden, ob die Gehaltsdifferenzen das Resultat von Diskriminierung oder das Resultat von Arbeitsplatzdifferenzen darstellen? Eine Möglichkeit besteht darin, monetäre Äquivalente für die verschiedenen Arbeitsplatzcharakteristika zu konstruieren. Wenn die daraus prognostizierten Gehälter der weiblichen Arbeitsplätze höher sind als die aktuell bezahlten Gehälter, und wenn gleichzeitig die für die männlichen Arbeitsplätze prognostizierten Gehälter niedriger sind als die aktuellen Gehälter, dann kann daraus durchaus auf die Existenz von Diskriminierung geschlossen werden.

Die in einigen Unternehmen mit Hilfe dieser Methode durchgeführten Gehaltsvergleiche haben teilweise überraschende Ergebnisse erbracht. Unternehmen, die von sich glaubten, Gehaltsstrukturen zu verwenden, die keinerlei Diskriminierung beinhalten, wurden aufgrund der Bewertungsschemata eines besseren belehrt. Ein Beispiel hierfür ist ein Fall aus der öffentlichen Verwaltung des Staates Washington. Der Staat Washington hatte eine Vergütungsberatung damit beauftragt, die Arbeitsplatz- und Gehaltsstruktur in der öffentlichen Verwaltung zu untersuchen. Aufgrund der Analysen des Vergütungsberatungsunternehmens zeigte sich, daß die weiblichen Arbeitsplätze gemessen an den Arbeitsplatzcharakteristika und den monetären Äquivalenten, die diesen zugemessen werden können, unterbezahlt waren. Der Staat Washington wurde daraufhin für schuldig befunden, eine diskriminierende Lohnpolitik betrieben zu haben, und bekam die Auflage, diese Situation zu beseitigen. An dieser Stelle ist es also notwendig darauf hinzuweisen, daß ein Unternehmen, das eine Vergütungsberatungsstudie in Auftrag gibt, sich in den USA grundsätzlich in eine solche Gefahr begibt. Sobald eine Vergütungsstudie aufdeckt, daß das Unternehmen diskriminierende Praktiken einsetzt, wird es im nachhinein gegenüber Arbeitnehmern oder Gerichten generell schwierig sein, die Ergebnisse einer solchen Studie zu relativieren, selbst wenn sie gravierende Mängel aufweist. Was könnten dabei typische Mängel solcher Studien sein? Die normalerweise verwendeten Schätzverfahren zur Bestimmung der monetären Äquivalente sind in der Regel wohl fundiert, allerdings gibt es durch unangemessene Anwendungen und schlechte Durchführungen der Studien beträchtliche Spielräume. Deshalb seien an dieser Stelle zwei typische Ursachen für Probleme aufgezeigt:

Die Bewertungen auf der Ebene der Evaluatoren können subjektiv sein.

Die Bewertungsschemata selbst sind nur schwer objektiv zu evaluieren.

4.3.2 Das Problem der subjektiven Bewertungen

Um monetäre Äquivalente für bestimmte Arbeitsplatzcharakteristika zu erhalten, ist es zunächst notwendig, das Ausmaß dieser Arbeitsplatzcharakteristika zu quantifizieren. Solche Einschätzungen können aber immer nur von Personen vorgenommen werden, die mehr oder weniger objektiv sein können.[105] Um dies zu verdeutlichen, können wir wiederum ein Beispiel heranziehen.

In einem Arbeitsgerichtsverfahren gegen den Staat Illinois hat die Illinois Nurses Association Arbeitsplatzbewertungsskalen zur Unterstützung ihrer Diskriminierungsklage herangezogen. Die Krankenschwestern behaupteten bei ihrer Klage, daß sie im Vergleich zu typischen männlichen Arbeitsplätzen, wie z.B. Elektrikern, unterbezahlt seien, obwohl ihre Jobs höherrangig seien und mehr Qualifikationen erforderten. Es wurde eine externe Beratungsfirma beauftragt, um den Wert einiger relevanter Arbeitsplätze festzustellen. Es wurden, wie oben beschrieben, Komitees gebildet, um die Arbeitsplätze auf der Basis täglicher Arbeitsplatzcharakteristika zu untersuchen und zu bewerten. Dabei zeigte sich, daß weibliche Mitglieder des Komitees die Arbeitsplatzcharakteristika der weiblichen Arbeitsplätze höher bewerteten als ihre männlichen Kollegen. Die weiblichen Kommissionsmitglieder bewerteten das Qualifikationsniveau, die Verantwortung und die Schwierigkeit des Arbeitsplatzes „Krankenschwester" höher als die männlichen Kommissionsmitglieder. Ob die Unterschiede in der Bewertung aus strategischem Verhalten oder einfach nur aus unterschiedlichen Meinungen resultierten, ist unklar; so oder so ist der Effekt aber der gleiche. Da die Frauen diese Charakteristika höher bewerteten, war der daraus resultierende Lohn für weibliche Arbeitsplätze höher als der Lohn, der sich aufgrund der Einschätzung der männlichen Kommissionsmitglieder ergeben hätte. Das Gegenteil traf zu für die männlichen Arbeitsplätze. Die männlichen Kommissionsmitglieder unterstellten für die Arbeit des Elektrikers grundsätzlich höhere Qualifikationsanforderungen, Verantwortung und generell mehr Härte als die weiblichen Kommissionsmitglieder. Dieses Beispiel verdeutlicht, daß die subjektiven Einstellungen der Evaluatoren die gesamte Evaluation verzerren können. Es weist außerdem auf die große Bedeutung der Auswahl von Kommissionsmitgliedern und die Zusammensetzung einer Kommission für das Ergebnis des Evaluationsprozesses hin (wobei genau die Kommissionsauswahl wieder typischen Verzerrungen unterliegen kann).

---

[105] Vgl. FISCHEL/LAZEAR (1986).

4.3.3 Auswirkungen unterschiedlicher Punktesysteme

Bewertungsskalen bestehen oft aus einer verwirrend großen Zahl an numerischen Skalen und Verknüpfungen. Solche numerischen Skalen sind natürlich anfangs frei wählbar und damit auch manipulierbar. Selbst kleine Unterschiede in der numerischen Skalierung können dramatische Auswirkungen auf die Ergebnisse haben, ohne daß es für die Nutzer offensichtlich wäre. Um dieses zu verdeutlichen konstruieren wir im folgenden ein sehr extremes Beispiel:

Angenommen, wir wollen zwei verschiedene Arbeitsplätze evaluieren: Schulbusfahrer und professioneller Golfspieler. Um die Analyse zu vereinfachen, nehmen wir an, daß es nur zwei Arbeitsplatzcharakteristika gibt: Qualifikation und Verantwortung. Betrachten wir zunächst den Schulbusfahrer. Obwohl die Verantwortung des Schulbusfahrers extrem hoch ist, da dem Fahrer jeden Morgen eine Vielzahl junger Menschen anvertraut wird, sind die Qualifikationsanforderungen, die mit Schulbusfahren verbunden sind, nicht allzu groß. Es kann davon ausgegangen werden, daß viele Leute, die Autofahren können, in relativ kurzer Zeit auch lernen, einen Bus zu fahren. Wir würden also dem Arbeitsplatz „Schulbusfahrer" ein geringes Qualifikationsniveau zuschreiben und eine hohe Verantwortung. Genau umgekehrt sieht es beim professionellen Golfer aus. Er hat praktisch keine Verantwortung auf seinem Arbeitsplatz. Die Kosten, die aus Fehlern eines professionellen Golfspielers resultieren, werden alleine von ihm selbst oder seiner Familie getragen. Darüber hinaus übernimmt er keine größere Verantwortung für die Gesellschaft oder ähnliches. Allerdings dürfte genauso viel Übereinstimmung darüber herrschen, daß die Qualifikationen, die erforderlich sind, um ein erfolgreicher Golfspieler zu werden, sehr groß sind. Wenn wir nun eine Bewertung vornehmen sollten, dann könnten wir aus Vereinfachungsgründen dem professionellen Golfspieler auf der Verantwortungsskala den geringsten Rang und auf der Qualifikationsskala den höchsten Rang geben, während wir dem Schulbusfahrer den höchsten Rang auf der Verantwortungsskala und den niedrigsten Rang auf der Qualifikationsskala zuweisen.

Vor diesem Hintergrund können wir uns nun zwei verschiedene Bewertungsskalen vorstellen, die in der oberen Hälfte der Tabelle 10.3 wiedergegeben sind. Skala 1 bewertet die Verantwortung, die mit einem Arbeitsplatz verbunden ist, mit 1 bis 20 Punkten und die Qualifikationsanforderungen eines Arbeitsplatzes mit 1 bis 10

Tabelle 10.3: Ambiguität von analytischen Arbeitsplatzbewertungen

			Skala 1	Skala 2
Skala 1:	Verantwortung	1-20		
	Qualifikation	1-10		
Skala 2:	Verantwortung	1-10		
	Qualifikation	1-20		
Schulbusfahrer	Verantwortungspunkte		20	10
	Qualifikationspunkte		1	1
	Summe		21	11
Professioneller Golfspieler	Verantwortungspunkte		1	1
	Qualifikationspunkte		10	20
	Summe		11	21

Punkten. Im Gegensatz dazu bewertet Skala 2 die Verantwortung mit Punkten von 1 bis 10 und die Qualifikationsanforderungen mit Punkten von 1 bis 20.

Welche Skala kann als die angemessenere angesehen werden, um das Marktniveau des Einkommens für einen bestimmten Arbeitsplatz mit ganz spezifischen Charakteristika zu bestimmen? Es ist schwierig, diese Entscheidung gefühlsmäßig zu fällen, da die Punkte und Skalen mehr oder weniger bedeutungslos sind, wenn sie aus dem Kontext herausgerissen betrachtet werden. So könnte beispielsweise ein Vergütungsberater Skala Nr. 1 als sinnvolle Alternative vorschlagen. Allenfalls wenige Manager würden ohne weitere Informationen die Skala als unvernünftig ablehnen. Umgekehrt könnte der gleiche Vergütungsberater in das Unternehmen hineinkommen und die Skala Nr. 2 als die beste Skala präsentieren. Die Chancen wären sicher genauso groß, daß der Berater auf wenige Manager stößt, die diese Skala von vornherein als unvernünftig ablehnen. Dennoch hat die Entscheidung für eine der beiden Skalen einen wichtigen Einfluß auf das Ergebnis der Evaluation.

Aus Tabelle 10.3 ergibt sich, daß der Schulbusfahrer 21 und professionelle Golfspieler 11 Punkte erhält, wenn wir die Skala 1 verwenden. Der Schulbusfahrer erreicht für die Verantwortung die höchste Bewertung, was gemäß Skala 1 zu 20 Punkten führt. Der professionelle Golfspieler erhält die geringste Bewertung für Verantwortung, was ihm nur 1 Punkt einbringt. Auf der anderen Seite werden die Qualifikationsanforderungen beim professionellen Golfspieler mit der maximalen Punktzahl von 10 und beim Busfahrer mit der Mindestpunktzahl von 1 bewertet. Demnach ist die Arbeit des Schulbusfahrers ungefähr doppelt so viel wert wie die Arbeit des professionellen Golfspielers.

Betrachten wir im Gegensatz dazu nun die Bewertungsskala 2. Der Busfahrer bekommt bei der Verantwortung 10 Punkte, der professionelle Golfspieler 1 Punkt. Für die Qualifikationsanforderungen erhält der Golfspieler 20 Punkte und der Schulbusfahrer nur 1 Punkt. Damit beträgt die Gesamtsumme der Punkte für den Golfspieler 21 und für den Busfahrer 11 Punkte, d.h. die Situation ist genau umgekehrt wie bei Skala 1. Der professionelle Golfspieler scheint fast zweimal mehr wert zu sein als der Schulbusfahrer.

Diese Umkehrung des Ergebnisses ist einzig und allein durch die Auswahl einer anderen Punkteskala zustande gekommen. Leider ist es für Manager schwer zu erkennen, ob eine verwendete Punkteskala angemessen ist. Diese Unsicherheitsquelle ist auch der Grund dafür, daß es viele Vorbehalte gegenüber der Validität von analytischen Arbeitsbewertungen auf der Basis von Punktesystemen gibt.

4.4 Auswahl einer geeigneten Punkteskala

Die Entscheidung für eine Punkteskala ist in der Theorie jedoch nicht uneindeutig. Wie in den vorhergehenden Abschnitten gezeigt wurde, können nämlich monetäre Äquivalente für nichtpekuniäre Arbeitsplatzcharakteristika auf der Basis von Regressionsgleichungen für Marktlöhne bei unterschiedlichen Arbeitsplatzcharakteristika abgeleitet werden. Solange die Punktesysteme korrekte Transformationen der Marktkoeffizienten sind, gibt es nicht die befürchtete Ambiguität bei der Auswahl der zu verwendenden Punkteskala. Punkteskalen, die auf den errechneten Regressionskoeffizienten für monetäre Äquivalente basieren, resultieren in korrekten Schätzungen der Marktlöhne. Leider ist es in der Realität allerdings so, daß nicht alle Vergütungsberatungsfirmen die notwendigen statistischen Methoden einsetzen und somit der Komplexität des Problems nicht gerecht werden. Schlimmer noch: Manager, die die Berater anheuern, können nicht entscheiden, ob die Koeffizienten und Skalen, die ihnen von den Beratungsunternehmen für die Evaluation ihrer Arbeitsplätze angeboten werden, tatsächlich akkurate Reflektionen der Marktlöhne darstellen.

Wenn die Manager dies nämlich a priori beurteilen könnten, dann gäbe es keine Notwendigkeit, die Vergütungsberatungen anzuheuern. Die Manager könnten statt dessen die Analyse einfach selbst vornehmen.

4.5 Anwendungsmöglichkeiten und Grenzen von Punkteskalen

Ein weiteres Problem von Bewertungsskalen ist, daß sie sich typischerweise auf Variationen zwischen verschiedenen Arbeitsplätzen konzentrieren und dabei die Variationen innerhalb eines Arbeitsplatzes ignorieren. Dies kann in Verzerrungen oder inkorrekten Schätzungen der Marktlöhne einmünden. Arbeitsplatzbezogene Punkteskalen sind nützlich für die Zusammenhänge, für die sie konzipiert wurden. Dies mag allerdings nicht weit genug gehen. Da der Arbeitsplatz die Analyseeinheit darstellt, sind arbeitsplatzbezogene Punkteskalen und darauf basierende Analysen immer der Vergleich von Durchschnitten unterschiedlicher Arbeitsplätzen. Sie ignorieren damit Variationen in Löhnen über verschiedene Individuen auf dem gleichen Arbeitsplatz. Gelegentlich mag aber die Variation innerhalb eines Arbeitsplatzes wichtiger sein als die Variation zwischen Arbeitsplätzen, so daß dann arbeitsplatzbezogene Punkteskalen die Fakten nur verdunkeln.

Um dies zu veranschaulichen, kann man wieder ein hypothetisches Beispiel heranziehen. Angenommen, männliche Arbeitnehmer verklagen ihren Arbeitgeber wegen umgekehrter Diskriminierung, da weibliche Arbeitnehmer aufgrund von Antidiskriminierungsüberlegungen zu gut bezahlt würden. Die männlichen Arbeitnehmer behaupten, daß Arbeitsplätze, die von weiblichen Arbeitnehmern dominiert werden, mit höheren Gehältern einhergehen als Arbeitsplätze, die von männlichen Arbeitnehmern besetzt werden. Dies sei insofern inkorrekt, als die von männlichen Arbeitnehmern dominierten Arbeitsplätze die gleichen Punktwerte erhielten als die von weiblichen Arbeitnehmern besetzten Arbeitsplätze. In Tabelle 10.4 wird dieses Beispiel zusätzlich mit Zahlen untermauert.

Angenommen, es gibt nur zwei Typen von Arbeitsplätzen in dem Unternehmen. Das Unternehmen habe sechs Arbeitnehmer. Die eine Sorte Arbeitsplatz sei als „weiblicher" Arbeitsplatz bezeichnet, da er von zwei weiblichen und einem männlichen Arbeitnehmer besetzt ist. Die andere Sorte Arbeitsplatz sei als „männlich" bezeich-

4. Messung und Interpretation empirisch geschätzter monetärer Äquivalente   443

Tabelle 10.4: Einkommen für verschiedene Typen von Arbeitsplätzen

	Frauenspezifische Arbeitsplätze		Männerspezifische Arbeitsplätze
Frau 1	20.000	Mann 2	25.000
Frau 2	20.000	Mann 3	25.000
Mann 1	50.000	Frau 3	10.000
Durchschnitt	30.000	Durchschnitt	20.000

net, da er von zwei männlichen aber nur einem weiblichen Arbeitnehmer besetzt ist. Das durchschnittliche Einkommen der weiblichen Arbeitsplätze sei € 30.000 im Jahr. Das durchschnittliche Einkommen der männlichen Arbeitsplätze betrage € 20.000 im Jahr. Da die beiden Arbeitsplätze gemäß einer vernünftig erscheinenden Punkteskala als gleichwertig angesehen werden, haben die männlichen Arbeitnehmer einen guten Grund zu behaupten, daß sie unterbezahlt sind. Schließlich bringt ihr Job nur durchschnittlich € 20.000, der weibliche Arbeitsplatz dagegen € 30.000. Die Tatsache, daß weibliche Arbeitsplätze höher bezahlt sind als männliche Arbeitsplätze, obwohl beide Arbeitsplätze auf einer Punkteskala die gleiche Bewertung erhalten haben, muß den Eindruck erwecken, daß es sich hier um umgekehrte Diskriminierung handelt. Wenn wir unterschiedliche Löhne bei gleichen Punktwerten beobachten, drängt sich die Vermutung geradezu auf, daß es sich hier um Diskriminierung handelt. Dennoch wäre eine solche Schlußfolgerung absurd.

Ersten müssen wir berücksichtigen, daß innerhalb einer jeden Arbeitsplatzsorte männliche Arbeitnehmer mehr bekommen als deren weibliche Kollegen. Auf den weiblichen Arbeitsplätzen bekommen die weiblichen Arbeitnehmer € 20.000 und der männliche Arbeitnehmer € 50.000. Auf den männlichen Arbeitsplätzen bekommen die männlichen Arbeitnehmer € 25.000 und die weibliche Arbeitnehmerin nur € 10.000. Innerhalb einer jeden Arbeitsplatzkategorie bekommen also die männlichen Arbeitnehmer ein höheres Gehalt als die weiblichen Arbeitnehmerinnen. Zweitens muß man beachten, daß die durchschnittlichen Gehälter der männlichen Arbeitnehmer in der Firma € 33.333 betragen ((50.000 + 25.000 + 25.000) : 3). Das durchschnittliche Gehalt der weiblichen Arbeitnehmer liegt dagegen nur bei

€ 16.667 ((20.000 + 20.000 + 10.000) : 3). Drittens schließlich muß man beachten, daß es nicht einen weiblichen Arbeitnehmer in dem Unternehmen gibt, der soviel Gehalt bekäme wie der am geringsten bezahlte männliche Arbeitnehmer.

Obwohl es sich hier um ein stilisiertes Beispiel mit sehr extremen Zahlenwerten handelt, sollte das zentrale Argument klargeworden sein. Wenn man sich nur auf Variationen zwischen Arbeitsplätzen konzentriert und Variationen innerhalb eines Arbeitsplatzes ignoriert, kann man ein vollkommen verzerrtes Bild von dem bekommen, was in dem Unternehmen oder in einer Gesamtwirtschaft vor sich geht.

Selbst wenn also Punkteskalen sehr gut konstruiert wurden und eindeutig sind, dann weist dennoch das vorhergehende Beispiel darauf hin, daß Punkteskalen dort am besten geeignet sind, wo es darum geht, Variationen zwischen Arbeitsplätzen zu vergleichen. Solche Vergleiche zwischen Arbeitsplätzen sind sehr wichtig für eine Vielzahl von unternehmerischen Überlegungen. Wir müssen allerdings in Erinnerung behalten, daß sie nicht allumfassend sind. Oft sind eben auch Vergleiche von Löhnen zwischen Individuen sehr wichtig für unternehmerische Entscheidungen, für die Punkteskalen ein wenig geeignetes Instrumentarium darstellen.

4.6 Übertragungsmöglichkeiten und Interpretationshinweise

Punkteskalen oder andere Formen von Arbeitsplatzvergleichen werden häufig auch eingesetzt, um Gehälter im öffentlichen Sektor festzulegen. Diese Übertragung ist allerdings nicht unproblematisch. Wenn z.B. ein Privatunternehmen aufgrund einer Punkteskala zu hohe Gehälter für seine Arbeitnehmer festsetzt, wird es irgendwann durch den Markt diszipliniert, da es im Vergleich zu seinen Wettbewerbern eine zu teure Kostenstruktur aufweist. Der Wettbewerb mit Unternehmen, die geringere Kosten haben, übt Druck dahingehend aus, daß das überbezahlende Unternehmen entweder seine Löhne reduziert oder aus dem Markt ausscheidet. Dieser Disziplinierungsmechanismus des Marktes funktioniert allerdings nicht unbedingt im öffentlichen Sektor. So können in öffentlichen Unternehmen über einen längeren Zeitraum zu hohe Löhne gezahlt werden, ohne daß sie ökonomisch besonders unter Druck geraten. Der einzige Druck, dem das öffentliche Unternehmen irgendwann ausgesetzt sein kann, ist von Seiten der Wähler zu erwarten, die nach geringeren Steuer-

4. Messung und Interpretation empirisch geschätzter monetärer Äquivalente 445

sätzen verlangen. Dieser Druck muß aber nicht ausreichen, um die Gehälter im öffentlichen Sektor tatsächlich zu reduzieren. Es kann möglicherweise dazu führen, daß nur einzelne Programme beschnitten oder einzelne Politiker ausgetauscht werden, ohne daß jedoch irgendwelche Reduktionen in den Gehältern vorgenommen werden. Dies gilt insbesondere dann, wenn der Druck, der von wohlorganisierten Arbeitnehmerinteressengruppen ausgeht, größer ist als der Druck, der von einer diffusen Gruppe von Wählern ausgeübt wird.

Wo man sich in öffentlichen Verwaltungen dieses Problems bewußt ist, hat man versucht, entsprechende Lösungen zu finden. Eine Möglichkeit besteht darin, Gehälter festzulegen, die die Gehälter in privaten Unternehmen imitieren. Es könnten also Vergleichsstudien in Auftrag gegeben werden, um zu allen Arbeitsplätzen in der öffentlichen Verwaltung ein Analogon im privaten Sektor zu finden. Bei einigen Arbeitsplätzen mag dies sehr leicht möglich sein, bei manchen Arbeitsplätzen dürfte es allerdings schwieriger sein, vergleichbare Arbeitsplätze zu finden, da es im privaten Sektor einfach keine Äquivalente gibt. Ein Beispiel wäre etwa der Arbeitsplatz des Kapitäns eines Flugzeugträgers oder eines U-Boots mit Nuklearwaffen. Im privaten Sektor gibt es keine Individuen, die genau die gleichen Tätigkeiten ausüben. Der Kapitän des Flugzeugträgers könnte zwar verglichen werden mit dem Kapitän eines großen Kreuzfahrtschiffes, allerdings dürften die Qualifikationsanforderungen nicht unbedingt identisch sein. Auch die Gefahren, die mit den genannten Arbeitsplätzen verbunden sind, dürften sich sehr stark unterscheiden. Es müßte also eine Punkteskala konstruiert werden, die nichtpekuniäre Charakteristika in monetäre Äquivalente transferieren soll und solche Unterschiede analytisch handhabbar macht.

Leider stößt man dabei aber auf zwei Probleme. Erstens müssen die Gehälter korrekt festgelegt werden, ein Problem, mit dem alle Unternehmen zu kämpfen haben. Zweitens muß aber auch entschieden werden, was die richtigen Qualifikationen für einen Arbeitsplatz sind. Es macht z.B. keinen Sinn, teure und hochqualifizierte Diplomkaufleute für normale Bürotätigkeiten, wie beispielsweise in der Sozialverwaltung, einzustellen, selbst wenn diese ein Gehalt bekommen, das genau dem entspricht, was sie in einem Privatunternehmen bekämen. Das Problem ist, daß auch im Hinblick auf die zweitgenannte Frage die Disziplinierung des Marktes, die bei Privatunternehmen hilft, solche Entscheidungen effizient zu fällen, in öffentlichen Verwaltungen nicht unbedingt funktioniert. Wenn ein Privatunternehmen sich entscheiden würde, einen Diplomkaufmann einzustellen, um normale Sekretariatsarbeiten auszuüben, würde es irgendwann feststellen müssen, daß es nicht in der Lage ist, gegen Wettbewerber zu konkurrieren, die geringere Kosten aufweisen, weil sie keine hochqualifizierten Akademiker für Arbeitsplätze rekrutieren, die von weniger qualifizierten und weniger teuren Bürokaufleuten ausgeübt werden könnten.

Es stellt sich also die Frage, welche Möglichkeiten für öffentliche Unternehmen oder andere Organisationen existieren, die nicht in kompetitiven Märkten operieren, um die genannten Überqualifizierungen oder überhöhte Gehaltsstrukturen vermeiden zu helfen. Auch wenn es bis jetzt so dargestellt wurde, als ob die Frage nur für öffentliche Unternehmen relevant sei, stellt sie sich im Grunde genommen für alle Unternehmen gleichermaßen. Obwohl nämlich die Disziplinierung des Marktes die Unternehmen vom Markt verdrängt, welche ineffiziente Entscheidungen treffen, wird kein Unternehmen sich freiwillig durch den Markt disziplinieren lassen, nur damit man aus den zugrundeliegenden Fehlern lernen kann.

Wenn also eine vakante Stelle zu besetzen ist, dann gibt es im Grunde genommen drei mögliche Rekrutierungsstrategien, aus denen die Unternehmen auswählen können:

1. Ein Unternehmen kann zunächst die Arbeitsplatzanforderungen genau festlegen und dann das Gehalt zahlen, das notwendig ist, um eine ausreichende Zahl angemessen qualifizierter Arbeitnehmer anzuziehen.
2. Es kann zunächst ein Gehalt festlegen und dann unter den Arbeitnehmern, die bereit sind, zu diesem Gehalt zu arbeiten, die besten auswählen.
3. Es kann vergleichende Studien anstellen, eine auf Marktdaten basierende Punkteskala konstruieren und dann Qualifikationsanforderungen und Löhne gleichzeitig festlegen.

Die erste Alternative ist hilfreich, wenn es besonders wichtig ist, Arbeitskräfte einzustellen, die ein spezifisches Set an Fähigkeiten mitbringen, und wenn das Unternehmen bereit und in der Lage ist, notfalls auch großzügig dafür zu zahlen, Arbeitnehmer mit solchen Qualifikationen zu bekommen. Das ist insbesondere dann der Fall, wenn die Nachfrageelastizität im Hinblick auf die Qualität niedrig ist. Eine

4. Messung und Interpretation empirisch geschätzter monetärer Äquivalente

große Veränderung in den Preisen (Gehältern) generiert dann nur eine kleine Reduktion der gewünschten Qualität, da geringer qualifizierte Arbeitnehmer eindeutig negative Auswirkungen auf den Output ausüben. Die Unternehmen haben also genaue Vorstellungen darüber, welche Art von Arbeitnehmern sie einzustellen wünschen, so daß Stellenanzeigen mit genauen Arbeitsplatzanforderungen und dem Hinweis auf verhandelbare Gehälter der beste Weg sein dürften. Wenn sich auf solche Anzeigen hin mehrere Bewerber melden, treten die Bewerber, die die Qualifikationsanforderungen erfüllen, sozusagen in eine implizite Auktion ein. Das Unternehmen beginnt mit eher niedrigen Angeboten, die es solange anhebt, bis es alle Vakanzen gefüllt hat.

Die zweite Alternative kann angewendet werden, wenn die verantwortlichen Manager relativ genau informiert sind, was andere Arbeitnehmer typischerweise verdienen, die die gleiche Arbeit ausüben, sie aber gleichzeitig nur wenig über die Charakteristika dieser Arbeitnehmer wissen. Um dies zu verdeutlichen, können wir wieder ein Beispiel konstruieren. Nehmen wir an, ein Unternehmer plant die Eröffnung einer Autowaschstraße, und er weiß, daß andere Autowaschstraßenbesitzer ihren Arbeitnehmern € 6 pro Stunde zahlen. Gleichzeitig weiß er aber wenig über die Qualifikationen, die die anderen Autowaschstraßenbesitzer bei ihren Arbeitnehmern voraussetzen. In diesem Fall kann es eine sinnvolle Lösung sein, die Arbeitsplätze für € 6 pro Stunde zu annoncieren und anschließend alle Bewerber in eine Rangordnung vom Besten bis zum Schlechtesten zu sortieren. Unter allen Bewerbungen, die eingegangen sind, werden dann die besten Arbeitnehmer der Reihe nach ausgewählt bis alle Vakanzen gefüllt sind. Solange es einen funktionierenden Wettbewerb am Arbeitsmarkt gibt, ist dieses der beste Weg für das Unternehmen.

Der dritte Ansatz, gleichzeitig Qualifikationsanforderungen und Lohnvorstellungen zu annoncieren, ist eine hybride Strategie. Es ist der Versuch, genau diejenigen Qualifikationen zu bekommen, die das Unternehmen braucht, anstatt immer den Wettbewerber mit den besten Qualifikationen auszuwählen. Gleichzeitig ist es ein Versuch, das Gehalt so festzusetzen, daß das Unternehmen keinen höheren Preis für einen gegebenen Arbeitsplatz bezahlt als dieser wert ist. Die Entscheidung kann am Ende so ausgehen, daß das Unternehmen kleine Zugeständnisse bei den Qualitätsanforderungen und bei den Gehältern macht. Es muß das Ziel sein, für ein gegebenes Set an Qualifikationsanforderungen keine zu hohen Löhne zu zahlen, da dies in zu hohen Kosten resultieren würde. Gleichzeitig muß vermieden werden, zu geringe Löhne anzubieten, da dies dazu führt, daß keine ausreichende Zahl an geeignet qualifizierten Bewerbern eingestellt werden kann. Dabei ist der letztgenannte Fehler leichter zu korrigieren als der erstgenannte. Wenn es zu geringe Löhne anbietet, wird das Unternehmen sehr schnell feststellen, daß es nicht konkurrenzfähig ist, da es nicht in der Lage sein wird, akzeptable Bewerber zu attrahieren. Das Unternehmen kann in einem solchen Fall einfach die offerierten Gehälter erhöhen. Im Gegensatz dazu kann ein Unternehmen, das im Laufe der Zeit feststellt, daß es zu hohe Löhne angeboten hat, den Fehler sehr viel schlechter korrigieren, da es möglicherweise bis zu diesem Zeitpunkt schon eine Vielzahl von Bewerbern eingestellt hat.

5. Resümee

Es ist offensichtlich, daß Arbeitnehmer neben dem Gehalt auch andere Arbeitsplatzcharakteristika schätzen und daß sie durchaus bereit sein können, geringere Gehälter zu akzeptieren, um Arbeitsplätze mit einem größeren Ausmaß an erwünschten Charakteristika zu bekommen. Allerdings unterscheiden sich die Arbeitnehmer in der Bewertung verschiedener Arbeitsplatzcharakteristika. In diesem Zusammenhang stellt Geld eine brauchbare Meßgröße dar, um den Wert unterschiedlicher Arbeitsplatzcharakteristika ausdrücken zu können. Mit Hilfe von Marktdaten und statistischen Analysen ist es möglich, auch nichtmonetäre Arbeitsplatzcharakteristika in monetäre Äquivalente zu konvertieren. Die monetären Äquivalente reflektieren dabei den Betrag, den ein Unternehmen zahlen muß, um eine bestimmte Zahl an Arbeitnehmern zu rekrutieren, die willig sind, die gegebenen Arbeitsplatzcharakteristika zu akzeptieren.

Ein Unternehmen, das seine Arbeitsplatzcharakteristika substantiell verändert, muß mit hohen Fluktuationsraten rechnen, selbst wenn die Gehälter so angepaßt werden, daß die neuen Charakteristika gemäß Marktlohnniveau entlohnt werden. Als Beispiel sei ein Unternehmen herangezogen, das momentan keine Arbeitszeitsouveränität bietet, dafür aber hohe Gehälter zahlt. Wenn es seine Arbeitszeitpolitik verändert und zusätzliche Arbeitszeitsouveränität anbietet, dann kann es seine Gehälter entsprechend der geringeren Marktlöhne für Arbeitsplätze mit hoher Zeitsouveräni-

5. Resümee

tät reduzieren. Wenn aber die Veränderung in der Arbeitszeitsouveränität und die daraus resultierenden Gehaltsreduktionen groß sind, dann muß das Unternehmen dennoch damit rechnen, daß es seine gegenwärtige Belegschaft durch eine Vielzahl von neuen Arbeitnehmern ersetzen muß, damit es eine ausreichende Zahl an Arbeitnehmern hat, die bereit sind, den Trade-Off zu akzeptieren. Diejenigen, die sich nämlich ursprünglich dafür entschieden hatten, in einem Unternehmen ohne Arbeitszeitsouveränität zu arbeiten, hatten sich damit ja für ein Hochlohnunternehmen entschieden, weil sie der Arbeitszeitsouveränität nur einen sehr geringen Wert beimessen. Genau diese Arbeitnehmer werden somit eher nicht bereit sein, die Gehaltsreduktionen zu akzeptieren, die andere am Arbeitsmarkt befindliche Arbeitnehmer für einen Zugewinn an Arbeitszeitsouveränität durchaus hinnehmen würden.

Und dennoch sind die Marktdaten sehr nützlich, insbesondere wenn die geplanten Veränderungen eher klein sind und wenn die Unternehmen nicht auf eine bestimmte Gruppe von Arbeitnehmern mit spezifischen Fähigkeiten angewiesen sind. Die marktbezogenen Daten, die oft von Vergütungsberatungsunternehmen angeboten werden, sind also durchaus sehr wertvoll, solange sie angemessen eingesetzt werden. Solche auf Marktdaten basierende Punkteskalen müssen mit angemessener Vorsicht behandelt werden. Es erfordert ein hohes Maß an methodischen Fähigkeiten, ökonomischem Sachverstand und statistischem Know-how, valide Skalen zu konstruieren, so daß man das Vergütungsberatungsunternehmen sehr sorgfältig im Hinblick auf diese Faktoren auswählen sollte. Darüber hinaus erfordert die Implementierung sehr viel Umsicht, da solche Punkteskalen immer Spielräume für Subjektivität belassen, die dazu führen können, daß die aus den Punktwerten gezogenen Schlußfolgerungen invalide sind.

Der Marktwert eines Arbeitsplatzcharakteristikums wird determiniert durch die Bewertung des Grenzarbeitnehmers. Selbst wenn die halbe Welt ein bestimmtes Arbeitsplatzcharakteristikum als unerwünscht betrachtet, wird das monetäre Äquivalent dieses Arbeitsplatzcharakteristikums immer noch positiv sein, solange die Zahl der Individuen, die dieses Charakteristikum als erwünscht ansehen, ausreichend groß ist, um die Zahl der angebotenen Arbeitsplätze auszufüllen.

Die wichtigste Lektion dieses Kapitels ist aber, daß es nicht notwendig ist, alles in Geld messen zu können, damit die Analysen dieses Lehrbuchs anwendbar sind. Da

Individuen bereit sind, nichtmonetäre Faktoren gegen Geld einzutauschen, können wir sie immer in monetären Äquivalenten ausdrücken. Sobald das geschehen ist, können alle Analysen, die normalerweise Geld als Maßstab verwenden, angewendet werden. Dies gilt unabhängig davon, ob der Pay-Off tatsächlich in Geld oder in anderen Nutzenkategorien anfällt.

Solche Vorgehensweisen können übrigens auch in Gerichtsprozessen eingesetzt werden, in denen es darum geht, den Wert eines Menschenlebens zu schätzen (vgl. hierzu auch die Hinweise im Anhang).

4. Literatur

Becker, Gary S. (1957): The Economics of Discrimination. Chicago: University of Chicago Press.

Fischel, Daniel; Edward P. Lazear (1986): Comparable Worth and Discrimination in the Labor Market. In: Chicago Law Review 53(1986): 891-918.

Rosen, Sherwin (1974): Hedonic Prices and Implicit Markets: Product Differentiation in Pure Competition. In: Journal of Political Economy 82(1974)1: 34-55.

5. Weiterführende Literaturempfehlungen

Ehrenberg, Ronald G.; Paul L. Schumann (1984): Compensating Wage Differentials for Mandatory Overtime. In: Economic Enquiry 22(1984)4: 460-478.

Hamermesh, Daniel S.; John R. Wolfe (1990): Compensating Wage Differentials and the Duration of Wage Loss. In: Journal of Labor Economics 8(2. Teil, 1990)1: 175-197.

Kessler, Daniel; Mark McClellan (1996): Do Doctors Practice Defensive Medicine? In: Quarterly Journal of Economics 111(1996)2: 353-390.

Oberender, Peter (1996): Medizin zwischen Rationierung und Rationalisierung im Gesundheitswesen. In: Oberender, Peter (Hrsg.): Rationalisierung und Rationierung im Gesundheitswesen. Gräflingen: SMV: 9-22.

Rebitzer, James B.; Lowell J. Taylor (1995): Do Labor Markets Provide Enough Short-Hour Jobs? An Analysis of Work Hours and Work Incentives. In: Economic Inquiry 33(1995)2: 257-273.

6. Anhang

Bewertung von Menschenleben

Die Analyse monetärer Äquivalente wird auf eine Vielzahl, selbst extremer, Situationen angewendet. So wird sie beispielsweise benutzt, um ein monetäres Äquivalent für Menschenleben zu bestimmen, auch wenn dies moralisch verwerflich oder ketzerisch klingen mag. Es gibt aber eine Vielzahl von Situationen, in denen es notwendig ist, den Wert eines Menschenlebens in Geldeinheiten zu bemessen. Am offensichtlichsten ist dies z.B. im Zusammenhang mit Schadenersatzfragen, wenn aufgrund von Fahrlässigkeit oder Absicht eine Partei den Tod einer Person verursacht hat und die betroffenen Familien zumindest finanziell für den Verlust eines Angehörigen entschädigt werden sollen. Wenn die Höhe solcher Schadenersatzzahlungen bestimmt wird, muß es natürlich eine Schätzung über den Wert des verlorenen Menschenlebens geben, damit eine Gerichtsinstanz eine begründete Entscheidung fällen kann. Ob man es gut findet oder nicht, die Gerichte fällen in solchen Zusammenhängen Urteile über das monetäre Äquivalent eines Menschenlebens.

Andere Beispiele sind dort zu finden, wo in Unternehmen oder anderen Organisationen Menschenleben durch die Arbeit gefährdet sind. Solche Organisationen sind beispielsweise das Militär, die Feuerwehr oder auch Bauunternehmen, deren Bauarbeiter auf den obersten Etagen eines Wolkenkratzers zum Einsatz kommen. Es gibt verschiedene Möglichkeiten, um aus diesen Zusammenhängen heraus Schätzungen über den Wert eines menschlichen Lebens abzuleiten. Man kann statistische Informationen über das Risiko einer bestimmten Arbeitnehmergruppe als Datenquelle verwenden, oder man kann die Ausgaben für medizinische Versorgung als Grundlage heranziehen.

Betrachten wir zunächst die erste Möglichkeit und versuchen, uns die Idee anhand eines Beispiels klar zu machen. Wie bereits oben angedeutet, gibt es ganz bestimmte

Arbeitsplätze, mit denen ein besonderes Risiko verbunden ist. Nehmen wir als Beispiel unseren Bauarbeiter, der in den obersten Stockwerken eines Wolkenkratzers hunderte von Metern über der Erde Stahlträger befestigen muß. Obwohl diese Arbeitnehmer hochqualifiziert sind und eine Vielzahl von Sicherheitsvorkehrungen getroffen werden, kann man sicher dennoch behaupten, daß die Arbeit auf der Spitze eines hohen Gebäudes risikoreicher ist als die gleiche Arbeit im Erdgeschoß. Die Unterschiede in den Risiken und die Unterschiede in den Gehältern können genutzt werden, um den Wert zu schätzen, den die individuellen Arbeitnehmer ihrem Leben beimessen.

Nehmen wir an, daß Arbeitnehmer, die die gefährlichen Arbeiten in den obersten Etagen eines Wolkenkratzers ausüben, mit einer Wahrscheinlichkeit von 1:10.000 pro Jahr zu Tode kommen. Nehmen wir weiter an, daß diejenigen Bauarbeiter, die nur an ein- oder zweigeschossigen Familienhäusern arbeiten, eine Wahrscheinlichkeit von 0 haben, daß sie auf der Baustelle einen tödlichen Unfall erleiden. Nehmen wir weiter an, daß diejenigen, die an Einfamilienhäusern arbeiten, € 1.000 pro Jahr weniger verdienen als diejenigen, die auch auf Wolkenkratzern arbeiten. Das würde implizieren, daß das monetäre Äquivalent einer Steigerung der Todeswahrscheinlichkeit um 1/10.000 bei € 1.000 liegt. Eine Extrapolation dieser Zahl kann herangezogen werden, um eine Schätzung für den Wert von Menschenleben zu erhalten. Wenn die Zahlen konstant bleiben, dann wäre dementsprechend der Wert eines ganzen Menschenlebens 10.000 x 1.000 = € 10.000.000.

Diese Extrapolation ist allerdings mit einer Vielzahl von Problemen verbunden. Erstens gibt es keine gute Begründung anzunehmen, daß das monetäre Äquivalent einer Veränderung der Todeswahrscheinlichkeit von 0 auf 1/10.000tel das gleiche ist wie das monetäre Äquivalent der Veränderung der Todeswahrscheinlichkeit von beispielsweise 0,5 auf 0,5001. Zweitens ist davon auszugehen, daß sich Individuen unterscheiden. Diejenigen, die die riskanten Arbeitsplätze auswählen, sind die am wenigsten risikoaversen Personen, so daß die € 1.000 den Betrag unterschätzen, der notwendig ist, um normale Individuen für einen risikoreicheren Job zu kompensieren. Dennoch kann die Zahl € 10 Mio. als Anhaltspunkt für die Untergrenze herangezogen werden.

6. Anhang

Eine andere Möglichkeit, den Wert von Menschenleben zu schätzen, ist die Untersuchung der individuellen Bereitschaft, für lebensrettende medizinische Behandlungen Geld aufzuwenden. Angenommen, eine lebensrettende Operation gäbe es nur im Ausland und wäre nicht durch die Versicherung abgedeckt. Sie würde € 100.000 kosten und würde die Wahrscheinlichkeit, daß eine Person die nächsten 20 Jahre überlebt, von 0 auf 4% steigern.

Wenn sich das Individuum entscheidet, die Operation durchzuführen, dann muß sie offensichtlich die 20 Jahre ihres Lebens mindestens mit 100.000:0,04 bewerten, d.h. 20 Lebensjahre hätten demnach einen Wert von € 2,5 Mio. Auf diese und ähnliche Weise gibt es also eine Vielzahl von Möglichkeiten, wie man versuchen kann, monetäre Äquivalente für Menschenleben zu finden. Alle Ansätze mögen nicht perfekt sein und mögen moralisch bedenklich erscheinen; dennoch werden implizit tagtäglich solche Überlegungen angestellt. Ärzte helfen Patienten, Entscheidungen über lebenserhaltende Operationen zu fällen (oder müssen sie in Notsituationen selbst fällen). Solche Entscheidungen basieren implizit immer auch auf Vorstellungen über den Wert des Lebens, da die lebenserhaltenden Operationen nicht kostenlos sind. Implizit stellt sich immer die Frage, ob die Höhe der Kosten eine „teure" Operation rechtfertigen, da die finanziellen Mittel der Krankenversicherungen begrenzt sind und dadurch die Behandlung dieses einen Patienten mit der Operation dazu führen kann, daß ein anderer Patient oder eine andere Behandlung nicht durchgeführt werden kann.[106]

---

[106] Vgl. hierzu ausführlicher beispielsweise OBERENDER (1996):9ff

XI. Betriebliche Sozialleistungen

Betriebliche Sozialleistungen stellen einen wichtigen Teil des betrieblichen Kompensationspaketes dar. Es gibt Schätzungen, nach denen die freiwilligen betrieblichen Sozialleistungen, die zusätzlich zu den Löhnen und Gehältern gezahlt werden, noch einmal fünf Prozent ausmachen. Zu den wichtigsten betrieblichen Sozialleistungskomponenten gehören die betriebliche Altersversorgung, die Ausgaben für betrieblichen Gesundheitsschutz, erweiterte Lohnfortzahlung, Zuschuß zum Krankengeld und nicht zu vergessen die Ausgaben für Kantine oder Essensgeld.[107] Der monetäre Gegenwert, den ein Unternehmen in betrieblichen Sozialleistungen im Vergleich zu Löhnen und Gehältern auszahlt, kann anhand der Methode des vorhergehenden Kapitels ermittelt werden. Die detaillierten Entscheidungen, die zusätzlich über Art, Umfang und Anspruchsberechtigte betrieblicher Sozialleistungen zu fällen sind, stellen den Gegenstand des folgenden Kapitels dar. Um uns zunächst das Spektrum an Problemen klar zu machen, beginnen wir wieder mit einem Dialog.

CLARK: *Die Kosten für unsere Werkswohnungen werden uns noch umbringen. In den letzten fünf Jahren sind die Ausgaben für Instandhaltungs- und Erneuerungsarbeiten jährlich um 15% gestiegen. So kann das nicht weiter gehen.*

HARROD: *Du glaubst, die Ausgaben für Werkswohnungen seien gestiegen? Du müßtest Dir erst einmal die Entwicklung bei den Betriebsrenten anschauen. Sie machen einen immer größeren Anteil unserer Personalkosten aus. Lange werden wir uns das nicht mehr leisten können.*

MACHLUP: *So ist das nun einmal, wenn Wohnungen älter werden, dann haben sie größeren Reparaturbedarf. Genauso offensichtlich ist, daß mit einer zunehmend älteren Population Finanzierungsprobleme bei den Renten entstehen. Daran können wir nichts ändern, dann müssen wir eben andere Ausgaben streichen. Schließlich sind wir Verpflichtungen eingegangen, die wir nun halten müssen.*

HARROD: *Aber wir haben doch über viele Jahre hinweg Rückstellungen für zukünftige Pensionszahlungen gebildet. Das Geld kann doch nicht verschwunden sein.*

---

[107] Vgl. BACKES-GELLNER/PULL (1998).

MACHLUP: *Im Prinzip stimmt das, aber wir haben eine unvorhergesehene Entwicklung: Unsere Belegschaft bzw. Betriebsrentner leben einfach zu lange. Wir gingen davon aus, daß die Mehrzahl der Arbeitnehmer ca. 10 Jahre nach der Verrentung nicht mehr am Leben ist. Heute müssen wir feststellen, daß sehr viele noch 15 oder 20 Jahre nach der Pensionierung leben.*

HARROD: *Daß sie zu lange leben ist aber nur ein Teil des Problems. Der andere Teil des Problems ist, daß sie auch viel früher in Rente gehen, so daß wir auch daraus resultierend länger Betriebsrenten zahlen müssen.*

MACHLUP: *Das stimmt schon, aber sie bekommen ja auch für jedes Jahr, das sie früher gehen, weniger Rente, da sie weniger Anwartschaftsjahre angesammelt haben.*

CLARK: *Es ist ja schön und gut, daß unsere Probleme auf demographische Entwicklungen oder Veralterung des Wohnungsbestands zurückzuführen sind. Dennoch können wir bei diesen Entwicklungen nicht einfach zusehen. Es muß doch irgend etwas geben, was wir unternehmen können. Wir können doch nicht einfach hier sitzen und es dabei bewenden lassen festzustellen, daß Älterwerden teuer ist.*

HARROD: *Warum reduzieren wir nicht einfach unsere Ausgaben für Werkswohnungen? Viele Unternehmen haben gar keine Werkswohnungen mehr, sie haben sie einfach abgeschafft, ohne daß sie damit in größere Schwierigkeiten gekommen wären.*

MACHLUP: *Das mag so sein, aber sicherlich werden unsere Arbeitsplätze dadurch unattraktiver.*

HARROD: *Nicht wenn wir die Löhne und Gehälter gleichzeitig anheben.*

MACHLUP: *Du gefällst mir! Wenn wir den einen Kostenblock reduzieren und dafür gleichzeitig die Löhne anheben, was soll das Ganze dann noch bringen? Schließlich geht es doch nur darum, daß wir die Kosten reduzieren und nicht daß wir sie umschichten.*

HARROD: *So wie Du es schilderst, magst Du recht haben. Aber vielleicht können wir die Löhne und Gehälter weniger erhöhen als wir durch die Reduktion der Sozialleistungen einsparen. Ich sehe eigentlich auch gar nicht ein, daß wir für die Wohnun-*

gen der Arbeitnehmer Geld ausgeben sollen. Wenn die Mitarbeiter schön wohnen wollen, dann sollen sie doch selbst dafür zahlen.

MACHLUP: *Ich weiß nicht, ob das eine gute Idee ist. Wenn wir die bisherigen betrieblichen Sozialleistungen einfach in Geld umwandeln, dann haben die Arbeitnehmer doch keinen besonderen Anreiz mehr, in unserem Unternehmen zu verbleiben.*

HARROD: *Natürlich haben sie einen Anreiz hierzubleiben. Schließlich bekommen sie höhere Löhne, und das spricht doch für uns. Aber wenn Du das nicht glauben willst, dann hätten wir auch die Möglichkeit, über andere Formen betrieblicher Sozialleistungen nachzudenken, um die Arbeitnehmer stärker an das Unternehmen zu binden. Wir könnten ja z.B. auch über sogenannte Cafeteria-Pläne nachdenken. Dann kann jeder Arbeitnehmer sich selbst aussuchen, was er am meisten präferiert.*

CLARK: *Ich bin auch für ein Cafeteria-System. Es bringt zum Vorschein, was wir unseren Arbeitnehmern geben, und es gibt ihnen komplette Flexibilität.*

MACHLUP: *Das Problem ist, daß es nichts dazu beiträgt, die Arbeitnehmer an uns zu binden. Außerdem hilft es uns nicht bei dem Problem, daß zu viele Arbeitnehmer zu lange Betriebspensionen bekommen. Ich denke wir müssen noch einmal grundsätzlicher über unsere Sozialleistungen nachdenken.*

Aus dem vorhergehenden Dialog ergeben sich mehrere Problembereiche, die wir im folgenden Kapitel analysieren werden:

- Unter welchen Bedingungen sollte ein Unternehmen betriebliche Sozialleistungen durch Gehälter substituieren?
- Was sind die Vorteile von Cafeteria-Systemen im Vergleich zu anderen Formen betrieblicher Sozialleistungen?
- Welche Auswirkungen haben unterschiedliche betriebliche Sozialleistungen auf das Verhalten der Arbeitnehmer und die Kosten des Unternehmens?
- Welche Bindungswirkungen entstehen aus der Gewährung betrieblicher Sozialleistungen, insbesondere von Altersversorgung?
- Welche Kosten entstehen durch die Gewährung unterschiedlicher Sozialleistungen, und wie sind diese zu rechtfertigen?

1. Gehälter versus freiwillige betriebliche Sozialleistungen: Das Grundproblem

Im folgenden Abschnitt werden wir uns der Frage zuwenden, welchen Teil der Kompensation ein Unternehmen in Form von Gehältern und welchen in Form von Sozialleistungen gewähren sollte. Um diese Fragestellung zu beantworten, können wir zunächst wieder mit einem Beispiel beginnen. Angenommen, ein Unternehmen bietet seinen Arbeitnehmern eine betriebliche Altersversorgung an, für die es jährlich pro Arbeitnehmer € 3.500 Rückstellungen bildet. Das Angebot dieser Altersversorgung ist vergleichsweise großzügig und durchaus attraktiv für die Belegschaft. Allerdings variiert die Attraktivität in Abhängigkeit von den Charakteristika der betrachteten Arbeitnehmer. Ältere Arbeitnehmer, die näher am Verrentungszeitpunkt sind, schätzen das Angebot stärker als beispielsweise sehr junge Arbeitnehmer, die noch sehr weit vom Rentenalter entfernt sind. Außerdem scheinen alleinstehende Arbeitnehmer weniger Wert auf eine großzügige Altersversorgung zu legen als verheiratete Arbeitnehmer. Zusätzlich ist zu beobachten, daß verheiratete weibliche Arbeitnehmer eine großzügige Altersversorgung weniger schätzen als verheiratete männliche Arbeitnehmer.

Nehmen wir weiter an, daß es in dem Unternehmen eine Betriebsvereinbarung gibt, die vorsieht, daß betriebliche Sozialleistungen entweder allen Arbeitnehmern angeboten werden oder keinem. Für das Unternehmen stellt sich die Frage, ob sich die betriebliche Altersversorgung insgesamt lohnt, oder ob es längerfristig dieses Angebot abschaffen sollte. Um dies zu entscheiden, können wir auf das Konzept der monetären Äquivalente für nichtmonetäre Eigenschaften zurückgreifen, das wir im letzten Kapitel kennengelernt haben - obwohl wir mit dem Beispiel der betrieblichen Altersversorgung genau genommen keine nichtmonetäre Größe betrachten. Der monetäre Wert ist nämlich durchaus bekannt. Er beträgt € 3.500 pro Arbeitnehmer pro Jahr. Aber kennen wir aufgrund der € 3.500 tatsächlich den Wert der Altersversorgung für die Arbeitnehmer? Eigentlich handelt es sich nur um die Kosten des Unternehmens. Der Wert, den die Arbeitnehmer dieser Sozialleistung beimessen, kann diese Größe übersteigen oder auch geringer sein.

So könnte die angebotene betriebliche Altersversorgung beispielsweise für einen

1. Gehälter versus freiwillige betriebliche Sozialleistungen: Das Grundproblem

Arbeitnehmer weniger wert sein als € 3.500, so daß er sich die entsprechende Leistung am externen Markt nicht gekauft hätte, wenn er die freie Entscheidung gehabt hätte. Der monetäre Wert eines Gutes ist nämlich definiert als der Betrag, den das Individuum (in diesem Fall der Arbeitnehmer) willens ist zu zahlen, um ein bestimmtes Gut oder einen bestimmten Service (in diesem Fall die Altersversorgung) zu kaufen. Immer, wenn sich ein Individuum entscheidet, eine Dienstleistung (hier Altersversorgung) nicht zu kaufen, muß also per Definition der individuelle Wert geringer sein als der zu zahlende Preis.

Auf der anderen Seite ist es natürlich auch denkbar, daß ein Arbeitnehmer der angebotenen betrieblichen Altersversorgung einen höheren Wert beimißt als die € 3.500 Kosten des Unternehmens. Dabei gibt es vor allen Dingen zwei Gründe für eine solche Konstellation. Erstens kann das Unternehmen möglicherweise in der Lage sein, die Sozialleistung billiger bereitzustellen oder zu kaufen als der individuelle Arbeitnehmer.[108] Das kann beispielsweise daraus resultieren, daß das Unternehmen eine Vielzahl an Informationen über den Arbeitnehmer hat, die z.B. eine externe Versicherung nicht besitzt, so daß im Unternehmen eine bessere Risikokalkulation möglich ist. Ein anderer Grund kann darin liegen, daß das Unternehmen die Risiken über alle seine Arbeitnehmer poolt, während ein individueller Arbeitnehmer, der eine Versicherungsleistung am externen Markt kaufen wollte, gemäß seiner individuellen Risiken eingestuft würde. Ein zweiter Grund, warum Sozialleistungen möglicherweise günstiger durch das Unternehmen angeboten werden können, sind Steuervorteile. Wenn das Unternehmen beispielsweise eine betriebliche Sozialleistung bereitstellt, diese als Betriebskosten das zu versteuernde Ergebnis reduzieren und gleichzeitig die betriebliche Sozialleistung auf seiten des Arbeitnehmers nicht als geldwerter Vorteil versteuert werden muß, dann hat das Unternehmen natürlich einen finanziellen Vorteil bei der Bereitstellung einer Sozialleistung.

Dies können wir uns wieder anhand eines numerischen Beispiels klar machen. Betrachten wir die o.g. betriebliche Altersversorgung. Das Unternehmen stellt jährlich für eine gegebene Betriebsrente € 3.500 pro Arbeitnehmer zurück. Betrachten wir

---

[108] Vgl. SADOWSKI (1984).

nun einen Arbeitnehmer, der dieser Pensionszusage einen individuellen Wert von € 3.000 pro Jahr beimißt. Wieso sollte dann das Unternehmen dennoch € 3.500 für eine Altersversorgung ausgeben? Wenn das Unternehmen dem Arbeitnehmer € 3.000 bar auszahlen würde, dann müßte er darauf Steuern zahlen und könnte dementsprechend nicht € 3.000 für eine Altersversorgung ausgeben, sondern beispielsweise nur € 2.400. Um die Arbeitnehmer tatsächlich mit € 3.000 Kaufkraft auszustatten, müßte das Unternehmen bei einem unterstellten Steuersatz von 20% dem Arbeitnehmer € 3.750 auszahlen, damit er nach Steuern noch € 3.000 zur Verfügung hat. Während das Unternehmen hinsichtlich der Frage, ob es € 3.500 für die Altersversorgung oder € 3.500 in bar auszahlt, indifferent sein mag, ist also davon auszugehen, daß die Arbeitnehmer nicht indifferent sind. Sie bevorzugen die betriebliche Altersversorgung im Wert von € 3.500, da sie eine Altersversorgung, die genau der individuellen Präferenz in Höhe von € 3.000 entspricht, nur kaufen könnten, wenn das Unternehmen ihnen € 3.750 auszahlen würde. Da dies nicht der Fall ist (das Unternehmen würde allenfalls € 3.500 auszahlen), werden die Arbeitnehmer die betriebliche Altersversorgung gegenüber einer Barauszahlung vorziehen.

Für das Unternehmen stellt sich in diesem Zusammenhang die Frage, wie es herausfinden kann, was eine bestimmte betriebliche Sozialleistung seiner Belegschaft wert ist. Eine Möglichkeit besteht darin, einfach zu fragen. Das Unternehmen könnte seinen Arbeitnehmern freistellen, zwischen zwei Alternativen auszuwählen: auf der einen Seite € 3.500 in bar und auf der anderen Seite € 3.500 als betriebliche Altersversorgung. Die Kosten sind für das Unternehmen in beiden Fällen die gleichen, so daß das Unternehmen bezüglich des Ausgangs der Entscheidung indifferent ist. Wenn sich die Mehrzahl der Arbeitnehmer für die betriebliche Altersversorgung entscheidet, kann das Unternehmen Gehaltszahlungen durch die entsprechende Sozialleitung substituieren. Durch die Gewährung der betrieblichen Sozialleistungen würden die Arbeitnehmer also eine Gehaltsreduktion in Kauf nehmen müssen, allerdings hätten sie sich dann freiwillig dafür entschieden. Ein Nachteil aus einer solchen Vorgehensweise entsteht dann, wenn die betriebliche Altersversorgung einem Arbeitnehmer mehr als € 3.500 wert ist, da das Unternehmen in diesem Fall eigentlich zu viel ausgibt. Im vorhergehenden Szenario war der Arbeitnehmer bereit, bis zu € 3.750 für eine von ihm präferierte betriebliche Altersversorgung aufzugeben. Das

1. Gehälter versus freiwillige betriebliche Sozialleistungen: Das Grundproblem

Unternehmen kauft die Altersversorgung für € 3.500, d.h. das Unternehmen hätte die Gehälter um € 3.750 reduzieren können anstatt nur um € 3.500. Die Tatsache, daß die Altersversorgung das Unternehmen € 3.500 kostet, bedeutet nämlich nicht, daß dies der Betrag ist, den das Unternehmen dem Arbeitnehmer „in Rechnung" stellen muß. Das Unternehmen könnte dem Arbeitnehmer mehr Gehalt vorenthalten, und zwar bis zu dem Betrag, der genau dem individuellen Wert der Sozialleistung entspricht. Um dies tun zu können, müßte das Unternehmen allerdings zuverlässige Anhaltspunkte über den individuellen Wert einer Sozialleistung haben.

Die Arbeitnehmer einfach danach zu fragen, ist sicher keine Lösung. Wenn die Arbeitnehmer nämlich wissen, daß das Unternehmen ihnen die gewährten Sozialleistungen „in Rechnung stellen wird", und zwar in der Höhe des Betrages, der dem individuellen Wert der Arbeitnehmer entspricht, dann haben die Arbeitnehmer natürlich einen Anreiz, einen geringeren als den wahren Wert anzugeben. Wenn davon auszugehen ist, daß die Arbeitnehmer die Kosten der Sozialleistung für das Unternehmen kennen, wäre die für sie vorteilhafteste Strategie, in der Befragung genau den vom Unternehmen gezahlten Preis als individuellen Wert anzugeben. Bei jeder geringeren Summe würde das Unternehmen nämlich präferieren, die Sozialleistung nicht anzubieten, und bei jeder größeren Summe würde der Arbeitnehmer Geld an das Unternehmen „verschenken". Wenn man ein solches strategisches Verhalten der Arbeitnehmer unterstellt, muß das Unternehmen also andere Wege finden, um Informationen über den individuellen Wert einer Sozialleistung zu bekommen. Eine Möglichkeit ist es wiederum, Marktanalysen über die Relation von Gehältern und Sozialleistungen anzustellen. Ähnlich wie im vorhergehenden Kapitel Regressionsschätzungen verwendet wurden, um monetäre Äquivalente für nichtpekuniäre Arbeitsplatzcharakteristika zu schätzen, so können hier Regressionsschätzungen durchgeführt werden, um das monetäre Äquivalent einer betrieblichen Sozialleistung des sogenannten Grenzarbeitnehmers zu ermitteln. Durch Betrachtung der Differenz der Gehälter von Personen, die Sozialleistungen erhalten, und Personen, die keine Sozialleistungen erhalten, können wir den Marktwert der betrachteten Sozialleistungen als Regressionskoeffizient schätzen.

Angenommen, wir verfügen über den Datensatz eines Personalberatungsunternehmens, das 25 Unternehmen betreut, von denen einige eine betriebliche Altersversor-

Tabelle 11.1: Gehaltsniveau und betriebliche Altersversorgung im Mittelmanagement

Unternehmen	Jahresgehalt	Altersversorgung
1	59.701	nein
2	52.594	nein
3	59.193	ja
4	54.817	ja
5	50.666	nein
6	54.739	ja
7	50.172	ja
8	52.472	ja
9	56.899	nein
10	51.765	ja
11	53.628	ja
12	52.372	ja
13	58.450	nein
14	55.404	ja
15	53.270	ja
16	54.566	ja
17	58.791	ja
18	52.472	ja
19	54.724	nein
20	51.181	ja
21	58.711	nein
22	59.346	nein
23	55.188	ja
24	51.356	nein
25	53.832	ja

gung bieten. Für die Unternehmen der Stichprobe liegen die durchschnittlichen Gehälter einer Führungskraft des mittleren Managements vor. Außerdem wissen wir, ob das Unternehmen eine typische Altersversorgung anbietet oder nicht. Die entsprechenden Daten sind in Tabelle 11.1 aufgelistet.

Mit Hilfe dieses Datensatzes kann eine Regressionsschätzung vorgenommen werden. Die abhängige Variable ist das Gehalt. Als unabhängige Variable wird nur eine Dummy-Variable verwendet, die den Wert 1 annimmt, wenn das Unternehmen eine bestimmte betriebliche Altersversorgung anbietet, und den Wert 0, wenn es keine anbietet. Die Schätzung erbringt folgende Ergebnisse:

1. Gehälter versus freiwillige betriebliche Sozialleistungen: Das Grundproblem

(11.1)   Gehalt = 55827 - 1836 × (Dummy-Variable für die Altersversorgung)
             (964)   (1205)

Die Zahlen in Klammern stellen die Standardabweichung dar; das um diesen Schätzwert gelegte zentrale Schwankungsintervall mit der (gesamten) Breite von vier Standardfehlern gibt das 95%-Konfidenzintervall an.

Wie können die Zahlen interpretiert werden? Das Absolutglied zeigt an, daß für Unternehmen ohne betriebliche Altersversorgung das typische Gehalt eines Managers bei € 55.827 liegt. Für Unternehmen mit betrieblicher Altersversorgung liegt das typische Gehalt bei (55.827 - 1.836 × 1=) € 53.991. Gegeben diese Informationen stellt sich die Frage, welche Konsequenzen für die Entscheidung des Unternehmens über die Einführung einer betrieblichen Altersversorgung resultieren. Die Marktanalyse zeigt, daß der Grenzarbeitnehmer bereit ist, eine Gehaltsreduktion von € 1.836 zu akzeptieren, wenn er dafür eine betriebliche Altersversorgung bekommt. Kostet die betrieblich Altersversorgung das Unternehmen € 3.500, bedeutet dies, daß die Lohnreduktion, die die Arbeitnehmer in Kauf nehmen, nicht ausreicht. Wenn ein Unternehmen also beispielsweise bereit ist, einem Arbeitnehmer € 55.000 jährlich inklusive einer betrieblichen Altersversorgung anzubieten, dann würde es sich besserstellen, wenn es statt dessen € 57.500 ohne betriebliche Altersversorgung offeriert. Der Grenzarbeitnehmer zieht € 2.500 zusätzliches Gehalt einer betrieblichen Altersversorgung vor, da die Regressionsgleichung gezeigt hat, daß Arbeitnehmer, die keine betriebliche Altersversorgung haben, im Durchschnitt nur € 1.836 mehr verdienen als diejenigen, die eine Altersvorsorge erhalten. Wenn die Arbeitnehmer der betrieblichen Altersversorgung einen höheren Wert beimessen würden, dann wären Unternehmen, die nur € 1.836 mehr Lohn anbieten, nicht in der Lage, eine ausreichende Zahl an Arbeitnehmern zu rekrutieren, da sie unattraktiver wären als Unternehmen, die geringere Löhne aber auch eine betriebliche Altersversorgung anbieten. In dem genannten Beispiel würden sich sowohl die Manager der mittleren Hierarchieebene als auch das Unternehmen besserstellen, wenn sie statt der betrieblichen Altersvorsorge € 2.500 mehr Gehalt anbieten. Obwohl also möglicherweise kein Arbeitnehmer etwas gegen eine betriebliche Altersversorgung hat, gibt es doch viele, die eine direkte Auszahlung des Geldbetrages präferieren.

Dabei muß dies nicht auf alle Arbeitnehmer gleichermaßen zutreffen. Nehmen wir an, das Unternehmen sucht nur nach Managern, die € 200.000 oder mehr pro Jahr verdienen. Da die Gehälter typischerweise mit der Seniorität steigen, werden diese Manager also älter sein als die typischen Manager, die wir in dem vorhergehenden Beispiel betrachtet haben. Möglicherweise haben ältere Arbeitnehmer stärkere Präferenzen für eine bessere Alterssicherung. Wenn also die vorhergehenden Daten dominiert waren durch Manager mit ca. € 50.000 Jahresgehalt, dann ist es wahrscheinlich, daß der monetäre Wert von Alterssicherungen, so wie er in Gleichung (11.1) geschätzt wurde, den Wert für ältere Arbeitnehmer unterschätzt. Ältere Arbeitnehmer werden aber nicht nur mit einer höheren Wahrscheinlichkeit ein größeres Interesse an einer hohen Alterssicherung haben, sondern sie haben durch die höheren Gehälter tendenziell auch höhere Grenzsteuersätze, so daß sie es auch aus diesem Grunde eher vorziehen, einen größeren Anteil ihrer Kompensation in Form von „steuerfreien" geldwerten Vorteilen, wie z.B. betrieblicher Alterssicherung, zu erhalten. Wenn wir bessere Daten hätten, könnte man versuchen, bessere Schätzungen für spezifische Arbeitnehmergruppen durchzuführen. Vorhanden sind solche Daten beispielsweise bei Vergütungsberatungsgesellschaften, allerdings stehen sie für die o.g. Zwecke aufgrund von Datenschutzproblemen i.d.R. nicht zur freien Verfügung.[109]

2. Cafeteria-Pläne zur Berücksichtigung heterogener Präferenzen

Ein Problem, das mit der Gewährung ganz bestimmter Sozialleistungen einhergeht, besteht darin, daß die gleiche betriebliche Sozialleistung nicht für alle Arbeitnehmer den gleichen Wert besitzt. So hatten wir beispielsweise bereits oben gesehen, daß ältere Arbeitnehmer möglicherweise größeren Wert auf eine hohe Alterssicherung legen. Gleichzeitig ist zu vermuten, daß sie weniger Wert auf die Unterstützung bei der Kinderbetreuung legen. Umgekehrt kann man jedoch annehmen, daß jüngere Arbeitnehmer an Unterstützungen im Bereich Kinderbetreuung stärker interessiert sind und daß sie eher weniger Wert auf ihre Alterssicherung legen. Ein sogenannter

---

[109] Vgl. aber auch GEIL (2000).

2. Cafeteria-Pläne zur Berücksichtigung heterogener Präferenzen

Tabelle 11.2: Cafeteria-Plan

Sozialleistungsanspruch: € 300	Sozialleistungsmenü:	
	Private Zusatzversicherung zur GKV	
	Arbeitnehmer	€ 156
	Familie	€ 320
	Gesundheitsplan - Familie	€ 240
	Zahnersatzzusatzversicherung	€ 30
	Lebensversicherung	€ 100
	Lebensversicherung für Ehepaare (€ 50.000)	€ 40
	Berufsunfähigkeitsversicherung (voller Lohn)	€ 90
	Betriebskindertagesstätte - pro Kind	€ 200

Cafeteria-Plan gewährt in diesem Zusammenhang Arbeitnehmern die Möglichkeit, selbst aus einem Menü betrieblicher Sozialleistungen auszuwählen. Obwohl Cafeteria-Pläne unterschiedlich gestaltet sein können, ist ihnen allen gemeinsam, daß sie den Arbeitnehmern einen bestimmten, vorher festgelegten Geldbetrag an Sozialleistungen zur Verfügung stellen, den diese für eine Vielzahl von unterschiedlichen Sozialleistungen ausgeben können.

Zwar haben Cafeteria-Systeme in Deutschland bislang keine weite Verbreitung gefunden, allerdings denken zunehmend Großunternehmen wie z.B. Audi im Rahmen genereller Überarbeitungen ihrer betrieblichen Sozialpolitik auch über die Einführung von Cafeteria-Systeme nach. Ein typischer Cafeteria-Plan könnte z.B. einen Arbeitnehmer mit 300 Sozialleistungs-€ pro Monat ausstatten. Der Arbeitnehmer könnte diese Sozialleistungs-€ für ein beliebiges Set an betrieblichen Sozialleistungen aus einem angebotenen Menü an Sozialleistungen frei nach eigenen Wünschen ausgeben. Zur Veranschaulichung solcher Cafeteria-Pläne ist in Tabelle 11.2 ein konkretes Beispiel angegeben.

Der größte Vorteil solcher Cafeteria-Pläne gegenüber einem fixierten Set betrieblicher Sozialleistungen besteht darin, daß das Unternehmen auf diese Weise den Arbeitnehmern für einen gegebenen Betrag den größtmöglichen Nutzen zukommen lassen kann. Wenn die Preise, die in solchen Cafeteria-Plänen angegeben sind, die wahren Kosten des Unternehmens widerspiegeln, dann ist das Unternehmen indifferent bezüglich der Zusammensetzung der betrieblichen Sozialleistung jedes einzelnen Arbeitnehmers (c.p.). Gleichzeitig sind die Arbeitnehmer selbst aber nicht indifferent. Einige werden eher Alterssicherungen bevorzugen und andere werden eher Kinderbetreuung, Dienstwagen, verbilligte Kredite oder anderes präferieren. Manche mögen sich mehr für Versicherungsleistungen interessieren, andere mögen konsumtive Leistungen vorziehen. Indem den Arbeitnehmern eine Auswahl angeboten wird, maximiert das Unternehmen den Wert des individuellen Sozialleistungspakets bei einem gegebenen Ausgabebetrag.

Der in Tabelle 11.2 beschriebene Plan ermöglicht den Arbeitnehmern, z.B. € 300 pro Monat für betriebliche Sozialleistungen auszugeben. Ein Arbeitnehmer könnte dann beispielsweise aus diesem Gesamtangebot die zusätzliche Krankenversicherung, die Zahnersatzversicherung und die Lebensversicherung für sich und seine Ehefrau auswählen. Die Gesamtkosten seines Pakets lägen bei € 410 pro Monat. Von diesen würden € 300 steuerfrei durch das Unternehmen übernommen. Die restlichen € 110 würden vom versteuerten Monatseinkommen abgezogen.

Da der Plan eine Vielzahl von Optionen eröffnet, können Arbeitnehmer zwischen verschiedenen Sozialleistungen frei nach eigenen Präferenzen auswählen. Dabei ist nicht davon auszugehen, daß alle Arbeitnehmer die gleichen Leistungen wählen werden. Arbeitnehmer ohne Kinder werden beispielsweise keine betrieblichen Kinderbetreuungsangebote kaufen. Außerdem kann z.B. angenommen werden, daß jüngere Arbeitnehmer mit einer geringeren Wahrscheinlichkeit Lebensversicherungen einkaufen als ältere Arbeitnehmer. Dies ist aus zwei Gründen zu vermuten. Erstens sind jüngere Arbeitnehmer eher Single und haben somit noch ein geringes Interesse an Lebensversicherungen. Zweitens ist die Wahrscheinlichkeit zu sterben für jüngere Arbeitnehmer geringer als für ältere. Da ältere Arbeitnehmer gleichzeitig höhere Jahreseinkommen haben als jüngere Arbeitnehmer, ist der altersunabhängige Preis des betrieblichen Angebots für junge Arbeitnehmer im Vergleich zu älteren Arbeitnehmern tendenziell zu hoch. Ältere Arbeitnehmer werden wahrscheinlich nicht in der Lage sein, eine äquivalente Versicherung zum Preis von € 100 pro Monat am externen Markt zu kaufen, während jüngere Arbeitnehmer durchaus in der Lage sind, für den gleichen Preis oder weniger eine Lebensversicherung am externen Versicherungsmarkt zu erwerben.

3. Betriebliches Sozialleistungsangebot und Selektionswirkungen

3.1 Die Grundidee

Das o.g. Versicherungsbeispiel weist auf einen wesentlichen Punkt hin, der mit Cafeteria-Plänen einhergeht. Es kann zu einer Selbstselektion kommen, die nicht unbedingt vorteilhaft für das Unternehmen ist. Ein einfacher Weg, dies zu zeigen, besteht darin, ein Unternehmen zu betrachten, das sich für eine Betriebskrankenkasse entscheidet. Das Unternehmen kauft die Versicherungsleistung nicht von anderen Unternehmen, sondern bietet sie selbst an. Wenn also ein Arbeitnehmer krank wird, zahlt das Unternehmen die anfallenden Kosten direkt aus seinem Budget. Solange das Unternehmen ausreichend hohe „Beiträge" einbehält, stellt dies sicher kein Problem dar. Schwierigkeiten treten dann auf, wenn ein Unternehmen sich plötzlich in der Situation befindet, daß es überdurchschnittlich kranke Arbeitnehmer auf sich konzentriert. In diesem Fall können die Kosten mit Hilfe der auf Basis von Erwartungswerten kalkulierten Beiträge nicht gedeckt werden.

Indem ein Unternehmen Sozialleistungen anbietet, die für verschiedene Arbeitnehmer einen unterschiedlichen Wert haben, entstehen für das Unternehmen implizit höhere Sozialleistungsbeträge für ganz bestimmte Arbeitnehmergruppen und geringere Sozialleistungsbeiträge für andere Arbeitnehmergruppen, obwohl für beide Gruppen gleich viele Sozialleistungs-Euro berechnet werden. Wenn die Beiträge so kalkuliert werden, daß im Durchschnitt über alle Arbeitnehmer die Krankheitskosten gedeckt sind, dann impliziert eine solche Kalkulation, daß ältere Arbeitnehmer durch jüngere Arbeitnehmer subventioniert werden, da die älteren Arbeitnehmer mehr von der angebotenen betrieblichen Sozialleistung in Anspruch nehmen als jüngere Arbeitnehmer. Tendenziell kann dies dazu führen, daß die jüngeren und gesünderen Arbeitnehmer die berechneten Beiträge unakzeptabel finden und fernbleiben. Dies wäre eine unerwünschte Nebenwirkung des Systems.

Umgekehrt kann sich aber auch eine erwünschte Selbstselektion ergeben. Wenn ein Unternehmen beispielsweise davon ausgeht, daß Arbeitnehmer mit Kindern produktiver sind als solche ohne, dann kann es versuchen, Arbeitnehmer mit Familien anzuziehen, indem es Kinderbetreuung zu unter dem Marktniveau liegenden Preisen anbietet, da genau die gewünschten Arbeitnehmer ein solches Sozialleistungspaket besonders attraktiv finden. Diese Möglichkeit ist insbesondere deshalb interessant, da Unternehmen nur sehr schwer ihre Präferenzen für Arbeitnehmer mit Familien explizit machen können, z.B. indem sie höhere Löhne in Abhängigkeit von der Familiengröße zahlen. Solche Gehaltsstrukturen werden möglicherweise als diskriminierend angesehen. Das Angebot von familienorientierten Sozialleistungen weist diese Probleme möglicherweise nicht auf, kann aber die gleichen Arbeitnehmertypen attrahieren. Ein weiteres Beispiel für solche Sozialleistungen sind Zuschüsse für die Ausbildung der Kinder, selbst wenn die Schulausbildung der Kinder keinen direkten Nutzen für das Unternehmen hat.

Das Angebot, an unterschiedlichen allgemeinen Bildungsmaßnahmen teilzunehmen, stellt ein anderes Beispiel dar. Diese Bildungsangebote haben einen hohen Wert für Arbeitnehmer, die ein generelles Interesse an zusätzlicher Bildung haben, sie haben allerdings nur einen geringen Wert für Arbeitnehmer, die sich nicht besonders für Fortbildung interessieren. Wenn davon ausgegangen werden kann, daß der generelle Wunsch nach Bildung korreliert ist mit der Qualität und Produktivität der Arbeitnehmer, dann kann das Angebot von solchen allgemeinen Bildungsmaßnahmen ebenfalls helfen, die produktiveren Arbeitnehmern von den unproduktiveren Arbeitnehmern zu trennen. Statt den Arbeitnehmern also beispielsweise € 5.000 pro Jahr mehr auszuzahlen, könnte das Unternehmen € 10.000 als Zuschuß für Ausbildungsausgaben als betriebliche Sozialleistung anbieten. Ambitionierte und talentierte Arbeitnehmer werden wahrscheinlich ein solches Sozialleistungsangebot präferieren, während weniger begabte und ambitionierte Arbeitnehmer eher nur die € 5.000 an zusätzlichem Gehalt wählen würden. Durch solche Angebote ist das Unternehmen also in der Lage, die Arbeitnehmer zu unterscheiden, selbst wenn es nicht die Möglichkeit hat, die Qualität der Arbeitnehmer direkt zu beobachten. Allerdings darf nicht vernachlässigt werden, daß ein solches Bildungsangebot auch enorme Kosten verursachen kann, dann nämlich wenn die qualifizierten Arbeitnehmer nach Inanspruchnahme der Bildungsmaßnahme das Unternehmen verlassen. Es kann somit notwendig werden, solche Bildungsangebote mit entsprechenden Rückzahlungsklauseln zu versehen[110], um die Abwanderungsgefahr einzudämmen oder durch eine

---

[110] Vgl. ALEWELL (1998).

3. Betriebliches Sozialleistungsangebot und Selektionswirkungen

Fallstudie: Der Markt für Sozialleistungen bei Allied Computers

Im Wettbewerb um die oft hart umkämpften Spitzenkräfte gehen die Unternehmen immer mehr dazu über, den Arbeitnehmern ihr Angebot durch nichtmonetäre Kompensationsbestandteile schmackhaft zu machen. Viele Arbeitgeber klagen darüber, daß Sozialleistungsangebote einen unterschiedlichen Wert für verschiedene Gruppen von Arbeitnehmern aufweisen. Beispielsweise mag Unterstützung bei der Kinderbetreuung für einen alleinstehenden Arbeitnehmer wertlos sein, während es für einen potentiellen Arbeitnehmer mit Kindern ein Schlüsselkriterium darstellen kann. In einer „Me Too"-Umgebung ist die Sorge der Unternehmen verständlich, daß ihr Sozialleistungsangebot möglicherweise unzureichend ist.

Die Allied Computer Gruppe, die ihre Belegschaft zwischen 1993 und 1995 verdoppelte, hat eine Explosion der Sozialleistungskosten auf einem ökonomisch denkbar einfachen Wege vermieden: Individuen mit unterschiedlichen Präferenzen können ihren Nutzen durch Handel erhöhen. Statt bestimmte Sozialleistungen anzubieten, offeriert das Unternehmen aus Milwaukee pro Monat eine bestimmte Zahl von Sozialleistungs-Punkten, basierend auf der Stellung und dem Gehalt. Die Arbeitnehmer können im Sozialleistungs-Geschäft frei zwischen den Sozialleistungen wählen. Urlaub, Krankenversicherung oder auch Bargeld können erworben werden. Da alle Leistungen in den gleichen Einheiten ausgezeichnet sind, haben sie einen bestimmten Preis, welcher die Entscheidung der Arbeitnehmer und die Kostenrechnung des Unternehmens erleichtert.

Es stellt sich die Frage, warum man den Arbeitnehmern nicht einfach das Geld gibt, so daß sie sich die Leistungen auf dem freien Markt kaufen können, wenn man schon monetäre Angaben macht. Häufig bevorzugen die Arbeitnehmer das Angebot der Sozialleistungen durch das Unternehmen, weil dieses die Leistungen billiger als der externe Markt zur Verfügung stellen kann; denn es verfügt über Informationen, die Anbieter am externen Markt nicht nutzen können, und es kann das Risiko über alle Arbeitnehmer streuen.

Quelle: Area Employers Attract, Retain Workers with Benefits Buffet. In: The Business Journal of Milwaukee (15. Juli 1995, S. 8A)

gezielte Kombination von allgemeinen und spezifischen Bildungsinhalten das Abwanderungsrisiko zu reduzieren.[111]

Wenn ein Unternehmen mit dem Angebot betrieblicher Sozialleistungen insbesondere Selektionsaspekte verfolgt, dann dürfte dieses Ziel typischerweise besser mit einem festen Sozialleistungsangebot als mit einem Cafeteria-Plan zu erfüllen sein. Wenn ein Unternehmen beispielsweise standardmäßig allen Arbeitnehmern kostenlose Kinderbetreuung als einzige betriebliche Sozialleistung anbietet, dann werden Arbeitnehmer ohne Kinder ein solches Sozialleistungspaket weniger attraktiv finden als z.B. einen Cafeteria-Plan wie er in Tabelle 11.2 beschrieben ist. Allerdings sind fest vorgegebene betriebliche Sozialleistungspakete nichts grundsätzlich anderes als Cafeteria-Pläne: sie können als ein Spezialfall von Cafeteria-Plänen mit stark verzerrten Preisen interpretiert werden. Im letztgenannten Beispiel, in dem ein Unternehmen ausschließlich kostenlose Kinderbetreuung und sonst keine weiteren betrieblichen Sozialleistungen anbietet, könnte dann die Sozialleistung auch so interpretiert werden, daß das Unternehmen einen Cafeteria-Plan offeriert, in dem der Preis für die Kinderbetreuung Null beträgt und der Preis für alle andere Sozialleistungen unendlich hoch ist.

3.2 Adverse Selektion als besonderes Problem

Manchmal werden betriebliche Sozialleistungen angeboten, die ungeplante adverse Konsequenzen für das Unternehmen haben. Um dies zu verdeutlichen, können wir wieder das o.g. Beispiel der Betriebskrankenkasse heranziehen und zwei unterschiedliche Firmen betrachten. Unternehmen 1 hat eine sehr großzügige Betriebskrankenkasse (mit einem Leistungsspektrum vergleichbar dem privater Krankenkassen) und Unternehmen 2 hat keine Betriebskrankenkasse, beteiligt sich also nur über die Arbeitgeberbeiträge zur gesetzlichen Krankenversicherung an den Krankenversicherungskosten, bezahlt dafür aber ein um € 3500 höheres Jahresgehalt. Betrachten wir nun zwei Arbeitnehmer, Herrn Schmitz und Herrn Müller. Beide haben Familien mit zwei kleinen Kindern. Herr Müller hat allerdings ein Kind, das

---

[111] Vgl. BACKES-GELLNER/SCHMIDTKE (2000)

3. Betriebliches Sozialleistungsangebot und Selektionswirkungen

unter einer chronischen Krankheit leidet, so daß ständig die unterschiedlichsten Krankheitskosten anfallen. Diese würden sich im Jahr auf mehr als € 100.000 summieren. Wahrscheinlich würde Herr Müller nicht das Unternehmen Nr. 2 bevorzugen, das zwar mehr zahlt, aber dafür keine großzügige Betriebskrankenkasse anbietet. Er würde es vielmehr vorziehen, in Unternehmen Nr. 1 zu arbeiten, um in den Genuß der großzügigeren Absicherung der Betriebskrankenkasse zu kommen. Herr Schmitz würde sich vielleicht genau umgekehrt entscheiden und in Unternehmen Nr. 2 gehen, um die zusätzlichen € 3.500 zu bekommen. Das bedeutet, daß in Unternehmen Nr. 2 eine unverhältnismäßig große Zahl von Bewerbern und damit auch Beschäftigten tendenziell höhere Anforderungen an die Krankenversicherung stellt.

In diesem Zusammenhang stellt sich die Frage, wohin eine solche Entwicklung führt. Wenn das Unternehmen Selbstversicherer ist, dann muß es die Gesundheitskosten selbst tragen. Wenn es also Arbeitnehmer hat, die in größerem Umfang Kosten für Krankenversorgung verursachen, dann steigt damit automatisch die Summe der Ausgaben der Betriebskrankenkasse. Wenn das Unternehmen statt der Betriebskrankenkasse private Zusatzversicherungen für seine Arbeitnehmer abschließen würde, ginge es ihm allerdings auch nicht besser. Der Preis, den es einem privaten Krankenversicherer für die Zusatzleistungen zahlen müßte, hängt auch von der beobachtbaren Krankheitsrate der Versicherten, d.h. der Belegschaft des Unternehmens ab. Wenn das Unternehmen also überdurchschnittlich viele Arbeitnehmer beschäftigt, die intensive Krankenversorgung benötigen, dann würde auch ein privater Krankenversicherer dem Unternehmen höhere Versicherungsprämien in Rechnung stellen.

Die oben beschriebene Selektion durch eine besonders großzügige betriebliche Krankenversicherung verursacht also insofern eine Adverse Selektion, als sie Individuen anzieht, die durchschnittlich höhere Krankheitskosten verursachen, ohne daß sie notwendigerweise produktiver wären. Die Kosten für das Unternehmen sind dadurch höher, allerdings kann es nicht unbedingt höhere Erträge erwirtschaften. Ein Unternehmen, das solch eine großzügige Krankenversorgung anbietet und damit dem Problem der Adversen Selektion unterliegt, müßte also eine Reduktion der Löhne vornehmen, die ausreicht, um die höheren Kosten der Krankenversorgung wett zu machen. Die Situation ist anders zu bewerten, wenn es z.B. aufgrund von

Arbeitskräfteknappheit nur mit Hilfe einer großzügigen betrieblichen Krankenversicherung möglich wäre, einen ganz bestimmten hochproduktiven Arbeitnehmertyp anzuziehen. In diesem Falle würde es sich allerdings auch nicht um Adverse Selektion handeln, da die höheren Ausgaben für Gesundheitsschutz durch höhere Produktivität gerechtfertigt wären.

4. Besondere Anwendungsbeispiele

4.1 Betriebliche Altersversorgung

In einer Vielzahl von Unternehmen ist die betriebliche Altersversorgung der größte Ausgabenblock innerhalb der freiwilligen betrieblichen Sozialleistungen. Dabei gilt es, die unterschiedlichsten Ausgestaltungsformen und Anreizwirkungen zu beachten. Grundsätzlich kann die betriebliche Altersversorgung drei verschiedene Formen annehmen.

Eine Form der betrieblichen Altersversorgung sind Pensionszusagen, die ab einem vereinbarten Zeitpunkt individuelle Pensionszahlungen garantieren. Um diese definierten Pensionsleistungen finanzieren zu können, unternimmt das Unternehmen nach versicherungsmathematischen Methoden periodische Zuführungen an einen Pensionsfonds. Solche betrieblichen Versorgungsansprüche sind dabei nach dem Gesetz zur Verbesserung der betrieblichen Altersversorgung vom 19.12.1974 in vielfacher Weise abgesichert.

1. Der Pensionsanspruch bleibt bei Kündigung oder Entlassung bestehen, wenn der betroffene Arbeitnehmer ein Mindestalter oder eine Mindestbetriebszugehörigkeitsdauer erreicht hat.

2. Im Konkursfall übernimmt ein Pensionssicherungsverein auf Gegenseitigkeit eine Rückdeckungsversicherung.

3. Die Betriebsrenten sind gegen Auszehrung gesichert, weil steigende Rentenleistungen anderer Versicherer von der Betriebsrente nicht abgezogen werden dürfen.

4. Die Unternehmen sind verpflichtet, die Renten vor Inflation zu schützen, indem sie alle drei Jahre anzupassen sind.

4. Besondere Anwendungsbeispiele

Die zweite Form der betrieblichen Altersversorgung ist die sogenannte Unterstützungskasse oder Pensionskasse, die rechtlich und organisatorisch aus dem Unternehmen ausgegliedert ist. Auch hier gelten die o.g. Vorschriften zur Sicherung der Betriebsrenten.

Schließlich besteht die dritte Möglichkeit einer betrieblichen Alterssicherung darin, daß das Unternehmen eine Pensionszusage mit Hilfe einer Direktversicherung bei einem gesetzlichen Versicherungsträger oder einer privaten Versicherungsgesellschaft unternimmt. Bei dieser Variante sind nicht unbedingt die Pensionsleistungen, sondern die Einzahlungen in eine Versicherung im voraus fest definiert. Die Leistungen ergeben sich aus der Verzinsung des eingesetzten Kapitals, d.h. der Performance des gewählten Versicherungsträgers.

Weitere Details der betrieblichen Altersversorgung sind Regelungen über Wartezeiten, Anspruchszeiten, Übertragbarkeit und Beitrags- bzw. Leistungsanpassungen. Ohne daß hier im Detail die Auswirkungen alternativer Regelungen untersucht werden können, seien nur in Kürze die Anreizwirkungen unterschiedlicher Ausgestaltungsformen angedeutet.

Regelungen über Wartezeiten (Zeiten, bevor überhaupt ein Anspruch auf Betriebsrente besteht) haben eine Auswirkung auf die Fluktuation der Arbeitnehmer. Wenn beispielsweise die Wartezeit bei zehn Jahren liegt, führt dies dazu, daß Arbeitnehmer ein großes Interesse haben, nicht vor Ablauf der zehn Jahre das Unternehmen zu verlassen, sondern mindestens die zehn Jahre Betriebszugehörigkeitsdauer zu erreichen.

Unabhängig von den Wartezeiten üben auch die Anwartschaftszeiten einen eigenständigen Einfluß auf die Fluktuationsrate der Arbeitnehmer aus. Da mit jedem zusätzlichen Jahr Betriebszugehörigkeitsdauer der Rentenanspruch steigt, besteht ein Interesse, möglichst lange im Unternehmen zu verbleiben. Grundsätzlich kann dies als positiver Effekt angesehen werden, wenn ein hohes Maß an erforderlichen betriebsspezifischen Qualifikationen lange Betriebszugehörigkeitsdauern vorteilhaft macht. Schwierigkeiten entstehen dann, wenn Personal abgebaut werden muß und daran gedacht wird, ältere Arbeitnehmer frühzeitig, vor Erreichen des Rentenalters, freizusetzen. Da durch ein frühzeitiges Ausscheiden die Zahl der eingezahlten Jahre reduziert wird, sinkt damit auch der Rentenanspruch. Wenn nicht entsprechende Ausgleichsregelungen gefunden werden, führt dies zu einer geringen Bereitschaft, freiwillig aus dem Unternehmen auszuscheiden.[112]

Drittens haben auch Regelungen zur Übertragbarkeit Auswirkungen auf die Fluktuationsrate. Nach §1 des Gesetzes zur Verbesserung der betrieblichen Altersversorgung (BetrAVG) wird der Pensionsanspruch auch nach Verlassen des Unternehmens garantiert, wenn der betroffene Arbeitnehmer mindestens 35 Jahre alt ist und die Pensionszusage bereits 10 Jahre besteht oder wenn der Arbeitnehmer der Unternehmung seit mindestens 12 Jahren angehört und die Pensionszusage seit 3 Jahren besteht. Solange diese Grenzen nicht erreicht sind, würde der Arbeitnehmer, der sein Unternehmen verläßt, bei Pensionszusagen aus Pensionsfonds seinen Rentenanspruch verlieren. Daraus resultiert, daß unterhalb der angegebenen Jahreszahlen eine deutliche Bindungswirkung durch Pensionszusagen besteht. Sind die genannten Grenzwerte einmal überschritten und die Pensionsansprüche auch bei Verlassen des Unternehmens garantiert, verfällt diese Bindungswirkung. Die Bindungswirkung betrieblicher Pensionszusagen mag somit zwar ein guter Grund für deren Einführung sein, er darf aber auch nicht überschätzt werden, da er nur eine begrenzte Zeit anhält. Für Unterstützungskassen und Direktversicherungen trifft die Bindungswirkung von vornehrein nicht zu, so daß vermutet werden muß, daß es andere Gründe für die weite Verbreitung betrieblicher Altersversorgungen geben muß. Diese liegen häufig in steuerlichen Vorteilen, die sich aus der Vorenthaltung von Löhnen ergibt, die in die Finanzierung von Pensionszusagen investiert werden. Betriebliche Pensionsfonds besitzen den großen Vorteil, daß sie positive Liquiditäts- und Innenfinanzierungseffekte haben. Rückstellungen für Pensionsfonds werden im Gegensatz zu ausgezahlten Löhnen nicht versteuert und erhöhen die Liquidität des Unternehmens. Die rückgestellten Mittel können gewinnbringend angelegt werden oder zur Finanzierung von Investitionen (innerhalb bestimmter Grenzen) herangezogen werden. Das Unternehmen hat durch die Pensionszusagen also durchaus Vorteile (s. auch Anhang). Auch für Arbeitnehmer ergeben sich Vorteile durch steuerliche Unterschiede zwischen ausgezahlten Gehältern und Pensionszusagen. (Vgl. hierzu die

---

[112] Vgl. hierzu auch die Ausführungen in Kapitel II.

Ausführungen zur Gewährung betrieblicher Sozialleistungen in den vorhergehenden Abschnitten.)

Im Gegensatz dazu haben Pensionszusagen in Form von Unterstützungskassen oder Direktversicherungen keine entsprechenden Liquiditäts- und Innenfinanzierungseffekte. Deshalb ist es nicht verwunderlich, daß in der Realität die Mehrzahl der betrieblichen Pensionszusagen auf Pensionsfonds entfällt. 1990 entfielen ca. 60% der gesamten Deckungsmittel für betriebliche Altersversorgungen auf Pensionsrückstellungen, ca. 20% auf Pensionskassen und jeweils ca. 10% auf Direktversicherungen und Unterstützungskassen.

4.2 Bezahlte Urlaubs- und Feiertage

Die bezahlten Urlaubs- und Feiertage machen einen großen Teil des insgesamt ausgezahlten Entgelts aus. Nimmt man beispielsweise alle Unternehmen des produzierenden Gewerbes in Westdeutschland, dann machten im Jahre 1998 die bezahlten Urlaubs- und Feiertage ca. 24% des Entgelts für geleistete Arbeit aus. Diese Summe ergibt sich aus der Zahl der bezahlten Urlaubstage (18,6%) und der bezahlten Feiertage (5%).[113] Umgekehrt könnte man also behaupten, daß die Arbeitnehmer für nur ca. 76% an Jahresarbeit ein gesamtes Jahresgehalt bekommen.

Allerdings unterliegt diese Behauptung einer naiven Darstellung des Zusammenhangs von Gehalts- und Arbeitstagen. Natürlich wird der Lohnsatz um die ausgefallenen Arbeitstage korrigiert. Ein Arbeitnehmer, der € 100 am Tag verdient und beispielsweise 26 von 260 Arbeitstagen als bezahlte Urlaubs- bzw. bezahlte Feiertage bekommt, verdient faktisch € 111,11 pro gearbeitetem Tag. Die jährliche Kompensation für ihn beträgt nämlich (€ 100 × 260 Tage =) € 26.000, für die der Arbeiter 234 Tage arbeitet, d.h. pro gearbeitetem Tag erhält er (€ 26.000 : 234 =) € 111,11. Wenn der betrachtete Arbeitnehmer keine Produktivität von € 111,11 pro Tag hätte, dann könnte das Unternehmen es sich nicht erlauben, bei 26 freien Tagen € 26.000 pro Jahr zu zahlen. Würde die Produktivität des Arbeitnehmers beispielsweise nur bei € 100 pro Tag liegen, dann müßte das Unternehmen entweder die bezahlten

---

[113] In Ostdeutschland lagen die Zahlen mit 15,4% bzw. 4,6% etwas niedriger, vgl. IW (1999).

Urlaubs- und Feiertage streichen (was nicht möglich ist), oder es muß den Lohnsatz entsprechend anpassen, so daß die Gesamtkompensation nicht höher sein könnte als € 22.400 (= € 100 × 234 Arbeitstage), d.h. für den betrachteten Arbeitsplatz müßte ein Lohn von nicht mehr als € 90/Tag gezahlt werden (23.400/260). Mit diesen € 90 pro Tag können bei einer Produktivität von € 100 pro Arbeitstag dann immer noch die 26 bezahlten Urlaubs- und Feiertage gewährt werden.

Dabei stellt sich zusätzlich die Frage, ob das Unternehmen es den Arbeitnehmern freistellen sollte, den Urlaub zu nehmen oder sich ausbezahlen zu lassen. Diese Frage kann in Analogie zu den Überlegungen im Zusammenhang mit Cafeteria-Plänen beantwortet werden. Da davon auszugehen ist, daß nicht alle Arbeitnehmer einem Urlaubstag den gleichen Wert beimessen, wird der individuelle Arbeitnehmernutzen bei gegebenem Urlaubsanspruch maximiert, wenn dem Arbeitnehmer die Entscheidung überlassen wird, den Urlaub zu nehmen oder sich ihn auszahlen zu lassen. Arbeitnehmer, die einem Urlaubstag einen geringeren Wert als € 100 beimessen, werden sich die Urlaubstage eher auszahlen lassen und Arbeitnehmer, die einem Urlaubstag einen individuellen Wert von mehr als € 100 beimessen, werden die Urlaubstage voll in Anspruch nehmen. Allerdings können organisatorische Probleme dafür sprechen, die Entscheidungsfreiheit der Arbeitnehmer einzuschränken. Ein Hinweis dafür ist die Vielzahl an Unternehmen, die es ihren Arbeitnehmern nicht freistellen, den Urlaub zu nehmen oder sich ihn auszahlen zu lassen. Ein Beispiel für eine solchermaßen begründete Einschränkung individueller Spielräume können Produktivitätseffekte sein, die sich im Zusammenhang mit allen Arten von Teamarbeit ergeben. Sobald die Produktivität eines Arbeitnehmers davon abhängt, daß auch andere Arbeitnehmer gleichzeitig am Arbeitsplatz anwesend sind (wie z.B. bei Fließbandarbeit im offensichtlichsten Fall, aber auch in weniger offensichtlichen Fällen wie z.B. in einer Zahnarztpraxis (weder kann der Zahnarzt ohne Helferinnen den Patienten behandeln, noch können die Zahnarzthelferinnen ohne den Zahnarzt die Patienten behandeln) macht es keinen Sinn, einem einzelnen Arbeitnehmer zu erlauben, keinen Urlaub zu nehmen, wenn der Rest der Belegschaft Urlaub hat. In solchen Fällen beobachten wir typischerweise Betriebsferien, in denen das gesamte Unternehmen oder ganze Abteilungen geschlossen werden und alle Arbeitnehmer gleichzeitig ihren Urlaub nehmen. Eine andere Möglichkeit besteht darin, daß die

Kapazitäten so ausgelegt sind, daß die Abwesenheit einzelner Arbeitnehmer (nach Absprache) durch eine Umverteilung seiner Arbeiten auf die verbleibenden anderen Arbeitnehmer ausgeglichen werden kann. Statt Betriebsferien würden wir dann systematische Urlaubspläne oder bindende Absprachen erwarten. Unter Umständen kann aber auch die Nichtinanspruchnahme von Urlaub für das Unternehmen vorteilhaft sein. Dies trifft insbesondere dann zu, wenn die durch die Inanspruchnahme von Urlaubstagen reduzierte Kapazität dem Unternehmen kurzfristig Probleme bereitet.

Bei Arbeitnehmern, deren Arbeit keinen oder allenfalls einen sehr geringen Teamcharakter hat, sieht die Situation anders aus. Unter diesen Umständen ist es vorteilhaft, den Arbeitnehmern die Entscheidung über Inanspruchnahme oder Auszahlung von Urlaubstagen zu überlassen, da die Produktivität anderer Arbeitnehmer kaum von der Entscheidung betroffen ist. Dies trifft beispielsweise auf einfache Sachbearbeiter oder Außendienstmitarbeiter zu. Unter solchen Umständen wäre es effizient, wenn man den Arbeitnehmern selbst die Entscheidung überläßt, gemäß ihrem individuellen Wert eines Urlaubstages ihren Urlaub in Anspruch zu nehmen oder nicht. Begrenzt werden sollte die Entscheidungsfreiheit allenfalls, wenn aus gesundheitlichen Gründen davon auszugehen ist, daß eine Mindestzahl an Urlaubstagen gesundheitsförderlich ist.

5. Resümee

In Ausdehnung der Analyse des vorhergehenden Kapitels haben wir uns in diesem Kapitel mit der Frage beschäftigt, inwiefern die Gesamtkompensation eines Arbeitnehmers in Form von Geld oder betrieblichen Sozialleistungen ausgezahlt werden sollte. Meistens dominiert wahrscheinlich die Auszahlung in Geld; es konnte allerdings auch gezeigt werden, daß sich beide Parteien unter ganz bestimmten Bedingungen besserstellen, wenn ein Teil der Kompensation in betrieblichen Sozialleistungen ausbezahlt wird. Dies trifft insbesondere bei steuerlichen Vorteilen zu, oder wenn Unternehmen eine bestimmte Sozialleistung billiger anbieten können als ein Arbeitnehmer sie individuell beschaffen könnte. In gewissem Sinne werden betriebliche Sozialleistungen den Arbeitnehmern „in Rechnung gestellt", indem ihnen geringere Gehälter ausgezahlt werden. Leider ist es für ein Unternehmen aber nur sehr schwierig festzustellen, was Arbeitnehmer für eine bestimmte Sozialleistung aufzugeben bereit sind. In manchen Fällen können Marktanalysen helfen, dieses Problem zu lösen. Sie sollen sicherstellen, daß die Kosten für betriebliche Sozialleistungen und Löhne zusammengenommen nicht höher werden als der Wert des Arbeitnehmers für das Unternehmen.

Cafeteria-Pläne weisen in diesem Zusammenhang den Vorteil auf, daß sie sowohl den Arbeitnehmern als auch den Unternehmen eine höhere Flexibilität bieten. Da das Unternehmen die Preise für die einzelnen im Menü eines Cafeteria-Plans enthaltenen Sozialleistungen mehr oder weniger frei festlegen kann, hat es die Möglichkeit, Arbeitnehmern, die aus Unternehmensperspektive produktiver erscheinen, eine höhere Kompensation zukommen zu lassen. Wenn beispielsweise im Cafeteria-Plan eine bestimmte betriebliche Sozialleistung sehr preiswert ausgewiesen wird und diese Sozialleistung vor allem von jüngeren, verheirateten Arbeitnehmer hoch bewertet wird, dann macht sich das Unternehmen für diese Arbeitnehmergruppe besonders attraktiv. Wir haben auch gesehen, daß ein festes Set an betrieblichen Sozialleistungen nichts anderes ist als die Extremform eines Cafeteria-Plans, bei dem im Grunde nur die Preisdifferenzen außerordentlich groß sind. Der Preis einer angebotenen Sozialleistung beträgt Null, während der Preis einer nicht angebotenen Leistung unendlich ist, so daß alle Sozialleistungspakte in Analogie zur Analyse der Cafeteria-Pläne betrachtet werden können.

Betriebliche Altersversorgung stellt die wichtigste betriebliche Sozialleistung dar und kann grundsätzlich in drei verschiedenen Varianten angeboten werden, die mit unterschiedlichen Anreizstrukturen einhergehen. Dabei ist die Bindung der Belegschaft an das Unternehmen nur ein zu berücksichtigender Aspekt; die steuerliche Vorteilhaftigkeit ist ein anderer wesentlicher Anreiz für das Angebot betrieblicher Altersversorgung.

Auch bezahlter Urlaub und Sonderurlaub sind Formen betrieblicher Sozialleistungen, bei denen, genau wie bei den vorhergehenden Leistungen, die Frage gestellt werden kann, unter welchen Umständen den Arbeitnehmern mehr oder weniger Entscheidungsspielräume gegeben werden sollten. Je mehr von teamähnlichen Produktionsbedingungen ausgegangen werden muß, um so eher ist es sinnvoll, die Spielräume der Arbeitnehmer einzuschränken, z.B. durch Betriebsferien oder systematisch geplante und abgestimmte Urlaubspläne; je unabhängiger die Arbeit einzelner Arbeitnehmer von der anderer Arbeitnehmer ist, um so eher überwiegen die Vorteile der Gewährung individueller Entscheidungsfreiheit.

6. Literatur

Alewell, Dorothea (1998): Rückzahlungsklauseln für Fort- und Weiterbildungsmaßnahmen. In: ZfB 68(1998)10: 1121-1142.

Backes-Gellner, Uschi; Kerstin Pull (1998): Die Praxis betrieblicher Sozialpolitik - Ergebnisse einer länderübergreifenden Betriebsbefragung. In: Schönig, Werner; Ingrid Schmale (Hrsg.): Gestaltungsoptionen in modernen Gesellschaften. Festschrift für Jürgen Zerche. Regensburg: Transfer: 233-255.

Backes-Gellner, Uschi; Corinna Schmidtke (2000): Kündigungs- und Entlassungsverhalten nach beruflicher Weiterbildung. In: Backes-Gellner, Uschi; Petra Moog (Hrsg.): Bildungssystem und betriebliche Beschäftigungsstrategien. Berlin: Duncker&Humblot.

Geil, Linus (2000): Determinanten der Managementvergütung in Deutschland: Theorie und Empirie. In: Backes-Gellner, Uschi; Matthias Kräkel; Bernd Schauenberg und Gunter Steiner (Hrsg.): Flexibilisierungstendenzen in der betrieblichen Personalpolitik: Anreize, Arbeitszeiten und Qualifikation. München (u.a.): Hampp: 9-37.

IW (1999): Deutschland im globalen Wettbewerb. Internationale Wirtschaftszahlen. Köln: Deutscher Instituts-Verlag.

Sadowski, Dieter (1984): Der Handel mit Sozialleistungen – Zur Ökonomie und Organisation der betrieblichen Sozialpolitik. In: DBW 44(1984)4: 579-590.

7. Weiterführende Literaturempfehlungen

Antos, Joseph R.; Sherwin Rosen (1975): Discrimination in the Market for Public School teachers. In: Journal of Econometrics 3(1975)2: 123-150.

Brown, Charles (1980): Equalizing Differences in the Labor Market. In: Quarterly Journal of Economics 94(1980)1: 113-134.

Kenny, Lawrence (1983): Accumulations of Human Capital During Marriage by Males. In: Economic Enquiry 21(1983)2: 223-231.

Lazear, Edward P. (1983): Pensions as Severance Pay. In: Bodie, Zvi; John Shoven (Hrsg.): Financial Aspects of the U.S. Pension System. Chicago: University of Chicago Press for NBER: 57-90.

Lazear, Edward P. (1986): Pensions and Turnover. In: Shoven, John; Zvi Bodie und David Wise (Hrsg.): Issues in Pension Economics. Chicago: University of Chicago Press for NBER.

Mincer, Jacob (1978): Family Migration Decisions. In: Journal Political Economy 86(1978)5:749-773.

Sindelar, Jody L. (1982): Differential Use of Medical Care by Sex. In: Journal of Political Economy 90(1982)5: 1003-1019.

Stock, James H.; David A. Wise (1990): Pensions, the Option Value of Work, and Retirement. In: Econometrica 58(1990)5:1151-1180.

8. Anhang

Im vorhergehenden Kapitel wurde erwähnt, daß Rückstellungen für Pensionsfonds als Liquiditätsreserve oder Finanzierungsquelle genutzt werden können. In diesem Zusammenhang kann man sich die Frage stellen, welche Konsequenzen dies für die Bemessung der Rückstellungshöhe hat. Es läßt sich zeigen, daß typischerweise eher zu hohe Pensionsrückstellungen aus diesen Überlegungen resultieren. Angenommen, ein Unternehmen hat eine bestimmte Pensionsverpflichtung, die aus den Gehältern und demographischen Daten der Belegschaft errechnet werden kann. Es könnte sich entscheiden, einen Betrag rückzustellen, der genau der Höhe der Verbindlichkeit entspricht, und den überschüssigen Gewinn zu investieren, beispielsweise in Wertpapiere mit einer Verzinsung in Höhe von $r\%$. Alternativ könnte es einen größeren Geldbetrag für Pensionszahlungen rückstellen, wodurch der Gewinn reduziert würde. Der auf diese Weise überausgestattete Pensionsfonds würde ver-

8. Anhang

wendet, um in die gleichen Wertpapiere mit der gleichen Verzinsung r zu investieren. Der einzige Unterschied zwischen diesen beiden Alternativen ist, daß im letztgenannten Fall die Gewinne nicht versteuert werden müssen, solange sie nicht aus dem Pensionsfonds entnommen werden.

Angenommen zu einem Zeitpunkt Null entscheidet sich das Unternehmen, die Pensionsrückstellungen über das absolut Notwendige hinaus auszudehnen. Nehmen wir weiter an, daß das Unternehmen K Euro Gewinn macht (nach Pensionsrückstellungen). Dann muß es für diesen Gewinn Steuern in Höhe von $t\,\%$ bezahlen, so daß es einen Betrag von $K(1-t)$ für Investitionen zur Verfügung hat. Am Ende der Periode wird das Unternehmen aus der Investition des Gewinns einen Betrag von $K(1-t)(1+r)$ besitzen, von denen es allerdings wieder Steuern in Höhe von $t\,\%$ auf die Gewinne $K(1-t)r$ bezahlen muß. Am Ende der Periode hat das Unternehmen also insgesamt

$$A = K(1-t)(1+r) - (K(1-t)r)t$$

Nehmen wir im Gegensatz dazu an, daß das Unternehmen die K Euro Gewinn in den Pensionsfonds rückstellt. Dadurch spart es die Steuern auf den Gewinn solange bis der Betrag entnommen wird. In Periode Null kann das Unternehmen somit K Euro zu einem Zinssatz von $r\,\%$ investieren. Am Ende der Periode hat das Unternehmen also $K(1+r)$ Euro und müßte, wenn es den Betrag nun entnehmen will, Steuern auf den Gesamtbetrag zahlen. Am Ende der Periode hätte das Unternehmen also folgenden Betrag zur Verfügung:

$$B = K(1+r) - K(1+r)t$$

Wenn man die beiden Formeln miteinander vergleicht, kann man zeigen, daß B größer ist als A bzw. das $(B - A) > 0$ ist. $(B - A)$ hat folgenden Wert:

$$Kr(1-t)$$

Dieser Betrag ist positiv, da der Steuersatz unter 100% liegt. Aus steuerlicher Perspektive lohnt es sich für ein Unternehmen somit immer, zu hohe Rückstellungen für Pensionszusagen vorzunehmen.

XII. Die Stelle: Aufgaben und Entscheidungsbefugnisse

Ein Unternehmen sucht einen neuen Mitarbeiter. Dies tut es über eine Stellenanzeige in der Tageszeitung. Üblicherweise beschreiben solche Anzeigen die zu besetzende Stelle. Meistens informieren sie auch über einige der Qualifikationen, über die ein erfolgreicher Bewerber verfügen muß. Die meisten Stellenanzeigen beschreiben jedoch vor allem die Stelle. Natürlich wäre es im Prinzip möglich, nicht die Stelle zu beschreiben, sondern lediglich ein Individuum mit bestimmten Eigenschaften zu suchen. Beispielsweise folgendermaßen:

Gesucht: Dipl.-Informatiker/in. Chiffre-Nr. 359036.

Eine solche Anzeige bietet allerdings so wenig Informationen, daß sie kaum die gewünschte Art von Bewerbern anziehen wird. Vor allem fehlt eine Beschreibung der Aufgaben, der Arbeitszeit, der Bezahlung, des Unternehmensstandorts, des Firmentyps, des Verantwortungsbereichs und der Karrieremöglichkeiten. Im Prinzip geht es hier jedoch auch um grundsätzlichere Fragen. Das folgende Szenario illustriert diese Punkte.

HECKSCHER: *Ständig bekommen meine Truppe und ich noch mehr Arbeit. Wenn Ihr nicht aufhört, uns mehr Aufgaben aufzubrummen, müßt Ihr mir mehr Leute geben.*

PARETO: *Ständig willst Du mehr Mitarbeiter. Wenn ich Dir so viel Leute geben würde, wie Du willst, unterständen Dir 70% des Unternehmens. Aus meiner Sicht ist Deine Abteilung ohnehin schon übersetzt.*

HECKSCHER: *Hör' mal zu; ich könnte Dir eine lange Liste von Gründen geben, aus denen wir alle völlig überarbeitet sind, aber das ist hier nicht der Punkt. Es geht hier ja auch nicht darum, die Grundsatzdebatte über die Organisation meiner Abteilung zu führen. Aber wenn ich den neuen Kundenkreis auch noch übernehmen soll, brauche ich zwei zusätzliche Stellen. Eigentlich wollte ich sogar vier fordern.*

PARETO: *Wie nett von Dir, nur zwei zu fordern. Aber ich will ja, daß Ihr gut arbeiten könnt, deshalb kriegst Du die beiden Stellen. Sieh aber zu, daß Du gute Leute einstellst. Nach dieser Kampagne werde ich sie möglicherweise aus deiner Abteilung abziehen und bei Pigou einsetzen.*

PIGOU: *Ist das Dein Ernst, oder willst Du ihm nur drohen? Falls das Deine ernsthafte Absicht ist, möchte ich an der Auswahl der Mitarbeiter beteiligt werden.*

PARETO: *Moment mal. Höchste Priorität hat doch wohl die Bedienung des neuen Kundenkreises. Pigous Geschichte ist sekundär. Es muß mir doch wohl zugestanden werden, daß ich die Stellenbeschreibung mache und das Gehalt festlege. Andernfalls stellen wir am Ende noch irgendwelche Gurken ein oder nur Leute, die Pigou will – was wahrscheinlich auf das Gleiche hinausläuft...*

PIGOU: *Danke für die Blumen. Nun aber ernsthaft. Warum sollte ich mich nicht an Deinem Auswahlprozeß beteiligen können? Wenn die beiden langfristig für mich arbeiten sollen, muß ich ja wohl beeinflussen können, was in ihrer Stellenbeschreibung steht und was für ein Gehalt sie bekommen. Schließlich kommt das irgendwann aus meinem Budget. Und es gibt noch einen anderen Punkt: Deine Leute haben immer unendlich viel Freiräume und Befugnisse. Bis sie zu mir kommen, werden ihre Ansprüche in den Himmel gewachsen sein. Ich muß von Anfang an beeinflussen können, welches Maß an Verantwortlichkeit die neuen Mitarbeiter haben.*

PARETO: *Ich geb' meinen Leuten lieber umfangreiche Befugnisse, so daß ich sie am Ende auch für das, was auf ihrer Stelle geschieht, verantwortlich machen kann. Du kannst Leute nicht zur Verantwortung ziehen, wenn sie nichts entscheiden dürfen. Du hältst Deine Leute so kurz, daß jegliche Kreativität im Ansatz erstickt wird.*

HECKSCHER: *Das müssen wir jetzt nicht klären. Laß Pareto die Stellen ausschreiben. Wenn Dir nicht gefällt, wen er einstellt, mußt Du die Leute nicht übernehmen.*

Welche Fragen wirft diese Diskussion auf?

- Was beinhaltet eine Stellenbeschreibung?
- Welche Aufgaben sollten welcher Stelle zugeordnet werden?
- Über welche Entscheidungsfreiräume sollten die einzelnen Stelleninhaber verfügen?
- Welche Strukturen behindern Kreativität und Innovationen?
- Sollte man für bestimmte Stellen passende Personen suchen oder besser Stellen auf Personen zuschreiben?

1. Was bedeutet „Stelle"?

Die meisten Leute denken bei dem Begriff Stelle an eine Reihe miteinander kombinierter Aufgaben. Am einfachsten stellt man sich eine Stelle also als eine Gruppe von Aufgaben vor.

1.1 Die Stelle als Aufgabenbündel

Welche Aufgaben sollten einer gegebenen Stelle zugeordnet werden? Diese Entscheidung richtet sich vor allem nach technologischen Überlegungen. Manchmal ist es effizient, Aufgaben zu trennen. In anderen Fällen ist es jedoch sinnvoll, sie zu kombinieren, weil sie komplementär sind.

Wie viele Aufgaben sollten einer Stelle zugeordnet werden? Bei Managementstellen denken wir meist an viele Aufgaben, bei Produktionsstellen dagegen an einfachere und weniger Funktionen. Beispielsweise könnte ein Erntearbeiter nichts anderes tun, als Äpfel zu pflücken. Ein Fließbandmitarbeiter könnte ausschließlich damit beschäftigt sein, Griffe an Beifahrertüren zu schrauben.

1.1.1 Optimale Zuordnung von Aufgaben auf Stellen

Wie viele Aufgaben sollte auf eine bestimmte Art von Stellen umfassen? Diese Frage läßt sich kaum pauschal beantworten, dennoch gibt es auch hierzu einige Prinzipien. Das erste stammt aus der Bibel aller Ökonomen, aus Adams Smiths Wealth of Nations aus dem Jahr 1776. Nach Smith ist die Tiefe der Arbeitsteilung durch die Größe des entsprechenden Marktes begrenzt. Er nennt das Beispiel der Stecknadelfabrik, wo entweder jeder Mitarbeiter ganze Nadeln vom Anfang bis zum Ende fertigstellen kann oder der einzelne lediglich einen einzelnen Prozeßschritt betreut, beispielsweise das Schärfen der Nadelspitzen. Um einen Vollzeitmitarbeiter mit solch einer engen Tätigkeit zu betrauen, muß ein Unternehmen über ein hinreichend grosses Auftragsvolumen verfügen, um eine größere Anzahl von Mitarbeitern beschäftigen zu können.

Adam Smith bietet somit eine erste Regel für die Zuordnung von Aufgaben auf Stellen.

Regel 1: In kleinen Unternehmen beinhalten Stellen c.p. einen allgemeineren und breiteren Aufgabenbereich, als in größeren Unternehmen.

Veranschaulichen wir uns das an dem Beispiel der Gründung eines Restaurants. Zunächst ist der Gründer möglicherweise zugleich Manager, Koch, Einkäufer, Kellner und Kassierer. Nimmt das Geschäft zu, so könnte der Eigentümer beispielsweise jemanden als Kellner anstellen. Sehr große Restaurants könnten dagegen 500 Mitarbeiter haben, die so hoch spezialisierte Aufgaben wie die des „Gemüseanrichters" ausführen.

Die Zahl der Aufgaben, die einem bestimmten Individuum zugeordnet werden können, hängt von der Breite der Fähigkeiten dieses Mitarbeiters ab. Im obigen Beispiel kann derjenige, der kellnert, natürlich nur dann zugleich Koch sein, wenn er auch kochen kann. Und ein genialer Koch, der jedoch über keinerlei Geschäftssinn verfügt, wird als Einzelunternehmer sehr schnell pleite sein. Bis das Restaurant eine hinreichende Größe aufweist, damit Aufgaben an andere delegiert werden könnten (in idealer Weise solche Aufgaben, bei denen der Gründer einen komparativen Nachteil hat), muß der Unternehmer zwangsläufig auch Aufgaben erfüllen, denen er sich weniger gewachsen fühlt. Die Menge seiner Fähigkeiten ist möglicherweise nicht umfassend genug, um ein vollständiges Geschäft am Leben zu halten.

Bestünde die Arbeitswelt einzig aus Leonardo da Vincis – einem Genie in vielen Gebieten –, so könnten Stellen viel umfassender sein, als sie es heute sind. Hieraus folgt eine zweite Regel.

Regel 2: Stellen umfassen tendenziell weniger Aufgaben, wenn die Mitarbeiter des entsprechenden Mitarbeiterpools stärker spezialisiert sind. Mit steigendem Qualifikationsniveau der Mitarbeiter steigt in der Regel auch der Spezialisierungsgrad.

Dies können wir uns mit Hilfe des Sports veranschaulichen. In der Schule ist es häufig so, daß die beste Volleyballspielerin auch die beste Handballspielerin ist. Eine sehr athletische Schülerin kann durch ihre allgemeinen athletischen Fähigkeiten in jeder Schulsportart glänzen. Im Profisport erfolgt jedoch eine ganz andere Selektion der Sportler. Profisportlerinnen oder -sportler waren möglicherweise allesamt die besten Sportler ihrer jeweiligen Schule. In ihrer professionellen Sportart mag es nun

1. Was bedeutet „Stelle"? 487

jedoch durchaus noch leistungsstärkere geben und nur sehr wenige Athleten sind Profis in zwei Sportarten; wenn, dann werden sie stets in einer Sportart deutlich besser sein, als in ihrer zweiten. Die Faustregel „Wer in Vielem gut ist, ist in Nichts Spitze" bewahrheitet sich bei steigendem Wettbewerb um so mehr.

1.1.2 Abstimmung mit dem Aufgabenspektrum des Unternehmens

Die Unternehmensführung entscheidet nicht nur, welche und wie viele Aufgaben einer bestimmten Stelle zugeordnet werden, sondern auch, welche Aufgaben es innerhalb des Unternehmens überhaupt gibt. Ähnlich wie das Management entscheidet, welche Produkte überhaupt hergestellt werden, wird auch entschieden, welche Prozeßschritte innerhalb des Hauses und welche außerhalb geschehen. Die in Kapitel IX beschriebene Entscheidungsfindung über Outsourcing und vertikale Integration hat Folgen für die Inhalte der Aufgaben, die auf die verschiedenen Arbeitsplätze zu verteilen sind.

Einige Aufgaben werden durch firmenexogene Beschränkungen bestimmt. Diese Aufgaben haben häufig mit der Ausbildung von Mitarbeitern zu tun. Manche Firmen müssen die entscheidenden Fähigkeiten selbst „produzieren", weil sie sie nicht „kaufen" können. Dies gilt vor allem für Unternehmen in Branchen mit schnellem technologischen Wandel. Denken wir beispielsweise an die Unternehmen, die als erste Snowboards herstellten. Diese konnten ihr Personal weder von anderen Unternehmen abwerben, noch einfach Absolventen von Schulen für Snowboardhersteller rekrutieren. Weil es sich um ein neues Produkt handelte, mußten die ersten Anbieter Personen mit allgemeineren Fähigkeiten einstellen und ihnen beibringen, wie man Snowboards herstellt. Also mußten einige erfahrene Mitarbeiter anderen diese Fähigkeiten vermitteln, so daß ihr Tätigkeitsbereich einige Ausbildungsaufgaben enthielt. Im Kern geht es hier um eine Frage der vertikalen Integration. Gibt es einen gut entwickelten externen Markt, so können Unternehmen bestimmte Leistungen von außen beziehen. Gibt es einen solchen Markt nicht, so müssen die entsprechenden Leistungen intern erstellt werden.

Unternehmen in neuen Branchen oder in technologisch wenig entwickelten Ländern müssen meist viele Ausbildungsleistungen selbst erbringen. Orbay berichtet, daß es beispielsweise in der Türkei nur sehr allgemeine Stellenausschreibungen gibt.[114] Es gibt Stellenanzeigen für Ingenieure, in denen nicht einmal spezifiziert wird, ob ein Elektrotechniker oder ein Chemiespezialist gesucht wird. Und Spezialgebiete innerhalb dieser Disziplinen werden beinahe niemals genannt. Dies liegt daran, daß türkische Universitäten bislang keine großen Mengen hochspezialisierter Absolventen entlassen. Deshalb stellen Unternehmen mehr allgemein ausgebildete Mitarbeiter ein und entwickeln deren Fähigkeiten für ihre speziellen Zwecke hausintern weiter.

Die Frage nach dem Aufgabenbereich des Unternehmens ist jedoch deutlich von der Frage nach den Aufgaben auf einem bestimmten Arbeitsplatz zu unterscheiden. Selbst wenn wir wissen, daß türkische Unternehmen ihre Ingenieure selbst ausbilden, so bedeutet dies keineswegs, daß zu jeder Stelle Ausbildungstätigkeiten zählen. Ebenso gut könnten alle Ausbildungsaufgaben einer oder mehreren Personen übertragen werden, die ausschließlich ausbilden und nicht produzieren. Natürlich könnte alternativ auch ein Verfahren gewählt werden, bei dem jeder Mitarbeiter vor allem in der Produktion tätig ist und nur nebenher ein wenig ausbildet. Die Wahl zwischen diesen beiden Ausbildungsverfahren führt uns zurück zur Frage, welche Aufgaben kombiniert werden sollen und wie viele Tätigkeiten jeder einzelne Mitarbeiter beherrschen soll. Um dies klären zu können, wollen wir die Begriffe Multitasking und Multiskilling einführen.

1.1.3 Optimale Vielfalt von Aufgaben und Fähigkeiten

Vielfalt von Aufgaben bzw. Multitasking beschreibt eine Stelle, auf der einem Mitarbeiter regelmäßig eine Reihe verschiedener Aufgaben zugeordnet sind. Vielfalt von Fähigkeiten bzw. Multiskilling dagegen beschreibt eine Konstellation, bei der ein bestimmter Mitarbeiter zwar über die Fähigkeiten zur Ausführung vieler Aufgaben verfügt, bei der die Stelle, die er ausfüllt, jedoch möglicherweise nur eine Aufgabe abverlangt. Viele Vorteile, die häufig der Aufgabenvielfalt einer Stelle zugeschrieben werden, sind in Wirklichkeit Vorzüge des Multiskilling, d.h. Vorzüge eines Mitarbeiters mit vielfältigen Fähigkeiten. Es ist also nicht notwendig, daß einer Stelle eine Vielzahl von Aufgaben zugeordnet sind, sondern nur, daß derjenige

---

[114] Vgl. ORBAY (1996).

1. Was bedeutet „Stelle"?

der eine Stelle ausfüllt, diese Aufgaben ausführen könnte, wenn sie denn anfallen. Da natürlich Fähigkeiten auch nachlassen, wenn sie nicht genutzt werden, fallen in der Realität Multitasking und Multiskilling aus praktischen Gründen oft zusammen. Insofern gibt es auch einen Zusammenhang zwischen Multitasking und Multiskilling, obwohl sie analytisch klar getrennt werden sollten.

In diesem Kapitel wollen wir uns zunächst mit den typischen Vorteilen von Multiskilling beschäftigen:

1. *Flexibilität.* Mitarbeiter, die viele Tätigkeiten beherrschen, können gegebenenfalls für andere einspringen. In großen Unternehmen ist so eine Flexibilität weniger wertvoll als in kleinen. In einem sehr großen Unternehmen verrichten viele Mitarbeiter dieselbe Tätigkeit, so daß es weniger wichtig wird, daß noch weitere Mitarbeiter in dieser Aufgabe aushelfen könnten. (Auch dies zeigen wir im Anhang formal.) Denken wir beispielsweise an die Mitarbeiter eines telefonischen Reservierungsservices von Fluggesellschaften. Dort sind viele Mitarbeiter mit identischen Aufgaben gleichzeitig im Dienst. Fehlt ein Mitarbeiter, so kann ein anderer Reservierungsmitarbeiter für den fehlenden Kollegen einspringen. Es besteht also gar nicht die Notwendigkeit beispielsweise auf Check-in-Mitarbeiter oder Flugbegleitungspersonal zurückzugreifen. Insofern müssen Check-in-Mitarbeiter oder Flugbegleitungspersonal auch nicht die Entgegennahme von Reservierungen beherrschen. Es reicht also, wenn sie sich auf ihrer Stelle vollständig auf ihren eigentlichen Aufgabenbereich konzentrieren. Multitasking würde also in diesem Sinne keine Vorteile bringen. Denken wir andererseits noch einmal an ein winzig kleines Restaurant. Kann der Kellner nicht zugleich auch kochen, muß das Restaurant schließen, wenn der Koch krank ist. Durch Multiskilling würde eine Schließung des Restaurants aber vermieden, weil der Kellner sich immer mal wieder auch im Kochen geübt hat. In einem kleinen Unternehmen, in dem der Umfang der von einer Sorte anfallenden Arbeiten allenfalls eine oder wenige Stellen rechtfertigt, liefert dementsprechend Multiskilling mit großer Wahrscheinlichkeit wertvolles Flexibilitätspotential.

2. *Verbesserte Kommunikation.* Multiskilling erleichtert normalerweise die Kommunikation von Mitarbeitern auf unterschiedlichen Stellen. Es ist leichter mit jemanden

zu reden, der mit dem Inhalt des Gesprächs zumindest halbwegs vertraut ist als mit jemandem, der in dieser Hinsicht ein vollkommener Ignorant ist.

Stellen wir uns beispielsweise ein Gespräch zwischen einem Elektriker und einem Maurer auf einer Baustelle vor. Der Elektriker muß Kabel verlegen, was der Maurer durch Aussparungen im Mauerwerk möglicherweise stark vereinfachen kann. Die Absprache zwischen den beiden ist erheblich einfacher, wenn der Elektriker etwas vom Mauern versteht und der Maurer weiß, was der Elektriker tut. Es ist kein Zufall, daß dieses Beispiel aus einem Bereich stammt, in dem Teamarbeit besonders wichtig ist. Denn generell gilt: Der Nutzen einer verbesserten Kommunikation durch Multiskilling ist bei Teamarbeit besonders groß. Im Hinblick auf Multiskilling wird oft auch das duale Ausbildungssystem positiv hervorgehoben, da eine Vielzahl der Ausbildungsberufe entweder eine gemeinsame Grundausbildung durchlaufen oder aufgrund ihrer Breite Überschneidungen mit anderen Ausbildungen aufweisen, wodurch ebenfalls eine reibungslosere innerbetriebliche Kommunikation gefördert wird.

3. *Innovationen.* Multiskilling kann zur Entwicklung von Innovationen beitragen und dies auf mindestens zwei Wegen. Zum einen können Mitarbeiter, die mehrere Abschnitte eines Produktionsprozesses beherrschen, leichter Prozeßinnovationen vorschlagen. So wird einem Maurer, der einen Bauplan lesen kann und der die Aufgaben des Elektrikers zumindest ansatzweise versteht, tendenziell eher eine Idee zur Verbesserung der Kabelverlegung einfallen, als einem Maurer, der nur weiß wie man einen Stein auf den anderen legt. Leider gibt es für diese Art der Innovationsförderung noch keine sauberen empirischen Belege.

Es gibt allerdings noch ein zweites Argument dafür, daß Multiskilling positive Effekte auf Innovationen ausübt. Multiskilling verringert tendenziell die Innovationsangst der Mitarbeiter.[115] Sind Mitarbeiter hoch spezialisiert, steigt die Wahrscheinlichkeit dafür, daß eine bestimmte Innovation ihre Fähigkeiten obsolet werden läßt. So wurden beispielsweise klassische Dreher mit steigender Verbreitung von CNC-Maschinen immer weniger gebraucht, und natürlich haben Dreher kein Interesse, an

---

[115] Vgl. CARMICHAEL/MACLEOD (1992).

1. Was bedeutet „Stelle"?

der Verbesserung des Einsatzes von CNC-Maschinen mitzuwirken. Bei Metallfacharbeitern dagegen, die nach der Neuordnung der Metall- und Elektroberufe auch eine Grundausbildung an CNC-Maschinen durchlaufen mußten, verschieben sich im Grunde genommen nur die Schwerpunkte der eingesetzten Fähigkeiten, sie werden aber durch die Innovation keinesfalls obsolet. Daß Akteure sich Innovationen entgegenstellen, die möglicherweise ihr Humankapital vernichten, ist verständlich. Eine breitere Ausbildung von Mitarbeitern kann derartigen Widerstand reduzieren und damit die Wandlungsfreudigkeit des Unternehmens verbessern. Somit liefert die duale Berufsausbildung, die die Mitarbeiter i.d.R. mit breiten und polyvalenten Fähigkeiten ausstattet, eine gute Ausgangsbasis um qualifikationsbedingte Widerstände gegen Innovationen abzubauen.[116]

Im nächsten Abschnitt wollen wir uns nun mit den Besonderheiten von Multitasking beschäftigen.

1.1.4 Reengineering: Veränderung der Zuordnungen

Eines der großen Managementschlagworte der letzten Jahre war Reengineering. Damit war ein Reorganisationskonzept gemeint, von dem man sich quantensprungartige Effizienzverbesserungen versprach.[117] In der Praxis bedeutete Reengineering häufig nichts anderes als eine Reduzierung des Grades an Arbeitsteilung. Anstelle einem einzelnen Mitarbeiter eine kleine Aufgabe in großer Stückzahl zu übertragen, sollten Mitarbeiter nun ganze Projekte verantwortlich durchführen, häufig entlang der gesamten Prozeßkette. Eine solche Reorganisation von Unternehmen bedeutete also eine Verstärkung des Multitasking am einzelnen Arbeitsplatz.

Sehen wir uns beispielsweise den Prozeß der Schadensbearbeitung bei einer Versicherungsgesellschaft an. Dieser Prozeß kann in eine Reihe von Schritten unterteilt werden. Möglicherweise wird zunächst ein Schätzer die Schadenshöhe bestimmen und in DM oder Euro ausdrücken. Als nächstes wird dessen Bericht an den Kundenbetreuer gesandt, dessen Büro dem Versicherten einen Brief mit der Information

---

[116] Was nicht heißt, daß es nicht trotzdem zu motivationsbedingten Widerständen kommen kann, vgl. hierzu WOLFF (1999): 233ff.

[117] Vgl. WOLFF (1999): 25ff.

über die geschätzte Schadenshöhe zuschickt. Nun kann der Versicherte diese Schätzung akzeptieren oder anfechten. Akzeptiert er sie, so wird eine weitere Stelle im Unternehmen die Überweisung veranlassen, womit dieser relativ unkomplizierte Fall abgeschlossen wäre. Alternativ könnte jedoch der Schätzer selbst für alle drei Prozeßschritte verantwortlich sein. Er und ein kleines Team könnten sowohl die Schätzung, als auch den Schriftverkehr mit dem Kunden und die Überweisung selbst ausführen. Wir könnten argumentieren, daß ein Mitarbeiter, der Schätzungen durchführen kann, natürlich auch Kundenkorrespondenz und Überweisungen abwickeln kann. Die Bearbeitungszeit verkürzt sich, die Kunden werden zufriedener und die Arbeitskosten sinken wahrscheinlich. In diesem Fall gibt es so geringe Spezialisierungsgewinne, daß die Einschaltung von zwei anderen, spezialisierten Organisationseinheiten nicht gerechtfertigt zu sein scheint.

Dieselbe Logik läßt sich jedoch nicht auf jede Art von Leistungsprozeß anwenden. In vielen Fällen sind die Spezialisierungsgewinne so beträchtlich, daß ein Multitasking im obigen Sinne sich schlichtweg verbietet. Zum Beispiel würde kaum jemand fordern, daß ein Unfallopfer, das sowohl Augenverletzungen als auch einen Armbruch erlitten hat, nur von einem Arzt behandelt werden soll. Mit guten Gründen wird in der Klinik ein Augenarzt die Augenverletzungen behandeln und ein Chirurg oder ein Orthopäde den gebrochenen Arm. In beiden medizinischen Fachgebieten gibt es so große Mengen von Wissen, daß kaum ein Arzt beide gut beherrschen wird. Hier überwiegen also die Vorteile der Arbeitsteilung im Vergleich zu den Vorteilen des Multitasking.

Unter welchen Bedingungen ist ein Reengineering, das die Aufgabenvielfalt des einzelnen Arbeitsplatzes erhöht, empfehlenswert? Die ökonomische Antwort lautet natürlich: Wenn der per Saldo zu erwartende Gewinn hoch ist. Die Vorteile des Multiskillings kennen wir bereits. Darüber hinaus bietet auch Multitasking einige Vorzüge:

1. *Multitasking verringert Transportzeiten.* Stellen wir uns vor, daß ein Teil der Schadensabwicklung einer Versicherung in der Berliner Niederlassung erfolgt, ein anderer in München. Informationen, möglicherweise sogar Akten, müssen hin und her geschickt werden. Verringerte Postlaufzeiten sind eine Quelle für Gewinne aus Multitasking. Dieses Argument wird jedoch um so schwächer, je weniger Unterlagen physisch verschickt werden und je mehr Informationen elektronisch ausge-

tauscht werden.

2. *Multitasking verringert Rüstzeiten.* Im Fall der Schadensbearbeitung muß jedes Mal, wenn eine weitere Person die Akte erhält, diese zunächst die Details des Falls lernen. Wenn also drei Mitarbeiter die Akte bearbeiten, muß sie drei mal gelesen und verstanden werden. Diese Rüstzeit kann reduziert werden, wenn weniger Mitarbeiter denselben Fall bearbeiten.

3. *Multitasking verringert Bürokratiekosten.* Verwandt mit den Rüstkosten ist eine zusätzliche Kategorie von Kosten, die wir als Bürokratiekosten bezeichnen könnten. Denn jedes Mal, wenn eine Akte von einem Schreibtisch zum nächsten wandert, wird sie dort zunächst einmal warten müssen, bis die vorhergehende Aufgabe erledigt ist, d.h. sie wird eine Weile liegen. Selbst wenn diese Wartezeit im Einzelnen nur sehr kurz ist, verursacht mehrfaches Weiterreichen möglicherweise signifikante Verzögerungen. Durch Multitasking könnte dies vermieden und damit wiederum Kosten und Zeit gespart werden.

Fallstudie: Schmuckherstellung

Angesichts von Nachfrageschwankungen stand ein bekannter amerikanischer Schmuckhersteller unter dem Druck, die Effizienz und Flexibilität der Produktion zu verbessern. Zu diesem Zweck überlegte man sich eine Multiskilling-Strategie. Sie beinhaltete, daß eine Reihe von Mitarbeitern in verschiedenen Aufgabenbereichen aus- und weitergebildet werden sollten, so daß sie – je nach Nachfrage – jeweils dort eingesetzt werden könnten, wo der Bedarf am höchsten ist. So sollte die Flexibilität der Produktion steigen.

Zugleich wurde der Unternehmensleitung klar, daß das ursprüngliche Vergütungssystem ein Multitasking nicht unterstützte. Das bisherige System sah Stundenlöhne auf der Basis von zwölf nach Tätigkeitsbereichen abgestuften Entlohnungsgruppen von. Es war offensichtlich, daß die Einführung von Multitasking auch eine Überarbeitung des Anreizsystems erforderlich machte.

Um Multitasking überhaupt zu ermöglichen, müssen die Mitarbeiter Anreize zum Erwerb neuer Fähigkeiten erhalten. Um Multitasking effizient zu machen, muß jeder Mitarbeiter genau in dem Aufgabenbereich eingesetzt werden, in dem er zu jedem Zeitpunkt die höchste Wertschöpfung generiert. Folglich führt die Einführung von Multiskilling dazu, daß häufiger über die Verteilung von Aufgaben auf die Mitarbeiter entschieden werden muß. Die Menge und die Bedeutung der Entscheidungsaufgaben für Mitarbeiter und mittleres Management steigen deshalb. Wahrscheinlich aus diesem Grunde wurde mit Hilfe von Unternehmensberatern beschlossen, die Leistungsanreize zu verstärken. Um die Risiken einer solch drastischen Reorganisation zu minimieren, wurde das neue System zunächst an einer relativ autonom arbeitenden Gruppe von 20 Mitarbeitern getestet.

Das neue Anreizsystem wurde von einem Team entwickelt, das aus Mitarbeitern verschiedener Bereiche bestand: aus der Produktion, der Personalabteilung, der Finanzabteilung und dem IT-Bereich. Der Vorschlag bestand letztlich aus einem System, das auf Produktivitätsverbesserungen abzielte. Die Teammitglieder waren der Auffassung, daß das Setzen eines anspruchsvollen, aber erreichbaren Kostenreduzierungsziels einen Schlüssel zum Erfolg der Reorganisation bieten könnte. Und so wurde das Leistungsziel einer fünfprozentigen Verringerung der beeinflußbaren Stückkosten gesetzt. Aus Sicht der Teammitglieder war dieses Ziel mit einer 70%igen Wahrscheinlichkeit erreichbar – unter der Voraussetzung, daß die richtigen Anreize gesetzt würden.

Es wurde ein variabler Fonds für Bonuszahlungen eingerichtet, der nach einer eindeutigen Formel aufgeteilt wurde und dessen Höhe rechnerisch etwa fünf Prozent des Gehalts aller Mitarbeiter entsprach. Die Bedingung für die Auszahlung des Bonus bestand in der Erreichung der angestrebten Kostenreduzierung.

Das neue Vergütungssystem enthielt eine Reihe von sorgfältig modellierten Details. Beispielsweise sah der neue Plan halbjährliche Bonusauszahlungen vor. Dies war angebracht, weil das Unternehmen jedes halbe Jahr eine Inventur vornahm. Außerdem hätten kürzere Auszahlungszyklen, beispielsweise ein Monat, Marktschwankungen zu ungenau widergespiegelt und zu viel Variabilität in das Leistungsbild gebracht. Das Unternehmen verpflichtete sich, die Boni innerhalb von 30 Tagen nach Abschluß jeder Sechsmonatsperiode auszuzahlen.

Die Reform wurde Anfang 1996 eingeführt. Die angestrebten Produktivitätsverbesserungen und eine Verringerung der Absentismusquote wurden während der

> ersten sechs Monate erreicht. Die Bonusauszahlungen für die ersten sechs Monate betrugen fast $ 400 pro Mitarbeiter der an der Pilotphase teilnehmenden Organisationseinheit.
>
> Dies Beispiel illustriert, wie von einer hochspezialisierten zu einer Multitasking-Organisation übergegangen werden kann, vorausgesetzt, es wird zugleich das Anreizsystem angepaßt.

Die Fakten stammen aus: SAM T. JOHNSON (1996): High Performance Work Teams: One Firm's Approach to Team Incentive Pay. In: Compensation & Benefit Review 28 (Sept./Okt. 1996): 47-50.

1.1.5 Optimale Zusammenstellung von Aufgabenbereichen

Neben der Bestimmung der Anzahl von Aufgaben, die zu einer Stelle zusammengefaßt werden sollen, muß auch festgelegt werden, welche Aufgaben zusammengehören. Eine Reihe von Überlegungen beeinflussen diese Entscheidungen. Die Wichtigsten sind folgende.

1. *Synergieeffekte beim Leistungsangebot.* Mitunter ermöglichen die für eine Aufgabe notwendigen Fähigkeiten auch die Durchführung einer verwandten Aufgabe. Beispielsweise wird ein Steuerberater, der das Steuerrecht hinreichend gut kennt, um eine komplizierte Steuererklärung durchzuführen, ebenfalls in der Lage sein, dem Kunden einen Rat zur Minimierung seiner Steuerlast im Folgejahr zu erteilen. Aus diesem Grunde geben Steuerberater Tips für steuersparende Geldanlagemöglichkeiten in der Regel genau zu dem Zeitpunkt, an dem eine Steuererklärung fällig ist. Gibt es derartige Synergien nicht, so kann Multitasking sehr teuer werden. Deswegen wird beispielsweise der Pförtner einer Bank nicht zugleich als Kreditsachbearbeiter tätig werden. Obwohl seine eigentliche Aufgabe allein möglicherweise seine Zeit nicht vollständig ausfüllt, wäre ein solches Multitasking unmöglich, weil der eventuelle zweite Aufgabenbereich völlig andersartige Fähigkeiten erfordert. Ein Mitarbeiter, der zwei Aufgabenbereiche übernimmt, muß natürlich beide fachlich beherrschen.

Je komplizierter Aufgaben sind und je mehr Wissen sie erfordern, desto weniger können von ihnen zusammen gruppiert werden. Aristoteles war zugleich Philosoph,

Soziologe, Politologe und Ökonom. Heute sind diese Felder jedoch so stark ausdifferenziert und spezialisiert und die Literatur ist zu jedem Gebiet extrem umfangreich geworden, so daß selbst Aristoteles kaum mehrere Disziplinen gründlich beherrschen könnte.

2. *Zu einer Stelle zusammengefaßte Tätigkeiten sollten komplementär sein.* Die Komplementarität von Tätigkeiten hat auch einen zeitlichen Aspekt. Denken wir beispielsweise an Apfelpflücker. Auch das Apfelpflücken könnte in zwei Aufgaben unterteilt werden. Ein Mitarbeiter könnte der „Apfelfinder" sein, der bestimmt, welche Äpfel reif genug sind. Sobald er die zu pflückenden Äpfel identifiziert hat, könnte der „Abpflücker" beauftragt werden, sie tatsächlich vom Baum zu holen. Aber das Finden und das Abpflücken der Äpfel sind komplementär. Sobald ein Mitarbeiter eine reife Frucht identifiziert hat, ist der zusätzliche Zeitaufwand zum Pflücken minimal. Deshalb wäre es ineffizient, mit dem Pflücken einen zweiten Mitarbeiter zu beschäftigen.

Ähnlich läßt sich auch bei einfachen Reparaturarbeiten argumentieren. Jemand, der eine Waschmaschine auseinander genommen hat um festzustellen, warum sie nicht mehr funktioniert, hat häufig nur wenig zusätzlichen Aufwand, wenn er sie auch gleich repariert. Würde er nur die Diagnose erstellen und anschließend die Maschine wieder zusammenbauen, so müßte eine zweite Person diesen Teil der Arbeit noch einmal machen, um die Maschine zu reparieren. Nur bei sehr komplizierten und sehr teuren Reparaturen lohnt sich die Arbeitsteilung. Bei einem teuren Auto beispielsweise kann es sich lohnen, daß die erste Schadensfeststellung von irgendeinem Mechaniker vorgenommen, die eigentliche Reparatur dann aber von einem Spezialisten durchgeführt wird. Hier kann sich die Arbeitsteilung auch deshalb lohnen, weil derjenige, der die Diagnose stellt, weniger Anreize hat, eine zu umfangreiche oder unnötige Reparatur zu empfehlen. Aber bei kleinen Reparaturen lohnt sich eine solche Arbeitsteilung nicht, weil sie zu unnötigen Rüstkosten führen würde.

3. *Probleme der Leistungskontrolle.* Mitunter werden zwei oder mehr Aufgaben miteinander kombiniert, von denen ein Mitarbeiter eine besonders bevorzugt und die anderen vernachlässigt. Beispielsweise könnte ein Mitarbeiter damit beauftragt sein, Produkte zu verkaufen und zugleich gute Kundenbeziehungen herzustellen und zu pflegen. Möglicherweise mag er letztere Aufgabe, vernachlässigt jedoch erstere.

1. Was bedeutet „Stelle"? 497

Weil Verkaufsaktivitäten leichter beobachtet werden können als die Pflege von Kundenbeziehungen und weil viele Unternehmen Verkaufsaktivitäten erfolgsabhängig entlohnen, könnte die Zusammenfassung dieser beiden Aufgaben dazu führen, daß der entsprechende Mitarbeiter die eine Aktivität zu Gunsten der anderen vernachlässigt. Das heißt, er würde die Kundenbeziehungen vernachlässigen. Alternativ könnte auch auf Stundenbasis entlohnt werden. Damit ginge aber der Vorteil einer erfolgsabhängigen Entlohnung der Verkaufsaktivitäten verloren. Durch die separate Handhabung dieser beiden Aufgaben kann ein Unternehmen sich besser stellen.[118]

Zusammenfassend können wir also festhalten: Weniger Aufgaben sollten zusammengefaßt werden, wenn das Unternehmen groß ist, wenn die einzelnen über hochspezialisierte Fähigkeiten verfügen, wenn es sich um eine ausgereifte Tätigkeit handelt, die auch außerhalb des Unternehmens viele Akteure durchführen könnten und wenn die mit den Aufgaben verbundenen Kommunikations- und Rüstkosten gering sind. Umgekehrt sollten Aufgaben zusammengefaßt werden, wenn sie komplementär sind, wenn sie von einem einzigen Akteur mit allen erforderlichen Fähigkeiten gut durchgeführt werden können und wenn sie nicht unterschiedlich schwierig zu überwachen sind.

Obgleich die meisten Menschen wie bisher unterstellt beim Begriff „Stelle" an die auszuführenden Aufgaben denken, gibt es noch andere Eigenschaften, die eine Stelle ausmachen. Die möglicherweise zweitwichtigste Eigenschaft einer Stelle ist, daß sie normalerweise mit einer bestimmten Gehaltskategorie verbunden ist.

1.2 Die Stelle als Gehaltskategorie

Stellen wir uns eine typische Unternehmensberatung vor. Dort gibt es eine Reihe unterschiedlicher Stellen, die Bezeichnungen tragen wie Associate, Consultant, Senior Consultant, Manager und Partner. Die von den Inhabern all dieser Stellen durchgeführten Aufgaben sind ziemlich ähnlich. Zumindest machen Associates und Consultants so ziemlich dasselbe. Beide arbeiten an Kundenprojekten und versu-

---

[118] Vgl. BAKER (1992) und HÖLMSTROM/MILGROM (1991).

chen, neue Aufträge zu akquirieren. Der Unterschied zwischen diesen beiden Stellen besteht vor allem im Gehalt. Consultants verdienen mehr als Associates und verfügen meist über mehr Berufserfahrung, wobei dies nicht einmal immer zutrifft. Die Stellenbezeichnung ist hier vor allem ein Name für eine Stufe im Gehaltsgefüge des Unternehmens.

Ähnliches finden wir auch im Öffentlichen Dienst. Ein BAT 6-Mitarbeiter verrichtet möglicherweise fast dieselben Aufgaben wie ein BAT 5-Mitarbeiter. Die Abgrenzung der Aufgaben ist dabei sehr schwierig, der Unterschied im Gehalt ist jedoch klar.

Werden Stellen vor allem als Gehaltsstufen verstanden, so funktioniert unser Turniermodell aus Kapitel IV besonders gut. Die mit einer Beförderung verbundene Gehaltsdifferenz bietet eine gute Leistungsmotivation. Deshalb kann bei Motivationsmängeln im Unternehmen die Schaffung zusätzlicher Stellen bzw. Gehaltsstufen, auf die Mitarbeiter sukzessive befördert werden können, ein gutes Instrument darstellen. Beim Zuschneiden von Stellen muß also nicht nur an die Aufgaben gedacht werden, sondern auch daran, wie die Stelle sich in die bestehende Hierarchie einfügen soll. Das Gehaltsniveau einer Stelle und die Wahrscheinlichkeit, auf diese Stelle befördert zu werden, sind wichtige Determinanten für das Anstrengungsniveau von Mitarbeitern.

1.3 Die Stelle als Ausbildungschance und Personalentwicklungsinstrument

Jede Stelle enthält auch eine Ausbildungs- oder Personalentwicklungskomponente. Bei manchen ist diese Komponente sehr stark ausgeprägt; bei anderen fehlt sie nahezu. In dieser Beziehung unterscheiden sich beispielsweise die Stellen eines Tellerwäschers und eines Kochs – nicht nur in Bezug auf die auszuführenden Tätigkeiten. Der Arbeitsplatz eines Jungkochs bietet viel umfangreichere Lernmöglichkeiten als die Stelle des Tellerwäschers. Die Menge dessen, was ein Mitarbeiter auf einer Stelle lernen kann und ob dieses Humankapital firmenspezifisch oder allgemein ist, sind wichtige Einflußfaktoren der Entscheidung, einen Job anzunehmen. Teilweise spielt dieser Aspekt auch in der Diskussion um die Diskriminierung bestimmter Mit-

1. Was bedeutet „Stelle"? 499

arbeitergruppen am Arbeitsplatz eine Rolle. In einem amerikanischen Gerichtsprozeß beispielsweise wurden Supermärkte beschuldigt, Frauen vor allem auf eng begrenzte Stellen mit wenig Ausbildungsperspektiven und deshalb wenig Beförderungschancen zu setzen, während ihre männlichen Kollegen Stellen bekamen, auf denen sie breitere Segmente des Geschäfts kennenlernten und deshalb bessere Entwicklungsmöglichkeiten hatten. Selbst wenn sich Beförderungen also in keinster Weise nach dem Geschlecht der jeweils Betroffenen richteten, so führte diese Praxis dennoch zu einer Bevorzugung von Männern bei Beförderungen, einfach weil diese häufiger von ausbildungsintensiven Stellen kamen.

Die Möglichkeit zu lernen, ist eine wichtige nichtmonetäre Gehaltskomponente, die sowohl Bewerber als auch Firmen sehr ernst nehmen. Ein Unternehmen, das Stellen so zuschneidet, daß die Mitarbeiter sich zugleich weiterbilden können, wird leichter lernwillige Mitarbeiter finden als andere Unternehmen. Wenn gleichzeitig der Wille sich weiterzubilden und die Fähigkeiten eines Mitarbeiters positiv korreliert sind, wird ein Unternehmen, das Stellen mit Weiterbildungsmöglichkeit anbietet, nicht nur die lernwilligsten, sondern auch die fähigsten Akteure anziehen.

1.4 Die Stelle als Entscheidungsbefugnis und Verantwortungsbereich

Stellenbezeichnungen definieren ebenfalls die Entscheidungsbefugnisse und die hierarchischen Beziehungen innerhalb des Unternehmens. Die Stellenbezeichnung kann Informationen darüber enthalten, wer wem unterstellt ist, und die Entscheidungsbefugnisse des Stelleninhabers beschreiben.

In der Bundeswehr heißen beispielsweise Mitglieder der unteren Mannschaftsränge einfach „Schütze" oder „Flieger". Unteroffiziere und Feldwebel haben den Mannschaften gegenüber Befehlsgewalt. Feldwebel unterstehen Leutnants, diese wiederum den Hauptmännern. Hauptmänner unterstehen Majoren, diese wiederum Oberstleutnants und Obersten. An der Spitze dieser Hierarchie befinden sich die Generäle und hier entscheidet die Zahl der Sterne auf der Schulterklappe über den Rang unter den Generälen. Eine Reihe von Gründen spricht für eine strenge Hierarchie innerhalb des Militärs. Der Offensichtlichste ist, daß in Kampfsituationen Entscheidungen sehr schnell getroffen werden müssen. Entscheidungskomitees sind deshalb gänzlich ungeeignet. Es gibt vielmehr ein System, in dem relativ gut ausgebildete Mitarbeiter schnell entscheiden und die ihnen Unterstellten unmittelbar und ohne Rückfragen gehorchen.

Nur wenige Unternehmen betreiben Geschäfte, die sekundenschnelle Entscheidungen und absolute Unterwerfung unter Führungskräfte erfordern. Es gibt jedoch Situationen, die dieser Kategorie nahe kommen. Bei Verhandlungen mit anderen Unternehmen oder Kunden über ein großes Geschäft kann ein Team mit den Verhandlungen beauftragt sein. Letztlich muß jedoch ein Akteur für das Team sprechen und eine Entscheidungsbefugnis haben.

Werden Stellen gebildet, so müssen zugleich auch die damit verbundenen Befugnisse und Verantwortlichkeiten festgelegt werden. Häufig hängen diese auch vom einzelnen Stelleninhaber ab. Manche Vorstandsmitglieder haben mehr Befugnisse als andere, wobei dieser Unterschied meist mit unterschiedlichen Fähigkeiten begründet wird.

Auch bezüglich der Einordnung einer Stelle in das Autoritätsgefüge des Unternehmens gibt es große Spielräume. Beispielsweise könnte man eine insgesamt flachere Organisationsstruktur einführen, innerhalb derer jeder Akteur mitentscheidet, welche Projekte angenommen oder abgelehnt werden. Alternativ könnte auch eine sehr steile Autoritätspyramide eingerichtet werden, bei der jede Ebene den Entscheidungen einer anderen Ebene widersprechen kann.

1.4.1 Optimale Verteilung von Entscheidungsbefugnissen: flache oder steile Hierarchien?

Ob ein Unternehmen flache oder steile Autoritätsstrukturen aufweisen sollte, hängt von den Kosten der Ablehnung guter Projekte in Relation zu den Kosten der Annahme schlechter Projekte ab.[119] Der Trade-Off besteht darin abzuwägen, ob es teurer ist, falsche Positiv- oder falsche Negativentscheidungen in Kauf zu nehmen. Dies kann ein Beispiel veranschaulichen. Stellen wir uns vor, zwei Unternehmerinnen betreiben eine Firma, die Damenunterwäsche und Pyjamas importiert und vertreibt.

---

[119] Vgl. SAH/STIGLITZ (1986).

1. Was bedeutet „Stelle"?

Tabelle 12.1: Die Produktlinie „Seidenunterwäsche"

	Produktion der Unterwäsche	*Keine Produktion der Unterwäsche*
Linie ist profitabel	Richtige Entscheidung	Falsche Negativentscheidung (β-Fehler)
Linie ist nicht profitabel	Falsche Positiventscheidung (α-Fehler)	Richtige Entscheidung

Nun ist zu entscheiden, ob eine neue Produktlinie mit hochwertiger Seidenunterwäsche eröffnet werden soll. Dies erforderte eine große Investition in Marketing, Vertrieb und vor allem die Produktion der hochwertigen Bekleidungsstücke. Erweist sich die neue Linie als erfolglos, so entstehen hohe Verluste. Nun ist zu entscheiden, ob die neue Produktlinie aufgenommen werden soll oder ob diese Chance ungenutzt verstreicht. Zwei mögliche Fehler drohen. Zum einem könnte die neue Linie aufgenommen werden und sich nachher als unprofitabel erweisen, zum anderen könnte auf die Linie verzichtet werden, obwohl sie sich als hochprofitabel erweisen würde. Tabelle 12.1 beschreibt diese beiden Möglichkeiten.

Produziert das Unternehmen die Seidenunterwäsche und sie erweist sich als unprofitabel, so haben die Unternehmerinnen eine falsche Positiventscheidung getroffen, also quasi einen α-Fehler begangen. Das heißt, sie haben ein schlechtes Projekt fälschlicherweise angenommen. Entscheiden sie sich gegen die Produktlinie und diese erweist sich als hochprofitabel, so haben die Unternehmerinnen eine falsche Negativentscheidung getroffen. Eine falsche Negativentscheidung bzw. β-Fehler beinhaltet, fälschlicherweise ein gutes Projekt abzulehnen.

Nun muß zwischen diesen beiden potentiellen Fehlentscheidungen abgewogen werden. Fahren die beiden Unternehmerinnen eine sehr aggressive Strategie und nehmen jedes neue Projekt an, so werden sie niemals falsche Negativentscheidungen treffen. Fahren sie dagegen eine sehr konservative Strategie, d.h. sie lehnen jedes neue Projekt ab, so werden sie niemals falsche Positiventscheidungen treffen. Bei der aggressiven Strategie werden jedoch gelegentliche falsche Positiventscheidungen ebenso unvermeidlich sein, wie bei der konservativen Strategie gelegentlich falsche Negativentscheidungen.

Abbildung 12.1 illustriert den Trade-Off. Die horizontale Achse beschreibt die Wahrscheinlichkeit, eine falsche Positiventscheidung zu treffen und die vertikale die Wahrscheinlichkeit einer falschen Negativentscheidung. Am Punkt D werden alle Projekte angenommen, so daß die Wahrscheinlichkeit für die Annahme eines unprofitablen Projekts bei eins liegt. Selbst schlechte Projekt werden mit Sicherheit angenommen. Am Punkt C werden alle Projekte abgelehnt, so daß die Wahrscheinlichkeit der Ablehnung eines profitablen Projekts bei eins liegt. Das bedeutet, alle guten Projekte werden mit Sicherheit abgelehnt. Den Trade-Off illustriert die durchgezogene Linie zwischen C und D. Wenn das Unternehmen einige Projekte ablehnt und andere annimmt, so befindet es sich auf einem Zwischenpunkt, zum Beispiel A. Bei A werden einige, aber nicht alle guten Projekte abgelehnt und einige, aber nicht alle schlechten Projekte angenommen.

Wie wählen die Unternehmerinnen nun ihre Entscheidungsregel aus? Wenn es sehr teuer ist, schlechte Projekte anzunehmen, wird das Unternehmen eine nahe bei C liegende Regel anwenden. Ist es sehr teuer, gute Projekte zu verpassen, so wird das Unternehmen eine näher bei D liegende Regel verwenden.

Die Entscheidungsregel sollte so gewählt werden, daß die jeweils Entscheidenden über eine optimale Informationsbasis verfügen. Sind die Entscheidenden besser informiert, so verläuft der Trade-Off entlang der gestrichelten Kurve in Abbildung 12.1. Die gestrichelte Linie zeigt eine Konstellation an, bei der sowohl weniger falsche Positiventscheidungen als auch weniger falsche Negativentscheidungen fallen. Punkt B beinhaltet weniger von beiden Fehlentscheidungen als Punkt A. Das Unternehmen würde sich deshalb stets lieber auf der gestrichelten als auf der durchgezogenen Linie bewegen. Dagegen spricht ein wichtiges Argument: Informationskosten. Die Entscheidungsqualität ist auf der gestrichelten Linie besser, aber die Kosten für das Erreichen der gestrichelten Linie könnten sich in Form von größeren Verzögerungen oder höheren Beratungshonoraren in der Gewinnrechnung niederschlagen.

Kommen wir nun auf den Stellenzuschnitt und die Entscheidungsbefugnisse zurück. Durch eine unterschiedliche Strukturierung von Entscheidungsbefugnissen werden

1. Was bedeutet „Stelle"?

Abbildung 12.1: Trade-Off von Fehlentscheidungen

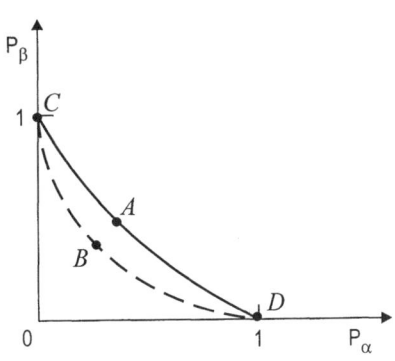

unterschiedliche Arten von Fehlern mehr oder weniger wahrscheinlich. Eine hierarchische Struktur ermöglicht es einem Mitarbeiter, ein Projekt abzulehnen, er kann jedoch nicht aus eigener Kraft ein Projekt übernehmen. Er kann allenfalls eine entsprechende Empfehlung aussprechen. Seine Chefin könnte dann die entsprechende Entscheidung treffen. Eine solche Struktur tendiert dazu, die Zahl falscher Positiventscheidungen zu verringern und die falscher Negativentscheidungen zu vergrößern. Mitarbeiter unterer Hierarchiestufen, d.h. Mitarbeiter mit relativ schlechter Informationsbasis, können niemals schlechte Projekte annehmen, weil nur die Vorgesetzte die Befugnis zur Annahme von Projekten hat. Sie könnten jedoch gute Projekte ablehnen, ohne daß die Vorgesetzte die Möglichkeit hat, diese Entscheidung zu revidieren.

Eine Alternative, die wir als flache Entscheidungsstruktur bezeichnen wollen, resultiert in einer andersartigen Kombination von Fehlentscheidungen. Dies können wir uns an einem Unternehmen mit zwei Mitarbeitern, Peter und Sven, veranschaulichen. Bei einer flachen Autoritätsstruktur würden Peter und Sven jeweils getrennt unterschiedliche Projekte bewerten und jeweils alleine über deren Akzeptanz bzw. Ablehnung entscheiden. In einer hierarchischen Struktur würde Sven die Projekte zuerst bewerten und eine Empfehlung für Peter aussprechen. Peter würde dann Svens Empfehlung annehmen oder zurückweisen. Obgleich Peter die letztliche Entscheidung fällt, hat Svens Input einen deutlichen Einfluß. Bei der flachen Autoritätsstruktur führen sowohl Peter als auch Sven vollständige Projektevaluationen durch. Bei der hierarchischen Struktur sieht sich Peter nur diejenigen Projekte an, die von Sven bereits bewertet wurden und zu denen er eine positive Empfehlung gegeben hat. Deshalb werden insgesamt weniger Projekte evaluiert, aber diejenigen mit einer positiven Bewertung durch Sven werden doppelt überprüft. Welche Struktur ist vorzuziehen?

Eine hierarchische Struktur führt zur Akzeptanz einer geringeren Zahl von Projekten als eine flache Struktur. Das hierarchische System führt zu weniger falschen Positiventscheidungen aber zu mehr falschen Negativentscheidungen. Weniger schlechte Projekte werden angenommen, aber mehr gute Projekte abgelehnt. Dafür gibt es zwei Gründe. Erstens fordert die hierarchische Entscheidungsstruktur zwei positive Begutachtungen, damit steigen tendenziell die Anforderungen an die Projektqualität. Zweitens führt die Tatsache, daß zwei Personen nacheinander eine Projektevaluation durchführen, dazu, daß insgesamt weniger Projekte evaluiert und in die Entscheidung einbezogen werden können. Denn wenn Peter und Sven unabhängig voneinander jeweils andere Projekte begutachten, können sie mehr bearbeiten, als wenn beide sich jeweils dasselbe Projekt ansehen müssen. Im hierarchischen Fall bekommt nur die Hälfte der Projekte eine erste Evaluation. Deshalb werden letztlich auch weniger Projekte angenommen. Dabei gehen wir natürlich davon aus, daß die Nichtevaluierung eines Projekts faktisch einer Ablehnung entspricht. Auf jeden Fall führt eine hierarchische Entscheidungsstruktur, innerhalb derer Mitarbeiter auf niedrigen Hierarchiestufen keine Entscheidungsbefugnisse über Projekte haben, dazu, daß härtere Entscheidungskriterien angelegt und weniger Projekte angenommen werden als in einer flachen, egalitären Entscheidungsstruktur.

Es gibt noch eine dritte Möglichkeit. Die Struktur könnte flach sein, wobei aber eine Zweitmeinung eingeholt werden muß („Vier-Augen-Prinzip"). Anstelle einer Unterordnung von Sven unter Peter könnte das Unternehmen auch eine Regel erlassen, nach der jedes von Peter bewertete Projekt auch von Sven begutachtet werden muß und umgekehrt. Sind sich beide einig, so ist die Entscheidung offensichtlich. Sind sie sich nicht einig, so ist eine weitere Regel erforderlich, um die Differenz zu klären. Dazu gibt es eine Reihe von Möglichkeiten, aber für unsere Zwecke sind die Details der Schlichtungsregelung irrelevant. Unabhängig von der Schlichtungsregel trifft es stets zu, daß die Einholung von Zweitmeinungen eine weniger starke Entscheidungsbarriere darstellt als eine hierarchische Struktur, aber eine höhere als eine Einzelmeinung in einer flachen Entscheidungsstruktur. Bei der hierarchischen Struktur sieht Peter bestimmte Projekte überhaupt nicht, nämlich all die, die Peter nicht mit einer positiven Empfehlung weiterleitet. Im System mit der Zweitmeinung sieht Peter auch Projekte, die Sven ablehnt. Falls Peter diese Projekte gefallen, müssen beide Meinungen berücksichtigt werden. Solange die Schlichtungsregel hin und wieder zur Annahme eines solchen Projekts führt, werden bei diesem Verfahren auch Projekte angenommen, die in der hierarchischen Struktur herausgefallen wären. Allerdings können bei der Zweitmeinung oder dem Vier-Augen-Prinzip genau wie bei der hierarchischen Struktur nur die Hälfte der Projekte der flachen Struktur evaluiert werden, d.h. die Zahl der falschen Ablehnungen ist bei den beiden erstgenannten Verfahren höher.

Nehmen wir beispielsweise an, daß die Evaluation eines Projektes eine Woche in Anspruch nimmt. Bei der flachen Struktur mit einzelnen Entscheidern generiert das Unternehmen zwei Entscheidungen pro Woche: eine von Peter und eine von Sven. Das System mit den Zweitmeinungen dagegen generiert nur eine Entscheidung pro Woche, weil jedes Projekt von beiden Mitarbeitern evaluiert werden muß. In zwei Wochen können Peter und Sven gemeinsam deshalb genau zwei Projekte bewerten. Nach unserer Definition gelten nicht gesichtete Projekte als abgelehnt. Die Zahl der Ablehnungen ist insofern bei dem Verfahren mit doppelter Projektbewertung höher. Dementsprechend reduziert das Zweitmeinungs- oder Vier-Augen-Prinzip im Vergleich zur flachen Entscheidungsstruktur zwar die Wahrscheinlichkeit falscher Positiventscheidungen, sie erhöht aber gleichzeitig die Wahrscheinlichkeit falscher Negativentscheidungen.

Abbildung 12.2 ergänzt Abbildung 12.1 durch die Anzeige unterschiedlicher Entscheidungsstrukturen auf der Linie der Trade-Offs zwischen falschen Positiv- und falschen Negativentscheidungen. Hierarchische Strukturen finden sich im Nordwesten der Trade-Off-Kurve. Flache Entscheidungsstrukturen mit einzelnen Entscheidern liegen im südöstlichen Abschnitt der Kurve. Das Vier-Augen-Prinzip liegt irgendwo dazwischen. Hierarchische Strukturen minimieren die Wahrscheinlichkeit der Annahme schlechter Projekte, aber maximieren die Wahrscheinlichkeit der Ab-

Abbildung 12.2: Fehlentscheidungen und Allokation von Entscheidungsbefugnissen

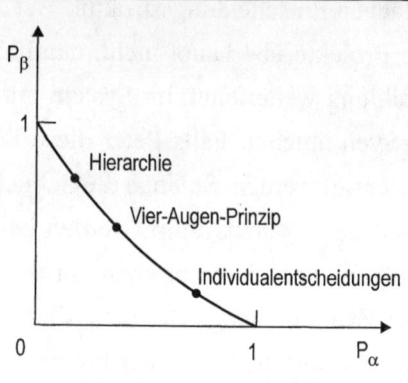

lehnung guter Projekte. Flache Entscheidungsstrukturen minimieren die Wahrscheinlichkeit der Ablehnung guter Projekte, aber maximieren die Wahrscheinlichkeit der Akzeptanz schlechter Projekte. Das Vier-Augen-Prinzip maximiert weder das eine noch das andere.

Welche Entscheidungsstruktur sollte das Unternehmen sich nun geben? Da diese Entscheidung einen Trade-Off beinhaltet, hängt sie mit den möglichen Gewinnen und Verlusten der Projekte einer Stelle zusammen. Da wir drei Arten von Entscheidungsstrukturen identifiziert haben, wollen wir auch drei Arten von Auszahlungskonstellationen von Stellen vergleichen.[120] Die Abbildungen 12.3, 12.4 und 12.5 illustrieren diese drei Auszahlungskonstellationen.

Geringe Gewinnchance bei hohem Verlustrisiko

Abbildung 12.3 zeigt eine Auszahlungsstruktur, die z.B. der der Exxon Valdez angemessen sein könnte. Wie Sie sich vielleicht erinnern, verursachte die Exxon Valdez, ein großer Öltanker, vor einigen Jahren eine große Umweltkatastrophe, deren finanzielle Folgen die Firma Exxon tragen mußte. Der durch die Ölkatastrophe ausgelöste

---

[120] BARON/KREPS (1998) unterscheiden drei Stellenkategorien: *guardian* (Wächter), *star* (Stern) und *footsoldier* (Fußsoldat).

1. Was bedeutet „Stelle"?

Abbildung 12.3: Auszahlungsstruktur 1: Exxon Valdez

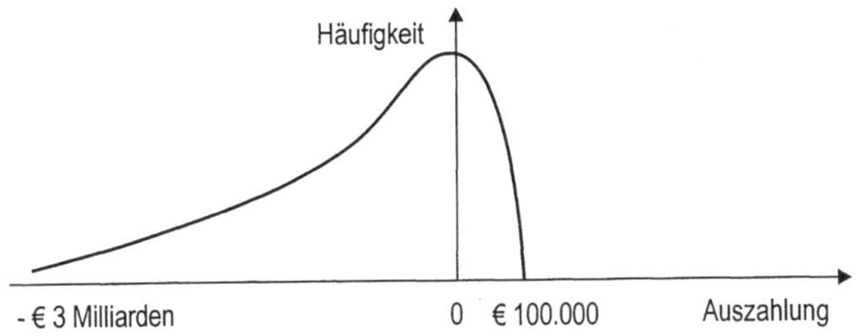

```
                    Häufigkeit
                        |
                        |
                       /|\
                      / | \
                    /   |  \
                 /      |   \
              /         |    \
        /               |     \___
___/                    |         _____
────────────────────────┼──────────────────→
  - € 3 Milliarden      0  € 100.000    Auszahlung
```

finanzielle Schaden betrug Milliarden von Dollar für Reinigungsarbeiten, Gerichtsprozesse und Entschädigungen. Der Kapitän des Schiffes gilt als Schuldiger, und es gibt Anhaltspunkte dafür, daß er betrunken war. Was hat das mit unseren theoretischen Analysen zu tun? Nun, die Exxon Valdez bietet ein typisches Beispiel für eine unserer drei Gewinnstrukturen. Den Job sehr gut auszuführen resultiert lediglich in relativ kleinen Gewinnen, aber ein Fehler hat katastrophale Folgen. In Abbildung 12.3 beträgt die Höchstgrenze für den Gewinn € 100.000 (eine Tankerladung kommt sicher und termingerecht an), aber die Verluste können Milliarden betragen. Vielleicht würde ein frühzeitiges Eintreffen der Exxon Valdez im Zielhafen dem Unternehmen sogar noch etwas mehr Gewinn bringen, aber allenfalls unerheblich – auf jeden Fall aber sind die Kosten eines Fehlers unvergleichbar hoch. Ein einziger Fehler ist sehr teuer. Bei dieser Auszahlungsstruktur wird die Unternehmensleitung falsche Positiventscheidungen minimieren wollen und bereit sein, häufigere falsche Negativentscheidungen in Kauf zu nehmen. Stellen wir uns das zur Entscheidung anstehende „Projekt" vor, als die Entscheidung des Kapitäns, betrunken loszufahren (Positiventscheidung) oder nicht loszufahren (Negativentscheidung), d.h. zu warten, bis der Kopf wieder klar ist. Was wäre eine falsche Negativentscheidung? „Nicht losfahren und die Ausnüchterung abwarten, obwohl ein sofortiges Ablegen nicht zu einem Unfall geführt hätte". Was wäre eine falsche Positiventscheidung? „Ablegen, obwohl betrunken zu fahren zu einer Katastrophe führt". Weil eine falsche Positiventscheidung in diesem Fall so teuer ist, sollte das Unternehmen eine Entscheidungsstruktur wählen, die falsche Positiventscheidungen minimiert. Unsere in Abbildung 12.2 zusammengefaßte theoretische Erörterung führt zu dem Schluß, daß Exxon eine hierarchische Entscheidungsstruktur verwenden sollte. Der Kapitän hätte nicht ablegen dürfen, bevor er wieder vollständig nüchtern war. Hätte er per Funk von der Zentrale oder persönlich von einem von der Zentrale beauftragten Akteur die Genehmigung zum Start einholen müssen, so hätte er diese - vollständige Informationen bei der Zentrale unterstellt - wahrscheinlich nicht erhalten. Damit wäre die Wahrscheinlichkeit einer falschen Positiventscheidung deutlich vermindert worden. Hier hätte eine richtig angewandte hierarchische Struktur eine große Katastrophe vermeiden können.

Hohe Gewinnchance bei geringem Verlustrisiko

Abbildung 12.4 illustriert eine Auszahlungsfunktion mit einer großen Schwankungsbreite nach oben und einer geringen Schwankungsbreite nach unten. Eine solche Struktur weisen viele junge Unternehmen auf. Die meisten neuen Unternehmen scheitern, wobei sie Verluste oder nur sehr geringe Gewinne erzielen. Hin und wieder gibt es jedoch innovative Unternehmen, die Millionen von Euro verdienen, beispielsweise Netscape. Welche Entscheidungsstruktur verbessert gegeben diese Gewinnchancenstruktur den Unternehmenswert am meisten? Wie Abbildung 12.2 zusammenfaßt, lautet die Antwort: eine flache Entscheidungsstruktur. Ein geringes Maß an Vetomöglichkeiten oder Entscheidungskontrollen minimiert die Menge falscher Negativentscheidungen. Start-Up Unternehmen wollen nicht zu vorsichtig sein. Sie haben wenig Reputation oder Kapital zu verlieren. Deshalb ist es besser, Chancen zu nutzen. Sollten diese sich als Verlustgeschäft erweisen, so kann man sang- und klanglos aus dem Geschäft wieder aussteigen, weil das Unternehmen am Anfang i.d.R. ohnehin nicht viel zu verlieren hat.

Junge Unternehmen geben ihren Mitarbeitern häufig sehr große Entscheidungsfreiräume. Es wird auch argumentiert, daß kreative Leute nicht gut in hierarchischen Unternehmen arbeiten können. Dies stimmt, mag aber weniger an einem Selektionseffekt liegen als an den Folgen der Entscheidungsregeln innerhalb der gegebenen Struktur. Weil hierarchische Systeme dazu tendieren, falsche Positiventscheidungen zu minimieren, während sie die Ablehnung manch guter Projekte hinnehmen, ermutigen sie nicht zur Kreativität. Flachere Entscheidungsstrukturen, die jedem Mitar-

1. Was bedeutet „Stelle"? 509

Abbildung 12.4: Auszahlungsstruktur 2: Netscape

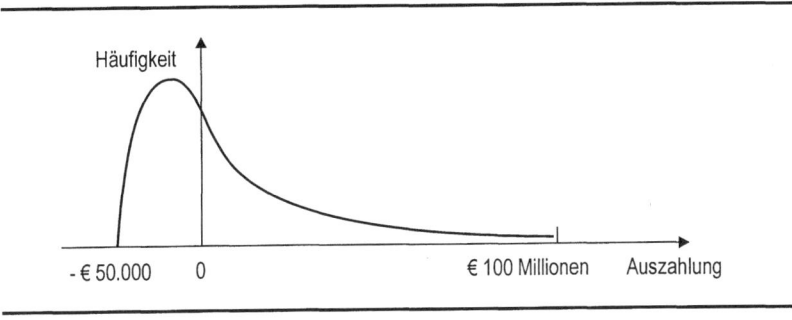

beiter mehr Freiheit zugestehen, fördern auch die Verfolgung kreativer Ideen. In einer flachen, auf einzelne Mitarbeiter zugeschnittenen Entscheidungsstruktur können auch ausgefallene und riskante Ideen ausprobiert werden, die in einem hierarchischen System sofort abgewürgt werden würden.

Beispielsweise wird oft behauptet, daß Siemens ein schwerfälliger, hierarchischer „Beamtenladen" sei, während jüngere Unternehmen in derselben Branche erheblich flexibler seien. Bis zu einem gewissen Maß ist dies rational. Denn Siemens verfügt über eine wertvolle Reputation, die zu verlieren einen großen Verlust darstellte. Deshalb mag Siemens näher an einer Auszahlungsstruktur liegen wie die oben für die Exxon Valdez beschriebene, als ein junges Unternehmen. Insofern läßt sich grundsätzlich rechtfertigen, daß Siemens eine stärker hierarchische Entscheidungsstruktur aufweist als kleine Start-Up Unternehmen.

Identische Gewinnchancen und Verlustrisiken

Die meisten Unternehmen sind weder in derselben Kategorie wie Exxon Valdez noch in der Kategorie von Netscape. Zumeist sind die Gewinn- und Verlustaussichten symmetrischer verteilt. Dies gilt vor allem in älteren Branchen. Abbildung 12.5 könnte beispielsweise die Auszahlungsfunktion einer örtlichen Tankstelle illustrieren. Selbst hohe Leistungen und ausgesprochen innovatives Arbeiten werden kaum dieselben Gewinne wie bei Netscape generieren. Ein geringes Anstrengungsniveau und schlampiges Arbeiten mögen einige Verluste verursachen, aber niemals die katastrophalen Effekte des Unfalls von Exxon Valdez. In diesem Fall wird die Unter-

Abbildung 12.5: Auszahlungsstruktur 3: Tankstelle Series in Everswinkel

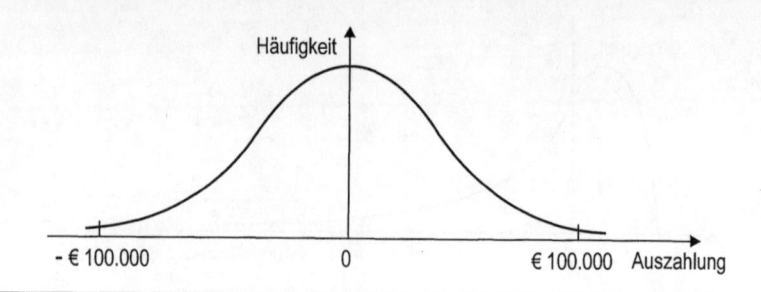

nehmensleitung sowohl ein gewisses Maß an falschen Positiventscheidungen als auch an Negativentscheidungen tolerieren, wobei keine Fehlerart durch ein Zulassen von mehr Fehlern der anderen Art minimiert wird. In der Werkstatt der Tankstelle könnte beispielsweise ein Mechaniker, der sich unsicher über das Problem eines bestimmten Autos ist, seinen Kollegen um eine Zweitmeinung bitten. Die grundsätzliche Struktur dagegen könnte eine flache Hierarchie sein. Nur in Zweifelsfällen würden die Mitarbeiter sich gegenseitig um Rat bitten. Dabei hätte niemand Vetorechte bezüglich der Entscheidungen anderer.

1.4.2 Optimale Informationsbeschaffung

Abbildung 12.1 enthält zwei Kurven. Die gestrichelte liegt unterhalb der durchgezogenen Linie. Unter ansonsten gleichen Bedingungen ist es besser, den Beschränkungen der gestrichelten Kurve zu unterliegen als denjenigen der durchgezogenen. Denn bei jedem gegebenen Niveau falscher Positiventscheidungen impliziert die gestrichelte Kurve ein geringeres Niveau falscher Negativentscheidungen als die durchgezogene Linie (bis auf die Endpunkte). Wie gelangt ein Unternehmen auf die gestrichelte Linie? Um auf die gestrichelte Kurve zu gelangen, muß der Entscheidungsprozeß verbessert werden. Dafür gibt es eine Reihe von Möglichkeiten, die aber alle mit Kosten verbunden sind. Erstens könnte das Unternehmen versuchen, bessere Projektevaluatoren zu beschäftigen, indem nur besser ausgebildete und besser bezahlte Mitarbeiter eingestellt werden. Zweitens könnte das Unternehmen jedem Projektevaluator für die Bewertung eines Projektes mehr Zeit lassen. Drittens könnte das Unternehmen dem Projektbewerter mehr Informationen zufließen lassen, indem entwe-

1. Was bedeutet „Stelle"?

der Berater hinzugezogen werden oder auf anderem Wege Informationen von außen eingekauft werden. Ob sich eine dieser drei Maßnahmen lohnt, hängt davon ab, wieviel gewonnen werden kann durch verbesserte Entscheidungen im Verhältnis zu den Verlusten durch schlechtere Entscheidungen.

1.4.3 Anwendungsbeispiel: Flugrouten

Zur Veranschaulichung wollen wir ein Zahlenbeispiel verwenden. Stellen wir uns vor, ein Flugzeugpilot habe zu entscheiden, ob er eine schnellere Route durch ein Gewittergebiet fliegen will oder eine sichere, aber längere Route um das Gewitter herum. Einige hypothetische Informationen über die Folgen von Gewittern für Flüge stehen in Tabelle 12.2.

Welche Entscheidungsregel sollte das Unternehmen einführen? Kommt es zu einem Flugzeugabsturz, so kommen Kosten in Höhe von € 1 Mrd. auf das Unternehmen zu. Diese beinhalten den Verlust der Maschine, Reputationsverluste, höhere zukünftige Versicherungskosten und Prozeßkosten. Im Prinzip ähnelt die Auszahlungsstruktur derjenigen der Exxon Valdez, deshalb mag das Unternehmen über die Einführung einer hierarchischen Entscheidungsstruktur nachdenken. Allerdings gibt es einen Unterschied zum betrunkenen Kapitän, der zu unvorsichtig war. Der Pilot wird eher übervorsichtig sein, da es um sein eigenes Überleben geht und ihm die Profitabilität des Unternehmens im Vergleich dazu unwichtig sein wird. Um seine Tendenz zu überkonservativen Entscheidungen zu kompensieren, könnte die Fluggesellschaft die Regel implementieren, daß Piloten stets die kürzeste Route fliegen, es sei denn, sie bekommen die Erlaubnis für eine Abweichung. Bei drohenden Gewittern auf der Route würde der Pilot dann die Zentrale anfunken, um die Erlaubnis für die längere und teurere Route einzuholen. Das Unternehmen könnte die Genehmigung für die längere Route erteilen oder nicht. Im letzteren Fall müßte der Pilot durch das Gewitter fliegen.

Angesichts der Wahrscheinlichkeiten und Auszahlungen, wie sie Tabelle 12.2 beschreibt, wird die Fluggesellschaft stets die Genehmigung für die längere Route erteilen. Fliegt der Pilot durch das Gewitter, so betragen die erwarteten Kosten

$$0{,}00001 \times €\ 1\text{Mrd.} + €\ 17.000 = €\ 27.000$$

Tabelle 12.2: Wahl der Flugroute bei Gewitter

	Wahrscheinlichkeit eines Absturzes	Kosten des Absturzes	Erwartete Absturzkosten	Erwartete Treibstoffkosten
Flug durch Gewittergebiet	0,00001	€ 1Mrd.	€ 10.000	€ 17.000
Flug um das Gewitter herum	0,000000001	€ 1Mrd.	€ 1	€ 20.000

Der erste Term gibt die Wahrscheinlichkeit eines Absturzes an für den Fall, in dem der Pilot durch das Gewitter fliegt, multipliziert mit dem Verlust aus einem Absturz für das Unternehmen. Die € 17000 sind die Treibstoffkosten. Wählt der Pilot die längere Route, so betragen die erwarteten Kosten

$$0{,}000000001 \times € \, 1\text{Mrd.} + € \, 20.000 = € \, 20.001$$

Der erste Term gibt die Wahrscheinlichkeit eines Absturzes an für den Fall, daß die längere Route gewählt wird, multipliziert mit den Kosten aus einem Absturz. Die € 20000 geben die (höheren) Treibstoffkosten auf der längeren Route wieder. Unter Berücksichtigung der Möglichkeit eines Flugzeugabsturzes liegen die Kosten der längeren Route unter denen der kürzeren Route, die durch das Gewitter führt. Deshalb wird die Fluggesellschaft die Genehmigung für die längere Route stets erteilen. Weil die Genehmigung ohnehin stets erteilt wird, ist es sinnlos, von den Piloten eine explizite Anfrage zu verlangen. Deshalb kann der Pilot von vornherein die volle Entscheidungsbefugnis über die Wahl der Flugroute bei drohenden Gewittern erhalten.

Die Wahrscheinlichkeit für eine falsche Positiventscheidung beträgt Null. Da die kürzere Route bei Gewitter niemals gewählt wird, gibt es keine Möglichkeit dafür, daß die kurze Route gewählt wird, wenn sie zum Absturz führt. Umgekehrt beträgt die Wahrscheinlichkeit für eine falsche Negativentscheidung 1. Es ist sicher, daß die kurze Route durch das Gewitter niemals geflogen wird, selbst wenn sie nicht zu einem Absturz geführt hätte.

Nehmen wir nun an, die Fluggesellschaft könne zusätzliche Informationen einkaufen. Unterstellen wir, daß eine neuartige Anlage, der „Blitzmelder", Gewitter akku-

1. Was bedeutet „Stelle"?

Tabelle 12.3: Genauigkeit des Blitzmelders

Empfehlung	*Absturzwahrscheinlichkeit bei Flug durch das Gewitter*
Flug durch den Sturm (empfohlen in 99,99 Prozent der Fälle)	0,00000001
Flug um den Sturm herum (empfohlen in 0,01 Prozent der Fälle)	0,1

rater vorhersagen kann. Dadurch kann sie Empfehlungen zur Wahl der Flugroute geben. Tabelle 12.3 bietet statistische Informationen über die Akkuratheit des Blitzmelders.

Der Blitzmelder empfiehlt, daß die Route durch das Gewitter in 9,999 von 10 Fällen gewählt wird. Bei einer positiven Empfehlung liegt die Absturzwahrscheinlichkeit bei nur einem von 100 Millionen Fällen (0,00000001). Wenn jedoch der Blitzmelder empfiehlt, ein Gewitter zu umfliegen, wird ein Verstoß gegen diesen Rat in einem von zehn Fällen (0,1) zum Absturz führen. Der Blitzmelder bietet also recht akkurate Informationen, die bessere Entscheidungen ermöglichen.

Unter Verwendung dieser Einrichtung ändert sich die optimale Entscheidung aus Sicht der Unternehmensleitung. Während zuvor alle Gewitter umflogen werden sollten, wird die Unternehmensleitung nun für die kürzere Route plädieren, wann immer der Blitzmelder dies empfiehlt. Bei einer positiven Empfehlung betragen die erwarteten Kosten

$$0{,}00000001 \times € 1\text{Mrd.} + € 17.000 = € 17.010$$

Der erste Term gibt den zu erwartenden Verlust durch einen Absturz an und der zweite die mit der kürzeren Route anfallenden Treibstoffkosten. Bei einer Negativempfehlung betragen die erwarteten Kosten

$$0{,}1 \times € 1\text{Mrd.} + € 17.000 = € 100.017.000$$

Die mit der längeren Route verbundenen zu erwartenden Kosten betragen, wie bereits kalkuliert,

$$0{,}000000001 \times € 1\text{Mrd.} + € 20.000 = € 20.001$$

Die Unternehmensleitung würde deshalb die kürzere Route immer dann bevorzugen, wenn der Blitzmelder eine positive Empfehlung ausspricht (denn € 17.010 ist weniger als € 20.001). Die längere Route würde immer dann bevorzugt, wenn der Blitzmelder eine Negativempfehlung ausspricht (denn € 100.017.000 übersteigt € 20.001).

Hier stellen sich zwei Fragen. Erstens, sollte die Fluggesellschaft den Blitzmelder kaufen? Zweitens, welche Entscheidungsstruktur sollte verwendet werden, nachdem der Blitzmelder gekauft wurde?

Die Antwort zur ersten Frage hängt von den Kosten des Blitzmelders und der Häufigkeit seiner Nutzung ab. Nehmen wir an, die Maschine kostet € 1 Million und kann fünf Jahre lang genutzt werden. Die betroffene Fluggesellschaft erwartet 10.000 Flüge pro Jahr, die andernfalls um ein Gewittergebiet herumgeführt würden. Ohne den Blitzmelder war die optimale Entscheidung sowohl aus der Sicht des Piloten als auch aus Sicht der Unternehmensleitung, das Gewitter zu umfliegen. Die zu erwartenden Kosten dieser 10.000 Flüge betragen dann

$$10.000 \times € 20.001 = € 200.010.000$$

Schließlich kostet jeder der 10.000 jährlichen Trips um den Sturm herum € 20.001. Wird der Blitzmelder eingesetzt, so werden 99,99% der 10.000 Flüge durch das Gewitter geschickt und 0,01% würden umgeleitet. Das bedeutet, daß erwartungsgemäß 9.999 Flüge durch das Gewittergebiet gelotst würden und einer darum herum. Für die 9.999 betrügen die erwarteten Kosten

$$9.999 \times € 17.010 = € 170.082.990$$

Denn wir wissen, daß die für einen Flug unter Verwendung des Blitzmelders zu erwartenden Kosten bei einer positiven Empfehlung € 17.010 betragen. Die Kosten für den einen umgeleiteten Flug kennen wir bereits, sie betragen € 20.001. Die Gesamtkosten der Flüge unter Benutzung des Blitzmelders betragen somit

$$€ 170.082.990 + € 20.001 = € 170.102.991$$

Die Einsparungen durch die Benutzung des Blitzmelders betragen damit

$$€ 200.010.000 - € 170.102.991 = € 29.907.009$$

1. Was bedeutet „Stelle"?

Da der Blitzmelder nur € 1 Million kostet, amortisiert sich die Maschine in einem Jahr fast 30 mal. Die Antwort auf die erste Frage ist somit ein klares Ja. Die Maschine sollte unbedingt gekauft werden. Es lohnt sich, die Trade-Off-Kurve aus Abbildung 12.1 auf die gestrichelte Linie zu verschieben. Die damit verbundenen Einsparungen durch Fehlerreduzierungen überwiegen die Kosten bei weitem.

Die zweite Frage bezieht sich auf die mit den Pilotenstellen verbundenen Entscheidungsbefugnisse. Ohne den Blitzmelder könnte jeder Pilot die Entscheidungen einfach selber treffen. Weil die Anreize für den Piloten und die Interessen der Unternehmensleitung übereinstimmen, würden beide die Route um den Sturm herum wählen. Mit dem Blitzmelder ist die Situation nun jedoch anders. Die Leitung der Fluggesellschaft möchte, daß in 99,99% der Fällen die kürzere Route durch das Gewitter gewählt wird. Dies mag der Pilot anders sehen. Erstens bleibt die Absturzwahrscheinlichkeit bei positiver Empfehlung des Blitzmelders auf der kurzen Route 1 zu 100 Millionen. Auf der längeren Route beträgt sie dagegen nur 1 zu 1 Milliarde. Beide Zahlen sind klein, aber die erste noch immer zehnmal größer als die zweite. Unter sonst gleichen Bedingungen wird der Pilot - unterstellt die Zeit des Nachhausekommens spielt für ihn keine Rolle - die geringere Absturzwahrscheinlichkeit bevorzugen und die längere Route wählen, selbst wenn die kürzere kosteneffektiver wäre. Zweitens mag es auch unabhängig von der Absturzgefahr schwieriger sein, durch ein Gewitter zu fliegen als darum herum. Drittens wird die Rückfrage des Piloten insofern erforderlich, da nur ein Gerät für die gesamte Firma existiert, er muß sich also rückmelden, um zusätzliche Informationen oder Instruktionen einholen zu können. Die Piloten würden, wenn sie auf sich alleine gestellt sind und nicht rückfragen, dazu neigen, die sichere Route zu wählen.

Eine solche Beschränkung der Entscheidungsbefugnisse des Piloten verursacht für das Unternehmen aber Kosten in Form eines höheren Gehalts. Warum? Das haben wir in Kapitel X gelernt, in dem wir den Trade-Off zwischen nichtmonetären Stelleneigenschaften und Gehältern beschrieben haben. In dem Maß, in dem die Piloten Entscheidungsfreiräume wünschen, und in dem Maße, in dem Piloten für die zusätzliche Gefahr, der man sie bei erzwungenem Durchfliegen von Gewittern aussetzt, kompensiert werden müssen, werden die Gehälter bei der hierarchischen Entscheidungsstruktur höher sein als bei der flachen Struktur. Da jedoch die Veränderung der

Absturzwahrscheinlichkeit sehr gering ist, werden vermutlich die zusätzlichen Gehaltskosten nicht hoch genug liegen, um die Entscheidung für den Kauf des Blitzmelders oder die Entscheidung für den Wechsel zur hierarchischen Entscheidungsstruktur zu revidieren. Mit welchen Beträgen das Aufgeben der Entscheidungsfreiheiten kompensiert werden muß, ist an dieser Stelle schwieriger abzuschätzen; dennoch dürfte es im Gesamtkalkül nicht vernachlässigt werden. Wenn wir aber davon ausgehen, daß auch diese Zusatzkosten letztlich eher gering sind, dann müssen nach unserer bisherigen Logik die Entscheidungsbefugnisse nach dem Kauf des Blitzmelders verändert werden. Ohne den Blitzmelder ist eine flache Struktur mit relativ autonomen Piloten effizient. Unter Einsatz des Blitzmelders bevorzugt die Unternehmensleitung eine hierarchische Entscheidungsstruktur, bei der der Pilot eine Genehmigung für das Umfliegen eines Gewittergebiets einholen muß, die die Unternehmensleitung auch ablehnen kann. Ohne den Blitzmelder gibt es keine Gefahr, daß der Pilot übertrieben sichere Entscheidungen trifft, weil das Unternehmen immer genauso wie der Pilot entscheiden würde. Der Blitzmelder macht allerdings Flüge durch Gewittergebiete so viel genauer vorhersagbar, daß der Pilot aus Unternehmensperspektive eine zu sichere Route wählt. Deshalb sollte die Entscheidung des Piloten durch einen Vorgesetzten überprüft werden.

Dieses Beispiel führt uns ein weiteres Argument ganz klar vor Augen: eine Entscheidungsstruktur, die bei einer Beschränkung auf relativ schlechte Informationen optimal ist, muß nicht notwendigerweise optimal sein, wenn bessere Informationen vorliegen. Mit Hilfe des Blitzmelders kann die Fluggesellschaft sich von Punkt C auf D in Abbildung 12.1 verändern. Bei einer nur sehr geringen Zunahme des Risikos falscher Negativentscheidungen gibt es eine dramatische Verringerung der Zahl falscher Positiventscheidungen. Durch die neue Technologie erreicht das Unternehmen demnach nicht nur die gestrichelte Kurve, sondern verändert zugleich auch seine Entscheidungsstruktur.

2. Soll die Person zur Stelle oder die Stelle zur Person gesucht werden?

Menschen sind unterschiedlich in ihren Fähigkeiten und ihren Begabungen. Albert Einstein mag der bedeutendste Physiker des letzten Jahrhunderts gewesen sein, aber zum besten Fußballspieler hätte er es wahrscheinlich selbst mit einem Maximum an Training niemals gebracht. Wird eine Person für eine bestimmte Stelle eingestellt, so hofft die Unternehmensleitung natürlich, jemanden gefunden zu haben, der genau die erforderlichen Tätigkeiten ausüben kann. Denn was passiert, wenn sich herausstellt, daß der eingestellte Mitarbeiter nicht auf die Stelle paßt? Er muß entweder gleich wieder entlassen oder auf eine andere Stelle versetzt werden.

2.1 Optimale Stellenprofile und deren Besetzung

Sollte nun der passende Inhaber für eine bestimmte Stelle gesucht werden oder die Stelle für einen bestimmten Mitarbeiter passend zugeschnitten werden? Wieder kann eine Analogie aus dem Sport weiterhelfen. Stellen wir uns eine Bundesligafußballmannschaft vor, die einen neuen Spieler für die Links-Außen-Position sucht. Das Management der Mannschaft könnte nun speziell auf dem Arbeitsmarkt nach Links-Außen-Spielern Ausschau halten oder allgemein nach besonders guten Fußballspielern, ohne Rücksicht darauf, auf welcher Position sie bislang spielten.

Drei Faktoren beeinflussen die Entscheidung, ob ein Unternehmen den „besten Fußballer" suchen sollte oder direkt einen „Links-Außen". Der erste betrifft die Feststellbarkeit der Fähigkeiten zum Einstellungszeitpunkt. Im Extremfall können die Fähigkeiten eines Bewerbers nicht beurteilt werden, bevor er tatsächlich im Unternehmen arbeitet. Lassen sich zwischen den Bewerbern im Rekrutierungsprozeß keine Unterschiede feststellen, so ist es unmöglich, jemanden für eine bestimmte Stelle zu engagieren. In diesem Fall müßte die Stelle auf die Person zugeschnitten werden, nicht umgekehrt. Alternativ könnte eine sehr große Zahl von Mitarbeitern eingestellt werden, wobei anschließend alle bis auf diejenigen, die wirklich zur entsprechenden Stelle passen, wieder entlassen würden. Diese Strategie kostet in der Regel jedoch sehr viel Geld. Wenn Begabungen also ex-ante schwer festzustellen sind, wird die Unternehmung die Stellen auf die Personen zuschneiden anstatt „passende" Personen für eine bestimmte Stelle zu suchen. Sind die erforderlichen Begabungen dagegen leicht zu identifizieren, so kann gezielt jemand für eine bestimmte Stelle eingestellt werden.

Der zweite Faktor ist, ob die erforderlichen Fähigkeiten allgemein oder aufgabenspezifisch sind. Wenn eine Person, die in einem Tätigkeitsbereich sehr gut ist, wahrscheinlich in einem anderen sehr schwach ist, wird es schwierig, die zu besetzende Stelle auf die Person zuzuschneiden. Wenn die Bewerber jedoch über Fähigkeiten verfügen, die sie zu vielen verschiedenen Tätigkeiten qualifizieren, werden die Rekrutierung des „besten Spielers" und die Anpassung der Stelle an ihn die bessere Strategie darstellen. Die Heterogenität des Bewerberpools ist hier also die ausschlaggebende Variable. Ist der Bewerberpool sehr heterogen, so sollte nach dem „passenden" Inhaber für eine bestimmte Stelle gesucht werden. Ist die Fähigkeitsstruktur in einem Bewerberpool eher homogen, sollte man einfach nach dem besten Bewerber suchen.

Der dritte Einflußfaktor für die Entscheidung zwischen der Rekrutierung des „Besten" oder eines „Passenden" besteht in der Vielfalt der zu vergebenden Stellen. Ein großes Unternehmen, das viele offene Stellen anzubieten hat, wird stets Verwendung für den „besten Bewerber" haben. Es wird stets eine Einsatzmöglichkeit finden, bei der eine hochbegabte Person sehr produktiv sein kann. Insofern können große Unternehmen es sich leisten, Stellen auf Personen zuzuschneiden anstatt Personen für bestimmte Stellen zu suchen. Kleine Unternehmen haben diese Möglichkeiten nicht. Sie haben nur eine sehr begrenzte Anzahl von Tätigkeiten zu verrichten, weshalb sie weniger einen allgemein sehr begabten Bewerber als vielmehr einen für ihre speziellen Zwecke geeigneten benötigen. Kleine Unternehmen sind in der Regel weniger flexibel im Einsatz ihrer Mitarbeiter als Große. Das kann auch dann ein Problem werden, wenn Mitarbeiter im Laufe ihrer Tätigkeit zusätzliche Fähigkeiten erwerben, die sie gerne in einem neuen Tätigkeitsfeld anwenden würden. Während große Unternehmen dann meist hausinterne Karriereperspektiven bieten können, verlieren kleine Unternehmen solche Mitarbeiter häufig. Denn wenn ein Unternehmen nicht ebenso wächst wie die Fähigkeiten und Erfahrungen seiner Mitarbeiter, wird ein Arbeitsplatz in einem anderen Unternehmen irgendwann attraktiver.

Daß gute Mitarbeiter kleine Unternehmen häufig wieder verlassen, ist nicht unbedingt ein Defizit kleiner Unternehmen. Schließlich bekommen sie dadurch möglicherweise einen besonders begabten Typ von Mitarbeitern. Kleine Unternehmen mögen ein sehr gutes Umfeld zum Weiterlernen bieten, aber möglicherweise die zusätzlich erworbenen Fähigkeiten nicht besonders effizient einsetzen. Größere Unternehmen dagegen sind möglicherweise kein so gutes Umfeld für die persönliche Weiterbildung, für gute Mitarbeiter bieten sie jedoch intern vielfältige Einsatzmöglichkeiten. Mitarbeiter, die nicht gerne ihren Arbeitgeber wechseln, werden deshalb Stellen in großen Unternehmen meist bevorzugen.

2.2 Veränderungen von Stellenprofilen im Zeitablauf

Viele Stellen verändern sich mit der Zeit. In welchem Maß dieses stattfindet hängt teilweise davon ab, ob die Stelle auf ihren jeweiligen Inhaber ausgerichtet wird oder umgekehrt. Wird die Stelle an ihren jeweiligen Inhaber angepaßt, so sind Veränderungen im Zeitablauf selbstverständlich. Denn weil der Inhaber im Laufe der Zeit Erfahrungen und weitere Fähigkeiten erwirbt, verändern sich die Zahl und Art der Aufgaben, die er ausführen kann. Denken wir beispielsweise an eine Sekretärin. Wenn sie ihre Stelle antritt, kennt sie das Unternehmen und die Menschen, mit denen sie zusammenarbeitet, meist kaum. Schnell wird sie jedoch firmenspezifische Informationen gewinnen und bald in der Lage sein, mehr und anspruchsvollere Aufgaben zu erfüllen und anderen sogar etwas beizubringen.

Auf der anderen Seite gibt es Stellen, die sehr eng und genau definiert sind und nur sehr spezifische Aufgaben umfassen. Die Stelle eines ungelernten Erntearbeiters gehört zu dieser Kategorie. Wenn ein Apfelpflücker sich als sehr geschickt erweist, könnte er zum Vorarbeiter befördert werden. Das heißt, er wechselt die Stelle, aber die Stelle des Apfelpflückers verändert sich nicht, um den zusätzlichen Fähigkeiten des Mitarbeiters Raum zu bieten.

> **Zur Diskussion: Optimaler Austausch von Managern**
>
> Mitunter treten dramatische Veränderungen von Arbeitsplätzen ein, weil sich der Geschäftsinhalt ändert. In solchen Fällen müssen fast immer auch Manager ausgetauscht werden. Eine Veränderung der Art und Richtung von Motivationsinstrumenten mag zwar einiges bewirken, aber in der Regel nicht ausreichen. Auch dies läßt sich mit der oben erklärten Logik begründen. Akteure, die besonders gut an die alte Umgebung angepaßt waren, passen mit großer Wahrscheinlichkeit nicht in eine sehr andersartige, neue Umgebung.
>
> Die Folgen des Austausches von Managern werden sowohl in der Wissenschaft als auch in der Praxis sorgfältig beobachtet. Es ist beispielsweise vorgekommen, daß Vorstandschefs während ihrer Amtszeit verstarben und darauf die Aktienkurse der Unternehmen stiegen. Dies reflektiert die Einschätzung der Kapitalmarktteilnehmer, daß ein neues Management positives bewirken wird. Auch gibt es eine Reihe von Beispielen, in denen Unternehmen nach dem Einsatz eines neuen Vorstandschefs, der seinerseits eine Reihe anderer Manager austauschte, einen Turnaround geschafft haben. Ein solches Beispiel bietet das Unternehmen Allied Signal, ein Unternehmen, das eine Reihe unterschiedlicher Produkte herstellt. In den Jahren nach der Rekrutierung von Lawrence Bossidy als CEO wies das Unternehmen deutliche Umsatz- und Gewinnzuwächse auf. Bossidy führte eine Reihe interner Veränderungen durch, zu denen Stelleneinsparungen und der Austausch des Managementteams unbedingt zählten.[121]
>
> Auch Untersuchungen über die Transformation der Wirtschaft in den ehemaligen kommunistischen Staaten zeigen nachdrücklich die große Bedeutung des Austausches von Managern. So untersuchten beispielsweise BARBERIS, BOYCKO, SHLEIFER und TSUKANOVA (1995) russische Unternehmen nach ihrer Privatisierung. Bereits der Wechsel von staatlichem zu privatem Eigentum sollte, zumindest theoretisch, die Leistungsanreize deutlich verbessern. Die Untersuchung

---

[121] Nach der Ankündigung der Streichung von 6.100 Stellen, viele davon im Management, wies das Unternehmen Rekordgewinne aus. Vgl. MAYNARD (1996), Areospace Daily (1996), DEMARRAIS (1996).

zeigte jedoch, daß sich ohne einen Austausch des Managements die Produktivität auch im Anschluß an die Privatisierung nicht wesentlich verbesserte. Die grössten Produktivitätsfortschritte fielen stets im Zusammenhang mit einem Wechsel im Management an, vielleicht, weil nur neue Manager bereit (oder in der Lage) waren, diejenigen Mechanismen zu implementieren, die ein Unternehmen im privaten Umfeld wirtschaftlich machen.

3. Resümee

Wir begannen dieses Kapitel, indem wir eine Reihe von Fragen hinsichtlich des Begriffes „Stelle" formulierten. In den vorhergehenden Kapiteln wurde die Stelle als Analyseeinheit noch kaum berücksichtigt. Im Turniermodell kam der Begriff Stelle zwar implizit vor, er war aber beschränkt auf die Bedeutung einer bestimmten Gehaltskategorie. In diesem Kapitel führten wir weitere Bedeutungen von „Stellen" ein. Es ging vor allem um Stellen als Aufgabenbereiche und Stellen als Träger von Entscheidungsbefugnissen. Zunächst fragten wir, wie Aufgaben bestimmten Stellen zugeordnet werden sollten. Konkret begannen wir mit der Frage, wie viele Aufgaben einer Stelle übertragen werden sollten. In Anlehnung an Adam Smith folgerten wir, daß Stellen in kleineren Unternehmen in der Regel mehr verschiedenartige Aufgaben umfassen als Stellen in großen Unternehmen. Stellen werden weniger Aufgaben umfassen, wenn der Arbeitnehmerpool, aus dem ein Unternehmen rekrutiert, spezialisierter und von höherer Qualifikation ist.

Anschließend diskutierten wir den Inhalt und die Bedeutung der Begriffe Multiskilling und Multitasking. Multiskilling bedeutet, daß ein gegebener Mitarbeiter über hinreichend viele Fähigkeiten verfügt, um mehr als eine Stelle auszufüllen. Multitasking beinhaltet, daß viele verschiedene Aufgaben einem einzigen Arbeitnehmer zugeordnet werden. Die beiden Begriffe sind unterschiedlich, weil ein Mitarbeiter zwar über breite Fähigkeiten verfügen kann, sie aber in seinem Job tatsächlich nicht nutzen können muß. Multiskilling bietet den Unternehmen eine Flexibilität, die insbesondere für kleine Unternehmen sehr wertvoll sein kann. Multitasking ist dann besonders hilfreich, wenn die Transportkosten hoch, die Rüstzeiten lang und Verzögerungen problematisch sind.

Aufgaben lassen sich vor allem dann sinnvoll zusammenfassen, wenn erstens der Akteur, der eine Aufgabe ausführt, zugleich über die Fähigkeiten für die Ausführung einer verbundenen Aufgabe verfügt und wenn zweitens die entsprechenden Aufgaben komplementär sind – wenn also die Rüstkosten für einen Mitarbeiter, der mehrere Aufgaben ausführt, geringer sind als für mehrere Mitarbeiter, die die Aufgaben getrennt ausführen.

Ein großer Teil des Kapitels drehte sich um die einer Stelle zuzuordnenden Entscheidungsbefugnisse. Die Folgen dreier verschiedener Autoritätsstrukturen wurden verglichen: eine flache Struktur, bei der jeder Mitarbeiter über weitgehende Entscheidungsbefugnisse verfügt, eine hierarchische Struktur, bei der ein Vorgesetzter die Entscheidungen seiner Untergebenen revidieren kann, und ein Vier-Augen-Prinzip, bei dem nicht unbedingt ein Vorgesetzter, aber jeweils zwei Akteure an Entscheidungen beteiligt sind. Es wurde argumentiert, daß die hierarchische Struktur zu besonders konservativen Entscheidungsprozessen führt und die flache Struktur zu besonders großzügigen. Unternehmen mit hohen geschäftlichen Verlustrisiken sollten deshalb eher hierarchische Strukturen verwenden, während solche mit besonders großen Gewinnchancen eher flachere Entscheidungsstrukturen wählen sollten. Eine hierarchische Struktur führt weniger wahrscheinlich zu großer Kreativität und vielen Innovationen, weil neue Ideen leicht abgewürgt werden. Eine flache Entscheidungsstruktur, die Kreativität fördert, kann jedoch auch zur Umsetzung nicht erfolgsversprechender Ideen führen, weil schlechte Ideen nicht korrigiert werden. Mitunter lohnt es sich durch eine Verbesserung der Informationsbasis zu versuchen, sowohl die Zahl falscher Positiv- als auch die Zahl falscher Negativentscheidungen zu verringern. Wird in eine verbesserte Informationsbasis investiert, so verändert sich wahrscheinlich auch die optimale Entscheidungsstruktur.

Zuletzt haben wir uns mit der Frage beschäftigt, wie Stellenprofile und Personen am besten gematcht werden können. Gewöhnlich existiert zuerst ein Stellenprofil und für dieses werden dann passende Mitarbeiter gesucht; mitunter werden aber auch Stellen auf ganz bestimmte Mitarbeiter angepaßt. Letzteres geschieht besonders häufig dann, wenn die Fähigkeiten vor der Rekrutierung des Mitarbeiters nicht genau eingeschätzt werden können, wenn es eher um allgemeine Fähigkeiten geht, wenn der Bewerberpool sehr homogen ist und wenn das Unternehmen sehr groß ist und eine Vielzahl unterschiedlicher Stellen anzubieten hat. Dabei ist zu beachten, daß Stellen sich im Zeitablauf natürlich weniger verändern, wenn eine Person für die entsprechende Stelle gesucht wurde, als wenn die Stelle auf die Person zugeschnitten werden konnte. Mangel an letztgenanntem kann vor allem in kleineren Unternehmen zu Frustration und Kündigungen von Mitarbeitern führen, weil diese sich weiterentwickeln, während ihre relativ eng definierte Stelle es nicht tun kann.

4. Literatur

Aerospace Daily (1996): Double-digit gains position Allied Signal for record 1996, v179 n. 17, July 25: 131.

Baker, George (1992): Incentive Contracts and Performance Measurement. In: Journal of Political Economy 100(1992)3: 598-614.

Baron, James; David Kreps (1998): Human Resources Management for the General Manager. New York: John Wiley and Sons.

Barberis, Nicholas; Maxim Boycko; Andrei Shleifer und Natalia Tsukanova (1995): How Does Privatization Work? Evidence from the Russian Shops. In: NBER Working Paper #5136 (Mai 1995).

Carmichael, H. Lorne; Bentley MacLeod (1992): Multiskilling, Technical Change, and the Japanese Firm. In: Economic Journal, 103(1992)416: 142-160.

DeMarrais, Kevin G. (1996): Allied Stockholders Take Hats Off to Larry Bossidy Earns Praise, As Well As Big Salary. In: The Record (April 23, 1996): B1.

Hölmstrom, Bengt; Paul Milgrom (1991): Multi-Task Principal-Agent Analyses: Incentive Contracts, Asset Ownership, and Job Design. In: Journal of Law, Economics & Organization 7, special issue: 24-52.

Orbay, Hakan (1996): Specialization in Education and Labor Market. Stanford Graduate School of Business doctoral dissertation, unveröffentlicht.

Maynard, Micheline (1996): Allied Signal chief: Outsourcing can be positive. In: USA Today, Final Edition (24. Juli 1996): 3B.

Sah, Raaj Kumar; Joseph E. Stiglitz (1986): The Architecture of Economic Systems: Hierarchies and Polyarchies. In: American Economic Review 76(1986)4: 716-727.

Wolff, Birgitta (1999): Anreizkompatible Reorganisation von Unternehmen. Stuttgart: Schäffer-Poeschel.

5. Weiterführende Literaturempfehlungen

Ichniowski, Casey; Kathryn Shaw und Giovanna Prennuski (1997): The Effects of Human Resource Management Practices on Productivity. In: American Economic Review 87(1997)3: 291-313.

Kaplinsky, Raphael (1988): Restructuring and Capitalist Labour Process: Some Lessons from the Car Industry. In: Cambridge Journal of Economics 12(1988)4: 451-470.

Lazear, Edward P. (1992): The Job as a Concept. In: William J. Bruns, Jr. (Hrsg.): Performance Measurement, Evaluation, and Incentives. In: Boston: Harvard Business School Press: 335-341.

Prendergast, Canice J. (1995): A Theory of Responsibility in Organizations. In: Journal of Labor Economics 13(1995)3: 387-400.

6. Anhang

In diesem Anhang zeigen wir, daß Multiskilling und die damit verbundene Flexibilität auf einzelnen Stellen in großen Unternehmen weniger wertvoll ist als in kleinen. Multiskilling ist wertvoll, sobald mit einer gewissen Wahrscheinlichkeit davon auszugehen ist, daß Mitarbeiter auch einmal fehlen. In solchen Fällen schützt es vor eventuellen Verlusten, wenn man andere Mitarbeiter hat, die ebenfalls das Tätigkeitsgebiet des fehlenden Mitarbeiters beherrschen und die für den ausgefallenen Mitarbeiter einspringen können. Je größer das Unternehmen jedoch wird, desto weniger stellt der Ausfall eines einzelnen Mitarbeiters ein Problem dar. Warum das so ist werden wir im folgenden anhand einiger formaler Überlegungen zeigen.

6. Anhang

Die Wahrscheinlichkeit dafür, daß ein Mitarbeiter an einem bestimmten Tag zur Arbeit erscheint, sei p. Die Wahrscheinlichkeit dafür, daß der Mitarbeiter zu Hause bleibt, beträgt somit $(1 - p)$. Hat das Unternehmen N Mitarbeiter, so beträgt die zu erwartende Zahl der an einem bestimmten Tag zur Arbeit erscheinenden Mitarbeiter $N \times p$. Die Varianz der Zahl derjenigen, die zur Arbeit erscheinen, beträgt unter der Annahme unabhängiger identischer Verteilungen für die einzelnen Mitarbeiter

$$Np(1-p)$$

Damit beträgt die Standardabweichung

$$\sqrt{Np(1-p)}$$

Mit zunehmendem N nähert sich die Binomialverteilung der Normalverteilung an. Unter dieser Voraussetzung wird in 97,5% der Fälle die Zahl der tatsächlich zur Arbeit erscheinenden Individuen mindestens folgenden Wert annehmen:

$$Np - 1{,}96\sqrt{Np(1-p)}$$

In 97,5% der Fälle wird die Firma also einen Anteil von mindestens

$$Anteil = \frac{Np - 1{,}96\sqrt{Np(1-p)}}{Np}$$

ihrer eingeplanten Mitarbeiter im Hause haben.

Wie schwankt dieser Anteil mit N, also der Zahl der Mitarbeiter? Um dies herauszufinden, differenzieren wir die den Anteil beschreibende Formel nach N und erhalten

$$\frac{\partial Anteil}{\partial N} = \frac{1{,}96\sqrt{1-p}}{2\sqrt{pN^3}} > 0$$

Der Anteil der Mitarbeiter, die mit 97,5% Wahrscheinlichkeit zur Arbeit erscheinen, steigt mit N.[122] Tabelle A12.1 zeigt, wie der Anteil derjenigen, die zur Arbeit erscheinen, mit N variiert. p sei hier 0,95, d.h. im Schnitt fehlt jeder Mitarbeiter einmal

---

[122] Die Wahrscheinlichkeit von 97,5% ist willkürlich gewählt. Dieselbe Aussage gilt für jede gewählte Wahrscheinlichkeit.

Tabelle A12.1: Mindestanzahl und Anteil von Mitarbeitern, die in 97,5% der Fälle zur Arbeit erscheinen

N	z	Anteil
10	8,81	0,927
15	13,41	0,941
25	22,66	0,954
50	45,96	0,968
100	92,82	0,977
1.000	943,11	0,993
5.000	4734,59	0,997
10.000	9478,21	0,998

alle 20 Arbeitstage. Spalte 1 gibt die Anzahl der Mitarbeiter des Unternehmens an. Spalte 2 gibt die Zahl der Mitarbeiter an, die in 97,5% der Fälle zur Arbeit kommen, und Spalte 3 gibt den Anteil der Mitarbeiterzahl z an der Anzahl der erwarteten Mitarbeiter an.

Bei $p = 0,95$ und 100 Mitarbeitern werden *im Mittel* 95 von ihnen an jedem beliebigen Tag anwesend sein. Daß allerdings genau 95 Mitarbeiter anwesend sind, ist vergleichsweise unwahrscheinlich – im Regelfall werden mal mehr und mal weniger als 95 Mitarbeiter anwesend sein. Für uns ist natürlich eine Abweichung nach unten von besonderem Interesse: In 97,5% der Fälle sind zumindest 92,82 Personen (Prozent) anwesend, wie in Spalte 2, Zeile 5 von Tabelle A12.2 abzulesen. Dies sind etwas mehr als zwei Arbeiter weniger als die erwarteten 95. Es sind 97,7% der erwarteten Anzahl, wie in Spalte 3 zu lesen. Hätte das Unternehmen nur zehn Mitarbeiter, so würden 9,5 von ihnen zur Arbeit erwartet.[123] In 97,5% der Fälle würden mindestens 8,81 Arbeitnehmer zur Arbeit erscheinen, was etwa 0,7 weniger als die erwartete Anzahl ist. Wenn das Unternehmen 10.000 Mitarbeiter hat, wird erwartet, daß 9.500

---

[123] Sinkt die Anzahl der Beobachtungen, so nähert sich die Binomialverteilung in geringerem Maße der Normalverteilung an. Die Tabelle illustriert dennoch ein generelles Muster. Je größer N wird, desto stärker nähert sich der Anteil der Mitarbeiter, die tatsächlich zur Arbeit erscheinen, dem erwarteten Wert an.

6. Anhang

an jedem beliebigen Tag zur Arbeit erscheinen. In 97,5% der Fälle werden zumindest 9.478,21 zur Arbeit antreten. Dies sind 99,8% der erwarteten Zahl.

Mit steigender Anzahl von Arbeitnehmern sinkt die Wahrscheinlichkeit dafür, daß deutlich weniger Mitarbeiter als erwartet zur Arbeit erscheinen. Deshalb sinkt bei steigender Unternehmensgröße die Notwendigkeit dafür, Mitarbeiter zu haben, die verschiedene Jobs ausführen können. Hat eine Bahngesellschaft beispielsweise 10.000 Lokführer, so werden an jedem beliebigen Tag ziemlich genau 9.500 davon tatsächlich zum Lokfahren erscheinen. Es besteht keine Notwendigkeit, beispielsweise Schaffner als Reservelokführer auszubilden, weil die Wahrscheinlichkeit dafür, daß ein Schaffner für einen Lokführer einspringen muß, bei nahezu Null liegt.

XIII. Personalbeurteilung

Kein Unternehmen kann es sich leisten, völlig auf Beurteilungen seines Personals zu verzichten. Periodische Leistungsbeurteilungen gehören in vielen Unternehmen zum Standardprogramm. Solche Leistungsbeurteilungen dienen einer Reihe von Zielen, unter denen die Gehaltsfestlegung, Beförderungsentscheidungen oder Entlassungsentscheidungen die wichtigsten sind. Uns stellt sich in diesem Zusammenhang die Frage, wie solche Leistungsbeurteilungen durchgeführt werden sollten und welche Probleme bei der Beurteilung von Mitarbeitern entstehen können. Die folgende Diskussion soll uns zunächst wieder einen ersten Eindruck davon geben.

DOUGLAS: *Jedes Jahr aufs neue graut es mir vor diesem Monat. Immer diese Beurteilungsgespräche! Man kann dabei eigentlich nur verlieren. Jeder meine Leute glaubt doch, daß er der Größte ist. Wenn ich einem eine gute Beurteilung ausspreche, dann wird er lächeln und denken, daß er immer schon gewußt hat, daß er einer der Besten ist und daß ich ohne ihn nicht auskomme. Wenn ich jemandem eine schlechte Beurteilung gebe, wird er sich wundern und sich fragen, warum ich ihn hasse und ihm noch nie eine Chance gegeben habe. Wie man es macht, macht man es also verkehrt.*

CHAMBERLIN: *Ich löse das Problem, indem ich jedem die gleiche Beurteilung mit einigen geringfügigen Unterschieden gebe. Wenn ich einen Mitarbeiter auf einer Dimension höher bewerte, dann bewerte ich seinen Kollegen auf einer anderen Dimension höher. Auf diese Weise gleicht sich das Ganze am Ende dann immer aus.*

DOUGLAS: *Aber macht das nicht das ganze Beurteilungswesen bedeutungslos? Warum soll ich mich dann überhaupt damit beschäftigen?*

CHAMBERLIN: *Stimmt, ich glaube sowieso, daß Personalbeurteilungen unsinnig sind. Ich selbst bräuchte das Instrument überhaupt nicht. Wenn ich einen meiner Mitarbeiter schlecht finde, dann versuche ich, ihn loszuwerden, und wenn ich einen Mitarbeiter behalte, dann behandle ich ihn einfach genau wie jeden anderen auch.*

DOUGLAS: *Aber wenn wir keine Personalbeurteilung haben, wie können wir dann entscheiden, wer befördert werden soll? Und selbst wenn wir sie dafür nicht einsetzen würden, dann bräuchten wir immer noch eine Beurteilung am Ende der Probe-*

zeit. Sonst kann es uns passieren, daß wir auf Arbeitnehmern sitzenbleiben, die wir eigentlich gar nicht wollten, die wir letztlich aber dann doch ewig beschäftigen.

CHAMBERLIN: *Einverstanden. Ich sehe ein, daß wir manchmal Personalbeurteilungen brauchen. Aber benötigen wir wirklich diese dauernden jährlichen Beurteilungen aller Arbeitnehmer, die wir sowieso behalten werden? Eigentlich ist das doch Zeitverschwendung. Ich glaube, daß diese jährlichen Personalbeurteilungen von einem unterausgelasteten Personaler erfunden wurden, der damit seine Existenzberechtigung dokumentieren wollte.*

DOUGLAS: *Das sehe ich anders. Ich glaube, wenn wir die jährlichen Leistungsbeurteilungen nicht hätten, dann würden unsere Mitarbeiter geringere Leistungen an den Tag legen.*

CHAMBERLIN: *Das kann man glauben oder nicht. Ich bin der Meinung, daß wir durch unsere jährlichen Leistungsbeurteilungen nur sicherstellen, daß unsere Mitarbeiter einen Großteil ihrer Zeit darauf verwenden, uns zu beeindrucken, anstatt ihre Arbeit zu erledigen. Das System fördert doch nur „Radfahrerei".*

DOUGLAS: *Da magst Du gar nicht so Unrecht haben. Vielleicht könnten wir einfach so vorgehen, daß wir unsere Leistungsbeurteilungen selektiver einsetzen und uns im voraus genau überlegen, wen wir zu welchem Zeitpunkt beurteilen. Schließlich beobachten wir ja, daß unsere Vorgesetzten Jahr für Jahr dem gleichen Mitarbeiter die besten Noten geben. Die Beurteilungen sind doch jedes Jahr nahezu identisch. Die ersten Eindrücke scheinen doch die wichtigsten zu sein. Sobald man mal den Ruf hat, besonders gut zu sein, ist es doch fast schon ein Kunststück, diesen wieder los zu werden.*

CHAMBERLIN: *Vielleicht sollten wir auch darüber nachdenken, daß wir einen anderen als den unmittelbar Vorgesetzten dazu heranziehen, den Mitarbeiter einer Abteilung zu beurteilen. Ich denke, wir sollten diese Aufgabe jemandem überlassen, dessen Arbeitszeit vielleicht billiger ist.*

DOUGLAS: *Wie wäre es mit einem Spezialisten aus der Personalabteilung?*

Dieser Dialog zeigt sehr deutlich die unterschiedlichen Probleme, die im Zusammenhang mit Personalbeurteilungen entstehen. Nicht nur, daß sie zu großer Skepsis gegenüber der Personalabteilung führen, sie scheinen vielmehr auch ernsthafte Probleme im Leistungsverhalten der Arbeitnehmer hervorzurufen, wenn sie falsch eingesetzt werden. Wenn wir Personalbeurteilungen sinnvoll einsetzen wollen, müssen wir u.a. folgende Fragen beantworten:

- Welche Zielsetzungen sollen mit der Personalbeurteilung verfolgt werden?
- Wie oft sollten Beurteilungen vorgenommen werden und welche Arbeitnehmer sollten beurteilt werden?
- Welche Informationen erhalten wir mit Hilfe typischer Personalbeurteilungsprozesse?
- Welche Anreize - gute wie schlechte - werden von Personalbeurteilungssystemen geschaffen?
- Sollte man die Beurteiler zwingen, vorgegebene Leistungsverteilungen einzuhalten?
- Wer sollte der Beurteiler sein?

Diese Fragen wollen wir nun im folgenden Kapitel versuchen zu beantworten.

1. Zum ökonomischen Einsatz von Personalbeurteilungen

1.1 Arten von Personalbeurteilungen

Mit Hilfe von Personalbeurteilungsinstrumenten können grundsätzlich zwei Arten von Informationen aufgedeckt werden:

1. Personalbeurteilungen können Informationen über die allgemeinen Fähigkeiten und Motive eines Arbeitnehmers aufdecken.
2. Sie können Informationen aufdecken über spezifische Qualifikationen und Talente, die einen Arbeitnehmer für manche Arbeitsplätze besser geeignet erscheinen lassen als für andere.

Dieser Unterschied kann anhand von zwei verschiedenen Tests verdeutlicht werden. Auf der einen Seite gibt es Intelligenztests, die Auskunft über die allgemeine Intelligenz und Lernfähigkeit eines Individuums geben. Auf der anderen Seite gibt es Wissensüberprüfungen, die abtesten, was ein Individuum bereits gelernt bzw. sich an

Wissen angeeignet hat. Die Ergebnisse beider Tests sind nicht unabhängig voneinander, geben aber dennoch Auskunft über zwei verschiedene Sachverhalte. Aus Unternehmensperspektive ist diese Unterscheidung ebenfalls wichtig.

Wenn ein Unternehmen die allgemeinen Fähigkeiten eines Arbeitnehmers kennt (im obigen Beispiel also z.B. den IQ-Wert ermittelt), hilft diese Information zu entscheiden, für welche Qualifizierungsmaßnahmen diese Person vorgesehen werden sollte. Wenn ein Unternehmen nämlich einen Teil der Kosten von Qualifizierungsmaßnahmen übernimmt, hat es ein großes Interesse sicherzustellen, daß es in die richtigen Individuen investiert. Genau wie ein Unternehmen es unterlassen würde, in eine neue Betriebsstätte oder ein neues Produkt zu investieren, ohne vorher Kosten und Erträge einer solchen Investition untersucht zu haben, würde es auch nicht in eine Person investieren, ohne vorher deren Lernpotential untersucht zu haben. Dabei ist das Lernpotential nicht identisch mit den aktuellen Fähigkeiten, die ein Individuum auf einem spezifischen Arbeitsplatz zeigt. Ein Arbeitnehmer, der eine ganz bestimmte Tätigkeit hervorragend beherrscht, muß nicht notwendigerweise ein guter Kandidat für zusätzliche Investitionen zur Ausübung anderer Tätigkeiten sein. Manche Personen mögen sehr gut eine ganz bestimmte Tätigkeit ausüben können, sind aber unfähig, sich beispielsweise in eine andere Richtung weiterzuentwickeln. So ist ein guter Dozent noch lange kein guter Hochschullehrer oder Dekan, und ein guter Handwerker muß noch lange kein guter Vorgesetzter sein. Bevor also in eine Person investiert wird, muß ihr Entwicklungspotential abgeschätzt werden, z.B. anhand von Potentialbeurteilungen.

Genauso wichtig wie die Beurteilung des Entwicklungspotentials eines Arbeitnehmers ist die Feststellung der spezifischen Fähigkeiten und Talente. Um nämlich einen Arbeitnehmer so plazieren zu können, daß er seine höchste Produktivität entfalten kann, muß das Unternehmen wissen, was die besonderen Stärken und Fähigkeiten eines Arbeitnehmers sind. Diese Information ist nicht nur wichtig für Arbeitsplatzzuweisungen, sondern auch für die Entscheidung, ob ein Arbeitnehmer überhaupt gehalten werden soll (insbesondere nach der Probezeit) und zu welchem Gehalt. Wenn die Fähigkeiten eines Arbeitnehmers unzureichend sind, um eine weitere Beschäftigung produktiv zu gestalten, ist es möglicherweise das Beste für Arbeitnehmer und Unternehmen, das Arbeitsverhältnis frühzeitig wieder aufzulösen. Be-

1. Zum ökonomischen Einsatz von Personalbeurteilungen

vor wir uns im Detail überlegen, wann welche Information gesammelt werden sollte, müssen wir uns klarmachen, daß Personalbeurteilungen (wie eine Vielzahl anderer personalpolitischer Instrumente) zwei Funktionen dienen können: der Koordinations- bzw. Allokationsfunktion (Zuordnung von Arbeitsplätzen und Einkommen) und der Motivationsfunktion (Beeinflussung des Anstrengungsniveaus bei gegebenem Arbeitsplatz und Einkommen).

1.2 Sinnvolle Regeln zum Einsatz von Personalbeurteilungen als Koordinationsinstrument

Wenn wir davon ausgehen, daß Personalbeurteilungen dazu dienen zu entscheiden, ob ein Arbeitnehmer von einem Unternehmen zum anderen oder von einem Arbeitsplatz auf einen anderen wechseln sollte, dann stellt sich zunächst die Frage, wann ein Arbeitnehmer überhaupt von einem Arbeitsplatz auf einen anderen wechseln sollte. Die Antwort haben wir bereits in vorhergehenden Kapiteln behandelt.[124] Ein Arbeitnehmer sollte dann auf einem Arbeitsplatz verbleiben, wenn er in seiner gegenwärtigen Beschäftigung bzw. in seinem gegenwärtigen Unternehmen einen höheren Wert besitzt als bei einer alternativen Beschäftigung oder in einem externen Unternehmen. Unter dieser Bedingung wäre Fluktuation von Nachteil und es würde sich sicher auch ein Weg finden, der sowohl für das Unternehmen als auch für den Arbeitnehmer besser ist, als das Unternehmen zu verlassen.

Im nächsten Abschnitt schauen wir uns zunächst an, wie oft und auf welche Art und Weise vor diesem Hintergrund der Wert eines Arbeitnehmers evaluiert werden sollte.

1.2.1 Arbeitsplatzzuordnung und Häufigkeit von Personalbeurteilungen

Wenn Personalbeurteilungen dazu dienen, sich von unterschiedlich produktiven Arbeitnehmern zu trennen, lassen sich aus der Humankapitaltheorie zwei Regeln darüber ableiten, wie oft und welche Arbeitnehmer evaluiert werden sollten (vgl. LAZEAR 1990).

---

[124] Vgl. insbesondere Kapitel II.

1. *Arbeitnehmer mit mehr betriebsspezifischem Humankapital müssen weniger häufig evaluiert werden.*
2. *Die Häufigkeit der Personalbeurteilung sollte in inverser Beziehung zur Betriebszugehörigkeitsdauer oder zur Beschäftigungsdauer auf einem Arbeitsplatz stehen.*

Um diese Regeln plausibel zu machen, kann man wiederum mit einem Beispiel beginnen. Angenommen, ein Arbeitnehmer ist für sein Unternehmen € 1.000 pro Woche wert aber er erhält nur € 800 Gehalt. Nehmen wir weiter an, daß er für ein anderes Unternehmen € 900 wert ist und daß dieses ihm € 875 Gehalt anbietet, um ihn abzuwerben. Der Arbeitnehmer steht damit natürlich in der Versuchung, das Unternehmen zu verlassen. Wenn das gegenwärtige Unternehmen dem Arbeitnehmer aufgrund des Abwerbeversuches € 900 bietet und der Arbeitnehmer daraufhin im Unternehmen verbleibt, stellen beide Seiten sich besser als wenn der Arbeitnehmer geht. Das Unternehmen verdient immer noch € 100 pro Woche an dem Arbeitnehmer, die es verliert, wenn der Arbeitnehmer das Unternehmen verlassen würde. Der Arbeitnehmer gewinnt € 25 pro Woche, weil sein neues Angebot in Höhe von € 900 das Angebot des Abwerbers in Höhe von € 875 übersteigt.

Vor diesem Hintergrund stellt sich also die Frage, welche Arbeitnehmer mit größerer Wahrscheinlichkeit in ihrem gegenwärtigen Unternehmen einen höheren Wert haben als auf dem externen Arbeitsmarkt. Die Antwort kennen wir bereits: Arbeitnehmer mit betriebsspezifischem Humankapital haben typischerweise intern höhere Produktivitäten als auf dem externen Arbeitsmarkt. Wenn Arbeitnehmer betriebsspezifische Qualifikationen haben, ist es unwahrscheinlich, daß externe Arbeitgeber in der Lage sind, ihnen mehr zu bieten als sie in ihrem gegenwärtigen Unternehmen bekommen. Solange also das gegenwärtige Unternehmen in der Lage ist, den Abwerber zu überbieten, ist es unwahrscheinlich, daß der Arbeitnehmer jemals das Unternehmen verläßt. Das bedeutet aber wiederum, daß Leistungsbeurteilungen mit einer geringeren Wahrscheinlichkeit Informationen bereitstellen, die in einer Auflösung des Arbeitsverhältnisses resultieren, wenn Arbeitnehmer betriebsspezifisches Humankapital besitzen. Die unmittelbare Implikation ist, daß teure Leistungsbeurteilungen als Entscheidungshilfe für Entlassungsentscheidungen geringere potentielle Erträge erwarten lassen, wenn Arbeitnehmer betriebsspezifisches Humankapital besitzen.

1. Zum ökonomischen Einsatz von Personalbeurteilungen

Natürlich kann immer noch argumentiert werden, daß die Leistungsbeurteilung in solchen Fällen dazu dienen kann, das Gehalt eines Arbeitnehmers festzulegen. Auch diese Argumentation ist wenig schlüssig. Wenn ein Arbeitnehmer betriebsspezifisches Humankapital besitzt, gibt es allenfalls eine grobe Relation zwischen seiner Produktivität und dem Gehalt. Das externe Gehaltsangebot kann grundsätzlich durch das Unternehmen überboten werden sobald es vorliegt. Eine vorsorgliche Gehaltserhöhung bietet also wenig Vorteile.

Es ist diese Logik, die uns zu der zweiten Regel führt, daß ein Arbeitnehmer zu Beginn seiner Betriebszugehörigkeit häufiger einer Beurteilung unterzogen werden sollte. Sobald ein Arbeitnehmer einmal ein paar Jahre in einem Unternehmen arbeitet, weiß er grundsätzlich mehr über das gegenwärtige Unternehmen als über jedes andere. Umgekehrt weiß auch das Unternehmen nach einigen Jahren mehr über ihn als über jeden anderen neuen Arbeitnehmer. Daraus resultiert, daß es ab einem gewissen Punkt unwahrscheinlich ist, daß der Arbeitnehmer besser in einem anderen Unternehmen untergebracht werden kann als in dem gegenwärtigen Unternehmen. Der Hauptgrund liegt in der Sortierleistung, die über die Jahre hin stattfindet.[125] Bei einem Arbeitnehmer mit längerer Betriebszugehörigkeitsdauer hatte das Unternehmen eine Vielzahl von Gelegenheiten, seine Leistungsfähigkeit zu beurteilen und sich notfalls auch von ihm zu trennen. Wenn dies bis zu einem gewissen Punkt nicht geschehen ist, ist die Wahrscheinlichkeit groß, daß der Arbeitnehmer gut zu seinem gegenwärtigen Unternehmen paßt. Außerdem führt die längere Betriebszugehörigkeit dazu, daß das Ausmaß an betriebsspezifischem Humankapital zunimmt, so daß das Arbeitnehmer-Unternehmens-Match mehr und mehr idiosynkratisch wird. Je idiosynkratischer das Match ist, um so unwahrscheinlicher ist es, daß der Arbeitnehmer zu einem anderen Unternehmen abwandert, da ein externes Unternehmen sehr große Schwierigkeiten haben dürfte, den gegenwärtigen Arbeitgeber in der Lohnhöhe zu überbieten.

Unter der Annahme, daß der Wert des Arbeitnehmers in seinem gegenwärtigen Unternehmen im Laufe der zunehmenden Betriebszugehörigkeit steigt und der Wert

---

[125] Vgl. ursprünglich JOVANOVIC 1979.

des gleichen Arbeitnehmers in einem externen Unternehmen gleich bleibt, ist die Wahrscheinlichkeit, daß das Arbeitsverhältnis aufgelöst wird, um so geringer, je länger die Betriebszugehörigkeitsdauer ist. Dies ist der Grund, warum Leistungsbeurteilungen mit zunehmender Betriebszugehörigkeitsdauer weniger wertvoll werden. Beurteilungen von Arbeitnehmern mit sehr langer Betriebszugehörigkeitsdauer resultieren mit geringer Wahrscheinlichkeit in einer Auflösung des Beschäftigungsverhältnisses. Selbst wenn eine Leistungsbeurteilung zum Vorschein bringt, daß ein Arbeitnehmer nicht besonders produktiv ist, wird er wahrscheinlich in einem externen Unternehmen noch weniger produktiv sein. Das Unternehmen könnte eventuell sogar den Lohn eines solchen Arbeitnehmers reduzieren (bzw. über Einfrieren des Gehalts im Laufe der Zeit den Reallohn senken), da jeder Lohn, den das gegenwärtige Unternehmen willens ist zu zahlen, immer noch über dem Lohn liegen wird, den externe Unternehmen sinnvollerweise zahlen können. Zumindest wenn also Leistungsbeurteilungen mit dem Zweck verfolgt werden, sich notfalls von unproduktiven Arbeitnehmern zu trennen, sind solche Beurteilungen um so weniger wertvoll, je länger die Betriebszugehörigkeitsdauer eines Arbeitnehmers ist. Deshalb sollten eher in der Anfangszeit sehr viele Leistungsbeurteilungen durchgeführt werden, die dann im Laufe der Zeit abnehmen können.

1.2.2 Einkommensanpassungen und Personalbeurteilungen

Obwohl ein Arbeitnehmer mit langer Betriebszugehörigkeitsdauer in seinem gegenwärtigen Unternehmen einen besseren Einsatz finden mag als in jedem anderen Unternehmen, wird das gegenwärtige Unternehmen dennoch darauf bedacht sein, dem Arbeitnehmer nicht mehr zu zahlen, als er für das Unternehmen wert ist. Es stellt sich also die Frage, ob die Informationen, die durch eine Leistungsbeurteilung generiert werden, nicht wenigstens bei der Festsetzung der Gehälter sinnvoll eingesetzt werden können. Die Antwort auf diese Frage hängt von einem einzigen Faktor ab, nämlich der Empfänglichkeit der Anstrengungen für Belohnungen (*responsiveness of effort to compensation*).

Um dies zu erläutern, können wir mit einem extremen Beispiel beginnen. Nehmen wir an, daß die Anstrengungen eines Arbeitnehmers vollkommen losgelöst sind von seiner Kompensation. Dies kann beispielsweise daraus resultieren, daß die Ge-

1. Zum ökonomischen Einsatz von Personalbeurteilungen

schwindigkeit oder die Qualität der Arbeit vollständig technologisch determiniert ist oder daraus, daß Arbeitnehmer ihre Arbeitsleistungen nicht anpassen, solange ihre Kompensation sich nicht dramatisch verändert. In einer solchen Situation gibt es wenig Gründe, Gehälter an eine irgendwie gemessene Produktivität zu binden. Dies kann wiederum sehr schön anhand eines numerischen Beispiels verdeutlicht werden. Angenommen, wir betrachten einen Arbeitnehmer, der mit 35 Jahren anfängt in einem Unternehmen zu arbeiten. Seine Produktivität während der ersten 10 Jahre liegt bei € 50.000 pro Jahr. Nach 10 Jahren verbessert sich ein Teil der Alterskohorte deutlich, während der andere Teil der Alterskohorte sich zu verschlechtern beginnt. In der Altersspanne zwischen 45 und 65 Jahren sei ein Arbeitnehmer entweder € 80.000 pro Jahr oder € 40.000 pro Jahr für das Unternehmen wert. Unterstellen wir weiter, daß die Hälfte der Arbeitnehmer zur erstgenannten Gruppe gehört und die andere Hälfte zur zweitgenannten Gruppe, dann impliziert dies, daß 50% der 45-jährigen Arbeitnehmer € 80.000 wert sind und 50% nur € 40.000. Diejenigen, die sich verbessern, wären auf dem externen Arbeitsmarkt € 60.000 wert, während diejenigen, die sich verschlechtern, auf dem externen Arbeitsmarkt € 30.000 wert wären. Diese Informationen sind übersichtsartig in Tabelle 13.1 zusammengestellt.

Angenommen, eine Leistungsbeurteilung, die ja nicht gerade preiswert ist, hilft dem Unternehmen aufzudecken, ob ein Arbeitnehmer zu denjenigen gehört, die € 40.000 wert sind oder zu denen, die € 80.000 wert sind. Dann stellt sich die Frage, ob diese Informationen hilfreich sind und beschafft werden sollten. Die Antwort lautet: Sie sind es nicht, zumindest solange sie keine Konsequenzen nach sich ziehen. Und eben dies ist in dem vorliegenden Fall nicht zu erwarten.

Erstens wird der Arbeitnehmer im Unternehmern verbleiben, egal ob sich herausstellt, daß er € 80.000 oder € 40.000 wert ist. Wenn er nämlich beispielsweise € 80.000 wert ist, dann ist sein Wert auf dem externen Arbeitsmarkt € 60.000, was bedeutet, daß das gegenwärtige Unternehmen jederzeit einen externen Abwerber überbieten kann. Wenn andererseits der Arbeitnehmer € 40.000 wert ist, dann ist er am externen Arbeitsmarkt € 30.000 wert, so daß das gegenwärtige Unternehmen auch in diesem Fall jederzeit seine Konkurrenten überbieten kann. Solange also die Information mit der Zielsetzung gesammelt wird, die richtigen Arbeitnehmer auszu-

Tabelle 13.1: Produktivität in Abhängigkeit vom Alter

	Produktivität 35-44	Produktivität 45-65	
		Gruppe 1	Gruppe 2
Wahrscheinlichkeit	1	0,5	0,5
Wert im aktuellen Unternehmen	€ 50.000	€ 80.000	€ 40.000
Wert am externen Arbeitsmarkt	€ 50.000	€ 60.000	€ 30.000

sortieren, hat die Evaluation keinen Effekt, da die Arbeitnehmer unabhängig vom Ergebnis der Leistungsbeurteilung grundsätzlich im Unternehmen verbleiben.

Außerdem ist es in dem beschriebenen Beispiel auch unnötig, eine Leistungsbeurteilung durchzuführen, um die Gehälter an die individuelle Produktivität anzupassen. Warum kann das Unternehmen ohne Leistungsbeurteilung auskommen? Wenn es keine Evaluation durchführt, dann wird es zwar auch keine Informationen über die individuelle Produktivität haben, allerdings braucht es diese auch nicht, da das Unternehmen weiß, daß die mittlere Produktivität € 60.000 beträgt (50% der Arbeitnehmer produzieren € 80.000 und 50% der Arbeitnehmer € 40.000) und es kann jedem Arbeitnehmer mit längerer Betriebszugehörigkeitsdauer € 60.000 zahlen, ohne daß dieser abwandert. Das Unternehmen stellt sich also besser, wenn es keine teuren Leistungsbeurteilungen durchführt und darauf basierende individuelle Löhne zahlt.[126] Die Summe der Lohnkosten ist die gleiche wie bei individueller Entlohnung, aber das Unternehmen spart die Ressourcen, die es für eine individuelle Leistungsbeurteilung aufgewendet hätte.

Hinzu kommt, daß Arbeitnehmer dieses System möglicherweise bevorzugen, da Gehälter auf der Basis von individueller Produktivität ihnen zusätzlich ein unnötiges Risiko aufbürden. Wenn man beispielsweise davon ausgeht, daß ein 35-jähriger

---

[126] Selbst wenn die statistischen Informationen über die Verteilung in der Belegschaft nicht vorliegen, kann das Unternehmen über die Ermittlung des Gesamtoutputs einer bestimmten Arbeitnehmergruppe deren durchschnittliche Produktivität ermitteln.

Arbeitnehmer vorab genauso wenig wie sein Unternehmen abschätzen kann, ob er zur Gruppe derjenigen gehört, deren Produktivität sich beschleunigt oder zu denjenigen, deren Produktivität zurückgeht, dann bringt ein Gehalt, das unabhängig von individuellen Leistungsbeurteilungen ist, deutlich weniger Risiken mit sich. Ein Unternehmen, das seine älteren Arbeitnehmer nicht evaluiert, hat grundsätzlich nur die Möglichkeit, sie gemäß Durchschnittsproduktivität zu entlohnen. Damit bietet das Unternehmen dem Arbeitnehmer aber im Grunde genommen eine Versicherung gegen das Risiko möglicher Leistungsrückgänge in höherem Alter an.[127]

Insgesamt können wir an dieser Stelle also zusammenfassen, daß Leistungsbeurteilungen, die mit der Zielsetzung durchgeführt werden, Gehaltsdifferenzierungen basierend auf individuellen Produktivitätsdifferenzen vorzunehmen, immer dann keinen ökonomischen Wert besitzen, wenn davon auszugehen ist, daß die Arbeitnehmer im eigenen Unternehmen aufgrund betriebsspezifischer Fähigkeiten grundsätzlich einen höheren Wert haben als in externen Unternehmen.

1.3 Personalbeurteilungen als Motivationsinstrument

Allerdings vernachlässigt die bisherige Argumentation, daß Leistungsbeurteilungen auch bei Arbeitnehmern mit längerer Betriebszugehörigkeitsdauer Anreize liefern können, sich mehr oder weniger stark im Sinne des Unternehmens anzustrengen. Wenn nämlich die individuellen Anstrengungen der Arbeitnehmer empfänglich sind für Belohnungen (und ein Großteil der Diskussionen in den vorhergehenden Kapiteln hat nahegelegt, daß dies der Fall ist), dann erlauben Leistungsbeurteilungen dem Unternehmen, die Bezahlung an den Output (bzw. das Anstrengungsniveau) anzupassen und damit Leistungsanreize zu setzen. Unter diesen Bedingungen wären Leistungsbeurteilungen, selbst von älteren Arbeitnehmern, ein hilfreiches Instrumentarium.

---

[127] Solche Durchschnittslöhne sind natürlich nur dann wettbewerbsfähig und resultieren nicht in adverser Selektion, wenn man davon ausgeht, daß Leistungsbeurteilungen sich in externen Unternehmen genauso wenig lohnen wie im gegenwärtigen Unternehmen.

Um dies zu zeigen, können wir wieder ein ganz extremes Beispiel heranziehen, nämlich die Arbeit unter Stückakkord. Wenn Arbeitnehmer individuell gemäß der von ihnen produzierten Stückzahlen bezahlt werden, muß die Stückzahl gemessen werden. Diese Messung ist aber nichts anderes als eine Form der Leistungsbeurteilung. Am Ende einer jeden Zeitspanne wird die Leistung des Arbeitnehmers evaluiert. Die Anzahl der produzierten Stücke wird gezählt und die Kompensation wird direkt an das Ergebnis dieser Evaluation gekoppelt. Eine Alternative zu dieser Vorgehensweise besteht darin, die gesamte Stückzahl der in einem Werk produzierten Stücke zu zählen, diese durch die Zahl der Arbeitnehmer zu dividieren und anzunehmen, daß jeder Arbeitnehmer exakt gemäß der durchschnittlichen Produktivität produziert hat. Dann hat allerdings die Anstrengung eines einzelnen Arbeitnehmers allenfalls einen geringen Effekt auf sein individuelles Einkommen, was den Anreiz zu individuellen Anstrengungen natürlich reduziert. Folglich erfüllen Stücklöhne ohne individuelle Leistungsbeurteilungen ihre Motivationsfunktion nicht. Wenn also Motivationsprobleme mit Hilfe von Einkommensanreizen gelöst werden sollen, dann setzt dies immer individuelle Leistungsbeurteilungen (in welcher Form auch immer) voraus.

2. Spezifische Implementationsprobleme

2.1 Zur Vorteilhaftigkeit von Up-or-Out-Regeln im Zusammenhang mit Personalbeurteilungen

Einige Unternehmen verwenden Leistungsbeurteilungen als Bestandteil eines „Up-or-Out"-Beschäftigungskontraktes. Bekannte Beispiele sind Unternehmensberatungen oder U.S.-amerikanische Universitäten. Der typische Vertrag eines U.S.-amerikanischen Assistenzprofessors läuft beispielsweise über sieben Jahre. Während des sechsten Jahres findet eine ausführliche Evaluation statt. Ein positives Ergebnis führt zu einer Beschäftigung auf Lebenszeit (academic tenure), ein negatives zu einem Auslaufen des Vertrages, d.h. dem Evaluierten bleibt noch maximal ein Jahr, um sich einen neuen Arbeitsplatz zu suchen. Dies scheint auf den ersten Blick eine unausgewogene Strategie zu sein: Ein Arbeitnehmer, der nicht gut genug ist, um be-

2. Spezifische Implementationsprobleme

fördert zu werden, wird direkt gefeuert. Man würde normalerweise annehmen, daß es Arbeitsplätze auf mittlerem Level gibt, auf die ein solcher Arbeitnehmer genau passen würde; statt dessen aber wird er entlassen.

Warum sollte dies ökonomisch sinnvoll sein? Hierfür gibt es zwei Begründungen: Erstens zwingen Up-or-Out-Verträge die Unternehmen, sich bei der Leistungsbeurteilung des entscheidenden Jahres nicht opportunistisch zu verhalten. Würde es dagegen keine Up-or-Out-Regel geben, hätte das Management einen Anreiz, seine Arbeitnehmer zu betrügen. Es könnte den Arbeitnehmer etwa mittelmäßig evaluieren, um ihm so eine Beförderung und die damit verbundene Gehaltssteigerung vorzuenthalten, obwohl er ein hervorragender Arbeitnehmer ist. Es könnte den Arbeitnehmer mit Hilfe einer negativ verfälschten Leistungsbeurteilung also unterbezahlen und dieser würde das Unternehmen aufgrund von Wechselkosten nicht unbedingt verlassen. Up-or-Out-Regeln lösen dieses nachvertragliche Opportunismusproblem. Entweder das Unternehmen evaluiert den Arbeitnehmer gemäß seiner Leistung, so daß er befördert wird, oder es gibt keine Weiterbeschäftigung: Der Arbeitnehmer verläßt das Unternehmen. Wenn die Produktivität des Arbeitnehmers den Lohn des höherrangigen Arbeitsplatzes übersteigt, hat das Unternehmen im Falle von Up-or-Out-Verträgen ein Eigeninteresse, den Arbeitnehmer richtig zu evaluieren, da es ihn behalten will. Dadurch, daß die Optionen des Unternehmens auf Up-or-Out eingeschränkt sind, hat es nämlich keine Möglichkeit, den Arbeitnehmer zu halten und ihm gleichzeitig den niedrigeren Lohn zu zahlen. Zweitens führen Up-or-Out-Verträge dazu, daß die Qualität der Belegschaft steigt, da sie ein weiteres Agency-Problem lösen. Sie zwingen Vorgesetzte, notwendige, unangenehme Entscheidungen zu fällen. Wenn man nämlich annimmt, daß es für einen Vorgesetzten einfacher ist, einen mittelmäßigen Arbeitnehmer einfach zu behalten statt ihn zu feuern, dann werden ohne zusätzliche Anreize zur Auflösung von Beschäftigungsverhältnissen eine Vielzahl von mittelmäßigen Arbeitnehmern im Unternehmen verbleiben. Um die Vorgesetzten dazu zu bewegen, unangenehme Entlassungsentscheidungen zu fällen, ist es notwendig, die Optionen extremer zu gestalten. Um einen Arbeitnehmer halten zu können, muß der Vorgesetzte ihn befördern. Wenn jede Beförderungsentscheidung begründet werden muß und zusätzliche Mittel eines Abteilungsbudgets dafür aufgewendet werden müssen, dann resultiert daraus für den Manager ein Anreiz, sich sehr genau zu überlegen, ob ein Arbeitnehmer befördert werden sollte oder nicht. Der Manager wird also die unangenehme Entlassungsentscheidung immer dann fällen, wenn sie für ihn weniger schlimm als die Beförderungsentscheidung ist. Die Beschränkung auf Up-or-Out-Verträge resultiert c.p. in mehr Beendigungen ineffizienter Job-Matches, da das Halten von ungeeigneten Arbeitnehmern für die Vorgesetzten verteuert wird. Andererseits sind Up-or-Out-Verträge nicht vollkommen problemlos. Zwar erhöhen sie die Qualität der verbleibenden Belegschaft, es kann allerdings vorkommen, daß zu viele Arbeitnehmer aussortiert werden, da nur die allerbesten an der Spitze erhalten bleiben. Dies muß nicht immer eine gute Strategie sein. Oft wäre es für ein Unternehmen keine schlechte Strategie, mittelmäßige Arbeitnehmer bei Löhnen zu halten, die nicht höher als deren Produktivität sind. Durch die Up-or-Out-Strategie werden solche Arbeitnehmer aber entlassen. Es handelt sich hier um ein Problem, daß wir schon im vorhergehenden Kapitel unter dem Stichwort „falsche Positiv- und falsche Negativentscheidungen" besprochen haben. Up-or-Out reduziert die Zahl der Fehler erster Art (etwas fälschlicherweise positiv einzuschätzen, obwohl es negativ ist, d.h. eine Person zu halten, obwohl sie eigentlich nicht gut genug ist), aber es erhöht die Zahl der Fehler zweiter Art (etwas fälschlicherweise negativ einzuschätzen, obwohl es positiv ist, d.h. eine Person abzulehnen, obwohl sie gut genug ist). Da bei Up-or-Out-Verträgen Arbeitnehmer befördert werden müssen, damit sie gehalten werden können, erhöht sich die Zahl der Arbeitnehmer, die entlassen werden, obwohl sie eine zufriedenstellende Produktivität haben. Ob Up-or-Out-Verträge für ein Unternehmen eine gute Strategie sind, hängt vom Nettoeffekt der beiden Fehlerarten ab. Up-or-Out-Strategien haben große Vorteile, aber oft übersteigen ihre Kosten dennoch ihren Nutzen, da zu viele passende Arbeitnehmer (mit Produktivitäten oberhalb eines zu zahlenden Lohnes) aufgrund der rigiden Strategie nicht gehalten werden können.

2.2 Zum Einsatz von Personalbeurteilungen bei der Besetzung freiwerdender Stellen

Personalbeurteilungen finden auch im Zusammenhang mit der Wiederbesetzung freigewordener Stellen Verwendung. Dabei kann eine freigewordene oder auch neu-

2. Spezifische Implementationsprobleme

geschaffene Stelle entweder von einem externen Bewerber oder intern besetzt werden, wobei sich in letzterem Falle die Möglichkeit ergibt, einen Mitarbeiter auf der gleichen Hierarchieebene (horizontal) zu versetzen, oder aber jemanden aus einer unteren Hierarchieebene zu befördern. In all diesen Fällen können Personalbeurteilungen zum Einsatz kommen. Wie werden solche Besetzungsentscheidungen gefällt und welche Probleme können dabei auftreten? Normalerweise wird die Entscheidung für einen ganz bestimmten Arbeitnehmer sowohl auf der Basis von absoluten als auch von relativen Leistungsbewertungen getroffen. Wie wir in Kapitel IV gesehen haben, gibt es aus betrieblicher Perspektive oft gute Gründe, Arbeitsplätze durch Beförderung von innen zu besetzen (da das Unternehmen den Arbeitnehmer aufgrund vergangener Erfahrungen vergleichsweise gut einschätzen kann, und da aufgrund interner Beförderungsstrategien effiziente Leistungsanreize geschaffen werden können).[128] Natürlich setzt dies eine Leistungsbewertung voraus, um aus dem in Frage kommenden Kandidatenkreis den besten auswählen zu können. Nehmen wir als Beispiel die offene Position eines Vertriebsleiters, die wiederzubesetzen ist. In Frage kommen die Vertriebsmitarbeiter, deren bisherige Umsätze bekannt sind und als Grundlage für die Entscheidung herangezogen werden können. Zusätzlich zu den Verkaufsfähigkeiten werden weniger leicht ermittelbare Faktoren wie technisches Know-how, Führungsfähigkeiten, interpersonelle Kompetenzen, Genauigkeit, Durchsetzungsvermögen und Problemlösungsfähigkeit berücksichtigt. Solche Fähigkeiten können zwar nicht genauso leicht ermittelt und mitgeteilt werden wie der Umsatz, dennoch werden sie über Gespräche und Diskussionen der Beurteiler einen Einfluß auf die Entscheidung ausüben. Nachdem das Unternehmen mit der zu besetzenden Vertriebsleiterposition sich auf diese Art und Weise auf eine Reihenfolge von internen Kandidaten festgelegt hat, kann es sein, daß es sich vor einer endgültigen Entscheidung noch einmal eines angemessenen absoluten Leistungsniveaus versichern möchte. Hierzu können Vergleiche mit Outsidern herangezogen werden. Selbst wenn Outsider aber bei einem solchen Vergleich etwas besser abschneiden, stellt sich dennoch die Frage, ob sie tatsächlich genommen werden sollten. Wie kann

---

[128] Unter welchen Bedingungen die Erfahrungen der Vergangenheit dem Unternehmen Informationsvorteile verschaffen, zeigt WECKMÜLLER (1999) anhand der Rekrutierung von Führungskräften.

diese Frage entschieden werden? Wenn es nur kleine Unterschiede in den meßbaren Leistungen der internen und externen Kandidaten gibt, dürfte es in der Regel effizient sein, den internen Kandidaten zu wählen. Erstens da er zusätzliches betriebsspezifisches Wissen besitzt, das der Outsider nicht haben kann, und zweitens da dadurch innerbetriebliche Leistungsanreize entstehen bzw. erhalten werden können. Bleiben dagegen die Leistungen des internen Kandidaten weit hinter denen eines externen Bewerbers zurück, wird es ab einem gewissen Punkt sinnvoll, den externen Kandidaten vorzuziehen. Dies ist besonders wahrscheinlich in Organisationen, die sich aktuell in größeren Schwierigkeiten oder Umbruchphasen befinden. Unter solchen Umständen mag das betriebsspezifische Humankapital nämlich gar keine Vorteile haben; es könnte sogar von Nachteil sein. Wenn eine Organisation in einer tiefen Krise steckt, ist es oft schwer, die Ursachen dafür zu identifizieren. Da die gegenwärtigen Arbeitskräfte möglicherweise Teil des Problems sind, ist es in einer solchen Situation oft vorteilhafter, externe Kandidaten zu bevorzugen. Dies ist ähnlich wie bei einem Pokerspiel, bei dem man ganz schlechte Karten hat und sich dafür entscheidet, die ganze Hand auszuwechseln statt eine einzelne Karte zu ziehen. Der Grund ist, daß es eigentlich nur besser kommen kann. Mit einer einzelnen neuen Karte kann man kaum etwas gewinnen; wenn das Blatt schlecht ist, kann man daher nichts mehr verlieren, wenn man mit fünf neuen Karten beginnt; man kann eigentlich nur gewinnen. Genau das gleiche trifft auf die Unternehmen zu: Wenn die interne Krise des Unternehmens groß genug ist, kann man durch die Rekrutierung eines Outsiders allenfalls gewinnen. Die Frage, die das Unternehmen sich stellen muß, ist also, ob die Lage tatsächlich kaum noch schlechter werden kann. In solchen Fällen kann es sinnvoll sein, Outsider vorzuziehen, selbst wenn die Evaluationsergebnisse zwischen den besten Insidern und den Outsidern keine große Abweichungen ergeben haben.

2.3 Weitere Implementationsprobleme und mögliche Lösungsansätze

Ein zentrales Problem von Personalbeurteilungen ist immer wieder die Frage nach der Objektivität der Ergebnisse. Häufig wird behauptet, daß die Ergebnisse verzerrt sind, daß also beispielsweise persönliche Sympathien oder Antichambrieren stärke-

2. Spezifische Implementationsprobleme

Fallstudie: Das Evaluationssystem von Prudential Resources Management

Eine Reform des Evaluationssystems kann nach dem bisher Gelernten eines der effektivsten Mittel sein, um das Verhalten der Arbeitnehmer zu verändern. Eine anscheinend minimale Veränderung des Evaluationssystems kann enorme Veränderungen in der Unternehmenskultur nach sich ziehen. Umgekehrt können Veränderungen der Unternehmensgröße, der wirtschaftlichen Rahmenbedingungen oder der Unternehmensziele es erforderlich machen, die Evaluationspraktiken zu überdenken. Der Fall Prudential Resources Management gibt Einblicke, wie und unter welchen Umständen das Evaluationssystem geändert werden sollte.

Valhalla, Prudential Resources Management New York, eine Division der Prudential Insurance Co. hat ungefähr 1000 Angestellte. Gemäß der Unternehmensphilosophie strebt das Unternehmen danach, weltweit führend im Immobilienbereich und den damit verbundenen Beratungsleistungen zu sein. Prudential Resources Management ist ein Beispiel für ein Unternehmen, bei dem das Evaluationssystem einen starken und sorgfältig geplanten Wandel durchgemacht hat. Das neue System ist elaborierter als das alte. Die Ursache der Reform waren schnelle Veränderungen der wirtschaftlichen Rahmenbedingungen. Im allgemeinen führen Veränderungen dazu, daß gründlichere Evaluationsprozeduren benötigt werden, denn die Leistung in der Vergangenheit ist unter neuen Bedingungen kein guter Indikator für die Produktivität der Arbeitnehmer.

Maria Stolfi, die bei Prudential für die Benefits zuständig ist, erklärt: „Wir erkannten, daß wir sicherstellen mußten, daß das System der zwischenmenschlichen Beziehungen mit unserer Unternehmensphilosophie, unseren Zielen und Qualitätsprinzipien in Einklang stehen muß, wenn wir überleben wollen." Beim alten System mangelte es an klaren Evaluationsstandards und es war schlecht implementiert. „Die Angestellten fühlten sich schlecht, weil sie nicht wußten, was von ihnen erwartet wurde", sagt Stolfi.

Die Identifizierung und Belohnung der Leistungsträger ist ein Bestandteil eines effektiven Anreizsystems. In vielen Unternehmen ist der einzige Zweck des Evaluationsprozesses die Motivation der Angestellten. Dementsprechend empfinden Vorgesetzte und Arbeitnehmer den Evaluationsprozeß als unproduktiv und unangenehm - aber als notwendig. Ebenso war es bei Prudential Resources Management vor der Überarbeitung des Systems 1994.

Als Ergebnis der Veränderungen ist der Evaluationsprozeß bei Prudential aber mehr geworden als eine bloße Überwachung der Arbeitnehmerleistung. Er ist eine wichtige Feedback-Quelle für die Arbeitnehmer. Jedes Jahr entwickeln die Arbeitnehmer und ihre Vorgesetzten gemeinsam Ziele. Somit ist das Evaluationssystem ein Koordinationsmittel. Zum Beispiel erlangt Teamwork zunehmende Bedeutung bei Prudential Resources Management. Um die Kooperation unter den Arbeitnehmern zu verbessern, gibt es einen separaten Evaluationsblock mit Fragen zu dem Arbeitnehmer als Teamspieler. Um Teamarbeit zu erleichtern, wird jeder Arbeitnehmer nicht nur durch den Vorgesetzten beurteilt, sondern auch durch gleichgestellte und nachgeordnete Mitarbeiter und Kollegen. Es mag zwar billiger sein, die Arbeitnehmer nur durch die Vorgesetzten beurteilen zu lassen, aber die 360-Grad Beurteilung ist für ein Unternehmen, in dem Teamwork erforderlich ist, äußerst wertvoll. Außerdem wird die Beurteilung genauer, wenn mehrere Personen daran beteiligt sind.

Es gibt viele andere Unternehmen, die ähnliche Evaluationstechniken verwenden. In Branchen, die mit sich schnell ändernden Rahmenbedingungen konfrontiert sind, ist es wichtig für die Arbeitnehmer, ihre Ziele für das nächste Jahr zu identifizieren. Die gleiche Vorgehensweise mag verschwendete Zeit für ein Unternehmen sein, daß unter stabilen Rahmenbedingungen operiert. Ein Unternehmen, daß mit statischen Bedingungen konfrontiert ist, kann die Ziele direkt in die Aufgabenbeschreibung integrieren. Im Gegensatz dazu sind in einer dynamischen Umwelt Arbeitnehmer und Vorgesetzter diejenigen, die am besten wissen, was sich geändert hat und wie die Ziele gesetzt werden müssen, um sie an die neuen Bedingungen anzupassen.

Quelle: JENNIFER J. LAABS (1995) : Prudential Measures HR with a Total-Quality Yardstick; Prudential Resources Management. In: Personnel Journal 74 (April 1995): 139.

ren Einfluß haben als objektive Leistungen. In Konsequenz führt dies natürlich auch dazu, daß Arbeitnehmer sogenannte *Influence Activities* unternehmen, um das Ergebnis zu ihren Gunsten zu beeinflussen. Die Art der gewählten Beeinflussungsmethoden ist dabei sehr vielfältig und aus einer Vielzahl von Bürokratenwitzen wohlbekannt. Sie reichen von Ja-Sager-Tendenzen, über Manipulationen von Ergebnisberichten bis hin zum Schlechtmachen von Kollegen. Je stärker die individuellen Einkommen von Leistungsbeurteilungen abhängen, um so mehr werden sich kontraproduktive Beeinflussungsaktivitäten einstellen, da sie sich in stärkerem Maße auszahlen. Mit höheren variablen Gehaltsanteilen wird also der Anreiz für Manipulationen größer.

Lösen läßt sich das Problem unerwünschter Beeinflussungsaktivitäten dadurch, daß entweder die Einkommen weniger stark von den Ergebnissen der Personalbeurteilungen abhängig gemacht oder daß sehr präzise Personalbeurteilungsregeln und -prozeduren aufgestellt werden, die kaum Spielraum lassen und deshalb wenig anfällig für Manipulationen sind. Eine weitere Art, den Erfolg von Manipulationen zu reduzieren besteht darin, der Lösung besteht darin, als Evaluatoren solche Personen heranzuziehen, zu denen die zu Beurteilenden keinen direkten Zugang haben oder ein breites Spektrum an Evaluatoren zu verwenden. So wird heute beispielsweise in vielen Unternehmen die sogenannte „360-Grad Beurteilung" eingeführt, d.h. ein Arbeitnehmer wird nicht nur durch seinen Vorgesetzen beurteilt, sondern auch von seinen Kollegen und auch seinen Untergebenen. Dies hat zusätzlich den Vorteil, daß mehrere Perspektiven in die Beurteilung einfließen können. Der Hauptnachteil einer solchen Vorgehensweise sind die zwangsläufig höheren Kosten, so daß in jedem Unternehmen jeweils die spezifischen Vor- und Nachteile abgewogen werden müssen.

3. Resümee

Wie wir gesehen haben sind Personalbeurteilungen immer mit Problemen verbunden und oft kostspielig. Dennoch können sie in manchen Unternehmenssituationen (aber nicht in allen) ein wertvolles Instrument darstellen. Personalbeurteilungen können Auskunft über die allgemeinen Fähigkeiten und Interessen eines Arbeitnehmers sowie über spezifische Kenntnisse und Eigenschaften zur Erfüllung einer ganz bestimmten Stelle geben. Evaluationen zur Ermittlung solcher Informationen sind insbesondere zum Beginn der Betriebszugehörigkeitsdauer hilfreich und sollten in diesem Zeitraum häufiger durchgeführt werden. Bei langjährig beschäftigten Arbeitnehmern ist der Zugewinn an Informationen tendenziell geringer; außerdem besitzen sie in der Regel in hohem Maße betriebsspezifisches Wissen, so daß selbst vergleichsweise schlechte Evaluationen nicht zu einer Trennung führen. Das heißt, man sollte immer den potentiellen Nutzen und die Kosten von Personalbeurteilungen sorgfältig gegeneinander abwägen. Zusätzlich muß beachtet werden, daß die Anreize im Zusammenhang mit Personalbeurteilungen stimmen. Werden Einkommen an Personalbeurteilungsergebnisse gekoppelt, haben Unternehmensleitungen beispielsweise einen Anreiz, die Ergebnisse schlechter darzustellen als sie sind, da sie dadurch Geld sparen können. Up-or-Out-Verträge können eine Lösung dieses Anreizproblems darstellen. Allerdings kreieren sie ein neues Problem, da sie in der Regel dazu führen, daß zu viele ausreichend produktive Arbeitnehmer das Unternehmen verlassen, da immer nur die Top-Kandidaten gehalten und befördert werden, so daß die Talente mittelmäßiger Arbeitnehmer eventuell nicht effizient genutzt werden.

Auf der anderen Seite können aber auch die Arbeitnehmer ein Interesse an falschen Ergebnissen haben. Je stärker ihr Einkommen an Personalbeurteilungsergebnisse gekoppelt ist, um so größer ist der Anreiz, das Ergebnis durch manipulative Aktivitäten zu beeinflussen. Abhilfe können entweder sehr strikte Personalbeurteilungsprozeduren und Instrumente oder Evaluationen durch mehrere Personen (wie z.B. 360-Grad Beurteilungen) schaffen, die allerdings wieder zu erhöhten Kosten führen, so daß auch hier die Vor- und Nachteile genau abgewogen werden müssen.

4. Literatur

Jovanovic, Boyan (1979): Job Matching and the Theory of Turnover. In: Journal of Political Economy 87(1979)5: 972-990.

Lazear, Edward P. (1990): The Timing of Raises and Other Payments. In: Carnegie-Rochester Conference Series on Public Policy 33(1990)0: 13-48.

Weckmüller, Heiko (1999): Führungskräftebeschaffung: eine informationsökonomische Analyse alternativer Rekrutierungswege mit Hilfe produktionstheoretischer Überlegungen. München (u.a.): Hampp.

5. Weiterführende Literaturempfehlungen

Bull, Clive; Piero Tedeschi (1989): Optimal Probation or New Hires. In: Journal of Institutional and Theoretical Economic 145(1989)4: 627-642.

Kahn, Charles; Gur Huberman (1988): Two-Sided Uncertainty and 'Up-or-Out' Contracts. In: Journal of Labor Economics 6(1988)4: 432-444.

Loh, Eng Seng(1994): Employment Probation as a Sorting Mechanism. In: Industrial and Labor Relations Review 47(1994)3: 471-486.

Milgrom, Paul R. (1988): Employment Contracts, Influence Activities, and Efficient Organization Design. In: Journal of Political Economy 96(1988)1: 42-60.

Prendergast, Canice (1993): Theory of 'Yes Men'. In: American Economic Review 83(1993)4: 757-770.

Prendergast, Canice; Robert Topel (1996): Favoritism in Organizations. In: Journal of Political Economy 104(1996)5: 958-978.

Schelling, Thomas (1960): The Strategy of Conflict. Cambridge: Harvard University Press.

XIV. Mitarbeiter Empowerment

Weder Unternehmen noch andere Organisationen arbeiten in einem Vakuum. Bisher haben sich unsere Analysen aber in einem mehr oder weniger institutionenfreien Raum bewegt. In der betrieblichen Realität unterliegen die Arbeitsbeziehungen und die betriebliche Personalpolitik allerdings zahlreichen Beschränkungen, die ihnen von Regierungen oder Gewerkschaften bzw. Arbeitnehmervertretungen auferlegt werden. Die Auswirkungen unterschiedlicher Regulierungen der industriellen Beziehungen auf die Personalpolitik und den Unternehmenserfolg wurden schon sehr ausgiebig mit Hilfe ökonomischer Analysen untersucht. Der begrenzte Horizont des vorliegenden Lehrbuches macht es auch nicht ansatzweise möglich, das Thema umfassend zu behandeln. Dennoch möchten wir hier einige wenige Aspekte herausgreifen, die wir mit Hilfe des bisher bereitgestellten Analyserahmens gut behandeln können und die für unser Verständnis der Personalökonomik und des Personalmanagements besonders wichtig sind. Wir werden uns mit dem sogenannten „Mitarbeiter-Empowerment" – ein neudeutsches Wort für moderne Varianten von Mitarbeiterpartizipation oder betrieblicher Mitbestimmung – beschäftigen. Empowerment in diesem Sinne wird – wenn auch unter anderen Bezeichnungen – häufig sowohl von Gewerkschaftsvertretern gefordert, als auch von Gesetzen vorgeschrieben oder auch freiwillig vom Management einer Unternehmung als Teil seiner Gewinnmaximierungsstrategie eingeführt. Wir werden die Analyse dieser Thematik im folgenden allerdings innerhalb eines sehr rigorosen durch unsere bisherigen ökonomischen Modelle vorgegebenen Rahmens halten. Im Kern geht es um die Übertragung von Entscheidungsrechten oder „Macht" auf die Mitarbeiter. Wiederum wollen wir mit einer Diskussion in die Thematik einsteigen.

HANSEN: *Wir müssen unseren Mitarbeitern mehr Handlungsfreiräume gewähren, wenn wir brauchbare Anregungen von ihnen haben wollen. Wir sollten über ein Empowerment-Konzept nachdenken.*

SCHUMPETER: *Empowerment! Wieder eines dieser englischen Schlagworte, die sich nicht einmal anständig übersetzen lassen. Ich hasse dieses moderne Managementdeutsch. Auch dieses Wort ist völlig bedeutungslos, jeder meint damit etwas anderes*

– aber jeder natürlich etwas ganz tolles. Du mußt mir schon konkret sagen, was Du vorschlägst. Willst Du ein weiteres arbeitszeitfressendes Mitarbeiterkomitee einsetzen?

HANSEN: *Vielleicht. Die Mitarbeiter haben eine Menge Informationen, die wir nicht haben. Und wir müssen einen Weg finden, unsere Produktivität zu verbessern. Dabei könnten sie uns helfen.*

SCHUMPETER: Empowerment? Produktivität steigern? Mitarbeiter fragen? Woher hast Du all diese Ideen? Hast wohl wieder zu viele Managementgazetten gelesen. Schau' mal, es gibt nichts schlimmeres als Leute um ihren Rat zu bitten und dann nicht danach zu handeln. Wenn Du nicht ernsthaft vorhast, dich danach zu richten, frag' besser gar nicht erst um Rat.

HANSEN: *Ich bin sehr wohl der Meinung, daß wir danach handeln sollten. Ich glaube fest daran, daß unsere Mitarbeiter unser wertvollstes Kapital sind und wichtige Ideen zur Unternehmensführung beitragen können.*

SCHUMPETER: *Und was passiert, wenn sie vorschlagen, daß wir ihre Löhne erhöhen? Was machst Du mit einem solchen Rat? Wart es ab. Du gibst ihnen Macht, und sie werden sie gegen dich einsetzten.*

HANSEN: *Du vertrittst genau diese antagonistische Sichtweise, die in vielen Firmen Zwietracht säht und letztlich alle schädigt. Wir sind ein Team und sollten danach handeln.*

SCHUMPETER: *Die beste Einstellung zum Umgang mit Arbeitnehmervertretern ist, daß wir ein Nullsummenspiel unterstellen. Was sie bekommen, verlieren wir. Je mehr Möglichkeiten Du ihnen bietest, uns vorzuschreiben, was wir zu tun haben, desto schlechter wird es uns gehen. Ganz nach der alten Weisheit: Reichst Du ihnen den kleinen Finger, so nehmen sie die ganze Hand.*

HANSEN: *Du glaubst anscheinend, alles ist ein Wettbewerb zwischen zwei Gruppen, bei dem die eine immer gewinnen und die andere immer verlieren muß. Manchmal gewinnen aber auch beide.*

SCHUMPETER: *Tatsächlich? Schon mal den Begriff Marktanteil gehört? Davon gibt es insgesamt nur 100%. Sollen wir für unsere Wettbewerber vielleicht auch ein Empowerment-Programm starten? Die Vorteile einer soliden Monopolstellung sind meiner Meinung nach nicht zu unterschätzen. Ich würde uns gern in einer totalen Dominanzposition sehen, sowohl auf unserem Produktmarkt als auch gegenüber unseren Arbeitnehmern. Den Markt mit unserer Konkurrenz zu teilen, ist nicht gut für uns. Und ebensowenig sollten wir unsere Macht mit unseren Arbeitnehmern teilen.*

Diese Diskussion dreht sich um Nullsummenspiele und darum, den Mitarbeitern einen größeren Einfluß zuzugestehen. Eine Reihe von Fragen wurde angesprochen.

- Was ist durch die Übertragung von mehr Einflußrechten an die Mitarbeiter zu gewinnen?
- Kann Mitarbeiter-Empowerment die Produktivität und die Gewinne steigern?
- Was sind die Kosten, die mit einem Mitarbeiter-Empowerment einhergehen?
- Wie sollte die Unternehmensleitung den Versuch einer Mitarbeitergruppe, sich mehr Einfluß zu verschaffen, bewerten?

Empowerment bedeutet die Übertragung von Rechten auf Mitarbeiter. Diese Rechte können vieles beinhalten; ökonomisch ausgedrückt geht es jedoch stets um Entscheidungsrechte über den Zugriff und die Verwendung von Ressourcen. Beispielsweise kann es sich um das Recht auf Informationen handeln. Diese Informationen können den Mitarbeitern entweder direkt und individuell oder über gewählte Repräsentanten zur Verfügung gestellt werden. Einige Vor- und Nachteile dieser Art des Mitarbeiter Empowerments diskutieren wir im folgenden.[129]

1. Kommunikation vom Management zu den Mitarbeitern

Eine relativ junge Managementmaßnahme in vielen Firmen ist das sogenannte *open book management*. Es bedeutet, daß Mitarbeiter detaillierte Informationen über die Finanzlage des Unternehmens erhalten – deshalb „offene Bücher". Häufig setzt dies eine Unterweisung der Mitarbeiter in Fragen des Rechnungswesens sowie andere Fähigkeiten voraus, die gewöhnlich nicht zu ihrem Job gehören. Dies ist freilich mit

---

[129] Der folgende Abschnitt basiert auf FREEMAN/LAZEAR (1995).

Kosten verbunden; mitunter übersteigen die Vorteile jedoch klar die Kosten.[130] Die Kosten nehmen unterschiedliche Gestalt an. Erstens ist Zeit erforderlich, den Mitarbeitern die entsprechenden Informationen zu vermitteln und sie zu lehren, damit umzugehen. Zweitens kann die bessere Information von Mitarbeitern auch Schaden anrichten. Sehr gut informierte Mitarbeiter könnten konsequent opportunistisch handeln und möglicherweise einen größeren Teil der Unternehmensgewinne für sich abschöpfen. Dies ist die Hauptursache der Bedenken vieler Manager gegen die Öffnung der Bücher für die Mitarbeiter.

Der wesentliche Vorteil eines *open book managements* oder schwächerer Versionen davon besteht darin, daß es die Erwartungen der Mitarbeiter auf eine Weise bremsen kann, die zur Überlebensfähigkeit des Unternehmens beiträgt. In Europa, wo Betriebsräte üblich sind, hört man häufig von Managern, daß eine starke Mitarbeiterbeteiligung durch die Betriebsräte für die Unternehmensleitung hilfreich ist. Dies trifft vor allem dann zu, wenn schlechte Nachrichten vermittelt werden müssen. Dazu folgendes Beispiel:

Mitarbeiter wollen grundsätzlich hohe Löhne und Prämien, erkennen im Prinzip aber an, daß auch ihre Kompensation abnehmen muß, wenn es dem Unternehmen schlecht geht. Ein Problem entsteht nun dadurch, daß das Management weiß, daß Mitarbeiter in schlechten Zeiten geringere Prämien akzeptieren werden. Es hat deshalb Anreize, die Lage des Unternehmens zu schlecht darzustellen. Obwohl die Unternehmensleitung gelegentlich auch einmal verkünden wird, daß es besonders gute Ergebnisse gegeben hat, hat sie einen Anreiz, bezüglich der Anzahl und Härte schlechterer Jahre maßlos zu übertreiben. Sind Mitarbeiter einzig auf Informationen durch das Management angewiesen, so müssen sie entweder (zumindest in manchen Fällen) einen gewissen Abschlag bezüglich der Schlechtigkeit von Nachrichten vornehmen oder andernfalls die Managementverlautbarungen ungeprüft zur Kenntnis nehmen und die damit einhergehenden geringeren Auszahlungen akzeptieren.

Nehmen wir an, jeder Mitarbeiter könnte außerhalb des Unternehmens € 600 pro Woche verdienen. Während guter Zeiten erarbeitet er bei seinem gegenwärtigen Ar-

---

[130] Für ein Beispiel von *open book management* vgl. HANSON (1993).

1. Kommunikation vom Management zu den Mitarbeitern

beitgeber eine Wertschöpfung in Höhe von € 1.500 pro Woche. Während schlechter Zeiten erwirtschaftet er noch immer € 700 in seinem gegenwärtigen Job. Da selbst € 700 mehr sind als die alternativen € 600, ist es grundsätzlich besser für den Mitarbeiter, bei seinem gegenwärtigen Arbeitgeber zu bleiben als das Unternehmen zu wechseln. Es gibt immer ein Gehalt, beispielsweise € 650 während der schlechteren Zeiten, das sowohl den gegenwärtigen Arbeitgeber als auch den Mitarbeiter besser stellt als die Kündigung des Mitarbeiters. Denn weil € 650 weniger ist als das, was der Mitarbeiter erwirtschaftet, verdient das Unternehmen an ihm. Zugleich sind € 650 mehr als die € 600, die der Mitarbeiter woanders geboten bekommt. Deshalb stellt auch der Mitarbeiter sich besser, wenn er bleibt. Und genau hier liegt das Problem. Da die Unternehmensleitung häufig die *outside options* ihrer Mitarbeiter kennt, weiß sie, daß der Mitarbeiter auch für € 600 bleiben würde. Deshalb hat das Management einen Anreiz, bezüglich der Situation des Unternehmens Informationen zu verfälschen. Anstatt zuzugeben, daß die Ertragslage gut ist, könnte die Unternehmensleitung versuchen, den Mitarbeitern weiß zu machen, die Ertragslage sei schlecht. Glauben die Mitarbeiter, daß es dem Unternehmen schlecht geht, so wissen sie, daß das Unternehmen nicht mehr als € 700 zahlen kann, ohne Verluste zu machen. Insofern wird das maximale Gesamtentgelt, das die Mitarbeiter erwarten, unter diesen Bedingungen € 700 betragen. Wenn natürlich das Management zu jedem Zeitpunkt behaupten würde, die Zeiten seien schlecht, so würde es schnell jegliche Glaubwürdigkeit verlieren. Folglich werden Manager nicht nur jammern, aber sie werden immer dazu tendieren, die Dinge schlechter darzustellen als sie sind. Und den meisten Mitarbeitern ist dies bewußt.

Wie reagieren die Mitarbeiter auf dieses Verhalten? Ohne zusätzliche Informationen können sie entweder dem Management glauben und geringere Löhne akzeptieren, oder sie können unterstellen, das Management lüge, und höhere Löhne fordern. Auch hier gibt es also zwei mögliche Fehler, die geschehen können. Glauben die Mitarbeiter den Verlautbarungen der Manager, so werden sie stets ihre Stellen behalten, aber den Fehler begehen, selbst während guter Zeiten niedrige Löhne zu akzeptieren. Unterstellen sie dagegen, daß die Manager lügen und fordern höhere Löhne, so werden sie sie während guter Zeiten erhalten, aber in schlechten Zeiten ihre Stellen verlieren. Weil nur einige der Geschäftsjahre, von denen behauptet wird, sie seien schlecht, tatsächlich schlecht sind, gewinnen die Mitarbeiter durch diese Strategie während der fälschlicherweise als schlecht bezeichneten Jahre, aber sie verlieren in tatsächlich schlechten Jahren. Bei einer tatsächlich schlechten Ertragslage verlieren Arbeitnehmer ihre Jobs, wenn sie hohe Löhne fordern, die das Unternehmen nicht bezahlen kann. Sie sind dann gezwungen, ihre *outside option* wahrzunehmen und damit auf € 600 Gehalt zurückzufallen, was weniger ist als die € 700, die ihr alter Arbeitgeber ihnen geben würde.

Jedes Mal, wenn verkündet wird, die Zeiten seien schlecht, müssen die Mitarbeiter die Wahrscheinlichkeit dafür, daß dieses Statement stimmt, beurteilen. Ihre Einschätzung wird unter anderem von der Lage der entsprechenden Branche abhängen. Wenn die Branche insgesamt boomt, so werden sie ein Jammern des Managements über die angeblich schlechte Ertragslage kaum ernst nehmen und statt dessen unterstellen, daß die Unternehmensleitung für sich und die Aktionäre mehr rausholen will. Denn in Bezug auf den verfügbaren Gewinn der Firma spielt sich hier auch ein Verteilungskampf zwischen der Arbeitnehmer- und der Unternehmensseite (d.h. Unternehmensleitung und Aktionären) ab – jedoch einer, der auch Folgen für die Produktivität hat. Für unser Zahlenbeispiel wollen wir annehmen, daß die Unternehmensseite und die Mitarbeiter den geschätzten Überschuß zu gleichen Teilen aufteilen. Je nachdem ob die Mitarbeiter den Informationen des Managements ungeprüft glauben schenken oder nicht, hat der Verteilungskampf einen anderen Ausgang. Wenn die Mitarbeiter den Statements des Unternehmens ungeprüft glauben, erhalten sie einen Lohn in Höhe von € 650, falls das Unternehmen eine schlechte Ertragslage behauptet. Wenn sie dagegen eine harte Verhandlungsposition vertreten und unterstellen, daß das Management lügt, erhalten sie

$$0{,}5 \times (€\ 1.500 + €\ 600) = €\ 1.150$$

für den Fall, daß die Manager tatsächlich logen. Sollten die Manager jedoch die Wahrheit gesagt haben, so verlieren sie ihren Job. Wenn die Arbeitnehmer davon ausgehen müssen, daß es wahrscheinlich ist, daß die Unternehmensleitung lügt, entweder weil das Top-Management in der Vergangenheit mit falschen Informationen geglänzt hat, aus pathologischen Lügnern besteht oder weil beispielsweise der Rest

1. Kommunikation vom Management zu den Mitarbeitern

der Branche boomt, werden die Mitarbeiter die harte Linie vertreten. Mitunter führt sie zu hohen Löhnen, hin und wieder jedoch kostet sie Arbeitsplätze.

Die Unternehmensleitung sähe es grundsätzlich lieber, wenn die Mitarbeiter ihnen vertrauten und die sanftere Linie führen. Denn dann würden niemals Entlassungskosten anfallen, und Manager und Aktionäre hätten den Vorteil daraus, in den Jahren, die – zu Recht oder Unrecht – als schlecht deklariert werden, niedrige Löhne zahlen zu können. Aus diesem Grunde kann es für die Unternehmensleitung vorteilhaft sein, den Mitarbeitern glaubwürdige Informationen zu bieten. Den Mitarbeitern hinreichende Informationen zu geben, um selbst feststellen zu können, ob die Ertragslage wirklich schlecht ist, mag die Mitarbeiter eine Vertrauensposition einnehmen lassen und unerwünschte Entlassungen vermeiden helfen. Der Nachteil einer vollständigen Information der Mitarbeiter über die Finanzlage des Unternehmens besteht darin, daß in guten Geschäftsperioden die Verhandlungsposition der Mitarbeiter verbessert wird. Hierin besteht der Trade-Off, den die Unternehmensleitung zu berücksichtigen hat. Vertreten die Mitarbeiter die harte Linie zu häufig, könnte die Unternehmensleitung zu der Schlußfolgerung kommen, daß die Vorteile aus einer Bereitstellung der Informationen während schlechter Zeiten die Kosten während guter Zeiten übersteigen. Die grundsätzlichen Aussagen können wir folgendermaßen zusammenfassen:

Firmenleitung und Aktionäre profitieren von einer besseren Information der Mitarbeiterseite dann und nur dann, wenn die Mitarbeiter sonst zu häufig eine harte Verhandlungslinie fahren würden. Verhandeln die Mitarbeiter ohnehin nicht hart, so hat die Managementseite durch eine bessere Informationspolitik nichts zu gewinnen. Die verbesserte Informationslage wird die Arbeitnehmer lediglich während guter Geschäftsperioden zu aggressiveren Verhandlungsstrategien verführen. Es ist also abzuschätzen, wann die Mitarbeiter bei Abwesenheit guter Informationen eine harte Linie wählen würden. Unternehmensleitung und Aktionäre profitieren von einer verbesserten Informationspolitik gegenüber den Mitarbeitern unter den folgenden Bedingungen:

1. *Es gibt eine große Differenz zwischen dem Entgelt in guten und dem in schlechten Geschäftsjahren.* Ist die Differenz groß, so werden die Mitarbeiter stärker zögern, die Behauptung der Unternehmensleitung, ein Geschäftsjahr sei schlecht, zu

akzeptieren. Denn dies resultiert in einem starken Gehaltseinschnitt, der sehr nachteilig für die Mitarbeiter ist. Gibt es durch eine harte Verhandlungslinie viel zu gewinnen, so werden Arbeitnehmervertreter diese Linie eher wählen, deshalb sollte die Unternehmensleitung in dieser Situation ein stärkeres Interesse an einer akkurateren Informationspolitik gegenüber den Mitarbeitern haben. Schließlich könnte sie sie damit in schlechten Geschäftsjahren zu einer weniger aggressiven Verhandlungsstrategie motivieren.

2. *Es gibt nur eine kleine Differenz zwischen dem Gehalt, das der gegenwärtige Arbeitgeber während schlechter Jahre zahlt, und dem außerhalb des Unternehmens zu erzielenden Einkommen.* Haben Mitarbeiter gute Alternativen, so verlieren sie weniger, wenn sie während eines schlechten Jahres ihren Job verlieren. In schlechten Geschäftsjahren, in denen die Mitarbeiterseite den Wahrheitsgehalt der Managementverlautbarungen falsch einschätzt und hart verhandelt, verlieren Mitarbeiter ihre Stellen. Dies ist jedoch weniger schmerzhaft, wenn es gute outside options gibt. Folglich werden Mitarbeiter unter diesen Umständen einen Jobverlust weniger fürchten und aggressiver verhandeln. Deshalb sollte bei guten Alternativen der Mitarbeiter die Unternehmensleitung ein Interesse daran haben, die Mitarbeiter akkurat zu informieren, um sie in schlechten Zeiten von zu hohen Forderungen und daraus resultierend „unnötigen Abwanderungen" abzuhalten.

3. *Da junge Mitarbeiter über weniger firmenspezifisches Humankapital verfügen und deshalb bei einem Arbeitsplatzverlust weniger zu verlieren haben, verhandeln sie tendenziell aggressiver als ältere Mitarbeiter. Deshalb ist ein open book management wahrscheinlich dann besonders profitabel, wenn die Mitarbeiterschaft relativ jung ist.* Ältere Mitarbeiter haben in der Regel outside options, die im Vergleich zu ihrem gegenwärtigen Gehalt relativ schlecht sind. Insofern werden sie sich bei Gehaltsforderungen eher zurückhalten als jüngere Kollegen. Weil das Unternehmen verliert, wenn es Informationen an Mitarbeiter gibt, die ohnehin nicht hart verhandeln, bringt ein open book management vergleichsweise wenige Vorteile für die Unternehmensleitung und die Aktionäre, wenn die Mitarbeiterschaft relativ alt ist.

2. Kommunikation von den Mitarbeitern zum Management

Empowerment bedeutet nicht nur, daß Mitarbeitern Informationen zur Verfügung gestellt werden, sondern in der Regel auch, daß Mitarbeiter um Informationen gebeten werden. Mit anderen Worten: Man gibt ihnen die Gelegenheit, ihre Einschätzungen zu bestimmten Themen zu äußern, oder bittet sie regelrecht um ihre Meinung. Im Prinzip gewährt man den Mitarbeitern damit ein Recht auf Einflußnahme in Entscheidungsprozessen. Mitunter zögern Mitarbeiter jedoch, dem Management zu viele Informationen über ihre Präferenzen zu geben – aus Angst, daß das Management diese Informationen gegen sie verwenden könnte. Wenn die Unternehmensleitung beispielsweise erfährt, daß die Mitarbeiter eine bestimmte nichtmonetäre Entlohnungskomponente besonders schätzen, könnte sie versuchen, zwar diese Entlohnungskomponente zur Verfügung zu stellen, aber dafür das Gehalt deutlich zu senken (oder nicht weiter zu erhöhen). Schließlich könnte sich das Management darauf verlassen, daß die Mitarbeiter wegen der von ihnen so geschätzten nichtmonetären Entlohnungskomponente trotzdem nicht kündigen. Wissen die Mitarbeiter, daß die Unternehmensleitung sich derart strategisch verhalten wird, so werden sie die entsprechenden Informationen gar nicht erst zur Verfügung stellen. Die Nutzung solcher Informationen könnte aber beide Seiten besser stellen.[131] Denn das Unternehmen könnte in der Lage sein, von den Mitarbeitern gewünschte Benefits zu niedrigeren Preisen bereitzustellen, als die Mitarbeiter zu zahlen bereit sind. Um dies zu verstehen, wollen wir die Indifferenzkurven der Mitarbeiter analysieren, wie wir es bereits in Kapitel X gemacht haben, wo es um einen Trade-Off zwischen Geld und nichtmonetären Benefits ging. In Kapitel X bestand der Trade-Off zwischen Gehalt und flexiblen Arbeitszeiten. Hier betrachten wir ein anderes Beispiel, nämlich das Interesse von Mitarbeitern an einer betrieblichen Altersversorgung.

Abbildung 14.1 zeigt die Bereitschaft von Mitarbeitern, für eine betriebliche Altersversorgung auf einen Teil ihres Gehalts zu verzichten. Die Ordinate gibt das Gehalt an. Die Abszisse gibt den Wert der betrieblichen Altersversorgung an.

---

[131] Vgl. WOLFF/LAZEAR (2001): Kapitel III.1.

Abbildung 14.1: Bottom-up Kommunikation

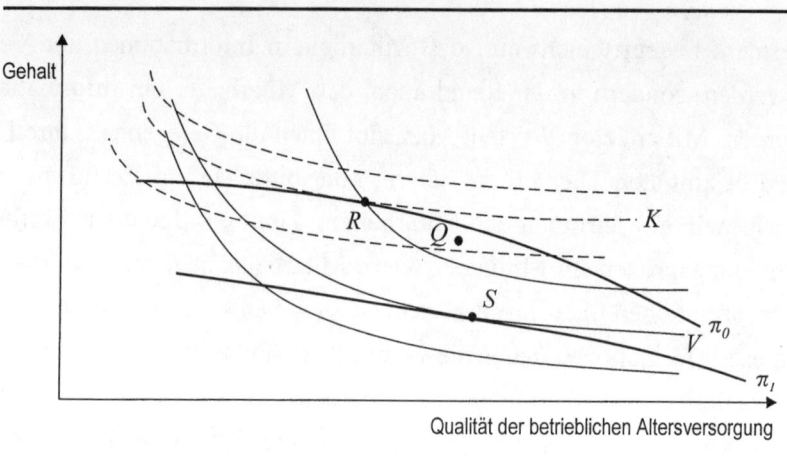

Qualität der betrieblichen Altersversorgung

Abbildung 14.1 zeigt zwei Gruppen von Indifferenzkurven. Die gestrichelten Indifferenzkurven, von denen eine mit K gekennzeichnet ist, gehören zu einem Mitarbeiter, der eine betriebliche Altersversorgung wichtig findet. Die durchgezogenen Indifferenzkurven, von denen eine mit V gekennzeichnet ist, gehören zu einem Mitarbeiter, der eine sehr gute betriebliche Altersversorgung absolut unerläßlich findet. Der Mitarbeiter, dessen Präferenzen mit Hilfe der durchgezogenen Indifferenzkurven dargestellt werden, ist also sehr viel stärker an einer umfassenden Altersversorgung interessiert als sein Kollege, dessen Präferenzen durch die gestrichelten Indifferenzkurven dargestellt sind. Betrachten wir einen Punkt, an dem sich die Indifferenzkurven der beiden schneiden. An einer solchen Schnittstelle erhalten beide Individuen dieselbe Zusammenstellung von Gehalt und Altersversorgung. Der Mitarbeiter mit den durchgezogenen Indifferenzkurven würde für jede Erhöhung der Altersversorgung bereit sein, mehr Gehalt aufzugeben als der Kollege mit den gestrichelten Indifferenzkurven. Dies ist die Aussage der steileren Indifferenzkurven. So wissen wir, daß der Akteur mit den durchgezogenen Indifferenzkurven eine höhere Zahlungsbereitschaft (in Form von Gehaltsverzicht) für eine höhere Altersversorgung aufweist als der Kollege mit den gestrichelten Indifferenzkurven.

V und K sind besondere Kurven. K ist die Indifferenzkurve, die dem Mitarbeiter, der eine betriebliche Altersversorgung lediglich wichtig findet, gerade soviel Nutzen

2. Kommunikation von den Mitarbeitern zum Management

bietet, daß er nicht kündigt. Bietet das Unternehmen weniger Nutzen als K, so wird dieser Akteur das Unternehmen verlassen. Analog ist V die Indifferenzkurve, die dem Mitarbeiter, der eine gute betriebliche Altersversorgung absolut unerläßlich findet, gerade genug Nutzen bietet, um ihn von einer Kündigung abzuhalten. Bietet das Unternehmen ihm weniger Nutzen als V, so wird er die Stelle aufgeben.

Die fett gezeichneten Linien sind die Isogewinnkurven des Unternehmens. Entlang einer Isogewinnkurve erzielt das Unternehmen auf jedem Punkt denselben Gesamtgewinn. Die Kurve weist eine negative Steigung auf, weil ein Unternehmen, das bessere nichtmonetäre Benefits bietet, das monetäre Gehaltsniveau reduzieren muß, um weiterhin denselben Gewinn zu erzielen. Von den beiden eingezeichneten Isogewinnkurven bezeichnet diejenige, die näher am Nullpunkt liegt, den höheren Gewinn. Denn Gehälter und nichtmonetäre Benefits – also die Kosten – sind niedriger, je näher die Kurve am Ursprung liegt.

Unterstellt die Unternehmensleitung nun, daß der Mitarbeiter, mit dem sie verhandelt, jemand ist, dem die betriebliche Altersversorgung nicht extrem wichtig ist, so wird sie Punkt R anbieten. Dieser Punkt bietet dem Unternehmen den höchstmöglichen Gewinn, während er gleichzeitig den Mitarbeiter an der Kündigung hindert. Auf der Indifferenzkurve K gibt es keinen Punkt, dem die Unternehmensleitung R vorziehen würde. Unterhalb der Indifferenzkurve R gibt es eine Reihe von Punkten, die sie vorziehen würde, doch bei jeder Kombination von Gehalt und Altersversorgung unter dem Nutzenniveau K würde der Mitarbeiter das Unternehmen verlassen.

Unterstellt die Unternehmensleitung dagegen, daß dem Mitarbeiter die betriebliche Altersversorgung sehr am Herzen liegt, so wird sie den Punkt S anbieten. Ein Altersversorgungsfan jedoch, der das Kalkül der Unternehmensleitung durchschaut, wird sich strategisch verhalten. Anstatt zu sagen, wie wichtig ihm die Altersversorgung ist, wird er so tun, als sei sie ihm relativ egal. Das Unternehmen wird dann Punkt R statt S anbieten. Punkt R bietet auch dem Altersversorgungsfan ein höheres Nutzenniveau als S, denn R liegt auf einer höheren Indifferenzkurve. Mit anderen Worten: Wenn die Unternehmensleitung weiß, daß der Altersversorgungsfan auch bei einem geringeren Gesamtkompensationspaket das Unternehmen nicht verlassen würde, wird sie ihm weniger bieten. Kennt sie seine Indifferenzkurve V dagegen nicht, so wird sie ihm ein besseres Kompensationspaket bieten.

Das strategische Verhalten beider Seiten führt dazu, daß sowohl Unternehmensleitung als auch Mitarbeiter letztlich weniger bekommen, als sie haben könnten. Durch das Vorgeben falscher Präferenzen landet der Altersversorgungsfan bei R, was besser ist als S. Das Unternehmen stellt sich dadurch deutlich schlechter als bei Punkt S, bietet jedoch R, weil ansonsten die Kündigung des Mitarbeiters zu befürchten ist. Dennoch gibt es zahlreiche Möglichkeiten, sowohl die Position des Mitarbeiters als auch die der Unternehmensleitung zu verbessern, beispielsweise Punkt Q. Q liegt auf einer höheren Indifferenzkurve des Altersversorgungsfans als die Punkte S und R. Der Punkt Q böte dem Altersversorgungsfan eine bessere Altersversorgung und etwas weniger Gehalt, was seinen wahren Präferenzen entspricht. Einem Mitarbeiter, dem die Altersversorgung weniger wichtig ist, wäre Punkt R lieber als Q, weil er mit Q nur eine niedrigere Indifferenzkurve erreichen würde. Der Altersversorgungsfan erreicht mit Q jedoch eine höhere Indifferenzkurve als mit R. R ist also das falsche Kompensationsangebot für den Altersversorgungsfan. Aber es wird ihm aufgrund seines strategischen Verhaltens angeboten.

Und hier kommen wir zum Kern der Problematik: Die Unternehmensleitung ist an zutreffenden Informationen über die Präferenzen der Mitarbeiter weniger deshalb interessiert, weil sie über deren Wohlfahrt besorgt ist, sondern vielmehr, weil sie an hohen Unternehmensgewinnen interessiert ist und die Berücksichtigung der Mitarbeiterpräferenzen die Gewinne verbessert. Indem sie Mitarbeitern genau die Kompensationspakete bietet, die ihren Präferenzen entsprechen, kann sie die Kompensationskosten verringern und ergo den Gewinn erhöhen. Der Punkt Q ist also sowohl aus Sicht des Altersversorgungsfans als auch aus Sicht der Unternehmensleitung dem Punkt R vorzuziehen.

Warum sagt der Mitarbeiter der Unternehmensleitung nicht einfach, daß er ein Altersversorgungsfan ist und bittet um das Kompensationspaket Q? Die Antwort lautet: Sobald die Unternehmensleitung seine wahren Präferenzen kennt, wird sie nur noch Punkt S anbieten. Und damit steht der Mitarbeiter wiederum schlechter da als mit R. Um den Mitarbeiter zur wahrheitsgemäßen Kommunikation seiner Präferenzen zu motivieren, muß er einen Einfluß auf die Art und Weise haben, wie die von ihm gegebene Information verwendet wird. Genau hier liegt der ökonomische Grund für ein Mitarbeiter-Empowerment. Wissen die Mitarbeiter, daß von ihnen gegebene Informationen nicht gegen sie verwendet werden können, so werden sie mit größerer Wahrscheinlichkeit wahrheitsgemäß kommunizieren. Weil dies die Unternehmensleitung in die Lage versetzt, die Kompensationspakete besser auf die Präferenzen der Mitarbeiter zuzuschneiden, profitieren beide Seiten. Ein zweiter Vorteil von Mitarbeiter-Empowerment liegt also in der Verbesserung einer gewinnsteigernden Kommunikation von Mitarbeitern zur Unternehmensleitung, der sogenannten *bottom-up* Kommunikation.

Daraus können wir einen Grundsatz für erfolgreiche Empowerment-Programme ableiten:

Will die Unternehmensleitung eine wahrheitsgemäße Kommunikation von den Mitarbeitern zur Unternehmensführung fördern, so müssen diese Mitarbeiter beeinflussen können, wie die von ihnen bereitgestellten Informationen verwendet werden, damit diese Informationen nicht gegen sie benutzt werden.

In der Praxis kann dies dadurch erreicht werden, daß die Mitarbeiter garantierte Mitspracherechte zum Beispiel bezüglich ihrer Arbeitsbedingungen und Kompensationspakete erhalten. Je stärker ihre Mitwirkungsrechte sind, desto wahrscheinlicher wird es, daß sie wahrheitsgemäß kommunizieren werden. Andererseits wird mit zunehmendem Einfluß auch der Anteil des Kuchens, den sie für sich herausschneiden können, tendenziell größer.[132]

Eine Alternative besteht darin, auf *bottum-up* Kommunikation völlig zu verzichten. Die Unternehmensleitung könnte bezüglich der Präferenzen ihrer Mitarbeiter einfach Annahmen treffen und dementsprechend die Arbeitsbedingungen und Kompensationspakete gestalten. Gibt es genug Firmen, die um Arbeitskräfte konkurrieren, werden sich langfristig die Mitarbeiter nach ihren Präferenzen den jeweils passenden Unternehmen zuordnen (*Selbstselektion*). In Bezug auf unser Beispiel bedeutete dies, daß Unternehmen, die gute Altersversorgungen anbieten, Altersversorgungsfans anziehen. Arbeitnehmern, denen die Altersversorgung weniger wichtig ist, werden statt dessen zu Unternehmen gehen, die anstelle nichtmonetärer Benefits höhere Gehälter bieten.

---

[132] Vgl. MILGROM/ROBERTS (1990).

Den grundsätzlichen Unterschied zwischen diesen beiden Strategien illustriert ein Vergleich zwischen typischen deutschen und typischen amerikanischen Arbeitsbeziehungen. Ein hoher Anteil deutscher Unternehmen besitzt einen Betriebsrat mit gesetzlich garantierten Informations- und Mitbestimmungsrechten. Dadurch, daß die Arbeitnehmervertreter klar geregelte Rechte zur Einflußnahme auf die Verwendung von Informationen haben, werden sie gegenüber der Unternehmensleitung ehrlicher kommunizieren, so daß die gesamten Arbeitsbeziehungen kooperativer werden können. Ein solches Verfahren kostet die Unternehmensleitung jedoch kurzfristig Flexibilität, weil vor einschlägigen Managementmaßnahmen und Veränderungen zunächst der Betriebsrat informiert oder gehört werden oder sogar zustimmen muß. Eine verstärkte Kooperation mit der Mitarbeiterseite bringt aus Sicht der Unternehmensleitung und der Aktionäre also nicht nur Nutzen, sondern auch Kosten.

Amerikanische Unternehmen, insbesondere solche ohne Gewerkschaftsvertretungen, sind dagegen stärker „diktatorisch". Sie sind grundsätzlich flexibler, weil Managementpläne ohne irgendeine Einbeziehung von Arbeitnehmervertretern direkt entschieden werden können. Somit gibt es möglicherweise weniger Dialog zwischen Mitarbeitern und Unternehmensleitung, dafür aber auch keine potentiell ertragsschädigenden Entscheidungsverzögerungen. Ob mit den Mitarbeitern abgestimmte Entscheidungen grundsätzlich Vorteile durch schnellere Umsetzbarkeit und höhere Akzeptanz aufweisen, ist damit natürlich noch nicht geklärt.

3. Empowerment und Lohnprofile

Mitarbeiter mit firmenspezifischem Humankapital werden mit größerer Wahrscheinlichkeit auf Mitwirkungsrechten bestehen als Mitarbeiter, die den Arbeitgeber sehr leicht wechseln können. Mitarbeiter werden nur dann firmenspezifisch in ihr Humankapital investieren, wenn sie ex-ante eine Zusicherung erhalten, daß ihre Investition vor einer Entwertung durch willkürliche Managemententscheidungen geschützt sein wird. Insofern können wir festhalten:[133]

---

[133] Für eine formale Darstellung diese Arguments vgl. ROTEMBERG (1994).

3. Empowerment und Lohnprofile

Mitarbeiter mit umfangreichem firmenspezifischen Humankapital werden nach Einflußrechten innerhalb der Organisation streben. Und Unternehmen, die firmenspezifische Investitionen von ihren Mitarbeitern erwarten, sollten zu einer Beteiligung von Mitarbeitern an unternehmerischen Entscheidungen bereit sein. Deshalb werden spezifisches Humankapital und Mitarbeiter-Empowerment oft einher gehen.

Auch andere Mitarbeiter werden Einflußrechte fordern. Erinnern wir uns an die steigenden Alters-Einkommens-Profile aus Kapitel I. Deren Idee bestand darin, jüngeren Mitarbeitern weniger zu zahlen, als sie erwirtschaften, und älteren dagegen mehr, als sie erarbeiten. Damit investieren die jungen Mitarbeiter implizit in das Unternehmen, und ihre Investition hängt zum großen Teil von der Glaubwürdigkeit und dem Erfolg der Unternehmung, d.h. auch dem Erfolg der Managemententscheidungen ab. Auch unter diesen Umständen werden Mitarbeiter mit großer Wahrscheinlichkeit Mitspracherechte fordern. Die notwendige Bedingung für das Einfordern von Entscheidungsrechten ist dabei nicht die Spezifität des Humankapitals, sondern daß die Mitarbeiter etwas zu verlieren haben, wenn sie sich eine andere Stelle suchen müssen. Deshalb werden erstens steigende Alterseinkommensprofile, zweitens positive Lohndifferentiale (freiwillig gezahlte oder von Gewerkschaften oder Betriebsräten durchgesetzte) und drittens spezifisches Humankapital gleichermaßen den Wunsch der Mitarbeiter nach Beteiligung an Entscheidungen verstärken. Daraus folgt eine weitere Beobachtung:

Mitarbeiter werden mit größerer Wahrscheinlichkeit Beteiligungsrechte fordern, wenn ihr bestes Alternativeinkommen (signifikant) niedriger ist als ihr Gehalt beim gegenwärtigen Arbeitgeber.

Hieraus entsteht ein Spannungsverhältnis. Einerseits wollen die Mitarbeiter bei hohen Lohndifferentialen mehr Rechte, andererseits haben die Unternehmen weniger zu verlieren, wenn sie eine harte Verhandlungsposition vertreten und die Rechte verweigern. In dem Ausmaß, in dem die Mitarbeiter über dem Alternativlohn bezahlt werden, reduzieren sich ihre Möglichkeiten, den gestellten Forderungen durch glaubwürdige Kündigungsdrohungen Nachdruck zu verleihen. Die Unternehmensleitung weiß, daß der Mitarbeiter bei einer Kündigung selbst Einbußen erleiden würde und braucht sich vor Kündigungsdrohungen nicht wirklich zu fürchten.

4. Mitarbeiter-Empowerment und Kreativität

Mitarbeiter-Empowerment gilt als eine Methode, Mitarbeitern Ideen zu entlocken, die das Management allein nicht hätte entwickeln können. Da die Mitarbeiter näher an der Produktion sind, können ihnen Möglichkeiten zu technologischen Verbesserungen auffallen, die der Aufmerksamkeit des Managements ansonsten entgehen. Dieses Argument korrespondiert mit unserer Analyse aus Kapitel VIII. Dort wurde argumentiert, daß Teams so zusammengestellt werden sollten, daß alle Mitglieder über unterschiedliche, aber jeweils relevante Informationen verfügen. Mitarbeiter-Empowerment kann insofern auch als Spezialfall von Teamproduktion betrachtet werden. Berechtigen und ermutigen Manager ihre Mitarbeiter, Vorschläge zu unterbreiten, so machen die Manager die Mitarbeiter im Prinzip zu Mitgliedern eines erweiterten Führungsteams. Aber ein solches Empowerment darf sich nicht auf Lippenbekenntnisse beschränken, vielmehr erfordert es Aktivitäten. Niemand wird seine Meinung äußern oder vielleicht sogar unter Aufwand von viel Zeit und Mühe Ideen entwickeln, wenn sie niemals aufgegriffen werden. Wann sind die Vorschläge von Mitarbeitern besonders wertvoll? Immer dann, wenn die Mitarbeiter über Informationen verfügen, die sowohl relevant, als aber auch andersartig sind als die Informationen, über die die Manager selbst verfügen. Insofern können wir analog zu Kapitel VIII festhalten:

> *Input durch die Mitarbeiter verbessert die unternehmerische Kreativität insbesondere dann, wenn die Mitarbeiter über Informationen verfügen, die anders sind als diejenigen, die das Management ohnehin hat, die aber dennoch relevant für den Leistungsprozeß sind.*

Sowohl die Andersartigkeit der Informationen als auch die Relevanz sind bedeutend. Wenn ein Mitarbeiter im Gegensatz zu seinem Vorgesetzten eine Menge über Weine weiß, ist das völlig wertlos, wenn das Unternehmen Rasenmäher produziert. Das Fachwissen über Wein wird keinen Einfluß auf die Produktion der Rasenmäher haben. In einem solchen Fall wäre ein Empowerment also nicht zielführend. Auch bringt es nichts, wenn die Informationsmengen der Mitarbeiter lediglich vollständige Teilmengen der Informationsmengen des Managements sind. Denn wenn Mitarbei-

4. Mitarbeiter-Empowerment und Kreativität

Fallstudie: Mitarbeiter-Empowerment bei der Saturn Corporation

In den frühen 90er Jahren des 20. Jahrhunderts war der Marktanteil des Automobilherstellers General Motors auf etwa die Hälfte des Anteils der frühen 60er Jahre gesunken. Würde der Marktanteil im gleichen Tempo weiter fallen, so befürchtete man, daß nach weiteren 30 Jahren der größte Autohersteller der Welt aus der Wirtschaftswelt verschwunden wäre. Qualitätsprobleme und eine relativ geringe technische Zuverlässigkeit von GM-Automobilen galten als die Hauptgründe für diesen Rückgang. Auch das stets angespannte Verhältnis zu Gewerkschaften und Arbeitnehmervertretern verschärfte die Probleme des Unternehmens. Das einstmalige Flagschiff der GM-Flotte, der Cadillac, hatte seine loyale Kundenbasis weitgehend verloren. „Cadillac" galt zwar weiterhin für viele Leute als sprichwörtliches Qualitätsprädikat, jedoch nicht mehr in Bezug auf das Auto dieses Namens.

Um diesen negativen Trend umzukehren, entwickelte GM den Saturn, ein kleines, zuverlässiges, qualitativ hochwertiges Auto, das vor allem jüngere Käufer ansprechen sollte. Die offizielle Gründung der entsprechenden Tochtergesellschaft, der Saturn Corporation, erfolgte am 8. Januar 1985. Der damalige Chairman von General Motors, Roger B. Smith, äußerte sich geradezu begeistert über das Projekt: „Saturn ist der Schlüssel zu GM's langfristiger Wettbewerbsfähigkeit, zum Überleben und zum Erfolg als amerikanischer Autohersteller."

Alles vom Markenslogan, „A different kind of company, a different kind of car", bis zur Organisationsstruktur von Saturn spiegelte die dahinterstehende unorthodoxe Haltung wieder. Von Anfang an vertrat das Management von Saturn die Auffassung, daß gute Beziehungen zur Mitarbeiterschaft und aktive Beteiligung der Mitarbeiter bei der Qualitätskontrolle und Verbesserungsprogrammen unerläßlich für den Erfolg des Unternehmens seien. Den Schöpfern von Saturn gelang es, den alten Konfrontationskurs zwischen GM und der UAW, der amerikanischen Automobilarbeitergewerkschaft, zu überwinden. Sowohl die Gewerkschafts- als auch die Managementseite trafen zahlreiche Vorkehrungen, um kostenträchtige Konflikte zu vermeiden. Gegenwärtig sind zehn Prozent der Gehälter bei Saturn an die Erreichung hoher Leistungs- und Qualitätsziele gebunden.

Zukünftig soll der variable Entlohnungsanteil auf 20% der Gesamtkompensation steigen. Dies könnte sich als ein Schutzmechanismus gegen Arbeitskämpfe erweisen. Denn ist die Produktivität hoch, so ist die Gewerkschaft immer in einer guten Position, um Lohnsteigerungen zu fordern; dies mag einer der Gründe dafür sein, daß ein nennenswerter Anteil variabler Entlohnung für den Fall der Erreichung bestimmter Leistungsziele versprochen wird.

Die Produktion bei Saturn erfolgt in Teams. Die Arbeit wird auf 165 sich selbst leitende Gruppen aufgeteilt. Diese treffen eigenverantwortlich Entscheidungen – von alltäglichen Organisationsfragen in der Produktion über das gelegentliche Krisenmanagement in Engpaßsituationen bis hin zu Fragen des Kaufs und der Installation neuer Anlagen. Selbst Budgetpläne stellen die Teams selbst auf. Bemerkenswerter Weise können bei Saturn ganz normale Produktionsarbeiter das Fließband anhalten, wenn sie ein Qualitätsproblem feststellen. Saturn betreibt ein Empowerment, indem es den Mitarbeitern mehr Entscheidungsbefugnisse, mehr Wissen und ein höheres Maß an Verantwortung überträgt, als es in anderen Teilen von General Motors üblich ist. Sean Campbell, ein Elektriker, der, bevor er zu Saturn kam, im Stammwerk von GM bei Detroit arbeitete, charakterisiert Saturn folgendermaßen: „...der beste Arbeitsplatz, den ich je hatte. Im alten Werk wurde dir genau gesagt, wann du was zu tun hattest." Ein anderer Mitarbeiter, Rick Pittman, sagt: „Ich hatte niemals so viel Handlungsfreiheit wie in diesem Werk. Wenn du ein Qualitätsproblem hast, hältst du einfach das Band an." Diese Arbeitsumgebung trägt dazu bei, Vertrauen zwischen Mitarbeitern und Management aufzubauen und zu pflegen.

Saturn widmet pro Mitarbeiter und Jahr 13 Tage der Weiterbildung. Allein im Jahr 1990 kamen so mehr als 800.000 Fortbildungsstunden zusammen. Die Mitarbeiter von Saturn erhalten deutlich mehr Training als ihre Kollegen in anderen GM-Einheiten. Wenn von den Mitarbeitern verantwortliche Entscheidungen erwartet werden, muß ihnen auch die Ausbildung geboten werden, die dazu beiträgt, sie zu guten Entscheidern zu machen.

Die Saturn Corporation erwies sich als außerordentlich erfolgreich. 1993 wurden zum ersten Mal Gewinne ausgewiesen, etwas über $ 1 Million. Eine Reputation für gute Qualität und eine hohe Kundenzufriedenheit zählen zu den beein-

> druckendsten Errungenschaften des Unternehmens. Zeitweise gelang es Saturn sogar, im Kundenzufriedenheits-Ranking auf dem amerikanischen Automobilmarkt Platz drei zu belegen, unmittelbar hinter den Marken Lexus und Infinity – Luxuslimousinen, die dreimal soviel kosten wie der Saturn.

Quelle: Thomas Li-Ping Tang/Amy Beth Crofford (1995): Self-Managing Work Teams. In: Employment Relations Today 22 (4): 29-39, und Jack O'Toole (1996): Forming the Future: Lessons from the Saturn Corporation, Cambridge/Mass.: Blackwell Publishers.

ter und Manager auf dieselben Informationen zurückgreifen, ist die Wahrscheinlichkeit dafür, daß unterschiedliche Ideen dabei herauskommen, relativ gering.

5. Die Entscheidung für ein Empowerment

Auf den vorangegangenen Seiten haben wir erläutert, wie Empowerment die Produktivität fördern könnte. Im Eröffnungsdialog wurde jedoch bereits angedeutet, daß Empowerment auch Kosten verursachen kann, die mitunter die Vorteile übersteigen. Wie sollte die Unternehmensleitung nun entscheiden, ob sie Mitarbeiter mit zusätzlichen Befugnissen ausstattet? Aus Gewinnmaximierungsperspektive ist zu beachten, daß die Mitarbeiter aus Sicht der Unternehmensleitung nicht mit dem Ziel einer Produktivitätsmaximierung „empowert" werden. Schließlich ist Produktivität nicht zugleich Gewinn. Mit jeder Übertragung zusätzlicher Entscheidungsrechte an die Mitarbeiter erhalten die Mitarbeiter auch Möglichkeiten, für sich selbst ein größeres Stück der Unternehmenstorte herauszuschneiden. Aus Sicht der Unternehmensleitung kann es deshalb nicht um die Maximierung der Tortengröße gehen, sondern vor allem darum, was am Ende für die Aktionäre übrig bleibt.[134] Das ausschlaggebende Kriterium aus Sicht der Unternehmensleitung ist die Maximierung des Gewinns der Firma. Die folgende Analyse beschreibt die hieraus entstehenden Einzel-

---

[134] Agency-Probleme zwischen Aktionären und Management werden hier zur Komplexitätsreduktion vernachlässigt.

fragen und bietet Anhaltpunkte für die Entscheidung über das Ausmaß an Entscheidungsrechten, die den Mitarbeitern gewährt werden sollten.

In Abbildung 14.2(a) ist der Aktionärsanteil am Gewinn als Funktion der Mitspracherechte der Arbeitnehmer dargestellt. Haben die Arbeitnehmer überhaupt keine Mitspracherechte, so ist der Aktionärsanteil 1, was bedeutet, daß die Unternehmensseite 100% der Wertschöpfung für sich behält. Dieses Extrem wird niemals erreicht, weil die Mitarbeiter stets irgendwelche Alternativen haben werden – selbst wenn es lediglich der Genuß ihrer Freizeit ist –, die die Handlungsmöglichkeiten der Unternehmensleitung beschränken. Behielte die Unternehmensseite 100% der Wertschöpfung für sich, so bekämen die Mitarbeiter überhaupt nichts. Selbst der bescheidenste und loyalste Mitarbeiter würde sich unter diesen Bedingungen weigern, für das Unternehmen zu arbeiten.

Im anderen Extremfall haben die Mitarbeiter so viel Macht, daß der Aktionärsanteil auf Null sinkt. Selbst eine normale Kapitalverzinsung fände nicht statt, da die komplette Wertschöpfung an die Arbeitnehmer ausgeschüttet wird. Auch diese Situation ist nicht stabil. Denn kein Investor wird Geld in ein Unternehmen stecken, das 0% Rendite bietet. Selbst die mächtigste Arbeitnehmervertretung wäre gezwungen, eine gewisse Kapitalrendite zu gewähren, um Investoren zu bezahlen – nicht zu vergessen Managementgehälter.

Tendenziell ist die Beziehung zwischen Mitarbeitermacht und dem Gewinnanteil der Unternehmensseite invers: je mehr Macht die Mitarbeiter haben, desto kleiner wird der Anteil des Kuchens, den Aktionäre und Top-Manager bekommen.[135]

Abbildung 14.2(b) zeigt den Zusammenhang zwischen Wertschöpfung und Mitarbeiterrechten. Die umgedrehte U-Form deutet an, daß es sowohl zuwenig als auch zuviel Mitarbeiterbeteiligung geben kann. Ohne eine Beteiligung der Mitarbeiter können die auf den vorangegangenen Seiten beschriebenen Wertschöpfungsmöglichkeiten nicht genutzt werden. Die Unternehmensleitung kann nicht glaubwürdig mit ihren Mitarbeitern kommunizieren, Mitarbeiter werden ihre wahren Einschät-

---

[135] Für eine formale Modellierung des Zusammenhangs zwischen (impliziter) Verhandlungsmacht der Mitarbeiter und Höhe der Kompensation vgl. auch PULL (1996).

5. Die Entscheidung für ein Empowerment 571

Abbildung 14.2: Mitarbeiter-Empowerment und Unternehmensgewinn

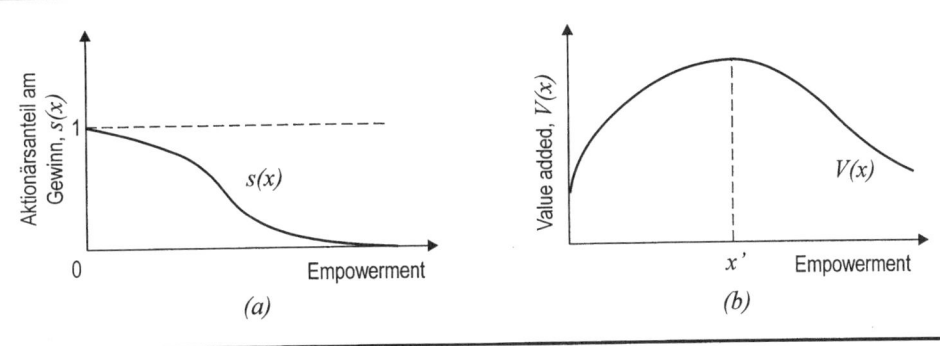

zungen und Präferenzen verbergen, und die Kreativität leidet, wenn das Management Einschätzungen, Wünsche und Vorschläge der Mitarbeiter ignoriert. Die Arbeitsmoral wird leiden und die Produktivität auf ein extrem niedriges Niveau absacken.

Mit zunehmendem Empowerment steigt die Produktivität bis zum Punkt x'. Jenseits von x' reduzieren zusätzliche Beteilungsrechte die Wertschöpfung wieder. Bei extrem hohem x' werden die Mitarbeiter so einflußreich, daß notwendige Flexibilitätsgrade verloren gehen. Das Unternehmen wird dann von Komitees beherrscht und kann auf Bewegungen des Wettbewerbs kaum noch reagieren. Die Mitarbeiter können ihre Macht nutzen, um dem Unternehmen Ressourcen zu entziehen, was nicht nur die laufende Wertschöpfung, sondern auch das zukünftige Produktivitätspotential reduziert. Dies kann zum Bankrott führen. Die grundsätzliche Vorstellung, daß Mitarbeiter sowohl zuviel als auch zuwenig Einflußrechte haben können, ist kaum umstritten. Letztlich muß das Management der Unternehmung entscheiden, wieviel Einflußrechte die Mitarbeiter bekommen sollen. Abbildung 14.2(c) kann ihnen bei dieser Entscheidung helfen.

Abbildung 14.2(c) kombiniert die Informationen aus den vorangegangenen beiden Abbildungen. Die mit $V(x)$ gekennzeichnete, am höchsten verlaufende Kurve entspricht derjenigen aus Abbildung 14.2(b). Sie erreicht ihren Höhepunkt bei der Menge x' von Mitarbeiter-Beteiligungsrechten. Die niedriger verlaufende, mit „Unternehmensgewinn" gekennzeichnete Kurve entspricht der Wertschöpfung, multi-

Abbildung 14.2. (Fortsetzung): Mitarbeiter-Empowerment und Unternehmensgewinn

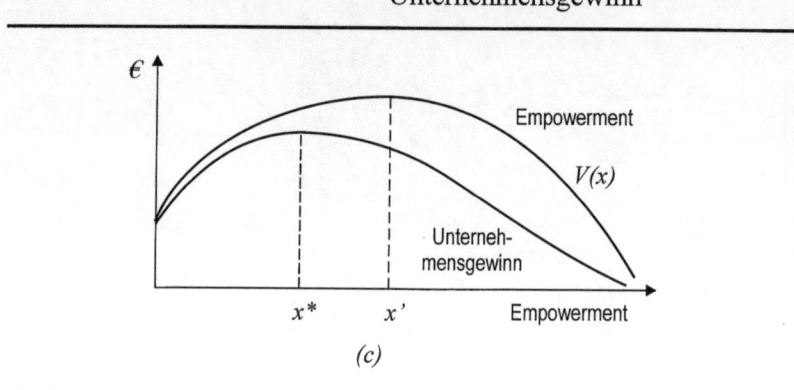

pliziert mit dem Anteil der Unternehmensseite, wie er in Abbildung 14.2(a) durch die $s(x)$ Kurve dargestellt ist. Die untere Kurve aus Abbildung 14.2(c) ist also das Produkt der Graphen aus 14.2(a) und 14.2(b). Wieder hilft uns ein Blick auf die Extrempunkte, die Abbildung zu verstehen: Haben die Mitarbeiter keine Einflußrechte, so geht die gesamte Wertschöpfung an die Unternehmensseite. Der Gewinn entspricht dann der Wertschöpfung, weshalb sich die Kurven treffen, wenn die Rechte der Mitarbeiter minimal sind. Im anderen Extrem verfügen die Mitarbeiter über so viel Macht, daß sie den Anteil der Unternehmensseite auf Null drücken können. Die Mitarbeiterseite kann die gesamte Wertschöpfung für sich abschöpfen, die jedoch insgesamt sehr gering ist aufgrund ineffizient gewordener Entscheidungsprozesse. Die „Torte", die die Mitarbeiter ganz bekommen, ist also sehr klein.

Wie in Abbildung 14.2(b) ist die Wertschöpfung maximal, wenn die Mitarbeiter Rechte im Umfang von x' erhalten. Die maximale Wertschöpfung ist der Unternehmensleitung jedoch egal; ihr geht es um die Maximierung des Gewinns für die Unternehmensseite. Dieser ist maximal bei Mitarbeiterrechten vom Umfang x^*, nicht bei x'. Es läßt sich analytisch leicht zeigen (siehe Anhang), daß der Gewinn für die Unternehmensseite maximiert wird, indem die Mitarbeiter weniger Rechte erhalten als die Menge, die die Wertschöpfung maximiert. x^* wird also stets links von x' liegen. Die dahinterstehende Intuition ist folgende. Nehmen wir an, die Mitarbeiter verfügen bereits über Rechte im Umfang von x^*. Ein zusätzliches Empowerment

5. Die Entscheidung für ein Empowerment

kann die Wertschöpfung weiter steigern, allerdings nur mit abnehmenden Grenzraten. Das heißt, je weiter wir uns dem Maximum der Wertschöpfungskurve nähern, desto weniger zusätzliche Wertschöpfung generiert die Gewährung einer zusätzlichen Einheit an Rechten. Zugleich nimmt der Anteil der Wertschöpfung, der an die Unternehmensseite geht, ab. Jenseits von x^* ist aus Unternehmenssicht die Wirkung der Verkleinerung des eigenen Anteils stärker als das Wachstum des Gesamtkuchens. Der Kuchen wächst zwar weiter, jedoch nur noch zugunsten der Mitarbeiter, deren Anteil nicht nur absolut, sondern auch proportional größer wird. Zwischen x^* und x' wächst der Gesamtkuchen kaum noch, der Anteil der Mitarbeiter vergrößert sich jedoch relativ stark. Aus Unternehmenssicht ist es also nicht attraktiv, den Mitarbeitern mehr Macht als x^* zu gewähren.

Wir wissen nun, daß die Unternehmensleitung den Mitarbeitern weniger Macht gewähren wird, als zur Maximierung der Wertschöpfung notwendig wäre. Welche Faktoren beeinflussen die Entscheidung über das Ausmaß des Empowerment? Zwei Einflußfaktoren sind zu beachten.

1. Je schneller der Anteil der Unternehmensseite an der Wertschöpfung, ausgedrückt als Funktion des Mitarbeiter-Empowerment, fällt, desto geringer wird das x sein, daß die Unternehmensleitung wählen wird. Das liegt daran, daß bei kleinen Werten von x der Verteilungseffekt, d.h. die Tatsache, daß der Anteil der Unternehmensseite größer wird, den Allokationseffekt, d.h. die Tatsache, daß bei kleinerem x die Gesamtkuchengröße abnimmt, überkompensiert. Dies zeigt Abbildung 14.3(a). Die mit I gekennzeichnete Kurve ist unsere Ausgangskurve aus Abbildung 14.2(a). Die mit II gekennzeichnete Kurve bildet eine andere mögliche $s(x)$ Funktion ab. Sie fällt steiler als die Ausgangskurve. Folglich wäre x^* bei Kurve II kleiner als bei I.

2. Wenn die Wertschöpfungskurve auch für hohe Werte von x noch steil ansteigt, so daß der Höhepunkt der Funktion $V(x)$ in Abbildung 14.2(b) weiter rechts liegt, wird die Unternehmensleitung den Mitarbeitern vergleichsweise mehr Einflußrechte übertragen wollen. Dies liegt daran, daß der größere Kuchen den Umverteilungseffekt überkompensiert. Dies zeigt Abbildung 14.3(b). Die mit I gekennzeichnete Kurve ist das Original aus 14.2(b). Kurve II ist eine andere mögliche Funktion $V(x)$. Sie steigt steiler als die erste. Folglich ist x^* bei Kurve II größer als bei I.

Abbildung 14.3: Mitarbeiter-Empowerment – Zwei Szenarien

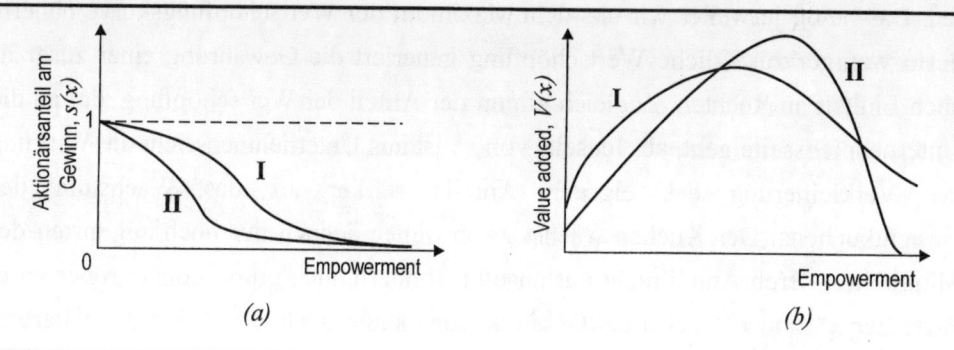

Wann wird die Gewinnkurve, d.h. $s(x)$ eher wie Kurve II aussehen als wie Kurve I? Dafür gibt es einige Grundregeln. Kurve II ist wahrscheinlicher, wenn

1. die Mitarbeiter eng zusammenarbeiten, so daß es ihnen leicht fällt, etwas zu diskutieren, zu organisieren und gemeinsam zu erzwingen,

2. die Mitarbeiter eine langfristige Beziehung zum Unternehmen haben, so daß sie bereit sind, mehr in die Erhöhung ihres Machtanteils zu investieren. Dies ist zugleich die Situation, in der Mitarbeiter besonders an Mitspracherechten interessiert sind.

3. die Mitarbeiter Zugang zu Drittparteien haben, die ihre Macht verstärken und sie bei der Abschöpfung von Gewinnen ebenso wie bei Produktivitätssteigerungen unterstützen können. Häufig handelt es sich bei diesen Drittparteien um Gewerkschaften oder eine arbeitnehmerfreundliche Regierung.

Wenn also diese drei Bedingungen erfüllt sind, dann wird ein hohes Maß an Mitarbeiterrechten mit großer Wahrscheinlichkeit zu einer Reduzierung der Gewinnanteile der Aktionäre führen.

Ebenso können wir nun fragen: Wann sieht die Produktivitätskurve, also $V(x)$, wahrscheinlich eher wie Kurve II als wie Kurve I aus? Die folgenden Bedingungen führen zu einer steilen und kontinuierlichen Steigung von $V(x)$, selbst bei großen Werten von x:

5. Die Entscheidung für ein Empowerment

1. Die Mitarbeiter verfügen über umfangreiche Informationen, die zugleich relevant und dem Management nicht zugänglich sind. In diesem Fall wird Mitarbeiter-Empowerment zu größeren Kreativitätsverbesserungen führen.
2. Die Mitarbeiterpräferenzen sind idiosynkratisch und dem Management unbekannt. Die Mitarbeiter mögen dem Management ihre wahren Einschätzungen und Auffassungen vorenthalten aus Angst, daß dieses Wissen strategisch gegen sie genutzt werden könnte. In diesem Fall kann Empowerment die Kommunikation von Mitarbeitern zu Managern maßgeblich und wertsteigernd verbessern.

Wenn die $V(x)$ Kurve wie II aussieht, profitiert die Unternehmensleitung von einem Mitarbeiter-Empowerment.

In vielen Ländern regulieren Regierungen das Ausmaß an Mitbestimmungsrechten, das Mitarbeitern zu gewähren ist. Die Vor- und Nachteile dieser Regulierungen werden in der Literatur umfangreich diskutiert.[136] Für die Regulierung wird auch ein Effizienzargument vorgebracht: da die Unternehmen ihre Mitarbeiter nicht weitgehend genug mit Rechten ausstatten, um die maximale Wertschöpfung zu erzielen, sollte die Regierung Unternehmen zwingen, das Empowerment auf das Niveau x' hochzufahren. Während dieses Argument eine hohe Plausibilität aufweist, gibt es zwei starke Gegenargumente.

Erstens gibt es kaum einen Grund zu der Annahme, daß Regierungsbeamte oder Politiker wissen, wie viele Mitbestimmungsrechte für eine maximale Wertsteigerung erforderlich sind. Das optimale Maß an Mitbestimmungsrechten x' wird mit genauso großer Wahrscheinlichkeit überschritten wie unterschritten. Dies stimmt um so mehr, wenn wir daran denken, wie unterschiedlich die optimale Menge an Mitarbeiterrechten für unterschiedliche Unternehmen ist. Branche, Unternehmensalter, regionale Besonderheiten, Arbeitsmarktsituation sowie zahlreiche soziale und persönliche Faktoren führen dazu, daß für kaum zwei Unternehmen die Menge x' genau gleich ist. In der Realität gibt es nicht nur zwei alternative Wertschöpfungsprofile, wie in Abbildung 14.3(b), sondern unendlich viele. Die Gesetzgebung erweist sich hier als ein sehr grobes Instrument. Sie tendiert entweder zu einer stark vereinheitlichenden

---

[136] Vgl. zum Beispiel FRICK, KLUGE und STREECK (1999).

Regelung oder wird hyperkomplex und schwer durchschaubar. Wegen dieser systematischen Schwierigkeiten kann eine Regulierung der betrieblichen Mitbestimmung auch Schaden anrichten.

Zweitens werden Gesetze nicht durch wohlmeinende, selbstlose Diktatoren geschaffen, sondern durch einen politischen Prozeß. In diesem werden häufig Arbeitnehmer- gegen Arbeitgeberinteressen ausgespielt. Insofern spiegelt die sich aus diesem Prozeß ergebende Gesetzgebung häufig eher das Kräfteverhältnis der Interessengruppen als ökonomische Effizienzüberlegungen wider. Es gibt keinen Grund zu der Annahme, daß die Gesetzgebung zur optimalen Menge an Mitarbeiter-Empowerment führen wird. Die gesetzliche Regulierung betrieblicher Mitbestimmung oder anderer Aspekte betrieblicher Arbeitsbeziehungen hat aber auch die Eigenschaft, daß sie eventuelle Konflikte von der Ebene der Unternehmen auf die Ebene nationaler Politik verlagert. Auch das kann, muß aber nicht, vorteilhaft sein.

6. Resümee

Mitarbeiter-Empowerment bringt potentiellen Nutzen, aber auch Kosten. Vor allem drei Vorteile werden mit der Gewährung von mehr Rechten für Mitarbeiter verbunden:

Erstens kann die Kommunikation vom Management zu den Mitarbeitern verbessert werden. Techniken wie das sogenannte *open book management* helfen Unternehmen, die auf diese Weise ihren Mitarbeitern mehr Informationen gewähren als in ihrer Branche üblich, schlechte Nachrichten glaubwürdiger zu kommunizieren.

Zweitens werden Mitarbeiter, die beeinflussen können, wie Informationen verwendet werden, eher bereit sein, dem Management Informationen zur Verfügung zu stellen. Insofern kann ein Empowerment die Kommunikation von Mitarbeitern zu Managern verbessern. Dieser Punkt bezieht sich vor allem auf Informationen, die gegen die Mitarbeiter verwendet werden könnten, beispielsweise die wahren Präferenzen der Mitarbeiter. Eine verbesserte Kommunikation von Mitarbeitern zu Managern ermöglicht es dem Unternehmen, die Arbeitsbedingungen besser auf die Mitarbeiter zuzuschneiden und damit die Arbeitskosten zu senken.

6. Resümee

Drittens kann Mitarbeiter-Empowerment die Kreativität verbessern und zu einer innovativeren Arbeitsatmosphäre beitragen. Dies ist insbesondere dann der Fall, wenn die Mitarbeiter über Informationen und Erfahrungen verfügen, die das Management nicht hat und wenn diese Informationen zugleich relevant für den Produktionsprozeß sind.

Erfolgreiches Mitarbeiter-Empowerment ist an eine Reihe von Voraussetzungen gebunden. Es ist dann besonders sinnvoll, wenn die Mitarbeiter anderenfalls aufgrund fehlender Informationen sehr aggressive Forderungen stellen würden. Aggressives Verhalten der Mitarbeiter ist dann besonders wahrscheinlich, wenn die Mitarbeiter dadurch viel gewinnen können. Auch werden Mitarbeiter dann besonders aggressiv verhandeln, wenn sie wenig zu verlieren haben, d.h. wenn ihre Alternativen nicht sehr viel schlechter als ihre gegenwärtigen Stellen sind. Folglich werden jüngere Mitarbeiter aggressiver agieren als ältere. Aber auch Mitarbeiter, die sehr viel zu verlieren haben, beispielsweise weil sie firmenspezifisches Humankapital besitzen und beim gegenwärtigen Arbeitgeber erheblich mehr verdienen als sie anderswo erwarten könnten, werden um zusätzliche Rechte bemüht sein. Schließlich wollen sie ihr Humankapital schützen. Hieraus entsteht ein Spannungsverhältnis: einerseits werden Mitarbeiter, die beim gegenwärtigen Arbeitgeber sehr viel mehr verdienen als anderswo, besonders stark an einer Verteidigung ihrer gegenwärtigen Situation interessiert sein. Andererseits haben gerade diese Mitarbeiter eine schlechte Rückfallposition und deshalb besonders viel zu verlieren, was wiederum die Verhandlungsposition der Unternehmensseite verbessert.

Weil die Unternehmensleitung den Gewinn, nicht die Wertschöpfung, maximiert, wird sie den Mitarbeitern wahrscheinlich weniger Rechte gewähren als zur Produktivitätsmaximierung notwendig wären. Denn eine Nebenfolge des Mitarbeiter-Empowerment ist, daß sie dadurch auch leichter Gewinnanteile zu ihren Gunsten abschöpfen können. Deshalb kalkuliert die Unternehmensleitung ein, daß eine Übertragung zusätzlicher Rechte an die Mitarbeiter diese nicht nur produktiver macht, sondern auch zu härteren Verhandlungspartnern. Der Gewinn für die Unternehmensseite kann leichter maximiert werden, wenn Mitarbeiter weniger als die produktivitätsmaximierende Menge an Rechten erhalten.

Eine Gewinnsteigerung durch Mitarbeiter-Empowerment ist am wenigsten wahrscheinlich, wenn die Mitarbeiter eng zusammenarbeiten und leicht Aktivitäten gegen die Interessen der Unternehmensleitung organisieren können, wenn Mitarbeiter langfristige Beziehungen zum Unternehmen haben und wenn die Mitarbeiter einen guten Draht zu Drittparteien haben, die sie wirkungsvoll im Verteilungskampf um Unternehmensgewinne unterstützen.

Eine gewinnsteigernde Übertragung von Rechten an Mitarbeiter ist dann besonders wahrscheinlich, wenn die Mitarbeiter über Informationen verfügen, die das Management nicht hat und die dennoch relevant für den Produktionsprozeß sind, und wenn die Präferenzen der Mitarbeiter idiosynkratisch und dem Management unbekannt sind.

7. Literaturhinweise

Freemann, Richard B.; Edward P. Lazear (1995): An Economic Analysis of Works Councils. In: Rogers, Joel; Wolfgang Streeck (Hrsg.): Works Councils: Consultation, Representation, and Cooperation in Industrial Relations (NBER conference volume). Chicago: University of Chicago Press for the NBER, November 1995: 27-52.

Frick, Bernd; Norbert Kluge und Wolfgang Streeck (1999) (Hrsg.): Die wirtschaftlichen Folgen der Mitbestimmung: Expertenberichte für die Kommission Mitbestimmung der Bertelsmann-Stiftung und Hans-Böckler-Stiftung. Frankfurt/New York: Campus.

Hanson, Kirk O. (1993): "Jack Stack", The Business Enterprise Trust. Case 9-993-009, Harvard Business School Publishing.

Milgrom, Paul; John Roberts (1990): Bargaining Costs, Influence Costs, and the Organization of Economic Activity. In: Alt, James E.; Kenneth A. Shepsle (Hrsg.): Perspectives on Positive Political Economy. Cambridge: Cambridge University Press: 57-89.

Pull, Kerstin (1996): Übertarifliche Entlohnung und freiwillige betriebliche Sozialleistungen. Personalpolitische Selbstregulierung als implizite Verhandlung. München (u.a.): Hampp.

Rotemberg, Julio J. (1994): Human Relations in the Workplace. In: Journal of Political Economy 102(1994)4: 684-717.

Wolff, Birgitta; Edward Lazear (2001): Einführung in die Personalökonomik. Stuttgart: Schäffer-Poeschel.

8. Weiterführende Literaturempfehlungen

Doucouliagos, Chris (1995): Worker Participation and Productivity in Labor-Managed and Participatory Capitalist Firms: A Meta-analysis. In: Industrial and Labor Relations Review (Oct. 1995): 58-77.

Freeman, Richard; James Medoff (1984): What Do Unions Do?, New York: Basic Books.

Keller, Berndt (1999): Einführung in die Arbeitspolitik. München: Oldenbourg.

Kotthoff, Hermann; Joseph Reindl (1990): Die soziale Welt kleiner Betriebe. Göttingen: Schwartz.

9. Anhang

In diesem Anhang zeigen wir, daß ein gewinnmaximierendes Mitarbeiter-Empowerment weniger Rechte für die Mitarbeiter beinhaltet als ein produktivitätsmaximierendes Empowerment.

Definieren wir die Menge an Rechten, die den Mitarbeitern übertragen wird, als x. Die Wertschöpfung sei definiert als $V(x)$. Wie im Text beschrieben, wird $V(x)$ eine umgedrehte U-Form aufweisen. Darüber hinaus wollen wir $s(x)$ als den Anteil der Wertschöpfung definieren, den die Aktionäre erhalten. Diese Kurve weist eine negative Steigung auf: $s'(x) < 0$. Das Management wird durch die Wahl von x nun folgende Zielgröße maximieren wollen:

$$s(x) \times V(x)$$

Die Bedingung erster Ordnung lautet:

$$s'(x)\,V(x) + s(x)\,V'(x) = 0$$

Dies können wir umstellen zu

(A14.1) $\quad V'(x) = -\,s'(x)\,V(x)/s(x).$

Die rechte Seite der Formel (A14.1) ist positiv, weil $s'(x) < 0$ ist. Deshalb ist $V'(x)$ beim gewinnmaximierenden Wert von x positiv. Ist aber V' positiv, so steigt $V(x)$ weiterhin mit x, was bedeutet, daß die gewinnmaximierende Menge des Mitarbeiter-Empowerment kleiner ist als die wertschöpfungsmaximierende Menge.

Glossar

Adverse Selektion: Durch Selbstselektion werden genau die Mitarbeiter angezogen, die man gerade nicht haben möchte.

Aktie: Verbriefung eines anteiligen Eigentumsrechts an einem Unternehmen. In der Regel erhält ein Aktionär Dividenden und Mitspracherechte in Relation zur Anzahl der Aktien, die er hält.

Aktienoption: Recht, eine Aktie zu einem im voraus bestimmten Preis bis zu einem bestimmten Datum zu kaufen oder zu verkaufen.

Allgemeine betriebliche Weiterbildung: Weiterbildung, die die Produktivität eines Mitarbeiters nicht nur im ausbildenden Unternehmen, sondern auch in (allen) anderen Unternehmen steigert.

Asymmetrische Information: Situation, in der einer der Akteure systematisch besser informiert ist als der andere.

Ausübungspreis: Preis, zu dem der Eigentümer einer Aktienoption die Aktie kaufen bzw. verkaufen kann.

Barwert: Gegenwartswert eines zukünftigen Zahlungsstroms. Der Barwert hängt von den Auszahlungszeitpunkten, dem Diskontierungsfaktor und der Höhe jeder Zahlung ab. Der Barwert berücksichtigt den Zeitwert von Geld.

Freiwillige betriebliche Sozialleistungen: Nichtmonetäre Kompensationsbestandteile, die über die gesetzlichen oder tarifvertraglich vorgeschriebenen Leistungen hinausgehen und insofern vom Betrieb freiwillig geleistet werden. Typische Beispiele sind betriebliche Altersversorgungen, Zusatzversicherungen oder Essenszuschüsse, im weiteren Sinne aber auch Annehmlichkeiten wie Eckbüros, flexible Arbeitszeiten oder Betriebssportanlagen.

Cafeteria-System: Verfahren zur individuellen Zusammenstellung von Kompensationspaketen, bei der die Mitarbeiter sich im Rahmen eines vorgegebenen Budgets einzelne Gehalts- und Sozialleistungselemente selbst zusammen stellen können.

Englische Auktion: Ein Biet-Prozeß, bei dem die einzelnen ihre Gebote jederzeit ausrufen können. Der Prozeß ist zu Ende, wenn niemand mehr ein höheres Gebot nennt. An diesem Punkt wird das Gut an denjenigen, der das höchste Gebot abgegeben hat, zum letztgenannten Preis verkauft.

Falsche Negativentscheidung: Irrtum dergestalt, daß bei einer Entscheidung eine Alternative abgelehnt wird, obwohl sie gut ist.

Falsche Positiventscheidung: Irrtum dergestalt, daß bei einer Entscheidung eine Alternative angenommen wird, obwohl sie schlecht ist.

Firmenspezifische betriebliche Weiterbildung: Weiterbildung, die die Produktivität des Mitarbeiters nur im ausbildenden Unternehmen steigert.

Gewinnbeteiligung: Kompensationsschema, in dem die Auszahlungen an einen Mitarbeiter vom Gewinn des Unternehmens abhängen. Die Gewinnanteile können für alle Mitarbeiter gleich sein oder deren Position innerhalb des Unternehmens widerspiegeln. Sie hängen nicht notwendigerweise vom Beitrag des entsprechenden Mitarbeiters zum Unternehmensgewinn ab.

Gleichgewicht: „Natürlicher", oft aber faktisch nicht erreichter oder erreichbarer „Ruhezustand" von Marktvariablen. Haben Preise und Mengen ihr Gleichgewicht nicht erreicht, so bewegen sie sich auf ein Gleichgewicht zu. Sind Preise und Mengen im Gleichgewichtszustand, so tendieren sie dazu, dort zu bleiben.

Hebelwirkung: Mechanismus, um ein kleines Investment in einen großen Gewinn zu verwandeln.

Humankapital: Bestand an Wissen und Fähigkeiten, der die Produktivität eines Arbeitnehmers determiniert.

Im Geld: Eine Kaufoption ist im Geld, wenn der Börsenkurs der Aktie den Ausübungspreis übersteigt. Eine Verkaufsoption ist im Geld, wenn der Börsenkurs unter dem Ausübungspreis liegt.

Indifferenzkurve: Graphische Methode zur Darstellung aller Kombinationen von zwei Gütern, Geld oder anderen Faktoren, die ein Akteur als gleichwertig ansieht.

Kaufoption: Das Recht, eine bestimmte Aktie bis zu einem im voraus festgelegten Verfallsdatum zu einem bestimmten Preis zu erwerben.

Kompensationspaket: Monetäre und nichtmonetäre Gegenleistungen des Unternehmens für Arbeitsleistungen des Arbeitnehmers.

Komplementarität: Positive Interaktion zwischen zwei oder mehreren Produktionsfaktoren. Im Fall von Arbeitsbeziehungen bedeutet dies: ein Mitarbeiter steigert durch seine Aktivitäten auch die Produktivität seines Kollegen.

Alters-Einkommens-Profil: Graphische Darstellung zwischen Verdienst und Alter. Das typische Einkommensprofil weist eine positive Steigung auf und ist konkav, manchmal mit einem fallenden Segment in höherem Alter.

Monetäres Äquivalent: Monetärer Wert eines nichtmonetären Kompensationsbestandteils, d.h., der Geldbetrag, auf den ein Mitarbeiter zu verzichten bereit ist, um den entsprechenden nicht-monetären Kompensationsbestandteil zu erhalten.

Monopson: Marktsituation mit nur einem Käufer. In bezug auf Arbeitsmärkte: Eine Situation mit nur einem Arbeitgeber, dessen Aktivitäten das Lohnniveau signifikant beeinflussen.

Norm: Herrschender Standard innerhalb einer sozialen Einheit; in diesem Buch: Typische Personalpraktiken (juristisch unter bestimmten Bedingungen auch als „betriebliche Übung" bezeichnet) und Erwartungen, die in einer organisatorischen Einheit vorherrschen.

Private Information: Information, über die nur einer von mehreren Transaktionspartnern verfügt. Beispielsweise kann ein Mitarbeiter im Gegensatz zu einem Unternehmen als einziger die Information haben, daß er innerhalb des nächsten Jahres kündigen wird.

Residualanspruch: Recht auf den Überschuß aus dem betrieblichen Leistungsprozeß, nach dem alle bevorrechtigten Forderungen, beispielsweise von Mitarbeitern und Lieferanten, beglichen wurden. Dabei kann nicht nur ein Gewinn, sondern gelegentlich auch ein Verlust übrig bleiben. Die Halter von Residualansprüchen eines Unternehmens sind üblicherweise die Eigentümer bzw. Aktionäre des Unternehmens.

Signal: Indikator, der glaubwürdige Informationen über eine zugrunde liegende nichtbeobachtbare Variable vermittelt.

Spezialisierung: Konzentration auf eine kleine Menge von Aufgaben, die jede für sich alleine zur Fertigstellung des Endproduktes oder der Zielleistung nicht ausreichen.

Teambonus: Bonus, der einer Gruppe gewährt wird und der von der Leistung der gesamten Gruppe abhängt. Die Aufteilung der Prämie zwischen den Teammitgliedern kann nach Köpfen oder nach jeder beliebigen Formel geschehen.

Verkaufsoption: Recht, eine Aktie bis zum Verfallsdatum zu einem ex ante festgelegten Preis zu verkaufen.

Winner's Curse: „Fluch des Gewinners"; die Tatsache, daß in einer Auktion/Wettbewerb unter ganz bestimmten Bedingungen die Partei, die eine Sache (oder einen Mitarbeiter) ersteigert/gewonnen hat, mit Sicherheit zu viel geboten hat. Der Fluch des Gewinners beschreibt beispielsweise die Idee, daß Gewinner von Auktionen systematisch dazu tendieren, die zu erwerbende Sache über zu bewerten.

Stichwortverzeichnis

Abfindungsangebote, zeitl. Rahmen .... 111f.
Abfindungszahlungen .... 87ff.
   Beispiel: Amos Press, Inc. .... 107f.
   selektive .... 108ff.
Absatzmarktbeziehungen 56
Abwanderungsproblem .... 60ff.
Abwerbung, Rekrutierung durch .... 136ff.
Abwerbungsgefahr, Reduzierung von 49
Abwerbungsversuche, Abwehr von .... 145ff.
Adverse Selektion
   bei Abfindungsangeboten 110
   betriebliche Sozialleistungen und .... 470ff.
Agency-Problem 541
Akkordlohn 191, 540
Aktien und Aktienoptionen 314, 337, 375
Allokationseffekt 573
Alters-Einkommens-Profil 24, 61
   Anreize und .... 260ff.
   bei spezifischem Humankapital 38, 66
   Empowerment und 565
   Entlassungen und .... 82ff.
   Pensionierung und steiles .... 271ff.
   steiles .... 264ff.
Altersversorgung, betriebliche .... 455, 472ff.
Anreize .... 249ff.
   Aktien und Aktienoptionen 337
   betriebl. Sozialleistungen und .... 473ff.
   durch Eigentumsbeteiligung .... 365ff.
   Entlassungen und .... 279ff.
   explizite .... 335ff.
   extrinsische 293
   falsche 393
   implizite .... 349ff.
   in Teams .... 239ff.
   intrinsische 293
   Probleme .... 225ff.
   Probleme der Implementation .... 191ff.
   senioritätsbezogene .... 259ff., 277ff.
Anreizsystem 494
Apprenticeship 54
Äquivalent, monetäres 407
   Siehe auch Arbeitsplatzcharakteristika
   Bestimmung .... 409ff., 417ff.
   Probleme .... 437ff.
   statistische Ermittlung / Schätzung ..... 413ff.
Arbeitsplatz 488
Arbeitsplatzcharakteristika 407, 435
   Siehe auch Äquivalent, monetäres
   multiple .... 417ff.
   nicht quantifizierbare .... 431ff.
Arbeitsteilung 491
Aufgaben, Zuordnung auf Stellen .... 485ff.
Aufgabenbereich .... 495ff.
Aufhebungsvertrag *Siehe* Abfindungszahlungen
Auftragsentlohnung 394
Ausbildung 487ff., 498
Beförderungen *Siehe auch* Tournament-Theorie
   sowie Up-or-out-System
   als Motivationsinstrument 155ff., 498
   Beispiel .... 190f.
   interne vs. Rekrutierung .... 197, 205f.
   Selektions- vs. Motivationsfunktion ... 198ff.

Selektionsfunktion von .... 220f.
Befugnisse.. 499, 569
Belohnung.. 307ff.
Bestrafung... 307ff.
Betriebsrat.. 554, 564
Betriebszugehörigkeitsdauer 40, 81, 86, 533
    Pensionsanspruch und............................. 472
Bewerberpool... 518
Bewertungsskalen .... 435ff.
Bildungsinvestitionen
    Beispiele 22
Bildungsmaßnahmen
    allgemeine.. 428, 468
    allgemeine vs. betriebsspezifische.... 18f., 40
    Ausgaben für... 4
    betriebsspezifische................................ 18ff.
    formale.. 17f., 81
    informale.. 57
    institutionelle Rahmenbedingungen ..... 48ff.
Bindungsklauseln..59f.
Bonuszahlungen.................................... 307, 310
    für Teams..335f.
    Probleme von 196
Bürokratiekosten... 493
Cafeteria-System........................... 464ff., 559
Calls .... *Siehe* Kaufoptionen
CAP... 54
Diskriminierung.. 498
Duopolist.. 317
Effizienz... 493
Eigentumsrechte....................................... 553ff.
Einkommensprofil .. *Siehe* Alters-Einkommens-Profil

Einkommensspreizung
    Influence Activities und........................ 250
    optimale...220
    Vgl. USA und Deutschland....................180
Empowerment....................................... 551, 571
Entgeltprofil ...*Siehe* Alters-Einkommens-Profil
Entlassungen .... 87ff.
    selektive .... 108ff.
Entscheidungsbefugnis........................500, 512
Entscheidungskomitee..................................499
Entscheidungsrechte........................ 553ff., 569
Entscheidungsregel .... 502ff.
    Beispiel 511
Festpreise 394
Flexibilität...489
Fluktuation 62, 73ff., 302, 473
    bei spezifischem Humankapital 38
Franchising... 381, 398ff.
Garantielohn..303
Gatekeeper 250
Gehaltskategorie..497
Gehaltsspreizung...*Siehe* Einkommensspreizung
    Siehe auch Gehaltsstruktur
Gehaltsstruktur 163ff., 436
    asymmetrische...186
Gehaltsstrukturen, schiefe vs. flache......... 203ff.
Geld..295
Gewerkschaften...551
Gewinn...305
Gewinnbeteiligungen ....336f.
glass ceiling...298
Grenzarbeitnehmer......................... 432ff., 461f.
Hierarchie.. 499, 508

Stichwortverzeichnis

Humankapital .... 6ff., 498 *Siehe auch* Bildungsmaßnahmen
   allgemeines .... 20ff.
   betriebsspezifisches 34ff., 81ff., 534f., 558, 565
   Spezifitätsgrad .... 61ff.
Indifferenzkurve 297, 560
Indizes .... *Siehe* Bewertungsskalen
Influence Activities 249ff., 547
Information 510, 554
   idiosynkratische 328
Informationsasymmetrie .... 554ff., 566f.
   Abwerbung und .... 136ff.
   Ausbildungsentscheidung und 61
   Signalling 121
   Teams und 233
Informationsbasis 502
Innovation 490
Innovationsangst 490
Integration, vertikale 398ff., 487
Job-Rotation 58, 355
Karriereleitern 158
Kaufoptionen .... 339ff., 375ff.
Kernkompetenz 392
Kollusion .... 170f., 197f., 225ff.
Kommunikation 489, 576
   bottom-up 559
Kompensation, nichtmonetäre ...... 149f., 403ff., 499, 559ff.
   Beispiele 428, 469
Komplementarität 77ff., 324f., 496
Kooperation .... 227ff., 359f.
Kosten-Plus-Vertrag 394
Kreativität 508, 566

Lebenseinkommensprofil .... *Siehe* Alters-Einkommens-Profil
Leistungsbeurteilung
   absolute vs. relative .... 191ff.
   relative 192
Leistungsindikatoren, objektiv vs. subjektiv
   .... 194ff.
Leistungskontrolle 496
Leistungsprozeß 492
Leistungsträger 313
Leistungsturniere ..... *Siehe* Tournament-Theorie
Lobbying .... *Siehe* Influence Activities
Lohndifferentiale 63
Lohngerechtigkeit 243
Lohnprofil .... *Siehe* Alters-Einkommens-Profil
Macht 570
Make-or-Buy Entscheidung 382
Manager 520
marginal worker .... *Siehe* Grenzarbeitnehmer
Mitarbeiter, Kombination von .... 77ff.
Mitarbeiterbeteiligung 570
Mitarbeiter-Empowerment 576
Mitbestimmung 551
   gesetzliche 575
Mobbing 198
Monopolist 317
Moral Hazard 496
Motivation
   Arbeitsplatzbezeichnungen und 202
   Beförderungen als .... 155ff.
   bei absoluter vs. relativer Leistungsbeurteilung .... 191ff.
   Entlassungen und .... 279f.
   Schiefe Gehaltsstrukturen und . 203ff., 277ff.

Multiskilling .... 488ff.
Multitasking .... 488ff.
Nachfrageschock .... 85ff.
Negativentscheidung, falsche .... 500ff.
Normen ....351ff., 378ff.
Öffentlicher Dienst 498
Open Book Management 553, 576
Opportunitätskosten .... 6, 383, 387ff.
Outplacement ....113f.
Output 305
Outside Options 555
Outsourcing 382ff., 487
Partikularinteressen 393
Pension ...... *Siehe* Altersversorgung, betriebliche
Pensionierung, effiziente .... *Siehe*
  Verrentungszeitpunkt
Pensionsansprüche
  gesetzliche Regulierungen .... 472ff.
  vorgezogene 112
Pensionsrückstellungen .... 474ff.
Persönlichkeitstyp
  Kooperation und .... 227ff.
  Selbstselektion nach .... 234ff.
Pooling von Risiko 144
Positiventscheidung, falsche .... 500ff.
Präferenzen 297, 559
Privatisierung 520
Produktivität ....25f.
  allgemeine Bildung und .... 9, 18ff.
  Entlohnung und .... 31, 35ff.
  Rückgang der, Entlassungen und .... 86f.
Projektentlohnung .... 394ff.
Projektevaluation .... 504ff.

Property Rights .... *Siehe* Eigentumsrechte
Prozeßkette 491
Prüfung für Wirtschaftsprüfer 130
Puts .... *Siehe* Verkaufsoptionen
Qualifikationsprofil 58, 137, 199
Qualität 293, 397
Qualitätsproblem 304ff., 395
Quasi-Rente 37ff., 84f., 110
QUIPPE 52
Rattenrennen ....169f.
Rechnungswesen 389
Reengineering 491
Regulierung 551, 575
Rekrutierung .... 136ff., 446f.
  vs. Beförderung ....205f.
Rente ...... *Siehe* Altersversorgung, betriebliche;
  Sozialleistungen, betriebliche; Quasi-Rente;
  Verrentungszeitpunkt
Rentenalter, optimales .... 271ff.
Rent-Seeking 250
Reorganisation 491
Reputation 88ff., 399
  Ausbildungsentscheidung und ....60f.
Reputationsverluste 88
Rüstzeiten 493
Schulbildung .... *Siehe* Bildungsmaßnahmen,
  formale
Selbstselektion 31, 234ff., 300
  Sozialleistungen und .... 467ff.
Selektion .... 198ff.
Signalling .... 121ff.
  Beispiel .... 130ff.
Sozialleistungen, betriebliche .... 455ff., 559ff.
  Beispiel: Allied Computers 469

Cafeteria-Pläne und ....464f.
Gehälter vs. .... 458ff.
Selektionswirkungen und....................467f.
Spezialisierungsgewinn 492
Spezialisierungsgrad 486
Spezialisierungsvorteil................................. 327
Sport.. 486
Status.. 431ff.
Stecknadelfabrik 485
Stelle 485ff., 497
Stellenanzeige 483
Stellenbesetzung .... 517ff.
Stellenbezeichnung .... 498ff.
Stellenzuschnitt.. 502
Strafzahlungssystem .... 307ff.
Stücklohn 295, 395
Stücklohnsystem 302
Synergieeffekte 495
Teams... 320ff.
    Bonuszahlungen.....................................335f
    Kooperation in ....227ff., 359f.
Tournament-Theorie .... 158ff., 184ff.
    Beispiel 183f., 190
Traineeprogramm.. 39
Transformation.. 520
Transportzeiten 492
Trittbrettfahrerproblem .... 321ff.
    Franchising und 399
Unsicherheit.. 172

Unternehmen, mitarbeitergeführte .... 365ff.
    Beispiel 366
Up-or-Out
    Beispiel 190
    Personalbeurteilung und.................... 540ff.
Urlaubs- und Feiertage, bezahlte...............475f.
Verantwortung 499
Verdrängungseffekt.....................................293
Verhalten, opportunistisches 170, 269, 541
Verkaufsoptionen .... 346ff.
Verrentungszeitpunkt, effizienter............. 271ff.
    aus Mitarbeitersicht.............................276ff.
    formale Betrachtung..............................290
Verteilungseffekt.. 573
Verteilungskampf....................................... 556
Vertrag, implizit.. 88
Vertragsstrafe...396
Vier-Augen-Prinzip....................................504
Wandel, technologischer 81
Weiterbildung..519
    Ausgaben für 4
Winner's Curse .... 137ff.
Wissen, idiosynkratisches 329
Wissenstransfer....................................... 327ff.
Youth Training Scheme 54
Zeitlohn 296
Zulieferverträge...381
Zwangspensionierung .... *Siehe*
    Verrentungszeitpunkt

Namensverzeichnis

Akerlof, George A. 243
Alewell, Dorothea 60, 468
Allied Computers 469
Allied Signal 520
Amdahl 313
American United Life Insurance Co. 428
Amos Press, Inc. 107
AT&T 251
Avis 365
Backes-Gellner, Uschi 16, 50, 71, 128, 455, 470
Baker, George 497
Barberis, Nicholas 520
Baron, James 506
Bartel, Ann P. 245
Becker, Gary S. .... VIII, 6, 433
Benetton 392
Bill, Clive 191
Blasi, Joseph 370
Block, Rainer 7
Bognanno, Michael L. 189
Borjas, George J. 245
Bossidy, Lawrence 520
Boycko, Maxim 520
Brounoff Claire 143
Brown, Charles 349
Cadillac 567
Carmichael, H. Lorne 240, 248
Case, Dan 236
Chan, William 205
City Bank 398
Craig, Ben 366

Crofford, Amy Beth 569
DaimlerChrysler 246
Darling, Bruce 392
Davis, Tim 392
DeMarrais, Kevin G. 520
Drago, Robert 189, 242
Ehrenberg, Ronald G. 189
Erlei, Mathias 250
Exxon Valdez 506
Farrell, Joseph 364
First Chicago 357
Fischel, Daniel 438
Frank, Robert 240
Franz, Wolfgang 87
Freeman, Richard 82
Freeman, Richard B. 553
Frey, Bruno 293
Frick, Bernd 71, 271, 575
Garvey, Gerald T. 189, 242
Geil, Linus 464
General Motors 567
Gillette Corporation 39
Hambrecht und Quist 235
Hanson, Kirk O. 554
Hart, Oliver D. 394
Hashimoto, Masanori 268
Hax, Herbert V
Hay Associates 435
Hirshleifer, Jack 240
Hölmstrom, Bengt 497
IBM 183, 247, 313

Illinois Nurses Association 438
Infinity 569
Jackson, Matthew O. 378
Johnson, Sam T. 495
Jovanovic, Boyan 535
Kahnemann, Daniel 309
Kandel, Eugene 378
Kaufmannn, Steven 237
Klemm, Klaus 7
Kluge, Norbert 575
Kolton, Ellen 107
Kräkel, Matthias 170, 198, 250, 268
Kreps, David 506
Kruse, Douglas 370
Kuhnle, Klaus 247
Laabs, Jennifer J. 40, 546
Landers, Renee M. 170
Lazear, Edward P. 82, 87, 109, 137, 149, 158, 162, 202, 225, 227, 245, 260, 261, 378, 395, 438, 533, 553, 559
Lexus 569
Liberty Brokerage 143
Loewenstein, George 263
MacLeod, Bentley 240, 490
Maynard, Micheline 520
McDonalds 400
Medoff, James 349
Milgrom, Paul 497, 563
Milgrom, Paul R. 250
Mincer, Jacob 69
Mittmann, Josef V
Netscape 508
Neukirchen, Kajo 138
Nitzan, Shmuel 314

O' Toole, Jack 569
Oberender, Peter 453
Orbay, Hakan 488
Osterloh, Margit 293
Pakes, Ariel 314
Patriot Securities 143
Pencavel, John 366
Pfeiffer, Barbara 4
Picot, Arnold 366, 388, 398, 400
Posner, Richard A. 240
Pugel, Thomas A. 349
Pull, Kerstin 349, 455, 570
Raisian, John 268
Rebitzer, James 170
Riley, John G. 125
Roberts, John 563
Robertson Stephens & Co. 235
Romer, Paul 240
Rosen, Sherwin 158, 162, 188, 202, 408
Rotemberg, Julio J. 564
Sadowski, Dieter .... VI, 61, 459
Safelite Glass 295
Sah, Raaj Kumar 500
Saturn Corporation 567
Schauenberg, Bernd VII
Schmidtke, Corinna 470
Schotter, Andrew 191
Schwarz, Michael 111
Scotchmer, Suzanne 364
Shankle, Greta 429
Shapiro, Carl 279
Shepard, Andrea 398
Shleifer, Andrei 520

Namensverzeichnis

Sichermann, Nachum 263
Siemens 509
Smith, Adam 327, 485
Smith, Roger B. 567
Spence, Michael 121, 130
Standard Oil 398
Stiglitz, Joseph E. 279, 500
Streeck, Wolfgang 575
Super Bakery 391
Tang, Li-Ping 569
Taylor, Lowell J. 170
Timmesfeld, Andrea 71
Topel, Robert 245
Torry, S. 191
Tsukanova, Natalia 520

Tversky, Amos 309
UAW 567
United Airlines 365
VW 246
Ward, Michael 245
Weckmüller, Heiko 16, 128, 206, 543
Weigelt, Keith 191
Weiß, Reinhold 4
Williamson, Oliver E. 388
Willoughby, Jack 144
Wilson, Charles A. 125
Winston & Strawn 190
Wolff, Birgitta 109, 149, 227, 245, 260, 295, 366, 395, 398, 400, 491, 559
Wunderer, Rolf V